Droemer
Knaur®

Cathy Spellman

Jetzt und für alle Zeit

Roman

Aus dem Amerikanischen
von Ursula Hartmann

Droemer Knaur

CIP-Titelaufnahme der Deutschen Bibliothek

Spellman, Cathy:
Jetzt und für alle Zeit: Roman / Cathy Spellman. [Aus d. Amerikan. von Ursula Hartmann]. – München: Droemer Knaur, 1988
Einheitssacht.: An excess of love <dt.>
ISBN 3-426-19173-3

Umschlaggestaltung: Atelier Höpfner-Thoma, München
Umschlagabbildung: AKG, Berlin
Satzarbeiten: IBV Satz- und Datentechnik GmbH, Berlin
Druck und Bindearbeiten: May & Co., Darmstadt
Printed in Germany
3-426-19173-3

2 4 5 3 1

Und wie, wenn nun von Lieb
Ein Übermaß sie trieb
Bis in den Tod?
Hier schreib ich's auf im Vers:
MacDonnagh und MacBride
Und Connolly und Pearse
Jetzt und für alle Zeit
Verwandelt sind sie ganz und gar –
Eine schreckliche Schönheit ward offenbar.

William Butler Yeats
Aus: »Ostern 1916«

Prolog

Ich habe meine Schwester immer geliebt. Mehr als es unter Geschwistern üblich ist... mehr vielleicht, als die Welt je begreifen mag... doch nicht mehr, als sie es verdiente.
Von heutiger Warte aus ist es ein leichtes festzustellen, daß alles an ihr dazu angetan war, Superlative auf den Plan zu rufen: die Leidenschaftlichste, die Starrköpfigste, die Treueste. Sie war das außergewöhnlichste Geschöpf, das ich je gekannt habe, und dabei am Ende die Sanfteste von uns allen.
Als Constance FitzGibbon kam sie zur Welt – ein hochherziges Geschöpf, doch so unergründlich wie das Moor und so ungestüm wie die Brandung unten am Strand vor unserem Elternhaus. Sie war die Beste von uns. Vielleicht war ihr Leben das Beste, was uns Sterblichen vergönnt ist.

Es fällt mir nicht leicht – selbst nach all den Jahren der Trennung nicht –, heute ihre Geschichte zu erzählen; zum einen, weil ich sie liebte, und zum anderen, weil ihr Leben zur Legende geworden ist. Wie konnte sie nur in Abenteuer verwickelt werden, die ich mir waghalsiger nicht hätte erträumen können? Abenteuer, die manche närrisch fanden und andere rühmten? In all den Jahren habe ich mir unzählige Male diese Frage gestellt – ich bin fünfundsiebzig, jetzt, da ich mit der Niederschrift meiner Erinnerungen beginne, und ich hatte reichlich Zeit zum Nachdenken –, doch im Grunde kenne ich die Antwort, denn alle Abenteuer ihres Lebens waren ehrenhaft und mutig. Meine Schwester, müssen Sie wissen, war immer, schon als kleines Mädchen, beides gewesen.
Con war vier Jahre jünger als ich. So war ich bei ihrer Geburt schon alt genug, um mir vorzustellen, ich sei ihre Mutter. Unsere

wirkliche Mutter war drei Tage nach der Geburt meiner Schwester gestorben, und obgleich Constance und ich eine Gouvernante hatten, stürzte ich mich mit wahrer Begeisterung und mit aller Würde, deren eine Vierjährige fähig ist, auf die Rolle der Ersatzmutter.

Meine Mama war, soweit ich zurückdenken konnte, stets zart und anfällig gewesen, ein schlankes, schmächtiges Geschöpf, nicht klein, aber so zerbrechlich, daß sie nachgerade durchsichtig wirkte. Mein Vater liebte sie sehr, doch strotzte er derart vor Lebenskraft, daß Mamas Zartheit neben ihm um so mehr ins Auge sprang, und während ich Papa für vollkommen hielt, fand ich an ihr mancherlei auszusetzen.

Mein Vater war eine imposante Erscheinung: sein Schnurrbart prächtig, wie es sich für einen Herrn seines Standes geziemte; seine unverkennbar militärische Haltung ebenso untadelig wie sein Auftreten aristokratisch. Zu sagen, daß ich ihn verehrte, wäre untertrieben. Mehr verehrte als liebte, wohlgemerkt, denn er war eine zu selbstherrliche Persönlichkeit, um wahrhaft geliebt zu werden.

Schon als Kind verstand ich gut, warum meine Mutter Papa anbetete: Seine Kraft und sein Verstand, ganz zu schweigen von seinen bravourösen Reiterkunststücken, waren zu seiner Zeit in aller Munde; und er sah gut aus, wie ein Bühnenheld. Schwieriger schien es mir, seine Liebe zu meiner Mutter zu begreifen, die doch ein so scheues und zartes Persönchen war. Zu meiner Schande muß ich gestehen, daß sie mir zu traurig, kraftlos und blutleer vorkam; zwar bewunderte ich ihre Anmut und Würde, aber ich wünschte mir nun einmal eine Mutter, die meinem unvergleichlichen Papa ebenbürtig gewesen wäre. Eine Juno neben ihm, unserem Jupiter, schwebte mir vor, und diesem heroischen Bild entsprach sie leider ganz und gar nicht.

Wie ungerecht Kinder doch in ihrem Urteil sind. Später, als Erwachsene, stieß ich durch Zufall auf die Tagebücher meiner Mutter, und bei der Lektüre lernte ich sie (tief bekümmert über mein Fehlurteil) als liebende und tapfere Frau kennen, die das Schicksal bereits im Alter von achtundzwanzig Jahren mit einer unheilbaren Krankheit geschlagen hatte. Sie litt an den Folgen einer Schwindsucht, die sie sich als Kind in Indien zugezogen hatte, wo ihr Vater eine Zeitlang Dienst tat, und unser irisches Klima wirkte sich nicht eben günstig auf ihren Zustand aus. Trotz ihrer anfälligen Konstitution hatte sie die Unbilden des Kindbettes und die mannigfachen Pflichten eines großen Haushalts – wir hatten damals vierzig Bedienstete (die neun Gärtner mitgerechnet) – auf sich genommen, aus Liebe zu meinem Vater.

Aus ihren Tagebüchern sprach eine beherzte, gütige und unbeugsame Seele, gefangen in einem siechen Körper, der unaufhaltsam ihre Lebenskraft verzehrte. Was ich als Blutleere mißdeutet hatte, war nur die Ergebenheit in ein Schicksal, vor dem es kein Entrinnen gab.

Anscheinend hatte der Arzt ihr gesagt, daß die Geburt eines weiteren Kindes ihren Tod bedeuten würde, doch sie hatte dieses Urteil sorgsam vor meinem Vater geheimgehalten; ob aus ehelichem Pflichtgefühl oder aus Optimismus, vermag ich nicht zu entscheiden. Was immer auch ihr Beweggrund gewesen sein mag – vielleicht war es einfach Liebe –, jedenfalls wurde sie wieder schwanger. Und so kam am einundzwanzigsten März 1879 meine Schwester und teuerste Freundin Constance FitzGibbon zur Welt. Ich liebte meinen älteren Bruder Desmond von Herzen, aber das Band zwischen mir und meiner Schwester war von Anfang an stärker.

Ich hatte sie ins Herz geschlossen, sobald ich sie zum erstenmal in den kräftigen Armen der Kinderfrau erblickte, ein winziges, rotgesichtiges Dingelchen mit seidigem Schopf. Die Kinderfrau legte sie mir auf den Schoß – ein strampelndes, quicklebendiges Bündel; die zarten Fingerchen umklammerten die meinen mit erstaunlicher Kraft, und da wußte ich, daß sie mir gehörte. Nicht meiner Mutter und meinem Vater, wohlgemerkt; sie waren lediglich die Werkzeuge zu ihrer Erschaffung. Aber die Lebenskraft, der Geist, dieses vollkommene, herrliche kleine Wesen in meinen Armen, das gehörte mir.

Später behaupteten die Leute, der schwere Schock über den Verlust meiner Mutter habe den Anstoß dazu gegeben, daß ich meine Schwester derart vergötterte, und ich ließ sie in dem Glauben, denn ihr Mitleid gewährte mir mehr Freiheit im Umgang mit dem Baby. In Wahrheit hatte Mamas Tod nicht das geringste mit meiner Hingabe zu tun.

Con war ein wunderbares Kind. Eigensinnig, lustig und blitzgescheit; zugleich alt und jung, mit leidenschaftlichem Temperament und heiterem Gemüt – zwei einander durchaus nicht widersprechende Charakterzüge, wenngleich man sich zu großen Leidenschaften fähige Menschen gern düster und grüblerisch vorstellt.

Con war nichts weniger als das. Sie konnte kaum laufen, da saß sie schon wie die Tochter eines Zentauren im Sattel. So waghalsig ritt sie, daß die Stallknechte um ihretwillen Todesängste ausstanden, doch sie hatte anscheinend einen wachsamen Schutzengel, denn ihr Leben lang holte sie sich beim Reiten auch nicht die kleinste Schramme.

Mein Vater war entzückt von ihrer *joie de vivre,* ihrem beherzten Mut, ihren Reitkünsten und ihrer Freude an der Jagd sowie an jeglichem Freiluftsport – Eigenschaften, die bei kleinen Mädchen damals selten waren.

Jetzt, in der Rückschau, drängt sich mir die Frage auf, ob all die väterliche Kameraderie, die dem Kinde damals so wohlzutun schien, meine Schwester nicht erst auf jenen dornigen Pfad hinlenkte, der ihr Lebensweg werden sollte. Hätte er sie nicht schießen gelehrt, wäre es mir womöglich erspart geblieben, sie an jenem Karfreitagmorgen auf der Barrikade zu sehen, wo sie kurz vor dem kläglichen Ende des Aufstands einen Trupp hergelaufener Rebellen befehligte. Obgleich seitdem mehr als dreißig Jahre vergangen sind, sehe ich sie noch immer deutlich vor mir wie damals: groß und schlank in ihrer närrischen Uniform, einen blutgetränkten Verband achtlos um die Brust geschlungen, das Gewehr mit dem beiläufigen Stolz derer geschultert, die sehr wohl damit umzugehen wissen. Wie eine kriegerische Königin der Antike erschien sie mir an jenem Tag, und doch weinte sie, als wir uns umarmten, beide voller Angst, einander in diesem Leben nicht wiederzusehen.

Hätte mein Vater sie nicht gelehrt, sich mit Männern zu messen und sich einem jeden von ihnen ebenbürtig zu fühlen, hätte sie dann den Mut aufgebracht, einem Weltreich zu trotzen? Oder ist es einfach so, daß Gott unser aller Los im geheimen verborgen hält und meine Schwester lediglich ihr vorgeschriebenes Schicksal erfüllte, ohne daß ihr je eine andere Wahl geblieben wäre? Vielleicht kommt es auf das Warum heute nicht mehr an …

Aber ich greife meiner Geschichte vor. Was liegt daran, »warum« sie zu jenem wilden Schwan heranwuchs, der sie war? In Wahrheit kommt es nur auf eines an – daß ich ihre Geschichte erzähle.

Also ans Werk... Dies ist die Geschichte ihres und meines Lebens, sie erzählt von all denen, die ich geliebt habe, den Lebenden wie den Toten – und natürlich von jenem sonderbar verhängnisvollen Ort oder Geisteszustand, der die Fäden wob zu dem verschlungenen Strang aus unser aller Los – Irland.

Wir hatten eine ungewöhnliche Kindheit, Con, Desmond und ich. Unsere Mutter zu früh gestorben, unser Vater so sehr in Anspruch genommen von der Ausübung des Gesetzes und der Leitung eines großen Besitztums, daß ihm wenig Zeit für uns blieb. Wir waren zumeist der Obhut von Kindermädchen und Dienstboten überlassen, verbrachten also unsere vornehme Kindheit in Gesellschaft der niederen Klassen. Wir erwarben eine Leichtigkeit im Umgang mit ihnen, die wir uns ein Leben lang bewahrten.
Morgens hatten wir von acht bis zwölf Unterricht, nach dem Mittagessen begann unsere Freizeit. Da die Küche der Mittelpunkt des Hauses war, fühlten auch wir uns dort hingezogen. Hier schnappten wir all den Klatsch und Tratsch auf, an dem sich Dienstboten laben... Hier lernten wir das irische Volk kennen. Wir hörten von Blumen, die man am ersten Mai auf die Türschwelle streuen muß, um die Elfen auszusperren, und davon, daß man es den Kühen erzählen muß, wenn jemand im Sterben liegt. Wir erfuhren von schwarzen Feen, die den Tod voraussagen, und von dem Zwergenvölkchen, das in Berghöhlen haust. Wir lauschten dem lyrischen Tonfall der irischen Sprache und lernten die Schrecken von Fegefeuer und Verdammnis kennen, die Katholiken offenbar weit mehr zusetzen als anderen Menschen.
Mein Vater war ein Barrister, ein Rechtsanwalt von hohem Ansehen, der von solchem Aberglauben nichts wußte. Von ihm lernten wir, was von Kindern aus unseren Kreisen erwartet wurde. Er schätzte Ordnung allenthalben, den Haushalt inbegriffen, und sein Leben verlief in jeder Beziehung mit der Exaktheit eines Schweizer Uhrwerks. So stellte er denn nach dem Tode meiner Mutter eine exakte Person ein, damit sie seinen Haushalt exakt leite; doch da sie Buchführung und Dienstbotendrill vor Kinderbetreuung den Vorzug gab, konnten wir drei, sofern wir sittsam waren und nicht gegen die Vorschriften verstießen, unsere Nachmittage mehr oder weniger nach eigenem Gutdünken gestalten,

eine Freiheit, die Desmond und ich zu Lebzeiten unserer Mutter nicht genossen hatten.
Weder Con noch ich gerieten je ernstlich mit der Hausordnung in Konflikt, aber Desmond, als Junge, neigte zu Ungestüm und bekam folglich in regelmäßigen Abständen und mit voller Wucht Mrs. McGintys »Betreuung« zu spüren.
Vater überwachte unsere Ausbildung, die streng war und sowohl Griechisch als auch Latein beinhaltete. Im Widerspruch zu den Gepflogenheiten der Zeit bestand er darauf, daß Con und ich das gleiche lernten wie Desmond. Die Leute sagten, das sei leichter für ihn, als eigens für uns Mädchen einen zweiten Hauslehrer zu engagieren, doch ich glaube, daß Überzeugung und nicht Bequemlichkeit ihn zu diesem großzügigen Arrangement veranlaßte.
Vater unterwies uns auch in den Zerstreuungen der adeligen Kreise wie Reiten und Jagen. Desmond war gut darin, aber Con übertrumpfte ihn, und ich, die ich weder auf diesem noch auf jenem Gebiet sonderliches Talent entwickelte, blieb mir selbst überlassen, wenn meine Geschwister mehrmals die Woche mit Papa ausritten.
Um die Stunden gerecht zu verteilen, die er mit jedem von uns verbrachte, nahm Papa sich an jenen Tagen abends Zeit, um mit mir zu lesen, meine erklärte Lieblingsbeschäftigung. Wenn ich mich auch keiner anderen nennenswerten Talente rühmen konnte, aufs Vorlesen verstand ich mich recht gut. Da Con und Desmond sich bei derlei Rezitationen langweilten, hatte ich meinen Vater an diesen kostbaren Abenden für mich allein. Kurz gesagt, jeder von uns empfing etwas ganz Besonderes von ihm, und weil er uns so außergewöhnlich schien, waren wir dankbar für das Geschenk.
Desmonds Leben war wesentlich härter als Cons oder meines, denn Männer wie mein Vater stellen an ihre Söhne ungeheure Forderungen, von denen eine Tochter verschont bleibt. Auch unterschied sich Des' Temperament – aufbrausend, abenteuerlustig, respektlos – so sehr von Vaters besonnenem Charakter, daß zwischen den beiden allzu leicht die Funken stoben.
Dennoch hatten wir im großen und ganzen eine glückliche Kindheit… eine Kindheit, in der wir Geschwister einander aufs innigste zugetan waren. Con, Des und ich bildeten das Universum der Familie, und an dessen Peripherie schwebte unser Vater als ein-

drucksvolles, gottähnliches Wesen. Erst in der Rückschau wird deutlich, welch großen Einfluß jene Vorstellung des »Wir drei gegen den Rest der Welt« auf unser späteres Schicksal nahm.
Ich brauche Ihnen kaum mehr über unsere Kindheit zu erzählen, außer, daß ich mit Abstand die Farbloseste von uns dreien war. Ich war fügsam, eine richtige Leseratte, ohne sonderlichen Hang zur Rebellion, ich liebte das Leben und vergötterte meine Schwester und meinen Bruder. Ich hatte die feste Absicht, alle in mich gesetzten Erwartungen zu erfüllen. Mein Ziel, sofern es diesen Namen verdient, war, erwachsen zu werden, einen Mann zu heiraten, der vor den Augen meines Vaters Gnade fand, einem großen Haushalt vorzustehen, reizende und sittsame Kinder in die Welt zu setzen und – so ganz nebenbei – Romane und Gedichte zu verfassen. Wenn damals irgendeine Leidenschaft in mir schlummerte, so war es die zum geschriebenen Wort.
Meine Geschwister hingegen schmiedeten in einem fort Pläne und dachten sich immer neue Abenteuer aus. Des würde zur Fremdenlegion gehen oder unter die Piraten; er würde das Osmanische Reich bereisen und mit dem Sultan von Bagdad Handel treiben. Die Quellen des Nils würde er erkunden und am nördlichen Polarkreis Eisbären jagen. Seine Träume waren hochfliegend und phantastisch, aber seine Verwegenheit, die ihm schon als Kind eignete, ließ sie alle glaubhaft erscheinen.
Con würde die Sligo Harriers anführen und große Opern komponieren. Sie würde im Herren- statt im Damensattel reiten; in Paris wohnen und der freien Liebe frönen; uneheliche Kinder haben und sie als ihre Nichten und Neffen ausgeben. Könige würden um ihre Gunst wetteifern, und sie würde als reiche Frau auf einer Südseeinsel sterben, wo die Eingeborenen ihren Leichnam in einem Heiligen Vulkan bestatteten.
Selbst ich fand mich im Vergleich zu meinen Geschwistern sterbenslangweilig.
So wuchsen wir heran: ein Dreigestirn, gefangen im Reich unserer Phantasie. Als Des ins Internat kam, waren Con und ich untröstlich. Vater verbrachte jetzt, da wir den Kinderschuhen entwachsen waren, längst nicht mehr soviel Zeit mit uns wie früher – ob er meinte, wir seien »fertig« und bedürften keiner Anleitung mehr, oder ob er in unserer Gesellschaft, sobald wir zu jungen Frauen heranreiften, ein gewisses Unbehagen empfand, habe ich

nie ergründen können. Was auch der Grund sein mochte, während unserer Mädchenjahre waren meine Schwester und ich sehr oft uns selbst überlassen, mit dem Erfolg, daß wir eine gewisse geistige Unabhängigkeit erlangten, die eine nicht unbeträchtliche Rolle in der Geschichte spielt, die ich Ihnen erzählen möchte.
Wie kann ich die Verbundenheit zwischen Con und mir angemessen beschreiben? Wir waren einander nicht ähnlich, sie leicht erregbar, ich passiv; sie strebte über unsere Welt hinaus, ich war mit ihr zufrieden. Und doch waren wir unzertrennlich. Ein Zigeuner, ein Kesselflicker, weissagte uns einmal, wir hätten schon tausend Leben miteinander verbracht, und wir zweifelten keinen Augenblick an seinen Worten. Wir verstanden einander, weniger intellektuell als vielmehr von innen heraus, denn wir waren seelenverwandt. Die Welt bestand gewissermaßen aus uns beiden, gefolgt von der übrigen Menschheit. Wir fühlten uns zugleich als Beobachter und Schiedsrichter; das Leben betrachteten wir durch ein Zauberglas, das nur wir allein besaßen. Wir waren durch und durch ehrlich miteinander, worauf sich ein unterschütterliches Vertrauen gründete. Brauchte Con etwas, so half ich ihr, und umgekehrt. Es gab nichts, was wir einander nicht hätten sagen können, nichts, was wir nicht miteinander teilten.
Meinen Bruder Des liebten wir beide von Herzen. Aber er war ein männliches Wesen und als solches rätselhaft, eingeengt durch die unerbittlichen Regeln seines Geschlechts, die keine Übertretung duldeten. Für Con und mich existierten derartige Regeln, die unserer Liebe zueinander Schranken auferlegt hätten, nicht. Eins der Kindergedichte, die ich am liebsten vortrug, stammte von Robert Louis Stevenson und schloß mit den Versen:

O Herr, sieh an unsere Familie, so hier versammelt ist,
Schenk uns Frieden, Frohsinn und ein reines Herz.
Laß uns tapfer sein, o Herr, in jeder Gefahr,
Standhaft, allen Launen des Schicksals zum Trotz.
Und bis an die Schwelle des Todes,
Laß uns vereint sein in Lieb und Treu.

Man könnte diese Verse unseren Leitspruch nennen. Ein Versprechen aus der Kinderzeit, an das man sich noch im Alter erinnert. Natürlich war es auch ein prophetisches Gedicht, aber damals, in unserer Jugend, ahnte noch niemand, daß es einmal Cons Grabspruch werden würde.

Manchmal glaube ich, daß alles an jenem denkwürdigen Tag im Jahre 1898 begann... Ich war damals jungvermählt, mit Lord Edmond Manningham, Graf von Sligo, dessen Besitz im Osten an den unseren grenzte. Wie es sich für eine Zweiundzwanzigjährige in solcher Lage gehört, bildete ich mir ein, ich sei verliebt. Mein Gatte war erheblich älter als ich (sechzehn Jahre, um genau zu sein), und er führte einen alten und vornehmen anglo-irischen Titel, der bis in die Zeit zurückreichte, da die Engländer zum erstenmal unsere schöne Insel betreten hatten.
Es waren außergewöhnliche Umstände, die den Engländern gestatteten, in Irland Fuß zu fassen, und ich muß ein wenig ausholen, um Ihnen die Familiengeschichte meines Mannes verständlich zu machen.
Im Jahre 1169 war Irland in vier Provinzen aufgeteilt, genau wie heute. Aber damals wurde eine jede von ihnen von einem König beherrscht, Ulster und Munster ebenso wie Leinster und Connacht. Einer dieser Fürsten, der mit einem anderen Provinzkönig in Fehde stand, bat Heinrich II. von England um Unterstützung und bot ihm als Gegenleistung seine Vasallendienste an. Im Lichte der späteren Ereignisse brauche ich Ihnen wohl nicht zu schildern, welche Folgen dieses Angebot hatte, das den Engländern ermöglichte, sich die nächsten siebenhundert Jahre in Irland einzunisten. Merkwürdigerweise hat die ganze Geschichte genau hier bei uns in der Grafschaft Sligo begonnen, und zwar auf Schloß Breffni, das bis zum heutigen Tage gut erhalten ist, ungeachtet der siebenhundert Jahre währenden Tragödie, die dort ihren Anfang nahm.
Dieser Exkurs in die Geschichte dient einzig dem Zweck, Ihnen zu erklären, weshalb die Manninghams, die Vorfahren meines Gatten, ihren irischen Landbesitz aus der Hand des Königs von England empfingen. Als nämlich der anglonormannische Adel erst einmal, in wahnwitzig erweiterter Auslegung jenes ursprünglichen Vasallentums, ganz Irland unterworfen hatte, trachtete England danach, sich das irische Volk auf Dauer untertan zu machen. Also verschenkte man großzügig Lehen und Titel an all jene, die sich auf dem Schlachtfeld hervorgetan oder der

Krone anderswo gute Dienste geleistet hatten, und es entstand die anglo-irische Oberschicht. Reich waren sie, diese Herren, und mächtig, durch und durch anglophil erzogen und anglophiler Gesinnung, aber auf immer nach Irland verpflanzt, als Grundherren eben des Volkes, dessen Besitz sie sich widerrechtlich angeeignet hatten.

Die Manninghams gehörten zu der eben beschriebenen anglo-irischen Adelskaste, und eigentlich zählten auch mein Bruder, meine Schwester und ich dazu, obgleich sich (wie die späteren Ereignisse zweifelsfrei beweisen) in unserer Familie die Anglisierung nie recht durchgesetzt hat.

FitzGibbon Hall, der Herrensitz, auf dem Con und ich zur Welt kamen, gebot über ausgedehnte Ländereien, und meine Familie war in der Grafschaft hoch angesehen. Der Sage nach war Red Henry FitzGibbon, unserem Vorfahren, der den Besitz von der Krone als Lehen empfangen hatte, soviel Land zugebilligt worden, wie sein bester Jagdfalke überfliegen konnte. Wenn die Geschichte wahr ist, dann muß dieser Falke ein sehr ausdauernder Vogel gewesen sein. Dutzende von Kleinbauern zahlten Pacht oder lieferten einen Teil der Ernteerträge ab, um ihr Land bewirtschaften zu dürfen, und dabei war Merrion FitzGibbon, mein Vater, seinen Pächtern ein anständiger Grundherr, jedenfalls nach den bei uns geltenden Maßstäben.

Meine von jeher gutmütige Familie hatte sich während und auch nach der Hungersnot durch beachtliche Milde hervorgetan, und das zu einer Zeit, da die meisten Besitzer der »Herrengüter« ihre armen Bauern von Haus und Hof jagten, weil sie nach der Kartoffelmißernte ihre Pacht nicht mehr bezahlen konnten. Mein Urgroßvater hatte soviel Geduld und Nachsicht an den Tag gelegt, daß die Einheimischen ihm den Beinamen »der Gute« verliehen, ein Ehrentitel, der unserer Familie in meiner Generation trefflich zustatten kam.

Die Familie meines Gatten, die Manninghams, hatte sich weniger entgegenkommend verhalten und war entsprechend weniger beliebt. Edmonds Großvater, Lord George Manningham, der die wehrlosen Bauern von ihrem kümmerlichen Besitz vertrieben und persönlich überwacht hatte, wie sein Verwalter die armseligen Behausungen mit einem Sturmbock niederriß, legte sich in der Gewißheit zur ewigen Ruhe, daß durch seine Schuld eine

Vielzahl von Familien hatten auswandern oder Hungers sterben müssen. Zum Lohn dafür fand er die ewige Ruhe schon bald.
Lord Georges unangemessene Begeisterung für Grausamkeiten brachte ihm eine wohlbemessene Kugel der Rebellen ein, die eines Abends kühn bis vor die Verandatüren seines Speisezimmers ritten, auf gälisch ausriefen: »So enden Tyrannen!«, und ihm, während er am Kopfende des Tisches seinen Braten tranchierte, mitten ins Herz schossen.
Es versteht sich von selbst, daß die Manninghams weder Anhänger des Fenier-Bundes waren noch irgendeine andere Bemühung der Iren unterstützten, die Engländer von ihrem Grund und Boden zu vertreiben.
Als wir heirateten, schien mir mein Gatte recht zufrieden mit der Verbindung, die er eingegangen war. Sowohl meine Schwester als auch ich galten als glänzende Partien in Sligo, ja in ganz Irland. Wir waren hübsch und gebildet – ich hatte eine Novelle veröffentlicht, dank der Hilfe eines Schulfreundes von Desmond, Sproß einer angesehenen Verlegerfamilie in Dublin. Zwar waren nur sehr wenige Exemplare meines Buches verkauft worden, doch die Kritiker hatten es wohlwollend aufgenommen, und so hielt ich mich für eine Schriftstellerin. Meine Schwester war bekannt für ihre musikalische Begabung und ihre Reitkünste – abgesehen davon waren wir beide reich, auch wenn unser Bruder Desmond das Stammschloß der Familie und den Großteil des Vermögens erben würde.
Edmond Manningham war charmant, belesen und ein vollendeter Gentleman, jedenfalls erschien er mir damals so. Er hatte mich zärtlich umworben und versprach mir ein wundervolles Leben als Herrin über einen stattlichen Besitz und Mutter wohlerzogener Kinder, die ein beträchtliches Vermögen erben würden. In der Rückschau ist das wohl kaum eine ausreichende Grundlage für die Ehe, aber damals wußte ein junges Mädchen herzlich wenig über die Bedeutung des Ehestandes. Und fügsam wie ich war, hatte ich mein Jawort gegeben und sonnte mich nun recht selbstgefällig in meinem neuerworbenen Status der verheirateten Frau.
Con und ich verbrachten nach wie vor viel Zeit miteinander, und an jenem Tag, der alles ändern sollte, hatten wir einen Ausflug geplant.

Es war ein silberheller Nachmittag. Der Regen flüsterte leise vor dem herannahenden Sturm; unbeweglich lauschten die Bäume längs der Bucht von Sligo, so als warte die ganze Welt auf ein unmittelbar bevorstehendes Ereignis von großer Bedeutung.
Wir waren gemeinsam am Strand spazierengegangen und hatten die Füße im eiskalten Wasser gebadet, aus purer Freude über diesen Tag, der zur Neige ging, und über das sinnliche Vergnügen, den Sand zwischen den Zehen zu spüren. Unsere rüschenbesetzten Unterröcke waren feucht vom Gischt, und winzige Sandkristalle hatten sich am Saum festgesetzt.
Con war achtzehn an jenem Tag, der unser Leben veränderte. Der Regen, der gleichsam alles auslöste, war mild; trotzdem suchten wir eilig einen Unterschlupf. Die Zuflucht, die das Schicksal für uns ausersehen hatte, war ein Cottage am Ufer der aufgewühlten See. Das Häuschen ruhte zur einen Hälfte auf dem Rücken eines kleinen Felsvorsprungs, während die andere direkt aus dem feuchten Sand emporzuwachsen schien.
Wie all solche irischen Cottages war auch dieses aus Feldstein und Lehm erbaut, weißgetüncht und strohgedeckt; der Rauch des Torffeuers, der aus dem Schornstein quoll, versprach Wärme und einen sicheren Hafen. Also gingen wir hinein, mit der arroganten Selbstverständlichkeit des Adels, der sich überall willkommen glaubt, wohin der Zufall ihn verschlägt.
In dem Cottage fanden wir einen jungen Mann und eine Frau in mittleren Jahren, die freilich, wie viele arme Leute, gut und gern zwanzig Jahre älter wirkte, als sie war. Ihr Mann sei Fischer, sagte sie, und mit seinem Boot draußen auf See, und dies sei ihr Sohn, Tierney O'Connor, ein guter, strammer Bursche, der seinem Vater bei der Arbeit zur Hand ginge, wenn er sich nicht irgendwo verkroch und davon träumte, nach Dublin zu ziehen und Dichter zu werden. Unbekümmert schwatzte sie drauflos, in der heiteren Mundart der Westküste, die hie und da mit ein paar gälischen Brocken durchsetzt ist, was ihre Sprachmelodie von jedem anderen auf Erden gesprochenen Englisch unterscheidet.
Doch ich hörte ihr schon bald nicht mehr zu und beobachtete stattdessen die beiden jungen Leute in dem vom Kaminfeuer spärlich erleuchteten Raum. Sie schienen kein Licht zu brauchen, um einander anzusehen. Da standen sie vor mir, auf dem gestampften Lehmboden dieser elenden Hütte: meine strahlendschöne, ger-

tenschlanke Schwester in ihrem adeligen Putz – der Preis für die Hälfte der Sachen hätte ausgereicht, um diese Fischersleute ein Jahr lang zu ernähren – und der bestaussehende junge Mann, der mir je begegnet war. Ein Umstand, der Constance offenbar nicht entging.

Er war hochgewachsen und stattlich wie eine Druiden-Eiche. Dunkle, wilde Locken fielen ihm in verschwenderischer Fülle in die Stirn und reichten im Nacken bis auf seinen Hemdkragen herab; seine Augen hatten die Farbe des Meeres nach einem Sturm; eine innere Schönheit ging von ihm aus, die mich verfolgt bis auf den heutigen Tag. Heute, aus der Erfahrung der verstrichenen Jahre heraus, könnte ich dieser Schönheit Namen geben: Charakter, Rechtschaffenheit und Mut drückten sich in ihr aus. Aber damals, vor einem halben Jahrhundert, schien es mir nur die Schönheit einer Seele, die sich aus ihrer Zeit und ihren angestammten Gefilden verirrt hat. Denn gewiß handelte es sich hier um einen Edelmann gleich jenem Zigeuner mit der Flöte, der seinen fürstlichen Rang verschwieg, auf daß seine schöne Angebetete ihn um seiner selbst willen lieben möge, ehe er ihr seine adelige Geburt enthüllte.

Constance und Tierney umarmten einander mit ihren Blicken, als wäre die übrige Welt von einem furchtbaren Abgrund verschlungen worden. Dieses Bild der beiden – wie sie verzaubert in seine hellen, nachdenklichen Augen aufschaute und er von seiner stattlichen Höhe so hingerissen auf sie herabsah, als habe die Göttin Athene selbst sein Heim betreten –, dieses Bild werde ich für immer in meinem Herzen bewahren. Es war ein Bild vollkommener Schönheit, und vom ersten Augenblick an schienen die beiden auf rätselhafte Weise im Einklang miteinander.

Auch ich war jung und bildete mir ein, ich sei verliebt, weshalb ich die Anzeichen wohl zu deuten verstand, die sich an jenem regnerischen Nachmittag in der Fischerhütte offenbarten.

Was rede ich da? Man hätte schon blind, taub und obendrein mit Torheit geschlagen sein müssen, um dieses lichterloh aufflammende Feuer nicht zu bemerken. Schließlich erinnerten sich Con und Tierney doch noch daran, daß sie nicht allein auf der Welt waren (zumindest in dem Maße, wie es ihnen auch später noch möglich war), und wir alle setzten uns zum Tee.

Falls Sie noch nie ein irisches Lehmcottage betreten haben, sollte

ich vielleicht dazusagen, daß der Tee dort nicht mit einer Teestunde im Buckingham-Palast verwechselt werden darf.
In ganz Sligo sahen diese Cottages gleich aus: als Fußboden die blanke Erde, dicke Mauern zum Schutz gegen das Wüten des Meeres, ein, höchstens zwei winzige Fenster (mehr würden nur Sturm und Kälte hereinlassen), eine große steinerne Feuerstelle, die Schwaden von Torfrauch in den schlecht gelüfteten Raum entsandte und das Strohdach schwärzte, welches den Himmel aussperrte. Diese Strohdächer waren im übrigen ein beliebter Unterschlupf für Tiere, deren Gequieke und Geraschele einiges zur Belebung des Cottages beisteuerte.
Was an dürftigem Mobiliar vorhanden war – ein, zwei Stühle, ein Tisch, ein Bett und in besonders wohlhabenden Familien vielleicht noch ein Nachtkasten –, hatten die Bewohner selbst gefertigt, so gut sie es eben vermochten. In der Ecke beim Kamin war häufig ein Strohlager für die Hühner und Schweine aufgeschüttet, sofern die Familie das Glück hatte, sich Tiere leisten zu können. Hier suchte ich vergeblich nach solchem Reichtum lebenden Inventars.
Mrs. O'Connor goß den Tee in uralte, irdene Becher, wobei sie sich wortreich dafür entschuldigte, daß keine Kuh mehr im Haus sei, weshalb sie uns nur noch »Stiermilch« (gedickter Schleim, den man von kochender Hafergrütze abseiht) anbieten könne.
»Du sollst dich nicht dafür entschuldigen, daß wir arm sind, Mama«, sagte Tierney mit tiefer, klangvoller Stimme. »Unsere Armut ist ehrenhaft, und ich werde mich vor einer Engländerin nicht dafür entschuldigen.« Die Nachdrücklichkeit und Überzeugungskraft, mit der er sprach, ließen mich aufhorchen. Con ebenso.
Sie entgegnete: »Wir sind keineswegs Engländerinnen, Mr. O'Connor. Meine Schwester und ich heißen FitzGibbon, und in unseren Adern fließt reinstes irisches Blut.«
»Aber doch wohl kein Fenier-Blut, Miß FitzGibbon«, versetzte er, nun etwas weniger angriffslustig, wie mir schien.
»Ich weiß nicht sehr viel über die Fenier, Mr. O'Connor...«, sagte meine Schwester. Sie wußte sehr wohl über sie Bescheid, jedenfalls aus der Sicht des Adels.
»Dem könnte man abhelfen...«, und damit begann unser galanter Gastgeber, uns in die Geschichte Irlands einzuführen.

Bei Gott, er war ein brillanter Redner – leidenschaftlich und zudem sehr bewandert. Es dauerte lange, ehe wir uns verabschiedeten und Tierneys Mutter für ihre Gastfreundschaft dankten. Den Rest des Nachmittags verbrachten wir am Strand, wanderten über den feuchten Sand und lauschten unentwegt, lauschten einer Geschichte, die den Menschen verändert, ihn ganz und gar verändert, wenn er sie nur richtig hört.

Ich war nicht ganz so empfänglich dafür wie Con – oder hatte ich einfach nur weniger Mut als sie? Ich war eine verheiratete Frau und auf dem besten Wege, mich in einem Leben einzurichten, in dem kein Platz war für revolutionäre Gedanken. Jedenfalls glaubte ich das. Doch der Mensch denkt, und Gott lenkt.

Erster Teil

Con und Tierney

Wie viele liebten dich im heitren Licht
Und, weil du schön warst, sahn dich mit Begier,
Doch einer liebt' das Pilgerherz in dir,
Die Trauer in dem wechselnden Gesicht.

William Butler Yeats

I

Con ging gleich nach dem Frühstück aus dem Haus. Für sie war es *ihr* Haus, denn wenn sie es auch nicht erben würde, so liebte sie es doch von uns dreien am meisten.

FitzGibbon Hall war ein weiträumiges Anwesen mit alten, zinnenbewehrten Festungsmauern und Ornamenten im georgianischen Stil. Den Westflügel bildete der ehemalige Bergfried, der im ausgehenden neunzehnten Jahrhundert nur mehr von Mäusen, Raben und anderem Getier bevölkert war, den einzigen, die es mit dem alles überwuchernden Efeu aufzunehmen wagten. Im Nordflügel befand sich ein noch bewohnbarer hoher Saal, vollgestopft mit antiken Waffen, farbenprächtigen Wappen und den ausladenden Geweihen zweier veritabler irischer Elche, eine Gattung, die inzwischen längst ausgestorben ist.

Dieser hohe Saal bildete gewissermaßen den Übergang zwischen dem alten und dem neuen Gebäudetrakt. Letzterer war im ausgehenden achtzehnten Jahrhundert im Stile Palladios begonnen worden, und bis zu seiner Vollendung fast hundert Jahre später hatte die Familie weder Kosten noch Mühe gescheut, um alles so prunkvoll wie möglich zu gestalten. Es war ein stattliches altes Haus, und Constance liebte es besonders.

Solange sie zurückdenken konnte, hatten sie und Beth jeden Morgen nach dem Frühstück im Damenzimmer zusammengesessen. Der Raum war ihr Heiligtum gewesen. Hier waren sie ungestört, sei es zu zweit oder in Gesellschaft der jungen Damen aus der Nachbarschaft, die am Besuchstag ihre Aufwartung machten. Um aber die Wahrheit zu sagen, Con und Beth fühlten sich in keiner Gesellschaft so wohl wie in ihrer eigenen.

Das Damenzimmer war stets sonnendurchflutet, ein beachtliches Kunststück im unwirtlichen Klima Irlands. Große Flügelfenster facettierten den achteckigen Raum von der Decke bis zum Fußboden und gaben den Blick frei auf architektonische Gartenanlagen und ausgedehnte Rasenflächen, die sich bis hinunter zur Sligo Bay

erstreckten. Fast das ganze Jahr über zwitscherten wohl ein Dutzend verschiedener Vogelarten draußen in den alten Bäumen, durch deren Blätter die Sonnenstrahlen wie filigranes Spitzenwerk ins Zimmer drangen und verspielte Figuren auf die polierten Dielen oder die hell tapezierten Wände tanzten.
Seit der Vermählung ihrer Schwester kam Con dieses Zimmer betrüblich still und verwaist vor. Obgleich von sehr unterschiedlichem Temperament, hatten die beiden Schwestern einander in allem, was sie taten und dachten, so ungewöhnlich nahe gestanden, daß die ersten Wochen nach der Hochzeit überschattet waren von Einsamkeit und dem quälenden Gefühl, etwas unwiederbringlich verloren zu haben.
Constance hüllte sich in ihren Umhang, froh, daß der Tag schön zu werden versprach. Sie war groß und schlank, besaß aber einen selten kraftvollen Körper; sie schritt kräftig aus, als wolle sie mit ihrem Schwung Natur und geltende Etikette gleichermaßen herausfordern.
Ihr langes, hellbraunes Haar, das ihr in üppigen Wellen über die Schultern floß, war aus der Stirn zurückgekämmt und an den Schläfen mit einfachen Spangen festgesteckt, als habe sie weder Zeit für weiblichen Tand noch Verlangen danach.
Kraftvoll wie ihr Körper war auch ihr Gesicht, mit kantigem Kinn und entschlossener Miene, dabei aber erstaunlich sanft und schön; alle Widersprüche ihres Wesens spiegelten sich in diesem Gesicht.
Con zögerte einen Moment lang, gehemmt von der plötzlichen Erkenntnis, wie tollkühn ihr Vorhaben war, schüttelte dann jedoch die unwillkommene Empfindung ab und lenkte ihre Schritte hinunter zum Strand. Sie hatte sich entschlossen, zu Fuß zu gehen; das würde ihr Zeit geben, ihren inneren Kampf auszufechten.
Seit sie und Beth vor drei Tagen auf die Fischerhütte und ihre Bewohner gestoßen waren, hatte Con unablässig mit sich gerungen. Es war natürlich heller Wahnsinn, zurückzugehen... nach dem attraktiven jungen Mann Ausschau zu halten; doch er hatte ihre Gedanken vom ersten Augenblick an mit verlockenden Fragen in Beschlag genommen.
Rasch durchquerte Con die Grünanlagen des Herrenhauses und trat hinaus aufs freie Feld. Am Fuße des Hügels angelangt, wandte sie sich nach rechts, der Bucht zu. All ihre Sinne fieberten

vor Erwartung. An diesem Morgen war sie mit der untrüglichen Gewißheit erwacht, daß sie ihn heute wiedersehen würde.

Tierney O'Connor saß am Ufer und besserte die Netze aus, mit denen sein Vater im kühlen Gewässer der Sligo Bay auf Fischfang ging. Er hatte nur mehr den einen Tag dafür Zeit, da sein Vater ihn auf dem Boot brauchte. Unablässig hatte er gehofft, das Mädchen vom Herrenhaus würde wiederkommen. Seit ihrer Begegnung in der elterlichen Hütte hatte er kaum an etwas anderes denken können.

Gewiß, es war lächerlich! Ein einfacher Fischer, der von einer Freundschaft mit so einer hochgestellten Dame träumt, ist einfach lächerlich – aber sie hatte nun einmal sein Verlangen und seine Neugier geweckt. Sie war faszinierend, anders als die Mädchen, die er kannte, schüchterne Dinger, gutwillig und einfältig, unfähig zu all der Anmut und Würde, die er in seinen Träumen beschwor. Ja, sie war eine Gestalt aus seinen rätselhaften Träumen, Träume, die ihm Gedichte einflößten und die Sehnsucht nach Dingen, für die kein Platz ist im Leben eines Fischers, Träume, die ihn bewogen hatten, der Irisch Republikanischen Bruderschaft beizutreten.

»Mr. O'Connor!« Cons Stimme übertönte die Brandung und schreckte ihn aus seinen Tagträumen auf. »Mr. O'Connor, sind Sie's? Ich hoffte so sehr, Sie hier zu treffen!«

Tierney ließ die Netze fallen, wischte sich verlegen die Hände an der Hose ab und ging der eleganten jungen Frau entgegen. Er war hochgewachsen und kräftig; eine Statur, die er teils seinen Vorfahren, teils steter körperlicher Arbeit verdankte. In seinen Bewegungen lag eine natürliche Harmonie, deren sich so leicht kein Edelmann rühmen konnte.

»Geben Sie acht, Miß FitzGibbon«, rief er besorgt. »Die Klippen sind schlüpfrig. Der Tang verfängt sich dazwischen, und bevor Sie sich's versehen, sind Sie schon ausgerutscht.«

Haltsuchend streckte sie die Hand nach ihm aus. Seine rauhen Finger umschlossen die ihren, und sie spürte seine Kraft auf sich überfließen wie eine Dosis Laudanum. Seine Züge waren nicht so ebenmäßig, wie Con sie in Erinnerung hatte, eher derb, aber seine männliche Ausstrahlung hatte nach wie vor einen unwiderstehlichen Reiz für sie.

»Warum sind Sie nicht draußen auf See, Mr. O'Connor?« stieß

Con atemlos hervor, sobald er sie auf sicheren Grund geleitet hatte.
»Wenn Sie die Wahrheit wissen wollen, ich hab' auf Sie gewartet, Miß.« Das gleiche charmante Lächeln, welches ihr schon im Cottage aufgefallen war, spielte um seine Lippen, und wieder dachte sie, daß ihr noch nie zuvor ein so faszinierender Mann begegnet war.
Con warf den Kopf zurück und lachte über die verblüffend offene Antwort, ein herrlich unbeschwertes Lachen, das silberhell über der dumpfen Brandung schwebte. Sie ist weder schüchtern, dachte er, noch ungehörig dreist. Nur voller Selbstvertrauen. Sie hat aber auch allen Grund dazu.
Tierney bemerkte den goldenen Schimmer in ihrem langen Haar, das frei und ungebändigt unter den Spangen hervorquoll. Die ebenmäßigen Züge verliehen ihrem Antlitz, auch wenn es nicht direkt schön zu nennen war, einen unvergleichlichen Liebreiz. Aber er las auch Kampflust in ihrem Gesicht. Und Entschlossenheit.
»Ich bin gekommen, damit Sie mir etwas über Ihre Fenier erzählen«, sagte Constance, während sie zusah, wie er mit dem Fuß die Netze beiseite stieß, um ihr Platz zu schaffen.
Mit einem raschen Seitenblick entgegnete er: »Ach, das ist aber wirklich schade! Ich hatte gehofft, Sie würden meinetwegen kommen!« Constance FitzGibbon war bislang nur an die hohlen Galanterien adeliger Stutzer gewohnt, und Tierneys Bemerkung verwirrte sie derart, daß sie ihm ohne Umschweife die Wahrheit gestand.
»Ich bin Ihretwegen hier, Mr. O'Connor. Seit wir uns vor drei Tagen von Ihnen verabschiedeten, hatte ich die Absicht, wiederzukommen.«
Er nickte, als habe er nichts anderes erwartet, und blickte aufs Meer hinaus. »Als ich noch ein kleiner Junge war, kam ich immer mit meinem Pa hierher und half ihm, die Netze zu flicken oder die Segel auszubessern. Aber ich war ein Tagträumer, und Pa ertappte mich oft, wie ich einfach so dasaß, die Arbeit auf dem Schoß, doch in Gedanken tausend Meilen weit fort, mal über, mal unter den Wellen. Mein Kopf war voll von Worten, die sich mit Macht zu Versen formen wollten.«
Tierney schaute zu ihr auf, wie um sich zu vergewissern, ob sie ihm auch zuhöre. Er bedeutete ihr, sich neben ihn zu setzen. Sie

raffte ihre Röcke, um sie vor dem nassen Sand zu schützen, und kam seiner Aufforderung ohne Zögern nach.

Er lachte wehmütig. »Sie können sich wohl vorstellen, wie glücklich mein Pa über den Gedanken war, daß er statt eines gestandenen Burschen, der ihm beim Fischfang helfen würde, einen Wechselbalg gezeugt habe, der zu nichts taugte, als Luftschlösser zu bauen.«

Er stützte sich auf den Ellbogen und betrachtete das Gesicht des Mädchens, das seinen Blick freimütig erwiderte. »Einmal hab' ich ihm gestanden, ich wolle nach Dublin gehen und Dichter werden. ›Gott steh uns bei‹, gab er mir zur Antwort. ›Ich werd' deiner Mutter sagen, sie soll für dich beten, damit dir diese Flausen vergehen, ehe die Leute Wind davon bekommen.‹« Tierney lachte stillvergnügt in sich hinein. »Das hat er natürlich nicht wörtlich gemeint. Aber doch beinahe.«

»Worüber schreiben Sie, Mr. O'Connor?« fragte sie neugierig. Sie fand sein Gesicht gut. Von derberem Schnitt als die, welche sie gewohnt war. Aber dennoch ein gutes Gesicht.

»In der Hauptsache über Irland. Alles mögliche. Patriotische Schwärmereien und Nachdichtungen unserer alten Sagen von keltischen Göttern und Helden, Heiligen und Sündern... was einem Iren eben so das Herz bewegt.« Er wirkte nachdenklich und heiter zugleich, eine seltsam erregende Mischung.

»Werden Sie mir Ihre Geschichten erzählen?« fragte sie.

»Ja, meine Geschichten, und was immer Sie sonst noch wissen möchten.« Wieder maß er sie mit jenem durchdringenden und verwirrenden Blick. Es lag etwas in seinen Augen, das sie nicht zu deuten verstand – nur soviel wußte sie: Mit leichtem Geplänkel hatte es nichts zu tun. »Ich bin übrigens mit einer Glückshaut geboren«, versetzte er rasch und wie zur Erklärung. »Meine Mutter sagt, ich hätte schon als Kind Dinge gesehen, die anderen verborgen sind.« Con war nicht sicher, ob er sich womöglich einen Scherz mit ihr erlaubte; er wirkte jedoch durchaus ernsthaft.

Tierney schwieg eine Weile und betrachtete sie dabei prüfend, als überlege er, ob es ratsam sei, ihr seine Gefühle zu offenbaren. Endlich sagte er in feierlichem Ton: »Wäre es nicht wunderbar, Miß FitzGibbon, wenn wir einander immer nur die Wahrheit sagten? Nichts als die Wahrheit, unser Leben lang?«

»Haben wir denn vor, unsere Bekanntschaft so lange auszudehnen, Mr. O'Connor?« fragte sie, verblüfft über sein vertrauliches Ansinnen.
»Haben Sie das nicht von Anfang an gespürt?« lautete seine wunderliche Gegenfrage. »War es nicht, als hätten wir einander schon seit jeher gekannt und als sollte das für immer so bleiben?«
Sie lachte nervös; seine Fragen hatten sie aus der Fassung gebracht. Dann schüttelte sie verwundert den Kopf und sagte: »Ja, wahrhaftig, genauso war's, Mr. O'Connor. Wenn wir immer ehrlich zueinander sein sollen, dann muß ich gestehen, daß ich bei unserer ersten Begegnung geradeso empfunden habe.«
»Sei's, wie es sei, Constance FitzGibbon, ich spüre, daß Sie und ich dazu ausersehen sind, Freunde zu werden. So unsinnig das auch klingen mag«, setzte er mit verlegenem Lächeln hinzu.
Tierney erhob sich von dem Felsen, strich sich mit den Fingern durchs dichte Haar, eine Angewohnheit, die sie schon bei der ersten Begegnung in der Fischerhütte liebenswert gefunden hatte, und bot ihr die Hand. »Falls meine Worte in Ihren Ohren vorwitzig geklungen haben, so bitte ich Sie um Verzeihung«, sagte er ruhig. »Es war nicht meine Absicht, Sie zu kränken.«
»Das haben Sie auch nicht getan.«
»Wollen Sie also einen Spaziergang mit mir machen und sich meine Geschichten über unsre Helden aus grauer Vorzeit anhören?«
»Mit dem größten Vergnügen, Mr. O'Connor.«
Ihr rasches Einverständnis entlockte ihm ein leises Lächeln.
»Und wollen Sie Tierney zu mir sagen, damit unser Spaziergang nicht gar so förmlich wird?«
Seine ungezwungene Vertraulichkeit amüsierte sie. »Ich heiße Constance. Und ich werde Tierney zu Ihnen sagen, wenn auch Sie mich beim Vornamen nennen.«
Er trat einen Schritt zurück und betrachtete sie abschätzend. »Ich glaube nicht, daß ich das tun werde, mein Fräulein«, sagte er schließlich. »Der Name klingt gar zu angelsächsisch für eine so reizende junge Dame. Für mich heißen Sie von heute an Con. Sie gleichen eher einer Kämpferin der Fenier als einer Protestantin. Conn, der heldenhafte Recke, oder Connla, der Sohn des legendären gälischen Häuptlings Cúchulainn – die alten Namen passen besser zu Ihnen.« Seine Augen blitzten übermütig.

»Vielleicht nenne ich Sie aber auch meine ›Schöne‹. Das würde sogar am besten passen.«
Sie legte den Kopf zur Seite, und ihre Augen verengten sich spöttisch. *Diese* Bemerkung war unverkennbar ein galantes Kompliment.
Er quittierte ihr Schweigen mit einem Lächeln. Dann hob er einen glatten Kieselstein auf und ließ ihn flach übers Wasser springen.
»Sie haben also noch nie von Cúchulainns Kampf mit Connla gehört?« fragte er unvermittelt.
Con schüttelte verwirrt den Kopf. Dieser Mann brachte sie aus dem Gleichgewicht, eine Erfahrung, die ihr gänzlich neu war.
»Ah, dann muß ich Ihnen davon erzählen, es ist nämlich eine meiner Lieblingssagen.« Tierney schloß die Augen, und als er zu sprechen begann, war seine Stimme warm wie der sonnenbeschienene Sand. Er wirkte seltsam verletzlich in dieser Haltung, als müsse auch er nach dem Gespräch seine Fassung wiedergewinnen.
»Cúchulainn war zur Zeit König Conchobars der mächtigste unter den großen Kriegern der Ritter vom Roten Zweig. Er hatte eine Frau namens Emer, die er sehr liebte, doch er verließ sie, um mit seinen Kampfgefährten die Welt zu durchstreifen. Emer blieb mit ihrem Sohn zurück, einem prächtigen Knaben, der auf den Namen Connla hörte.«
Während Tierney erzählte, schlenderten sie am Strand entlang, wie durch den Schwung seiner Worte in Bewegung versetzt.
»Emer aber war eifersüchtig auf Cúchulainn, denn ihr war zu Ohren gekommen, daß er sein Lager mit einer anderen teilte. Da beschloß Emer, Connla solle sie dereinst rächen. Und sobald ihr Sohn herangewachsen war, schickte sie ihn aus, ihre Ehre wiederherzustellen, indem er seinen Vater zum Zweikampf forderte.«
Im Erzählen gewann Tierneys Stimme nach und nach einen immer melodischeren Klang, und Con spürte, wie die alte Sage ihn in ihren Bann schlug. Als die Geschichte sich ihrem Höhepunkt näherte, griff er unwillkürlich nach Cons Hand. Doch kaum daß sie die Wärme und Kraft seiner Berührung fühlte, ließ er ihre Hand verlegen wieder los und setzte seine Erzählung fort.
»Nun standen aber Cúchulainn und sein Sohn unter dem Bann desselben Druiden… Der hatte einen Zauber über sie geworfen, auf daß keiner von beiden einem Kampfesgegner seinen wahren

Namen nennen könne. Und so kam es, daß Cúchulainn, als Connla ihn zum Gefecht forderte, sein eigen Fleisch und Blut nicht zu erkennen vermochte. ›Dein Gesicht erinnert mich an das Antlitz einer Frau, die ich einmal geliebt habe‹, sagte Cúchulainn zu dem Jungen, als das Gefecht in vollem Gange war, und er bat den Jüngling, sich zu ergeben. Doch Connla setzte den Zweikampf fort, bis er unter Cúchulainns Schwerthieben tödlich getroffen zu Boden sank.
Den alten Krieger rührte der tapfere Mut des Jünglings. Aber wie er das Gewand des Sterbenden löste, da entdeckte er auf seiner Brust ein Amulett, das er selbst Connla bei dessen Geburt geschenkt hatte. Nun endlich erkannte Cúchulainn seinen Sohn, aber es war zu spät, er konnte ihn nicht mehr retten.«
Gebannt vernahm Con, mit welcher Rührung Tierney seine Geschichte vortrug. Es mußte schon ein außergewöhnlicher Mann sein, den eine alte Sage so tief bewegte. Diese Empfindsamkeit stimmte so wenig mit seinem äußeren Erscheinungsbild überein, daß er ihr immer rätselhafter wurde, je länger sie ihm zuhörte.
»Cúchulainn, da er begriff, was er getan hatte, raste vor Schmerz! König Conchobar aber fürchtete, der große Recke könne sich in seinem Wahnsinn gegen ihn und seine Ritterschaft erheben und sie alle niedermetzeln, weshalb er seinen Druiden befahl, den weinenden Hünen zu verzaubern. Drei Tage lang sangen die Druiden dem gramgebeugten Krieger Runen ins Ohr, und am Morgen des vierten Tages erhob Cúchulainn sich als ein Verwunschener. Er hörte Kampfgetümmel, wähnte sich beim Namen gerufen und stürzte sich in die unbesiegbaren Fluten des Meeres.«
Die poetische Kraft seiner Stimme griff ihr ans Herz, und tief bewegt sah sie zu ihm auf. Als ihre Blicke sich trafen, las Con in seinen Augen eine solch brennende Leidenschaft, daß sie ihm, ohne recht zu wissen, was sie tat, ihre Lippen zum Kuß darbot.
Doch Tierney streckte nur seine große, schwielige Hand aus und strich ihr erstaunlich sanft die windzerzausten Locken aus der Stirn. »Ich werde mir Ihnen gegenüber keine Freiheiten herausnehmen, Con FitzGibbon«, flüsterte er mit heiserer Stimme.
»So hätte ich es nicht aufgefaßt, wenn Sie mich geküßt hätten.«
Seine Zurückweisung schmerzte sie nicht minder als ihr eigenes

Verlangen. »Ich habe mich aus freien Stücken hier allein mit Ihnen getroffen, und ich habe Ihnen deutlich zu verstehen gegeben, daß ich einen Kuß von Ihnen wollte.« Sie merkte selbst, wie ungehalten ihre Stimme klang, und schämte sich deswegen.
Ihr Unmut schien ihn zu bekümmern. Er sann einen Augenblick nach und sagte dann: »Wenn ich Sie küsse, Con FitzGibbon, und bei Gott, ich werde Sie küssen, dann will ich Ihnen mehr bieten können als eine Fischerhütte!« Ehe sie sich's versah, hatte er ihre Hand ergriffen, drückte sie andächtig an seine Lippen und lächelte.
Verwundert über dieses seltsame Gebaren – ihres ebenso wie das seine – schüttelte Con den Kopf. Welch merkwürdige Unterhaltung führten sie da? Was für ein Mann war dieser Fischer-Poet, der sie scheinbar mühelos aus dem Gleichgewicht zu bringen vermochte? Er wirkte derb, was sie irritierte, gleichzeitig aber magisch anzog. Seine Hände waren die eines Arbeiters, seine Kleider sahen schäbig aus, doch seine Gedanken waren alles andere als schäbig. Was war nur mit ihr los? Warum erschien er ihr so ungemein verführerisch im Vergleich mit den tadellos eleganten Männern ihrer Kreise? Die Männer, die ihr den Hof machten, waren alle aus demselben Holz geschnitzt: kultiviert, wohlerzogen, dandyhaft und arrogant in ihrer männlichen Überlegenheit. Dieser Tierney aber, ging es ihr durch den Kopf, ist einfach ein *Mann*... welch verlockender Gedanke!
Con wanderte mit Tierney bis ans Ende der Bucht und hinauf in die Ländereien von FitzGibbon Hall, so weit, wie sie ihn vor den Blicken der Tagelöhner sicher glaubte, die ihn womöglich an ihren Vater verraten hätten.
Von widerstreitenden Gefühlen bewegt, kehrte sie ins Herrenhaus zurück. Sie sagte sich, eine Freundschaft mit einem bettelarmen Fischer sei völlig undenkbar – und wußte gleichzeitig, daß diese Tatsache sie nicht im mindesten kümmerte.

Constance traf sich mit Tierney, sooft er sich fortstehlen konnte. Das Fischen mit seinem Vater und seinen Brüdern war harte Arbeit, und ihm blieb nur wenig Muße; trotzdem gelang es den beiden, Zeit füreinander zu finden.
Als der Sommer den Frühling ablöste, merkte ich mit jedem Tag

deutlicher, wie meine Schwester sich veränderte. Sie widmete sich dem Studium der irischen Geschichte; eifrig durchstöberte sie unsere Bibliothek nach einschlägigen Büchern, schleppte von Gott weiß woher schlecht formulierte Propagandaschriften ins Haus und sprach von früh bis spät nur noch über das vielfache Unrecht, welches sie bei ihrer Lektüre entdeckte.

Neu war auch, daß sie plötzlich soviel Aufhebens um ihr Äußeres machte. Da sie von Natur aus hübsch war, hatte sie sich nie sonderlich um ihre Erscheinung gekümmert. Doch auf einmal ertappte ich sie ständig vor dem Spiegel, wo sie sich von oben bis unten und von allen Seiten betrachtete und sich in die ohnehin rosigen Wagen kniff, um noch blühender auszusehen.

Bei Gott, sie war glücklich, und Tierney war der Grund dafür. Sie hatte in ihm einen Freund und Vertrauten gefunden... mehr noch, sie hatte jetzt eine Aufgabe, der sie sich mit all ihrer Leidenschaft widmen konnte. Denn seine unbändige Liebe zu Irland hatte sie angesteckt.

Anfangs maß ich all dem nicht viel Bedeutung bei, denn meine Pflichten als Ehefrau und Hausherrin nahmen mich ganz und gar in Anspruch, aber als der Sommer ins Land ging, dämmerte mir, daß dies keine Schwärmerei war, die von selbst vorübergehen würde, und ich fing an, mir Gedanken darüber zu machen, wohin die Romanze meiner Schwester führen solle. Allein, je fester Con sich an Tierney band, desto weniger mochte sie sich mir anvertrauen. Sie hatte natürlich ein Recht auf ihr Eigenleben, aber trotzdem kränkte es mich, wie sehr sie sich mir entfremdete. Ich redete mir ein, daß nur die Sorge um ihr Wohlergehen mich beunruhigte. In Wahrheit fühlte ich mich zum ersten Male ausgeschlossen.

Als mein Bruder Desmond gegen Ende des Sommers vom Trinity College heimkehrte, war ich erleichtert, da ich mir von ihm Rat erhoffte. Obgleich Des daheim zahlreiche gesellschaftliche Verpflichtungen erwarteten, wollte ich alles daransetzen, oft mit ihm und Con zusammenzusein. Des absolvierte gerade sein letztes Universitätsjahr, und alle Mütter der Grafschaft, die eine heiratsfähige Tochter hatten, rissen sich um ihn. Man hatte ihn so mit Einladungen überhäuft, daß er froh war, sich einen Tag freimachen und mit uns ausreiten zu können.

Mein Bruder Desmond war zwei Jahre älter als ich und so ansehnlich, wie eine Frau sich einen Mann nur wünschen kann. Er hatte dunkles Haar und blaue Augen und trug einen eleganten Schnurrbart. Des sei unverkennbar ein Sproß der Armada, die vor der Küste von Sligo gesunken war, pflegten wir scherzhaft zu sagen. Allein die Liebelei einer Ahnfrau mit einem heißblütigen spanischen Granden, so neckten wir ihn, könne diese faszinierende kastilisch-hibernische Mischung hervorgebracht haben, welche die Damenherzen jeder Grafschaft zwischen Sligo und Dublin höher schlagen ließ.

Soweit ich mich erinnere, hatte mein Bruder nur einen Fehler: Er war leicht erregbar und hochfahrend, was meines Erachtens mit seiner privilegierten Stellung Hand in Hand ging. Macht, Geld und Standesdünkel können einem temperamentvollen jungen Mann nur zu leicht in den Kopf steigen und ihn zum Draufgänger machen. Er handelt dann nach dem Motto: »Was ich auch riskiere, ich gewinne immer, denn die Götter sind auf meiner Seite.« Gerade dieses Ungestüm jedoch – von seinen besseren Eigenschaften wie Mut, Ehrgefühl und Gerechtigkeitsliebe einmal abgesehen – trieb Desmond später der irischen Freiheitsbewegung in die Arme. Als er in jenem Sommer heimkam, hatten wir indes noch keine Ahnung, was die Zukunft für uns bereithielt.

Im Schatten eines Erdbeerbaums machten wir Rast, alle drei in gehobener Stimmung.

»Hast du Cons Fischer schon kennengelernt?« fragte ich meinen Bruder, wohl wissend, daß diese Begegnung stattgefunden hatte, und begierig auf sein männliches Urteil.

»Jawohl, das habe ich«, versetzte Desmond gelassen. »Seit ich in Dublin studiere, sind mir übrigens schon mehrere von seinem Schlag über den Weg gelaufen.«

»Was willst du damit sagen?« fragte Con mit schneidender Stimme. In ihren Augen kam auf der ganzen Welt kein Mann Tierney O'Connor gleich.

»Du darfst mich nicht mißverstehen, Constance. Ich weiß, wie verführerisch diese Rebellen auf euch Frauen wirken. Und um ehrlich zu sein, der Mann hat mir gefallen. Aber das ändert nichts an der Tatsache, daß er als Bräutigam für dich nicht in Frage kommt, und keiner von euch beiden kann daran etwas ändern.«

Con schien zornig und verletzt, doch sie ließ Desmond ohne Unterbrechung weiterreden. »Ein Spiel mit dem Feuer, Constance, mein Liebes. Wie ihr beide einander anschaut... glaub mir, eine solche Liebelei kann nur ins Verderben führen.« Des war ganz der besorgte Bruder.

»Er ist ein liebenswerter Mensch, Des.« Con beherrschte sich nur mit Mühe. »Er ist rechtschaffener... weniger festgefahren in Traditionen und Vorschriften und starrer Etikette als irgend jemand, den ich kenne. Er gefällt mir einfach.«

»Doch er kann weder Bildung noch Besitz vorweisen, Constance! Und darum paßt er nicht zu dir. Wenn du ein Mann wärst, könntest du ein Verhältnis mit ihm haben, und damit wäre die Schwärmerei erledigt. Aber du bist nun mal eine Frau...«

»Was willst du tun, Con?« fragte ich, froh, daß ihr Problem endlich offen zur Sprache kam. Ich hoffte inständig, eine vernünftige Antwort zu bekommen.

»Ich weiß es nicht genau, Beth«, erwiderte sie. »Mir gefällt seine Kraft – und sein natürliches Wesen wohl auch. Und ich bin fasziniert von dem, was er mir über Irland erzählt. Nie zuvor habe ich jemanden gekannt, der sich mit soviel Hingabe für eine gute Sache einsetzt...«

»Bist du ganz sicher, daß er dich nicht bloß darum fasziniert, weil er zu den verbotenen Früchten gehört?« wollte Des wissen. Auch mich hatte diese Frage bewegt, aber ich hätte sie nie über die Lippen gebracht.

»Und selbst wenn das eine Rolle spielte«, gab Con gereizt zurück, »du weißt, daß ich mich in kein von starren Regeln diktiertes Leben fügen könnte, Des. Ich wünsche mir soviel mehr als das! Mehr als einen Ehemann, der so ist wie alle anderen aus unseren Kreisen, dazu eine Schar Kinder und endlose Bälle, Gartenfeste und Fuchsjagden.«

»Was wünschst du dir dann?« Es kränkte mich, daß sie so mir nichts, dir nichts all das verächtlich von sich wies, wonach ich mein Leben lang gestrebt hatte.

»Leben!« brach es aus ihr heraus. »Abenteuer... Gefahren... Liebe. Mein Gott, Beth, ich kann dir nicht einmal sagen, was ich mir eigentlich wünsche! Ich weiß nur, daß ich mehr will, als ich in unseren Kreisen je erreichen könnte. Und Tierney ist der erste Mann in meinem Leben, der mich glauben macht, daß meine Wünsche in Erfüllung gehen werden.«

»Na schön... aber sei um Himmels willen vorsichtig, Constance«, mahnte Des. »Spiel dein kleines Abenteuer zu Ende... wenn du unbedingt mußt... Nur denk darüber nach, was du da tust... Verdammt ansehnlich, der Mann, für so einen armen Teufel... Könntest in dein Verderben rennen.«

»Gütiger Himmel, Des!« rief ich entsetzt. »Du glaubst doch nicht etwa, Con würde eine Dummheit begehen?«

Con sah zuerst Des und dann mich lange an. »Und ob er das glaubt, Bethy... wer weiß, vielleicht hat er sogar recht!«

Damit sprang sie auf, griff trotzig nach dem Halfter ihres Pferdes, schwang sich in den Sattel und galoppierte mit wild flatternder Mähne davon.

Des und ich blieben bestürzt zurück. Er schien etwas sagen zu wollen, besann sich jedoch eines Besseren und schwieg. Dann bestieg auch er sein Pferd, und mir blieb nichts übrig, als seinem Beispiel zu folgen.

Aber unser Gespräch ging mir tagelang nicht aus dem Sinn. Meine Schwester war immer ein Dickkopf gewesen. Schon als kleines Mädchen hatte sie ganz genau gewußt, was sie wollte, und in den meisten Fällen entsprach das nicht gerade den Regeln. Es war vermutlich naiv von mir gewesen, anzunehmen, Con würde ihr Leben ebenso einrichten wie ich das meine, doch ich konnte mir damals keine gangbare Alternative vorstellen. Im übrigen hielt ich sie für ein so außergewöhnliches Geschöpf, daß ich ihr sehr wohl zutraute, alle Welt nach ihrem Willen umzuformen. Trotzdem fürchtete ich, daß sie in ein gefährliches Fahrwasser geraten war und der Strudel sie, ungeachtet ihrer Schwimmkünste, in den Abgrund reißen könnte – oder schlimmer noch: sie meinem Einflußbereich entziehen.

Con kleidete sich rasch an und ritt zum Strand hinunter. Ihre Treffen mit Tierney an jedem Tag, den er sich von der Arbeit wegstehlen konnte, waren schon zu einem Ritual geworden.

Tierney lehnte an der Kaimauer. Der Frühdunst, welcher in seltsam konturlosen Formen vom Meer aufstieg, verhüllte seine Gestalt, so daß Con ihn kaum erkennen konnte. Schon von weitem rief sie ihn beim Namen, aber der Wind, der über die Bucht hinstrich, trug ihre Stimme mit sich fort, und die weichen Nebelschwaden verschluckten das Echo.

Eine Weile betrachtete sie den jungen Mann eingehend. Er strahlte wirklich etwas Unirdisches aus; wie einer, der sich verirrt hat, dachte sie, und in Wahrheit gar nicht hierhergehört. Eine Geschichte fiel ihr ein, die er ihr vor kurzem erzählt hatte: die Sage vom Helden Oisín, einem Riesen, der dreihundert Jahre im Reich der Feen zugebracht hatte. Als er nach Irland zurückkehrte, war keiner seiner hünenhaften Freunde mehr am Leben; das Menschengeschlecht war auf das Maß der Sterblichen geschrumpft, und unter denen wirkte des Helden riesige Gestalt verloren. Tierney war ein bißchen wie dieser Oisín.
Er wandte sich um, als habe er ihren prüfenden Blick gespürt, und winkte ihr mit strahlendem Lächeln zu. Con gab dem Pferd die Sporen. Ein wohliges Gefühl stieg in ihr auf, ein Gefühl, das sie jedesmal in seiner Gegenwart überkam.
»Die Krone des Tages gebührt dir, meine Schöne«, rief er, als sie das Tier neben ihm zum Stehen brachte. Er streckte die Arme aus, faßte sie um die Taille und hob sie mühelos aus dem Sattel. Bevor er sie auf den Boden niederließ, zog er sie an sich, und sie spürte den festen Griff seiner Hände, die Wärme seines Körpers. Wäre es nach ihr gegangen, er hätte sie für immer in seinen Armen halten können.
»Und dir der Rest des Tages, mein schmucker Freund«, antwortete sie und lachte, um die Erregung zu überspielen, die sie in seiner Nähe unweigerlich befiel.
»Heute morgen haben wir einen Druiden-Himmel, Con«, sagte Tierney, der ihre Unruhe spürte. »Ich sah dich von drüben her die Nebel beobachten.«
»Dich hab' ich beobachtet.«
»Ach, sieh mal einer an! Aber würden die Druiden sich darüber nicht auch freuen?«
»Warum sollten sie?«
»Weil sie ein lebenslustiges Völkchen waren, unsere heidnischen Helden. Ja, erst das Christentum hat uns Iren Feuer und Leidenschaft geraubt.«
Con lächelte über seinen spöttischen Unterton und mahnte sich zur Geduld; gewiß empfand er genau wie sie.
»Wie ging es damals zu, Tierney? Erzähl mir davon.« Sie wußte, wie gern er sie mit selbsterdachten Geschichten unterhielt. Verstohlen schob sie ihre Hand in die seine, dankbar erwiderte er den

Druck ihrer Finger, und gemeinsam wanderten sie am Ufer entlang, hinter sich die feucht glänzenden Spuren ihrer Schritte im Sand.

»Zu jener Zeit gab es in Irland erhabene Herrscher, Con, die gleichzeitig große Krieger waren...« begann er, und sie lächelte im stillen über die Bereitwilligkeit, mit der er ihr eine Freude machte.

»Ich höre deine Geschichten sehr gern, Tierney«, sagte sie unvermittelt. »Sie rühren eine Saite in mir an, von der ich gar nichts wußte, bevor ich dich kennenlernte.« Als sie die Hand hob, um seine Wange zu berühren, kam er ihr zuvor, zog ihre Rechte an seine Lippen und küßte ihre Fingerspitzen. Con war sicher, daß er sie gleich in seine Arme nehmen und küssen würde. Statt dessen ließ er hastig ihre Hand los und fuhr in seiner Erzählung fort. Die flüchtige Berührung hatte ihn jedoch spürbar verwirrt.

Was hält ihn nur zurück? grübelte sie. Warum scheut er vor mir zurück, obgleich er mich von Tag zu Tag fester an sich bindet? Er habe ihr nichts zu bieten außer einer armseligen Fischerhütte, hatte er gesagt. Natürlich war das der Grund! Eine andere Erklärung gab es nicht.

»In jenen Tagen, meine Schöne, waren die Druiden auch die Richter des Landes. Sie allein bestimmten, was Recht ist. Sogar die Entscheidung über die Thronfolge lag in ihrer Hand.«

»Ich finde, Sie hätten einen wunderbaren König abgegeben, Mr. O'Connor«, versetzte sie ernsthaft.

Tierney lachte laut auf. »Vor vier- oder fünfhundert Jahren saßen O'Connors auf dem irischen Thron – einer von ihnen versuchte, die Normannen aus unserem Land zu vertreiben. Aber heutzutage sieht es nicht danach aus, als würde unsere Familie noch einmal Könige hervorbringen.«

»Ich hab's auch eher im übertragenen Sinne gemeint, mein Liebster.« Con stimmte in sein Lachen ein.

»Bin ich das wirklich?« fragte er, plötzlich ernst geworden.

»Was denn?«

»Dein Liebster?«

Die beiden standen einen Moment lang ganz still, und ihr Herzschlag übertönte das sanfte Rauschen des Meeres.

»Ja«, antwortete Con schlicht. Da nahm er sie in seine Arme, freilich eher zaudernd als glücklich.

»Meine Schöne, ich fürchte...« Der heisere Klang seiner Stimme ließ sie erschauern. Sie schmiegte sich fester an ihn und spürte, wie Widerstreben und leidenschaftliches Verlangen in ihm kämpften. Instinktiv, ohne zu überlegen, schlang sie den Arm um seinen Nacken, und während sie dankbar die warme Haut unter ihren Fingern spürte, stahl ihre andere Hand sich unter seine wollene Jacke. Daß sie die Führung übernahm, berauschte Con; schließlich, als sei ein unsichtbarer Bann gebrochen, erwiderte er ihre Umarmung und preßte sie heftig an sich.

Con schlug das Herz bis zum Hals. Unter Tierneys Liebkosungen drohten ihr die Sinne zu schwinden, nichts anderes zählte mehr, nur die zärtliche und fordernde Umarmung und ihre Erleichterung, daß er sie begehrte, wie sie es sich erträumt hatte.

Als sein Mund hungrig den ihren suchte, wuchs ihr eigenes Verlangen so übermächtig, daß sie erschrak. Sie spürte seine Hände, stark und rauh, auf ihrem Rücken und in ihrem Haar. So ungestüm drückte er sie an sich, als wolle er ihrer beider Körper miteinander verschmelzen. Con erwachte aus ihrem Glückstaumel, als sie merkte, wie etwas Hartes, Fremdes sich gegen ihren Leib preßte, etwas, das sie vorher nicht gespürt hatte. Kaum hatte sie begriffen, was sie fühlte, da riß Tierney sich auch schon brüsk von ihr los. Erhitzt und atemlos standen sie einander gegenüber; er wußte wohl, was als nächstes hätte geschehen sollen, und sie, die Ahnungslose, sehnte sich nach diesem Wissen wie nach nichts sonst auf der Welt.

Tierney, der völlig außer sich schien, mußte alle Kraft aufbieten, um seine Fassung wiederzugewinnen. Er nahm Cons Gesicht in seine beiden Hände und flüsterte so leise, daß sie ihn kaum verstand: »Und was sollen wir mit dieser unserer Liebe anfangen, mein Herz? Wo sollen wir hin mit ihr? Ich, ein armer Fischer, und du, eine große Dame?« Seine gequälte Stimme verriet ihr, daß er sich diese Frage wohl schon hundertmal gestellt hatte.

»Wir müssen unserer Liebe folgen, wo immer sie uns hinführt«, erwiderte sie, ohne zu wissen, ob er ihre Worte auch hörte, so laut pochte ihr Herz.

»Das könnte uns teuer zu stehen kommen, meine Schöne«, wandte er traurig und mit gepreßter Stimme ein.

»Und mag der Preis auch noch so hoch sein – ist unsere Liebe ihn nicht wert?«

»Für mich schon, Con. Aber du hast soviel mehr zu verlieren als ich.«

»Nichts, was ich nicht mit Freuden hergeben würde.« Er wußte, daß sie es aufrichtig meinte. Allein, das änderte nichts an der Ausweglosigkeit ihrer Lage.

Die junge Zofe, die vor Beths Hochzeit beiden FitzGibbon-Schwestern gedient hatte und nun Con allein zur Verfügung stand, sah die Sachen ihrer Herrin sorgfältig auf Flecken oder Risse durch; als sie keinerlei Mängel entdecken konnte, hängte sie Kleid und Umhang in den dunklen Eichenschrank und legte das Unterzeug für die Wäsche zurecht. Con hatte das Mädchen diese Handgriffe schon so oft vollführen sehen, daß sie kaum noch Notiz davon nahm. Heute abend hatte sie ohnehin anderes im Kopf.

Die Zofe wünschte ihrer Herrin eine gute Nacht, und als sie spürte, daß die junge Frau allein sein wollte, schlich sie auf Zehenspitzen aus dem Zimmer. Con nahm vor dem Frisiertisch Platz und löste ihre Flechten. Wie ein Wasserfall ergoß sich das lange Haar über ihre weißen Schultern, nicht weniger ungebärdig als die Empfindungen, welche sie den Nachmittag und Abend über in Aufruhr gehalten hatten. Halbherzig machte sie sich daran, ihr Haar zu bürsten, und betrachtete dabei grüblerisch ihr Spiegelbild, als erwarte sie von ihm die Lösung ihrer geheimen Qual. Tierneys Worte dröhnten in ihrem Kopf. »Wohin sollen wir mit dieser unserer Liebe?« Gibt es denn gar keine Zuflucht für uns? fragte Con ihr Spiegelbild. Wenn sie nur eine Antwort fände! Seit sie vom Strand heimgekommen war, verging sie fast vor Sehnsucht nach Tierney.

Wie sehr sie ihn begehrte, diesen fremdartigen, starken Mann, der Sehnsüchte in ihr weckte, denen sie willenlos ausgeliefert war! Sie sehnte sich nach seinen schwieligen Händen auf ihrem Körper, nach seinem forschenden Mund, seinen geheimnisvollen Augen, nach seiner harten, männlichen Kraft, die von Erfahrungen kündete, so alt wie die Welt.

Wie es wohl sein mochte, endlich Frau zu werden? Sie hatte gesehen, wie Pferde sich paaren, obgleich die Stallburschen alles versucht hatten, um sie fernzuhalten. Sie hatte gesehen, mit welch hitziger, ungestümer Gewalt der Hengst in die Stute eindrang und sie sich durch rohe Kraft gefügig machte. Aber nie und nimmer hatte sie sich den gleichen Vorgang zwischen Mann und Frau vorstellen können... bis heute nicht. Mit einemmal verstand sie, und mit dem Verständnis erwachte das Verlangen.

Die kühle Nachtluft ließ sie erschauern. Mit leichter Hand strich sie über ihre fröstelnden Glieder und stellte sich vor, es sei *seine* Hand, die sie streichle. Gütiger Gott, was mag es für ein Gefühl sein, nackt an der Seite des Mannes zu liegen, den man liebt? Sich für immer seinen Armen anzuvertrauen, die stark genug sind, die ganze Welt in Schach zu halten? Die Welt und das Gewissen; verstohlen schlich sich dieses letzte Wort in ihre Gedanken. Es war nicht leicht, sein Gewissen zum Schweigen zu bringen, wenn man das Glück, nach dem man sich sehnte, nur um den Preis erkaufen konnte, seine nächsten Angehörigen zu verletzen.

Ihren Vater, der sie so sehr liebte und der so stolz war auf seine außergewöhnliche Tochter – er wäre vor seinen Freunden gedemütigt. Ihre Geschwister? Nein. Sie würden Tierney kennenlernen, seine Kraft, seine Liebe... und sie würden ihre Schwester verstehen. Des würde sich anfangs vielleicht sperren, sich aber am Ende damit abfinden. Am meisten würde zweifellos sie selbst zu leiden haben. Auf Luxus und Bequemlichkeit, die sie ihr Leben lang für selbstverständlich gehalten hatte, würde sie verzichten müssen. In Tierneys Welt gab es keine Zofen, die einem abends die Kleider wegräumten und am nächsten Morgen frische herauslegten. Und es gab weder Köche oder Stallburschen noch Butler, deren einzige Aufgabe darin bestand, ihrer Herrschaft zu dienen und ihr das Leben angenehm zu machen.

Es würde ihr schwerfallen, FitzGibbon Hall auf immer zu verlassen... diese mächtige steinerne Festung, die sie liebte wie ein lebendiges Wesen... die sie als Kind bis in die verborgensten Schlupfwinkel durchstöbert hatte und die *ihr* Eigentum war, von den uralten Treppen und Türmen über die zinnenbestückte Brustwehr bis hin zu den elegant getäfelten Gesellschaftszimmern. Ihr Reich... ihr Erbe und das ihrer Kinder.

Con verschränkte die Arme über der Brust und preßte sie ganz fest an ihren Leib, als wolle sie den sehnsüchtigen Traum zurückholen, den ihre trüben Gedanken verscheucht hatten; doch der Zauber war erloschen. Da sie plötzlich fror, erhob sie sich, ging zum Schrank, holte ein langes, weißes Nachtgewand heraus, das mit winzigen weißen Rosenknospen bestickt war, und zog es an. Dann trat sie ans Fenster, schaute hinaus in die Dunkelheit und flocht ihr langes Haar zu einem einzigen dicken Zopf, um dessen unteres Ende sie ein schmales rotes Band schlang: ein Hauch von Rebellion, gewissermaßen.

»Ich liebe dich, Tierney O'Connor«, sagte sie ins Dunkel hinein. »Und arm oder reich – ich werde deine Frau. Gott ist mein Zeuge!«

Über ihre eigene Torheit lächelnd, blies sie die Kerze aus; und als sie zwischen die Laken schlüpfte, die eine Zofe glattgestrichen und vorgewärmt hatte, dachte sie an den Mann, nach dessen Bett sie sich sehnte.

2

Seaneen O'Sullivan, der Fenier-Führer aus Dublin, stand auf der schmalen, behelfsmäßigen Plattform und bat durch Handzeichen um Ruhe. Es war eine kräftige Hand, und schwielig wie gegerbtes Leder. Die Männer setzten sich auf sein Geheiß umständlich zurecht, so als machten sie sich auf eine lange Nacht gefaßt.

»Ich bin heute abend zu euch gekommen, um über die Freiheit zu sprechen«, begann O'Sullivan mit tiefer, volltönender Stimme. »Starker Tobak das, für einfältige Bauern wie unsereins, meint ihr nicht auch?« Unbefangenes Gelächter scholl ihm als Antwort entgegen. Tierney sah sich unter den stämmigen Fischern und Bauern um; er fragte sich, in wie viele solcher Keimzellen der Rebellion dieser Dubliner Revolutionär wohl schon den Traum von Kampf und Befreiung getragen hatte.

»Als ich noch ein kleiner Junge war«, fuhr Seaneen fort, »da hat mein Vater mir eingebleut, es gäbe dreierlei, dem man mißtrauen müsse: das Horn eines Bullen, den Huf eines Pferdes und das Lächeln eines Angelsachsen. Und ich habe in meinem Leben immer wieder die Erfahrung gemacht, daß er recht hatte.« Die Männer quittierten seine Worte abermals mit beifälligem Gelächter; O'Sullivan hatte sein Publikum fest im Griff. »Ich denke, wir sollten den heutigen Abend vielleicht mit einem kurzen histori-

schen Rückblick beginnen, um festzustellen, wie gut unsere englischen Grundherren dieses kleine Eiland in den letzten paar hundert Jahren regiert haben. Und wo könnten wir besser anfangen als mit dem Jahr 1845? Ist jemand unter euch, der die große Hungersnot noch miterlebt hat?
Neugierig reckten sich Köpfe nach links und rechts.
»Ja, ich!« Ein weißhaariger Alter erhob sich mühsam, auf seinen Schwarzdornstock gestützt. »Ich bin John Molloy, Sir.«
»Also, John.« Seaneen betrachtete den Mann mit zusammengekniffenen Augen. »Wollen Sie den Leuten nicht erzählen, an was Sie sich erinnern?«
»Bei Gott, das will ich, Sir! Anno fünfundvierzig war ich ein junger Spund von vierzehn Jahren. Meine Eltern hatten einen klitzekleinen Hof in Mayo. Der Acker war so schmal wie ein Handtuch, Sir, aber er warf doch genug ab, um uns jeden Tag den Topf mit Kartoffeln zu füllen. Auch für eine Kelle Kohlgemüse reichte es meist und am Sonntag gar für ein Löffelchen Schmalz. Unser Haus hatte mein Pa mit seinen eigenen zwei Händen erbaut, und die Eltern, meine beiden Schwestern, die drei Brüder und ich, wir lebten recht und schlecht darin.« Seine Stimme klang bewegt, und Tierney spürte, daß selbst nach einem halben Jahrhundert die Erinnerung für den alten Mann noch schmerzlich war.
»Aber dann kam der August '45«, fuhr Molloy fort. »Wie in jedem Jahr ernteten wir auch diesmal unsere Kartoffeln; dick und fest waren sie, daß einem das Herz im Leibe lachte. Doch nur zwei Tage später wurden sie mit einemmal schwarz und faulig und verbreiteten einen Gestank, der bis zum Himmel aufstieg. Die ganze Ernte war verloren. Aber ohne unsre Kartoffeln konnten wir die Pacht nicht zahlen. Da befahl der Gutsherr, daß man unser Cottage niederreißen und ausräuchern solle – der Graf von Mayo war das, der verdammte Hund. Meine Ma lag im Kindbett, aber sie rissen ihr das Haus überm Kopf ab. Mein Pa flehte den Gutsherrn an, wenigstens so lange zu warten, bis Ma wieder auf den Beinen wäre, aber dieser hartherzige Hurensohn lachte ihn nur aus.« Der Alte rieb sich verstohlen die Augen; die Stimme drohte ihm zu versagen.
»Der Schmerz raubte meinem armen Pa den Verstand – er ging dem Halunken an die Kehle. Vor uns Kindern schoß man ihm

eine Kugel durch den Kopf. Meine Mutter starb noch am selben Tag.« Er zog ein zerschlissenes Taschentuch hervor und schneuzte sich geräuschvoll.

»Wir Kinder zogen mit meinem Onkel fort. Der Winter stand vor der Tür, und keiner unsrer Nachbarn konnte uns helfen, weil nach dem Gesetz jeder, der vertriebene Pächter aufnahm, sein eigenes Hab und Gut aufs Spiel setzte. Meine Schwester starb am Nervenfieber; ein qualvoller Tod war das, möge sie in Frieden ruhen. Meine beiden jüngsten Brüder folgten ihr ins Grab. Der älteste schiffte sich nach Amerika ein, und mein Onkel kam bei der Plünderung eines Brotladens in Liverpool um, wo wir Arbeit suchen wollten. Derselben Schlägerei verdanke ich mein Hinkebein.« Zur Bekräftigung schlug er mit dem Schwarzdornstock gegen sein verkrüppeltes Bein.

Seaneens Miene verriet, wie sehr das Elend des Alten ihm zu Herzen ging.

Tierney beobachtete den Dubliner mit gespannter Aufmerksamkeit. Der Mann hatte seine Zuhörer in der Hand, ruhig und verständig leitete er die Versammlung, als sei seine Vorrangstellung eine Selbstverständlichkeit.

O'Sullivan war knapp einsachtzig groß und breit wie ein Kleiderschrank. Sein Nacken war stark wie der tragende Ast eines Baumes, seine Hände hatte die Arbeit in Gefängnissteinbrüchen rauh und schwielig gemacht.

Sein schwarzes Haar war grau gesprenkelt; unter buschigen Brauen funkelten dunkle Augen hervor. Das zerfurchte Gesicht war braungebrannt, eine bemerkenswerte Tatsache, wenn man das irische Klima bedenkt. Es war ein altes, der Welt überdrüssiges Gesicht, sein kräftiger Körper aber schien noch jung. Tierney war außerstande, sein Alter zu erraten.

Jeder in dem kleinen Versammlungsraum wußte, daß Seaneen unter den Feniern als eine Art lebende Legende galt. Er war sechsmal verhaftet worden und hatte etliche Jahre auf Kosten Ihrer Majestät gelebt. Die stumme Einsamkeit der Einzelhaft überstand er, indem er den Wachen Balladen und Gedichte der Fenier vortrug. An Händen und Füßen gefesselt, war er gezwungen, wie ein Hund vom Boden zu essen, brachte aber seine Kerkermeister mit Komplimenten an den Küchenchef zur Weißglut. Als man unter der Folter die Namen seiner Freunde erpressen wollte, trotzte sein bärenstarker Körper selbst den teuflischsten Qualen, wenngleich das Gerücht umging, er habe nach seiner Entlassung aus Brixton sechs Monate auf den Tod daniedergelegen, an Leib und Seele gebrochen. Die Verkleinerungsform »Seaneen« war ohne Zweifel nur Ausdruck von Zuneigung, ein Kosename gewissermaßen. Denn O'Sullivan war überlebensgroß.

Macht und Autorität handhabte er mit ruhiger Gelassenheit; mühelos hielt er sein Publikum in Bann.

»Ihr alle wißt«, sagte er, als man mit den Erinnerungen an die große Hungersnot zu Ende gekommen war, »daß wir einen langen Weg vor uns haben, ehe wir endlich in Freiheit leben können...«

Während der nächsten drei Stunden erweckte Seaneen den alten Traum wieder zum Leben... Er erzählte ihnen, was geschehen solle und wie sie sich daran beteiligen könnten.

Sobald er seine Rede beendet hatte, drängte Tierney sich zum Podium durch, um mit dem Dubliner zu sprechen. Die Zeit nahte, da er seine Zukunft selbst in die Hand nehmen mußte. Vielleicht war Seaneen der Mann, der ihm die Wahl erleichtern würde.

Nach der Versammlung ging Tierney den weiten Weg nach Hause allein zurück. Sein Kopf brannte vor Müdigkeit, zugleich aber war er aufgewühlt von den atemberaubenden Prophezeiungen, die er heute abend gehört hatte. O'Sullivan hatte ihn mit seinen Hoffnungen angesteckt. Freiheit für Irland! hatte er gefordert. Jener Traum, der die Aufstände von '98 und '67 entfacht hatte. Doch diesmal würde der Kampf siegreich enden. Irland den Iren! hatte er gesagt. Die Engländer endlich vertrieben und Irland frei. Bei Gott, der Gedanke war so berauschend wie ein Becher von O'Shaugnessys schwarz gebranntem Whiskey.

Dublin also hieß sein Ziel. Er hatte das natürlich schon immer gewußt. Doch seit Con FitzGibbon in sein Leben getreten war, hatte er den Gedanken von sich geschoben. Leidenschaftliche, lachende Con. Keine Frau für ihn, Con. Und dennoch begehrte er sie wie keine andere! Beim bloßen Gedanken an sie spürte er, wie sehr er sie brauchte, und er haderte mit sich, weil er ihr so gar nichts zu bieten hatte.

Aber wo war denn in dem Leben, von dem er heute abend gehört hatte, überhaupt Platz für eine Frau? Wie sollte er für Con sorgen, wenn er seinem Traum folgte?
»Du bist ein Narr, Tierney O'Connor!« rief er in die dunklen Klippen hinein, und die Fluten warfen das Echo seiner Stimme zurück. Ja, er war ein Narr, wenn er sich einbildete, sie könne seine Frau werden.
Tierney zog seine Jacke fester über der Brust zusammen, wie um das inwendige Frösteln abzuwehren. Wie könnte ich mich ihr je erklären, sie um ihre Hand bitten, sie in den langen Nächten in meinen Armen halten, wie ich's mir erträume? Was immer sie auch über die Zukunft gesagt hat, wie könnte ich sie je bitten, meine Frau zu werden? Con nackt in meinen Armen. Con in meinem Bett. Con, ganz hingegeben unserer Lust. Wie würde sie wohl sein? Genauso stürmisch und frei wie sonst? Genauso lebenslustig und leidenschaftlich?
Tierney lächelte in die dunkle Nacht hinein, denn das Bild, das in seiner Phantasie vor ihm aufstieg, war wunderschön, und unversehens formte sich in seinem Kopf ein Gedicht. Rasch setzte er seinen Weg fort. Mit einemmal war der Aufstand vergessen, ausgelöscht vom Rhythmus der Worte, die nach dichterischer Gestaltung verlangten.

Brüsk zügelte Constance ihr Pferd und wartete, bis Tierney sie eingeholt hatte. Der scharfe Ritt über den einsamen Strand hatte sie belebt, und obwohl sie vor Anstrengung außer Atem war, fühlte sie sich blendend. Das Reitkostüm aus dunkelgrünem Samt kleidete sie vorzüglich. Sie hatte die Angewohnheit, sich – über den Hals des Pferdes gebeugt – gegen den Wind zu stemmen und dem Tier unterm Reiten Ermunterungen ins Ohr zu flüstern. Wie sie so dahinpreschte, sah es aus, als wolle sie geradewegs in die Zukunft galoppieren; so unbekümmert und selbstbewußt saß sie im Sattel, daß man sie womöglich leichtsinnig und verwegen gescholten hätte, wäre sie nicht eine so ausgezeichnete Reiterin gewesen. Im ganzen Land wurde sie um die Eleganz und Grazie beneidet, mit der sie jedes Pferd zu meistern wußte. Es stand außer Frage, daß sie die Damenriege in der Jagd von Sligo anführen würde, sobald sie das vorgeschriebene Alter erreichte. Heute

freilich hatte sie nichts anderes im Sinn, als mit Tierney auszureiten.
»Du sitzt im Sattel wie die Frau von Shee!« Seine Stimme kämpfte gegen den Wind; der Gedanke, sie mit einer Fee zu vergleichen, ließ ihn schmunzeln. »Ich bin grün vor Neid!«
»Die Farbe kleidet dich prächtig, mein stolzer Fenier-Freund«, gab sie lachend zurück.
Weiter unten am Strand saßen sie in schweigender Übereinkunft ab. Con betrachtete ihn, wie er den schönen Rotschimmel, den sie aus dem Stall ihres Vaters geborgt hatte, am Zügel führte. Tierney war breitschultrig und seine Haltung voll Anmut – nicht zu vergleichen mit der anerzogenen Eleganz der Männer aus ihren Kreisen. Er schien vielmehr ganz im Einklang mit der Natur, und genau das machte seine Bewegungen so geschmeidig.
»Und was siehst du, meine Schöne, wenn du mich so prüfend musterst?«
»Ich hab' mir nur überlegt, was du wohl für ein Mann bist.«
»Aber, aber, das kommt sehr darauf an, ob du mich als den Fischer siehst, der ich bin, oder als den Dichter, der ich sein möchte.« Er lächelte.
»Und worin besteht der Unterschied zwischen beiden?«
»Sachte, meine Schöne, laß mich nachdenken. Ich würde sagen, Fischer sind Männer der Tat, und Dichter sind Männer des Friedens... meistens jedenfalls. In früheren Zeiten waren die Dichter allerdings zuweilen auch Krieger. So wie der Fahrende Sänger. Kennst du das Lied über ihn?« Sie schüttelte den Kopf, und ohne sich lange zu besinnen, stimmte er die bittersüße Weise an. Zwar schwang eine Spur von Befangenheit mit, aber Con fühlte gleichwohl, welch große Bedeutung dieses Lied für ihn hatte:

Der Fahrende Sänger, er zog in den Krieg,
Such ihn in den Reihen der Toten.
Des Vaters Schwert verspricht ihm den Sieg,
Die Wilde Harfe, sie macht ihm den Boten.

»O Land der Lieder!« So tönt der Barde,
»Bist du auch verraten von aller Welt,
Ein Schwert sei deiner Rechte Garde,
Eine Harfe dir die Treue hält.«

Der Sänger fiel! – Doch des Feindes Heer
Brach nicht seine Seele, stolz und frei.
Seine Harfe, die Liebste, sie sang nie mehr,
Denn er riß ihre Saiten entzwei.

»Dich entweih keine Tyrannei«,
Sprach der Harfner, »mein Lieb, verzeih.
Dein Gesang war rein und frei,
Nie soll er erklingen in Sklaverei.«

Als Tierney geendet hatte, beugte er sich vor und küßte sie aufs Haar. Das Lied hatte ihn tief bewegt.

»Als ich ein kleiner Junge war«, sagte er, wie um seine Rührung zu erklären, »habe ich dieses Lied oft gesungen und mir dabei den Sänger und seine Wilde Harfe vorgestellt. Er verkörperte für mich genau das, was ich eines Tages werden wollte: ein Sänger und Krieger. Einer, der seine Dichtung in den Dienst einer guten Sache stellt und mit seinen Liedern tapfere Männer dafür wirbt; einer, der unerschrocken für das in den Kampf zieht, woran er glaubt.

Welch erstaunlichen Mut muß einer aufbringen, fragte ich mich, daß er sein geliebtes Instrument zerstört, um ein Zeichen zu setzen. Daß er seine Muse zum Schweigen bringt, um den Wärtern zu beweisen, daß sie zwar seinen Körper einsperren, nie jedoch seine Seele bezwingen können.«

»Aber hat dein Sänger sich damit nicht selbst zu Fall gebracht, mein Liebster? Wäre es nicht besser für ihn gewesen, weiterzusingen und seine Botschaft zu verkünden, sogar noch im Kerker?«

Tierney lächelte sein unergründliches Lächeln. »Ach, Con, meine Schöne, das ist eine Frage, die nur eine praktisch veranlagte Frau stellen kann. Ist es besser, dem Tyrannen mit eindrucksvoller Geste zu trotzen, auch wenn sie nichts gegen ihn ausrichtet, oder ihn weiter zu bekämpfen, Schritt für Schritt, wenn es sein muß, und Lied für Lied? Als Kind wußte ich die Antwort nicht, und, um die Wahrheit zu sagen, ich habe sie bis heute nicht gefunden. Aber eines weiß ich, Con FitzGibbon. Für uns wird eine Zeit kommen, in der wir uns entscheiden müssen. Die große, auftrumpfende Geste, oder der Wassertropfen auf den Stein des Empires.«

»Ich fürchte, ich wäre eher für den Wassertropfen«, gestand sie.

Er musterte sie bedächtig, als wäge er ihre Worte im Lichte einer inneren Erkenntnis. »Glaubst du das wirklich, meine kriegerische Königin?« fragte er schließlich. »Ich habe da so meine Zweifel.«
Tierney band die Pferde an ein mächtiges, silberweiß schimmerndes Stück Treibholz; flüchtig ging ihm dabei die Frage durch den Kopf, woher der Baum, zu dem dieses Holz gehörte, wohl stammen mochte. Gewiß hatten die Fluten ihn weit, weit hergetragen, weiter, als er je von zu Hause fortgekommen war. Er sah sich nach Con um, die ihn abermals so aufmerksam betrachtete, als suche sie die Antwort auf eine unausgesprochene Frage.
Con und Tierney breiteten eine Decke auf dem feuchten Sand aus, setzten sich nieder und ließen sich von der Frühherbstsonne bescheinen. Lange schwiegen sie, und jeder hing seinen Gedanken nach; der Sommer war zu Ende, und das bedrückte beide schon geraume Zeit.
Während der warmen Monate hatten sie jede freie Minute miteinander verbracht, wenngleich es ihnen schien, als sei die Zeit allzu kurz gewesen, die er von seiner Arbeit abzweigen und sie sich von der Familie fortstehlen konnte. Ihre Gefühle füreinander waren längst über eine rein freundschaftliche Neigung hinausgewachsen, und beide drängte und ängstigte es gleichermaßen, den nächsten Schritt zu tun.
Seit jenem Tag, an dem er sie so leidenschaftlich geküßt und ihr seine Liebe gestanden hatte, war es zwischen Tierney und ihr nie zu mehr als einer flüchtigen Umarmung gekommen. Statt dessen hatte er sich ganz darauf konzentriert, sie über die irische Befreiungsbewegung zu unterrichten.
Auch wenn er sie zuweilen umarmte, ließ er sie immer abrupt wieder los. Wie kann er nur so hart sein? fragte sie sich ein übers andere Mal; sie sehnte sich nach soviel mehr. Sehnte sich nach seinen Händen und Lippen, nach seinen Armen, die sie festhielten. Gütiger Gott, sie wußte nicht einmal, *wonach* sie sich sehnte, und doch brannte sie vor Verlangen. Er mußte sie doch spüren, diese Sehnsucht, die mit jedem Tag zu wachsen schien. Aber nur sein Blick, der den ihren gefangenhielt, verriet, daß er sie verstand und ihre Sehnsucht teilte. Im übrigen wirkte er neuerdings regelrecht befangen in ihrer Gegenwart. Sie wußte, daß er den Standesunterschied zwischen ihnen beiden für so gut wie unüberwindlich hielt.

Oh, was gäbe ich darum, ein Mann zu sein! dachte sie enttäuscht. Dann könnte ich den ersten Schritt tun. Dürfte ihn berühren, die Hand nach ihm ausstrecken und meinem Verlangen nachgeben. Brauchte nicht immer die zurückhaltende Dame zu spielen, die spröde alle Wünsche und Begierden leugnet.

»Liebst du mich, Tierney?« Unvermittelt wandte sie sich um und sah ihm ins Gesicht. Sie hatte so lange über diese Frage nachgedacht, daß es schon Erleichterung bedeutete, sie auszusprechen.

»Gewiß, meine Schöne, und das weißt du auch recht gut.« Ihre Frage schien ihn zu verwirren.

»Warum versuchst du dann nicht, dir mehr Freiheiten herauszunehmen, junger Mann? Warum machst du mich nicht zu deiner Geliebten? Ich werde verrückt, wenn du's nicht bald tust.«

So ungestüm sprudelte sie ihre Fragen hervor, daß Tierney in schallendes Gelächter ausbrach. »Nein, so was! Wenn das nicht aus dem Munde einer erfahrenen Frau kommt! Einen Mann aufzufordern, dich zu seiner Geliebten zu machen!«

»Verflucht noch mal, Tierney, du weißt genau, was ich meine, und du darfst dich nicht über mich lustig machen! Ich liebe dich, und du liebst mich, und doch haben wir einander seit jenem Tag kaum berührt. Wenn du nicht darüber reden willst, dann muß eben ich es tun!«

So plötzlich, wie es begonnen hatte, erstarb sein Lachen wieder. Als Tierney ihr antwortete, wirkte er zornig. »Ja, verflucht, Constance FitzGibbon! Glaubst du denn, ich träume nicht unablässig davon, dich lieben zu dürfen? Dich in meinen Armen zu halten und dich deine adlige Welt vergessen zu machen, sie und alle Reichtümer und den kostbaren Flitter deines goldenen Käfigs, der dich von mir trennt? Glaubst du denn, mich macht es nicht verrückt, daß ich kein Recht habe, etwas von dir zu verlangen? Überhaupt kein Recht!«

Aus seiner Stimme klang ein Schmerz, wie sie ihn noch nie vernommen hatte. Wütend sprang er auf und rannte über den Strand davon, ehe sie noch etwas erwidern konnte.

Bestürzt eilte Constance ihm nach, ohne sich darum zu kümmern, daß ihr Rocksaum durch den nassen Sand schleifte. Als sie Tierney eingeholt hatte, funkelte er sie wütend an.

»Glaubst du denn, ich würde dich zu meiner Frau machen, obwohl ich weiß, daß wir in einer Lehmhütte hausen müßten, du an der Seite eines Fischers mit einem Haufen Kinder, die sich in der hehren Kunst der Armut üben? Meinst du, ich könnte es ertragen, daß du dich abhärmst, wie meine Mutter es zwanzig Jahre lang getan hat? Warum glaubst du wohl, habe ich dich seit jenem Tag nicht mehr angerührt? In Gottes Namen, Constance, versteh doch! Weil ich mir selbst nicht trauen kann! Weil ich nicht weiß, ob ich's übers Herz brächte, dich dann je wieder gehen zu lassen!« Er wandte das Gesicht von ihr ab, aber sie erkannte doch, daß eher Kummer als Zorn seine Züge verdunkelte.

Meine Hoffnung hat mich also nicht getäuscht! Er liebt mich! Sie ließ die erleichternde Botschaft einige Augenblicke auf sich einwirken, bevor sie antwortete. »Jetzt hör mir einmal gut zu, Tierney O'Connor! Glaubst du denn wirklich, nur du hättest zu leiden? Denkst du, ich liege nachts allein in meinem Bett und träume von meinen schönen Kleidern und meinem großen Erbe? Da täuschst du dich aber gewaltig! Ich träume von dir und davon, mit dir zusammenzusein.« Sie las den Zweifel in seinen Augen, ließ sich jedoch nicht beirren. »Damit du es nur weißt, Tierney – ich denke nicht daran, ohne dich zu leben, mein Lieber. Wenn das in meiner Welt nicht geht, dann müssen wir eben mit der deinen vorliebnehmen und dankbar sein, daß wir sie haben. Und wenn du mich nicht zur Frau nehmen willst, dann, bei Gott, ich schwör's dir... verführe ich dich auch so!« Wie sie so dastand, die Hände herausfordernd in die Hüften gestemmt, den Samtrock vom Wind gebauscht, brachte sie den jungen Mann unwillkürlich zum Schmunzeln.

»Was das Verführen angeht, meine Schöne«, erwiderte er sanft, »das überlaß gefälligst mir.«

»Ist das dein Ernst?« fragte sie. Oh, sie wußte es, hatte es von Anfang an gewußt!

Zorn und Kummer waren verflogen, ausgelöscht von einer knisternden Spannung, der sich beide nicht entziehen konnten.

»Und ob! Du mußt nämlich wissen, daß ich kaum noch an etwas anderes denken kann, seit ich dich das erste Mal in den Armen hielt.« Er legte ihr die Hände auf die Schultern, und sie spürte, wie ein Zittern ihren Körper erfaßte. Sie las die Frage in seinen Augen, und ihr Lächeln war beredter als jede Antwort. Da schloß er sie in seine Arme, zog sie an sich und küßte ihren dürstenden Mund, ihre Augen, ihr Haar; es war wie damals, und doch war es anders diesmal.

Constance fühlte sich von nie gekannter Leidenschaft fortgerissen. Ein schmerzliches Verlangen erfaßte sie, und sie ahnte, daß nichts im Leben ihr mehr etwas bedeuten würde, wenn dieses Verlangen ungestillt bliebe.

Zum erstenmal erlebte sie, welche Empfindungen die Lippen und Hände eines Mannes in einer Frau wachrufen können, entdeckte, wieviel mehr ihr Körper von der Liebe wußte als ihr Verstand. Wie wohl es tat, sich seiner Leidenschaft rückhaltlos hinzugeben! Sie fühlte sich wie von einer mächtigen Woge emporgetragen, einem Ziel entgegen, nach dem sie sehnsüchtig verlangte und das mit einemmal in greifbarer Nähe schien.

Doch als sei er plötzlich zur Besinnung gekommen, richtete Tierney sich auf und stieß sie von sich wie beim erstenmal. »Nein, Con, nein! So sollte es zwischen uns *nicht* sein. Wir dürfen unsere Liebe nicht so in den Schmutz ziehen.«

Fassungslos starrte Constance ihn an. Das Blut in ihren Schläfen hämmerte so laut, daß sie Mühe hatte, ihn zu verstehen. Diesmal würde sie die Entscheidung nicht ihm überlassen. »Ich liebe dich, Tierney«, sagte sie mit klarer Stimme. »Nichts, was wir miteinander tun, könnte unsere Liebe beschmutzen.«

Doch er schüttelte den Kopf. »Begreifst du denn nicht, meine Schöne?« flüsterte er wehmütig. »Noch kannst du deine Meinung ändern und unbeschadet in deine Welt zurückkehren – und das sollst du auch! Denn ich warne dich, meine einzige Liebe, wenn ich dich erst einmal in meinen Armen halte, gebe ich dich nie, nie wieder frei.«

»Und wenn du mich nicht mehr in die Arme nähmst«, versetzte sie, den Tränen nahe, »hätte das Leben keinen Sinn mehr für mich.«

»Ich will dich heiraten, Con, wenn wir nur einen Weg finden könnten.«

»Ich dich auch – aber wer würde uns hier in Sligo trauen, Liebster? Wer außer dir und mir? Der katholische Priester würde sich weigern, und der protestantische Pfarrer würde uns dem Zorn meines Vaters ausliefern, ehe er auch nur das Gebetbuch öffnete. Wir müssen fort von hier, Tierney.«

Er nickte; in der ganzen Grafschaft würde sich kein Geistlicher bereit finden, sie zu trauen.
Constance reckte sich auf die Zehenspitzen und küßte den Mann, den sie liebte. Sie schlang die Arme um seinen Hals und schmiegte ihren sanft gerundeten Körper fester an den seinen.
»Wehr dich nicht gegen mich, Tierney, es ist zwecklos«, flüsterte sie ihm ins Ohr, als sie sein Widerstreben spürte. »Du weißt, daß wir füreinander bestimmt sind, ganz gleich, was die Welt davon halten mag. Du hast es von Anfang an gewußt.«
Er packte sie bei den Schultern und hielt sie auf Armeslänge von sich ab, indes sein Blick wie auf der Suche nach Erlösung in den ihren tauchte. Als er endlich sprach, geschah es mit solcher Eindringlichkeit, daß sie fast erschrak.
»So nehme ich dich denn zur Frau, Constance FitzGibbon. Vor Gott – als stünden wir an Seinem Altar – gelobe ich dir, dich zu lieben und zu ehren, mein Leben lang. Ich gelobe es, so als leistete ich den Schwur vor einem Priester. So und nicht anders.«
»Und ich nehme dich zum Mann, Tierney O'Connor. Vor Gott und den Menschen, in guten wie in bösen Tagen, in Reichtum und Armut, in Gesundheit und Krankheit...«
»Bis daß der Tod uns scheidet«, beschloß er die Trauungsformel, ehe er anfing, zärtlich und behutsam ihr Mieder aufzuknöpfen.

3

»Ich bin immer mehr fasziniert von dieser Irland-Sache, Bethy«, gestand mir Con eines Nachmittags Anfang Oktober, als wir einander im Salon von Schloß Manningham gegenübersaßen und auf Dermot warteten, der den Tee servieren sollte. »Ich wünsche mir nichts sehnlicher, als den Leuten persönlich zu begegnen, die ich bisher leider nur vom Hörensagen oder aus Büchern kenne... O'Leary und die anderen Fenier.«
»Das würde Papa aber mächtig in Rage bringen«, antwortete ich, bemüht, mein Erschrecken hinter einem scherzhaften Ton zu verbergen. Ich wußte, daß meine Schwester gekommen war, um

mir etwas Wichtiges mitzuteilen. Seit Tagen hatte ich gespürt, daß eine Veränderung in der Luft lag.
Sie maß mich mit einem durchdringenden Blick und sagte: »Meine Liebe, es wird Zeit, daß du meine Interessen ernst nimmst.« Sie wirkte bedrückt und niedergeschlagen.
»Hast du ein Verhältnis mit Tierney, Constance?« Ich kam mir sehr mutig vor, weil ich gewagt hatte, die heikle Frage zu stellen. Ich wünschte mir nichts sehnlicher als eine Aussprache mit meiner Schwester und hoffte, endlich hinter das Geheimnis zu kommen, welches sie so ängstlich hütete.
»Noch schlimmer«, entgegnete sie ruhig. »Wir werden heiraten. Ich liebe ihn, Beth!« Es klang wie ein feierlicher Schwur. »So sehr, daß mir fast ein wenig Angst wird davor. Und was er mich über Irland lehrt, macht mich betroffen. Du wirst dich auch noch dafür interessieren, wart's nur ab! Es ist alles so ungerecht, Bethy. So ungerecht und grausam. Ich möchte etwas dagegen unternehmen.«
Ich beugte mich vor und ergriff ihre Hand. Sie war so beseelt von ihrem Vorhaben, schien sich ihrer Sache so sicher... und doch war alles, was sie sagte, völlig undenkbar.
»Ich *liebe* ihn, Bethy«, wiederholte Con. »Ich liebe ihn wirklich!« Erregt sprang sie auf und begann, im Zimmer hin und her zu gehen.
Ich schloß hastig die Tür. »Du mußt leise sprechen«, mahnte ich. »Die Dienstboten werden es überall herumtratschen, wenn sie dich hören. Ich will versuchen, dir zu helfen. Aber ich halte es für meine Pflicht, dich vor dieser Torheit zu warnen. Hast du bedacht, was du aufgeben mußt, wenn du mit ihm gehst?« Im Geiste sah ich meine Schwester schon in das elende Cottage der O'Connors einziehen.
Sie unterbrach ihre ziellose Wanderung und blieb vor mir stehen. »Was verliere ich denn, Beth? Genau das habe ich mich selbst auch gefragt. Geld und Annehmlichkeiten, natürlich. Aber das war mir ohnehin nie besonders wichtig.«
»Wie willst du das beurteilen, wenn du noch keinen Tag deines Lebens darauf hast verzichten müssen?« Con überging meine Frage.
»Und was ist mit FitzGibbon Hall?« bohrte ich weiter, da ich wußte, wie sehr sie an unserem Elternhaus hing.

»Das Gut würde mir sowieso nie gehören, Bethy. Du weißt doch, es ist Desmonds Erbteil, und ich wäre die letzte, es ihm zu mißgönnen.«

»Deine Stellung in der Gesellschaft?« In dem Bestreben, meiner Pflicht Genüge zu tun, griff ich nach jedem Strohhalm, allein, ich brachte meine Argumente so halbherzig vor, daß keine Frau, geschweige denn Con, sie ernst genommen hätte.

»Du weißt, daß ich mich noch nie einen Deut um die Gesellschaft geschert habe. Das wäre das letzte, was mich zurückhalten könnte!«

»Hat er um deine Hand angehalten, Con?«

»Ich hab' um seine angehalten«, erwiderte sie und lächelte verschmitzt.

»Constance! Das ist nicht dein Ernst!«

»O doch! Mir blieb gar nichts anderes übrig, weil er immer so furchtbar darauf bedacht war, nur ja nicht die Grenzen zu überschreiten.«

Niedergeschlagen sank ich in einen der chintzbezogenen Ohrensessel, welche zu beiden Seiten der hohen Flügelfenster plaziert waren. Meine Schwester hatte schon immer einen Dickkopf gehabt, zugegeben. Aber was sie jetzt plante, überstieg meine kühnsten Phantasien. Und das Schlimmste daran war, daß ich sehr gut verstehen konnte, warum sie sich zu diesem Schritt entschlossen hatte.

In den letzten Monaten war ich oft genug mit den beiden zusammengewesen, um zu wissen, wie es um sie stand. Ich fühlte, wie sehr sie ihn liebte, und, um ehrlich zu sein, ich wußte auch, warum.

Ich glaube, in gewisser Weise beneidete ich Con in jenem Moment. Tierney war ein so außergewöhnlicher Mann, erfüllt von Lebenskraft und Ehrgefühl; und er liebte meine Schwester so sehr, daß die übrige Welt daneben verblaßte. Sogar ich spürte, welch glühende Leidenschaft die beiden verband. Es war aufregend und verlockend mitzuerleben, wie ein Blick genügte, um ihr stürmisches Verlangen zu entfachen.

Ich liebte meinen vornehmen, herrischen Gatten, und er liebte mich – zumindest glaubte ich das damals. Aber unsere Liebe war gewissermaßen gebändigt, ganz *comme il faut* und frei von Überraschungen. Keine lichterloh brennende Leidenschaft setzte unser

Bett in Flammen, nie würde die Fackel unserer Liebe ein Troja in Brand stecken.
Doch Cons und Tierneys Liebe erstrahlte von Anfang an in jenem außergewöhnlichen Glanz – als brenne ein unauslöschliches Feuer in ihrer Brust. Ich kann nicht einmal behaupten, daß ich mich meiner Neidgefühle schämte. Ich fand sie vielmehr ganz natürlich, denn ihre Liebe war von der Art, die rar ist unter den Sterblichen und deren Intensität meist nach einer Gegengabe verlangt. Bisweilen habe ich mich gefragt, ob es mir gelungen wäre, die beiden zur Mäßigung anzuhalten, hätte ich ihnen mehr Beachtung geschenkt, solange noch Zeit dazu war. Aber ich glaube es eigentlich nicht. Unser Schicksal wird nicht von Menschenhand bestimmt. Und im übrigen muß ich im nachhinein gestehen, daß ich den beiden keinen Augenblick ihres Glücks mißgönne.
»Das Schrecklichste an der ganzen Geschichte ist«, sagte ich endlich, »daß ich durchaus verstehe, warum du ihn liebst.«
In meiner Not muß ich so aufgeregt gewirkt haben, daß Con laut loslachte, und ich ließ mich von ihr anstecken. Sie setzte sich mir zu Füßen, den Rock ihres duftigen Organdy-Kleides rings um sich ausgebreitet wie einen Blütenkelch. »Ist er nicht wunderbar?« fragte sie schwärmerisch.
»Natürlich ist er wunderbar! Aber hast du dir schon einmal überlegt, was es heißt, in einem Cottage wie dem seiner Familie zu leben? Einfach unvorstellbar!«
»Wir werden nicht in einer Fischerhütte wohnen, Bethy. Wir gehen nach Dublin.«
Der Gedanke, sie zu verlieren, griff mir ans Herz, und ich konnte mein Erschrecken nicht verbergen.
»Oh, meine liebe Bethy!« rief sie und drückte mir die Hand. »Das einzige, was mich traurig macht, ist die Vorstellung, mich von dir trennen zu müssen. Unser Leben lang haben wir alles miteinander geteilt... aber jetzt, da wir bald beide verheiratet sind, trennen sich unsere Wege... Wir werden in verschiedenen Welten leben, Bethy. Furchtbar, ich mag gar nicht daran denken!«
Ich nickte wortlos. Von Kindheit an hatte ich geahnt, daß Con für eine größere Welt als die meine bestimmt war, doch daß der Abschied so nahe bevorstand, damit hatte ich nicht gerechnet. »Ich habe dich sehr lieb, Con.« Meine Augen füllten sich mit Tränen. »Nichts wird uns je wirklich auseinanderbringen.«

Sie nickte, und dennoch wußten wir beide, daß es anders kommen würde.
»Du mußt mir versprechen, daß du keine Dummheit machst«, beschwor ich sie, obwohl ich instinktiv wußte, daß die Würfel längst gefallen waren.
»Dieses Versprechen kann ich dir nicht geben, meine liebste Schwester«, versetzte sie ruhig. »Denn womöglich ist das für mich der einzige Weg, ans Ziel meiner Wünsche zu kommen.«

4

»Mrs. O'Connor?« rief Con mit sanfter Stimme.
Die alte Frau saß am Feuer und mühte sich angestrengt, bei dem schummerigen Licht ihre Bibel zu lesen. Überrascht blickte sie auf, doch als sie den Gast erkannte, erhob sie sich hastig, strich die Schürze glatt und fuhr sich mit zittriger Hand durchs graue Haar.
»Darf ich Sie einen Augenblick sprechen, Mrs. O'Connor? Ich hatte gehofft, Sie allein anzutreffen. Erinnern Sie sich noch an den Tag, als meine Schwester und ich...?«
»Ich weiß, wer Sie sind, Miß FitzGibbon«, unterbrach die Alte sie. »Bestimmt wissen Sie, daß Tierney nur noch von Ihnen spricht, seit jenem Tag, als er Sie kennenlernte.« Die Stimme der Frau klang unendlich traurig und erschöpft; keine Spur mehr von der Heiterkeit ihrer ersten Begegnung.
»Darum bin ich gekommen, Mrs. O'Connor. Ihr Sohn hat mich gebeten, seine Frau zu werden.« Eher zaghaft brachte sie dieses Geständnis vor, denn sie wußte die Gefühle, die sie in den Augen der alten Frau las, nicht zu deuten. »Ich bitte Sie um Ihren Segen.«
Mrs. O'Connor stand ganz still, als sammle sie Kraft für das, was sie zu sagen gedachte. Dann bedeutete sie Con, auf dem Stuhl am Herd Platz zu nehmen, schob den Kessel übers Feuer und setzte sich der jungen Frau gegenüber.
»Alle Mütter lieben ihre Söhne, Miß FitzGibbon...« begann sie zögernd. »Ich nicht weniger als andere. Jedes meiner Kinder ist mir ans Herz gewachsen... Liam mit seinen breiten Schultern

und seiner Geschicklichkeit beim Netzeauslegen; Seamus mit seiner Musik; Donal mit seinem stürmischen Temperament. Aber Tierney... Tierney ist die Sonne meines Lebens, Miß FitzGibbon. Einen besseren Sohn könnte eine Mutter sich nicht wünschen, noch ihn mehr lieben.«

Sie hielt inne, wie um sich zu vergewissern, ob die fremde junge Dame überhaupt verstand, wovon sie sprach.

»Um ehrlich zu sein: Ich habe sein Leben lang ängstlich darüber gewacht, daß nichts und niemand ihn mir fortnimmt. Ich war neidisch auf die Fenier, die ihn in Gefahr brachten, und auf die Mädchen, die ihm von klein auf nachgelaufen sind. Oh, gewiß habe ich ihm Glück und Liebe gewünscht, meinem Jungen, und mich danach gesehnt, seine Kinder an mein Herz zu drücken. Aber er ist ein ungewöhnlicher Mensch, Miß. Er paßt nicht in die Welt der Fischer, und weil ich das wußte, habe ich wohl schon lange geahnt, daß man ihn mir einmal fortnehmen würde. Und doch fürchtete ich den Tag, an dem ich ihn für immer verlieren sollte.«

»Ich habe nicht die Absicht, Ihnen Tierney fortzunehmen, Mrs. O'Connor«, antwortete Con sanft. Die Aufrichtigkeit der alten Frau bewegte sie tief.

»Aber das werden Sie, Miß FitzGibbon, das werden Sie, ob Sie's nun wollen oder nicht. Und es ist nur recht und billig, das weiß ich wohl. Der Junge ist zu Höherem bestimmt, unser Dorf ist nicht der rechte Platz für ihn. Ich habe immer gewußt, daß es eines Tages so kommen würde.«

Sie stockte, wie um sich zu besinnen, und fuhr dann lebhafter fort: »Verzeihen Sie, wenn ich Sie kränke, Miß, aber ich glaube, Sie sind nicht die Richtige für meinen Sohn. Er sollte sich an eins unserer Mädchen halten, eins, das ihn lieb hat und ihn verstehen kann. Was wissen denn Sie von einem Mann wie Tierney, Miß FitzGibbon?«

Ihre Stimme klang auf einmal hart und unversöhnlich. »Und die Not und Entbehrungen, mit denen unsereins leben muß, was wissen Sie davon überhaupt? Können Sie sich vorstellen, was es heißt, hungrig zu Bett zu gehen oder hilflos zusehen zu müssen, wie die eigenen Kinder sterben, nur weil kein Geld da ist für den Doktor oder für Medizin? Gewiß können Sie sich nicht einmal im Traum ausmalen, was es bedeutet, rechtlos zu sein, im Kopf nur die Erinnerung an jene große Hungersnot und an alles, was man verloren hat, im Herzen nichts als Leid und Weh. Meine Großeltern sind anno '45, im Hungerjahr, gestorben, und wenn das auch über fünfzig Jahre zurückliegt und ich damals noch gar nicht geboren war – mein Herz weiß es! Und Tierney geht's genauso, Miß. Die Geschichte unseres Leidens, die Trauer um alles, was wir verloren haben, sie bewegen ihn grade so, als hätte er's mit eigenen Augen gesehen. Sie werden *nie* so empfinden können, Miß. Und wenn Sie meinen Sohn mehr liebten als das Leben selbst, könnten Sie trotzdem nicht verstehen, was in seinem Herzen vorgeht!«

»Aber er lehrt es mich doch, Mrs. O'Connor«, rief Con verzweifelt. »Ich kenne inzwischen all seine Geschichten.«

»Ja, freilich – für Sie sind das alles bloß Geschichten. Aber für Tierney steckt Leben darin, Miß. Unser Leben, nicht mehr und nicht weniger.«

Erschüttert versuchte Con, dem Blick der alten Frau standzuhalten. Womit hätte sie diese schlichte Wahrheit widerlegen sollen? Als Tierneys Mutter merkte, wie niedergeschlagen die junge Frau war, fuhr sie in begütigendem Ton fort: »Ich habe Angst um euch *beide,* junge Miß, verstehen Sie? Sie wissen nicht, was es heißt, arm zu sein, und er wird es nicht fertigbringen, vor dem Haß Ihrer Familie zu Kreuze zu kriechen. Tierney ist stolz wie sein Vater, und er wird es nicht verwinden, daß die Ihren ihn verachten. Und Sie, Miß, wie steht's denn mit Ihnen? Lieben Sie meinen Sohn genug, um seine Kinder in einem Cottage wie diesem zur Welt zu bringen – Sie, die im Herrenhaus geboren und an jede Bequemlichkeit gewöhnt sind? Lieben Sie ihn genug, um es hinzunehmen, daß er sein Leben in Gefahr bringt für eine Sache, die ihm alles, Ihnen jedoch nichts bedeutet? Lieben Sie ihn genug, um ihm niemals vorzuhalten, was Sie seinetwegen aufgegeben haben?«

»Ich liebe ihn so, daß ich für ihn durch die Hölle ginge, Mrs. O'Connor!« Cons wild überzeugte Antwort hallte wider in dem stillen Raum. »Ich bin an meinem Reichtum ebenso unschuldig wie Tierney an seiner Armut, Madam. Ich will Ihrem Sohn eine gute Frau sein und ihm gesunde Kinder schenken. Und was mein sogenanntes Opfer betrifft – Sie sollten wohl am besten wissen, daß ich mehr gewinne, als ich je verlieren könnte!« Ihr Atem ging rasch und stoßweise. Sie war wütend, fühlte sich gekränkt, aber durchaus nicht im Recht. Wußte sie doch, daß die alte Frau die Wahrheit gesprochen hatte.

Mrs. O'Connor betrachtete das junge Mädchen nachdenklich, bevor sie antwortete. »Sie haben ein feuriges Herz, Miß«, sagte sie unvermittelt. »Mein Tierney ist ein sanfter Junge, aber auch in ihm brennt dieses Feuer.«

Seufzend nahm die Alte den Kessel vom Herd. »Wahrhaftig, er hat nicht übertrieben mit dem, was er mir von Ihnen erzählte, Miß.« Forschend, wie auf der Suche nach einer tieferen Einsicht, blickte sie dem Mädchen in die Augen. »Sie dürfen nicht glauben, Miß, daß man in meinem Alter vergessen hätte, was Liebe ist. Tierneys Vater ist ein braver Kerl, und ich habe ihn geliebt, seit ich denken kann. Nur ist halt das Leben so viel schwerer, als man sich's vorstellt, wenn man noch so jung ist wie Sie... Darum versuchen wir Alten, unsere Kinder vor Gefahren und Irrtümern zu warnen. Wir richten freilich nichts aus damit. Kein junger Mensch mag glauben, was das Leben von ihm fordert, kein einziger.« Gedankenverloren verstummte sie, und auch Con schwieg.

»Wenn zwei sich treu und aufrichtig lieben, kann keine Macht der Welt etwas dagegen ausrichten. Ich bin alt genug, um das zu wissen. Wenn die Flamme erst einmal brennt, kann kein noch so strenges Gebot das Feuer löschen. Die Kirche würde das gewiß nicht gutheißen und mein eigener Mann vielleicht auch nicht... aber wenn Tierney Ihnen sein Herz geschenkt hat, Miß, dann werdet ihr beide eben euren Weg gehen müssen, und weder die Kirche noch ich haben etwas dreinzureden.«

Dann richtete sie sich energisch auf, so als sei sie zu einem Entschluß gekommen. »Sie haben einen dornigen Weg vor sich, Miß. Sie und mein Sohn. Gebe Gott, daß es der Mühe lohnt.« Sie nickte bekräftigend, füllte einen Becher mit Tee und reichte ihn Constance, die nicht wenig erstaunt war, die alte Frau auf einmal lächeln zu sehen.

»So, mein Kind, und nun müssen Sie mir von sich erzählen und von eurer Liebe zueinander. Das soll mich trösten, wenn ihr fortgeht, und das wird schon bald sein, ich weiß es wohl. Ich aber werde Ihnen all die kleinen Eigenheiten meines Sohnes verraten, die nur eine Mutter kennt.«

Verwirrt über diese plötzliche Wendung des Gesprächs, ergriff Con die Hand der alten Frau und spürte überrascht, mit welcher Kraft diese den Druck ihrer Finger erwiderte. Und zu ihrer eigenen Verwunderung liefen ihr plötzlich Tränen über die Wangen.

Desmond FitzGibbon zügelte sein Pferd und wandte sich nach dem anderen Reiter um. Höchstens zwei-, dreimal im Leben hatte er seinen Vater so zornig dahinpreschen sehen.

Merrion FitzGibbon war hochrot im Gesicht, als stünde er kurz vor einem Schlaganfall. »Dem Himmel sei Dank, daß ich dich gefunden habe!« rief er seinem Sohn keuchend entgegen. »Deine Schwester Constance ist mit einem Wüstling auf und davon, einem Bauerntölpel obendrein! Wir müssen ihr auf der Stelle nach und das Kind zurückholen, ehe ihm ein Unheil zustößt, das nicht wiedergutzumachen wäre.«

Desmond lächelte im stillen über die Weitschweifigkeit, mit welcher sein Vater die Jungfräulichkeit der Schwester umschrieb. »Vater, ich fürchte, wir müssen erst einmal darüber reden. Constance ist kein Kind mehr, und die Sache ist nicht so einfach, wie du dir das vorstellst.«

»Nicht so einfach!« Der alte Herr tobte. »Bei Gott, es ist die einfachste Sache von der Welt: ein Mitgiftjäger und ein argloses junges Ding, das ist doch sonnenklar!«

»Nein, Vater, nein! Verzeih mir, daß ich dir widerspreche, aber du bist ganz und gar im Irrtum. Wenn du erlaubst, werde ich dir erzählen, was ich von Constances Plänen weiß.«

»Was du davon weißt!« schrie der alte Herr aufgebracht. »Du tätest gut daran, mir zu versichern, daß du nicht das geringste davon weißt!«

Desmond war klar, daß er jetzt nicht die Beherrschung verlieren durfte, wenn er sich gegen seinen Vater behaupten wollte. Es galt abzuwarten, bis dessen Wut sich gelegt hatte und er Vernunftgründen wieder zugänglich war. Im Laufe der Jahre hatte Desmond reichlich Gelegenheit gehabt, die Zornesausbrüche des Vaters zu studieren. Sein schwarzer Wallach tänzelte nervös unter ihm. Desmond klopfte ihm begütigend den Hals und beugte sich vor, um auch das Pferd seines Vaters zu beruhigen. Doch der zog unwirsch die Zügel an, das Tier bäumte sich auf und stand dann still.

»Sie liebt diesen Mann, Papa, und O'Connor ist kein Mitgiftjäger. Die Wahrheit ist, Vater, er hat zwar kein Geld, aber ansonsten ist er ein Mordskerl und grundanständig. Seine Familie hat eine unsrer Fischereien gepachtet, und er schreibt nebenbei Gedichte.«

»Großer Gott!« Die Verzweiflung in der Stimme seines Vaters rührte Desmond. »Warum ist sie nicht zu mir gekommen...?«

»Aber Vater, du weißt doch, was dann geschehen wäre: Du hättest alles drangesetzt, sie zurückzuhalten. Beth und ich, wir haben sie beide vor den Gefahren gewarnt...«

»Beth hat es also auch gewußt?«

»Sie war nicht umzustimmen, Vater! Die beiden lieben sich so sehr, daß ihnen kein anderer Ausweg blieb, als fortzugehen.« Des beobachtete, wie Kummer und Zorn in den edlen Zügen des alten Mannes miteinander kämpften.

Endlich nickte sein Vater, als habe er die unliebsame Wahrheit verstanden. »Sie wird mein Haus nicht mehr betreten«, erklärte er schroff.

»Sag so was nicht, Vater! O'Connor ist ein ehrlicher Mann, er wird für sie sorgen...«

»Das soll er nur tun, denn, bei Gott, von mir kriegt sie keinen roten Heller!« Damit gab er dem Pferd so heftig die Sporen, daß der Hengst, solch roher Behandlung ungewohnt, den Kopf zurückwarf, sich aufbäumte und in wildem Galopp an Desmonds Wallach vorbei über die Wiese sprengte, getrieben von der Peitsche seines Herrn.

Das sieht dem Alten ähnlich, dachte Desmond verärgert. Es käme ihm nie in den Sinn, zuzuhören und zu versuchen, einen Menschen zu verstehen. Er sah der Staubwolke nach, bis sie am dunstigen Horizont verschwand.

»Arme kleine Con«, seufzte er, als er sein Pferd wandte, um sich auf den Heimweg zu machen. »Er ist imstande und macht seine Drohung wahr.«

Merrion FitzGibbon warf dem Stallburschen mit ungewohnter Heftigkeit die Zügel zu. Raschen Schrittes stapfte er an dem verängstigten Mann vorbei aufs Haus zu. Um ein Haar hätte er den Diener umgerannt, der auf sein Läuten öffnete.

Hatten seine Kinder denn allesamt den Verstand verloren? Constance, sein Augapfel, warf sich einem hergelaufenen Tagedieb an den Hals! Und ihre Geschwister waren so einfältig, ihre Torheit zu billigen.

Warum hatte er nicht auf den Rat seiner Schwester Jennifer gehört und das Mädchen nach England aufs Pensionat geschickt? »Sie ist eigensinnig, Merrion«, hatte die kluge Frau ihn gewarnt. »Dieses Kind wird seine eigenen Wege gehen, wenn man ihm nicht bald gehörig den Kopf zurechtsetzt.« Und er hatte sich noch darüber lustig gemacht! Seine Tochter liebte ihn, hatte er aufgetrumpft; nicht im Traum würde sie daran denken, sich bei wichtigen Entscheidungen seinen Wünschen zu widersetzen. Außerdem hätte sie ihm gefehlt, mit ihrem hellen Lachen und ihrem lebhaften Temperament. Wie stolz war er jedesmal gewesen, wenn sie bei der Jagd furchtlos und in aristokratischer Haltung als erste der Meute nachsetzte.

Wie konnte sie, die er über alles geliebt hatte, ihm das antun? Wie konnte sie Rang und Herkunft verleugnen und sich einem Bauernflegel an den Hals werfen, der in einer elenden Hütte hauste und es seiner Lebtag zu nichts bringen würde? In welche Gefahren würden Armut und Unwissenheit sie stürzen, ohne den Schutz ihrer Familie und ihres Standes?

Mit zitternder Hand goß er sich einen Whiskey ein, stellte das Glas auf den Tisch neben seinem Sessel, stützte den Kopf auf die Arme und versuchte, seine Erregung zu meistern.

»Vater?« flüsterte ich in die quälende Stille. »Ich bin gekommen, um mit dir über Constance zu reden«, wagte ich mich ängstlich weiter vor.

Er nickte barsch, aber ich sah wohl, wie er sich verlegen die Tränen aus den Augen wischte. Als er zu mir aufblickte, entdeckte ich tiefe Furchen in seiner Stirn; er wirkte müde und abgespannt.

»Sie hat dich sehr lieb, Vater.«

»Den Eindruck habe ich augenblicklich ganz und gar nicht.«

»Sie hätte gern mit dir gesprochen, ehe sie fortging, aber sie wußte, daß du dich ihr in den Weg gestellt hättest. Statt dessen hat sie mir einen Brief für dich gegeben, Papa ... Ich glaube, darin hat sie dir alles erklärt ... Es ist sehr wichtig für sie, daß du weißt, wie sehr sie dich liebt.«

»Hat sie denn gar keine Ahnung davon, was sie aufgibt, Elizabeth? Hat sie überhaupt kein Verantwortungsgefühl ihrer Familie gegenüber? Kann dieser Mann sie so behext haben, daß sie keinen Funken Vernunft mehr besitzt?«

Aus seinen hilflosen Fragen sprach ein so tiefer Kummer, daß ich mich niederbeugte und die Arme um ihn legte. »Sie hat gefunden, was alle Menschen suchen, Papa. Die große Liebe... ein seltenes und kostbares Geschenk.«

Brüsk machte er sich von mir los. »Willst du mir etwa einreden, sie könnte mit einem Fischer glücklich werden?«

Ich richtete mich wieder auf. Wie kann ich es ihm nur begreiflich machen? dachte ich verzagt. Wie soll man einem Mann wie meinem Vater einen Tierney O'Connor beschreiben? Er tat mir so leid; seufzend zog ich den Brief aus der Tasche und reichte ihn meinem Vater. »Vielleicht sollte Con es dir am besten mit ihren Worten erklären, Papa. Weißt du eigentlich, daß ihr einander sehr ähnlich seid? Du darfst sie jetzt nicht um der Freiheitsliebe willen hassen, die du immer so sehr an ihr geschätzt hast. Constance ist nun einmal, wie sie ist... furchtlos, optimistisch und unabhängig. Und du hast sie dir nie anders gewünscht.«

Er muß wohl die Besorgnis aus meiner Stimme herausgehört haben, denn er nahm den Brief entgegen und schüttelte den Kopf, zum Zeichen, daß er mir nichts mehr zu sagen habe. Als ich aus dem Zimmer ging, wog er den Brief in den Händen, ohne ihn zu öffnen. Ich wußte, was darin stand, denn Constance hatte ihn mir vor ihrer Abreise zu lesen gegeben.

Liebster Papa!

Gewiß habe ich Dir mit meinem Fortgehen sehr weh getan und Dir viel Kummer bereitet. Ich brauche Dir nicht zu sagen, wie gern ich Deine Verzeihung erlangen würde... aber noch inniger bitte ich um Dein Verständnis. So will ich denn versuchen, Dir, so gut es meine bescheidenen Mittel erlauben, zu erklären, was meinen Entschluß, der Dir gewiß töricht und übereilt vorkommt, herbeigeführt hat. Ich wünschte, ich hätte Bethys Talent zum Schreiben! Doch da dem nicht so ist, kann ich nur darauf vertrauen, daß meine Liebe zu Dir mir helfen wird, meine mangelnde Beredsamkeit wettzumachen. Ich will versuchen, zu Deinem Herzen zu sprechen.

Ich habe einen Mann gefunden. Einen Mann, so anders als alle, die ich bisher kennengelernt habe, daß mir die Worte fehlen, um ihn Dir zu schildern. Er ist ein Dichter. Und ein Fischer. Und er hat Träume. Er fühlt *inbrünstiger... denkt klarer... liebt leidenschaftlicher als irgend jemand, den ich je getroffen habe. (»Die Phantastereien eines verblendeten Kindes«, höre ich Dich beim Lesen murmeln – doch Du irrst dich, Papa! Denn ich bin, wie Du wohl weißt, zuerst und vor allem Realistin.)*

Er liebt mich! Oh, wenn Du nur wüßtest, welche Seligkeit für mich in diesen drei Worten liegt! (»Aber andere Männer würden dich ebenso lieben – Männer deines Standes«, wirst Du jetzt einwenden.) Nein, nicht so... nicht wie er, liebster Papa! Nicht wild und rasend, frei, leidenschaftlich und beständig... so, wie ich geliebt werden muß. Es ist nicht Sitte in unseren Kreisen, hemmungslos und ohne Vorbehalte zu lieben.

Möchtest Du seinen Charakter kennenlernen? Nun, er ist ehrbar, aufrichtig, liebenswürdig, großzügig und von edler Gesinnung. Ein fleißiger und gewissenhafter Arbeiter. Er wird nach besten Kräften für uns sorgen – für mich und für die Kinder, mit denen Gott in seiner Güte uns segnen möge. Und er wird sich jeden Tag seines Lebens glücklich schätzen, daß er uns um sich hat. Könntest Du mir auch nur einen unserer Bekannten nennen, der zu einem solchen Bund fähig wäre?

Was seine Zukunft betrifft (Du siehst Papa, ich versuche ihn ganz so zu befragen, wie Du es unter anderen Umständen getan hättest): Falls es ihm gelingt, in Dublin die richtigen Leute für seine Gedichte und Dramen zu interessieren, so werden, denke ich, selbst unsere Kreise bald von seinem großen Talent erfahren. Sollte dieser Plan dagegen fehlschlagen, nun, Tierney ist groß und stark und anstellig und wird uns, dessen bin ich gewiß, auch mit seiner Hände Arbeit ernähren.

Ach, Papa, ich möchte Dir noch so vieles schreiben. Aber das hat mehr mit Dir und mir zu tun als mit Tierney. Du weißt, daß ich mein Leben lang eher unabhängig gewesen bin. Meist habe ich nach eigenem Gutdünken gehandelt; aber ich tat es nicht aus Hochmut oder weil es mir Spaß gemacht hätte, über die Stränge zu schlagen, sondern weil ich impulsiver bin, als die Frauen unserer Kreise für gewöhnlich zu sein pflegen. Um die Wahrheit zu sagen, ähnele ich mehr Dir als Beth oder Mama. Ich hätte einen vortrefflichen Sohn abgegeben. Und liebst Du mich nicht deshalb besonders, Papa? Mir kam es immer so vor.

Ich erwähne das nicht, um einen Teil meiner Schuld von mir abzu-

wälzen, sondern nur, um Dich daran zu erinnern, daß ich nie eine sehr brave und fügsame Tochter war und auch nie gelobt habe, mich der geltenden Norm zu unterwerfen. Im Grunde Deines Herzens, liebster Papa, dürfte mein Entschluß Dir nicht gar so befremdlich erscheinen – eher schon eigensinnig, ja vielleicht ganz einfach töricht. Für den Fall, daß Du die Großmut aufbringen solltest, mir zu verzeihen, kennen Beth und Desmond meine Anschrift in Dublin. Tierney und ich würden Dich mit offenen Armen in unserem Heim willkommen heißen. Solltest Du Dich indes nicht zu einem Besuch bei uns durchringen können, bitte ich Dich flehentlich, wenigstens meiner Liebe zu Dir immer eingedenk zu sein. Ich ehre in Dir den besten aller Väter. In meiner Erinnerung wirst Du fortleben als mein bester Kamerad. Und jeden Tag meines Lebens werde ich von neuem darauf hoffen, daß die Kluft zwischen uns nicht von Dauer sein möge.

Deine Dich liebende Tochter
Constance

Merrion FitzGibbon hielt den Brief noch eine ganze Weile in der Hand und blickte mit tränenverschleierten Augen auf die steilen, geraden Schriftzüge. Dann trat er an den Satinholzschreibtisch in der Mitte des Zimmers, nestelte einen Schlüssel von seiner Uhrkette und sperrte ein kleines Geheimfach zur Linken auf. Darin lagen zwei Päckchen vergilbter Briefe, jedes mit einem blaßrosa Satinband verschnürt. Eine Weile wanderte sein Blick zwischen den sanft gerundeten Schriftzügen seiner verstorbenen Frau und seinen eigenen energischen Federstrichen hin und her. Dann legte er den Brief seiner Tochter quer über die beiden gebündelten Stapel, verschloß das Fach und ging aus dem Zimmer.

5

Mein Zusammenleben mit Edmond verschlechterte sich nach Constances Weggang. Ich vermißte sie schmerzlich und fühlte mich in meinem eigenen Hause fremd und einsam. Solange sie noch dagewesen war, hatte ich mir zumindest einreden können, das Glück unserer Mädchenjahre daure fort. Außerdem hatte das Zusammensein mit ihr und Tierney mir Freude gemacht, eine

Wirkung, die jeder verstehen wird, der einmal Zeuge wahrer Liebe gewesen ist.

Seit Con fort war, hatte ich nur noch Edmond. Wie kann ich meine Enttäuschung über unsere Ehe beschreiben, ohne zugleich einzugestehen, mit welch unrealistischen Hoffnungen ich sie eingegangen war? Ich hatte angenommen, Edmond würde mich weiter so umwerben wie in den Tagen unseres Verlöbnisses... Romantische Liebe und Vertrautheit hatte ich erwartet und jene enge Bindung, wie ich sie vor Jahren zwischen meinen Eltern erlebt hatte. Aber Edmond war kühl und korrekt, distanziert und verschlossen. Seinen Haushalt regierte der Butler, Unterhaltung suchte er bei seinen Freunden und geistige Anregung in der Politik. Ich kann nicht einmal ausschließen, daß er sich zur Zerstreuung eine Geliebte hielt, wenngleich ich damals zu naiv war, um eine solche Möglichkeit in Betracht zu ziehen. Mir schien die Rolle einer Zuchtstute vorbehalten. In dieser Hinsicht scheute mein Gatte keine Anstrengung, bis er mich endlich schwanger wußte.

Anfangs deutete ich seine körperliche Leidenschaft als Zeichen von Liebe; seine Umarmungen waren zwar flüchtig, doch er besuchte mein Bett mit schöner Regelmäßigkeit. Ich war furchtbar naiv und unwissend, gab mir indes alle Mühe. Ich versuchte, kokett zu sein... er schien belustigt. Ich mimte die Wollüstige... er war entsetzt. Ich stellte Fragen, die ihn offenbar schockierten, und dann, als meine Schwangerschaft sich bemerkbar machte, zog er sich gänzlich von mir zurück.

Eines Abends, ungefähr eine Woche nachdem ich ihn über meinen Zustand aufgeklärt hatte, wagte ich es, ihn in mein Bett zu bitten.

»Dieser Besuch wäre wohl kaum angebracht.«

Seine Antwort schien mir rätselhaft. »Warum nicht?« fragte ich, was ihn offenbar peinlich berührte.

»Nun, meine Liebe, es ist nicht mehr nötig«, sagte er endlich in einem Ton, als spräche er zu einem begriffsstutzigen Kind.

So war ich denn in mehr als einer Hinsicht einsam. Und verwirrt. Warum hatte mir nie jemand erklärt, was es mit dem Ehestand auf sich hatte? Warum hatte Desmond mich nicht gewarnt? Ich fragte ihn.

»Wozu, Beth?« Mitleidig und verlegen zugleich blickte er mich an. »So ist nun einmal das Leben, mein liebes Kind. Ich fürchte, man erwartet von einer Frau aus unseren Kreisen, daß sie ihre Erfüllung darin findet, Kinder großzuziehen und ihrem Haushalt vorzustehen... Gesellschaften zu geben und – na, du weißt schon. Auf Sicherheit kommt es an, verstehst du das nicht? Im übrigen, Edmond wird immer für dich sorgen, da kannst du ganz beruhigt sein.«

»Aber ich glaube, er liebt mich nicht, Des.«

»Unmöglich, mein Kind!« widersprach er ihr mit Nachdruck. »Kann gar nicht anders, als dich zu lieben. Es liegt nur daran, daß Edmond sehr viel älter ist als du. Lebt in vorgeschriebenen Bahnen. Wir Männer sind es nicht gewohnt, Kompromisse zu schließen.«

»Aber warum hat er mich dann geheiratet?«

»Wünschte sich eine Familie, nehme ich an.«

»Wenn du das alles vorher gewußt hast, warum hast du mir dann nichts davon gesagt?«

»Dachte, du wüßtest, worum's geht, beim Heiraten.« Immerhin war er so anständig, ein dummes Gesicht zu machen. »Im übrigen, keine große Auswahl. Nicht schlechter als andere, dein Edmond. Sogar besser als die meisten. Ein Ehrenmann.«

Seine abgehackte Redeweise verriet mir, wie unangenehm ihm dieses Gespräch war.

»Täte mir verdammt leid, wenn du unglücklich bist«, sagte er aufrichtig und bedeckte meine im Schoß gefalteten Hände mit seiner Rechten. »Falls ich dir irgendwie helfen kann...?«

Ich schüttelte wehmütig den Kopf und überlegte, ob überhaupt jemand imstande wäre, mir zu helfen. Warum konnte ich mich nicht mit einem Schicksal zufriedengeben, in das alle anderen Frauen sich scheinbar klaglos fügten? Ausgerechnet ich, die doch immer alles hingenommen hatte, ohne zu fragen.

»Könnte es sein, hm... also ich meine... ob diese Geschichte mit dem Baby dich nervös macht?« fragte mein Bruder hoffnungsvoll.

»Ich weiß nicht, mein Lieber. Ich wäre selbst froh, wenn sich alles darauf zurückführen ließe, aber ich glaube es nicht.«

Wenig später gingen wir auseinander. Ich dachte noch lange über das, was er gesagt hatte, nach. Auch Con war schwanger; sie hatte es mir geschrieben. Ihr Brief klang fröhlich, ja übermütig, so als ginge sie einem großen Abenteuer entgegen. Keine Spur von der dumpfen Niedergeschlagenheit, die mich befallen hatte. Ich zog ihren Brief aus der Tasche und las ihn ein drittes Mal, in der Hoffnung, die geheimnisvolle Hochstimmung meiner Schwester möge sich auch auf mich übertragen.

Marlborough Street
Dublin
2. Dezember 1897

Meine liebste Bethy!

Dublin ist eine außergewöhnliche Stadt. Überall reden die Leute von Revolution. Die Sozialisten stacheln die Arbeiter an, die Literaten schreiben Meisterwerke. Die Intellektuellen versuchen, aktiv zu werden, statt immer nur vom Kampf zu reden. *Mir ist, als hätte ich die Stadt nie zuvor wirklich kennengelernt.*

Das Licht hier hat eine merkwürdig graugrüne Färbung, als könne es nur durch Regenwolken gefiltert zur Erde dringen. Ich habe mir sagen lassen, das rühre von den hohen Gebäuden her, welche die Sonnenstrahlen aussperren, aber ich glaube, es steckt mehr dahinter: Dieser nachgerade metaphysische Silberbelag verleiht dem Leben ein anderes Gesicht.

Oh, und wie sie lebt, *diese Stadt, Bethy! Man spürt es am Abend in den Pubs, wo mal im Flüsterton, mal lautstark die Revolution erörtert wird; wo Balladen und Sagen an ruhmreichere Zeiten erinnern. Bei einem halben Liter Bitter oder Guinness brüsten sich die jungen Männer damit, wie sie es den Engländern zeigen werden, doch kaum taucht ein Uniformrock auf, sind sie mäuschenstill. Für mich ist das alles so neu und ungewöhnlich!*

Was die Armut betrifft, so hast Du übrigens ganz recht gehabt. Sie ist über alle Maßen grauenhaft! Ich hatte keine Ahnung, wie das Leben ohne jeglichen Komfort ist. Zu erfahren, daß Dinge, die Du und ich zum Notwendigsten rechnen, für andere unerschwinglichen Luxus bedeuten, hat mich aufs tiefste schockiert.

Erinnerst Du Dich an unsere Besuche in Dublin mit Papa, als Des und wir noch Kinder waren? An die eleganten Plätze und Parkanlagen, wo die angesehenen Familien residieren? Ich lerne jetzt Viertel kennen, von deren bloßer Existenz wir damals keine Ahnung hatten – die Elendsquartiere und das Gedränge in den engen Gassen. Es ist unfaßbar, daß die vornehmen Häuser im georgianischen Stil rings um St. Stephen's Green und den Merrion Square mit ihren malerischen Flügelfenstern und dem polierten Messingklopfer an der Eingangstür unter demselben Himmel stehen wie die Armenhäuser dieser Stadt. Die Bettler sind so zahlreich, daß einem das Herz brechen möchte.

Wir bewohnen ein Zimmer in der Marlborough Street, in einem Haus, dessen Fenster auf den Liffey hinausgehen – ich versuche, den Unrat im Fluß zu ignorieren, allein, es gelingt mir nicht, die Sehnsucht nach dem Meer zu unterdrücken. Nicht einmal unsere Dienstboten daheim leben so spartanisch wie wir – und doch bin ich zufriedener als je zuvor im Leben.

Unser Zimmer ist klein (ich denke, die ganze Pension würde daheim bequem in unserem Speisezimmer Platz finden), und ich wage nicht zu entscheiden, ob Du bei seinem Anblick amüsiert wärst oder eher entsetzt. Jedenfalls ist es unser *Zuhause – und die Liebe scheint über alles zu siegen! Du brauchst Dich also nicht um mich zu sorgen. Der Umstand, daß jedermann in unserer Nachbarschaft in ähnlich kargen Verhältnissen lebt, scheint unserer Armut den Stachel zu nehmen. Trotzdem bitte ich Dich um so viele von meinen Sachen, wie Du mir schicken kannst, meine Liebe, denn ich habe das Gefühl, es wird ziemlich lange dauern, ehe ich mir neue Kleider anschaffen kann. Damit aber genug der traurigen Nachrichten!*

Wir haben natürlich geheiratet, Tierney und ich, was übrigens hier, wo uns niemand kennt, keinerlei Schwierigkeiten bereitete. Und – höre und staune, liebste Schwester! – ich bekomme ein Kind. Seit mehreren Monaten weiß ich es schon. Ich hoffe, Du wirst mir verzeihen, daß ich es Dir daheim verschwiegen habe, aber Du warst ohnehin so in Sorge um mich, daß ich es nicht übers Herz brachte, Deine Ängste durch das Wissen um meinen Zustand noch zu vergrößern.

So eine Schwangerschaft weckt die seltsamsten Gefühle – ich komme mir manchmal vor wie eine träge Schnecke, doch meine Nachbarin, die neun reizende Kinder zur Welt gebracht hat, versichert mir, die Lebendigkeit der kommenden Monate werde mich für den jetzigen Zustand mehr als entschädigen. Manchmal quält mich der Gedanke, daß mein Kind so ohne jede Bequemlichkeit zur Welt kommen soll, andererseits wachsen und gedeihen die zahlreichen Söhne und Töchter unserer Nachbarn offenbar ganz prächtig, und gewiß wird unsere wirtschaftliche Lage sich erheblich verbessern, wenn erst die richtigen

Leute auf Tierneys Gedichte und Theaterstücke aufmerksam werden.
Ich bin überglücklich, daß auch Du ein Kind erwartest, Bethy – natürlich werde ich Dir bei der Geburt zur Seite stehen, verstehe jedoch sehr wohl, daß Du umgekehrt nicht zu mir kommen kannst, wenn es soweit ist. Ich habe Tierney gebeten, mich Vaters Einwänden zum Trotz nach Hause zu begleiten, aber ich fürchte, sein Stolz wird ihm nicht mehr erlauben, als mich hinzubringen und wieder abzuholen. Allerdings will ich unbedingt, daß er seine erste Nichte oder seinen ersten Neffen mit eigenen Augen sieht! Ach, in den Monaten, bis es soweit ist, kann noch viel geschehen, und wir sollten uns nicht vorher schon ängstigen.
*Liebste Schwester, ist das Leben nicht herrlich? Ich danke jener altehrwürdigen Gottheit, die mir den Mut schenkte, mit meinem Mann auf und davon zu gehen (*unser *Gott kann es natürlich nicht gewesen sein ... die heidnischen Götter dagegen waren der Sinnenfreude weit mehr zugetan als die christlichen!). Tierney hat mir eine Welt eröffnet, die überquillt vor Lebenslust! Woran liegt es nur, daß unsere Kreise sich nicht darauf verstehen, so zu leben? Ist es ein Erbfehler oder das Werk unserer Kinderfrauen? Die Leute hier sind voller Pläne für die Zukunft – vielleicht, weil ihre »Gegenwart« so viele Wünsche offenläßt. Ich kann mich nicht erinnern, daß man sich bei uns daheim je Gedanken um die Zukunft gemacht hätte. Vielleicht braucht man über eine gesicherte Zukunft aber auch nicht nachzudenken. Hier dagegen ist rein gar nichts garantiert, nicht einmal die nächste Mahlzeit.*
Verzeih mir, wenn das so klingen sollte, als kritisierte ich das Leben daheim! Ich brenne nur darauf, Dir alles *zu schildern und meine völlig neuen Eindrücke mit Dir zu teilen. Du fehlst mir mehr, als ich Dir sagen kann. Tierney und ich, wir lieben einander nicht nur, sondern sind auch sehr gute Freunde. Aber was mir fehlt, ist jenes besondere Einvernehmen zwischen Dir und mir, das keiner Erklärung bedurfte. Weiß der Himmel, im Grunde sind Männer doch geheimnisvolle Wesen!*
Aber ich schweife schon wieder ab. Ich habe Tierney dringend geraten, seine Arbeiten einem Theaterdirektor vorzulegen. Sollten sie erfolgreich angenommen werden, lasse ich es Dich wissen.
Schreibe mir im nächsten Brief ausführlich, was sich daheim ereignet hat. Ich will alles wissen! Die Trennung von Euch fällt mir sehr

schwer. Gib Des einen Kuß von mir und bitte Papa noch einmal, mir zu verzeihen.

Wie immer
Deine Dich liebende Schwester Constance

Mit einem unerklärlichen Gefühl des Bedauerns ließ ich den Brief sinken. Cons Wesen sprach aus jeder Zeile – ihr Überschwang, ihre scharfe Beobachtungsgabe, vor allem aber ihre unbändige Lebenskraft. Ich fühlte mich einsam und verlassen ohne sie. War es möglich, daß ich meine Schwester um ihr neues Leben beneidete? Oder hatte ich ganz einfach nur Sehnsucht nach ihr? Nach unseren Mädchenjahren und nach dem wortlosen Einverständnis mit ihr? Ich schüttelte den Kopf, um ein aufsteigendes Schwindelgefühl niederzukämpfen. In letzter Zeit hatte ich mich nicht wohl gefühlt. Das Baby schien all meine Kräfte aufzuzehren, und meine Ehe entwickelte sich ganz und gar nicht so, wie ich es mir erhofft hatte.

6

»Sie sind also gekommen, wie?« Seaneen O'Sullivan schaute unter buschigen Brauen zu Tierney auf, stemmte die Handflächen auf den Tisch, der ihm als Schreibpult diente, und schob seinen Stuhl zurück.
»Ja, da bin ich.«
»Und wie ich höre, haben Sie Ihre Frau gleich mitgebracht.«
»Auch das stimmt.«
»Und was wollen Sie nun hier in Dublin anfangen?« Die Stimme verriet keine Gefühlsregung; sie klang müde, aber doch interessiert.
Tierney hielt dem Blick des Mannes stand. Er wußte, daß Seaneen sich ein Urteil über ihn zu bilden suchte. »Bis jetzt verdinge ich mich als Gelegenheitsarbeiter, aber ich bin auf der Suche nach einer dauerhaften Beschäftigung. Ich bin stark und kräftig und ein tüchtiger Fischer. Ich werde schon etwas finden.« Er machte eine Pause und fügte dann hinzu: »Außerdem schreibe ich.«
Seaneen hob fragend die Brauen.

»Gedichte und Theaterstücke. Ich weiß nicht, ob sie was taugen, aber ich werde sie ein paar Leuten zeigen und versuchen, sie zu verkaufen.«

Seaneen nickte unverbindlich; er wippte mit seinem Stuhl gegen die Wand, in scheinbar lässiger Haltung. O'Sullivan war jedoch alles andere als lässig. Vielmehr wirkte er immer auf dem Sprung, stets bereit, Gefahren abzuwehren. Er war auf der Hut wie eine keusche Jungfrau, besaß allerdings wesentlich mehr Erfahrung.

»Und was erwarten Sie von der Bruderschaft?«

»Eine Aufgabe.«

»Ich nehme nur ungern verheiratete Männer in die Gruppe auf. Bieten zuviel Angriffsfläche. Und plaudern allzuleicht ihre Geheimnisse am häuslichen Herd aus.«

»Was soll ich darauf antworten? Ich bin, wer ich bin, und meine Frau gehört zu mir. Wenn es nötig sein sollte, werde ich Geheimnisse für mich behalten, und ich werde mein Bestes geben, wo immer Sie mich einsetzen, aber meine Frau geht nur mich etwas an.«

Wieder hob Seaneen die Brauen, doch diesmal funkelten die dunklen Augen darunter belustigt. »Hitzig sind wir also auch, O'Connor, wie? Und Sie wollen mir klarmachen, daß Ihr Privatleben mich nichts angeht, hm? Also dann will ich *Ihnen* mal erklären, was Sie für Mist zusammenreden! In der Bruderschaft gibt es kein Privatleben! Und ich will mich nicht mit Männern belasten, die *zwei* Bräuten die Treue halten müssen. Oh, mag sein, daß Sie jahrelang Ihrer Arbeit nachgehen und allein vor sich hin schuften, bevor wir Sie brauchen. Aber wenn es einmal soweit ist, O'Connor, dann dürfen Sie auch nicht eine Sekunde zögern! Irland, O'Connor! Das muß Ihnen Frau und Geliebte sein, Kind und Freund. Können Sie der Bruderschaft diese bedingungslose Treue schwören? Ich bin mir da nicht sicher. Keiner von uns beiden kann das jetzt schon wissen.« Schwungvoll, als sei er eben zu einem Entschluß gekommen, kippte Seaneen den Stuhl wieder nach vorn. »Aber Sie gefallen mir, mein Junge. Und darum werde ich Sie vorläufig aufnehmen. Dann wird sich schon zeigen, aus welchem Holz Sie geschnitzt sind.«

Tierney spürte die Macht, die von dem Älteren ausging, und fragte sich, worauf sie wohl gründen mochte. War es Skrupellosigkeit, oder rührte Seaneens Macht daher, daß er um Dinge wußte, die dem Menschen besser verborgen blieben? Fast schien es, als ginge eine Warnung von ihm aus: *Hüte dich,* dieser Mann aus Fleisch und Blut ist in Wahrheit ein unverrückbarer Fels. »Ich bin einverstanden«, sagte Tierney.

Seaneen nickte kurz. »Dann werden Sie von mir hören.« Damit war Tierney entlassen. Der Ältere beugte sich wieder über seine Arbeit.

Während Tierney die morsche Treppe hinunterstieg, spürte er ein Prickeln im Nacken, und ihm dämmerte, daß Revolutionen in Wirklichkeit weit weniger mit Heldentum zu tun hatten als in den Geschichten, mit denen er groß geworden war.

Für heute war es zu spät, um sich noch nach einer Arbeit umzusehen. Er würde die Zeit nutzen und in die Bibliothek gehen. Saß er erst einmal dort unter all den Büchern, dann sah er das Leben meist wieder mit anderen Augen, fand neue Lösungen. Natürlich könnte er auch heimgehen, zu Con... aber im Augenblick wußte er noch nicht recht, was er ihr sagen sollte. Es bedrückte ihn sehr, daß er sie in diese Lebensumstände gebracht hatte. Hart, arm, ohne jegliche Bequemlichkeit. Zwar hatte sie sich mit keinem Wort darüber beklagt, doch ihr entsetzter Gesichtsausdruck beim Anblick der Unterkunft, in die er sie geführt hatte, verfolgte ihn noch immer.

O Gott, wie sehr er sie liebte! Und sie erwiderte sein Gefühl rückhaltlos. Es entsprach natürlich auch ihrer Natur, sich ganz und gar hinzugeben, wenn sie einmal ihr Herz verschenkt hatte. Sogar die Beschäftigung mit Irland hatte sie inzwischen genauso in Beschlag genommen wie ihn – mit seinen Liedern und Geschichten hatte er sie für die Sache gewonnen. Und bald würden sie ein Kind haben, das wiederum Cons ganze Aufmerksamkeit beanspruchte. Tierney lächelte wehmütig bei dem Gedanken, wie rasch doch die Leidenschaft von der Verantwortung eingeholt wurde. Nicht, daß er es bedauert hätte! Er bedauerte gar nichts, solange sie nur zusammen waren, Con und er und das ungeborene Kind.

Und doch schnürte ihm der Gedanke an das Baby die Kehle zu. Er brauchte dringend Arbeit – regelmäßige, sichere Arbeit, um für Con und das Kind sorgen zu können. Alles hatte sich so plötzlich verändert, das war es, was ihn bedrückte. Er freute sich auf das Baby, aber es ängstigte ihn auch ein wenig, daß es schon so bald kommen würde.

Tierney mußte sein Schuldgefühl mit Gewalt niederkämpfen, als er die Bibliothek betrat. Sein Traum vom Schreiben schien auf einmal so selbstsüchtig, nichtig und aussichtslos. »Lieber ein guter Fischer als ein schlechter Dichter«, hatte sein Bruder ihm einmal vorgehalten. »Und ich sage: lieber ein guter Dichter als ein schlechter Fischer«, hatte er geantwortet. Also würde er heute zumindest versuchen, ein guter Dichter zu sein.
Tierney nahm die Mütze vom Kopf und stopfte sie in die Tasche. Con würde verstehen, warum er in die Bibliothek gegangen war. Er steuerte seine Lieblingsecke an, suchte sich einen Platz, zog Block und Bleistift hervor, und als er zu schreiben begann, da verblaßte die reale Umgebung vor dem Reich seiner Phantasie.

»Liebst du mich noch, mein Schatz, jetzt, wo ich aussehe wie ein Faß, weil dein Kind gar so schnell wächst?« fragte Con, als sie sich neben ihren Mann ins Bett legte. Durchs das Fenster schien das kalte Licht der Sterne herein, die als winzige Pünktchen am schwarzen Nachthimmel funkelten.
Tierney streichelte zärtlich den Leib seiner Frau, der sich unter dem Leinenhemd mächtig wölbte. »Ich liebe dich mehr als alles auf der Welt, Mrs. O'Connor. Ich liebe alles an dir, und diesen runden Hügel, der unseren Sohn beherbergt, ganz besonders.«
»Es wird also ein Sohn?« Con lächelte selbstzufrieden vor sich hin. »Und woher weißt du das so genau?«
»Ich weiß es eben. Habe ich nicht auch gewußt, daß du meine Frau werden würdest, meine Schöne?« So stolz und glücklich klang Tierneys Stimme, daß Con lachen mußte.
»Ich liebe dich, Tierney. Und soll ich dir noch was verraten?« fragte sie schelmisch. »Ich *will* dich immerzu.«
Tierney Hand glitt von ihrem Leib hinauf zu ihren Brüsten. Unter der Berührung seiner rauhen, schwieligen Finger erschauerte sie vor Wonne.
»Liebe mich, Tierney«, flüsterte sie. »Nie bin ich glücklicher, als wenn ich dich in mir spüre.«
»Hab' ich dir schon gesagt, was für ein lüsternes Frauenzimmer du in letzter Zeit geworden bist, Mrs. O'Connor?« Tierney beugte sich über sie, und Con erwiderte seinen Kuß mit einer Leidenschaft, die ihn erregte.

»Lehre mich alles, was du weißt, Tierney.« Sie fühlte, wie sein Mund sich unter dem Druck ihrer Lippen öffnete und seine starken Arme sie mit erstaunlicher Sanftheit umfingen.
»Wenn das so weitergeht, muß ich in einem Monat bei dir in die Lehre gehen«, flüsterte er, den Mund an ihrem zarten Hals.
Sie griff mit einer Hand in sein dichtes, schwarzes Haar und schlang den Arm um seinen Nacken. Zwar spürte sie, daß er aus Sorge um das Kind seine Leidenschaft zu zügeln versuchte, aber in dieser Nacht begehrte sie ihn so heftig, sehnte sich so inbrünstig danach, daß er in ihre Welt eindringen und alles auslöschen möge, bis auf ihrer beider Liebe.
Geraume Zeit später wiegte Tierney seine Frau in den Armen wie ein Kind. Sie schwiegen beide, doch Con spürte, daß er ihr etwas zu sagen hatte. Vertrauensvoll und geduldig wartete sie ab, bis er den Zeitpunkt für gekommen hielt.
»Ich war bei O'Sullivan, dem Fenier-Führer, von dem ich dir in Sligo erzählt habe. Ich habe ihn gebeten, mich in die Irisch Republikanische Bruderschaft aufzunehmen.«
Con antwortete nicht. Es schien, als ängstige sie der Gedanke an den Geheimbund, ohne daß sie es zugeben wollte.
»Ich muß erst warten, bis man mir in der Bruderschaft eine Aufgabe zugewiesen hat, ehe ich andere Pläne machen kann.«
»Das ist nicht recht«, entgegnete sie. »Du bist ein begabter Schriftsteller, Tierney. Wenn Irland nicht wäre, würden dich keine solch fanatischen Ansprüche vom Schreiben abhalten.«
»Aber wenn Irland nicht wäre, hätte ich auch kein Thema, über das ich schreiben könnte. Du weißt doch, daß meine Gedichte für mich nur die andere Seite der Fenier-Medaille sind. Alles geht auf ein und dieselbe Quelle zurück. Irland steht an erster Stelle, ein freies Irland... darin gründen für mich Anfang und Ende.«
»Und wie passen wir in dieses Weltbild, das Baby und ich?«
»Wenn du das nicht weißt, Con, mein Liebstes – erklären könnte ich es dir nie.« Seine Stimme klang gequält. Er schwieg eine Weile, und sie vermochte nicht zu erraten, ob er verärgert war oder ob ihre Frage ihn aus dem Gleichgewicht gebracht hatte.
»Als ich dich bat, meine Frau zu werden«, fuhr er schließlich leise und eindringlich fort, »da habe ich dir gesagt, daß wir nie so leben würden wie andere Menschen, und das war die Wahrheit.

Manche Dinge weiß ich, bevor sie sich ereignen, und jene Prophezeiung gehört dazu. Aber ich habe dir auch gesagt, solltest du mit mir kommen, würde ich dich mit meinem Herzblut beschützen. Auch damit war es mir ernst. Die Antwort auf deine Frage lautet: Ich liebe dich mehr als mein Leben, mehr als Irland... aber ich kann dir nicht versprechen, daß ich nicht eines Tages – auf Befehl, verstehst du? – etwas tun muß, was uns in Gefahr bringt.«

Seine Aufrichtigkeit erschreckte sie; sie wünschte, sie hätte ihm die Frage nie gestellt.

»Aber ich werde mein Bestes für dich geben, Con. Das schwöre ich dir. Für dich und den Jungen werde ich alles tun, was in meiner Macht steht.«

Sie wollte etwas sagen, ihn beruhigen, ihm versichern, daß sie seine Haltung verstehe, doch sie brachte kein Wort heraus. Wenn seine Ehre es erforderte, daß er in den Tod ging und sie mit dem Kind allein ließ, so würde er gehorchen. Das wußte sie jetzt... Vielleicht hatte sie es schon immer gewußt. Mit einemmal fühlte sie sich ohnmächtig, ängstlich und einsam.

Con schob ihre Hand unter die Decke und streichelte zärtlich seine Lenden. »Liebe mich noch einmal, Tierney.«

»Du bist unersättlich, Mrs. O'Connor«, flüsterte er. Aber er wußte wohl, daß es diesmal die Angst vor der Zukunft war, die sie in seine Arme trieb.

»Du strahlst eine majestätische Ruhe aus«, sagte Tierney zärtlich. Er hatte Con schon geraume Zeit beobachtet, wie sie dasaß und Babysachen nähte. Ihre schwerfälligen Bewegungen deuteten ebenso auf das Spätstadium ihrer Schwangerschaft wie der mächtig gewölbte Leib unter dem weißbestickten, leinenen Gewand, das sie aus FitzGibbon Hall mitgenommen hatte. Um die Schultern trug sie einen Schal aus meergrüner Wolle, der die Farbe ihrer Augen widerspiegelte. Bei der Arbeit hatte sie selbstvergessen vor sich hin gesummt.

Con blickte auf; das Kompliment gefiel ihr über die Maßen. »Ich tue ja auch seit einer Ewigkeit nichts anderes mehr, als mich auszuruhen.« Sie lachte gutgelaunt. »Und nebenbei lerne ich all deine Lieder auswendig, mein Schatz. Während ich nähe, singe ich mir was vor, und das gibt mir das Gefühl, dir nah zu sein.« Sie hatte eine wohlklingende Stimme und war mit Recht stolz auf ihre Sangeskünste.

»Als ob ich dir jemals fern wäre!«

»Oh, du hast deine Versammlungen und Geheimnisse und deine Arbeit. Ich dagegen sitze hier wie eine trächtige Stute, quäle mich mit der Nadel herum – was nie meine Stärke gewesen ist und zerbreche mir den Kopf darüber, was du wohl treiben magst.«

»Nichts, was auch nur halb so wichtig wäre wie deine Aufgabe, das versichere ich dir.« Lächelnd berührte er ihren gewölbten Leib; sie legte ihre Hand über die seine, druckte sie fest gegen die weiche Rundung und fragte: »Fühlst du ihn, Tierney? Was für ein kräftiges Kerlchen er sein muß, daß er so strampelt! In letzter Zeit kommt er kaum noch zur Ruhe.«

»Sein Vater auch nicht. Ich sehne mich nach meiner Frau.«

Sie runzelte die Stirn, als sie daran dachte, daß die Hebamme sie für den letzten Monat der Schwangerschaft zur Enthaltsamkeit ermahnt hatte, damit das Kind nicht zu Schaden käme. Con griff ihrem Mann ins Haar und zog seinen Kopf zu sich herab. »Nicht mehr als sie sich nach dir, das darfst du mir glauben! Sobald dieser Prachtkerl auf der Welt ist, habe ich vor, dich zu verführen.«

»Möge Gott es dir so leicht machen, daß du das kannst«, versetzte er, plötzlich ernst geworden.

»Sorgst du dich wegen der Geburt, Tierney?«

»Natürlich sorge ich mich.«

»Das brauchst du nicht. Ich habe von klein auf Pferde fohlen sehen und bin nicht willens, mich mehr zu plagen als sie. Ich bin jung und gesund, und ich werde mein Kind schnell und schmerzlos zur Welt bringen, damit ich mein Leben endlich wieder genießen kann.«

»Tapferes Mädchen!« Er lächelte. »Dich könnten wir in der Bruderschaft gebrauchen.«

»In der Tat! Und damit du's nur gleich weißt: Sobald diese endlose Schwangerschaft vorbei ist, werde ich dir all deine Geheimnisse entlocken, damit ich an deiner Arbeit teilhaben kann.«

Tierney schüttelte belustigt den Kopf. Seine Frau war genauso, wie er gehofft, vielleicht sogar besser, als er zu hoffen gewagt hatte. Er wünschte sehnsüchtig, daß ihnen genug Zeit vergönnt sein möge, um gemeinsam ein sorgenfreies Leben aufzubauen. Wenn doch seine Gabe, Dinge vorherzusehen, ihm einen klareren Blick in die eigene Zukunft gestatten wollte! Aber bisher hatte er nur Bruchstücke gesehen, auf die er sich keinen Reim machen konnte – im übrigen warf die Gegenwart schon genug Probleme auf. So vieles beunruhigte ihn. Er würde sich wohler fühlen, wenn er eine feste Arbeit hätte – gleichgültig, welche –, bevor das Baby kam.

Con machte Ordnung in ihrem Zimmer und summte bei der Arbeit vor sich hin. Sie hatte schlecht geschlafen, doch heute morgen ging es ihr wieder besser – bis auf den nagenden Schmerz im Rücken. Als sie den Tisch gescheuert hatte, konnte sie sich nur unter größter Anstrengung wieder aufrichten.
Sie überlegte, wie spät es wohl sein mochte, und wünschte wieder einmal, sie hätte aus Sligo eine Uhr mitgebracht. Wahrscheinlich würde es noch Stunden dauern, ehe Tierney heimkam. Immer, wenn er fort war, sehnte sie sich nach ihm, doch jetzt, da ihr das Treppensteigen so schwer fiel, daß sie kaum noch ausgehen konnte, fehlte er ihr ganz besonders.
Sie nahm das Tuch ab, mit dem sie ihr Haar zurückgebunden hatte, und merkte, daß ihr Gesicht von der vergleichsweise geringen Anstrengung schweißnaß war.
Und dann spürte sie den ersten stechenden Schmerz, der vom Rücken zum Bauch wanderte, nur einen Moment lang ihren Leib durchzuckte und wieder nachließ. Da wußte sie, daß ihre Stunde gekommen war.
Con tastete sich zur Tür. Zum Glück kannte sich ihre freundliche Nachbarin mit Entbindungen aus.

Als Tierney von der Arbeit heimkam, lag Con schon lange in den Wehen; sie wirkte matt und erschöpft. Die Nachbarin hatte die Hebamme geholt. Aufmunternd lächelte sie dem Mann zu, als er jetzt ans Bett seiner Frau trat.
»Sie hat große Schmerzen, aber sie ist ein braves, kräftiges Mädchen, und sie hält sich tapfer. Es wird nicht mehr lange dauern.«

Tierney hielt Cons Hand, solange die Hebamme ihm zu bleiben erlaubte. Gegen Ende schickte sie ihn hinaus auf den Flur, wo er sich auf den Treppenabsatz hockte und ängstlich auf das Stöhnen und Wimmern hinter der verschlossenen Tür lauschte. Auf einmal vernahm er einen langen, durchdringenden Schrei... dann blieb alles still. Die Hebamme rief nach ihm, ungeduldig und besorgt.

»Was ist geschehen?« flüsterte er ängstlich, als er ins Zimmer trat.

»Holen Sie mir eine Decke und etwas Olivenöl, rasch!« befahl sie, ohne den Blick von dem Kind in ihren Armen zu wenden. Das kleine Bündel rührte sich nicht. »Wir haben keine Zeit zu verlieren!«

Tierney gehorchte. Das Kind hat nicht geschrien, durchfuhr es ihn. Die Frau wickelte das Neugeborene in die Decke, die er ihr reichte, und trug es zum Herd.

Wortlos schlug sie die Decke auseinander und legte das stumme Baby in die Mitte. Sie bekreuzigte sich, tauchte die Finger in die Schale mit dem Öl und begann mit rhythmischen Bewegungen den reglosen Körper zu massieren. Erst den Brustkorb mit seinen unerprobten Lungen und dem schwach flatternden Herzen; dann den Leib; schließlich abwechselnd Arme und Beine und abermals die Brust. Tierney eilte ans Bett, wo Con sich mühsam aufrichtete, um zu sehen, was mit ihrem Kind geschah. Sie war völlig erschöpft, das Haar hing ihr schweißverklebt in die Stirn, auf den Wangen brannten hektische Flekken.

»Etwas Wasser, bitte, Mr. O'Connor!« sagte die Frau einmal, ohne ihre Arbeit zu unterbrechen, und als Tierney ihr einen Becher reichte, spritzte sie ein paar Tropfen auf das zarte Köpfchen. Tierney sah, daß der Junge kräftig und schön gebaut war; doch wie unheimlich, daß er nicht atmete.

»Ich taufe dich im Namen des Vaters und des Sohnes und des Heiligen Geistes«, flüsterte die Frau, während sie schon wieder emsig weitermassierte, bereit, selbst den kleinsten Funken Leben zur Flamme zu entfachen.

Auf einmal bewegte sich das Kind; ein kaum merkliches Zittern, das nicht von den Anstrengungen der Hebamme herrührte, durchlief den kleinen Körper. Und es gab einen Laut von sich.

Nicht den kräftigen, beherzten Schrei, mit dem Babys für gewöhnlich die Welt begrüßen; nein, ein zarter Atemstoß, wie ein Flüstern der Luft, brachte es ins Leben, fast so, als wehre es sich dagegen.

»Dem Herrn sei Lob und Dank«, flüsterte die Hebamme und bekreuzigte sich abermals, als der schwache Laut zum Schrei anschwoll und man sah, wie die kleinen Lungen sich füllten und die wohlgeformte Brust sich hob und wieder senkte. Nun ruderte das Kind mit Armen und Beinen, wie es sich für ein Baby gehört. Sein Schreien wurde lauter und lauter, war endlich der kräftige, gesunde Geburtsschrei, mit dem die Neugeborenen dagegen protestieren, aus der Wärme und Geborgenheit des Mutterleibes in die kalte Welt entlassen zu werden.

Die Hebamme setzte sich nieder und seufzte erleichtert. »Ich sehe dergleichen nicht zum erstenmal«, sagte sie andächtig. »Manchmal holt die Taufe sie von der Schwelle des Grabes zurück. Aber nur, wenn Gott etwas Besonderes mit dem Kind vorhat. Er ist für eine große Aufgabe gerettet worden, Ihr Sohn. Merken Sie sich meine Worte, Mr. O'Connor! Er wird kein gewöhnliches Leben führen.«

Con und Tierney sanken einander in die Arme und weinten vor Freude.

»Zumindest darf er sein Leben beginnen... und das verdankt er Ihnen«, sagte Tierney, und Con spürte, welch erdrückende Last von ihm wich.

Die Hebamme wickelte das Kind wieder sorgsam ein und legte es der jungen Mutter in den Arm. Vorsichtig nahm Con das nun lebhaft strampelnde Bündel entgegen. Bemüht, nicht an das zu denken, was um ein Haar passiert wäre, betastete sie mit ehrfürchtigem Staunen das vollkommene Gesichtchen.

Unser Baby! Lebendig, warm und zappelnd halte ich es in den Armen. Unser eigenes kleines Wunder. Das rosige Köpfchen drehte sich hin und her, doch die Augen blieben fest geschlossen. Die unglaublich winzigen Händchen ballten sich zu Fäusten und trommelten gegen die Decke.

»Er wird kein gewöhnliches Leben führen!« hallten die Worte der Hebamme in Cons Gedanken wider. Welches Schicksal diesem Neugeborenen wohl zugedacht war? »Gerettet für eine große Aufgabe...« War das ernst zu nehmen oder bloß der Aberglaube

einer alten Wehmutter? Con war zu müde, um weiter darüber nachzudenken ... zu glücklich über die Rettung ihres Sohnes, um nach der Zukunft zu fragen.
»Und sehen Sie nur, wie groß er ist«, hörte sie die Hebamme Tierney zuflüstern. »Er hat das arme Mädchen ein bißchen verletzt, der Racker. Sie müssen jetzt gut achtgeben auf Ihre Frau, Mr. O'Connor. Ach, was rede ich da – man braucht Sie nur anzuschauen und weiß, Sie werden Ihr Bestes tun!«
Con sah zu, wie die Frau geschäftig hin und her ging und ihre Sachen zusammenpackte; sie freute sich darauf, bald mit Tierney und dem Baby allein zu sein.
Sie tauften ihn auf den Namen Tahg Mor O'Connor; das Gälische »mor« für »groß« paßte sehr gut auf ihn, denn die Hebamme hatte gesagt, er sei an die neun oder zehn Pfund schwer und sähe aus wie ein Junge von mindestens vier Wochen.
»Findest du ihn schön genug für das Kind unserer Liebe?« wisperte Con ihrem Mann mit schwacher Stimme zu; jetzt, da die Gefahr gebannt war, konnte sie vor Erschöpfung kaum noch die Augen offenhalten.
»Gewiß, Liebste, er ist ein Prachtkerl ... aber die Schönheit in unserer Familie – das bist du!«
Sie lächelte, dankbar für die Liebe und Zärtlichkeit in seiner Stimme, und noch im Einschlafen wunderte sie sich, warum ihr niemand gesagt hatte, wie ungemein schwer es sei, Leben zu schenken.
Plötzlich fühlte sie sich ihrer eigenen Mutter ganz nahe. Schon als sie noch in den Wehen lag, hatte Con das zarte Geschöpf auf dem Gemälde im Arbeitszimmer ihres Vaters vor sich gesehen. Welch furchtbarer Tod, hatte sie gedacht und ihre Mutter über all die Jahre hinweg ihrer Liebe versichert, ihr gedankt für das so teuer erkaufte Leben. »Für eine große Aufgabe gerettet«, wiederholte auf einmal ihrer Mutter Stimme, die Con noch nie gehört hatte, die Prophezeiung der Hebamme. Sie war müde ... unendlich müde und so froh, daß es überstanden war.

Con und Tierney lagen in ihrem Bett. Das Baby trank hungrig an der Mutterbrust; bis auf sein leises Schmatzen war es still im Zimmer.

Tierney stützte sich mit dem Ellbogen aufs Kissen und betrachtete Frau und Sohn mit inniger Zärtlichkeit. Ganz versunken war er in das liebliche Bild, das sich ihm bot, und er dachte, kein Gedicht der Welt könne die Vollkommenheit dieses Augenblicks wiedergeben.

Con schaute lächelnd zu ihm auf.

»Ich würde dir gern ein Dankgeschenk machen für das, was du mir gegeben hast«, sagte er. »Doch mir scheint nichts gut genug.«

»Ich wüßte etwas«, versetzte sie nach kurzer Überlegung. »Ein ganz besonderes Geschenk.«

»Alles, was in meiner Macht steht«, versicherte er.

»Lege deine Arbeiten im Theater vor, Tierney. Laß sie von jemandem begutachten, der beurteilen kann, was sie wert sind.«

Tierney runzelte die Stirn. Er wußte schon seit einer ganzen Weile, daß die Zeit gekommen war. Seit sie nach Dublin gezogen waren, hatte er eine stattliche Anzahl von Gedichten geschrieben und war auch mit seinem Schauspiel ein gutes Stück vorangekommen. Dennoch hatte ihn irgend etwas bisher zurückgehalten. Angst vor Ablehnung? Oder womöglich vor Zustimmung? Tierney war nicht sicher, was schlimmer für ihn wäre, denn er hatte inzwischen erfahren, wie Seaneen O'Sullivan zu seinen literarischen Ambitionen stand. »Man kann nicht zwei Herren dienen«, hatte der Kommandant verächtlich gesagt, als das Thema zur Sprache kam. »Entweder geben Sie sich ganz für Irland – oder gar nicht, O'Connor!« Und sein Ton hatte keinen Zweifel daran gelassen, wie ernst es ihm war.

»Du hast recht, Con«, sagte Tierney, »es ist an der Zeit.« Damit beugte er sich zu ihr und berührte ihre seidig zarte Brust über den gierig saugenden Lippen seines Sohnes; er spürte die straff gespannte Haut, sah die Fäustchen des Kindes dagegen trommeln; die enge Verbundenheit zwischen diesen beiden Wesen, denen seine ganze Liebe gehörte, kam ihm stärker denn je zu Bewußtsein.

»Ich liebe euch«, flüsterte er, »ich liebe euch mehr als alles auf der Welt.« Was wohl Seaneen sagen würde, wenn er wüßte, welch mächtige Rivalen Irland in Tierneys Herz hatte?

7

Das Mechanics-Institute-Theater war dunkel und wirkte wie ausgestorben, als Tierney eintrat. Er versuchte, nicht daran zu denken, daß die Zukunft von der bevorstehenden Unterredung abhing – zumindest seine Zukunft als Autor. Auf den Docks verdiente er wenig genug, aber wahrscheinlich immer noch mehr, als ihm das Schreiben je einbringen würde. Er wußte selbst nicht recht, was er sich von dem Gespräch mit den Theaterleuten erhoffen sollte. Wenn sein Stück ihnen mißfiel, konnte er das Schreiben, das ihm bisher ein Herzensbedürfnis gewesen war, vielleicht endgültig aufgeben und sich mit allen Kräften dem täglichen Überlebenskampf widmen. Gefiel ihnen aber, was er geschrieben hatte – welch vermessener Traum! –, dann stand ihm eine harte Auseinandersetzung mit Seaneen bevor.
Ehe er sich darüber Gedanken machte, galt es jedoch erst einmal herauszufinden, was sie von seinem Stück hielten.
Die ersten vier Reihen im Parkett waren spärlich besetzt. Oben, etwa in der Mitte der schwach erleuchteten Bühne, stand eine Frau von ungewöhnlich hohem Wuchs. Ihr Teint schimmerte wie Apfelblüten, durch die das Licht fällt. Ihre kehlige Stimme füllte den fast leeren Zuschauerraum mit melodischem Klang. Sie rezitierte ein Gedicht von William Butler Yeats. Tierney preßte sein Manuskript fester an sich und lauschte.
Mitten in ihrem Vortrag schwenkte die Schauspielerin plötzlich in gespielter Verzweiflung ihren Text durch die Luft und rief einem hageren Mann in der dritten Reihe zu: »Nein, Willie, das ist einfach schauderhaft!«
»Wenn der Handwerker schlechte Arbeit leistet, gibt er dem Werkzeug die Schuld!« höhnte ein Mann aus der zweiten Reihe, worauf ihm die Frau auf der Bühne eine verächtliche Grimasse schnitt.
Linkisch, nach Art sehr großer Leute, erhob sich der Dürre aus der dritten Reihe. »Nicht doch, Dan! Wenn Maudie es schauderhaft findet, hat sie gewiß nicht unrecht. Du weißt, ich bin mir meiner Verse nie sicher, ehe ich sie gesprochen höre.«
Also das waren Willie Yeats und Maud Gonne! Vor lauter Ehrfurcht vergaß Tierney sein Lampenfieber. Er hatte nicht zu hoffen gewagt, zwei solche Berühmtheiten hier anzutreffen. Nun, viel-

leicht half ihm dieser glückliche Zufall, sein Problem zu lösen. Wenn Miß Gonne sich die Freiheit nahm, Irlands größten Dichter herunterzumachen, würde sie sich wohl kaum herablassen, einen Mann wie ihn zu schonen.

Yeats war auf die Bühne gegangen, um sich mit der Schauspielerin über die strittigen Verse zu beraten. Als er an seinen Platz zurückkehrte, sah er Tierney im Gang stehen. Der hübsche junge Mann weckte sein Interesse, und er winkte ihm, näher zu treten.

»Sind Sie Schauspieler, Sir? Dann haben Sie den falschen Tag erwischt: Donnerstags können Sie vorsprechen. Kommen Sie also am Donnerstag wieder. Für einen Burschen, der aussieht wie einer von Conchubars Kriegern, haben wir bestimmt irgendwo einen Part.«

Mehrere Leute wandten sich nach Tierney um. Miß Gonne trat an die Rampe vor und spähte neugierig in den Zuschauerraum.

»Schauspieler bin ich nicht, Sir.« Tierney lächelte. »Ich fürchte, mein Anliegen wird Ihnen weit weniger willkommen sein. Ich schreibe nämlich Gedichte, müssen Sie wissen.«

»Großer Gott, bei Ihrem Gesicht die reinste Verschwendung!« Doch der Dichter sagte es ausnehmend freundlich und bedeutete Tierney, neben ihm Platz zu nehmen. »Kommen Sie, setzen Sie sich her. Wenn wir fertig sind, werde ich mir Ihre Arbeiten anschauen. Deshalb sind Sie doch gekommen, nicht wahr?«

»Herr im Himmel! Ja… wenn Sie die Güte hätten, Mr. Yeats…« Tierney war überwältigt von soviel Entgegenkommen.

Yeats hatte sich indes schon wieder über sein Manuskript gebeugt und beachtete ihn vorerst nicht weiter.

»Was hat er gesagt?« Con, die das Baby auf dem Schoß hielt, beugte sich vor und nahm sein Gesicht in beide Hände. »Wiederhol mir alles Wort für Wort!«

»Mein Stück hat Mr. Yeats gefallen. ›Ganz außerordentlich‹, hat er gesagt, zweimal sogar! ›Gefährlicher Zündstoff, junger Mann, aber verdammt gute Arbeit!‹ Ist das die Möglichkeit? Kannst du dir so was vorstellen?« fragte er aufgeregt und strahlte vor Freude übers ganze Gesicht. Con schlang die Arme um seinen Nacken und küßte ihn.

»Und ob ich mir das vorstellen kann! Du bist eben ein Genie, das hab' ich dir doch schon oft genug gesagt. Mr. Yeats bestätigt nur meine Meinung.« Innerlich jubelte sie über dieses unwahrscheinliche Glück. Ihrem Mann, das wußte sie, mußte es wie ein Wunder erscheinen, denn sein Leben hatte sich bisher auf Armut und Hoffnung beschränkt. Und nun würde sich alles zum Guten wenden, so wie sie es sich erträumt hatte!

»Und jetzt erzähl mir ganz genau, was er dir aufgetragen hat.«

»Er sagte, ich soll so viele meiner Arbeiten zusammensuchen, wie ich nur tragen kann, und morgen damit zu ihm kommen.« Tierney kramte in seinen Taschen nach dem Zettel mit der Adresse. »Er meint, es sei bestimmt etwas darunter, was sie verwenden könnten. Kannst du dir das vorstellen, Con? Vielleicht führen sie tatsächlich eines meiner Stücke auf!«

»Natürlich kann ich mir das vorstellen. Ich tue doch seit Monaten nichts anderes!« Sie rückte das Baby auf ihrem Schoß zurecht, damit sie nach seiner Hand greifen konnte. »Du weißt, wie sehr ich an dich glaube. Paß auf, in ein, zwei Jahren wird ganz Dublin Tierney O'Connor kennen, und dann kommen die jungen Autoren zu *dir,* um sich Rat zu holen.«

Tierney kniete vor ihrem Stuhl nieder und legte den Kopf in ihren Schoß, neben seinen schlafenden Sohn.

»Es war immer nur ein Traum, Con, meine Berufung, meine ich. Ein sehnsüchtiger, hoffnungsvoll hoffnungsloser Traum. Ich mußte einfach schreiben, aber niemals habe ich zu glauben gewagt, daß ich eines Tages Erfolg haben würde.« Den Widerstand der Bruderschaft verschwieg er wohlweislich; fürs erste wollte er ihr die Freude nicht vergällen. Über Seaneen würde er sich später Gedanken machen.

»Du hast an deinem Erfolg gezweifelt?« fragte Con ungläubig. »Ist das etwa derselbe Mann, der mich lehrte, wir Menschen seien aus nichts als Staub und Träumen gemacht? Und wenn du dir mit deinen Stücken keinen Erfolg versprochen hast, wie wolltest du dann für mich und deinen Sohn sorgen, nachdem du uns aus der Geborgenheit von Sligo fortgelockt hast?«

Lachend nahm sie seinen Kopf zwischen die Hände und gab ihm einen herzhaften Kuß, wobei sie jedoch achtgeben mußte, das Baby nicht zu wecken. Was für ein Glück wäre es, wenn Yeats wirklich Gefallen an seinen Stücken fände, dachte sie. Vielleicht wird Tierney dann endlich so an sich glauben, wie ich es von Anfang an getan habe.

Die letzten Töne der getragenen Weise verklangen. Tierneys Gesang hatte sogar die Männer gerührt, und Seaneen O'Sullivan ließ zufrieden den Blick in die Runde schweifen. Der Raum war voll von Mitgliedern der Gälischen Liga, denen der Sagenkreis ihres Landes ebenso vertraut war wie seine Sprache. Dieser Junge hat die Gabe, die Menschen zu begeistern, dachte er; wenn wir sein Talent nutzen können, haben wir eine gute Waffe in der Hand. Gleichgültig, ob er sang oder rezitierte, Tierney bezauberte Männer wie Frauen durch seine Ausstrahlung. Seaneen hatte inzwischen schon mehrfach Gelegenheit gehabt, die Reaktion des Publikums auf seinen neuen Rekruten zu beobachten, und überlegte sich immer wieder, wo er ihn am sinnvollsten einsetzen könne.

Die Zwischenrufe nach einer Zugabe übertönten alsbald den Applaus. Das zierliche Saiteninstrument, auf dem Tierney spielte, war eine Minstrel-Harfe, eines jener kleinen, handlichen Instrumente, wie man sie vor Hunderten von Jahren eigens für die fahrenden Sänger erdacht hatte, die damit in die Schlacht zogen. Die Harfe war nicht das einzige Instrument, das Tierney spielte, aber doch sein liebstes. Er griff in die Saiten und rief seinem Publikum zu: »Also gut, ich spiel' euch noch eins, aber nur, wenn ihr mitsingt!« Der Vorschlag wurde mit enthusiastischem Beifall aufgenommen. *»Roddy McCorly«*, verkündete Tierney und schlug auch schon die ersten Akkorde an.

Über eine Stunde lang hatte er den Leuten vorgesungen. Nun stimmten alle in die wohlbekannte Hymne auf den großen Märtyrer ein. Märtyrer schaffen – darauf verstehen wir Iren uns am besten! dachte Seaneen grimmig. Sie sind unsere stärkste Waffe und unser größtes Unglück.

Ein Lied löste das andere ab. Siegestrunkene Stimmen – junge und alte, kräftige und zitternde, sangesfeste und unmelodische – füllten den Raum. Es ist schon seltsam, dachte Seaneen traurig: All unsere Lieder handeln von gescheiterten Revolutionen, und doch fühlen wir uns als Sieger, wenn wir singen. Was sind wir nur für ein merkwürdiges Volk – traurige Liebeslieder, fröhliche Kriege – aber immer und ewig durchdrungen vom Glauben an den Sieg.

Als der Gesang endlich verstummt war und auch die letzten Nachzügler der alten Schmiede vor den Toren Dublins den Rük-

ken gekehrt hatten, genehmigte Tierney sich einen Whiskey, um das Kratzen in seiner Kehle zu lindern. Seaneen leistete ihm Gesellschaft. »Weißt du«, sagte er scheinbar beiläufig, »ich kannte mal einen weisen Mann, der glaubte, wenn einer nur die rechten Heldensagen dichten könnte, bräuchte er sich keinen Pfifferling mehr drum zu scheren, wer im Land die Gesetze macht.«
»Ich dachte schon, wir würden die ganze Nacht hier sitzen und die alten Lieder singen!« Tierney lachte gutgelaunt.
»Sah fast so aus, ja! Na, kein Wunder, jetzt, wo wir endlich einen sicheren Versammlungsort gefunden haben, sind sie natürlich besonders gut bei Stimme. Sie fieberten ja förmlich danach, endlich wieder singen zu dürfen.«
»Wir haben aber auch lange genug auf unsere eigene Musik und Literatur verzichten müssen.« Tierney spielte auf jenes Gesetz an, mit dem die Engländer die Verbreitung irischer Volksdichtung ein Jahrhundert lang bei Todesstrafe verboten hatten.
»Mit dem Mundwerk schlagen wir alle verdammt gute Schlachten«, sagte O'Sullivan bitter.
»Oh, sie werden schon auch mit was anderem kämpfen, wenn die Zeit gekommen ist, Seaneen.«
»Gewiß, das wollen wir hoffen.« Dann wechselte Seaneen unvermittelt das Thema. »Heute abend kam mir eine einzigartige Idee, mein Junge. Dank der wunderschönen Stimme, mit der Gott dich gesegnet hat.« Der Schelm blitzte wieder aus seinen dunklen Augen.
»Würdest du die Güte haben, deinen genialen Einfall mit mir zu teilen?«
»Und ob! Tierney, hör zu: Wenn wir dein Talent nutzen und dich in einer Kneipe unterbringen – sagen wir als Schankkellner, der den Gästen ab und zu auch was vorspielt –, dann hättest du den idealen Posten, um Informationen zu sammeln. Und könntest vielleicht sogar selbst welche weitergeben.«
»Schankkellner, meinst du? Na, kann auch nicht schlimmer sein als Fischkübel zu schleppen. Hast du schon ein Pub im Auge, Seaneen? Übrigens: Ich weiß zwar ganz gut, wie man das Zeug trinkt, hab' aber keinen blassen Dunst vom Kellnern.«
»›Zweifel sind Verräter, die oft ein Gut entziehn, das wir erreichten, wenn den Versuch wir wagten.‹«
Tierney lächelte über diese literarische Schelte. Er wußte, daß

die Shakespeare-Ausgabe, die Seaneen während der Einzelhaft behalten durfte, ihn vor dem Wahnsinn bewahrt hatte.
»Du meinst also, ich bräuchte nur zu lernen, weiter nichts?«
»Besorg dir ein entsprechendes Buch aus deiner verdammten Bibliothek – verbringst doch sowieso deine ganze Freizeit dort. Während du dich vorbereitest, kümmere ich mich um ein Pub.« Er schenkte Tierney noch einen Whiskey ein. »So, und den nimmst du zur Brust, bevor wir uns in die feuchte Nachtluft rauswagen!« Bei Anbruch der Dunkelheit hatte ein kalter Nieselregen eingesetzt, und vor den beiden lag noch ein langer Heimweg.
Tierney nahm das dargebotene Glas dankbar entgegen und leerte es in einem Zug. Seaneen schien heute abend so ganz anders als sonst. Tierney hatte ihm eigentlich von seinem Zusammentreffen mit Yeats erzählen wollen, allein, die seltsame Stimmung des Älteren hielt ihn zurück. Er begann, Seaneen als Freund zu betrachten, und je besser er ihn kennenlernte, desto mehr schätzte er diesen Mann. Einen wie ihn enttäuscht man nicht, wenn man was auf sich hält, dachte Tierney, während der Ältere die Schmiede zusperrte. Er schafft es, aus jedem Mann das Beste herauszuholen.

In aller Herrgottsfrühe erreichte Tierney das Pub, so wie Seaneen es ihm aufgetragen hatte. Im Gegensatz zu den meisten Schankwirten stand Tommy McGowan nämlich zeitig auf. »Er ist Abstinenzler, darum«, hatte Seaneen erklärt; nicht ein Tropfen »Lebenswasser« sei je über seine Lippen geflossen. Ein Wirt, der nicht trank – der Gedanke amüsierte Tierney. Nun, wahrscheinlich hatte der Mann oft genug miterlebt, wie Alkohol den Menschen zugrunde richten kann; vielleicht doch nicht so unverständlich, daß er ihn verschmähte.
McGowan war nicht Mitglied der Irisch Republikanischen Bruderschaft, wohl aber sein Sohn Rob. Um seinetwillen, so hatte Seaneen gesagt, sei der Alte bereit, ihnen zu helfen. Tierney rückte seine Mütze gerade, duckte sich, denn der Eingang war sehr niedrig, und betrat die dämmrige Wirtsstube. Vermutlich war diese frühe Morgenstunde die einzige Tageszeit, zu der die Stammgäste des Pubs in ihren Betten lagen.

»Sie sind bestimmt O'Connor«, dröhnte eine Stimme mit breitem Belfaster Akzent, noch ehe Tierney sich an das Zwielicht gewöhnt hatte.

»Stimmt. Und Sie müssen Mr. McGowan sein.«

»Erraten.«

»Seaneen sagte mir...«

»Ich weiß genau, was Seaneen gesagt hat, mein Junge! Bei Gott, dieser Mann kann einen beschwatzen – ich wette, der brächte es sogar fertig, dem Teufel eine gefallene Seele abzuluchsen. Wär's anders, hätten Sie nie einen Fuß in meine Kneipe gesetzt.« McGowan kam mit ausgestreckter Hand hinter der Theke vor.

Tierney schlug dankbar ein. Es würde seine Arbeit unnötig erschweren, wenn er mit dem Wirt nicht auskäme oder wenn der ihn und die IRB nicht akzeptierte.

»Da ich mich nun mal hab' breitschlagen lassen und Seaneen mir einen so prächtigen Burschen wie Sie geschickt hat, wollen wir's auch miteinander versuchen. Erzählen Sie mir, was die Brüder brauchen, und ich sage Ihnen, was ich von Ihnen erwarte – dann werden wir ja sehen, ob sich beides unter einen Hut bringen läßt.« McGowan zwinkerte verschmitzt, wirkte im übrigen jedoch durchaus ernsthaft.

Die beiden Männer setzten sich an einen Tisch, und Tierney musterte seinen neuen Arbeitgeber genauer. Er war knapp einsachtzig groß. Weiße Strähnen durchzogen sein braunes Haar. Die hellwachen Augen blickten spöttisch drein und waren ständig in Bewegung, so als versuche der Mann, so rasch wie möglich viele Eindrücke aufzunehmen, das Unwichtige auszusondern und sich ein Urteil zu bilden. Und genau das tut er jetzt, dachte Tierney, als er merkte, wie der Mann ihn beobachtete. Er fällt sein Urteil über mich.

»Ich soll Augen und Ohren offenhalten«, erklärte Tierney. »Gerüchte, Neuigkeiten aus dem Schloß... soviel ich aufschnappen kann. Ich werde mal als Mittelsmann eingesetzt, mal als Kurier – je nachdem. Ihr Wirtshaus wird natürlich in nichts hineingezogen werden.«

»Blödsinn, Mann! Wenn Sie Ihre Sache gut machen, steckt meine friedliche kleine Kneipe bald bis zum Hals mit drin. Aber ich stelle Sie ja auch nicht ein, weil ich Sie für einen prima Kellner halte, mein Junge. Nein, ich tu's für Rob, um seiner Sache zu helfen und seinen Freunden. Das wollen wir von Anfang an klarstellen. Tja, wer A sagt, muß auch B sagen!«

Tierney nickte.

»Ich höre, Sie haben 'ne ganz passable Stimme?«

»Ich singe ein wenig, ja.«

»Na also, das ist doch schon was! Ich sorge hier abends in der Regel allein für Unterhaltung, da könnten Sie mich hin und wieder ablösen. Spielen Sie ein Instrument?«

»Mehrere. Harfe, Gitarre, Schifferklavier, Flöte... zur Not auch Banjo.«

McGowan hob anerkennend die Brauen. »Brav, sehr brav. Na, dann wären wir uns also einig, wie? Wir werden uns abwechseln: Wenn ich singe, kümmern Sie sich um die Gäste, und umgekehrt. Sie halten die Kneipe sauber, ich kümmere mich um die Vorräte, und alles übrige wird sich mit der Zeit schon einpendeln.«

Er blickte Tierney fragend an, der nickte sein Einverständnis, und die beiden Männer besiegelten ihre Übereinkunft abermals mit Handschlag. Wenn McGowan lächelte – und das tat er oft –, bekam er runde Apfelbäckchen, und seine Augen leuchteten ausdrucksvoll wie die eines Kindes.

»Sie arbeiten von nachmittags vier bis zur Sperrstunde. Ich bin nicht mehr der Jüngste und würde mich abends gern ein Stündchen früher aufs Ohr legen, wenn ich jemanden hinter der Theke wüßte, dem ich vertrauen kann. Rob sagt, Sie sind zuverlässig. Trinken Sie, junger Mann?«

»Ein wenig. Nicht soviel wie andere.«

»Soso. Na schön, lassen Sie sich trotzdem von mir 'nen Rat geben: Ein Wirt, der trinkt, ist ein Schwachkopf! Ist der Fluch unsrer Rasse in diesem gottverdammten Klima, der Suff! Ich wäre der letzte, der einem Mann 'nen Schluck zum Aufwärmen mißgönnt, glauben Sie mir, aber ein Betrunkener nützt niemandem, am wenigsten sich selbst, und Sie müssen Ihre fünf Sinne beisammenhalten, um mit den Saufkumpanen fertig zu werden. Ist das klar?«

Tierney nickte.

»Gut, daß Sie so groß und kräftig sind, das wird Ihnen ein bißchen Autorität verschaffen. Kaum einer legt sich mit 'nem Kerl an, der stärker ist als er... aber trotzdem, wenn die Burschen erst mal genug von John Barleycorn intus haben, sollten Sie sich auf alles gefaßt machen.«

»Ich werde mein Bestes tun für Sie, Mr. McGowan... und für die Jungs.«
»Das bezweifle ich nicht... und von jetzt ab sag Tommy und du zu mir, verstanden?«
Damit stand McGowan auf und ging in eine Ecke der Wirtsstube, wo neben zwei Stühlen ein Akkordeon lehnte. Er hob es auf und brachte es Tierney.
»Nun zeig mal, was du kannst, mein Junge, und dann ab mit dir bis heute nachmittag.«
Tierney wiegte das Instrument auf den Knien, griff wie zur Probe ein paar Takte und fing an zu spielen. Als Tommy die einschmeichelnde Melodie vernahm, breitete sich ein erfreutes Lächeln auf seinem Gesicht aus. Dann begann Tierney zu singen.
»Was sagt man dazu? Der Junge hat Gold in der Kehle!« rief Tommy fröhlich aus, als das Lied zu Ende war. »Gott sei Lob und Dank dafür. Daß ich einen Burschen mit so 'ner Stimme in meiner Kneipe arbeiten lasse – darüber wird kein Mensch sich wundern!«
Tierney verließ das Pub in Hochstimmung. McGowan gefiel ihm, und die feste Stelle erschien ihm wie ein Geschenk des Himmels.

Die IRB, dachte Tommy, als er Tierney vergnügt die Straße hinuntereilen sah, mein Junge, da hast du dir was Feines eingebrockt! Traurig schüttelte er den Kopf. Wieder ein tapferer Bursche, der sich in den Dienst seines Landes stellte – Tommy wußte aus Erfahrung, wie viele seinesgleichen schon ihr Leben gelassen hatten: Opfer für einen alten Traum.
Trotzdem, er freute sich darauf, den Jungen um sich zu haben. Sein Leben war einsam geworden, seit Rob ihn verlassen hatte. Sein Sohn war auf der Flucht; einen Tag im sicheren Versteck, am nächsten wieder gejagt. Wie vor ihm sein Bruder Liam. Sein Bruder, der nun schon seit acht Jahren neben seiner Mutter auf dem Friedhof von Belfast lag.
Tommy schüttelte die trüben Gedanken ab und griff geistesabwesend nach seiner Gitarre. Er schlug ein paar wehmütige Akkorde an, die seine Stimmung widerspiegelten. Ach, wie seine Frau die Musik geliebt hatte. »Sie bringt die Seele der Welt zum Klingen«,

hatte Eileen einmal gesagt, als sie verzaubert den Melodien lauschte, die seine Finger dem Instrument entlockten. Stets hatte sie ihn dabei voll Liebe und Bewunderung angeschaut. Ach, wie sehr sie ihm noch immer fehlte!

Eileen und Tommy hatten eine ungewöhnlich gute Ehe geführt; jedenfalls war es ihm so vorgekommen. Er kannte Männer, die ihrer verstorbenen Frauen mit einer Liebe gedachten, die sie ihnen zu Lebzeiten nicht geschenkt hatten, aber bei ihm und Eileen war das anders gewesen.

Sie hatten sich von Kindheit auf gekannt, waren auf benachbarten Höfen groß geworden und hatten ihre Väter häufig aufs Feld begleitet, um ihnen bei der Heu- und Kartoffelernte oder beim Torfstechen zur Hand zu gehen; eigentlich hatten sie schon damals gewußt, daß sie eines Tages zusammengehören würden. Als sie heranwuchsen, hatten ihre Freunde sie deswegen oft genug gehänselt, doch die beiden ließen allen Spott gutmütig über sich ergehen.

So waren sie denn, kaum erwachsen, Mann und Frau geworden; Eileen hatte ihm zwei Söhne geschenkt, die sie großzogen, und zwei Töchter, die vor der Zeit starben. Sie hatten in all den Jahren nur ein recht kärgliches Auskommen, doch da es ihren Nachbarn nicht besser ging, machten sie sich nicht viel daraus.

Dann war Liam, ihr Ältester, der IRB beigetreten und dafür mit einer Kugel in den Rücken belohnt worden. Eileen konnte das nie verwinden. »Ein Teil von mir ist mit ihm gestorben«, hatte sie zu ihm gesagt, als sie ihren Sohn zu Grabe trugen, und wirklich war sie nie mehr so geworden wie früher. Als sich dann auch Robbie von der Bruderschaft anwerben ließ, verfiel Eileen in tiefe Schwermut und stumpfsinnige Frömmelei.

»Nur durch Opfergaben und Gebete können Sie Gott bewegen, Ihren Sohn zu retten«, hatte ihr Beichtvater, Pater Flynn, ihr weisgemacht. Und er schien der armen Frau allwöchentlich neue Opfer aufzubürden, mit denen sie Gott gnädig stimmen sollte.

»Was du aufführst, ist nichts als heidnischer Firlefanz, verdammt noch mal!« hatte Tommy sie angeschrien, er, der seiner Frau gegenüber in fünfundzwanzig Ehejahren kein einziges Mal die Stimme erhoben hatte. »Mit deinem Büßen und Fasten und der ewigen Furcht wirst du dich noch zugrunde richten!«

»Aber Pater Flynn hat gesagt...« Und dann zitierte sie die Worte des Priesters, als entstammten sie der Heiligen Schrift, und Tommy gab sich geschlagen. Eileen lebte damals buchstäblich auf den Knien. Unerbittliches Fasten verwandelte die adrette, mollige Frau in ein hageres Weib und raubte ihr die rosig frischen Wangen, die nicht einmal das nahende Alter ihr hatte nehmen können.

Sogar im Ehebett wurde Tommys Frau eine andere, fürchtete sie doch, jedes Vergnügen, das sie sich gönnte, würde den Rosenkranz ihrer Opferperlen schmälern, die sie so emsig und zahlreich sammelte, um sie vor Gottes Thron für Robbies Leben einzutauschen.

Sie war zusehends schwächer geworden, bis eine bösartige Grippeepidemie sie dahinraffte. O Gott, wie hatte er die IRB damals gehaßt – sie und die Kirche und Irland und sämtliche Mächte, die mitgeholfen hatten, seine glückliche Familie zu zerstören.

Er hatte seinen kleinen Hof verkauft und war nach Dublin gezogen, auf der Flucht vor seinen Erinnerungen und seiner Trauer. Deshalb hatte er wohl auch dieses Gasthaus aufgemacht, in dem die Leute fröhlich sein und sich ein paar schöne Stunden machen konnten, während er sang und musizierte und zu vergessen suchte.

Natürlich war es ganz unmöglich, zu vergessen. Dafür sorgten schon Robs gelegentliche Besuche, und nun hatte die IRB ihm auch noch diesen neuen Rekruten ins Haus geschickt. Wenn nur seine Gefühle gegenüber der Bruderschaft nicht so zwiespältig wären! Er war stolz auf seine Söhne. Rob versuchte er zu helfen, wo er nur konnte. Der Junge und seine Kameraden waren allesamt brav und tapfer. Auch dieser Neue schien ehrlich und treu. Aber es war verdammt schwer, tatenlos zuzusehen, wie sie alle miteinander auszogen und in einem aussichtslosen Kampf ihre Kräfte vergeudeten. Verdammt schwer.

Tommy begann zu singen. In seiner Musik fand er Trost. Eileen hatte recht gehabt: Sie brachte die Seele der Welt zum Klingen.

Als Tommy die Gitarre beiseite legte, fühlte er sich wohler. Es war nicht mehr als recht und billig, den Jungs zu helfen. Sie verlangten ohnehin nur sehr wenig von ihm. Außerdem freute er sich darauf, jemanden um sich zu haben, mit dem er sich unterhalten konnte. Tommy band eine Schürze vor und machte sich daran, die schmutzigen Gläser abzuwaschen und wegzuräumen.

8

»Ihr Stück ist äußerst gehaltvoll, Mr. O'Connor. Provokativ und gehaltvoll.« William Butler Yeats, der mit seinen vierunddreißig Jahren bereits zu Ruhm und Ansehen gekommen war, hatte durchaus nicht die Angewohnheit, jeden angehenden Dichter, der ihm über den Weg lief, mit leeren Komplimenten zu verwöhnen. Dafür waren die jungen Autoren zu zahlreich, und im übrigen lag ihm nichts so sehr am Herzen wie die kulturelle Wiedergeburt seines Landes, die vornehmlich der irischen Literatur erneut zu Geltung und Ansehen verhelfen sollte.

Nachdenklich legte er das Manuskript beiseite und beugte sich in seinem Stuhl vor. Dabei fiel ihm eine Strähne seines glatten braunen Haars in die Stirn; ungeduldig strich er sie zurück.

»Dürfte ich ein paar Vorschläge machen?« fragte er, was Tierney nicht wenig amüsierte: sich vorzustellen, daß der brillanteste Wortschöpfer von ganz Irland ihn um Erlaubnis bat!

»Ich würde mich über jeden Ihrer Vorschläge freuen, Mr. Yeats. Es bedeutet mir sehr viel, daß Sie sich überhaupt die Zeit genommen haben, mein Stück zu lesen.«

Yeats wischte Tierneys Bescheidenheit mit einer Handbewegung beiseite. »Ihr Stück, Sir, verdient meine Aufmerksamkeit voll und ganz. Ich habe mich keineswegs aus barmherziger Nächstenliebe so eingehend damit beschäftigt. Sie sind ein verdammt guter Autor.« Er hielt inne, wie um sich noch einmal zu bedenken. »Aber wenn Sie erlauben, möchte ich doch eine Kritik anmelden…« Er schien seine Worte sorgsam abzuwägen. »Sie sprechen Dinge an, die mich zutiefst bewegen, Mr. O'Connor… und dann lassen Sie sie samt ihrem geheimnisvollen Zauber ungeklärt entwischen. Nehmen Sie mich mit auf die Reise, Sir! Lassen Sie mich nicht in einer niederen Sphäre zurück, wo ich nur im dunkeln tappen kann! Sie sind gewaltigen Kräften auf der Spur. Alten Mysterien… Sie schöpfen aus einem Reservoir, nach dem ich mein Leben lang gesucht habe. Wenn Sie diese visionäre Gabe haben, O'Connor, dann haben Sie doch um Gottes willen auch den Mut, ihr bis an das Ziel zu folgen, das sie Ihnen weist!«

Er wandte sich ab, so als schäme er sich seines leidenschaftlichen Ausbruchs. Nach einer Weile fragte er: »Haben Sie sich je mit Spiritualismus beschäftigt?«

»Nein«, erwiderte Tierney erstaunt. »Dazu hatte ich nie Gelegenheit. Séancen, Geisterbeschwörungen... das kenne ich nur vom Hörensagen. Warum fragen Sie?«

»Weil ich schon seit geraumer Zeit die Überzeugung hege, daß unserer Insel eine übersinnliche Energie innewohnt und sie gewissermaßen ein Sammelbecken jener geheimen Kräfte ist, welche einst die Druiden befähigten, über die Natur zu gebieten. Es ist ein bißchen heikel, darüber zu reden, weil die meisten Leute einen gleich für übergeschnappt halten, aber ich glaube, wenn es uns gelingt, aus diesem Urquell der Kraft zu schöpfen, könnten wir ihn für die Befreiung Irlands nutzbar machen.«

Unwillkürlich mußte er selbst über seinen Eifer lachen. »Sie halten mich gewiß für ziemlich verrückt, wie?«

Erschrocken wies Tierney diese Unterstellung zurück: »Ich halte Sie keineswegs für verrückt, Mr. Yeats. Nichts läge mir ferner. Ich habe selbst hin und wieder meine Erfahrungen mit dem Übersinnlichen gemacht, wenn ich auch nur selten darüber spreche. Sie müssen nämlich wissen, daß ich mit einer Glückshaut zur Welt kam – Bauern und Fischersleute glauben, solche Kinder hätten das ›Zweite Gesicht‹. Manchmal sehe ich die Zukunft... freilich nur einen schwachen Schimmer davon, aber einiges erkenne ich doch. Und manchmal schaue ich in die Vergangenheit. Nicht die, welche in den Geschichtsbüchern beschrieben wird, sondern eine viel ältere, ursprünglichere.«

Yeats klatschte aufgeregt in die Hände. »Das war's also, was ich in Ihrem Stück gespürt habe! Kaum, daß Sie es berühren, entgleitet es Ihnen, nicht wahr?«

Tierney nickte. »Eine Tür geht auf, und ich sehe erstaunliche Dinge... erhasche einen kurzen Blick mitten ins Herz der Welt. Und dann schließt sich die Tür wieder, und ich kann nur versuchen, meinen Eindruck zu Papier zu bringen, ehe er für immer verblaßt.« Nach kurzem Zögern fuhr er fort: »Es kann natürlich sein, daß ich mir das alles bloß einbilde.«

Yeats musterte Tierney nachdenklich. Eifersucht regte sich in ihm bei dem Gedanken, daß dieser junge Mann wie durch Zufall über die Gabe verfügte, um die er so lange und mühevoll gerungen hatte. Doch er kämpfte das unwürdige Gefühl nieder. »Ich kenne jemanden, der Ihnen vielleicht helfen könnte, Ihre seltene Begabung zu erforschen«, sagte er nach einer Weile.

Tierney blickte ihn fragend an.
»Ja, Sie müssen mich zur nächsten Sitzung eines metaphysischen Zirkels begleiten, mit dem ich schon seit geraumer Zeit zusammenarbeite. Vielleicht finden wir gemeinsam, wonach Sie suchen.«
Dann wechselte er unvermittelt das Thema. »Ihr Stück ist geistreich und voller Leidenschaft. Ihr Stil ist eigenwillig – Sie sind nicht literarisch geschult, sehe ich recht?«
Tierney nickte, fasziniert von den überraschenden Stimmungsschwankungen seines Gegenübers.
»Ihre Sprache ist ungewöhnlich, aber interessant – ändern Sie nichts daran. Hüten Sie sich davor, jene nachzuahmen, die zwar gebildeter, dafür aber nicht so begabt sind wie Sie. Sie sollten Ihr Stück sehr ernst nehmen, Mr. O'Connor. Es könnte das Publikum aufrütteln. Sie würden sich damit aber auch Feinde schaffen. In dem, was Sie geschrieben haben, offenbart sich nämlich nicht nur großes Talent, sondern auch eine gärende Unzufriedenheit. Sind Sie sich eigentlich über die Auswirkungen im klaren, die Ihr Erfolg haben könnte?«
»Ich fürchte, ich verstehe Sie nicht, Mr. Yeats.«
»›Wem viel gegeben ist, von dem wird viel verlangt‹«, zitierte Yeats.
Tierney lachte bitter. »Einem armen Fischer dürfte es schwerfallen, sich als Menschen zu betrachten, dem viel gegeben wurde.«
»Aber Ihnen ist alles gegeben!« widersprach Yeats mit Nachdruck. »Nichts zählt außer Geist und Intellekt, gar nichts! Sie werden büßen müssen für das, was Ihnen geschenkt wurde, Mr. O'Connor. Darüber sollten Sie sich im klaren sein: Kennen Sie das Märchen von der Meerjungfrau, die ihren Fischschwanz gegen Menschenbeine eintauschte, um ihren Prinzen heiraten zu können? Nun, jeder Schritt verursachte ihr blutige Qualen. Den Dichtern ergeht es ebenso. Wir haben unsere gewöhnlichen Gefühle mit denen der Götter vertauscht, und dafür müssen wir bluten.«
Tierney wußte keine Antwort. Ihm schwindelte bei dem Gedanken, mit solch einem launischen Geist Schritt zu halten, und doch: Welch erhebendes Abenteuer wäre es, genau das zu versuchen!
»Das Gespräch mit Ihnen war mir eine Freude, Mr. O'Connor«, sagte Yeats, als Tierney sich verabschiedete. »Machen Sie weiter so. Irland braucht Männer wie Sie.«

Was ein paar Worte bewirken können, dachte Tierney. Von einer Minute zur anderen verändern sie ein ganzes Leben! Irland braucht mich… welch berauschende Vorstellung!
Tierney hätte vor Freude tanzen mögen – laufen, springen, lachen, singen… Vor allem aber brannte er darauf, Con von seinem Gespräch mit Yeats zu erzählen.

Tierney brütete über seinem fast fertigen Stück. Yeats' Lob hatte ihn überglücklich gemacht, und doch schien das Schreiben ihm seit der Unterredung mit dem Dichter besonders schwerzufallen.
Er schob die Blätter von sich und legte verdrossen die Feder aus der Hand. Den Kopf in die Hände gestützt, saß er reglos da und grübelte.
Warum tat er das? Warum wollte ausgerechnet er etwas vollbringen, wovor selbst weitaus gebildetere Menschen zurückscheuten? Wie konnte ein Fischer sich anmaßen, Dichter zu werden? Seine Sprachbilder waren hausbacken… armselig, ungelenk, eng verknüpft mit seiner Welt, der Welt der Bauern und Fischer, Mütter, Kinder und Männer wie sein Vater, die sich abrackerten, lebten und starben, ohne je weiter als zehn Meilen über ihren Geburtsort hinauszukommen.
Und doch spukten gewaltige Heldensagen in seinem Kopf; wilde, überschäumende Geschichten, die in den Gestalten jener einfachen Landleute, von denen er schrieb, zum Ausdruck kommen mußten.
Warum um alles in der Welt sollte sich jemand für sein Stück interessieren? Es war weder hochgesinnt noch geistreich formuliert wie die Schriften von Yeats. James Stephens' Phantasiereichtum fehlte ihm ebenso wie Dunsanys launiger Stil. Wie um alles in der Welt war er überhaupt auf die Idee gekommen, dieses Stück zu schreiben?
Das äußere Handlungsgerüst ließ sich leicht bestimmen. Es war nicht mehr als die Dramatisierung seines vertrauten Lebenskreises. Aber unterschwellig gärten leidenschaftliche Anklagen; schmerzliche Schuldzuweisungen, die das Publikum womöglich zu Ausschreitungen und Gewalttaten aufstacheln würden. Wollte er das etwa?

Tierney nahm die Feder wieder auf und zwang sich, weiterzuschreiben. Wenn er sein Stück einfach zu Ende brachte... wenn es ihm gelang, die Angst vor der Kritik zu unterdrücken... dann würde vielleicht jener unbekannte Drang in seinem Innern ein Ventil finden und ihm endlich Frieden gönnen.
Das lohnte immerhin einen Versuch.

Während des kommenden Jahres überwachte Seaneen O'Sullivan Tierneys Ausbildung. Der ernsthafte und überaus begabte junge Mann war ihm ans Herz gewachsen. Die Aufträge, die er ihm erteilte, wurden zunehmend verantwortungsvoller, und er machte ihn nach und nach mit all den Männern bekannt, von deren Mut und Kühnheit eines Tages Irlands Zukunft abhängen würde. Es war ein bunt gemischtes Häuflein: Gelehrte und Ungebildete, Professoren und einfache Bauern. Sie trafen einander in Schenken und Kirchen oder versammelten sich reihum in den Wohnungen der Mitglieder. Sie besuchten Dichterlesungen und Gratis-Konzerte, gingen aber auf der Straße wie Fremde aneinander vorbei. Dublin erlebte eine aufregende und gefährliche Zeit.
Für den unerfahrenen Betrachter funkelte die Stadt im Glanz einer eleganten Metropole. In den Parkanlagen marschierte die Kapelle der Königlichen Husaren in prächtigen Uniformen zu den Klängen des kriegerischen Empires. Überall in der Stadt hatte man britische Kriegshelden durch Denkmäler verewigt, und mit militärischen Ehrenzeichen geschmückte Reiterschwadronen galoppierten so schneidig durch die Straßen, als gehörten sie ihnen.
Abends flammten in den Ballsälen der Reichen die Kerzen in den Kristallüstern auf und ergossen ihr Licht über die schönen, gepflegten Plätze vor den Häusern. »Wie mir versichert wurde«, schrieb ein recht bekannter Salonlöwe, »kann nur der Hof des indischen Vizekönigs, an dem die Farben von Ost und West so reizvoll ineinanderspielen, sich mit der glanzvollen Prachtentfaltung der Dubliner Saison messen.« Ein trefflicher Vergleich, da in Irland zu jener Zeit mehr britische Truppen stationiert waren als auf dem gesamten indischen Subkontinent.
Walzerklänge wehten durch die Vorgärten, und Damenschneider vom Range einer Mrs. Simms (die man als weibliches Pendant zu Charles Frederick Worth feierte) befanden sich pausenlos im Zu-

stand lukrativer Erschöpfung, dank der jungen Schönen, die in Scharen in die Stadt drängten, um vor dem Vizekönig, dem Repräsentanten Ihrer Majestät, Viktoria von England, zu debütieren.
Natürlich lagen Welten zwischen dem Dubliner Gesellschaftsleben, das sich am Schloß als seinem Mittelpunkt orientierte, und dem der Armen, deren Elendsviertel das jeder anderen Großstadt Europas in den Schatten stellte. Dieser Armut sowie der Unterdrückung der Arbeiterklasse versuchte man durch die Gründung von Gewerkschaften zu Leibe zu rücken, und Namen wie Jim Larkin oder James Connolly machten unter den Arbeitern bald die Runde.
Irgendwo zwischen beiden Extremen, aber mit einem Fuß in jedem Lager, standen die Urheber der sogenannten keltischen literarischen Renaissance.
Im Verlaufe eines einzigen Tages konnte man beobachten, wie William Butler Yeats Miß Maud Gonne zum Theater geleitete, der verschrobene Oliver St. John Gogarty mit seiner blaßrosa Weste sich im Park erging und James Joyce sich im Kreise seiner Kommilitonen über das Empire lustig machte.
Das Ganze hatte eine phantasievolle, ja prahlerische Note; es war eine Zeit, in der jeder Abend der Woche einem anderen Favoriten gehörte. Yeats hielt seinen Salon am Montag, der unter dem Pseudonym »A. E.« bekannte George Russell empfing sonntags, und mittwochs traf man sich bei George Moore. Am Dienstag hielt Stephen MacKenna hof, doch in seinem Haus wurde nur Griechisch oder Gälisch gesprochen.
Da Tierney und Con in keinen dieser illustren Kreise eingeführt waren, hatten sie sämtliche Abende der Woche für sich allein und verbrachten sie glücklich in der kleinen Wohnung in der Chapel Street, wohin sie nach Tahgs Geburt gezogen waren.
Seit er in Tommys Schenke arbeitete, schien sich Tierneys Leben grundlegend gebessert zu haben. Die feste Anstellung hatte ihn der schlimmsten Geldsorgen entledigt, und er hatte den Kopf frei für andere Dinge. Das gesicherte Einkommen hatte ihm und Con Mut gegeben, sich eine Wohnung zu mieten. Con hatte zwar das Geld, welches ihre Geschwister ihr angeboten hatten, abgelehnt, doch sie veräußerte einen Teil ihres Schmucks und kaufte vom Erlös Möbel für die kleine Wohnung, die im Gegensatz zu dem Pensionszimmer endlich ein richtiges Zuhause war.

Mit dem Schreiben kam Tierney gut voran. Yeats' Drängen hatte ihn dazu ermutigt, seinen Visionen beharrlich nachzuspüren; allmählich drangen sie in sein waches Bewußtsein ein, was sich wiederum erfreulich auf seine Arbeit auswirkte. Dennoch haderte er mit sich, weil es ihm immer noch nicht gelingen wollte, sich zu entspannen und den Dingen einfach ihren Lauf zu lassen. Der Kampf zwischen bewußter Anstrengung und unbewußter Realität zermürbte ihn. Im übrigen offenbarte sich die Gabe des »Zweiten Gesichts« aufs neue. Zweimal hatte er in jüngster Zeit einen Blick in die Zukunft erhascht. Nichts Konkretes und zeitlich so präzise Erkennbares, daß man eine Prophezeiung daraus hätte ableiten können, aber trotzdem Zukunftsbilder. Das eine Mal hatte er Con und sich in glücklicher Umarmung gesehen, das andere Mal eine Straßenschlacht: Leute, die durch Dublin rannten, aufeinander schossen, starben. In gewissem Sinne hatten beide Visionen ihn beunruhigt, deuteten sie doch an, welch hohen Preis die Revolution fordern mochte, wenn sie wirklich ausbrechen sollte.

Aber ungeachtet dieser dunklen Ahnungen war das Leben jetzt entschieden besser als vorher. Con war zufrieden und glücklich mit ihrem Sohn; stolz darauf, ihre schlanke Taille wiedererlangt zu haben, und nicht minder stolz auf ihre Mutterschaft. Er selbst freute sich über seine Fortschritte in der Bruderschaft und hatte in Tommy und O'Sullivan zwei verläßliche, treue Freunde gefunden.

Doch kein Paradies ohne Schlange: Seaneen billigte seine schriftstellerischen Ambitionen nicht, ja nannte sie »eine verdammt gefährliche Ablenkung«.

»Was, zum Teufel, willst du denn mit Ruhm und Geld anfangen, mein Junge, wenn du eines Tages Erfolg hast? Wenn deine Stücke dich bekannt gemacht haben und du mit den feinen Herrschaften herumscharwenzelst? Was wird dir die Bruderschaft dann noch bedeuten? Con und Tahg machen ihr jetzt schon den Rang streitig. Demnächst muß sie hinter Ruhm und Wohlstand zurückstehen, und dann wirst du sie gänzlich im Stich lassen! ›Es ist leichter, daß ein Kamel durch ein Nadelöhr gehe, als daß ein Reicher ins Reich Gottes komme‹, heißt es in der Bibel. Laß mich dir noch einen Spruch aus O'Sullivans Bibel zitieren, mein Junge: ›Es ist leichter für einen verdammten Engländer, für Irland zu kämpfen, als für einen berühmten Iren, dasselbe zu tun!‹«

Seaneens Worte waren ihm zu Herzen gegangen. Es fällt tatsächlich leicht aufzubegehren, wenn man arm ist und nichts zu verlieren hat, dachte er. Aber wie, wenn das Blatt sich wendet? Wenn man plötzlich alles bekommt, was man sich erträumt hat? In welch inneren Zwiespalt würde einen das stürzen?
Tierney versuchte, diese bedrückenden Gedanken beiseite zu schieben, doch es gelang ihm nicht. Er wußte, daß Seaneens Einwände nur allzu berechtigt waren.
Und doch, wie wohl tat es, sich sicher und geborgen zu fühlen. Wie verführerisch waren die Garantie einer geregelten Arbeit und das Glück seiner Familie. Wie anregend war die Gesellschaft von Yeats und Maud Gonne und den anderen, die er durch sie kennengelernt hatte. Leute, deren Namen ihm vor seiner Dubliner Zeit ehrfürchtige Scheu eingeflößt hatten. Wie stark war seine Liebe zu Frau und Kind, wie groß sein Wunsch, ihnen Sicherheit und Schutz gewähren zu können.
Aber da war auch Irland.
Und der Glaube an die Notwendigkeit, am blutigen Altar seiner Heimat Opfer darzubringen.
Wie sollte das alles zusammenpassen? Was hatte Vorrang im Leben, was war rechtens?
Jedesmal, wenn er das Rätsel zu entwirren suchte, verstrickte er sich nur noch tiefer darin. Vielleicht war es einfach noch nicht an der Zeit für ihn, die Lösung zu erfahren – vielleicht würde sich eines Tages alles von selbst klären.
Doch jetzt wollte er die Freuden kosten, von denen er immer geträumt hatte. Und sei es auch nur für kurze Zeit.

Tierney stand hinter der Theke und beobachtete vergnügt, wie McGowan das Publikum um den Finger wickelte. Der Mann hatte so viele Talente; mit seinen Geschichten brachte er die Leute zum Lachen und mit seinen Balladen zum Weinen. Er taxierte seine Zuhörer in Sekundenschnelle und stimmte sein Programm allabendlich genau auf ihre Wünsche ab. Und er verfügte über ein erstaunliches Repertoire. Übermütige Shantys beherrschte er ebenso wie schmalzige Liebeslieder, zotige Gassenhauer nicht minder als dreihundert Jahre alte Rebellionslieder.
Tommy war ein ausgezeichneter Interpret, hatte aber auch selbst

ein paar Lieder verfaßt, die sich bei seinen Zuhörern großer Beliebtheit erfreuten.

»Also, ich hab' euch doch von meinem Freund und Nachbarn O'Brien erzählt, nicht wahr?« rief McGowan dem begeisterten Publikum zu. »O'Brien mit den achtzehn Kindern?« – »Nein, nein!« schallte es lachend zurück.

»Na, dann paßt auf: O'Brien war der, dem seine Frau den Hosenlatz zunähte, nachdem sie die ersten neun Kinder bekommen hatte, damit der Zipfel nicht mehr aus dem Futteral könne...«

Die Männer, die alle Bierkrüge in ihren derben Händen hielten, wieherten vor Vergnügen. Sie alle hatten den Witz über O'Briens Frau gewiß schon ein dutzendmal gehört, aber nichts tut so wohl, wie sich über andere lustig zu machen.

Tierney arbeitete nun bereits geraume Zeit für Tommy und war ihm aufrichtig zugetan. Der Wirt hatte das Herz auf dem rechten Fleck, war ehrlich und anständig, und sein unverwüstlicher Humor wußte fast allen Wechselfällen des Lebens noch eine lustige Seite abzugewinnen.

Das Publikum lachte und klatschte und stampfte mit den Füßen, bis Tommy sein Banjo nahm und die ausgelassene Melodie von *The Old Orange Flute* anstimmte.

Mitten unter dem Gesang kam ein Trupp Soldaten in Uniform herein und setzte sich geräuschvoll an den langen Tisch in der Mitte der Gaststube. Schlagartig änderte sich die Stimmung im Raum; die Männer rückten zusammen, um den Königlichen Husaren Platz zu machen. Gegenwärtig gab es zwar keine offene Feindseligkeit zwischen Militär und Bevölkerung, aber beliebt waren die Soldaten deswegen noch lange nicht.

Nelly, die Kellnerin, warf Tierney einen bedeutsamen Blick zu, ehe sie an den Tisch der Neuankömmlinge ging, um ihre Bestellung aufzunehmen. Tierney legte das Geschirrtuch auf die Theke; seine Nerven waren bis zum äußersten gespannt. Für gewöhnlich hatten sie kaum Ärger mit den Soldaten, die ab und zu aus ihren Unterkünften beim Schloß in McGowans Kneipe kamen, aber es war Samstag, und da mußte man auf alles gefaßt sein.

»He, Mister!« rief einer der Soldaten Tommy zu, als der sein Lied beendet hatte. »Wie wär's mit *God Save the Queen* – da könnten wir alle mitsingen!« Er lachte, und seine Kameraden stimmten ein.

Tommy sah sich hilfesuchend nach Tierney um, antwortete dem Mann jedoch mit ausgesuchter Höflichkeit: »Leider kommen Sie ein bißchen spät, meine Herren. Meine Einlage ist eben zu Ende, und der nächste Vortrag beginnt erst in ein, zwei Stunden. Aber wenn Sie uns ein Weilchen die Ehre geben wollen...«

»Ich habe gesagt, ich möchte *God Save the Queen* hören!« wiederholte der Soldat, und diesmal klang es schon recht angriffslustig.

Tierney nahm die Schürze ab, kam hinter der Theke vor und trat zu den Soldaten an den Tisch. »Meine Herren«, sagte er mit erzwungener Liebenswürdigkeit, »meine Kehle ist noch nicht ganz so kratzig wie die vom armen Mr. McGowan. Außerdem kann ich zufällig Ihren Regimentsmarsch spielen. Hätten Sie nicht Lust mitzusingen?« Ohne die Antwort abzuwarten, winkte er Tommy, ihm das Schifferklavier zu bringen.

Als Tierney zu singen begann, fielen mehrere zaghafte Stimmen ein, und dann sangen, wenn auch widerwillig, sogar die Soldaten mit.

Ohne Unterbrechung reihte Tierney ein deftiges Kasernenlied ans andere. Er spielte, daß einem Hören und Sehen verging. Die Soldaten tranken schließlich ihr Bier aus und trollten sich.

»Danke dir schön, mein Junge«, sagte Tommy, als auch der letzte gegangen war. »Falls es sich vermeiden läßt, möchte ich hier keine Streitereien haben, aber ich will verdammt sein, wenn ich *God Save the Queen* singe, solange noch ein Funken Leben in meinen alten Knochen steckt!«

»Es war nicht schwer zu erraten, daß die's eher auf eine Rauferei abgesehen hatten als auf Musik«, erwiderte Tierney. »Wir können von Glück sagen, daß wir sie so leicht losgeworden sind.«

»Recht hast du, aber das bringt mich auf was, worüber ich mit dir reden wollte, schon seit du bei mir angefangen hast, mein Junge.«

Tierney blickte den Wirt fragend an.

»Ich hab' mir gedacht, es wird Zeit, daß ich mich ein bißchen tatkräftiger an eurer Rebellion beteilige. Ich möchte der IRB beitreten. Mir scheint, wenn wir zu zweit darauf achten, was hier gesprochen wird, werden wir auch doppelt soviel mitbekommen. Na, was hältst du davon?«

»Nichts auf der Welt würde mir mehr Freude machen, Tommy«, versicherte Tierney, der gern gewußt hätte, was McGowan zu diesem Sinneswandel veranlaßt hatte. »Aber hast du dir das auch genau überlegt?«

»Und ob, mein Junge. Um ehrlich zu sein, ich hab' dich schon eine ganze Weile beobachtet – und da hab' ich allmählich Schuldgefühle gekriegt. Ich finde, ich könnte dir mehr helfen, wenn ich wüßte, was ihr Burschen eigentlich vorhabt. So, nun ist's heraus: Ich bin dein neuer Rekrut.« Dabei lächelte er freundlich, doch Tierney wußte wohl, wie schwer diese Entscheidung ihm gefallen sein mußte.

»Du bist ein guter Mensch, Tommy«, sagte der Jüngere aufrichtig. »Und ein verdammt guter Freund.« Er hielt inne. »Ich hoffe nur, daß ich dich zu nichts verleite, was dir schaden könnte.«

»Nicht doch, Junge, an so was darfst du nicht mal denken. Diese Schufte sollen durch uns zu Schaden kommen, nicht umgekehrt!« Lachend machten die beiden Männer sich wieder an ihre Arbeit.

9

Maud Gonne war zweifelsohne das herrlichste Geschöpf, das Willie Yeats je zu Gesicht bekommen hatte. Oft schon hatte er das gedacht und dachte es wieder, als er nun an ihrer Seite in MacGregor Mathers' Haus saß und auf den Beginn der spiritistischen Sitzung wartete.

Zu wissen, daß ihr alle Welt zu Füßen lag, war für Maud so selbstverständlich geworden, daß sie mehr erreichen wollte; so hatte sie denn die Politik zu ihrem Wirkungskreis erkoren und es sich zur Aufgabe gemacht, der bedrängten Landbevölkerung zu helfen. Maud war einsachtzig groß, doch die hochaufgetürmte, tizianrote Haarkrone ließ sie noch größer erscheinen. In einem weniger liebreizenden Antlitz hätte ihr kantiges Kinn womöglich kampflustig gewirkt, doch in Mauds Fall schien es nur sinnfälliger Ausdruck ihres leidenschaftlichen Temperaments. Sie begegnete Willies bewunderndem Blick mit einem Lächeln und hoffte, er würde heute abend nicht wieder um ihre Hand anhalten.

Wenn alles nach Wunsch ging, versprach diese Sitzung aufschlußreich für sie beide zu werden – das junge Paar, das Willie eingeladen hatte, erregte Mauds Aufmerksamkeit. Sie spürte, daß Mr.

und Mrs. O'Connor starke Persönlichkeiten waren. Die Frau stammte aus einer vornehmen Familie, das sah man gleich... und er... er war aus gröberem Holz geschnitzt, doch deshalb nicht minder faszinierend. Und er sah auffallend gut aus.
Maud setzte sich entspannt zurück und sah erwartungsvoll dem Auftritt ihres Gastgebers entgegen. MacGregor Mathers war in den literarischen Zirkeln Dublins in aller Munde. Wie die meisten, die im Schloß ein und aus gingen, brauchte auch er nicht für seinen Lebensunterhalt zu arbeiten. Aber er hatte eine Beschäftigung: Er und seine Frau waren Okkultisten. Sie sagten die Zukunft voraus, deuteten Tarot-Karten und unterwiesen ihre Anhänger in Astrologie, Zahlenkunde und Magie. Am meisten faszinierten freilich ihre spiritistischen Sitzungen.
Ein kleiner Negerjunge in morgenländischem Gewand trat durch die Flügeltür und schwenkte ein Weihrauchgefäß. Ihm folgte ein Mann in bestickter Brokatrobe. Er war mittelgroß, hatte dunkle, leuchtende Augen und glattes, schwarzes Haar. Nicht von ungefähr erinnerte er an die Priester eines altehrwürdigen Kultes: MacGregor Mathers war ein Magier.
Er rauschte ins Zimmer, gefolgt von seiner Frau, deren Kleid mit Halbmonden und Hieroglyphen geschmückt war. Das Gewand verdeckte ihre Füße, so daß sie hinter ihrem Gatten einherzuschweben schien, was Yeats veranlaßte, der hingerissenen Maud ins Ohr zu flüstern: »Meinst du, sie bewegt sich auf Rädern? Oder wird sie ganz einfach von Feen getragen?«
»Machen Sie sich lustig über die Diener der alten Götter, Mr. Yeats?« fragte Mathers mit donnernder Stimme, so daß alle Anwesenden erschrocken zusammenfuhren.
»Gewiß nicht!« entgegnete der Dichter würdevoll. »Ich bin heute abend nur besonders gut aufgelegt, Mr. Mathers.«
Maud warf ihrem Freund einen vorwurfsvollen Blick zu, erhob sich und reichte Mathers die Hand. Neben ihrer hochgewachsenen Gestalt wirkten der Magier und seine Frau fast zwergenhaft. Man hat sie nicht zu Unrecht die Schönste der Schönen Europas genannt, ging es Willie durch den Kopf. Dann übernahm er es, dem Hausherrn Con, Tierney und die übrigen Gäste vorzustellen, die er mitgebracht hatte. Nachdem Mathers jeden begrüßt hatte, eröffnete er die Sitzung.
»Das Studium der Magie verlangt von denen, die ihre Geheim-

nisse und ihre Macht kennenlernen wollen, ein rückhaltloses Bekenntnis. Wer die Wunder des Universums erkunden, wer die Reise nach innen, zum Astralleib, antreten will, der muß eingeweiht sein in die geheimen Regeln der ›hermetischen Jünger‹. Ihre Übungen erfordern große Anstrengung, und der Weg ist gefahrvoll.«

Con und Tierney tauschten einen Blick, und Tierney drückte seiner Frau die Hand. Es versprach ein unterhaltsamer Abend zu werden.

Mathers lehnte sich in seinem Stuhl zurück, legte seine schlanken Hände in meditativer Pose zusammen und betrachtete sein Publikum mit prüfendem Blick.

»Meine Damen und Herren«, fuhr er fort, »heute abend werden wir über den furchtbarsten aller menschlichen Schrecken reden... den Tod.«

Bei seinem letzten Wort entfuhr Maud ein Laut des Entsetzens – ihr Sohn war im Alter von drei Jahren gestorben, und der Gedanke an seinen Tod verfolgte sie noch immer. »Und wie denkt die Metaphysik über den Tod, Mr. Mathers?« fragte sie vorsichtig und hoffnungsvoll zugleich.

»Für uns ist der Tod ganz einfach eine Veränderung des Bewußtseins, Miß Gonne«, antwortete Mathers mit sanfter Stimme. »Die Seele durchläuft mehrere Leben auf ihrer Suche nach Weisheit.«

»Demnach gäbe es also weder Himmel noch Hölle?« fragte Tierney.

»Die Seele passiert nach dem Tode viele Stadien, Mr. O'Connor«, er lächelte, »nur so erlangt sie das Verständnis für die wechselvollen Schicksale des Menschenlebens. Wenn nun jemand sich viel Böses hat zuschulden kommen lassen, so mag es ihm Höllenqualen bereiten, seine Taten wiederholt zu sehen. Hat er dagegen Gutes getan, mag er durchaus himmlische Erfahrungen machen. Zwischen den einzelnen Leben besteht eine Phase der Ruhe – bei uns heißt sie die ›Andere Seite‹, vielleicht nennen Ihre Theologen sie ›Himmel‹.«

»Und wo verbringt man diese Ruhepause, Mr. Mathers?« fragte Con.

»Die ›Andere Seite‹, Mrs. O'Connor, ist eine Sphäre des Geistes, nicht der Materie. Der Mensch kann sie nach eigenem Gutdünken

gestalten. Viele Leute stellen sie sich mit Hilfe einer Metapher vor: Man überquert einen Strom und rastet auf einer grünen Wiese.« Er maß sie mit forschendem Blick.
»Wie ist es aber möglich, Mr. Mathers«, mischte Tierney sich ein, »daß ein solchermaßen durchgeistigtes, erleuchtetes Wesen in unserer Welt existiert, ohne daß die meisten Leute auch nur die leiseste Ahnung davon haben?«
»Es hängt einzig von Ihrer Begabung und Ihrer Bereitschaft ab, Mr. O'Connor, ob Sie die Geheimnisse des Universums zu ergründen lernen. Sie persönlich zum Beispiel haben das ›Zweite Gesicht‹. In Ihren Stücken greifen Sie ständig darauf zurück, ohne sich jedoch bewußtzumachen, daß Sie aus der Weisheit anderer Sphären schöpfen.«
»Ich habe das ›Zweite Gesicht‹ Ihnen gegenüber nie erwähnt«, sagte Tierney verdutzt.
»Das war auch gar nicht nötig, Mr. O'Connor. Sogar Mr. Yeats hat die visionäre Kraft Ihrer Arbeiten erkannt.«
»Ich muß doch bitten, Mathers!« warf Yeats ein. »Darüber habe ich niemals mit Ihnen gesprochen.«
Der Magier begegnete der allgemeinen Verwirrung mit überlegenem Lächeln. »Der große Shakespeare hat dafür eine treffliche Formulierung gefunden, Mr. Yeats. ›Es gibt mehr Ding' im Himmel und auf Erden, als Eure Schulweisheit sich träumt.‹«
Als niemandem eine Entgegnung einfiel, lächelte Mathers rätselhaft und klatschte einmal in die Hände. Augenblicklich erschien der kleine Negerjunge an seiner Seite und verneigte sich so tief vor seinem Herrn, daß sein Turban verrutschte. »Bring uns den Tee, Achmed. Du kannst in der Bibliothek servieren, wir haben dort zu arbeiten.« Damit stand er auf und winkte seinen Zuhörern gebieterisch, ihm ins angrenzende Zimmer zu folgen.

»Meinst du, er weiß, wovon er spricht, Willie?« fragte Maud, als der Dichter ihr nach der Sitzung in den Mantel half. Der flammend rote Fuchsbesatz der Kapuze brachte den Kupferschimmer ihres kastanienbraunen Haars wirkungsvoll zur Geltung, ließ sie zugleich majestätisch und wild aussehen.
»Ich glaube, Mandie, er denkt zumindest, daß er es weiß. Meiner Meinung nach ist es ihm ernst damit. Und du weißt, wie skep-

tisch ich diesen Leuten gegenüber bin.« Maud lächelte, denn sie wußte nur zu gut, daß Yeats für die ersehnte poetische Vision jedem noch so verschlungenen Pfad folgen würde. Als sie auf die Straße hinaustraten, drückte Yeats zum Schutz gegen den unwirtlichen Schneeregen den Hut tiefer in die Stirn. »Ich möchte das alles gern mal ausprobieren«, sagte er.

»Was? Diese hermetischen Übungen?«

»Ja, und auch die Reise zum Astralleib. Wenn das funktioniert, könnte man verdammt weit herumkommen – und noch dazu ganz einfach.« Eine Spur Ironie lag in seiner Stimme, während er der jungen Frau den Arm bot und sie zu der wartenden Kutsche geleitete.

Maud lachte, ein offenes, herzliches Lachen. Die Koketterie anderer junger Frauen war ihr fremd, sie pflegte vielmehr geradeheraus zu sagen, was sie dachte. Verdammt schwer, damit fertig zu werden, dachte Yeats oft. Trotzdem tausendmal besser als das alberne, oberflächliche Getue der meisten Frauen. Gewiß, er hätte sich Maud eine Spur weniger unkonventionell gewünscht, mit ein bißchen mehr Neigung zu Heim und Herd. Aber sie war nun einmal, wie sie war.

Das Ehepaar O'Connor – er hatte die beiden heute abend zum erstenmal zusammen gesehen – gefiel Yeats ausnehmend gut. Sie schienen sehr verliebt ineinander – und intelligent, alle beide. Außerdem hatte Tierney wirklich großes Talent... und zwar ein dezidiert irisches, das zu fördern sich lohnte. Falls der Mann wirklich das »Zweite Gesicht« hatte, konnte er ihm bei seinen Forschungen über die alte Religion von kolossalem Nutzen sein. Aber es blieb ja noch genug Zeit, das alles herauszufinden.

Con und Tierney gingen zu Fuß von der spiritistischen Sitzung nach Hause. Es war eine eisige Nacht. Der Wind peitschte ihnen ins Gesicht, und Tierney zog seine Frau fester an sich, um sie vor der Kälte zu schützen. Wieder einmal wurde ihr bewußt, daß seine Liebe sie für alle Entbehrungen ihres Lebens entschädigte.

Eine Weile gingen sie schweigend nebeneinander her, dann fragte Con ihren Mann: »Was hältst du nun wirklich von dem Ganzen?« Mathers und seine Frau hatten ihr zwar nicht sonderlich gefallen, aber von den Erkenntnissen des Magiers war sie fasziniert.

»Ich glaube, das Unsichtbare ist mir nicht ganz fremd«, versetzte Tierney nachdenklich, »besonders jetzt nicht, seit ich wieder ab und zu das ›Zweite Gesicht‹ habe. Ich weiß, daß die Welt nicht nur aus dem besteht, was die Realisten sagen. Und ich bin durchaus bereit zu glauben, daß Mathers über Erfahrungen und Kenntnisse verfügt, die wir anderen uns kaum vorstellen können. Wer weiß, vielleicht besitzen wir alle die nötigen Fähigkeiten und haben nur nicht gelernt, sie einzusetzen.«
»Seine Einstellung zum Tod hat mir gefallen«, sagte Con leise und schmiegte sich fester in seinen Arm. »Sie ist so voller Güte und Hoffnung.«
»Ja, ich finde es nur vernünftig, daß es mehr als ein Leben geben soll, damit wir das Erlernte nutzen können. Welcher gerechte Gott würde die Menschen so ungleich schaffen, wie sie nun einmal sind, und sie dann nach demselben Maßstab richten? Das Leben kommt mir einfach gerechter vor, wenn ich mir vorstelle, daß man in einem Leben reich ist und in einem anderen arm.«
»Zumindest sinnvoller, als wenn ein armer Tropf als Bettler lebt und stirbt, weil er nie die Chance hatte, es zu was zu bringen, und dann vor Gottes Richterstuhl ebensoviel vorweisen soll wie einer, der mit allen Privilegien ausgestattet war, die diese Welt zu bieten hat.«
»Du hörst dich an wie eine Sozialistin und nicht wie eine Spiritualistin, mein Liebes.« Ein Lächeln spielte um Tierneys Mundwinkel. »Ob ich James Connolly mit den Mathers bekannt machen sollte, was meinst du?« Er wußte, daß sie Connollys sozialistische Schriften bewunderte und darauf brannte, den Mann persönlich kennenzulernen.
Doch Con war mit ihren Gedanken woanders. »Ich hab' eine Idee«, rief sie unvermittelt, und ihr Lachen hallte in der klaren Luft wider. »Laß uns verabreden, wo wir uns auf der ›Anderen Seite‹ treffen wollen, damit wir uns nicht verfehlen.«
»Aber das hat doch noch lange Zeit!«
»Ja, ja, gewiß. Trotzdem sollten wir etwas verabreden, nur für den Fall, daß wir unterwegs getrennt werden. Wenn Mathers recht hat und jeder sich selbst sein Bild von der ›Anderen Seite‹ machen darf, dann wollen wir uns das reizendste Plätzchen aussuchen, das man sich vorstellen kann!«

»Und ein wenig wärmer als heute nacht dürfte es auch sein.«
»Ja, und eine grüne Wiese soll dort sein und ein wunderschöner Hang mit einem großen, schattigen Baum...«
»Am Ufer eines träge dahinfließenden Stroms. Du weißt doch, Mathers hat gesagt, wir müßten einen Fluß überqueren.«
»Gute Idee! Wir sollten uns gleich am Ufer treffen. So können wir uns wenigstens nicht verlieren«, scherzte sie.
»Als ob das je möglich wäre! Aber ist dir eigentlich bewußt, daß du die ›Andere Seite‹ so ähnlich beschrieben hast wie das Gut deines Vaters?«
»Ja... jetzt, wo du mich darauf hinweist... ich habe mir den Himmel immer ein bißchen wie Sligo vorgestellt.«
»Sehnst du dich nach Hause zurück? Ich würde dir's nicht verübeln.«
»Mein Zuhause ist bei dir, Tierney, bei dir und Tahg. Wenn wir zusammen nach Sligo zurück könnten, wäre es etwas anderes... Darum gefällt mir der Gedanke an unseren grünen Hügel mit dem schattigen Baum.«
»Mir gefällt er auch. Trotzdem wollen wir hoffen, daß wir nicht so bald dorthin kommen.«
Sie blickte zu ihm auf und sah, wie seine Mundwinkel sich ein wenig nach unten bogen, wie immer, wenn er lächelte.
Er hat sich verändert, dachte sie. Aus dem ungestümen jungen Dichter, der sich nach Kampf und Abenteuer im Dienste einer guten Sache gesehnt hatte, war ein Mann geworden, dessen Leben jetzt nicht mehr allein auf Irland ausgerichtet war. Wie würden sich die neuen Erfahrungen, die sie beide so zahlreich gemacht hatten, eines Tages zusammenfügen? Rebellion, Dichtkunst, Spiritualismus, Vaterland, Familie, Liebe... waren das alles nur Teile ein und desselben großen Vexierspiels, eines meisterhaften Lebensentwurfs, wie Mathers behauptete? Oder waren es feindliche Elemente in einem Kampf, den manche davon gewinnen und andere verlieren würden?
Froh, wieder daheim zu sein, stiegen sie die Treppe zu ihrer Wohnung hinauf. Kaum war die Tür hinter ihnen ins Schloß gefallen, warf Con ihr Täschchen auf den Tisch und fiel ihrem Mann um den Hals.
»Entweder war es die spiritistische Sitzung oder die klare Winterluft – ich hab' jedenfalls ein unbändiges Verlangen nach dir«, flüsterte sie.

»Wenn das so ist, dann sollten wir diesen Winter an möglichst vielen Sitzungen teilnehmen.« Als er sie in seinen Armen hielt, spürte sie die stärkende Kraft, die von ihm ausging. Nicht einmal der Tod, dachte sie, kann mir etwas anhaben, wenn Tierney nur bei mir ist... nicht einmal der Tod.

Beth und Edmond

Die Ehe ist eine Lotterie, in der Männer ihre Freiheit und Frauen ihr Glück aufs Spiel setzen.

Madame de Rieux

10

Mein Gatte, Edmond Manningham, besaß mit seinen knapp vierzig Jahren noch eine sportliche und drahtige Figur. Er fügte sich trefflich in seine Rolle als Landadeliger und schien sein Schicksal mit stets gleichbleibend selbstgefälligem Wohlbehagen hinzunehmen. Er war intelligent und ungewöhnlich redegewandt; er rühmte sich seiner ausgezeichneten Menschenkenntnis. Er glaubte vorbehaltlos an die Werte, zwischen denen sein Leben sich bewegte: die Regierungsform, die seine heimische Insel unter den kulturellen Einfluß Englands gebracht hatte, das Erstgeburtsrecht, dem er einen dreihundert Jahre alten Besitz und das Einkommen daraus verdankte, und schließlich die hierarchische Gesellschaftsordnung, die ihm eine standesgemäße Frau beschert hatte. Zu Beginn unserer Ehe hielt ich Edmond für einen beneidenswert glücklichen Mann.

Edmonds Vater war streng bis zur Unnachgiebigkeit gewesen und hatte seinem Sohn außer harter Zucht und unerschütterlicher Integrität wenig mit auf den Weg gegeben. Der alte Graf war ein erklärter Gegner der Home Rule, der irischen Autonomieforderung, gewesen und hatte den Rebellen die Ermordung seines Vaters nie verziehen.

Edmonds Einstellung zur irischen Frage war weniger radikal als die seines Vaters, doch ebenso negativ. Den Großvater hatte er respektiert, aber nicht geliebt, weshalb seine Einschätzung der politischen Lage durch die Tatsache, daß der alte Herr von Rebellen ermordet worden war, nicht wesentlich berührt wurde. Und obgleich er die Meinung seines Vaters berücksichtigte, ließ er sich von dessen Vorurteilen nicht sonderlich beeinflussen. In den Augen meines Gatten waren die Iren ein derbes, ungebildetes Bauernvolk von naivem Gemüt. Er hielt sie für unfähig, sich selbst zu regieren, und sprach ihnen jegliche intellektuelle Fähigkeit ab. Im übrigen betrachtete er sie als nützliche Arbeitskräfte, schätzte wohl auch ihre Heiterkeit und ihre Musik, die er zwar ordinär, aber vergnüglich fand, und schenkte ihnen weiter keine Beachtung.

Edmond Mannigham witterte in meiner Familie eine ungesunde Neigung zu den Republikanern. Schließlich hatte Con sich der unverzeihlichen Sünde schuldig gemacht, mit einem Fischer auf und davon zu gehen, und Desmond hatte durchblicken lassen, daß er diese schändliche Verbindung billige. Edmond äußerte mir gegenüber sogar einmal, er erkenne in meiner gesamten Familie eine entscheidende Schwäche: Wir ließen uns gewissermaßen von Irland verführen. Er hoffe sehr, daß dieser Zug sich nicht auf unsere Kinder vererben werde. Glücklicherweise zeige ich keinerlei Interesse für die Fenier, versicherte er mir – es sei denn, man deute meine starrköpfige Behauptung, ich könne Constances wahnwitzigen Schritt verstehen, als Zeichen solcher Schwäche.

Er sagte, Frauen gründeten ihr Urteil auf Gefühle, und dieser junge Draufgänger habe offenbar sowohl Con als auch mich mit seiner hübschen Larve und seinen gräßlichen Fenier-Balladen behext. Das sei aber gar nicht anders zu erwarten. Denn wenn ich auch intelligenter sei als die meisten der dümmlichen jungen Mädchen, unter denen er im Laufe der Jahre auf Bällen, Jagdgesellschaften und anderen Festlichkeiten habe wählen können, so sei ich doch nur eine Frau, und der Kopf einer Frau werde nun einmal von ihrem Herzen regiert, und damit basta.

Ich hatte wieder zu schreiben begonnen, doch während Edmond in unserer Verlobungszeit Interesse an meinen literarischen Bemühungen geheuchelt hatte, sah er nun verächtlich auf sie herab. Jener Freund der Familie, so erklärte er, habe meine Novelle aus reiner Gefälligkeit veröffentlicht. Es wäre töricht, mir einzubilden, die Welt warte in atemloser Spannung auf mein nächstes Werk. Sollte es mir indes Vergnügen bereiten, mich nebenbei in einer solch kindischen Beschäftigung wie dem Tagebuchschreiben zu versuchen, so habe er nichts dagegen einzuwenden. Vorausgesetzt natürlich, meine hausfraulichen Pflichten würden nicht darunter leiden. Sie können sich gewiß vorstellen, wie sehr mich diese Unterredung verstörte. Wie fast alles, was ich im Laufe der Zeit an meinem Mann kennenlernte, mich verstörte.

Ich redete mir ein, der Altersunterschied zwischen uns sei schuld daran, daß Edmond meine Fähigkeiten so geringachtete. Als wollte ich mir selbst beweisen, daß ich ihm eine gute Ehefrau sei, zerbrach ich mir den Kopf darüber, wie ich ihn zwingen könne, mich als ebenbürtig anzuerkennen. Schließlich kam ich auf die Idee, eine Abendgesellschaft zu geben, bei der ich Gelegenheit haben würde, mit meinen Talenten als Frau und Gastgeberin zu glänzen. Wenn das Fest gelänge, würden andere Edmond ihre Bewunderung aussprechen, und dann, so bildete ich mir ein, müßte auch er mich in einem anderen Licht sehen. Wie naiv ich doch war! Aber damals fiel mir nichts Besseres ein.

Am Morgen vor dem Fest kleidete ich mich in aller Eile an und klingelte nach Dermot, dem Butler. Da dies meine erste große Abendgesellschaft im Hause meines Gatten sein würde, lastete eine riesige Verantwortung auf mir. Ich bemühte mich, nicht an meine Schwangerschaft zu denken. Das gehört ganz einfach zum Leben einer erwachsenen Frau, redete ich mir ein. Es war durchaus wahrscheinlich, daß ich die nächsten zehn, zwölf Jahre mit Kinderkriegen zubringen würde, also war es am besten, wenn ich mich möglichst rasch daran gewöhnte! Keinesfalls wollte ich mich durch Schwangerschaften ans Krankenbett fesseln lassen wie einst meine Mutter.

Ich trat vors Fenster und blickte hinaus auf die grünen Hügel, wo Con und Des und ich als Kinder gespielt hatten. Wie einfach das Leben damals gewesen war… und wie wohlgeordnet.

»Sie haben geläutet, Ma'am?« Dermots Stimme schreckte mich aus meinen Gedanken auf.

»Ja, ganz recht, Dermot. Ich denke, wir sollten zur Sicherheit die Tischordnung noch einmal durchgehen. Mir ist eben eingefallen, daß ich dem alten Sir Mallory den Platz neben meinem Bruder zugedacht hatte. Aber falls Desmond sich einen Spaß erlauben und den alten Herrn in Harnisch bringen sollte, wäre der imstande, uns in der ganzen Grafschaft als eine Bande schlimmster Republikaner anzuschwärzen, und meinem Ruf als Gastgeberin wäre es nicht gerade förderlich, wenn auf meinem ersten Fest einer meiner Gäste an einem Schlaganfall stirbt.« So schwatzte ich drauflos, obgleich ich wußte, daß man keine Vertraulichkeit mit den Dienstboten pflegen sollte; aber ich fühlte mich einsam.

Meine Nervosität brachte den Butler zwar ein wenig in Verlegenheit, allein, er schien mich zu akzeptieren, und das tröstete mich.

»Mit Verlaub, Ma'am, ich bin überzeugt, es täte Sir Mallory ausgesprochen gut, einmal einem Republikaner Aug' in Aug' gegenüberzustehen.«
Lächelnd blickte ich in sein runzliges Gesicht. Dermot nahm sich mit seiner Bemerkung mehr heraus, als ich ihm hätte gestatten dürfen, doch ich mochte ihn gern, und im übrigen amüsierte es mich zu beobachten, wie – Edmonds strenger Autorität zum Trotz – dieser alte Kauz auf Schloß Manningham das Regiment führte. »Sie liebäugeln doch nicht etwa selbst ein wenig mit den Republikanern, Dermot?« neckte ich ihn.
»Ach, Ma'am, mein ganzes Herz gehört Irland.«
Ich musterte ihn einen Moment lang schweigend, unsicher, ob es nicht etwa gefährlich sei, so offen mit einem Diener zu sprechen. Gern hätte ich ihm gestanden, daß ich ganz ähnlich empfand wie er, aber die Etikette verbot mir das. »Ich finde Ihre Haltung sehr lobenswert, Dermot«, sagte ich schließlich.
Ein Lächeln vertiefte die Falten in seinem alten Gesicht. »Gott segne den schönen Tag, an dem Sie mir so etwas Liebes zu sagen geruhen, Euer Ladyschaft!« Seine aufrichtige Freude tat mir wohl.
»Nun denn, sollen wir Sir Mallory mit Rücksicht auf die Verdauung meines Gemahls einen anderen Platz zuweisen?« fragte ich, um das Thema zu wechseln.
»Das sollten wir wirklich, Ma'am. Zwei Schlaganfälle an einem Abend würden das Personal entschieden überfordern.«
Ich glaube, dieses Gespräch war der Beginn meiner Freundschaft mit Dermot, einer Freundschaft, die für mein späteres Leben recht bedeutungsvoll werden sollte.
Ich hatte auch Con und Tierney zu meinem Fest einladen wollen. Natürlich hätten sie nicht kommen können, aber es kränkte mich, mit welch unverhohlenem Abscheu Edmond meine bloße Geste zurückwies. »Meine Liebe, das geht aber nun wirklich zu weit«, hatte er in seiner aufreizend ruhigen und höflichen Art gesagt, »wir pflegen auf Schloß Manningham keine *Fischersleute* zu bewirten.« Und ich hatte die heftige Erwiderung, die mir schon auf der Zunge lag, heruntergeschluckt und geschwiegen. Mein kurzes Eheleben hatte mich immerhin schon gelehrt, daß eine Frau in der direkten Auseinandersetzung mit ihrem Mann kaum etwas erreicht.

Ich sehnte mich nach Cons Hilfe und ihrem verständigen Rat... Ich fühlte mich unsicher und furchtbar einsam – befangen in einer ausweglosen Ohnmacht: Die Entscheidungen meines Gatten, seine Erfolge, Wünsche und Bedürfnisse würden hinfort meine Welt begrenzen. Und ich mußte lernen, dies mit Anmut zu tragen wie andere Frauen auch. Mir fehlte Cons Mut; viel Wirbel zu machen lag mir nicht. Trotzdem grübelte ich in meinem ersten Ehejahr so manche schlaflose Nacht darüber nach, wie ich mich durchsetzen und wahrhaft Herrin meines neuen Heims werden könnte. Ich wollte unbedingt eine gute Ehefrau sein... diese Absicht verfolgte ich mit aller mir zu Gebote stehenden Zielstrebigkeit. Ich hatte »den Richtigen« geheiratet, sagte ich mir, ich hatte meine Bestimmung erfüllt; unser Zusammenleben mußte ganz einfach gelingen. Andernfalls konnte der Fehler nur bei mir liegen. Edmond war zweifellos »der Richtige« – er war kultiviert und vernünftig, Mitglied des Oberhauses im britischen Parlament, ein intelligenter und geradliniger Mensch, der alle erforderlichen Attribute des idealen Gatten besaß.
Doch als die Monate ins Land gingen, ertappte ich mich beim ersten ketzerischen Gedanken: Edmond fehlten viele Eigenschaften, die in meinen Augen Voraussetzung waren für eine harmonische Ehe.
Er war meist kühl und schweigsam und trat stets mit betonter Strenge auf, die ich anfangs zu mildern gehofft hatte. Aber er wies meine Schmeicheleien und Vertraulichkeiten zurück, als seien sie ein unerwünschter Übergriff auf sein Privatleben.
Ich bot meinen Rat an; er schob ihn verächtlich beiseite. Ich bemühte mich, Einblick in seine Arbeit zu bekommen, um daran teilhaben zu können. Er sagte, eine Dame mische sich nicht in Männerangelegenheiten.
Ich versuchte, ihn mit Koketterie und weiblichen Waffen zu erobern. Meine Anstrengungen schienen ihn eher zu belustigen, als zu verführen.
Je mehr Niederlagen ich hinnehmen mußte, desto stärker wurde mein Drang zu schreiben. Und so begann ich denn, alles zu Papier zu bringen: meinen Kummer und meine Verwirrung, meinen Zorn und meine Ohnmacht – meine schwindenden Träume.
Es war rätselhaft und voller Enttäuschungen, mein erstes Jahr als verheiratete Frau. Ich, die ich mich so selbstgefällig in meinem

ehelichen Kokon niedergelassen hatte, begann mein künftiges Leben plötzlich als endlose Gefangenschaft zu sehen. Und so schrieb ich mir denn meinen Kummer von der Seele und setzte alle Hoffnungen auf das Fest. Gewiß würde meine Rolle als Gastgeberin Edmond von meinen Werten überzeugen.

Der langgestreckte Saal auf Schloß Manningham erstrahlte im Lichterglanz. Der schwere Kristallüster, welcher mit Eisenträgern in der Decke verankert war, funkelte in einem Meer von Kerzenflammen. Die Leuchter an den holzgetäfelten Wänden schimmerten matt.

Unsere Gärtner hatten das Geländer der Galerie über dem Saal mit Blumengirlanden aus den Gewächshäusern sowie mit Stechpalmen und -ginster geschmückt. Lange Bänder flatterten von weißen Satinschleifen und Falbeln, bestickt mit silbernen Perlen, die das Licht einfingen und zurückwarfen wie Leuchtkäfer.

Mit Dermots Hilfe hatte ich die Dienstboten zu fast militärischer Präzision gedrillt. Kein Stäubchen fand sich mehr in dem weitläufigen Haus, kein Bild hing schief, und der stolz leuchtende Blick, mit dem Edmond seine Gäste empfing, verriet mir, daß meine Bemühungen seinen Beifall fanden.

Aus drei verschiedenen Räumen erklang Musik. Ich hatte ein Streichquartett und ein Kammerorchester engagiert, die unsere Gäste unterhalten und ihnen nach dem Essen zum Tanz aufspielen sollten. Als besondere Überraschung hatte ich eine recht bekannte Harfenistin aus dem Ort gebeten, während der Mahlzeit irische Weisen vorzutragen. Ich hatte dem Mädchen sogar eigens ein Kleid nähen lassen, da es selbst nichts Passendes anzuziehen hatte: Ganz in weißem Musselin würde es erscheinen, mit einem Kranz weißer Freesien im wallenden Haar; der krönende Höhepunkt meines Festes. Ich war sehr stolz auf diesen Einfall.

Im Laufe des Nachmittags fuhren Kutschen aus allen Teilen der Grafschaft vor, und in die seit langem unbenutzten Gästezimmer auf Schloß Manningham zog endlich wieder Leben ein. Ich sah der Festlichkeit mit atemloser Spannung entgegen und genoß das berauschende Gefühl, Herrin eines großen Hauses zu sein. Wenn doch nur Con da wäre, um meine Freude zu teilen, dachte ich. Was meine Schwester wohl für ein Leben führte? Wie mag man

sich fühlen, fragte ich mich angesichts der Kümmernisse in meiner Ehe, wenn man so verliebt ist, daß jeglicher Besitz daneben unbedeutend erscheint?
Ich hörte meinen Namen rufen und sah, daß Edmond mich zu sich winkte. Sein hageres Gesicht strahlte vor Zufriedenheit. Ich wußte, daß der Erfolg meines Festes seinen politischen Ambitionen durchaus förderlich sein würde.
»Meine Liebe«, sagte er freundlich, als ich näher trat, »erlaube, daß ich dich mit Sir Horace Courtney und seiner reizenden Gattin, Lady Alison, bekannt mache.«
Ich nickte ihnen freundlich zu und streckte die Hand aus. »Sir Horace, Lady Alison«, sagte ich, »seien Sie uns aufs herzlichste willkommen.«
»Sie haben Wunder gewirkt an diesem alten Mausoleum, mein Kind«, sprudelte die wohlbeleibte Frau drauflos. »Ihr Geschick und Ihr Geschmack sind überall zu spüren.« Sie nickte beifällig und nahm besitzergreifend meinen Arm. »Sie müssen mich unbedingt durchs Haus führen und mir zeigen, was Sie alles verändert haben, meine Liebe. Ich kannte die Mutter Ihres Gatten, wissen Sie. Nach dem vorzeitigen Tod der Ärmsten ist dieser alte Kasten ziemlich heruntergekommen, mit Verlaub gesagt. Schlecht gelüftete Zimmer und Jagdtrophäen an jedem Türpfosten. Einfach grausig, diese abgeschlagenen Tierköpfe, die unsere Männer bei jeder Gelegenheit mit heimschleppen, wie?« Sie war rund wie ein Plumpudding, und ihr Doppelkinn zitterte beim Sprechen.
Willig ließ ich mich von der unternehmungslustigen Dame ins Schlepptau nehmen, und während ich mit einem Ohr amüsiert ihrem ungebremsten Redeschwall lauschte, führte ich Lady Alison meine Verschönerungsversuche vor – geschmeichelt und erleichtert darüber, daß mir endlich jemand Anerkennung zollte.
Als wir von unserem Rundgang durch die renovierten Trakte des Hauses zurückkehrten, hatte die Halle sich bereits gefüllt. Die Herren sahen prachtvoll aus in ihren eleganten Gehröcken, und die Damen in ihren duftigen, farbenfrohen Toiletten wirkten wie ein riesiges Blumenbukett. Ich erblickte Edmond inmitten einer Gruppe offenbar einflußreicher Herren. Mein Bruder Desmond war mit Abstand der jüngste unter ihnen.
»Aber meine Herren, bitte«, hörte ich Des sagen, »sogar Ex-Premierminister Gladstone hat die Autonomieforderung unserer

kleinen Insel befürwortet. Und seine Stimme hat doch zweifellos Gewicht. ›Gehen Sie bis ans Ende der Welt, durchstöbern Sie die Literatur eines jeden Landes, und sehen Sie zu, ob Sie auch nur eine Stimme finden können, die Englands Haltung Irland gegenüber nicht mißbilligt oder gar verurteilt.‹ Das waren seine Worte.«

»Beim Himmel, Desmond, es ist wirklich traurig um den Adel bestellt, wenn unsere jungen Männer sich dafür hergeben, solch rebellischen Unsinn nachzuplappern!« Unter buschigen Brauen hervor beäugte Sir Horace meinen Bruder finster.

»Ich spiele nur den Advocatus Diaboli, Sir.« Des lächelte seine Zuhörer freundlich an; die aber gaben ihm mit angriffslustig vorgerecktem Kinn sehr deutlich zu verstehen, was sie von seinem Einwurf hielten. »Ich möchte Sie nur daran erinnern, daß wir uns mit dieser Home Rule, vor der wir uns offenbar so sehr fürchten, womöglich noch in diesem Jahrzehnt näher auseinandersetzen müssen.«

»Das wollen wir verdammt noch mal nicht hoffen!« mischte sich nun Sir Bertie Ambrose in das Wortgefecht. »Dank unserer gnädigen Regierung führen wir hier ein hübsch anständiges Leben. Ohne Englands internationale Handelsbeziehungen und ohne den englischen Markt als Abnehmer für unsere Erzeugnisse, ganz zu schweigen von Englands kulturellem Einfluß...«

»Und die englische Besatzungsmacht, wie steht's mit der?« Desmond begleitete seinen kleinen Seitenhieb mit einem Lächeln, das anmaßend und wohlerzogen zugleich wirkte.

»Verdammt richtig, danke für das Stichwort! Wir brauchen die englische Armee, um dieses aufsässige Bauernpack in Schach zu halten, junger Mann. Was, glauben Sie wohl, würde diese Tölpel daran hindern, uns alle im Schlaf zu ermorden, wenn keine Truppen im Land stationiert wären? Ich sage Ihnen, wir könnten nachts kein Auge mehr zutun!«

»Ich wundere mich, daß wir in der jetzigen Lage schlafen können, Sir, in dem Bewußtsein, sie zu diesem rachsüchtigen Haß gezwungen zu haben.«

Edmond, der sorgenvoll die feindseligen Mienen seiner Gäste beobachtet hatte, gab mir durch einen Wink zu verstehen, daß er meine Hilfe brauchte.

»Aber meine Herren, bitte«, säuselte ich mit aller Sanftmut, die mir zu Gebote stand, »über Ihren schrecklich wichtigen politischen Debatten haben Sie *uns* entschieden zu lange vernachlässigt. Ich werde Sie jetzt einfach auf die Galerie entführen, denn es ist bereits angerichtet. Gewiß können Sie sich ein, zwei Stunden von der Politik losreißen, um den Damen das Vergnügen Ihrer Gesellschaft zu gewähren?«

»Verehrte Lady Manningham«, erwiderte Sir Horace, der sich im Nu in einen untadeligen Kavalier verwandelt hatte, »da Sie so liebenswürdig waren, uns diesen bezaubernden Abend zu schenken, werden wir unseren Disput mit dem größten Vergnügen auf einen passenderen Zeitpunkt vertagen. Sie tun ganz recht daran, uns wegen unserer schlechten Manieren zu tadeln.« Galant reichte er mir den Arm, um mich zu Tisch zu führen; ungeachtet seiner fünfundsechzig Jahre wirkte seine hohe, aristokratische Gestalt graziös wie die eines Tanzmeisters.

Der Speisesaal, ein über zwanzig Meter langer Raum, bot dank Dermots und meiner Bemühungen einen wahrhaft atemberaubenden Anblick. Unter verzückten »Oh«- und »Ah«-Rufen nahmen die Damen ihre Plätze ein. Das vergoldete Porzellan der Manninghams bildete einen prachtvollen Kontrast zu der Tischdecke aus irischem Leinen. Das hundertteilige Vermeilgeschirr, das der Butler lange Jahre in einer riesigen Anrichte unter Verschluß gehalten hatte, funkelte nun majestätisch im Schein der Kerzen, welche die lange Tafel in jeweils einem Meter Abstand erhellten.

Jeden Platz zierte ein Sträußchen in einer winzigen Vase aus Waterford-Kristall; die Anregung zu diesem hübschen Dekor hatte ich von unserer Hochzeitsreise aus London mitgebracht. Während die Gäste noch nach ihren Plätzen suchten, hatten zu beiden Seiten der Tafel je zwanzig Lakaien Aufstellung genommen, deren Aufgabe es sein würde, die zahlreichen Gänge aus der Küche in Empfang zu nehmen und zu servieren. Dermot stand würdevoll hinter meinem Stuhl, die knorrig steifen Finger unter weißen Handschuhen versteckt. Auf mein Zeichen hin begann ein wahres Servierballett, und ich seufzte heimlich auf vor Stolz und Erleichterung.

Gegen Ende des zweiten Ganges, als ein jeder mehr oder minder angeregt mit seinem Nachbarn zur Rechten plauderte, bedeutete ich Dermot durch einen Wink, die irische Harfnerin hereinzuholen. Lieblich anzusehen in seinem ungewohnten Putz, betrat das schlanke, rothaarige Mädchen den Saal; einen Moment lang ließ es den Blick über die reich gedeckte Tafel schweifen, mit deren Speisen man das ganze Dorf, wenn nicht gar die halbe Grafschaft hätte satt machen können. Dann schritt es rasch auf sein Instrument zu, setzte sich, strich zärtlich über die goldenen Saiten und entlockte ihnen süße Klänge, so überirdisch wie die der Harfe aus den alten Sagen.

Als die ergreifende Melodie anschwoll und den Raum erfüllte, verstummte die Unterhaltung, und unsere Gäste wandten ihre Aufmerksamkeit dem Spiel des Mädchens zu.

»Alles, was recht ist, ein begabtes Kind, meine Liebe«, flüsterte Sir Horace zu meiner Linken. »Wo in aller Welt haben Sie dieses Talent nur entdeckt?«

»Hier bei uns«, versetzte ich, erfreut über seinen Beifall. »Dermot, unser Butler, hat mir von ihr erzählt, und vor einer Woche ließ ich sie zum erstenmal vorspielen.«

»Und wo wurde sie ausgebildet?«

»Sie erzählte mir, als Kind sei sie ein wenig von ihrer Mutter angeleitet worden, und den Rest habe sie sich dann später selbst beigebracht.«

»Reizende Melodie, die sie da spielt. Ob sie wohl auch dazu singen kann?«

»Das weiß ich wirklich nicht, Sir Horace«, antwortete ich wahrheitsgemäß. »Aber ich will Dermot fragen. Er kennt das Mädchen besser.«

Ich winkte dem Butler, der geräuschlos an meine Seite trat. »Singt Maire eigentlich auch, Dermot?« flüsterte ich ihm zu.

»Wie ein Engel, Euer Ladyschaft.«

»Sir Horace ist ganz entzückt von der Weise, die sie uns gerade vorspielt. Ob es wohl einen Text dazu gibt?«

»Aber gewiß, Ma'am.«

»Wollen Sie dann so gut sein und Maire bitten, ihn für uns zu singen?«

»Wie Sie wünschen, Ma'am.« Mit einer respektvollen Verbeugung zog Dermot sich zurück.

Ich fragte mich zwar, warum der alte Mann wohl so erschrocken dreingeschaut hatte, als er mir die gewünschte Auskunft gab, doch ich war viel zu glücklich über den erfolgreichen Verlauf des Abends, als daß ich mir ernstlich Sorgen gemacht hätte. Dermot ging zu dem Mädchen und unterhielt sich leise mit ihm, und kurz darauf hallte der Saal wider von einer lieblichen Weise in Moll.

Ich saß im grünen, grünen Tal,
Zu Füßen meiner Liebsten fein.
Mein traurig Herze rang in Qual,
Zwei Lieben ewig treu zu sein.
Wohl schlug's für sie mit heißem Sehnen,
Derweil zugleich um Irland sind
Geflossen meine bittren Tränen,
Als güldne Ähren wogten im Wind.

Hart focht mich an der bittre Gram:
Wie, ach, von ihr nur scheiden?
Doch härter noch drückt mich die Scham,
Das fremde Joch zu leiden.
Wohlan, sprach ich, wenn's morgen tagt,
Fürs Vaterland mein Kampf beginnt.
Zur Freischar will ich, frisch gewagt,
Wenn die Ähren wogen im Wind.

Ganze zwei Strophen brauchte ich, um den aufrührerischen Sinn der Verse zu erkennen; ich empfand es als entsetzliche Geschmacklosigkeit, daß das Mädchen jene Freischärler erwähnte, die im ausgehenden achtzehnten Jahrhundert Irland so verwüstet hatten.

»Was ist das?« Edmond hatte im gleichen Augenblick verstanden, worum es ging. »Solche Sachen werden wir uns nicht weiter anhören!«

»Laß sie doch zu Ende singen, Edmond«, warf Desmond mit einem hintergründigen Lächeln ein. »Es wird uns allen guttun, wenn wir einmal erfahren, was die Iren von uns halten.« Mit dem vorwurfsvollsten Blick, zu dem ich fähig war, versuchte ich meinen Bruder zum Schweigen zu bringen, doch er fuhr fort, wobei er mich gewinnend anlächelte. »Außerdem singt sie wie die Muse selbst.«

Mein erschrockener Gesichtsausdruck veranlaßte wohl den höflichen Sir Horace einzugreifen. Er zog seine buschigen Augenbrauen zu einem furchterregenden Balken zusammen und schürzte strafend die Lippen. »Ich stimme mit Desmond überein…«, sagte er und fügte anzüglich hinzu: »…in diesem einen Punkt.« Einige Männer am Tisch konnten sich ein Lachen nicht verbeißen. »Sind wir denn so tief gesunken, daß wir nicht einmal mehr imstande sind, dem Gesang dieser talentierten jungen Dame zuzuhören, ohne einen Streit vom Zaun zu brechen? Wir sollten uns doch wohl etwas kultivierter benehmen können, was?«

»Sie sind sehr freundlich, Sir Horace«, hauchte ich, und jedes Wort war ernst gemeint. »Es ist mir furchtbar peinlich.«

»Keine Veranlassung, meine Liebe. Bezauberndes Mädchen. Lassen Sie sie weitersingen, ich bitte darum.«

Da ich keine weitere Szene heraufbeschwören wollte, nickte ich kläglich der Harfenistin zu, und sie setzte ihr Lied fort.

Noch hielt ich sie im Arm voll Weh,
Küßt' ihr die nassen Wangen.
Da hallt ein Schuß ganz in der Näh:
Der Feind, ich erblick' ihn mit Bangen.
Die Kugel traf, zu Tode wund
Sank hin mein holdes Kind,
So engelrein bis zur letzten Stund.
Und die Ähren wogten im Wind.

Doch: »Kein Erbarmen, Blut um Blut«,
So steht's im alten Keltenbuch.
Da jetzt ihr kalter Leichnam ruht,
Auch ich mir bald die Heimstatt such'.
Nur an ihr Grab noch zieht es mich,
Von früh bis spät, von Tränen blind.
Schier bricht das Herz mir, höre ich
Wie die Ähren wogen im Wind.

Als das aufrührerische Volkslied verklungen war, spielte das Mädchen noch einige Instrumentalweisen, doch den unangenehm berührten Gesichtern am Tisch konnte man entnehmen, daß die Botschaft angekommen war. Vom anderen Ende der Tafel blickte mich mein Vater finster an, und mir war, als müsse ich vor Scham vergehen.

Die Damen zogen sich anschließend in den Erfrischungsraum zurück, und Lady Alison gab sich alle Mühe, mich zu trösten, allein, ich war verzweifelt. Meine letzten Kräfte verwandte ich darauf, den Abend zu überstehen, ohne in Tränen auszubrechen.

Nachdem auch der letzte Gast zu seinem Nachtquartier geführt worden war und Edmond und ich uns in unser Schlafzimmer zurückgezogen hatten, ließ er seinem Zorn freien Lauf.

»Du dummes Ding!« zischte er. Was ihn davon abhielt zu schreien, war nicht Mitgefühl für mich, sondern die Angst, daß man ihn hören könnte. »Du hast alles verdorben!«

Erschöpft und niedergeschlagen setzte ich mich aufs Bett; all die wunderbaren Pläne von Versöhnung und Wiedergutmachung waren gescheitert.

»Du hast uns beide vor der gesamten Grafschaft zum Narren gemacht, indem du dieses schreckliche Mädchen herholtest. Sämtliche alten Klatschweiber von Sligo werden sich monatelang über dieses Fiasko die Mäuler zerreißen!«

»Edmond« – ich unternahm einen kläglichen Versuch, mich zu rechtfertigen –, »was heute abend passiert ist, tut mir wirklich furchtbar leid – ich bin sicher, das weißt du –, aber es geschah doch nicht mit Absicht! Ich hatte keine Ahnung von diesem Lied, und ich habe sie schließlich nicht gebeten, dieses schreckliche Lied zu singen.«

»Wie du dich auch herauszureden versuchst, Elizabeth«, versetzte er von oben herab, »meinem Ansehen in der Öffentlichkeit hast du großen Schaden zugefügt. Nie zuvor bin ich zum Gespött der Leute gemacht worden. Mir ist zwar klar, daß es dir noch an Erfahrung im Umgang mit der Erwachsenenwelt fehlt, aber ich hätte in dir kaum die gleiche Fähigkeit zu unglückseligen Verirrungen vermutet wie beim Rest deiner lächerlichen Familie!«

Ich zuckte zusammen, als hätte er mich geschlagen. In diesem einen Moment wurde mir blitzartig alles klar. Ich sehnte mich nach meiner Familie! Ich sehnte mich nach der Gesellschaft von Menschen, die mich liebten und achteten. Hier auf Manningham war ich nichts weiter als eine Fremde im Hause meines Gatten.

Meine Reue war verflogen, ausgelöscht von loderndem Zorn. Ich spürte ein unbändiges Verlangen danach, etwas zu tun, das Edmonds unangebrachte Wut wirklich verdiente. Als ich mich in dieser Nacht schlafen legte, war ich einsam und unglücklich, aber zum erstenmal entschlossen, auf Mittel und Wege zu sinnen, um mich zu wehren. Ich zerbrach mir den Kopf darüber, welche Waffe ich gegen Edmond richten könne, und die einzige, die mir einfiel, war Irland. Con, Tierney und Des verstanden die Iren, und auch ich würde mich mit ihrem Kampf vertraut machen! Warum ich Irland zu meiner Waffe erkor? Nun, es verschaffte mir ein geradezu widernatürliches Vergnügen, etwas Verbotenes hinter Edmonds Rücken zu tun; allein, das war nicht der einzige Grund. Die irische Sache verhalf mir zu jener tiefen Verbundenheit mit meiner Familie, nach der ich mich schon seit unserer Hochzeit sehnte; außerdem hatte ich gelernt, mich in die Unterdrückten hineinzuversetzen – ein Gefühl, das mir bislang fremd gewesen war. Auch ich war jetzt schutzlos den Angriffen eines Mächtigen ausgeliefert, und diese Ohnmacht weckte mein Verständnis für die Iren.

Insgeheim triumphierte ich, als all unsere Gäste sich am nächsten Tag beim Abschied überschwenglich für das gelungene Fest bedankten, doch die Freude hatte einen bitteren Beigeschmack. Edmond ging mir aus dem Weg, und wenn wir zusammen waren, richtete er kaum ein Wort an mich. Damit gab er mir zu verstehen, daß er mir meine Unbesonnenheit mit der Harfnerin nicht verziehen hatte, obgleich wir den Vorfall nie mehr erwähnten.
Zwei Tage später kam Desmond nach Manningham, um mit Edmond etwas wegen der Pferdezucht zu besprechen, ein wichtiger Erwerbszweig für beide Güter. Er begrüßte mich fröhlich und beglückwünschte mich zu meinem Erfolg als Gastgeberin.
Ich war entzückt, ihn zu sehen, und klammerte mich an ihn wie ein verlassenes Kind, als er mich umarmte. Ach, wie sehnte ich mich nach der ungekünstelten Herzlichkeit meiner Familie – Desmond erschien mir wie das letzte Bindeglied zu einer glücklichen Vergangenheit. Ich führte ihn ins Wohnzimmer, und wir unterhielten uns angeregt, während wir auf Edmond warteten.
Mein Bruder plante eine Reise auf den Kontinent, wo er geschäftlich zu tun hatte, und wollte unterwegs in Dublin Station machen, um Constance zu besuchen; ich sollte ihm einen Brief für sie

mitgeben. Wir plauderten etwa ein Viertelstündchen, dann betrat Edmond den Raum und runzelte bei meinem Anblick mißbilligend die Stirn.

Eine Weile unterhielten wir uns noch zu dritt; schließlich brachte Desmond sein Anliegen zur Sprache, und ich steuerte eifrig meine Meinung dazu bei.

»Also wirklich, meine Liebe«, fiel Edmond mir kühl ins Wort, »du bist bei dieser Diskussion nicht länger vonnöten.«

Ich war wie vor den Kopf geschlagen.

»Beth und Constance haben sich von klein auf mit Pferden befaßt...«, warf Desmond ein, doch Edmond schnitt ihm das Wort ab.

»Ich habe keineswegs die Absicht, Desmond, in Dingen, die allein Männersache sind, den Rat meiner Frau einzuholen. Es wird Zeit, daß du dich zurückziehst, Elizabeth.«

Er schickte mich einfach fort. Meine Wangen brannten vor Scham, und ich wagte nicht, Desmond in die Augen zu sehen. Aber als ich mich erhob, um hinauszugehen, überkam mich beim Anblick seines zornroten Gesichts die Angst vor seinem aufbrausenden Temperament; flüchtig küßte ich ihn auf die Wange und eilte aus dem Zimmer. Ich war schon an der Tür, als ich Edmond sagen hörte: »Ich fürchte, dein Vater war viel zu nachsichtig seinen Töchtern gegenüber. Du siehst ja selbst, was er damit erreicht hat. Eine widersetzt sich ihm in schändlichster Weise und rennt mit einem Bauernflegel davon, und die andere weiß kaum, wie sie sich benehmen soll.« Desmonds Antwort konnte ich nicht mehr verstehen, aber seine Stimme klang wütend, und ich wußte, daß er mich in Schutz nahm.

Woran zerbrechen Liebe und Ehe? Diese Frage habe ich mir seither oft gestellt. In der Regel fallen sie nicht einem einzigen Vernichtungsschlag zum Opfer, sondern tausend Wassertropfen, die den Stein aushöhlen.

Als ich die Tür hinter mir schloß, plante ich meinen ersten groben Verstoß gegen die Gebote meines Gatten.

Ich kann nicht behaupten, daß Dermot überrascht war, als ich ihn bat, mich zu unseren Pächtern mitzunehmen. Er war ein gescheiter alter Mann, und während unserer Besuche rund um das Gut gewann ich ihn lieb. Guter Gott, wie vieles von dem, was Tierney im vergangenen Sommer angedeutet hatte, fand ich bestätigt. Ich traf Frauen, die vor der Zeit gealtert waren; Kinder, die kaum sprechen konnten und doch schon wußten, wen es zu hassen galt und wie. Ich traf Männer, die ihr Leben lang vor der Knute des verhaßten Wucherers zitterten, der auf Geheiß Seiner Lordschaft die Mieten abkassierte und die Steuern festsetzte. Ich traf viele unvergeßliche Menschen in jener Zeit, aber keinen, den ich so ins Herz geschlossen hätte wie Terrance Kiernan, einen Pächter meines Mannes.

Er war steinalt, und er hatte nur noch einige wenige Zahnstummel im Mund. Die Stoppeln an seinem Kinn waren einst ein Bart gewesen, aber: »Ich bin über das dumme Ding rausgewachsen«, erklärte er mir, und als ich ihn kennenlernte, waren eben nur noch die Stoppeln übrig.

In seiner Jugend war er groß und stattlich gewesen, und bisweilen bewegte ihn eine der Geschichten, die er mir erzählte, so sehr, daß er sich zum Schatten seiner früheren Gestalt emporreckte. Die meiste Zeit über erlebte ich ihn indes gebückt und verkrüppelt – letzteres rührte von seiner Arthritis her und von den Folterqualen, die er im Gefängnis von Brixton hatte erdulden müssen.

Seine Augen waren die eines Schwärmers oder eines Heiligen – scharfe, flammende Augen, die einen fragend durchbohren und im nächsten Augenblick schon wieder voll mitleidigen Trostes lächeln konnten. Terrance Kiernan war Zeuge menschlicher Grausamkeiten geworden, wie kein Sterblicher sie mit ansehen sollte, und all sein Wissen spiegelte sich in diesen leidenschaftlichen Augen.

Er war wie eine lebende Legende. Sein Vater hatte im Jahre '98 mit Wolfe Tone gekämpft, und er selbst hatte die große Hungersnot überlebt und auf seiten der Irisch Republikanischen Bruderschaft den 67er Aufstand mitgemacht.

Terrance war freilich kein heiliger Märtyrer Irlands. Er fluchte (stets mit einer Entschuldigung an »Euer Ladyschaft«), lästerte und schmähte (»Diese scheinheiligen Pfaffen würden dem Teufel ihre geweihten Gewänder verkaufen, wenn nur der Preis stimmt und sie ein Empfehlungsschreiben von der Königin bekommen!«).

Er konnte ritterlich sein wie ein Edelmann oder grob wie ein Dockarbeiter, für mich verkörperte er Irland. Er war von jenem Schlag, der Dichter und Patrioten beschwingt. Er war wie ein Lobgesang auf die Menschenwürde und jenen unerschütterlichen Mut, der uns von den niederen Lebewesen unterscheidet.

Ich liebte diesen Mann. Er war alt genug, um mein Großvater zu sein, und gehörte einer Gesellschaftsklasse an, mit der ich meiner Erziehung nach nicht einmal in Berührung hätte kommen dürfen, aber ich mochte ihn und bewunderte seine unbezwingbare Ausdauer. Einen Großteil jenes einsamen Herbstes und Winters verbrachte ich damit, ihm zuzuhören und mehr über die Geschichte unseres Landes und seine Rebellionen zu erfahren.

Terrance bewirtschaftete seinen winzigen Hof allein. Seine Frau war schon seit fünfzig Jahren tot, doch er bewahrte ihr Andenken so getreulich, daß er sich nie wieder verheiratet hatte. Ob er ein Bild von ihr habe, fragte ich ihn einmal (als er sich wortreich über ihre Schönheit ausließ), ohne zu bedenken, daß ein Porträt oder eine Photographie die Mittel dieses Mannes bei weitem überstiegen hätte.

»Warum nicht gar! Wozu brauche ich ein Bild von meiner Frau«, entgegnete er staunend, »wo ich doch ihr schönes, stolzes Gesicht im Herzen trage, so daß ich es jeden Abend vor mir sehe, wenn ich die Augen schließe, und morgens beim Erwachen ebenso?«

Dermot erzählte mir, daß Sarah Kiernan und ihre fünf Kinder während der großen Hungersnot am Nervenfieber gestorben seien. Sie war damals vierundzwanzig Jahre alt gewesen. Ich hoffte, daß ihr »schönes, stolzes Gesicht«, welches er in Erinnerung hatte, so aussah wie vor jener zehrenden Krankheit, und auch ich versuchte, sie so vor meinem geistigen Auge zu sehen – jung und hübsch und verliebt in ihren schmucken, hochgewachsenen Mann.

Nun, ich hatte mich seit mehreren Monaten mit Terrance getroffen und war bereits hochschwanger, als ich es eines Abends in meiner Begeisterung für den alten Mann wagte, Edmond bei Tisch von ihm zu erzählen. Das war vermutlich nicht gerade klug von mir, aber ich dachte, ein Mitglied des Oberhauses sollte zumindest ein wenig über die Leute in seiner Grafschaft Bescheid wissen, und außerdem hatten Edmond und ich so wenig Gesprächsstoff, daß ich dankbar jedes unverfängliche Thema auf-

griff, um eine Unterhaltung in Gang zu bringen. Ich schwatzte meinem Mann also alles mögliche über diesen faszinierenden Alten vor und lobte ihn in den höchsten Tönen.
Er hörte mir recht einsilbig zu. Ich war enttäuscht, dachte aber nicht weiter darüber nach, bis ich zwei Tage später an Edmonds Arbeitszimmer vorbeikam und seinen Eintreiber, MacClay, von Kiernan reden hörte. Es war nicht meine Angewohnheit zu lauschen, doch diesmal blieb ich stehen und horchte.
»Sein Hof soll also mit anderen zusammengelegt werden?« fragte MacClay.
»Ich halte es für das Beste«, erwiderte Edmond.
»Das Land ist winzig, Mylord, aber die Lage unten am Fluß ist gut. Wenn wir den Grund der Mackelhennys und der O'Tooles dazunehmen, haben wir ein hübsches Stück Ackerland beisammen.«
»Dann leiten Sie's in die Wege«, sagte mein Mann, der über Heim und Lebenserwerb anderer Menschen verfügte, als sei er Gott der Allmächtige.
»Wenn ich ihn ins Armenhaus schicke und er widersetzt sich, Sir, was soll ich dann machen?«
»Sagen Sie ihm, ich dulde es nicht, daß ein abtrünniger Bauer der Gräfin aufwieglerische Flausen in den Kopf setzt. Bestellen Sie ihm, er hat Glück, daß ich ihn wegen seiner verräterischen Umtriebe nicht vor Gericht bringe.«
Kann ein Herz wirklich brechen? Ich glaube, meines brach in diesem Augenblick. Zumindest war ich sicher, daß es aufgehört habe zu schlagen. Ich stand da wie angewurzelt, Tränen der Wut und des Abscheus in den Augen. Was hatte ich nur getan? Wer war dieses gefühllose, hartherzige Ungeheuer, dem eine gute Frau zu sein ich mich nach allen Kräften bemühte? Wie konnte ich diese furchtbare Tat ungeschehen machen?
Ich riß die Tür zum Arbeitszimmer auf, verzweifelt bemüht, nicht die Beherrschung zu verlieren. Wie seine betretene Miene verriet, wußte Edmond, daß ich die Unterredung belauscht hatte.
»Das darfst du nicht tun, Edmond!« Meine Stimme klang so flehentlich, daß ich mir einbildete, er würde sich auf sein besseres Selbst besinnen und nachgeben.
»Der Mann hatte kein Recht zu versuchen, dich zu seiner Denk-

weise zu bekehren, Elizabeth. Und noch viel weniger hat er das Recht, auf so vertrautem Fuße mit meiner Frau zu stehen!«

»Vertrautem Fuß? Bist du von Sinnen? Der Mann ist achtzig Jahre alt!«

»Ein Alter, in dem er sich besser in der Gewalt haben sollte.«

»Edmond, ich bitte dich, um unserer Ehe willen, tu das nicht. Räche dich nicht an meiner gutgemeinten Geste, indem du einen alten Mann zugrunde richtest, der dir doch nichts anhaben kann.«

»Dieser alte Mann, für den du dich so liebevoll einsetzt, ist ein Schurke und Mörder. Ich habe mich über ihn erkundigt, und ich dulde nicht, daß ein derart verworfenes Subjekt mit meiner Frau verkehrt.«

Die Heftigkeit seiner Worte ließ mich zurückschrecken, und in diesem Augenblick sah ich ihn ganz klar. Wem erst einmal die Schuppen von den Augen fallen, für den sind alle Illusionen unwiederbringlich dahin.

»Wenn dir schon nicht menschlicher Anstand gebietet, diesem Bedauernswerten die Schmach des Armenhauses zu ersparen, Edmond, dann bitte ich dich, rette ihn mir zuliebe, denn ich glaube nicht, daß ich weiterleben könnte mit der Gewißheit, durch mein unbedachtes Handeln ein solches Unglück heraufbeschworen zu haben.«

Das ließ ihn aufhorchen, und ich glaube, er hätte sich erweichen lassen, wäre nicht MacClay zugegen gewesen. Wäre ich älter oder auch nur reifer gewesen, hätte ich vielleicht abgewartet, bis mein Mann allein war, ehe ich an seine Gnade appellierte.

Edmonds Blick wanderte zwischen mir und dem Steuereintreiber hin und her, dann räusperte er sich und sagte, freilich ohne mir in die Augen zu sehen: »Ich fürchte, meine Liebe, das Grundstück, das dieser Mann bewirtschaftet, läßt sich aus unseren Plänen für die Bodenreform unmöglich ausgliedern. Ich handle nicht nur aus einer Laune heraus, sondern unter wirtschaftlichem Zwang.«

Er war tatsächlich dazu fähig... mein eigener Gatte, der Mann, dem ich mein Leben und das meines ungeborenen Kindes anvertraut hatte.

»Ich bitte dich, Edmond... dieser Mann ist mein Freund!«

»Das bestärkt mich nur in meinem Vorsatz, Elizabeth.« Seine Stimme klang hart und grausam.

Ich rannte zu Dermot. Wir mußten Terrance warnen vor dem, was da im Gange war! Wir mußten eine Bleibe für ihn finden. Ich hatte kein eigenes Geld zur Verfügung, besaß aber ein paar von meiner Mutter ererbte Schmuckstücke, die ich dem armen Alten schenken konnte. Lieber Gott, es mußte doch einen Weg geben, ihn zu retten!

Ich ließ mein Pferd satteln, knotete die Kleinodien in ein Tuch und galoppierte zu Terrances Cottage – ungeachtet der Mahnung des Arztes, während der Schwangerschaft nicht zu reiten. Aber ich kam zu spät: MacClay war vor mir eingetroffen. Entsetzt stand ich dabei, während Terrance seine wenigen Habseligkeiten zusammenpackte.

»Gibt man ihm denn nicht einmal Zeit, sich von seinen Nachbarn zu verabschieden?« Wie ein Marktweib keifte ich MacClay und seine Gefolgsleute an.

»Ihr dürft das nicht tun!« Ich tobte und schrie, aber sie taten alle, als sei ich überhaupt nicht vorhanden. Ich versuchte, mit Terrance zu sprechen, doch wir wußten beide nicht, was wir einander hätten sagen sollen. Er wollte mir zu verstehen geben, daß er erkenne, was vorging, brachte jedoch vor Kummer kein Wort heraus. Ich stand da wie vom Donner gerührt und sah zu, wie der alte Mann sein Heim für immer verließ.

»Schon recht, Euer Ladyschaft«, sagte er im Vorbeigehen. »Ich war mein Leben lang fast immer auf mich allein gestellt. Für mich wird sich jetzt nicht viel ändern. Und Sie dürfen sich nicht die Schuld geben an der Verderbtheit der Manninghams.«

Stumm blickte ich ihm nach, wie er die Straße entlangging, zu Pferde gefolgt vom Wucherer und seinen Schergen. Stattlich war er anzusehen, und er ging so aufrecht, wie ich es nie zuvor an ihm gesehen hatte. Sein Stolz ließ es nicht zu, daß er vor diesen Männern seine Niederlage zu erkennen gab.

Als Terrance und seine Verfolger außer Sicht waren, machte ich meinem gequälten Herzen Luft. Ich schrie und fluchte, trat gegen die morsche Tür des Cottage – alles aus vergeblicher, hilfloser Wut über die *Ohnmacht*. Bis zu jenem Moment hatte ich die Vorteile der Macht nie wirklich begriffen. Dieser gute und aufrechte alte Mann war machtlos und ich ebenfalls. Ich, Elizabeth FitzGibbon Manningham, Gräfin von Sligo, war genauso machtlos wie er.

Mein Gatte und alle, die von dem gleichen arroganten Schlag waren, hatten *Macht*... die Macht, Leben zu geben oder zu nehmen; über die Zukunft zu entscheiden und die Gerechtigkeit außer Kraft zu setzen.
Terrance war der Leidtragende, weil er Ire war und obendrein arm und alt. Ich in meinem goldenen Käfig war die Leidtragende, weil ich eine Frau war. Weder mich selbst konnte ich retten noch einen einzelnen alten Mann.
Selbstekel erfüllte mich und die Gewißheit, daß mein Leben nie so werden würde, wie ich es mir erträumt hatte. Wie hatte ich nur so dumm sein und in den Tag hinein leben können, ohne die Lage der Frauen zu erkennen? Waren wir reich, machte man uns zu verhätschelten Kindern, waren wir arm, wurden willige Sklavinnen aus uns. Man gewährte uns unsere bescheidenen Bedürfnisse nur so lange, wie sie nicht in Widerspruch zu den Interessen unserer Ehemänner gerieten. Kinder, Küche, Kirche hieß die Domäne, die uns zugedacht war, doch von den einfachsten Lebensentscheidungen blieben wir ausgeschlossen.
Aber Con hatte Bescheid gewußt! Gütiger Gott, auf ihre Weise hatte sie mir tausendmal zu verstehen gegeben, daß es an der Zeit sei, sich zu wehren, aber ich hatte nur nett gelächelt, sie für widerspenstig gehalten und mir eingebildet, sie mache zuviel Aufhebens um die rechtmäßige Autorität des Mannes. »Mit Sanftmut ihr Ziel zu erreichen, durch Ausflüchte oder Schmeichelei, das ist weibliche Kunst.« Solche Albernheiten hatte ich ihr tatsächlich entgegengehalten. »Was kostet es eine Frau schon, ihrem Mann ein wenig Spielraum zu gewähren?« Ungläubig hatte sie mich angeschaut und mir zugeschrien: »Alles!« Doch ich hatte sie nicht verstanden.
Beim Himmel, aber jetzt begriff ich! Dort auf der staubigen Landstraße, wo ich Zeugin einer ruchlosen Tat geworden war, erfuhr ich von einem alten Mann namens Terrance Kiernan die Bedeutung der Menschenrechte und der Rechte der Frau.
Nachdem ich die halbe Nacht aus Sorge um den armen Terrance nicht geschlafen hatte, ging ich am nächsten Morgen zu Edmond und bat ihn um die Scheidung.
»Ich kann nicht mehr mit dir zusammenleben. Du bist grausam und gefühllos und nicht der Mann, den ich zu heiraten glaubte.«
Ich merkte, daß meine Worte ihn tief verletzt hatten, aber statt

mir entgegenzukommen, zog er sich nur noch mehr von mir zurück. Er antwortete mir in kaltem und gebieterischem Ton.
»Was du auch von mir halten magst, Elizabeth, du hast gar keine andere Wahl, als meine Frau zu bleiben. Ich will nichts von Scheidung hören, und ohne meine Zustimmung wäre dein Fall juristisch völlig hoffnungslos. Du hast kein eigenes Vermögen und stehst kurz vor der Geburt meines Kindes. Kurz gesagt, meine Liebe, du kannst mich unter keinen Umständen verlassen.«
Er schwieg einen Moment lang und setzte dann wie beiläufig hinzu: »Solltest du dir nun einfallen lassen, mein Bett zu verschmähen, so muß ich dir sagen, daß diese Welt voll ist von Frauen, die bereit sind, meine Bedürfnisse zu stillen. Also falls dir *das* als Waffe vorschwebt, solltest du dich schnellstens von deinem Irrtum befreien.«
Die nüchterne Sachlichkeit, mit der er sprach, zwang mich in die Knie.
»Empfindest du denn gar nichts für mich, Edmond? Weder Liebe noch Zuneigung?«
»Du möchtest dich von mir scheiden lassen – und gleichzeitig erwartest du, daß ich dich liebe?« fragte er höhnisch. »Ist das nicht deinerseits ein wenig grausam und gefühllos, Elizabeth? Du bist meine Frau und die Mutter meines ungeborenen Kindes. Ich verlange von dir, daß du den Pflichten dieser beiden Rollen in der Öffentlichkeit nachkommst und mir im Privatleben mit Höflichkeit begegnest. Darüber hinaus wird unsere Ehe so verlaufen, wie es dir beliebt. Wenn du darauf bestehst, unser Leben von einem aufsässigen Bauern zerstören zu lassen, bitte sehr. Ich für meinen Teil bin der Ansicht, du solltest es dir noch einmal überlegen.«
Er bot mir also den Ölzweig, so dürr und kümmerlich er auch sein mochte. Was meinen gesetzlichen Anspruch betraf, hatte er natürlich vollkommen recht. Ich besaß keinen; war nicht mehr als ein Stück Vieh – das Los jeder Frau.
Was konnte ich erreichen, wenn ich ihn bekämpfte, wie es mein Wunsch war? Nichts. Weniger als nichts. Blitzartig wurde mir alles klar. Nicht mit Streit und Hader würde ich den Sieg erringen, sondern nur, indem ich selber stark wurde. Wäre ich nicht schwanger gewesen, hätte ich vielleicht den Mut gehabt, Vater oder Des um Hilfe zu bitten, aber welche Hilfeleistung konnte

eine Frau in meiner Lage damals schon erwarten? Diese biologische Unterlegenheit der Frau verstärkte noch meine Enttäuschung, und mir war, als stürze die ganze verkehrte Welt über mir zusammen. Ich würde meine Ehe gezwungenermaßen fortsetzen. Mir blieb gar keine andere Wahl. Edmond und ich würden ein Leben lang zusammenbleiben. Doch ich schwor mir in diesem Moment, daß ich ihm seine Tat nie verzeihen würde. Wenn ich auch wußte, daß er nicht schlechter war als andere Männer – verzeihen würde ich ihm nie.
Blind vor Schmerz, matt und verzweifelt ging ich zurück auf mein Zimmer. Noch ehe ich den zweiten Treppenabsatz erreicht hatte, merkte ich, daß meine Qual nicht allein seelischer Natur war.
Ein stechender Schmerz fuhr durch meinen Rücken bis in die Beine. Mir wurde schwindlig, und angstvoll rief ich nach Dermot. Eine eisige, beklemmende Dunkelheit senkte sich herab, und ich spürte nicht mehr, wie ich die Treppe hinunterstürzte.

Als ich wieder zur Besinnung kam, lag ich im Nachthemd in meinem Bett, konnte mich jedoch nicht erinnern, wer mich ausgezogen und zu Bett gebracht hatte.
Grauenhafte Schmerzen durchbohrten meinen Leib, bald scharf glühend, bald quälend langsam, unmenschliche Schmerzen, die mich in ihrem Würgegriff hielten wie ein gefangenes Tier und mich nie lange genug aus ihren Krallen ließen, um einen klaren Gedanken fassen zu können.
Ich erwachte von einem Schrei und begriff erst im nachhinein, daß ich es war, die geschrien hatte.
Unser Hausarzt stand neben meinem Bett und sah mich durch seine randlose Brille sorgenvoll an. Ich konnte doch unmöglich so lange bewußtlos gewesen sein, daß man ihn in der Zwischenzeit aus der Stadt geholt hatte?
Zwei entsetzliche Tage vergingen, ehe Winston Manningham geboren wurde. Man erzählte mir, das Neugeborene sei sehr klein und runzlig gewesen – und quengelig von Anfang an. Ich kann das nicht aus erster Hand bestätigen, weil ich nach der Geburt über drei Wochen zwischen Leben und Tod schwebte. Der Arzt hielt meinen Zustand für so bedenklich, daß Edmond notgedrun-

gen meine Familie benachrichtigen mußte. Des wiederum schrieb an Con, die, Edmonds Einspruch zum Trotz, aus Dublin anreiste, um mir beizustehen.

11

Ich lag im Bett, da ich schwächer war als mein neugeborener Sohn, und Con erzählte mir vom Leben. Seit ihrer Ankunft war sie nicht von meiner Seite gewichen; sie versuchte mich aufzuheitern, plauderte und erteilte mir Ratschläge über die Mutterschaft. Von Dermot wußte ich, daß sie und Tierney Reibereien mit Edmond hatten, aber Desmond hatte meinen Mann immerhin so weit eingeschüchtert, daß er die beiden auf Manningham duldete, wenngleich sie bei Tierneys Familie in der Fischerhütte wohnten. Ich war so dankbar für ihre täglichen Besuche, daß ich keinerlei Fragen stellte.

Meine Schwester verfügte über jene außergewöhnliche Fähigkeit, sich den Menschen, die sie liebte, so vollkommen zu widmen, daß sie sich durch nichts und niemanden daran hindern ließ. Sobald denen, die ihr nahestanden, Gefahr drohte, rüstete sie sich zum Kampf; so hielt sie es ihr Leben lang. Um die Wahrheit zu sagen, waren wir alle überzeugt davon, daß sie gegen jeglichen Angriff gefeit sei. Con strahlte soviel Kraft aus, Kraft und Unerschrockenheit. Und einen unbeirrbaren Willen, der vor keinem Widerstand zurückschreckte. Ich nährte mich von dieser Kraft und genas daran.

Da ich zum Sprechen zu schwach war, bestritt sie die Unterhaltung allein. Unnachsichtig kommandierte sie Pflegerinnen und Dienstboten herum und verbannte jeden, der ein langes Gesicht zog oder eine traurige Nachricht brachte, aus meiner Nähe, so daß mir gar nichts anderes übrigblieb, als wieder gesund zu werden.

Während ich dalag und ihr zuhörte, betrachtete ich meine Schwester eingehend. Ob sie das merkte, weiß ich nicht. Con war von klein auf außergewöhnlich gewesen – dickköpfig, willensstark, stolz und gescheit. Aber inzwischen war noch eine erstaunliche Lebenstüchtigkeit hinzugekommen. Es schien, als hätten Ehestand und Mutterschaft ihr erst zur vollen Entfaltung ihrer Persönlichkeit verholfen.

Den Haushalt, den zu bewältigen ich mich täglich abgemüht hatte, dirigierte sie spielend. Das Personal hing zwar nicht so an ihr wie an mir, begegnete ihr jedoch mit unverkennbarem Respekt. Es machte mir Spaß zuzusehen, wie umsichtig sie Küche und Keller verwaltete, ohne dabei je ihre treue Wache an meinem Bett zu versäumen.

Ich beobachtete sie auch im Umgang mit Tahg, einem rosigen, strammen Kerlchen, der inzwischen mehrere Monate zählte und mit dem Eifer eines jungen Kälbchens an der Mutterbrust saugte. Wie alle Pflichten erfüllte Con auch die der Mutterschaft eher spielerisch; wie eine Stute ihr Fohlen, so knuffte und zwickte sie liebevoll ihren Sohn. Seltsamerweise ging sie mit meinem kleinen Winston sehr behutsam um, so als fürchte sie, er sei zerbrechlich. Ihrem eigenen Sohn dagegen ließ sie eine spontane Kameradschaft angedeihen, wie ich sie nie zuvor zwischen Mutter und Kind erlebt hatte.

Tierney wiederum behandelte Tahg, als sei er zehn Jahre alt. Mit dem Jungen auf dem Arm unternahm er ausgedehnte Spaziergänge, bei denen er ihm unermüdlich Geschichten erzählte, mal auf englisch, mal auf gälisch. Von meinem Fenster aus konnte ich sie über die Hügel streifen sehen: den hochgewachsenen Vater mit seinem kleinen Sohn im Arm, wie sie loszogen, die Welt zu entdecken.

Winstons Amme hatte sich erboten, beide Kinder zu betreuen, aber Tierney hatte nein gesagt. Wenn Con mit mir beschäftigt war, würde er sich um den Jungen kümmern – und er hielt Wort. Sein Arbeitgeber hatte ihm ein paar Wochen Urlaub zugestanden, damit er Con begleiten konnte.

Wer je dem Tode nahe gewesen ist, der weiß, daß mit dieser Erfahrung ungewöhnliche Erkenntnisse verknüpft sind. Von der Schwelle zur Ewigkeit blickt man mit hellsichtiger Klarheit aufs Leben zurück. Und auf der Rückkehr ins Diesseits bestürmt ein neu erworbenes Wissen die Sinne, das selbst die alltäglichsten Ereignisse mit strahlendem Glanz umgibt.

Eine Selbstverständlichkeit wie das Atmen erscheint einem plötzlich wunderbar. Die Erlösung vom Schmerz wird zum unschätzbaren Segen. Daß Con mir auf meinem Genesungsweg beistand, bedeutete eine Freude für mich, die ich immer in dankbarer Erinnerung behalten werde. Ich richtete mich auf an ihrer Vitalität und ihrem Optimismus, an ihrer Fähigkeit, alles Unwichtige abzuschütteln, und vor allem an ihrem Lachen. Seit sie fortgegangen war, hatte ich nicht mehr so aus vollem Herzen gelacht, wie wir beide es von Kind auf gewohnt waren.

Als sie schließlich der Meinung war, ich hätte mich so weit erholt, daß ich ohne sie auskommen könne, und nach Dublin zurückkehrte, fühlte ich mich hilflos und verwaist, als sei ein Teil von mir mit ihr gegangen.

An die erste Zeit nach Cons und Tierneys Abreise kann ich mich jetzt, nach all den Jahren, nur noch dunkel erinnern. Ich war endgültig zur Frau geworden. Mein Leben hatte sich unwiderruflich verändert. Ich fühlte mich schwach und einsam ohne den Beistand meiner Schwester, und von meinem Mann trennte mich nicht nur, was an Häßlichem zwischen uns vorgefallen war, sondern auch die Furcht vor einer neuerlichen Schwangerschaft und Geburt.

Und natürlich war ich auch Mutter. Das anfangs so durchsichtig zarte Kind gedieh prächtig, und als ich mich wieder vollständig erholt hatte, war Winston, der inzwischen vier Monate zählte, kräftig und so lebhaft, wie es sich für sein Alter gehörte.

Er war ein merkwürdiges Kind, kühl und von klein auf unabhängig. Damals befürchtete ich, seine Zurückhaltung sei das Spiegelbild meiner Mutterschaft, Zeugnis meines Versagens, das ihn erst teilnahmslos machte. Später wurde ich eines Besseren belehrt.

Traumverloren irrte ich durch den Tag, aber hin und wieder gab es herausragende Augenblicke in meinem Leben, denen meine neu erworbene Erkenntnis und Reife eine besondere Bedeutung verliehen. Ich kam meinen Mutterpflichten nach, so gut ich konnte, wenngleich ich kaum etwas davon verstand, und sobald ich einigermaßen zu Kräften gekommen war, begann ich wieder zu schreiben.

Ich entwarf auch fleißig Pläne, mein Leben zu verändern, und da mir viel Zeit zur Selbsterforschung blieb, hatte ich bald eine endlose Liste beisammen. Zwar konnte ich Edmond das, was vor Wins Geburt geschehen war, nicht verzeihen, aber in meiner Dankbarkeit dafür, noch am Leben zu sein, erschien mir alles andere unwichtig. In dem mir von früher her bekannten Ton halbherziger Zuneigung hatte mein Gatte mir kurz nach meiner Genesung zu verstehen gegeben, daß er mich gern wieder in seinem

Bett sehen würde, doch ich schob alle Vertraulichkeiten so lange wie möglich hinaus, indem ich meine Krankheit vorschützte. Als der Arzt mir eine kleine Abwechslung vorschlug, um meine Genesung zu beschleunigen, packte ich die Gelegenheit beim Schopf und bat Edmond, mir einen Besuch in Dublin zu gestatten.
Lady Mallory hatte mir geschrieben, daß sie und ihr Gatte die Absicht hätten, zwei Monate auf dem Kontinent zu verbringen, was bedeutete, daß ihr Dubliner Stadthaus im September und Oktober leerstehen würde, und mir vorgeschlagen, mich dort für eine Weile zu erholen.
Der Gedanke, Con und Tierney eine Zeitlang nahe sein zu können, machte mich ebenso glücklich wie die Aussicht, meinem Mann zu entfliehen. Mit dem größten Vergnügen nahm ich Lady Mallorys Einladung an und redete mir ein, ich würde mich nach meiner Rückkehr um unsere gescheiterte Ehe kümmern.

Dublin ist ein wunderschöner Ort, liebevoll angelegt mit breiten Prachtstraßen und repräsentativen Bauwerken. Der graue Liffey verleiht der Stadtlandschaft einen Hauch von Weite und Großzügigkeit, da er sich gemächlich und ohne jede Hast hindurchwindet, als sei er nur zur Dekoration bestimmt.
Das Dublin, das ich bei meiner Ankunft vorfand, unterschied sich natürlich gründlich von dem, in welchem sich der Alltag meiner Schwester abspielte; allerdings konnte ich mir damals noch nicht vorstellen, wie Con und Tierney wirklich lebten. Vorerst sah ich nur, daß das Silbertablett in der Eingangshalle meines geborgten Heims von Einladungen überquoll, die ich nach den langsam dahinschleichenden Monaten der Krankheit hocherfreut entgegennahm.
In Dublin gab in jenen Tagen eine kleine, reiche Oberschicht den Ton an, und ich durfte darauf vertrauen, daß mich und meinesgleichen ein lustiges, unbeschwertes Leben in unserer aufblühenden Hauptstadt erwartete. Ich freute mich auf die Bälle, Empfänge und glänzenden Gesellschaften, die mir bevorstanden – allesamt willkommene Zerstreuungen, um mich von der Langeweile meiner Ehe und der Furcht vor dem Kindbett zu erlösen.
Wenn mich das in Ihren Augen zu einer oberflächlichen Frau

macht, so kann ich zur Erklärung nur anführen, daß einem die Kreise, in denen man aufwächst, als die richtigen erscheinen, und ich hatte schließlich erst einige wenige verstohlene Blicke über den Zaun gewagt. Ich genoß es, jung und hübsch, reich und beliebt zu sein; die Gattin eines Peers und Mutter des zukünftigen Grafen von Sligo; von der Gesellschaft auf dem Schloß empfangen zu werden, als gehörte ich dazu. Jedes neuerliche Vergnügen begrüßte ich als ein Mittel, das Unglück der vergangenen Monate zu verscheuchen.

Ich suchte verzweifelt wieder Zugang zum Leben. Ich habe nicht die Absicht, mich zu entschuldigen; ich weiß heute, daß ich damals kindischen Bedürfnissen nachjagte, aber mit dreiundzwanzig sind ein paar Fehler vielleicht erlaubt. Das Leben sorgt schon dafür, daß wir mit der Zeit härter werden, gleichgültig, welcher Gesellschaftsschicht wir entstammen. Womöglich soll die leichtsinnige Unbekümmertheit, die Gott uns in der Jugend gestattet, uns in späteren Jahren Kraft geben, wenn das Leben uns so vieles versagt und uns zum Ausgleich nichts als Altersweisheit zu bieten hat.

Die Strapazen der Reise hatten mich arg geschwächt, und so mußte ich meine erste Woche in Dublin im Bett verbringen. Ich ließ Con und Tierney wissen, daß ich angekommen sei, doch zu meinem nicht geringen Erstaunen erhielt ich statt eines Besuches einen Brief zur Antwort. Ich habe ihn all die Jahre aufgehoben, da ich schon damals spürte, daß mit ihm meine eigentliche Aufklärung begann.

Chapel Street 17
Dublin
20. November 1898

Meine liebste Schwester!

Ich freue mich sehr, daß Du wieder bei Kräften bist und nach Dublin kommen konntest. Hier ist an einer einzigen Straßenecke mehr los als daheim in der ganzen Grafschaft, und der Trubel wird Dich wieder auf die Beine bringen, da bin ich ganz sicher.

Es mag Dir seltsam erscheinen, aber ich möchte, daß Du uns *besuchst und nicht umgekehrt. Als ich während Deiner Krankheit auf Schloß Manningham war, fiel mir erst so richtig auf, wie man Dich und mich ein Leben lang in Watte gepackt hat, und in einer grotesken Verkeh-*

rung von Snobismus sehnte ich mich danach, diesem aristokratischen Treibhaus zu entkommen und nach Dublin zurückzukehren.
Versteh mich nicht falsch – ich finde nichts Erhebendes daran, arm zu sein! Bis zu dem Tag, an dem ich sterben muß, wird schon der Gedanke an Armut mir das Blut in den Adern gefrieren lassen. Aber ich schätze die Kenntnis einer Welt, die Tierney mir erschlossen hat, und diese Welt ist hier bei uns. *So wie hier leben, lieben und leiden die meisten Menschen, so wachsen sie heran, und so sterben sie auch. Diese Erfahrung ist so wichtig, so erschütternd in ihrer Wirkung auf jedes Gefühl und jeden Gedanken, daß ich sie mit Dir teilen möchte, so wie wir bisher alles miteinander geteilt haben, was von Bedeutung war.*
Vielleicht gefällt Dir mein Geschenk anfangs gar nicht. Ich bin sogar sicher, daß Du es, wie ich zuerst auch, ordinär und geschmacklos finden wirst; der häßliche Kampf ums Dasein, der wiederum die Menschen häßlich macht, verletzt unser Zartgefühl. (Kannst Du Dir vorstellen, daß ich bei meiner Ankunft in Dublin die Leute scheußlich fand in ihren Lumpen und abgetragenen Kleidern, mit ihren ungewaschenen Haaren und Leibern und ihrem notdürftig zusammengeschusterten Leben – und daß sie mir heute schön vorkommen?) Noch verstehst Du es nicht, meine liebe Schwester, aber das wird sich bald ändern. Ganz bestimmt! Und eines Tages wirst Du mich segnen für dieses Geschenk, das ich Dir machen möchte.
Du wirst anders schreiben, andere Bekanntschaften machen. Dein Horizont wird sich Dir in ungeahntem Maße erweitern.
Komm uns besuchen, Beth, sobald Du kannst. Dann wird sich alles klären.

Ich erwarte Dich mit Ungeduld!
Deine Dich liebende Schwester
Constance

Muß ich die Neugier schildern, die diese unerwartete Nachricht in mir weckte? Ich beschloß, Con und Tierney gleich am nächsten Tag aufzusuchen.
Meine Schwester behielt natürlich recht. Jetzt fing alles erst an.
Ich kann nicht beschreiben, wie aufgeregt ich war, als Con und Tierney mich zum erstenmal zu einer Versammlung der Gälischen Liga mitnahmen. Ich tat damit etwas Verbotenes – ein angenehmer Nervenkitzel – und Aufrührerisches, wonach es mich

schon geraume Zeit verlangte, auch wenn ich mir das noch nicht eingestanden hatte.

Ich war in Hochstimmung und die beiden ebenfalls. Sie schienen unsagbar verliebt zu sein, strahlten eine starke, lebendige, wunderbare Einheit aus. Eine geheimnisvolle Aura der Sinnlichkeit umgab sie – als teilten sie das köstlichste Geheimnis der Welt. In gleichem Maße, wie ich die beiden anbetete, war ich neidisch auf sie.

An jenem Abend trat die Liga in einer schäbigen Dachkammer eines Geschäftshauses zusammen. Erfrischungen gab es keine, was ich für eine grobe Unaufmerksamkeit hielt. Es waren aber auch etwa zwanzig Personen anwesend – Leute, wie sie mir nie zuvor begegnet waren.

Eine ziemlich ungepflegte Bande hatte sich hier versammelt, und ich staunte nicht schlecht, als meine Schwester einen jeden beim Namen nannte und unter kameradschaftlichen Scherzen begrüßte. Meine Kleidung wirkte hier natürlich aberwitzig fehl am Platze, und ich ertappte mich bei dem Wunsch, mich für die Kreation meiner Schneiderin zu entschuldigen.

Fasziniert sperrte ich Augen und Ohren auf. Seaneen O'Sullivan hatte kaum das Wort ergriffen, da stand ich auch schon in seinem Bann. Er verfügte nicht über Tierneys poetische Gewandtheit im Umgang mit der Sprache, doch dieser Mann strahlte eine Kraft aus, die ich körperlich zu spüren glaubte. Sie fesselte mich an meinen Stuhl; sie und seine Stimme und seine Geschichten. Es war erschöpfend und belebend zugleich, aber vieles von dem, was er sagte, konnte ich nicht recht einordnen.

O'Sullivan war groß und stark und ungeheuer männlich. Bis auf den heutigen Tag habe ich keinen Mann getroffen (obgleich mir viele begegnet sind, die hübscher waren als er), den ich anziehender gefunden hätte.

Er sah aus wie ein Schmied, was er in seiner Jugend auch gewesen war, oder wie ein Hafenarbeiter, was er seither oft hatte sein müssen. Seine atemberaubende Männlichkeit mußte wohl auf beide Geschlechter wirken, denn Con hatte mir erzählt, daß seine Männer ihm in blinder Verehrung folgten. Meine Schwester erzählte mir auch, sie habe sich lange vergeblich dagegen gesträubt, von den Geheimnissen der Männer ausgeschlossen zu werden, bis Seaneen sie eines Abends beiseite genommen und zu ihr gesagt habe: »Sie wünschen sich nichts mehr, als in unsere Pläne eingeweiht zu werden, habe ich recht?« Darauf hatte sie nur beklommen genickt. »Dann wissen Sie ja auch, daß Ihr Mann von seinem Kommandeur, meiner Wenigkeit, den strikten Befehl erhalten hat zu schweigen. Nicht, weil wir Ihnen nicht trauen, junge Frau, das tun wir nämlich, und zwar blind. Aber wenn Ihr Mann sich um Sie und den Kleinen noch mehr sorgen müßte, als er es ohnehin schon tut, könnte man ihn leichter angreifen. Spitzel sind der Tod unserer Bewegung, mein Kind. Die Krone hat ihre Augen und Ohren überall. Wenn der Verdacht aufkäme, daß Sie über wichtige Informationen verfügen, wären diese Schurken sich nicht zu schade, sie von Ihnen zu holen. Es dürfte Ihnen nicht entgangen sein, daß außer Tierney keiner der Männer, die mit unseren schwierigsten Aufgaben betraut sind, verheiratet ist. Das ist kein Zufall. Ein Mann, der liebt, ist doppelt verwundbar.« Bei den letzten Worten stockte seine Stimme, seine gewohnte Heiterkeit schien gänzlich verschwunden, und Con spürte, daß es nicht ratsam sei, ihm jetzt zu widersprechen. Gleich darauf hatte er kehrtgemacht und war gegangen.

Einer der Umstehenden, der ihr Gespräch mit angehört hatte, trat näher und sagte in verschwörerischem Ton: »Er hat auch einmal ein Mädchen geliebt, Con. Ein Jahr waren sie verheiratet, als die Gendarmen sie schnappten. Seaneen war damals auf der Flucht, und sie versuchten aus ihr herauszubekommen, wo er und seine Männer sich versteckt hielten. Sie legten ihr Fesseln an und verhörten sie stundenlang. Nun ja, die Kleine – Maired hieß sie – war schwanger, verstehen Sie, aber ich glaube nicht, daß die Männer das wußten, als sie das arme Ding ganz hilflos wieder sich selbst überließen. Im vierten oder fünften Monat war sie, und das peinigende Verhör führte zu einer Fehlgeburt. Als Seaneen auf den Hof zurückgehetzt kam, war sie bereits tot. Muß verdammt schrecklich gewesen sein, die Frau, die er liebte, so wiederzufinden. Man sagt, er habe vollkommen durchgedreht. Er jagte den Schurken nach und machte die ganze verdammte Meute nieder. Natürlich konnte ihm nie jemand beweisen, daß er's getan hat, aber die Leute wußten Bescheid. Und als man ihn das nächste Mal wegen irgendeines kleinen Überfalls festnahm, wurde er in Einzelhaft gesteckt und gefoltert, heißt es. Ist ein zäher Bursche, unser Seaneen.«

Con wiederholte mir die Geschichte genauso, wie sie ihr erzählt worden war. Dieses Beispiel von Ehre, Würde und Kraft bewegte mich tief. Nie war mir ein Mann begegnet, der sich auch nur im entferntesten mit Seaneen hätte vergleichen können. Die Versammlung wurde geschlossen, und man machte uns miteinander bekannt, aber mir hatte es die Sprache verschlagen wie einem albernen Schulmädchen.

Nachdenklich und forschend sah er mich an, und ich hatte das seltsame Gefühl, er blicke bis auf den Grund meiner Seele. Manche Männer ziehen einen mit den Augen aus. Seaneens prüfender Blick ging mir unter die Haut.

»Willkommen, Mylady«, sagte er ruhig und besonnen – und irgendwie klang es weniger nach einem Titel als nach einem Kosenamen. Mein Herz pochte so laut, daß ich ihn kaum verstehen konnte.

»Ihr Vortrag hat mir ausnehmend gut gefallen«, stotterte ich, wohl wissend, daß diese Floskel meinen Empfindungen nicht im entferntesten gerecht wurde.

»Sie müssen oft mit Con und Tierney zu uns kommen, solange Sie in Dublin sind.«

Als ich mein Einverständnis nickte, fing ich den belustigten, wissenden Blick auf, den meine Schwester mit ihrem Mann tauschte. Es war mir peinlich, und hastig verabschiedete ich mich von diesem aufregenden Mann.

»Ich habe ihn noch nie so galant erlebt«, versicherte Con, als wir auf die Straße hinaustraten. »Du etwa?«

»Nein«, erwiderte Tierney. »Ich glaube, er war ganz hingerissen von dir, Beth. Nie zuvor hat er auf unseren Versammlungen auch nur das geringste Interesse an einer Frau gezeigt.«

»Er hat sich also nicht wieder verheiratet?«

»Nein. Er ist ein richtiger Einsiedler. Seine Geliebte ist die Bruderschaft. Und wie die meisten unserer Anführer glaubt auch er, daß ein Mann, der mit einer Frau zusammenlebt, zuviel Angriffsfläche bietet.«

»Was für ein einsames Leben«, sagte ich, fieberhaft bemüht, mir über meine Reaktion auf diesen erstaunlichen Mann klarzuwerden.

»Tja, das ist es wohl«, bestätigte Tierney ernst. »Aber er ist ein guter Mann, Beth. Ich kenne keinen besseren.«

Con und ich saßen an jenem Abend noch lange zusammen und sprachen über mancherlei. Beide sorgten wir uns um Des. Er war mit einer Nachbarstochter, Evelyn FitzMaurice, verlobt gewesen, doch das Mädchen war ganz plötzlich erkrankt und vor einem Monat gestorben. Seitdem schien unser Bruder untröstlich. Ich hatte mich so danach gesehnt, alles mit Con zu besprechen, und es gab so vieles, was uns beschäftigte, daß es schon sehr spät war, als ich endlich dazu kam, sie über Seaneen auszufragen. Natürlich versuchte ich unbeteiligt zu wirken, als ich die Rede auf ihn brachte.
»Sieh dich vor mit ihm«, riet meine Schwester, die mich wie immer durchschaute. »Sein Leben ist der Rebellion geweiht, mein Liebes. Und die könnte dich verschlingen.« Mit dem ihr eigenen Scharfblick und ihrer unverblümten Offenheit nahm sie mir jede Chance, mich hinter einem Vorwand oder einer Ausrede zu verstecken. Sie wußte natürlich, wie sehr Seaneen mich faszinierte; und sie wußte auch, welche Enttäuschung ich in meiner Ehe erlebt hatte. Ich gehörte immer noch zu jenen Kreisen, die sich mit Ausflüchten durchs Leben helfen – sie hatte den Sprung zur Aufrichtigkeit gewagt.
»Ich werde schon aufpassen, Con«, sagte ich, um einen gleichgültigen Tonfall bemüht. »Ich habe keineswegs die Absicht, Edmond untreu zu werden.«
Sie blickte mich skeptisch an. »Edmond ist ein Tropf, meine liebe Schwester, trotz all seiner vornehmen Abstammung – und ich bin sicher, daß er im Bett ebenso langweilig ist wie anderswo.«
Zu jener Zeit pflegten Frauen, ganz gleich, wie vertraut sie miteinander waren, grundsätzlich nicht über dieses Thema zu sprechen, und Sie können sich daher leicht ausmalen, wie sehr mich die Worte meiner Schwester schockierten. Sie dagegen musterte mich prüfend, so als habe sie mir noch vieles zu sagen, wisse aber nicht, ob es ratsam sei, davon anzufangen.
»Ich würde alles darum geben«, sagte sie schließlich, »wenn du das gleiche erleben könntest wie Tierney und ich – im Bett und auch sonst. Weißt du, wir Frauen werden so erzogen, daß wir kaum eine Ahnung davon haben, was wir in einem Mann suchen sollen. Wir müssen lebenslange Bindungen eingehen, ohne zu wissen, worauf es bei der Wahl ankommt. Oh, diese Ungerechtigkeit macht mich so wütend, Bethy! Wir Frauen gehen in mehr

als einer Beziehung jungfräulich in die Ehe. Das ist eines ihrer Mittel, uns zu unterjochen.« Sie schwieg, aber ich wußte instinktiv, daß sie mir noch nicht alles gesagt hatte.

»Ich glaube, wenn du eine Affäre mit Seaneen hättest, Bethy, dann würde ein solches Verlangen in dir geweckt werden, daß du es vielleicht nicht überlebst.« Sie schien mich unendlich zu bedauern.

»Du bist zu treu und gut und ehrbar, um ein Doppelleben zu führen, Bethy. Und ich fürchte, auch zu sehr mit dem Leben verbunden, das du auf Manningham nun einmal führen *mußt*. Ich würde dich selbst in Seaneens Bett treiben, wenn ich glaubte, daß du es ertragen könntest. Ich würde dir sogar raten, die Schuldgefühle um der Schönheit dieses Erlebnisses willen in Kauf zu nehmen. Aber zu einem wie Edmond zurückkehren zu müssen, nachdem man mit einem Mann wie Seaneen beisammen gewesen ist? O Gott, ich denke, dein Leben würde danach zu einer einzigen Qual werden.«

Ihre Worte hatten mich über die Maßen entsetzt; aber nicht, weil Con sie ausgesprochen hatte, sondern weil sie eine furchtbare Wahrheit aufdeckten. Es war in der Tat besser, in einem lieblosen Gefängnis dahinzuvegetieren, als Liebe zu erfahren, nur, um ohne sie weiterleben zu müssen.

»Ich habe dich lieb, Bethy. Es tut mir so schrecklich leid.«

Bald danach gingen wir zu Bett, aber ich lag noch lange wach, bemüht, mein Gleichgewicht wiederzufinden. Es wäre Wahnsinn, wenn ich mich zu diesem Mann hingezogen fühlte... oder zu irgendeinem anderen Mann. Ich war eine verheiratete Frau, die Ehe ein unauflösliches Bündnis, und ich würde mein Gelübde nicht brechen. Die halbe Nacht lang kämpfte ich mit mir, und als der Morgen graute, wußte ich instinktiv, daß ich Seaneen wiedersehen konnte, ohne in den Abgrund zu stürzen. So stark war damals mein Pflichtgefühl, so sehr war die anerzogene Disziplin mir in Fleisch und Blut übergegangen. Im übrigen vertrug sich das Bild einer Ehebrecherin nicht mit meiner Vorstellung von mir selbst.

Wir gingen also weiterhin zu den Versammlungen der Gälischen Liga, und ich lernte... oh, so vieles lernte ich. Ich verehrte Seaneen und mußte mich in seiner Gegenwart gehörig in acht nehmen. Aber die Zeit, da er Unruhe in mein Leben brachte, währte nicht sehr lange.

Wie soll ich Ihnen nun mit gebührender Anschaulichkeit die Geschicke der Menschen schildern, die ich in Dublin kennenlernte, und das Nebeneinander von Licht und Schatten, das ich dort erlebte? Wissen Sie, an einem Abend speiste ich mit dem Vizekönig, und am nächsten traf ich mit Tierneys Freunden zusammen. Heute kleidete Mrs. Sims mich in schimmernden Satin für einen Ball auf dem Dubliner Schloß, tags darauf hörte ich Seaneen O'Sullivan in der Gesellschaft ungewaschener Bauern und Krämer von Revolution sprechen. Es war eine höchst aufschlußreiche Zeit für mich. Con hatte recht gehabt. Nie war ich mir lebendiger vorgekommen.

Ich muß zugeben, daß der Gedanke an die Rückkehr nach Manningham mir große Angst machte, aber als eine glückliche Woche die andere ablöste, erkannte ich, daß es nicht ewig so weitergehen könne. Ich war verheiratet und hatte einen Sohn, der ein Recht darauf besaß, seinen Vater kennenzulernen. Im übrigen hatten mein wachsender Wunsch nach Unabhängigkeit, die Gefühle, welche Seaneen in mir zu wecken vermochte, und meine Beziehung zum irischen Freiheitskampf mich in beträchtliche Verwirrung gestürzt. Aber – Verwirrung hin oder her – die Mallorys kamen aus Europa zurück, und ich fand mich damit ab, daß es heimwärts ging.

12

Bei meiner Rückkehr war ich nicht mehr dieselbe, als die ich Manningham verlassen hatte: Der Grundstein zu einer unabhängigen Frau war gelegt. Um die Ungeheuerlichkeit dieser Behauptung zu begreifen, müssen Sie eine Vorstellung von der Zeit haben, in welcher ich lebte.

Wer 1875 als weibliches Wesen zur Welt kam, stand von Geburt an unter Aufsicht. Zuerst befahl der Vater, dann der Gatte und schließlich der Sohn – falls man lange genug lebte. Die Männer bildeten sich ein, wir Frauen müßten bevormundet werden, weil wir von Natur aus unfähig zur Selbstbestimmung seien.

Frauen hatten kein Eigentumsrecht, konnten kein Sorgerecht für ihre Kinder beanspruchen, durften weder ein Testament noch

eine amtliche Urkunde unterschreiben und erst recht nicht wählen. Außer Haus konnten sie sich ihren Lebensunterhalt höchstens als Gesellschafterin oder Gouvernante verdienen; die Scheidung gewährte man ihnen nur mit Zustimmung des Gatten. Ein Ehemann konnte seine Frau nach Belieben für geisteskrank erklären und in eine Anstalt einweisen lassen – sie konnte ihm umgekehrt nicht das gleiche antun.
Eine Frau, die aus einer unglücklichen Ehe ausbrach, durfte ihre Kinder nicht mitnehmen. Und außerdem – wohin konnte sie schon gehen, da sie doch nichts anderes gelernt hatte, als den Haushalt zu führen?
Man ging davon aus, daß die Bedürfnisse einer Frau in Heim, Familie und Kirche ihre Erfüllung fänden. Frauen hatten keine Sexualität, außer der, welche ihnen der Ehemann gestattete; vor dem Gesetz waren sie rechtlos und unmündig.
Als Frau war man so dazu erzogen, fügsam, selbstlos und unterwürfig zu sein, daß es meist sehr lange dauerte, bis man begriff, wie gefährlich es war, sich jemand anderem vollkommen auszuliefern, falls dieser Jemand dir Böses wollte – und wie unfrei es machte, auch wenn ihm noch soviel an dir lag.
Als ich aus Dublin heimkam, begann ich mich über den Kampf um das Frauenstimmrecht zu informieren; die paar Monate fern von Edmond hatten mir gezeigt, daß ich ein durchaus lebenstüchtiger Mensch war. Und außerdem hatte meine lieblose Ehe mich rastlos und unstet gemacht. Mit Hilfe von Con und Desmond besorgte ich mir die einschlägigen Bücher und Broschüren, eine Lektüre, die Edmond mir verboten hatte. Daneben verschaffte das Schreiben mir ein Ventil für meine Frustrationen, aber im Grunde verbrachte ich einen Großteil der nächsten fünf unglücklichen Jahre mit der Geburt und Aufzucht einer stattlichen Kinderschar.

Winston, mein Ältester, wuchs zum Ebenbild seines Vaters heran. Von klein auf hätte niemand den Aristokraten in ihm verkannt. Großer Gott, ich glaube, diese arrogante Haltung ist ebenso angeboren wie Nasenform oder Fingerlänge.
Das Kind enttäuschte mich. Wie gern hätte ich es gehätschelt, umsorgt und geherzt wie Con ihren Tahg, aber Winston war für dergleichen nicht zu haben.

»Er ist eben ein richtiger kleiner Mann, Madam«, gab die Nanny, seine Kinderfrau, mir zur Antwort, als ich mich über sein Benehmen wunderte. Ich fand, daß verächtlicher Hochmut kaum ein liebenswertes Attribut der Männlichkeit ist, falls denn überhaupt ein Zusammenhang zwischen beiden besteht. Winston war intelligent und konnte sich klar ausdrücken; er lernte früh und gut sprechen, so als duldete er schon damals nichts Unvollkommenes. Er konnte bezaubernd sein in seiner altklugen Art, aber man merkte auch, daß jede Regung des Kindes von einem kühl berechnenden Verstand diktiert wurde. Mir war, als hätten wir einen Erwachsenen in einen Kinderkörper gesperrt, was alle außer Edmond unangenehm berührte.

Bald nach meiner Rückkehr aus Dublin war ich zum zweitenmal schwanger geworden. Mir schien dies eine Ironie des Schicksals, denn Edmond suchte mein Bett so selten auf, daß ich mich außer Gefahr gewähnt hatte. Allein, das war ein Irrtum gewesen. Welch unbarmherzige Laune der Natur, mich, die ich meinem Gatten gleichgültig war, so verwünscht fruchtbar zu machen, aber Con und Tierney, die sich nach einer großen Familie sehnten, weitere Kinder zu versagen.

In dem Winter, da Win anderthalb Jahre alt war, gebar ich stramme Zwillinge, ein dunkles Mädchen und einen blonden Jungen, beide wunderschön.

Ich hatte mir eingebildet, jedes Kind sei bei der Geburt wie ein sauberes, weißes Blatt Löschpapier, bereit, alles aufzusaugen, was ich es lehrte. Damals wußte ich noch nicht, daß ein Kind als fertiges Wesen zur Welt kommt, das seine ureigensten Bedürfnisse, Stärken und Schwächen mitbringt. Heute gibt es natürlich diese modernen Theorien, die behaupten, ein Kind werde durch seine Umgebung geformt, aber Theorien sind eine Sache, und das Leben ist eine andere. Ich bin eine alte Frau und habe in meinem Leben drei Generationen ein und derselben Familie erlebt; daher kann ich mit Bestimmtheit versichern, daß jedes Kind, schon wenn es das Licht der Welt erblickt, seine ureigensten Freuden und Kümmernisse hat. Die Hamartie – wie Aristoteles jene schicksalhafte Ursache späterer Verhängnisse nennt – ist von Geburt an vorhanden, genau wie die Kraft, über sie zu triumphieren, sofern ein Mensch das will.

Jamie, mein Zweitgeborener, und sein Bruder waren so verschieden wie Tag und Nacht. Der Jüngere war sanft und großmütig; sogar seine Klugheit nahm er als Geschenk, das er mit anderen zu teilen suchte. Dieses liebevolle Kind spendete mir ungeahnten Trost.

Seine Zwillingsschwester Merry hatte von all meinen Kindern den passendsten Namen bekommen. Wir tauften sie Merrion nach Papa, aber aufgrund ihres sonnigen Wesens wurde sie nie anders als Merry gerufen. Sie war ein draller kleiner Mops, immer lachend und mit unzähligen Grübchen. Sie hatte den hellen irischen Teint, das tiefdunkle Haar und die blausamtenen Augen meines Bruders Desmond – eine überaus faszinierende Kombination. Nie habe ich erlebt, daß jemand ihr in die Augen sah, ohne ihrem Zauber zu erliegen.

Nach den Zwillingen wurde mein zartes Töchterchen Bethany geboren, und als letzte kam die schöne Angelica. Ich nannte sie so, weil sie mich gleich an einen Cherubim auf einem von Raffaels Andachtsbildern erinnerte... Aber es ist noch nicht an der Zeit, Ihnen ihre Geschichte zu erzählen.

Bethany war von Geburt an schwächlich. Dermot nannte sie »sofakrank«, was nichts anderes bedeutete, als daß sie einen Großteil ihrer Zeit auf der Chaiselongue am Erkerfenster vor ihrem Schlafzimmer verbrachte. Sie litt an keiner bestimmten Krankheit; ihr fehlte einfach die Kraft, um es mit der unverwüstlichen Gesundheit ihrer Geschwister aufnehmen zu können.

Win war fünfeinhalb, die Zwillinge waren vier, Bethany zählte drei und Angelica zwei Jahre, als mein Leben eine jähe Wendung erfuhr.

Sooft ich konnte, hatte ich mich gegen Edmond aufgelehnt – es waren unbedeutende Rebellionen, aber wichtige Schritte auf meinem Weg zur Unabhängigkeit. Ich besuchte die Pächter auf unserem Gut, lernte ihre Sorgen kennen und auch ihre Kinder. Ich bestärkte sie in ihrem immerwährenden Kampf gegen die Zinseintreiber, schrieb Briefe für sie und las denen vor, die es nicht konnten. Mit diesen bescheidenen Versuchen, den Leuten zu ein wenig mehr Freiheit zu verhelfen, befreite ich mich selbst. Allein, meine Bemühungen blieben noch immer an der Oberfläche. Ich war weiterhin die unglückliche Ehefrau, die sich nebenbei in kleinen Aufständen versucht. Bis zu jenem Wendepunkt.

Mit den Pächtern war ich wohl vertraut, ungeachtet der Tatsache, daß Edmond meine Freundschaft mit ihnen aufs schärfste mißbilligte. Am Mittwoch war ich bei einer gewissen Mrs. O'Shaughnessy zum Tee gewesen und hatte mit ihren Kindern gespielt, zwei aufgeweckten Kerlchen, einer drei, der andere vier Jahre alt. Jamie und Merry hatten mich begleitet.

Am Sonntag meldete mir Dermot, die beiden Söhne der O'Shaughnessys seien an Typhus erkrankt, und von den Nachbarskindern hätten sich bereits eine ganze Reihe angesteckt.

Eisige Furcht griff nach meinem Herzen. Typhus war eine verheerende Seuche, gegen die es kein wirksames Mittel gab. Plötzlich sah ich im Geiste meinen Liebling Jamie aus derselben Tasse trinken wie der kleine O'Shaughnessy und Merry mit dessen Spielsachen hantieren.

Ich eilte ins Kinderzimmer, um nach den Zwillingen zu sehen. Die Nanny versicherte mir, beiden gehe es gut; sie zeigten keinerlei Anzeichen einer Erkrankung. Gott sei Dank! Ich sagte Edmond nichts; außer mir vor Angst und Sorge ging ich zu Bett.

Das Gespenst meines Ungehorsams verfolgte mich. Wäre ich nicht gegen den ausdrücklichen Wunsch meines Gatten in der Gegend herumgelaufen, bestünde keine Gefahr für meine Kinder. Nein! Das war eine unsinnige kalvinistische Argumentation. Diese Familie zu besuchen war ein Akt rein christlicher Nächstenliebe gewesen; Gott konnte gewiß nicht so grausam sein, mich dafür zu bestrafen.

Achtundvierzig Stunden später wurde ich nachts von der Nanny geweckt. Bethany sei bereits erkrankt, Jamie und Merry fieberten, Win und Angelica dagegen fehle seltsamerweise überhaupt nichts. Ich eilte in Nachthemd und Morgenrock ins Kinderzimmer, und obwohl ich es besser wußte, betete ich, daß die Kinder sich nur erkältet hätten.

Bethany glühte und warf sich unruhig hin und her. Sie weinte ununterbrochen und mußte schreckliche Halsschmerzen haben. Sie war ein liebes Kind, immer gut und freundlich, trotz ihrer schwachen Konstitution, aber es war von Anfang an klar, daß die Krankheit sie besonders schlimm getroffen hatte.

Der Arzt kam, schon erschöpft von den Anforderungen, welche die rasch um sich greifende Seuche an ihn stellte. Er diagnostizierte bei allen dreien Typhus, erteilte uns Anweisungen für die Pflege der Kinder und ging wieder.

»Wir sind machtlos gegen diese Krankheit«, sagte er beim Abschied zu mir. »Etwa sieben bis zehn Tage steigt das Fieber und bleibt dann ebenso lange auf dem höchsten Niveau. Der Patient bekommt rotfleckigen Ausschlag, heftigen Durchfall – unter Umständen auch Fieberdelirien. Darmblutung oder -durchbruch sind die sichersten Anzeichen für einen tödlichen Ausgang der Krankheit. Wenn Sie die Kinder über die dritte Woche retten können, ist die Krise überstanden.«
In panischer Angst versuchte ich mir die Symptome einzuprägen, doch ich hörte kaum, was der Arzt sagte. *Typhus,* dröhnte es unaufhörlich in meinem Kopf. Typhus ist tödlich. Ich darf nicht zulassen, daß meine Kinder sterben.
Die nächsten Tage waren ein Alptraum, der zusehends grauenhafter wurde. Bethany schien Tag und Nacht zu brüllen; woher sie mit ihrem zarten Körperchen die Kraft dazu nahm, wird mir immer ein Rätsel bleiben. Mal hatte sie Fieber, mal Schüttelfrost; in diesem Moment strampelte sie ihre Decke weg, im nächsten klapperte sie mit den Zähnen. Sie konnte rein gar nichts bei sich behalten und wurde mit jedem Tag schwächer, als zehre das Fieber all ihre Lebenskraft auf – außer Schmerz und Qual.
Merry und Jamie klammerten sich in ihrer Krankheit aneinander. Sie waren alt genug, um den Tod zu fürchten, und Tag für Tag starrten sie mich aus schreckerfüllten Augen an. Ihre schweißgebadeten kleinen Körper kamen mir so hinfällig vor, wenn ich ihr Bettzeug wechselte, daß ich fürchten mußte, sie glitten mit jedem Tag näher auf die Schwelle des Todes zu.
Merkwürdigerweise behält man von einer solchen Zeit nur bestimmte Eindrücke in Erinnerung, aber die vertrauensvollen Gesichter meiner Kinder, aus denen die Augen mit jedem Tag größer zu mir aufblickten, sehe ich heute noch vor mir. »Ich bin sehr krank, Mama«, schienen sie zu sagen. »Warum machst du mich nicht gesund?«
Weit aufgerissene Augen, heiße Händchen, die meine Finger umklammern, abgemagerte Körper mit vorstehenden Rippen, hilfloses Schluchzen, wenn sie begreifen, daß man ihre Schmerzen nicht lindern kann.
Ich rührte mich nicht aus dem Kinderzimmer fort. Edmond versuchte mich zu überzeugen, daß ich die Kinder getrost der Pflegerin überlassen könne, aber ich reagierte auf den bloßen Vorschlag

wie eine Wahnsinnige. Der Arzt kam täglich, und auch er machte mir Vorhaltungen: Ich gefährde nur meine eigene Gesundheit, und der Typhus würde seinen Verlauf mit oder ohne mich nehmen – aber die flehenden Augen meiner Kinder machten es mir unmöglich, sie allein zu lassen.
Ich glaube, das Schrecklichste an einer schweren Erkrankung der eigenen Kinder ist ihre unnatürliche Stille. Dasselbe Kind, das einen normalerweise mit seiner unerschöpflichen Energie zur Verzweiflung bringt, auf einmal reglos daliegen zu sehen und ihm die Hilfe, um die es bettelt, nicht geben zu können – das ist unerträglich.
Ich wachte ununterbrochen über die drei und hoffte, durch meine aufopferungsvolle Pflege die Sünde abzubüßen, daß ich sie in Gefahr gebracht hatte.
Nach den ersten zwei Wochen stellte sich heraus, daß es um die Zwillinge längst nicht so schlimm stand wie um Bethany. Ich hatte Merrys und Jamies Bettchen zusammengerückt, und die beiden hielten einander an den Händen oder schliefen in enger Umarmung; das schien ihnen zu helfen. Unter Zwillingen besteht eine Bindung, die anderen Menschen fremd ist.
Am neunzehnten Tag setzte bei Bethany die Darmblutung ein. Können Sie sich die Hoffnungslosigkeit des Ganzen überhaupt vorstellen? Kein Tropfen Blut war mehr in diesem abgezehrten Körperchen. Ich stand neben dem Bett meiner Tochter und beobachtete die unheilvollen Symptome.
Zu meiner ewigen Schande brach ich zusammen, als ich die untrüglichen Todesanzeichen erkannte. Ich erinnere mich, daß ich mein Kind anstarrte und die schreckliche Gewißheit mich mit Verzweiflung erfüllte – dann wurde es dunkel um mich. Als ich erwachte, lag ich in meinem Zimmer im Bett. Edmond, der Arzt und eine Krankenschwester waren bei mir.
»Du gefährdest deine Gesundheit mit der Pflege der Kleinen, Elizabeth«, sagte mein Mann. »Niemand kann sie mehr retten. Sie liegt schon im Koma. Du hast noch mehr Kinder, die dich brauchen, denk daran. Ich werde nicht dulden, daß du eine Dummheit begehst.«
Ungläubig sah ich Edmond an. Es war doch nicht möglich, daß jemand eine Mutter von ihrem sterbenden Kind trennen wollte.
»Ich kann sie nicht allein lassen!« rief ich und versuchte, mich aufzurichten.

»Ich fürchte, dir bleibt keine andere Wahl«, versetzte Edmond ungerührt. Natürlich gab er mir die Schuld daran, daß die Kinder sich angesteckt hatten, doch soweit konnte ich im Moment nicht denken.

»Was meinst du?« fragte ich verzweifelt.

»Ich habe eine Frau kommen lassen, die sich um Bethany kümmert. Du mußt dich unbedingt ausruhen. Es ist nur zu deinem Besten. Ich bestehe darauf.«

»Ich will mich aber nicht ausruhen!«

»Du mußt tun, was man dir sagt, oder du wirst selbst krank.«

»Nein.«

»Ich bin dein Mann, Elizabeth – du wirst mir gehorchen.«

»Nein!«

Ich versuchte aufzustehen. Ich schrie, schlug und strampelte, biß um mich wie ein Tier – alles vergebens. Am Ende schlossen sie mich in meinem Zimmer ein. Ich tobte, hämmerte gegen die Tür, fluchte, brüllte... und verlegte mich schließlich aufs Betteln, nur damit man mich zu meinem Kind ließe.

Aber Edmond blieb hart. Ich empfand eine solch ohnmächtige Wut, daß ich ihn hätte umbringen können, selbst wenn ich dafür an den Galgen gekommen wäre.

Vor Erschöpfung schlief ich endlich ein. Als ich aufwachte, war es schon dunkel; Edmond stand neben meinem Bett.

»Sie ist von uns gegangen«, sagte er tonlos. »Wir haben nichts unversucht gelassen. Du hättest auch nicht mehr für sie tun können.« Wie muß er mich gehaßt haben, daß er mich so strafen konnte.

»Du Hund!« Meine Stimme war so heiser vom vielen Schreien, daß ich nur noch ein Flüstern herausbrachte. »Das werde ich dir nie verzeihen.«

»Du mir?« Er lachte höhnisch. »Mir? *Du* hast doch die Krankheit ins Haus geschleppt. Du mit deinen verfluchten Bauern. Merkst du nun, was dein Ungehorsam dir eingebracht hat? Du hast dein Kind getötet.«

Er machte kehrt und ging hinaus; ich blieb verzweifelt zurück und zerbrach mir lange den Kopf darüber, ob er wohl recht habe.

Bethany war tot... Ihr zarter, kleiner Körper, den ich gehegt und zu kräftigen versucht hatte, wurde – gegen meinen ausdrücklichen Wunsch – in der Gruft der Manninghams beigesetzt. Ich hätte sie gar zu gern neben meiner sanften Mutter im Park von FitzGibbon Hall beerdigt, aber Edmond gab mir die Schuld an ihrem Tod und stellte sich taub für meine Bitten. Gott, wie ich ihn haßte.

Er hatte mich von meiner Tochter ferngehalten, als sie im Sterben lag. Nun war sie tot, und was er auch tun mochte, nie, nie würde ich ihm verzeihen.

Mit dem Tod ihres Kindes überkommt eine Mutter unwiderruflich ein Gefühl der Einsamkeit, als sei in ihrem Innern eine Leere aufgebrochen, die nie mehr gefüllt werden könne. Bei der Beerdigung stand ich noch lange, nachdem die Trauernden sich entfernt hatten, trockenen Auges neben Bethanys Grab. Edmond drohte und schimpfte, weil ich mich um die Gäste kümmern sollte, aber ich weigerte mich so hitzig, daß er wohl fürchtete, ich hätte vor Kummer den Verstand verloren, und mich – um peinliches Aufsehen zu vermeiden – mit dem Totengräber und dem kleinen Sarg allein ließ.

Als es dunkel wurde und der Sarg für immer unter einem Erdhügel verschwunden war, kam ich allmählich wieder zu mir; im Geiste hatte ich mein Kind an einen fernen Ort begleitet und darüber die reale Welt aus den Augen verloren. Nun zog ich meinen Umhang über der Brust zusammen und wandte mich zum Gehen.

Ein wenig abseits auf dem Rasen saßen Des und Con. Sie hatten all die Stunden seit der Trauerfeier dort auf mich gewartet. Stumm standen sie auf und nahmen mich bei den Händen. Gemeinsam kehrten wir ins Herrenhaus zurück.

Edmond begegnete uns in der Halle. Seine hochmütige Miene konnte nicht darüber hinwegtäuschen, daß er geweint hatte. Er wollte etwas sagen, doch Desmonds warnender Blick belehrte ihn eines Besseren; stumm ließ er mich vorbei.

Drei Tage später begann ich mein Buch über die mißliche Lage der Frauen zu schreiben – das Buch, das mich berühmt machen sollte. Ich gab ihm den Titel »Die einsame Kämpferin«. Der Roman handelte von einer Frau, die durch bestimmte Verhältnisse gezwungen wird, sich ihre Unabhängigkeit zu erstreiten. In meiner Heldin ließ ich all meinem Zorn und meiner Qual freien Lauf.

Desmond war es, der mich in dieser qualvollen Zeit nicht nur zum Schreiben ermunterte, sondern letztlich auch dafür sorgte, daß mein Manuskript einen Verleger fand; ein Verdienst, das ich ihm auf ewig hoch anrechnen werde.

Ich erinnere mich noch ganz deutlich an die Miene meines Bruders, als er mir meinen Roman nach der Lektüre zurückgab. Er schaute mich an, als sehe er mich zum erstenmal so, wie ich wirklich war, und aus seinen Zügen sprachen Bewunderung und Trauer.

»Man hat dir sehr weh getan, meine Bethy.« Ich glaubte, Tränen in seinen Augen schimmern zu sehen. »Wir Männer sind oft ganz schöne Trottel. Du hast uns die Maske vom Gesicht gerissen. Das wird viele Männer in Rage bringen.«

»Du glaubst also, mein Buch eignet sich nicht zur Veröffentlichung?« Schon sah ich all meine Hoffnungen schwinden.

»Im Gegenteil! Ich finde, es muß um jeden Preis gedruckt werden. Vorausgesetzt natürlich, daß wir einen Verleger finden, der sich nicht vor Auseinandersetzungen scheut.« Mit wehmütigem Lächeln fügte mein Bruder hinzu: »Das läßt sich kaum mit deiner Novelle vergleichen, Bethy. Ich bezweifle, daß dein früherer Verleger die Ketzerei unterstützt, die du hier verfaßt hast. Hättest wahrscheinlich größere Chancen außerhalb Irlands. Wie man hört, sind die Verleger in Edinburgh momentan wagemutiger als unsere in Dublin... aufgeschlossener für neue Ideen.« Er hielt inne. »Außerdem«, fuhr er eindringlich fort, »hat Edmond in Edinburgh erheblich weniger Einfluß als hier... noch ein Vorteil. Kann mir gut vorstellen, daß er alles dransetzen würde, die Veröffentlichung dieses Buches zu verhindern.«

Ich nickte kläglich, wußte ich doch, daß mir über kurz oder lang eine Auseinandersetzung mit Edmond bevorstand.

Ich hatte meinem Gatten vor einiger Zeit erzählt, daß ich wieder an einem Buch arbeite, doch er hatte kaum Interesse bekundet. Ich hatte ihm sogar angeboten, mein Manuskript zu lesen, aber er hatte abgelehnt; dazu sei er viel zu beschäftigt – und ausnahmsweise kam seine Gleichgültigkeit mir sehr gelegen.

Des erriet meine Sorgen. »Keine Angst, Bethy. Ich bringe dein Manuskript nach Schottland. Weiß zwar nicht, wie andere Männer auf dein Buch reagieren werden, aber es lohnt sich bestimmt, das herauszufinden.«

Mein Bruder hielt Wort und schaffte das Manuskript nach Edinburgh, wo er tatsächlich einen Verleger fand, der Mut zum Risiko besaß und bereit war, mein Buch herauszubringen.

Edmond schäumte natürlich vor Wut, als er »Die einsame Kämpferin« schließlich doch noch las.

Er ließ mich in sein Arbeitszimmer rufen, um mich zur Rede zu stellen. Als ich eintrat, war er sichtlich außer Fassung. Mit spitzen Fingern – so als sei es giftig – hielt er eine Abschrift meines Manuskripts in die Höhe.

»Das kann unmöglich dein Ernst sein, Elizabeth! Was du da schreibst, ist nicht nur ungehörig, es ist eine glatte Unverschämtheit!«

Ich versuchte ruhig zu bleiben – es gelang ihm immer noch, mich einzuschüchtern –, aber die Gewißheit, daß mein Buch einen Verleger gefunden hatte, stärkte mir den Rücken.

»Was ich geschrieben habe, gibt nur meine Gefühle wieder, Edmond«, erwiderte ich, so gelassen ich nur konnte.

»Deine Gefühle kümmern mich nicht im geringsten...«

»Vielleicht habe ich darum so geschrieben.«

Edmond sah aus, als hätte er mich am liebsten geschlagen. Doch mit spürbarer Anstrengung zwang er sich zur Ruhe. »Als dein Gatte und als Mann, Elizabeth, bin ich entsetzt über das, was du geschrieben hast. Aber mag unser Verhältnis im Moment auch noch so unerfreulich sein – du wirst einsehen, daß du diese Geschichte nicht veröffentlichen darfst. Es kann doch nicht deine Absicht sein, uns beide zum Gespött zu machen.«

»Nein«, entgegnete ich, bemüht, mir meine Nervosität nicht anmerken zu lassen. »Das habe ich gewiß nicht vor.«

»Und was *hast* du vor, wenn ich fragen darf?«

»Zu schreiben, so gut mein bescheidenes Talent es mir erlaubt. Ich habe dir meinen Wunsch, Schriftstellerin zu werden, nie verheimlicht«, setzte ich hinzu und hoffte, er würde nicht merken, wie sehr ich mich vor ihm fürchtete.

»Aber du hast niemals angedeutet, daß du je in dieser Weise Gift verspritzen würdest!«

»Als wir uns kennenlernten, bestand dazu ja auch kein Grund. Verstehst du denn nicht, Edmond: Mein Buch ist ebenso sehr dein Werk wie meines.«

Er schien ehrlich betroffen von meinen Worten, hatte sich jedoch gleich darauf wieder in der Gewalt. Barsch warf er das Manuskript auf den Tisch im Queen-Anne-Stil, der zwischen uns stand. »Ich fürchte, diese Diskussion führt zu nichts. Im übrigen wirst du nie einen Verleger für solch bösartiges Geschwätz finden.«

»Du irrst, ich habe bereits einen.«

»Wie kannst du es wagen, so etwas hinter meinem Rücken einzufädeln, Elizabeth? Hast du denn gar kein Gewissen?«

»Dein Rücken ist fast das einzige, was ich je von dir zu sehen kriege, Edmond.« Zorn stieg in mir auf und verdrängte die Furcht.

»Ich werde das nicht dulden, Elizabeth. Ich erlaube es einfach nicht! Immerhin bin ich in Dublin nicht ohne Einfluß.«

»Mein Verleger ist aber nicht in Irland, Edmond, und ich glaube kaum, daß er sich von deinen Drohungen einschüchtern lassen wird. Ihn scheint mein Roman sehr beeindruckt zu haben, und nach seinen Briefen zu urteilen, ist er nicht der Mann, der sich die Pistole auf die Brust setzen läßt.«

»Das wirst du bereuen, verlaß dich drauf!« zischte er in ohnmächtiger Wut.

»O Edmond!« All die aufgestaute Enttäuschung über unsere Ehe schwang in meinem Seufzer mit. »Was könntest du mir denn noch rauben, das du mir nicht schon genommen hast?«

Er wollte etwas erwidern, besann sich aber, wandte sich abrupt ab und ging wortlos hinaus. Ich blieb allein zurück und versuchte mein wild klopfendes Herz zu beruhigen.

Ich hatte gewonnen, aber wie bitter schmeckte dieser Sieg. Wäre es mir gelungen, Edmonds Liebe und Achtung zu erringen, wonach ich mich einst so verzehrt hatte – »Die einsame Kämpferin« wäre nie geschrieben worden.

Meine Geschichte mußte weit über die Kreise der Frauenrechtlerinnen hinaus einen entscheidenden Nerv getroffen haben. Bereits ein halbes Jahr nach Erscheinen des Buches war mein

Name nicht nur berühmt, sondern stand als Symbol für den Kampf um die Rechte der Frau – eine merkwürdige Ironie, da ich selbst mich doch so ohnmächtig fühlte.
Terrance Kiernan... Bethany Manningham... wieviel Unrecht müssen wir erdulden, ehe wir uns dazu aufraffen, unser Recht zu fordern?

Die Wilde Harfe

An fremde Gestade laß dringen deine Klagen,
Übers Meer die Seufzer deiner Harfe wehn,
Bis deinen Herrn sogar, die dich in Fesseln schlagen,
Beim Lied ihres Opfers die Augen übergehn!

Thomas Moore

13

Während der Zeitspanne, die ich gerade beschrieben habe, war es bei Con und Tierney in Dublin so turbulent zugegangen, daß ich erst einmal nachtragen muß, was den beiden in den Jahren, da ich an den häuslichen Herd gefesselt war, widerfuhr.
Ich sollte wohl auch erwähnen, daß nicht lange nach Bethany mein Vater starb, und mein Bruder Herr über FitzGibbon Hall wurde. Da er seit dem Tod seiner Verlobten rastlos war und zu Schwermut neigte, beschloß er, für einige Jahre ins Ausland zu gehen. Desmond war ganz vernarrt in Paris, und für einen Junggesellen ohne nennenswerte familiäre Verpflichtungen schien es der ideale Ort, um Schmerz und Enttäuschung zu überwinden. Er liebäugelte ein wenig mit dem diplomatischen Dienst und mit allerhand romantischen Abenteuern; aber da er so weit entfernt lebte, erfuhren Con und ich über ein Jahrzehnt lang nur aus Briefen von seinen Heldentaten.

Con schrieb mir in jener Zeit oft und ausführlich, vor allem über Tierney: seine Stücke, seine Gedichte, seine Arbeit in der Bruderschaft.
Doch die Zeit verging, und allmählich las ich eine neue Regung aus ihren Briefen heraus. Sie schien unzufrieden, nicht nur wegen der Not, deren Zeuge sie tagtäglich wurde, sondern auch, weil sie von der Bruderschaft, die Tierneys Leben bestimmte, ausgeschlossen blieb.
»Ich bin nicht nach Dublin gekommen, um mir von draußen die Nase an den Fenstern plattzudrücken«, schrieb sie, und ich verstand vollkommen. Das Schicksal hatte ihr weitere Kinder versagt, und sie brannte darauf, sich an Tierneys Kampf zu beteiligen, sowohl aus Überzeugung als auch, um ihre beachtlichen Energien einzusetzen.
Und sie haßte die Armut. Je mehr sie mit ihr in Berührung kam,

desto zorniger reagierte sie. Ich nehme an, daß ihre spätere Beziehung zu dem Sozialisten James Connolly irgendwie auf jene ersten Erfahrungen mit der ungerechten Verteilung von arm und reich zurückging. Sie schilderte mir, wie hochgemut ihre Nachbarin, eine reizende junge Frau und Mutter von drei Kindern, ihr die Wohnung gezeigt habe und wie erschrocken sie, Con, über ihren eigenen Zorn angesichts der schäbigen Behausung gewesen sei, die mit solch rührendem Stolz präsentiert wurde.
Sie schrieb, daß sie gelernt habe, das Feuer in dem kleinen Ofen mit möglichst wenig Kohlen in Gang zu halten, damit Tierney abends ein warmes Zimmer vorfand. Sie lernte, aus den Resten vom Vortag eine Mahlzeit zu bereiten, und dachte dabei an die Großzügigkeit in unserem Elternhaus, wo drei Köche täglich am Werk waren, um die Familie mit köstlichen Leckerbissen zu verwöhnen. Welche Verschwendung hatte doch in der Küche von FitzGibbon Hall geherrscht! Wahrscheinlich stellte sie Vermutungen darüber an, wie viele Familien in ihrem Mietshaus von den Abfällen aus der Küche meines Vaters täglich hätten satt werden können.
Ich spürte, daß Zorn und Ungeduld in ihr wuchsen, und fragte mich, wie sie wohl damit fertig werden würde. Auch ich versuchte mich damals gerade von meinen Ketten zu befreien, doch ich wußte, daß ihr Temperament wesentlich aufbrausender war als meines.
Con hatte angefangen, sich mit der Geschichte des Fenier-Bundes zu beschäftigen – ihre Briefe waren voll davon. Ich ahnte, daß ihr Ausgeschlossensein aus der Bruderschaft zu Spannungen zwischen ihr und Tierney führen mußte, und auch, daß sie die entscheidende Kraftprobe ansteuerte. Vermutlich hielt nur ihre Ehrfurcht vor seinen Dichtungen, die ihr stets heilig waren, sie zurück. In ihren Briefen erging sie sich in endlosen Schwärmereien über diesen oder jenen Vers oder über ein Stück, an dem er gerade arbeitete. Sie war fest davon überzeugt, daß ihr Leben sich von Grund auf bessern würde, wenn Tierney erst einmal etwas veröffentlicht hätte… Willie Yeats würde ihnen dabei helfen, und alles würde sich zum Guten wenden.
Ich war gespannt darauf, wie lange dieser Traum ihren rastlosen Geist wohl in Schach halten würde – für immer gewiß nicht.

Mit liebevollem Stolz beobachtete Con ihren kleinen Sohn. Er war ein strammes Kerlchen, größer als seine Altersgenossen, größer und kräftiger, was er jedoch nie auszunutzen schien, um seinen Willen durchzusetzen. Das ist ungewöhnlich für einen kleinen Jungen, dachte sie, doch darin schlägt er ganz seinem Vater nach.

Tahg hatte Tierneys dunkle Locken und auch seine meergrauen Augen; die Kopfform hingegen, ebenso wie der entschlossene und zugleich schelmische Zug um den Mund des Kindes erinnerten an Desmond. Aber er war in sich gekehrter als beide und irgendwie rätselhafter.

Con saß auf einer Parkbank in Stephen's Green und schaute zu, wie Tahg mit anderen Kindern auf dem Rasen herumtollte. Er ist wie ein Puzzlespiel, dachte sie, zusammengesetzt aus Teilen von uns allen. Großvaters Ohren und Beths Grübchen, wenn er lacht, und Tierneys Gang, der sich so ulkig ausnimmt bei einem Kind.

In mancher Hinsicht schien ihr Leben abgesicherter, seit Tierney in Tommy McGowans Schenke arbeitete. In Wirklichkeit gab es kein sicheres Leben, das wußte sie, aber es kam ihr trotzdem so vor. Vielleicht hatte sie sich auch nur an die Gefahr gewöhnt, oder es beruhigte sie, ihren Mann wenigstens während der Arbeitszeit in Tommys Pub in Sicherheit zu wissen. Gäste bedienen und ihnen vorsingen war entschieden angenehmer als die Arbeit auf den Docks oder beim Straßenbau. Vor allem kam er jetzt nicht mehr so erschöpft heim und konnte sich dem Schreiben weit mehr widmen als früher.

Wenn sich die Bruderschaft nicht immer wieder in unser Leben drängen würde und diese Ruhelosigkeit in mir nicht so stark wäre, dachte Con, dann könnten wir glücklich und zufrieden sein. Aber die IRB ließ sich nicht wegdiskutieren – ebensowenig wie die Weigerung des Bundes, sie als Mitglied aufzunehmen.

Daß man sie aussperrte, wurmte sie gewaltig. Warum begriff nur Tierney nicht, daß sie sich nutzlos und allein fühlte, weil sie seine leidenschaftliche Hingabe an die Sache Irlands nicht teilen durfte? Nicht etwa, daß sie ihm den Traum, an den er glaubte, mißgönnt hätte – es verlangte sie nur danach, ihn zu teilen.

Als Con in der sich fröhlich balgenden Kinderschar ihren Sohn ausgemacht hatte, begegnete sein Blick dem ihren. Er lächelte das Lächeln seines Vaters, winkte ihr zu, und sie winkte zurück.

Manchmal dachte sie darüber nach, wie wohl ihr Leben verlaufen wäre, hätte sie einen Mann aus ihren Kreisen geheiratet und wäre in der Sphäre geblieben, für die sie erzogen worden war. Dann würde sie jetzt im Überfluß leben, inmitten der Annehmlichkeiten eines reichen Hauses. Alles schön und gut, dachte sie – für andere, aber nicht für mich. Dessen war sie sich jetzt ganz sicher. Von klein auf hatte sie gewußt, daß sie nicht für ein von starren Regeln diktiertes Leben bestimmt war, dem es an Individualität mangelte und das mit der Präzision eines Uhrwerks ablief. Tierney ist nicht der einzige Rebell in der Familie, dachte sie. Doch beim Anblick ihres Sohnes durchzuckte sie ein schmerzliches Gefühl. Ob auch er die Saat des Aufruhrs in sich trug? Und wenn ja, wohin mochte dieses elterliche Erbteil ihn führen, in diesem seltsamen Land der gescheiterten Revolutionen?

Sie schüttelte die beunruhigenden Gedanken ab, zog ihren Schal fester um die Schultern und winkte ihren Sohn zu sich. Plötzlich verspürte sie das Bedürfnis, ihn fest an sich zu drücken.

Tierneys Stück war fast fertig. Bald schon wollte er es Willie Yeats zeigen, der es hoffentlich aufführen würde. Wenn das geschah, würde ihr ganzes Leben sich von Grund auf ändern. Tierneys Arbeit würde die Anerkennung finden, die sie sich für ihn erträumte; daran glaubte sie fest. Vielleicht könnte er sogar ausschließlich mit dem Theater zusammenarbeiten. Und bestimmt würde die Anziehungskraft der IRB vor einem so durchschlagenden Erfolg zumindest ein klein wenig verblassen.

Doch schon während sie das dachte, sagte ihr eine innere Stimme, daß sie sich selbst betrog. Was auch geschehen mochte, sie war ebenso mit Irland verheiratet wie mit Tierney. Denn Irland steckte ihm im Blut; weder Erfolg noch Niederlage würden daran etwas ändern.

»Warum kann ich nicht auch der Bruderschaft angehören?« fragte Con wieder einmal ungehalten.

»Weil Seaneen nichts davon hören will«, erwiderte ihr Mann.

»Aber das ist Unsinn, Tierney. Ich könnte euch von Nutzen sein… irgendwie. Ich habe alles gelernt, was es über Irland zu wissen gibt. Ich habe jedes Protokoll gelesen, jede Streitschrift und jede Rede – jedes verdammte Wort. Ich bin ebenso aufgebracht über die Unterdrückung unseres Landes wie ihr. Manchmal glaube ich sogar, das Unrecht bringt mich mehr in Rage als dich!«

Tierney sah Con an; sie stellte seine Geduld auf eine harte Probe.

»Es stimmt ja alles, was du sagst, Con. Jedes Wort ist wahr. Aber wahr ist auch, daß du einen Sohn hast, um den du dich kümmern mußt, und wenn wir Glück haben, wird er noch Geschwister bekommen und...«

»Ich kann meine Kinder aufziehen, wie es sich gehört, und trotzdem etwas Nützliches leisten! Ach, Liebster, verstehst du denn nicht? Ich ertrage es nicht, dich unglücklich zu sehen, ohne zu wissen, warum«.

»Es wäre zu gefährlich, dich einzuweihen, Con. Das mußt du endlich begreifen. Ich darf dich nicht in solche Gefahr bringen.«

»Ach? Ja, was glaubst du denn, wie sicher ich bin, als Frau eines Mitglieds der Bruderschaft? Für wie dumm hältst du mich? Denkst du, ich ängstige mich nicht tagtäglich, sobald du das Haus verläßt? Du gehörst dazu, Tierney, und weil du betroffen bist, sind wir alle in Gefahr. Und für den Fall, daß uns etwas zustoßen sollte, möchte ich doch wenigstens wissen, was los ist.«

»Ich kann dich einfach nicht zur Vernunft bringen, wie?«

»Unsinn! Du weißt, daß ich recht habe!«

»Selbst wenn ich dir recht gäbe, würde das nichts ändern. Die Entscheidung liegt bei Seaneen, nicht bei mir.« Er blickte von seinen Papieren auf, um zu sehen, ob dieses Argument sie überzeugt habe. Con wandte ihm den Rücken zu, doch ihm war, als seien ihre Schultern nicht mehr so verkrampft wie zuvor.

Er stand auf und trat hinter sie. »Ich hasse es, wenn wir Streit haben.«

»Ich auch. Aber du mußt dich damit abfinden, daß ich nicht länger abseits stehen kann, Tierney. Ich habe zuviel Tatendrang, um einfach nur Hausfrau zu sein. Das genügt mir nicht, ich brauche eine Aufgabe.«

Er nahm sie in die Arme. »Ich bin wohl selbst schuld – warum mußte ich auch so eine Rebellin zur Frau nehmen?« scherzte er, in der Hoffnung, sie damit aufzuheitern.

»Du hast ganz recht«, bekräftigte sie ernsthaft. »Genau das bin ich.«

Tierney wußte, daß sie die Wahrheit gesagt hatte. Vor kaum einer

Woche hatte er eine Vision gehabt – Constance in Uniform, ein Gewehr in der Hand. Sie hatte sich in schrecklicher Gefahr befunden, und dieses innere Bild hatte ihn in helle Aufregung versetzt. Ob eine solche Vision ein unausweichliches Schicksal ankündigte? Oder konnte er das Verhängnis abwenden, wenn er sie aus der IRB heraushielt? Aber wie um alles in der Welt sollten sie mit dieser Unrast fertig werden, die Con so sehr quälte?

»Seltsam«, überlegte er laut, »ich hatte immer Angst, Armut und Not könnten uns entzweien. Nie hätte ich gedacht, daß eines Tages Irland zwischen uns stehen würde.«

»Nicht Irland ist das Problem, Liebster, sondern mein Verlangen, mehr zu sein als nur Zuschauerin.«

»Ja«, versetzte er nachdenklich, »genau das ist unser Problem.«

Mit Tränen in den Augen ließ Con die letzte Seite des Manuskripts auf ihren Schoß sinken.

Es war ein Meisterwerk. Die beziehungsreiche Umsetzung pulsierenden Lebens in Literatur. Ganz ähnlich wie in seinen Gedichten. Und doch mit anderen Akzenten. Leidenschaftlich und zärtlich, verständnisvoll und so ungemein irisch. Lächelnd strich sie über die Blätter, die ihr fast wie lebende Wesen erschienen.

Welch tiefgreifende Veränderung würden diese Worte, diese Gedanken und Szenen bewirken. Sie spürte ganz deutlich, daß Tierneys Stück die Kraft hatte, alles umzugestalten. Genau wie sie es sich immer erträumt hatte. Jetzt würde Tierney der wohlverdiente Ruhm zuteil werden. Jetzt würden sie ihr Glück machen, und sie würde in den Augen derer gerechtfertigt sein, die sie wegen der Wahl ihres Bräutigams verspottet hatten. Jetzt würde die ganze Welt verstehen, wozu Tierney O'Connor berufen war!

Zufrieden lehnte sie sich in ihrem Sessel zurück und ließ das Glücksgefühl auf sich einwirken. Wer dieses Stück las, konnte unmöglich verkennen, daß ein Genie am Werk gewesen war.

Sie spürte mehr, wie Tierney hinter sie trat, als daß sie ihn kommen hörte.

»Was hältst du davon?« fragte er schüchtern.

»Ich finde, es erfüllt unsere schönsten Hoffnungen auf dein Talent.« Sie lächelte zu ihm auf, und er las reine Liebe in ihren Augen.

»Dann glaubst du also, daß sie es aufführen werden?«
»Es sei denn, sie wären aus Stein.«
»Zum erstenmal habe ich etwas geschrieben, an das ich glaube, Con.« Scheu und Begeisterung mischten sich in seiner Stimme. »Zum erstenmal glaube ich, daß mir etwas wirklich Gutes gelungen ist. Ein ganz eigenartiges Gefühl. So als hätte ich vor aller Welt mein Innerstes bloßgelegt. Die Berufung zum Schreiben ist ein zweischneidiges Schwert, Con. Schreibt man mit dem Kopf, sind die Worte ungefährlich, aber sie drücken nicht das aus, was man sagen will. Schreibt man dagegen mit dem Herzen, so sagt man zwar, was man möchte, aber nun scheut man sich, es vor aller Öffentlichkeit preiszugeben.«
»Es ist ein wunderbares, ein bedeutendes Stück, Tierney. Es wird dein Leben verändern.«
»Ach, mein Liebes... Du hast recht, Worte besitzen die Kraft dazu. Ich werde Mr. Yeats und Seaneen das Manuskript vorlegen.«
»Warum Seaneen?«
»Ich habe ihm versprochen, daß er es zu lesen kriegt, sobald ich es fertig habe.«
Con wollte etwas sagen, besann sich jedoch und schwieg. Dies war nicht der geeignete Moment für eine Auseinandersetzung. Glück, Stolz und Freude sollten diesen Augenblick verschönen, und sie würde ihn nicht durch einen Streit über Tierneys Geheimleben trüben. Bald schon würde er sich anhören müssen, was sie darüber dachte. Aber nicht in dieser glorreichen Stunde.

»Ob ich es aufführen werde?« Willie Yeats lächelte. »Aber selbstverständlich, mein Bester! Das ist die brillanteste Arbeit, die mir seit Jahren untergekommen ist. Dafür hat sich das Warten gelohnt. Ich schicke Maud noch heute nachmittag das Manuskript zu. Die Hauptrolle ist ihr wie auf den Leib geschrieben. Und Irland! Tierney, in Ihrem Stück erwacht Irland zu wahrem Leben, mein Junge! Bei Gott, was Sie da geschrieben haben, wird die Leute aufhorchen und sich auf ihre Wurzeln besinnen lassen.«
Es würde also tatsächlich wahr werden... Tierney seufzte vor Glück und Erleichterung, als er aus dem rötlichbraunen Sandsteinhaus trat. All seine Träume würden sich erfüllen. Der Traum

vom Dichter ... der Traum, ein Körnchen seines Wesens im Bewußtsein der Nachwelt zu hinterlassen ... der Traum, die Menschen wachzurütteln und an der Befreiung Irlands mitzuwirken. Noch einen letzten Blick warf er zu den Fenstern der Woburn Buildings Nr. 5 hinauf, dann wandte er sich um und ging mit raschen Schritten die Straße entlang. Wie wunderbar, daß Con nicht vergebens an ihn geglaubt hatte.

»Das kannst du nicht machen, mein Junge.« Seaneen O'Sullivan blickte Tierney bekümmert an, doch sein vernichtendes Urteil duldete keinen Widerspruch.
Tierney schwieg niedergeschlagen und wartete auf eine Erklärung.
»So leid es mir tut, aber du wirst dich jetzt entscheiden müssen: entweder deine Schreiberei oder die IRB.«
Tierney funkelte ihn zornig an. »Eine verdammt willkürliche Entscheidung, O'Sullivan! Du zerstörst also so mir nichts, dir nichts all meine Hoffnungen?«
»Aber nicht doch! Von mir aus schreib weiter, wenn du willst. Dein Stück ist ausgezeichnet, daran besteht kein Zweifel. Aber du kannst nicht beides tun.«
»Und warum nicht?«
»Weil der Erfolg dich verzehren würde, darum! Weil du berühmt und gefeiert und womöglich sogar reich sein würdest – aber nicht mehr der hungrige Mann, der zu mir kam und sagte, Irland sei sein ein und alles.« Auch in Seaneens Augen wetterleuchtete es, und er hatte die Hände zu Fäusten geballt. »Du kannst deine Entscheidung ruhig gleich treffen, mein Junge. Wer lange zögert, kann leicht ein schlimmes Ende nehmen. Einfacher wird es mit der Zeit bestimmt nicht. Ich hab' dich gern und möchte dich in der Bruderschaft behalten. Aber ich will dich nicht halbherzig, und ich dulde nicht, daß du deinen Patriotismus vor den Leuten vom Schloß zur Schau stellst, die dich dann womöglich auf Schritt und Tritt beobachten lassen. Damit würdest du mir einen schönen Dienst erweisen!« Er räusperte sich und fuhr in versöhnlicherem Ton fort: »Ich rate dir, geh heim zu deiner Frau, und überbring ihr die gute Nachricht. Und dann würde ich an deiner Stelle den Erfolg in vollen Zügen genießen, mein Junge. Du bist

sehr begabt. Wenn ich du wäre, würde ich mein Talent nutzen und Gott dankbar dafür sein. Und ich würde die IRB samt dieser verfluchten Insel vergessen, die einem Mann das Mark aus den Knochen saugt.«

Verständnislos blickte Tierney den Älteren an.

»Aber warum muß ich mich entscheiden, Seaneen?«

»Das weißt du genausogut wie ich!«

»Con wird es das Herz brechen. Sie hatte all ihre Hoffnungen darauf gesetzt, daß man mein Stück aufführen würde. Ich bin doch nicht dein Eigentum, O'Sullivan. Aus freien Stücken bin ich zu dir gekommen.«

»Stimmt. Aber du hast geschworen, meinem Befehl zu folgen.«

»Du kannst nicht verlangen, daß ich Con das antue.«

»Verlange ich ja gar nicht. Ich hab' dir gesagt, was du tun solltest.« O'Sullivans Stimme klang hart und unerbittlich. Er sprach als Kommandeur, nicht als Freund.

Tierney nickte stumm. Der Mann hatte natürlich recht. In der IRB war kein Platz für Halbherzige. Er konnte die Entscheidung, vor der er sich so lange schon gefürchtet hatte, nun nicht mehr aufschieben. Aus Angst davor hatte er so lange gezögert, sein Stück zu beenden. Er hatte die ganze Zeit gewußt, daß er nicht beides haben konnte. Gott verfluche den Tag, an dem er sein Leben an Irland verpfändet hatte! Gott verfluche den Tag seiner Geburt!

Brüsk raffte er seine Manuskriptblätter zusammen und ging grußlos hinaus.

Seaneen sah ihm gedankenvoll nach. Er mochte Tierney und betrachtete ihn als Freund, soweit ein Mann sich in dieser unzulänglichen Welt Freundschaft überhaupt leisten konnte. Er schätzte die Belesenheit des Jüngeren und seine leidenschaftliche Liebe zu Irland. Er bewunderte seine Wortgewalt, eine Gabe, die er selbst sich einst so sehnlich gewünscht hatte; und die Liebe, die Tierney und seine Frau verband, rührte ihm ans Herz. Er vertraute ihm sogar – soweit man überhaupt jemandem trauen konnte. Aber der Junge war ein Zerrissener.

Er liebte seine Frau – das war ein Problem. Er war sehr begabt und hatte großen persönlichen Ehrgeiz – auch das war ein Problem. Ein Rekrut durfte kein Privatleben haben – nichts, was ihn am blinden Gehorsam hindern konnte. Tierney war zu sensibel und zu gefühlsbetont; zu gescheit, um blind den Befehlen anderer zu gehorchen. Seine klaren Augen waren stets auf der Suche nach einer Wertung. Wertung dessen, was man ihm aufgetragen hatte, Wertung des Führungsstils seiner Vorgesetzten. Sehr, sehr schlechte Züge für einen Rekruten.

»Ach, aber gute Eigenschaften bei einem Mann!« hielt Seaneen sich mit traurigem Lächeln entgegen. »Verdammt gute Eigenschaften bei einem Mann.«

Lustlos legte Tierney den Weg zum Pub zurück. Ihm war, als sei alles plötzlich und unerwartet zu Ende. Wie eng doch all seine Träume miteinander verknüpft waren – Irland, das Schreiben, Con, Tahg. Die meiste Zeit über waren sie ihm wie ein einziger Traum erschienen. Seine Zukunft, seine Hoffnungen. Alle an einem einzigen Nachmittag zerstört.

Er stieß die Tür zur Schankstube auf. Wie war es nur möglich, daß alles, was vor wenigen Stunden noch beglückenden Zauber ausgestrahlt hatte, nun wertlos war? Er hätte weinen mögen über die Ungerechtigkeit des Lebens. Was für ein Narr er gewesen war, etwas anderes zu erwarten.

Und Con. Liebe, geduldige, hoffnungsvolle Con. Wie konnte er ihre Träume mit dieser unwillkommenen Botschaft zerstören?

»Na, du siehst ja aus wie ein begossener Pudel«, sagte Tommy, der hinter der Theke hervorkam.

»Wenn du erst wüßtest, wie ich mich fühle!«

»Was ist denn los?«

»Mein Stück. Ich hab's fertig, und Yeats will es aufführen. Aber Seaneen ist dagegen. Er sagt, ich muß mich entscheiden zwischen der IRB und meiner Schriftstellerei. Ich könnte nicht beides haben.«

Tommys wettergegerbtes Gesicht verdüsterte sich. »Der Teufel soll ihn holen, aber vermutlich hat er gar nicht mal so unrecht. Tut mir aufrichtig leid, mein Junge. Ich weiß, welch große Hoffnungen ihr drauf gesetzt hattet, Con und du.«

Er forderte Tierney auf, sich zu setzen, ging hinter die Theke und schenkte einen Krug Guinness ein. Dankbar für die gutgemeinte Geste nahm Tierney ihn entgegen.

»Was soll ich ihr nun sagen, Tommy? Ihr wurde soviel in die

Wiege gelegt, und um meinetwillen hat sie auf alles verzichtet. Das einzige, was sie je von mir erwartet hat, war, daß ich Schriftsteller werde. Es war *der* Traum für sie… der Ausweg aus der Armut und die Chance, es zu etwas zu bringen.«
Tommy, der ihm nachdenklich zugehört hatte, schüttelte energisch den Kopf. »Weißt du, mein Junge, manchmal glaube ich, du hast dich nicht gemeldet, als der liebe Gott den gesunden Menschenverstand ausgeteilt hat. Was deine Frau angeht, irrst du dich gewaltig. Ich glaube, ihr Traum richtet sich auf ganz was anderes. Deine Stücke, deine Gedichte… für die schwärmt sie, weil sie ein Teil des Mannes sind, den sie liebt. Wäre sie auf Geld aus gewesen, hätte sie gleich daheim bleiben können.«
Tierney schien nicht überzeugt. Er nahm einen kräftigen Schluck und blieb stumm.
»Natürlich würde sie dich gern reich und berühmt sehen, und wer wollte ihr das verdenken? Gewiß würde sie mit Freuden allen ins Gesicht spucken, die seinerzeit behaupteten, sie habe unter ihrem Stand geheiratet. Aber ich glaube, du verstehst nicht, was sie neuerdings quält, mein Junge. Sie mißtraut der Bruderschaft, weil die dich ihr wegnimmt, und nicht etwa aus mangelnder Liebe zu unserer Sache. Sie fürchtet deine rebellische Natur, weil sie dich das Leben kosten könnte. Und deine revolutionären Freunde mit ihrer verflixten Geheimniskrämerei sind ihre Rivalen. Sie hat mit mir darüber gesprochen – du weißt ja, ich bin so was wie ein Beichtvater für deine Frau.« Er lächelte, wobei seine runden Bakken sich bis zu den Augen emporschoben. Er und Con waren in der Tat die besten Freunde. Die nächsten Worte mußte er sich gut überlegen, da er sein Bestes geben wollte, um ihnen beiden zu helfen, ihr und Tierney.
»Deine Gedichte und deine Stücke, mein Junge… an denen hat sie Anteil, da seid ihr seelenverwandt, und das weiß sie. Sie ist eine Frau, und sie liebt dich. Vielleicht will sie, daß du mit dem Schreiben weitermachst, weil dies der Teil deines Lebens ist, zu dem sie am ehesten Zugang hat. Du mußt jetzt sehr behutsam sein, Tierney. Mit einer Frau wie ihr darf man nicht leichtfertig umgehen, und dieses Stück bedeutet ihr unendlich viel.«
Tierney stellte den Krug auf den Tisch und nickte. Tommy besaß eine erstaunliche Menschenkenntnis. »Weißt du, Tommy, mein Leben lang habe ich davon geträumt, etwas für Irland zu tun.

Schon seit ich ein kleiner Junge war, hat dieses Land mir alles bedeutet. Die Lieder, die man mich lehrte, besangen die Revolution, genau wie die Gedichte und die Geschichten, die ich las... Alles drehte sich um Irland. Als ob Irland, die Lieder und die Sagen ein und dasselbe wären. Als ob Cathleen ni Houlihan, Yeats' allegorische Darstellung Irlands, meine ganz persönliche Muse sei. Aber heute, als Seaneen mir sagte, ich könne das Stück nicht aufführen lassen, dürfe meine langgehegte Hoffnung nicht verwirklichen... da konnte ich an nichts anderes denken als an Con. Nicht an meine ehrgeizigen Wünsche – und die habe ich, das kannst du mir glauben! Ich möchte mehr sein als bloß ein Fischer, das ist klar. Doch in dem Moment war mir alles andere egal. Wichtig war nur Con. Wichtig waren ihre Hoffnungen, ihre Träume. Unser gemeinsames Leben, sonst nichts.«
Tommy legte den Kopf schief, und die feinen Linien um seine Augen vertieften sich – ein sicheres Zeichen dafür, daß er angestrengt nachdachte. »Hast du dir je überlegt, mein Junge«, fragte er sanft, »daß Irland womöglich nur ein Kindertraum war, während deine Stücke, deine Arbeit und deine Familie der Traum eines Mannes sind? Vielleicht gibt es nur einen Weg, dieser Rivalität ein Ende zu machen; vielleicht solltest du von hier fortgehen und die ganze verdammte IRB vergessen. In Belfast haben sie ein Sprichwort: Was nützt einem Mann die ganze Welt, wenn seine Frau Witwe ist?« Erwartungsvoll hielt er inne, aber Tierney lächelte nicht einmal. »Ob du wohl mit dem Leben davonkämst, wenn du aus der Bewegung austrittst?« fragte Tommy ernst; beide wußten, daß Geheimbünde nicht eben schonend mit Abtrünnigen umzugehen pflegten.
»Ich weiß es nicht. Sie haben mich in viele ihrer Pläne eingeweiht. Aber Seaneen sagt, ich kann gehen. Das Furchtbare daran ist, daß ich mir nicht sicher bin, ob ich selbst es ertragen könnte, der Bruderschaft so einfach den Rücken zu kehren.«
Tommy hörte die Qual aus Tierneys Stimme heraus und musterte ihn nachdenklich unter buschigen Brauen hervor. »Also, ob sie dich nun laufenlassen oder nicht – es steckt dir im Blut, mein Junge, wie? Steht es so um dich?«
»Ich weiß nicht, Tommy. Nach dem, was heute passiert ist... mein Stück... Ich weiß es einfach nicht.«
Tommy betrachtete den Jüngeren verständnisvoll. Ihm war klar,

wie seine Entscheidung ausfallen würde. Erstaunlich, daß Tierney selbst es noch nicht begriffen hatte.
»Ich beneide dich nicht um das, was du nun deiner Frau beibringen mußt.« Tommy schnitt eine Grimasse, wie um anzudeuten, daß er selbst auch gelegentlich solche Aussprachen hatte durchstehen müssen.
Tierney schüttelte den Kopf und lächelte wehmütig. »Recht hast du. Ich freue mich auch nicht gerade auf dieses Gespräch.« Er erhob sich, hängte sich seine Seemannsjacke um die Schultern und setzte seine Mütze auf. »Dank dir für das Bier, Tommy. Und für den gutgemeinten Rat.«
»Keine Ursache! Beides kommt von Herzen, mein Junge. Das Auge eines Freundes ist ein guter Spiegel.«
Tierney nickte und ging zur Tür. Einen Moment lang blieb er stehen, geblendet vom hellen Tageslicht – dann war er verschwunden.
»Du kommst nicht los von Irland, O'Connor«, murmelte Tommy vor sich hin, als er allein war. »Du weißt es vielleicht noch nicht, aber wer dieser Versuchung einmal erlegen ist, kann nicht mehr zurück.«

»Das kann doch nicht dein Ernst sein!« Cons ungläubiger Ton schnitt Tierney ins Herz. »Nicht, nachdem wir all unsere Hoffnungen darauf gesetzt hatten!«
»Mir bleibt keine andere Wahl, Con. Du weißt doch, daß mein Schwur mich an die IRB bindet.« Er begriff selbst nicht, wieso er so entschieden hatte, obwohl in seinem Kopf noch so viele Fragen offen waren.
»Und was ist mit dem Schwur, den du mir an jenem ersten Tag geleistet hast?« zischte sie erbittert zurück. Zorn und Schmerz spiegelten sich in ihren Zügen. »Und all die Eide, die du mir seitdem geschworen hast? Die bedeuten wohl gar nichts?«
»Natürlich tun sie das, und du weißt es! Ich verstehe ja, wie enttäuscht du bist, Con, und ich bin's auch – aber Seaneen hat gute Gründe für das, was er verlangt. Du mußt mir vertrauen.« Verzweifelt sah er seine Frau an. Wie, in Gottes Namen, sollte er sie von etwas überzeugen, womit er selbst sich nicht abfinden konnte?

»Aha! Seaneen hat also seine Gründe?« Con war den Tränen nahe. »Gut, Tierney O'Connor, aber ich habe auch meine Gründe und noch ein paar Träume obendrein, die du anscheinend mutwillig zerstören willst. Und jetzt hör gut zu, was ich dir sage. Wenn du denen nachgibst und dein Stück zurückziehst... wenn du darauf bestehst, der Bruderschaft vor Tahg und mir den Vorrang zu geben... dann verlasse ich dich!«

Tierney war wie vom Donner gerührt. Nie, nie hätte er es für möglich gehalten, daß sie so zu ihm sprechen könnte.

»Das ist nicht dein Ernst«, flüsterte er heiser, doch ihre zornfunkelnden Augen belehrten ihn eines Besseren.

»Bei Gott, es ist mir Ernst! Ich habe sie satt bis obenhin, deine IRB! Und diese ewigen Geheimnisse, die sich zwischen uns drängen; und die Angst, die mir jedesmal, wenn du durch diese Tür gehst, das Herz zusammendrückt. Ich habe es satt, die zweite Geige zu spielen und hinter einem Phantom zurückzustehen, das ich weder sehen noch greifen kann. Ich gehe zugrunde daran, Tierney! *Wir* gehen daran zugrunde, wir und unsere Liebe. Die IRB *braucht*, die IRB *verlangt*, die IRB *erwartet!* Ich sage: Zum Teufel mit der IRB!«

Wie gelähmt sah er zu, wie sie zum Tisch lief, die republikanischen Flugblätter, die dort lagen, packte und in Stücke riß. In ihrer Wut verlor sie jegliche Beherrschung und warf ihm die Fetzen ins Gesicht. Nie hatte er sie so rasend vor Zorn, nie so aufgelöst erlebt. Mit einemmal wurde ihm das ganze Ausmaß ihrer Qual bewußt. Was bin ich doch für ein Narr gewesen, dachte er.

»Wenn ich schon mal dabei bin, kann ich das ja gleich mit zerreißen!« Damit griff sie nach seinem Manuskript, brachte es jedoch nicht übers Herz, die kostbare Arbeit zu zerstören. Schluchzend ließ sie die Blätter fallen und sah zu, wie die Seiten durchs Zimmer flatterten und zu Boden schwebten.

»Ich hasse deine gottverdammte Bruderschaft!« Sie schrie, als klage sie nicht nur Tierney an, sondern die ganze Welt. In blinder Verzweiflung suchte sie fieberhaft nach etwas, woran sie ihre aufgestaute Wut auslassen konnte; plötzlich stürzte sie sich auf ihren Mann und trommelte mit den Fäusten gegen seine breite Brust. Tierney, der ihrem Treiben bisher starr vor Schreck zugesehen hatte, packte jetzt ihre Handgelenke, und obgleich sie sich heftig wehrte, hielt er sie mit eisernem Griff umklammert. Entsetzt, ratlos, wie sie zu beruhigen sei, preßte er ihr die Arme an den Körper und versuchte sie an sich zu ziehen. Aber sie riß sich von ihm los und blieb einige Schritt weit entfernt in herausfordernder Haltung stehen. Ihre dunklen Augen schimmerten schwarz vor Leidenschaft, ihr Haar hatte sich beim Kampf gelöst und hing ihr in wirren Strähnen ins Gesicht – sie wirkte wie eine leibhaftige Furie.

»Ich habe alles für dich geopfert, Tierney.« Ihre Stimme war nur mehr ein heiseres Flüstern. »Ich habe in Armut mit dir gelebt und mich doch an jedem Tage glücklich geschätzt, weil du mir gehörtest. Nie habe ich mich beklagt. Weder über die Kälte noch über die Ratten im Korridor; nicht über das Essen, von dem mir schlecht wird, oder über die abgetragenen Kleider und die Leute im Haus, die mich anschauen, als sei ich eine aufgeblasene Pute, wenn ich nur den Mund aufmache. Aber um dieses eine hatte ich dich gebeten – daß du mir meinen Traum läßt! Wenn du tausend Jahre gebraucht hättest, um dieses Stück zu schreiben, oder wenn es keinem gefallen hätte und niemand es hätte haben wollen – damit wäre ich fertig geworden und hätte mir doch meinen Traum bewahrt. Aber daß du so einfach darauf herumtrampeln kannst…« Aus ihrem zornigen Wortschwall war eine so grenzenlose Trauer herauszuhören, daß Tierney nur reglos dastand und unfähig war, etwas zu erwidern. »Du hast unsere Zukunft weggeworfen, ohne mich auch nur zu *fragen*. Ach, Tierney, wie konntest du mir das antun?«

Ohne seine Antwort abzuwarten, zerrte sie ihren Schal vom Haken neben der Tür, rannte auf den Flur und die Treppe hinunter, hinaus auf die Straße.

Tierney wollte ihr nachlaufen, doch auf dem Treppenabsatz blieb er stehen. Er wußte nicht, was er ihr hätte entgegenhalten sollen. Hilflos umklammerte er das Geländer und schaute ihr nach.

»Ohne mich auch nur zu fragen…«, hatte sie gesagt. Wie verzweifelt das geklungen hatte. Und es war nur zu wahr. *Er* hatte die Entscheidung getroffen. *Er* hatte für sie beide entschieden.

Tierney ging in die Wohnung zurück, und als er die Tür hinter sich geschlossen hatte, setzte er sich schwerfällig an den Küchentisch, legte den Kopf auf die Arme und weinte.

Con hörte ihre eigenen Schritte auf dem Pflaster widerhallen. Die Straße war fast menschenleer, und die Dunkelheit machte sie unsicher. Sonst ging sie nach Einbruch der Nacht nie allein aus, und durch ihren Tränenschleier hindurch wirkten die Gassen seltsam fremd.

Sie hörte den Fluß, bevor sie ihn sehen konnte, und steuerte aufs Ufer zu. Bei der ersten Brücke machte sie halt, lehnte sich gegen den steinernen Pfeiler und weinte hemmungslos.

Jetzt war es vorbei. Alle Zukunftsträume waren dahin. Übrig blieb nur die nackte Wirklichkeit. Sie suchte nach einem Taschentuch, zog schließlich einen Leinenfetzen heraus und schneuzte sich, bemüht, ihre Fassung wiederzugewinnen.

O armes, armes Ich, das sich so betrogen fühlt. Enttäuschtes Ich, das nie Gelegenheit haben würde, den Spöttern zuzurufen: »Ich hab's euch ja gesagt!«

Sie starrte hinunter in die schmutziggrünen Fluten und versuchte, einen vernünftigen Gedanken zu fassen, allein, ihr Herz ließ sich nicht zum Schweigen bringen.

»Lieben Sie ihn genug, um es hinzunehmen, daß er sein Leben für eine Sache in Gefahr bringt, die ihm alles, Ihnen jedoch nichts bedeutet?« Tierneys Mutter hatte sie das vor einer Ewigkeit gefragt, und sie hatte damals mit dem törichten Übereifer der Jugend geantwortet. »Lieben Sie ihn genug, um ihm niemals vorzuhalten, was Sie seinetwegen aufgegeben haben?«

Das war die entscheidende Frage, auf die allein es ankam, nun, da Zorn und Aufruhr sich gelegt hatten.

Con schaute lange hinunter in die unergründlichen, dunklen Tiefen des Stroms, ehe sie sich ihrer Antwort so sicher war, daß sie heimgehen konnte.

Zaghaft öffnete Con die Tür und sah Tierney am Küchentisch sitzen, den Kopf in den Händen vergraben. Vom Knarren der Tür schreckte er hoch.

Rasch sprang er auf und lief zu ihr hin. »Gott sei Dank, daß du wieder da bist!« Seine Stimme verriet, welche Qualen er in der vergangenen Stunde ausgestanden hatte.

»Ich habe solche Angst, Tierney«, flüsterte sie, als er sie in seine Arme nahm. »Ich bin schrecklich verzweifelt. Wir müssen uns aussprechen.« Es klang so mutlos, als fürchte sie, alle Worte der Welt könnten an ihrem Leid nichts ändern.

»Ja, das müssen wir. Ich wünschte nur, ich wüßte, wie ich anfangen soll...«

Sie legte ihm die Hand an die Lippen. »Nein. Laß mich zuerst reden«, bat sie rasch. »Es ist wichtig.« Sie ging zum Bett und setzte sich. Tierney bemerkte, wie fest sie ihre Finger in den Schal krallte, den sie noch immer um die Schultern trug.

»Ich war so wütend und verletzt«, begann sie leise, »daß ich Dinge gesagt habe, die ich gern ungesagt machen möchte. Ich wollte mich nie bei dir über unser Leben beklagen... oder über unsere Armut. Als ich das Haus meines Vaters verließ, wußte ich, daß wir nicht reich sein würden. Natürlich hatte ich damals keine Vorstellung davon, was Armsein bedeutet... trotzdem habe ich meine Wahl getroffen, und ich habe sie nie bereut.« Sie seufzte, so als suche sie tief in ihrem Innern nach Worten, um auszudrücken, was sie empfand. »Aber heute abend... da fühlte ich mich betrogen. Und ich schlug zurück. Verzeih mir, Tierney, verzeih mir, was ich über unser Leben gesagt habe.« Sie schwieg und zog die Unterlippe zwischen die Zähne – eine kindliche Angewohnheit, zu der sie Zuflucht nahm, wenn ihr etwas auf der Seele lag, worüber sie nicht sprechen konnte.

»Ich hab' alles falsch gemacht, Con. Ich war ein Narr.«

Sie streckte die Hand nach ihm aus, und dann saßen sie stumm nebeneinander auf dem Bett. Aber sie brachte es nicht fertig, ihn anzusehen.

»Ich hätte nie gedacht, daß wir einmal über etwas wirklich Wichtiges in Streit geraten könnten«, begann sie schließlich. »So, daß es uns auseinanderbringt.«

Er nickte. »Während du fort warst, habe ich versucht, die richtigen Worte zu finden, um dir zu erklären, warum ich diese Entscheidung getroffen habe – und warum ich es ohne dich tat. Du mußt mir glauben, Con, daß es nicht böswillig geschah. Ich war selbst so durcheinander, und das Herz tat mir so weh, daß mir schien, ich müsse den Kampf allein durchstehen... eine Entscheidung herbeiführen... in mir nach Antworten auf unlösbare Fragen suchen. Alles, was mit der Bruderschaft zusammenhängt, ist ein Geheimnis, das ich mit dir teilen möchte, aber nicht darf. Mit dem Stück schien es mir genauso. Eine Männerentscheidung, ein

Männeropfer. Mir war, als könnte ich dir nicht treu sein, Con, wenn ich nicht mir selbst treu bliebe. Begreifst du, was ich sagen will?« Con spürte gerührt, wie sehr er sich bemühte, ihr seine Beweggründe verständlich zu machen – aber ihr eigenes Leid hinderte sie daran, einzulenken.

Da keine Antwort kam, fuhr er fort: »Als ich von Seaneen wegging, war ich wütend. Woher nimmt er das Recht, uns etwas so Kostbares zu verweigern? fragte ich mich. Mit welchem Recht fordert er dieses Opfer? Doch dann dämmerte mir, daß ich im Grunde nur deshalb so böse auf ihn war, weil ich tief im Innern wußte, daß er recht hatte! Con, mein Liebstes, man kann nicht zwei Herren dienen! Man kann sich nicht von Ruhm und Geld verführen lassen und trotzdem Revolutionär bleiben. Wenn ich jetzt nicht zu diesem Opfer bereit bin, wie soll ich dann später wahrhaft große Opfer auf mich nehmen? Wenn wir alles besäßen, was wir uns immer erträumt haben, könnten wir dann noch genug Zorn über die Not derer aufbringen, die nicht so begünstigt sind wie wir, und *ihretwegen* Opferbereitschaft zeigen? Opfer – weißt du, was das heißt, Con? Seit dem Tag meiner Geburt bin ich dazu erzogen worden, Irland mein Leben zu weihen. Die meisten, die zu diesem Opfer bereit sind, sterben an einer Kugel oder stecken ihren Kopf in die Schlinge des Henkers. Ich aber bin aufgefordert, mein Leben hinzugeben und weiterzuleben. Verstehst du denn nicht, Con? Wir alle sind wie der Fahrende Sänger. Jeder von uns, der je von Irlands Freiheit träumte, muß Opfer bringen, damit dieser Traum in Erfüllung geht. Bis heute wußte ich nicht, ob ich die Kraft aufbringen würde zu tun, was von mir verlangt wird.«

Er hielt inne, um Atem zu schöpfen.

»Wozu ich kein Recht hatte, mein einzig Geliebtes, war, *dich* zu opfern, ohne deine Zustimmung. Ich bereue von Herzen, Con, daß ich nicht imstande war, das zu vermeiden.«

Sie zweifelte weder an der Aufrichtigkeit seiner Worte noch an der Seelenqual, die er litt. Und endlich verstand sie die Metapher, Tierney, der Spielmann, hatte seine Harfe zerbrochen, um ein Zeichen zu setzen. Welch furchtbare Tat – und doch: wie typisch für einen Iren! Wie katholisch zu glauben, daß der Sieg nur durch Opfer errungen werden könne. Sie hätte gar zu gern gewußt, ob Tierney die Ungeheuerlichkeit dessen, was er ihr eben auseinandergesetzt hatte, wirklich begriff.

»Ich weiß«, flüsterte sie endlich. »Vielleicht habe ich immer genug geahnt, um das zu fürchten, was nun geschehen ist.« Aber schon während sie das sagte, kamen ihr Zweifel. Lernen wir den Menschen, den wir heiraten, je wirklich kennen? Spüren wir Tiefe und Ausmaß seiner Seele und seines Charakters, ohne sie beim Namen nennen zu können... bis eines Tages eine Krise uns dazu zwingt? Oder lieben wir einen Menschen einfach nur, weil wir nicht anders können – ohne erklärbaren Grund, jenseits aller Vernunft, wie aus einem inneren Zwang heraus?

Er ist, wer er ist, dachte sie; die Liebe zu ihm hatte gesiegt. Dieselbe Poesie, dasselbe Schwärmertum und Ehrgefühl, deretwegen ich mich in ihn verliebte, haben ihn zu dieser unabwendbaren Entscheidung geführt.

»Ich liebe dich«, sagte sie schlicht, und mit den Worten verschwand ihre Bitterkeit. »Aber wenn ich mit dir das Opfer bringen soll, dann muß ich auch deine Geheimnisse teilen.«

»Das weiß ich«, sagte er. »Ich war ein gottverdammter Narr, als ich mir einbildete, eine andere Möglichkeit finden zu können. Zwischen uns darf es keine Geheimnisse geben. Sie vergiften uns – lassen dich an mir zweifeln. Ich hab' es schon lange gespürt, nur klargeworden ist es mir nicht, aber es hat mich gequält, genau wie dich.«

Con wandte sich ihm zu; sie versuchte Zorn und Schmerz zu vergessen. Sie schaute ihm tief in die Augen, als suche sie dort nach Erlösung, und legte die Arme um ihn. Zögernd, als wisse er nicht recht, ob seine Zärtlichkeit ihr willkommen sei, erwiderte er ihre Liebkosung. Diese bloße Unsicherheit öffnete die Schleusen, und Con weinte, um alles Verlorene, alles Vergangene und um all das, was nie sein würde.

»Scht, Liebes.« Er wiegte die Zitternde in seinen Armen wie ein Kind. »Sei ruhig, mein geliebtes Herz, ganz ruhig. Ich weiß ja, was dir fehlt. Ich werde einen Weg für uns finden. Du wirst schon sehen. Ich finde einen Weg.«

Sie spürte ihren Schmerz unter seinen zärtlichen Händen weichen. Hungrig nach seiner Kraft, suchte ihr Mund den seinen; begierig danach, Qual und Pein zu stillen. Er streichelte sie wie eine Fremde... jemand, dessen er sich nicht sicher war... und sie hätte am liebsten aufgeschrien gegen das, was ihre Liebe zu zerstören drohte.

»Ich bin so ein Narr gewesen.« Halb erstickt drangen seine Worte an ihr Ohr.

»Ich auch«, flüsterte sie, überwältigt von ihrer Liebe zu ihm. Sie wollte und konnte nicht mehr denken, gab sich ganz dem Gefühl hin. Mit jeder Faser ihres Körpers genoß sie seine Umarmung. Jenes ungestüme, leidenschaftliche Verlangen, vor dem die Welt draußen versank – wenn auch nur für eine kleine Weile.

Oh, diese süße, einzigartige Welt, die sie zusammen erreichen konnten, nur sie beide. War sie nicht jedes Opfer wert? Hell erleuchtete Dunkelheit, mondbeglänzte Ewigkeit. War nicht alles übrige nur Illusion? Bloß nicht sprechen jetzt, nicht reden! Nur der Zauber ihrer Liebe zueinander. Nur dieser Zauber blieb, als sie endlich erschöpft einschliefen – Schmerz, Kummer und Angst waren für eine kurze Frist gebannt von einem tieferen Gefühl.

»Du hast dich entschieden?« Seaneens Worte klangen eher wie eine Feststellung denn wie eine Frage.

»Ja, das habe ich«, bestätigte Tierney mit Nachdruck. »Aber das ist noch nicht alles.«

Seaneen musterte ihn forschend. Dieser Junge überraschte einen immer wieder mit etwas mehr, als man erwartet hatte. Seaneen hatte gewußt, daß Tierney sich für Irland entscheiden würde. Sein Stück bezeugte ja, daß seine Liebe zu Irland weit hinausging über jede von Vernunft begründete Wahl. Aber nun war das also noch nicht alles. Immer kam es mit diesem Jungen ein bißchen anders, als man gerechnet hatte.

»Nun?« drängte er.

»Ich werde auf die Aufführung meines Stücks verzichten, aber das Schreiben werde ich nicht aufgeben.«

Seaneen nickte. »Einverstanden.«

»Und ich will, daß Con von jetzt ab zu uns gehört.«

»Du weißt, was ich von Frauen in der Bewegung halte.«

»Das ist dein Problem, Seaneen. Con ist meins. Die Geheimniskrämerei quält sie. Und das Ausgeschlossensein. Wenn sie wegen Irland ihren sehnlichsten Wunsch opfern soll, dann verdient sie es, eine von uns zu sein.«

Seaneens Antwort überraschte ihn. »Ein zwingendes Argument. Ich werde darüber nachdenken.«

Tierney wollte noch etwas sagen, besann sich aber und wandte sich zum Gehen. An der Tür drehte er sich noch einmal um. »Damit wir uns recht verstehen, Seaneen: Das ist *meine* Bedingung. Gib mir morgen Bescheid, ob du sie akzeptierst oder nicht.«
Seaneen sah ihm nach und lächelte verstohlen. Ging immer ein bißchen weiter als nötig, der Junge. Immer einen kleinen Schritt weiter.

»So ein verdammter Narr!« sagte Willie Yeats verächtlich, nachdem er Maud Gonne seine Unterhaltung mit Tierney geschildert hatte. »Angst vor dem Erfolg – das ist die einzige Erklärung. Fürchtet sich vor der großen Welt. Geniert sich womöglich sogar vor Leuten, die ihm überlegen sind. Wer weiß?« Der Gedanke, sich vergeblich um den jungen Mann bemüht zu haben, machte ihn wütend.
Willies Aufregung schien Maud zu amüsieren, aber seine Überheblichkeit ärgerte sie auch ein wenig. »Hast du mir nicht erzählt, es gebe nicht viele, die ihm ›überlegen‹ sind – zumindest, was das Talent angeht?«
»Es muß wohl mehr Bauernblut in ihm stecken, als ich mir eingestehen wollte«, versetzte Willie hochmütig. »Es gibt einfach keine andere Erklärung dafür, daß er diese Gelegenheit ungenutzt verstreichen läßt. Eine solche Chance kriegt er nicht wieder, das garantiere ich dir!«
»Aber du hast doch gesagt, er will das Schreiben nicht aufgeben, sondern nur vorläufig auf die Aufführung seiner Stücke verzichten.«
»Das hat er behauptet, ja, aber was ist denn das für ein Unsinn! Der Kerl hat eine Todesangst vor dem Erfolg, so lautet meine Diagnose. Wie die Götter solch wundervolle Gaben an einen Feigling verschwenden können – also, das ist direkt ein Thema für Mathers.«
»Willie, ich bitte dich, jetzt gehst du wirklich zu weit! Ich bin entsetzt, daß du so wenig Einfühlungsvermögen zeigst. Ist dir denn nie der Gedanke gekommen, daß die Beweggründe dieses jungen Mannes genau das Gegenteil von Feigheit sein könnten? Es mag ihn besonderen Mut gekostet haben, dein Angebot auszuschlagen.«

»Würdest du mir wohl verraten, was du damit meinst?«
»Er konnte dir doch keine Erklärung für seinen plötzlichen Sinneswandel geben, nicht wahr? Kommt dir das nicht merkwürdig vor? Ich hatte nie den Eindruck, daß es ihm an Beredsamkeit mangelt – wenn er sich verständlich machen *will.*« Sie warf ihm einen vielsagenden Blick zu. »Ist dir noch nie in den Sinn gekommen, daß er unter einer Art Befehl steht, der seine Handlungsfreiheit einschränkt? Ich bitte dich, man braucht doch nur sein Stück zu lesen und weiß, mit welcher Hingabe er an Irland hängt. Da hat die IRB ihre Hand im Spiel, Willie, bei Gott, das spüre ich!«
»Dummes Zeug! Maudie, du witterst hinter jeder Ecke die Revolution. Ich fürchte, du hast dein bezauberndes Näschen so tief in diese republikanischen Umtriebe gesteckt, daß deine Weltsicht dadurch getrübt wird. Erlaube mir hinzuzufügen, daß dies das einzige ist, was mich an dir irritiert.«
»Du hast ganz recht, mein lieber Willie«, erwiderte sie mit gewinnendem Lächeln. »Und genau weil ich meine Nase in die Politik stecke, kann ich einen Patrioten gegen den Wind riechen, wenn's sein muß. Der Mann handelt nach Befehl, darauf kannst du Gift nehmen.«
Willie dachte einen Moment über ihre Worte nach. »Wenn du recht hättest – so ein verständnisvoller, begabter Mensch – wär' eine verdammte Talentverschwendung! Und trotzdem, Maudie... wenn ich mir's recht überlege – ein fesselnder Gedanke. Stattlicher junger Patriot opfert seine persönlichen Träume, um Irland zu dienen. Das könnte einen brauchbaren Stoff abgeben...«
»Willie, du bist unmöglich!« Sie mußte lachen. »Ob es wohl etwas im Leben gibt, das du nicht poetisch umdeutest?«
»Wenn du mich schon fragst – doch, da gibt es etwas... Diese politische Kampagne im Westen, die du vorhast, finde ich höchst unpoetisch. Auf wackeligen Tribünen Wahlreden zu schwingen, Bauernvolk zum Aufruhr anzustacheln, im Gefängnis zu landen – das finde ich weder poetisch noch damenhaft.« Der bloße Gedanke an ihren Plan schien ihn zu verärgern.
»Mein armer Willie«, versetzte Maud überraschend ernst. »Es ist schlimm für dich, eine Frau wie mich zu lieben, nicht wahr? Du wärest um so vieles besser dran mit einer wohlerzogenen, sanften jungen Dame, die sich um deinen Tee kümmert und um deine

Pantoffeln und dich einfach nur anhimmelt, wie es sich gehört. Und du mußt wissen, du bist wirklich ein ganz *himmlischer* Mann, doch ich bin die letzte, mit der du dich abgeben solltest!«
Sie schien aufrichtig besorgt, und Yeats hätte sie gern in die Arme genommen, sie getröstet und sich von ihr trösten lassen, aber sein Gefühl für Schicklichkeit hielt ihn zurück. Hinter ihren freundschaftlichen Worten verbarg sich die übliche, die unwillkommene Botschaft: Ich werde dich nicht heiraten.

14

Welch seltsame Wendung unser Leben genommen hat, dachte Con, als ihr Mann an diesem Abend zur Arbeit gegangen war. Den verlorenen Traum von Tierneys schriftstellerischem Ruhm hatte sie fast schon verwunden. Wie einen unerfüllbaren Kinderwunsch oder die erste Jungmädchenschwärmerei. An jenem schrecklichen Tag der Abrechnung war ein Damm gebrochen, hatte alle Bitternis mit sich fortgeschwemmt und einem tiefwurzelnden Verständnis Platz gemacht, das ihre Bindung nur noch festigte. In jenem schrecklichen Moment, da alles verloren schien, hatte er sie verstanden; nicht bloß mit dem Kopf, sondern mit der Seele. Das hatte sie deutlich gespürt.
So hatte er denn ihretwegen alles aufs Spiel gesetzt – seine Aufgabe, die irische Sache –, um Seaneen zu zwingen, sie in die Bruderschaft aufzunehmen. Und wunderbarerweise hatte er gewonnen. Jetzt war der zweite Schritt fällig. Jetzt mußte *sie* sich ihren Platz in der IRB erobern, mußte etwas Lohnendes vollbringen, damit Tierneys Opfer – nein, ihrer beider Opfer – nicht vergebens war.
Sein Dichterruhm, redete sie sich ein, würde später kommen, denn die Hoffnung darauf konnte sie nicht gänzlich fahrenlassen. Er würde weiter schreiben, und sie würde seine Arbeiten hüten wie ein heiliges Vermächtnis, und eines Tages, wenn die Welt wieder heil war und es keiner Rebellion mehr bedurfte – dann würden sie auch veröffentlicht werden. In der Zwischenzeit würden sie beide an der Schaffung jener heilen Welt mitarbeiten.
Als habe sie einen plötzlichen Entschluß gefaßt, warf Con sich

den Mantel über, lockte Tahg aus seiner Ecke, in die er sich verkrochen hatte, um das Alphabet zu üben, und ging mit ihm zur Nachbarwohnung hinüber, wo sie hoffnungsvoll an die Tür klopfte.

»Mrs. Healy?« rief Con, als sie drinnen Schritte hörte. »Ich bin's! Constance O'Connor.«

Eine blasse, schwindsüchtige Frau öffnete die Tür einen Spaltbreit und lächelte, als sie Con und Tahg draußen stehen sah.

»Darf ich den Jungen wohl ein Stündchen bei Ihnen lassen, Sally?« bat Con eifrig. »Ich muß etwas erledigen.«

»Aber freilich, Kindchen!« Die Frau streckte Tahg die Hand entgegen. »Sie wissen doch, wie gern ich den Jungen bei mir habe.«

Tahg ließ sich bereitwillig von ihr in die Wohnung ziehen. Con seufzte erleichtert und eilte die Treppe hinunter.

Sie verbot sich energisch, daran zu denken, wie morsch und baufällig das alte Mietshaus war, in dem sie wohnten; es war schwer genug, all die Schäbigkeit ringsum zu ertragen, auch ohne daß man sich in Details verbiß. Sie erinnerte sich an das Gespräch mit Beth, in dem die Schwester ihr vorgehalten hatte, was sie alles verlieren würde, wenn sie mit Tierney auf und davon ginge – Gott, das schien eine Ewigkeit her zu sein.

Con schlug den Weg zum Theater in der Abbey Street ein, wo sie Maud Gonne anzutreffen hoffte. Sie wußte noch nicht genau, was sie ihr erzählen wollte, aber sie zu sprechen schien ihr ungemein wichtig.

Maud Gonne hatte es geschafft, etwas Bedeutendes zu leisten, obwohl sie eine Frau war. Sie war Schauspielerin *und* eine erfolgreiche Vorkämpferin für ein freies Irland. Sie sammelte stattliche Summen für die Bewegung, und ihr Geschlecht schien kein Hindernis für ihren Erfolg. Vielleicht würde diese erstaunliche Frau ihr helfen können.

Nervös klopfte Con am Bühneneingang. Ein alter Mann ließ sie ein, führte sie durch finstere Gänge hinter den Kulissen zu einer Garderobe, auf deren Tür in Druckbuchstaben »Miß Gonne« zu lesen stand. Dort ließ er sie einfach stehen und schlurfte wortlos zurück zu seiner Pförtnerloge.

Con klopfte zaghaft. Von drinnen antwortete ihr eine kräftige und doch einschmeichelnde Stimme: *»Entrez!«* Als sie eintrat, sah Con sich in dem großen Spiegel, vor welchem die Schauspielerin saß, und erkannte bestürzt, wie ähnlich sie den Frauen aus den Armenvierteln Dublins bereits geworden war. Unscheinbare Kleider, triste Farben, altmodische Frisur – es war, als gingen ihr plötzlich die Augen auf.

»Nein, so was!« rief Maud, als sie ihre Besucherin erkannte. »Constance O'Connor – was in aller Welt führt Sie hierher?« Lächelnd wandte sie sich um, blieb jedoch sitzen.

»Ich brauche Ihren Rat«, antwortete Con mit fester Stimme. »Ich hatte gehofft, daß Sie Zeit für mich haben würden. Jetzt, da Tierney und Mr. Yeats uneins sind wegen seines Stücks... ich war mir nicht sicher, ob und wann ich Sie wiedersehen würde.«

Maud neigte den Kopf zur Seite; jede ihrer Gesten schien dazu bestimmt, ihre Schönheit gebührend zu unterstreichen. »Ich habe gehört, daß die beiden verschiedener Ansicht darüber waren, was Ihr Mann mit seinem Stück anfangen soll«, sagte sie beiläufig. »Wenn es Sie nicht stört, daß ich mich nebenher für die Kostümprobe fertig mache, will ich mir gern anhören, was Sie auf dem Herzen haben.« Sie schenkte Con ein ermunterndes Lächeln, wandte sich dann wieder ihrem Spiegelbild zu, band ihr üppiges, kastanienbraunes Haar zurück und begann sich zu schminken.

»Ich weiß, wir kennen uns noch nicht lange genug, Miß Gonne... Aber ich bin nun einmal ziemlich gerade heraus – und da ich weiß, daß Sie's auch sind, komme ich am besten gleich zur Sache.«

Als sie innehielt, um Atem zu schöpfen, merkte Con, wie die Schauspielerin sie belustigt im Spiegel musterte. Wahrscheinlich wirke ich furchtbar aufgeregt, dachte sie.

»Sehen Sie, ich habe ein ziemlich schwieriges Problem, Miß Gonne. Ich möchte etwas für Irland tun, weiß aber nicht recht, wo ich anfangen soll. Ich bin nicht dumm, habe eine gute Schulbildung genossen, und ich will auf keinen Fall herumsitzen und weiter nichts sein als Ehefrau und Mutter, während es doch so viel anderes zu tun gibt... Nur weiß ich eben nicht recht, wie ich's anstellen soll. Und deshalb bitte ich Sie um Rat.«

»Sie kommen zweifellos aus einer guten Familie. Wo sind Sie zu Hause?«

»In Sligo.«

»So? Na, dann wissen Sie sicher einiges über die Schwierigkeiten der Landbevölkerung in dieser Gegend. Wie wäre es, wenn Sie mich auf meiner nächsten Vortragsreise begleiteten? Ich möchte die westlichen Provinzen besuchen.«

»Ich habe einen kleinen Sohn. Ich glaube nicht, daß ich verreisen kann, ehe Tahg nicht ein bißchen älter ist. Könnte ich nicht auch hier in Dublin etwas ausrichten?«

»Oh, hier gibt's eine Menge zu tun. Aber dazu müßten Sie erst die Zustimmung der alten Garde finden.«

»Und wie soll ich das anfangen?«

»An Ihrer Stelle würde ich mit Arthur Griffith beginnen. Bei allen wichtigen Beschlüssen hat er ein Wort mitzureden. Wie ist es, schreiben Sie zufällig? Er ist nämlich Journalist, verstehen Sie? Gibt den *United Irishman* heraus.«

»Meine Schwester ist Schriftstellerin. Vielleicht haben Sie von ihrem Roman gehört – ›Die einsame Kämpferin‹?«

Maud vollführte lächelnd eine elegante Handbewegung, die zu besagen schien: Welche Frau auf den Britischen Inseln kennt dieses Buch nicht?

»Und daß mein Mann schreibt, wissen Sie ja«, fuhr Con fort. »Ich sehe nicht ein, warum ich's nicht auch mal versuchen sollte.«

»Wenn Sie irgendwas Patriotisches für den *United Irishman* zustande brächten, dann hätten Sie zumindest schon mal den Fuß in der Tür. Mr. Griffith schätzt mich sehr, und ich bin sicher, er wird Sie empfangen, wenn ich ihn darum bitte. Darüber hinaus sollten Sie aber auch über meinen Reisevorschlag nachdenken. Es gibt soviel zu tun – überall in Irland.« Sie warf einen letzten prüfenden Blick in den Spiegel und drehte sich dann wieder zu Con um.

»Meiner Meinung nach, Mrs. O'Connor, ist es vollkommen gleichgültig, ob Sie eine Frau sind, solange Sie nur den festen Willen haben, sich wie ein Mann behandeln zu lassen. Sie mögen einen schlagen, ins Gefängnis stecken, vielleicht sogar töten – obgleich ich davor nie wirklich Angst gehabt habe. Jedenfalls, wenn Sie die Aufmerksamkeit der Leute auf sich lenken und ihnen begreiflich machen können, daß Hoffnung besteht, wenn sie nur bereit sind, zurückzuschlagen und sich zu wehren – nun, dann erfüllen Sie Ihre Aufgabe geradesogut wie ein Mann. Wenn nicht sogar besser«, setzte sie listig hinzu und maß Con mit einem abschätzenden Blick. »Nur dürfen Sie nicht überrascht sein, wenn die Leute Ihnen Ihre Mühe mit Haß vergelten, meine Liebe. Die

Männer scheint es in Rage zu bringen, wenn sie Seite an Seite mit uns Frauen arbeiten müssen – und wenn es noch so verdienstvollen Zwecken dient. Sie müssen sich auf eine Menge Widerstand gefaßt machen, wenn Sie sich auf diesen Kampf einlassen – selbst aus den eigenen Reihen. Wer weiß, vielleicht ist sogar Ihr Mann dagegen?«

Con schüttelte den Kopf. »Er wird mich unterstützen, Miß Gonne. Er weiß, wie wichtig das für mich ist.«

Maud lächelte; ihre ebenmäßigen Zähne blitzten in dem ausdrucksvollen, aristokratischen Gesicht. »Wenn Ihr Mann Ihr Vorhaben wirklich billigt, Mrs. O'Connor, dann ist er besser als die meisten seines Geschlechts. Ich habe noch keinen kennengelernt, der es ertragen hätte, seine Frau auf den Barrikaden zu sehen. Oh, mit Lippenbekenntnissen ist manch einer rasch bei der Hand, gewiß. Aber im tiefsten Innern wollen die Männer ihre Abenteuer allein bestehen... *sie* wollen die Helden sein. Warten Sie's nur ab!«

Con lächelte. »Ich war immer der Rebell in unserer Familie. Ich habe Übung darin, die Leute mit meinem Benehmen das Fürchten zu lehren. Ich denke, es wird Zeit, daß ich all meine einschlägigen Erfahrungen endlich sinnvoll einsetze.«

Maud Gonne lächelte beifällig, und Con stand auf, um sich zu verabschieden. »Lassen Sie mir ein, zwei Wochen Zeit zum Schreiben – dann bin ich bereit für Ihren Mr. Griffith. Sie haben mir neue Hoffnung gegeben, ich danke Ihnen.«

»Und Sie haben mich auf eine Idee gebracht. Kennen Sie eigentlich die Gräfin Markievicz?«

»Ich habe natürlich von ihr gehört. Aber begegnet sind wir einander noch nicht.«

»Ausgezeichnet! Dann ist sie die nächste auf der Liste der Leute, mit denen ich Sie zusammenbringen werde. Sie stammt auch aus Sligo. Sie beide haben wahrscheinlich viel gemeinsam.« Con fiel auf, wie anmutig die königliche Frau sich bewegte. Kein Wunder, daß jeder Mann, dem sie über den Weg läuft, verrückt nach ihr ist, ging es ihr durch den Kopf. Sie dankte Maud nochmals für Rat und Ermunterung, und als sie sich auf den Heimweg machte, war ihr so leicht ums Herz wie schon seit Monaten nicht mehr.

Zögernd streckte Con die Hand nach dem Messingtürklopfer aus; angesichts seiner handwerklichen Schönheit beschlich sie ein leises Neidgefühl. O Gott, dachte sie, wie lange ist es her, daß Verabredungen wie diese so selbstverständlich zu meinem Alltag gehörten, daß mir ein solch unbedeutender Gegenstand gar nicht aufgefallen wäre?
Sie blickte an sich hinunter. Ihr Kleid war zwar nicht gerade der letzte Schrei, aber sie konnte sich darin sehen lassen. Es war eines von denen, die sie von daheim mitgebracht und modisch verändert hatte.
Ein Diener öffnete ihr die Tür und erklärte, »Madame« erwarte sie bereits. Con folgte ihm in die kühle, holzgetäfelte Eingangshalle, entzückt, über die stilvolle Umgebung.
Im Salon saßen Maud Gonne und eine etwa gleichaltrige, auffallend hübsche Frau, die sich bei Cons Eintritt erhob.
»Sie kennen mich nicht, Mrs. O'Connor, aber ich habe Sie schon reiten sehen. Ist inzwischen etliche Jahre her. Bei den Sligo Harriers war's. Mein Begleiter, ein gewisser Bertie Ambrose, erging sich den ganzen Tag lang in Lobeshymnen darüber, wie elegant Sie im Sattel säßen.« Mit liebenswürdigem Lächeln streckte die Gräfin ihre Hand aus, die Con freudig ergriff.
»Der gute alte Bertie! Es kommt mir vor, als hätte ich ihn seit tausend Jahren nicht gesehen... und auf einem Pferd habe ich auch seit einer Ewigkeit nicht mehr gesessen.«
»Das ist aber jammerschade, meine Liebe! Sie waren nämlich eine ausgezeichnete Reiterin. Und wenn Ihnen das jemand sagt, der wie ich in einem Land aufgewachsen ist, wo achtsprossige Hindernisse keine Seltenheit sind, dürfen Sie sich getrost etwas darauf einbilden. Sie waren brillant, einfach brillant!«
»Aber nun wird sie ihr Talent an etwas Wichtigerem erproben, Constance«, unterbrach Maud Gonne. »Wir werden uns in Zukunft recht schwertun mit euch beiden«, fügte sie lachend hinzu, »da ihr beide den gleichen Vornamen tragt. Oder vielleicht sollten wir die Gräfin einfach ›Madame‹ nennen, so wie es fast ganz Dublin tut?«
Con nahm zwischen den beiden Frauen Platz, in deren Gesellschaft sie sich auf Anhieb wohl fühlte.
»Die Gräfin«, wandte Maud sich nun an Con, »setzt sich ebenso engagiert für Irlands Befreiung ein wie ich. Und auch sie hat sich

ihre Anerkennung bei der Bruderschaft schwer erkämpfen müssen. Darum habe ich mich entschlossen, sie in unsere kleine Verschwörung einzuweihen.»
»Freue mich wirklich, daß Sie uns helfen wollen!« Wie um ihre Behauptung zu bekräftigen, schlug die Gräfin mit der flachen Hand aufs Sofakissen neben sich. »Wir brauchen viel mehr tatkräftige Frauen in der Bewegung!«
»An Madames scharfe Zunge werden Sie sich gewöhnen müssen, Con.« Maud lächelte. »Sie sieht partout nicht ein, warum Frauen nicht ebenso unverblümt sprechen sollten wie Männer.«
»Verdammt richtig!« Die Gräfin schenkte aus einer silbernen Kanne Tee ein und ließ zwei Stück Zucker in ihre Tasse fallen. »Um ehrlich zu sein – ich kann mir keinen vernünftigen Grund dafür denken, warum wir nicht *alle* Freiheiten der Männer teilen sollten!«
»Hört, hört!« Con war sehr angetan von der Offenheit der Gräfin. »Sagen Sie mir nur – wie schaffen Sie es, die Zustimmung der Männer zu gewinnen?«
»Aber gerade das gelingt mir ja nicht! Was mich allerdings nicht im geringsten daran hindert, trotzdem meinen Kopf durchzusetzen.«
»Was würden Sie an meiner Stelle tun?« fragte Con.
»Genau das, was Maudie Ihnen vorgeschlagen hat, meine Liebe. Ich sage Ihnen, sie hat Griffith völlig den Kopf verdreht – wie übrigens jedem Mann in Dublin.« Die Gräfin lächelte beifällig; man sah ihr an, daß sie Mauds Beliebtheit beim anderen Geschlecht für durchaus berechtigt hielt. »Wenn sie ihn bittet, sich Ihrer anzunehmen, dann wird er's tun ... gar keine Frage. Ich denke, Schreiben ist genau das richtige! So phantastisch geschlechtslos! Wenn erst mal was richtig Gutes auf dem Papier steht, schert sich niemand darum, ob es von einem Mann verfaßt wurde oder von einer Frau.«
Als Con sich nach einer guten Stunde von den beiden Freundinnen verabschiedete, hatte sie zum erstenmal seit langem wieder ein festes Ziel vor Augen. Zwar mußte sich erst noch herausstellen, was sie wirklich zu leisten imstande war, aber zumindest hatte sie jetzt Verbündete: Tierney, der um ihretwillen bereit war, Seaneen die Stirn zu bieten, und diese beiden außergewöhnlichen Frauen.

Nun kam es nur mehr darauf an, daß sie das Vertrauen, welches man in sie setzte, auch rechtfertigen konnte.

Der Preis der Freiheit – ein Gleichnis

»Was gibst du mir für deine Freiheit?« fragte die Alte im schwarzen Gewande mit schmeichelnder Stimme.

»Ich gebe dir mein Geld und meine Zeit«, antwortete die Junge und zog ihre Kinder fester an sich, denn sie witterte Gefahr, und ihr war bang ums Herz. »Ich gebe dir meinen Schweiß und meine Plagen und meinen rechtschaffenen Zorn«, setzte sie hinzu, denn diese alte Frau besaß Weisheit und Macht. Man durfte sie nicht leichtfertig abspeisen.

»Deine Söhne wirst du mir geben und deine Männer, deinen Stolz und deine Würde. Und auch dein Blut wirst du mir opfern, ehe ich mit dir fertig bin!« Die Alte lachte schrill, und die Junge erschauerte. »Und das wird noch ein recht kärglicher Lohn sein, wenn wir alles aufrechnen…«

Wie im Flug glitt Cons Feder über die Seiten; die Worte, um die sie gefürchtet hatte ringen zu müssen, drängten mit aller Macht aufs Papier.

Con schrieb ihre Geschichte in einem Zug zu Ende, und ohne sich Zeit zum Durchlesen zu nehmen, begann sie mit der nächsten. Soviel Unrecht, soviel Armut, so viele Vergehen gegen die Menschlichkeit. Sie hatte genügend Themen im Kopf, um tausend Artikel zu schreiben! Es war, als drängten auf einmal alle Eindrücke, die sie gesammelt hatte, seit sie und Tierney beieinander waren, nach sprachlicher Gestaltung – und diese Sprache war wild und ungestüm.

Con ließ sich von der eigenen Wortkaskade mitreißen und fuhr erschrocken zusammen, als sie Tierneys schweren Schritt auf der Treppe hörte: Es war fast drei Uhr früh! Hastig raffte sie den Stoß Blätter zusammen, die sie im Laufe der Nacht vollgeschrieben hatte, und verstaute sie in der Tischlade. Erst sollte Arthur Griffith entscheiden, ob ihre Geschichten etwas taugten; dann war immer noch Zeit, sie Tierney zu zeigen.

»Und darf ich nun auch erfahren, wer das geschrieben hat?« donnerte Griffiths Stimme über den Lärm der Druckmaschine. Er hielt ein Bündel eng beschriebener Blätter in der Hand. Für einen Mann war er eher klein; was Con an ihm auffiel, waren sein energisches Kinn und der wiegende Seemannsgang. Ansonsten wirkte er recht unscheinbar – bis auf seine unwahrscheinlich blauen Augen, die Intelligenz und Leidenschaft ausstrahlten.
»Ich hab' die Artikel geschrieben, Mr. Griffith«, antwortete Con ohne Umschweife. »Miß Gonne meinte, Sie würden sich die Sachen mal anschauen.« Sie wußte, daß Maud mit Griffith über sie gesprochen hatte.
»Mal anschauen! Mein Kind, diese Blätter muß ich mit der Kneifzange anfassen, damit ich mir nicht die Finger dran verbrenne. Da steckt soviel Feuer und Schwefel drin, daß selbst ein Evangelist sich Blasen holen würde!«
Constanze lachte geschmeichelt, denn sie wußte wohl, welches Kompliment Griffith, der im allgemeinen nicht eben verschwenderisch mit seinem Lob umging, ihr da machte. »Ich hab' daheim noch mehr davon, Mr. Griffith. Wenn Sie glauben, daß man meine Artikel veröffentlichen kann, bringe ich sie Ihnen gern alle.«
Nachdenklich richtete Griffith seine strahlendblauen Augen auf die junge Frau, die ihm in seinem winzigen Redaktionsbüro an der Nassau Street gegenübersaß. »Sie schreiben wirklich druckreif, Mrs. O'Connor. Aber wenn wir die Artikel unter Ihrem eigenen Namen bringen, hetzen die vom Schloß Ihnen im Handumdrehen ihre Schergen auf den Hals, und dafür würde mir Ihr Mann das Fell zentimeterweise vom Leib ziehen, darauf möcht' ich wetten. Ich hatte nämlich bereits das Vergnügen, ihn kennenzulernen«, setzte er augenzwinkernd hinzu.
»Ich hab' auch schon daran gedacht, mir zum Schutz ein Pseudonym zu suchen. So wie Mr. Wildes ›Speranza‹ oder George Russels ›A. E.‹... Die Verschleierung des wahren Autors könnte meinen Geschichten zudem noch den Hauch des Geheimnisvollen geben, meinen Sie nicht auch?«
»Sie haben wohl schon einen Namen zur Hand?«
»Allerdings. Was mir vorschwebt, ist ein Pseudonym, das symbolisch den Bezug zur Vergangenheit herstellt. Und da habe ich an die Wilde Harfe aus dem ›Fahrenden Sänger‹ gedacht – das erste Revolutionslied, das Tierney mir je vorgesungen hat.«

Erstaunliche Frau, diese angehende Patriotin aus adeligem Haus, dachte Griffith, belustigt über ihren fast kindlichen Eifer, aber voller Respekt für ihr Talent. Mauds Empfehlung tat ein übriges, um ihn für Con einzunehmen.

»Also ›Die Wilde Harfe‹, hm?«

»Gefällt's Ihnen?«

»Und ob. Genau der richtige Name für einen kriegerischen Barden, mein Kind. Hoffen wir nur, daß die Saiten *Ihrer* Harfe nicht eines Tages so entzwei gehen müssen wie die in dem alten Lied.«

Con lächelte, überglücklich, daß Griffith ihre Artikel drucken wollte. Der *United Irishman* konnte zwar nur kümmerliche Honorare zahlen, aber in ihrem bescheidenen Haushalt war jeder Penny willkommen. Sie wunderte sich noch immer darüber, wie mühelos ihr die Einfälle zu ihren Geschichten gekommen waren. Nun, jedenfalls hatte sie den ersten Schritt getan, um in Tierneys Welt Fuß zu fassen. Einen Schritt, mit dem sie ihm vielleicht zeigen konnte, daß er nicht vergebens auf sie gebaut hatte.

Als sie die Redaktion des *United Irishman* verließ, kam Con ein seltsamer Gedanke: Am Ende sind wir's wirklich – Tierney der Fahrende Sänger und ich die Wilde Harfe.

Chapel Street
Dublin
15. Januar 1905

Meine innig geliebte Schwester!

Ich kann Dir kaum schildern, wie sehr unser Leben sich gebessert hat, seit Tierney bei Seaneen durchsetzen konnte, daß die Bruderschaft mich ins Vertrauen zieht. Ich weiß nicht, wie er Seaneen überredet hat, aber jetzt sind wir jedenfalls beide dabei, und ich lerne unbeschreiblich viel. Würde ich diesen Brief per Post schicken, könnte ich nicht so offen schreiben, aber ich gebe ihn Desmond mit, der einen kurzen Besuch in der Heimat macht; er sieht übrigens großartig aus. Ich muß Dich jedoch bitten, meinen Brief zu verbrennen, sobald Du ihn gelesen hast, denn wenn ihn jemand bei Euch aufstöbert, könnte das gefährlich werden.

Hier geschehen die außergewöhnlichsten Dinge. König Edwards Besuch in Dublin haben wir glücklich hinter uns gebracht, und Arthur Griffith hat einen Nationalrat gegründet, damit wir Separatisten endlich auch ein Forum haben. Die Schwestern Constance und Eva

Gore-Booth aus Lissadell sind beide mit dabei, allerdings ist Constance die weitaus aktivere. Kannst Du Dich vielleicht noch an sie erinnern? Jetzt heißt sie Gräfin Markievicz – sie hat einen polnischen Adligen geheiratet –, und sie steckt bis zum Hals in der Sache drin! Ich bin recht stolz darauf, daß sie, Maud Gonne und ich die einzigen Frauen in unserer kleinen revolutionären Gruppe sind, die von den Männern wirklich kameradschaftlich behandelt werden.

Was unsere Möglichkeiten angeht, so sind sie kolossal – vorausgesetzt, es gelingt uns, eine politische Partei auf die Beine zu stellen. Wir Frauen haben uns vorgenommen (wie Du Dir denken kannst!), die Rechte der Frau zu einem Kernpunkt unseres Programms zu machen, und ich habe endlich das richtige Betätigungsfeld für all meine Energie gefunden. Sogar Maud Gonnes neuer Organisation, »Töchter von Erin«, bin ich beigetreten. Wir nennen uns »Militante Nationalisten«, damit nur ja niemand unsere Motive mißversteht!

So merkwürdig das auch klingen mag, liebste Schwester, aber ich glaube, ich komme mit der politischen Arbeit besser zurecht als Tierney. Die reinste Ketzerei, wie? Doch Du weißt ja, was für eine Kämpfernatur ich bin, und auch, daß ich nie Besseres leiste, als wenn ich mich leidenschaftlich für etwas einsetze. Und das Wichtigste: Jetzt, da der furchtbare Wall der Geheimnistuerei, an dem ich zu zerbrechen drohte, eingerissen ist, fühle ich eine unbändige Kraft in mir, die Irland zugute kommen soll.

Tierney indes kann Intrigen nicht ausstehen. Die kleinlichen Streitereien unter den Anführern zehren an seiner Geduld. Kurz gesagt, ich fürchte, mein Mann hat auf lange Sicht eine zu poetische Natur für ein solches Leben. Aber das kann ich ihm natürlich nicht sagen, denn schließlich hat er diesen Weg gewählt – und viel dafür geopfert.

Vor ein, zwei Wochen ist etwas passiert, das Dich gewiß zum Lachen bringen wird.

Seaneen hatte uns Frauen in der IRB aufgetragen, uns im Schießen zu üben, damit wir uns verteidigen können, wenn es ernst wird mit dem Aufstand. Pat O'Reilly sollte uns anlernen, und zusammen mit Seaneen fuhren wir alle auf einen Platz außerhalb der Stadt, wo wir ungestört üben konnten. Ich erzählte den anderen, daß ich mich mit Waffen ein wenig auskenne, weil ich früher mit Papa auf die Jagd gegangen sei, aber O'Reilly behandelte mich ziemlich herablassend (es fällt den Männern schrecklich schwer, unsere Sachkenntnis anzuerkennen – egal, auf welchem Gebiet, findest Du nicht auch, liebste Bethy?).

Also ließ ich ihn drauflos schwadronieren: Wie hält man eine Pistole, wie ein Gewehr usw. Du wirst wohl nicht sehr überrascht sein, wenn ich Dir verrate, daß ich schließlich mehr Treffer erzielte als er. Und Con Markievicz hat ihn auch geschlagen!
Pat fand das ganz und gar nicht lustig, aber Seaneen und die anderen mußten sich vor Lachen die Seiten halten. Und ich habe das Gefühl, als seien sie mir gegenüber seitdem viel offener und herzlicher.
Eigentlich ist es ein wunderbarer Haufen, und ich bin stolz darauf, dazuzugehören. Je mehr ich über Irland erfahre, je gründlicher ich die Armut kennenlerne und je besser ich verstehe, was Unterdrückung heißt – desto stolzer bin ich auf Tierney und auf das, wofür er kämpft.
Liebste Schwester, stell Dir vor: Zu meinem eigenen Erstaunen wird die Wilde Harfe geradezu berühmt (auf dem Schloß würden sie freilich eher sagen »verrufen«!). Ich wünschte zwar, ich dürfte mich offen zu meinem Erfolg bekennen, aber es ist trotzdem schrecklich aufregend zu beobachten, wie die Leute sich um den vermeintlichen Harfner scharen und auf seine Artikel ansprechen. Samstags, wenn der United Irishman *erscheint, kann man an jeder Straßenecke Leute meine Kolumne lesen sehen!*
Und wie ich höre, ist die Krone ebenso an dem geheimnisvollen Autor interessiert wie meine Leser. Zweimal ist die Polizei Griffith jetzt schon auf den Leib gerückt, damit er die Identität des Harfners, wie mich inzwischen alle nennen, preisgibt. Das Beste aber ist, daß ich so glücklich bin wie nie zuvor im Leben.
Ich habe das Gefühl, ich könnte Bäume ausreißen, und abgesehen davon, daß ich im neunten Monat bin und mich entsprechend schonen muß, widme ich all meine Freizeit der Arbeit für die Bruderschaft.
Seltsam, nicht wahr, daß selbst aus Kummer und Verlust noch etwas Gutes erwachsen kann. Ich war fast krank vor Enttäuschung, als Tierney sein Stück zurücknahm, und doch ist mir dadurch die Möglichkeit zuteil geworden, an Irlands Zukunft mitzuarbeiten. Seit ich der Bewegung angehöre, fühle ich mich unbeschreiblich erfüllt und beschwingt – es ist beinahe, als hätte ich zu mir selbst gefunden, seit ich in die Maske des Harfners geschlüpft bin. Klingt das am Ende verrückt oder überheblich oder gar albern? Ich hoffe nicht – ich wünsche mir nämlich nichts sehnlicher, als mein Glück mit Dir zu teilen.
Schreib mir, sooft Du kannst, meine liebste Bethy, aber sei vorsichtig mit dem, was Du sagst, wenn Du den Postweg benutzt. Übrigens

spielt das Thema Frauenstimmrecht, das Du aufgeworfen hast, hier inzwischen eine große Rolle. Ist es nicht phantastisch, daß Dein Buch zur Parole für die Frauen in aller Welt geworden ist? Ich bin sehr stolz auf Dich! Komm nach Dublin, sobald unser Baby geboren ist. Dann werden wir gemeinsam für das Recht kämpfen!

Wie immer, in Liebe,
Deine Schwester Con

Ich freute mich von Herzen für Con, daß sie wieder ein Kind erwartete, und war so begeistert von all den aufregenden Ereignissen in ihrem Leben, daß ich tatsächlich beschloß, sie nach der Geburt ihres Babys in Dublin zu besuchen. Zum Glück würden dann gerade Sommerferien sein, so daß der Unterricht der Kinder meine Reisepläne nicht durchkreuzen konnte.

Edward und ich lebten in einer lieblosen Ehe nebeneinander her. Wir begegneten uns mit ausgesuchter Höflichkeit und nahmen beide aufrichtigen Anteil an der Erziehung und dem Wohlergehen unserer Kinder. Auch lieblose Bindungen können stark sein, wenn sie nur lange genug dauern.

Mein Roman hatte, obgleich aus Unglück und Enttäuschung entstanden, der Frauenbewegung tatsächlich eine zündende Parole geliefert – genau wie Con es mir in ihren Briefen prophezeit hatte. Darüber hinaus wurde das Buch aber auch für mich selbst zu einer Art Katalysator, der mein Leben in neue Bahnen lenkte. Feministische Publikationsorgane, die in Dublin, London und Edingburgh gegründet wurden, erbaten Artikel von mir. Ich erhielt fast täglich Post von Frauen aus nah und fern.

Ich, die beileibe nicht zu den Bilderstürmern unter den Frauenrechtlerinnen gehörte, sah mich mit einemmal zum Idol ihrer Bewegung hochgejubelt. Ich, der es an Mut fehlte, mich selbst zu retten, galt anderen Frauen als Symbol für die Möglichkeit ihrer Errettung.

Ich fing an, meine Entscheidungen selbständig und unabhängig von Edward zu treffen. Ich reiste, hielt Vorträge, schrieb... und zu meiner Verwunderung unternahm er kaum den Versuch, mich daran zu hindern.

Aufgeregt fieberte ich meinem ersten längeren Besuch in Dublin nach so langer Zeit entgegen. Ich freute mich darauf, Madame Markievicz kennenzulernen, Cons Freundin, die unter den Frauenrechtlerinnen in der Hauptstadt tonangebend war. Und ganz besonders freute ich mich natürlich auf das Wiedersehen mit meiner Schwester. Als ich meine Reise antrat, konnte ich freilich nicht ahnen, wieviel Leid mich am Ziel erwartete.

15

Cons Besorgnis wuchs, während sie an Eamons Bett Wache hielt. Das Atmen fiel ihm merklich schwer, und der kleine Körper kämpfte einen schier unerträglichen Kampf. Seine Geburt war weitaus leichter gewesen als die von Tahg, und bis vor ein paar Tagen war der Kleine – er zählte inzwischen zwei Monate – ihr ganz gesund erschienen.

Con wünschte, Tierney wäre bei ihr, aber als er am frühen Abend zur Arbeit gegangen war, hatte sie noch geglaubt, das Baby sei nur erkältet, und ihm versichert, es bestehe kein Grund zur Sorge. Doch nun ängstigte sie das seltsame Rasseln in seiner Brust. Klang das nicht verdächtig nach Krupp? Con wußte, daß diese Krankheit die Geißel der Kleinkinder in ihrer Armensiedlung war, doch sie hatte noch nie ein Baby im Kampf damit erlebt.

Ein Krächzen und Röcheln entrang sich Eamons Kehle; er schien einfach nicht genügend Luft in seine kleinen Lungen pumpen zu können. Con zögerte nicht länger, sondern nahm das Baby hoch, bat eilends ihre Nachbarin, ab und zu nach dem schlafenden Tahg zu sehen, hüllte sich und das Kind in ein Umschlagtuch und hastete hinaus auf die dunkle Straße. Erleichtert stellte sie fest, daß sie noch Geld in der Börse hatte, und schlug den Weg zum Jervis-Street-Krankenhaus ein, das zum Glück nur ein paar hundert Meter entfernt lag.

Als sie dort eintraf, warteten bereits mehrere Patienten im Korridor auf einen Arzt. Con eilte an allen vorbei und drängte sich zum Schwesternzimmer durch, ängstlich bemüht, nicht auf das furchtbare Röcheln ihres Kindes zu horchen. Sein Zustand hatte sich anscheinend weiter verschlechtert.

»Bitte, Schwester«, wandte Con sich an die erstbeste Pflegerin, »ich fürchte, mein Baby hat Krupp. Dürfte ich den Doktor sprechen? Es ist dringend.«

Verdutzt blickte die Schwester sie an; diese kultivierte Sprache paßte rein gar nicht zur ärmlichen Kleidung der Frau. Wo käme man denn da hin, wenn Leute dieses Schlages sich jetzt schon so aufspielen wollten?

»Sie müssen warten, bis Sie an der Reihe sind«, gab sie kurz angebunden zurück.

»Aber Sie verstehen nicht – mein Kind kann nicht atmen! Ich glaube, wir dürfen keine Minute länger warten.«

Die Schwester warf einen kühlen Blick auf das hustende Bündel in Cons Armen. »Hierher kommt keiner, weil er gesund ist, Ma'am. Jeder von denen möchte zuerst drankommen – alle, wie sie da sitzen.« Sie wies mit einer Handbewegung auf die Warteschlange. »Sie müssen sich schon gedulden, bis Sie an der Reihe sind.« Damit rauschte sie davon.

Unschlüssig, was zu tun sei, wanderte Con ein paar Minuten auf und ab, wobei sie leise vor sich hin summte, um das Baby zu beruhigen. Hatte seine Haut auf einmal einen bläulichen Schimmer, oder bildete sie sich das nur ein? Sie bettete das keuchende Kind an ihre Brust, doch gleich darauf schüttelte ein Hustenanfall den zarten Körper, und Cons Herz krampfte sich vor Angst zusammen. Sie mußte ihrem Sohn Hilfe schaffen, und zwar rasch.

Ohne sich um die neugierigen Blicke der Umstehenden zu kümmern, lief Con den Korridor entlang, in die Richtung, welche eben die Schwester eingeschlagen hatte. Sie gelangte in eine weißgetünchte Halle, in der weit und breit kein Mensch zu sehen war. Wie ängstlich die Armut einen Menschen doch machte – und wie verzagt. Con holte tief Luft, nahm all ihren Mut zusammen und begann, eine Tür nach der anderen zu öffnen. Endlich stieß sie auf einen Raum, in dem ein Arzt, assistiert von einer Schwester, einen Patienten untersuchte.

»Bitte«, flüsterte sie verzweifelt, »mein Baby braucht Hilfe!«

Der Arzt warf einen Blick auf die schäbig gekleidete junge Frau und bedeutete der Pflegerin, sie hinauszubefördern. Die Schwester gehorchte und nahm Con beim Arm, die aber riß sich wütend los.

»Verstehen Sie denn nicht? Mein Kind braucht einen Arzt! Der Kleine bekommt keine Luft! Ich kann Sie für Ihre Dienste bezahlen. Ich bin nicht arm.«

Arzt und Schwester tauschten einen bedeutungsvollen Blick. Die

Frau war arm, das sah man ihr an. Ihre Redeweise ließ keinen Zweifel daran, daß sie sich als etwas Besseres auszugeben versuchte. Vielleicht war es das klügste, sie zu beruhigen. »Ich werde mich als nächstes um Ihr Baby kümmern, Madam«, sagte der Arzt mit Stentorstimme, so als erweise er ihr eine große und unverdiente Gunst. »Aber Sie müssen sich gedulden, bis wir mit diesem Patienten hier fertig sind.« Damit wandte er sich wieder seiner Arbeit zu. Die Schwester griff abermals nach Cons Arm, doch die verzweifelte Mutter warf ihr einen Blick zu, der besagte, daß es riskant sei, sie noch einmal anzurühren.

Verstört taumelte Con in die Halle zurück. Ihr blieb keine Zeit mehr, zu Tierney zu laufen oder anderswo nach einem Arzt zu suchen. Nirgends konnte sie schneller Hilfe bekommen als hier. Sie mußte warten, mußte sich zur Geduld zwingen. Der Doktor hatte gesagt, sie käme als nächstes dran.

Con schlug das Tuch zurück und sah nach Eamon. O Gott, sein Gesicht war blau angelaufen! Die Ärmchen und die winzigen Hände zeigten eine gräuliche Färbung. Mit jedem Hustenanfall würgte er stärker. Fassungslos starrte sie auf das Kind in ihren Armen und sah, wie es Augen und Mund in verzweifelter Anstrengung weit aufriß. Die Fäustchen öffneten und schlossen sich krampfhaft, dann entwich den geöffneten Lippen ein ungewohnter, schwacher Laut, und ein Zittern durchlief den schmächtigen Körper. Da wußte sie, daß ihr Kind verloren war.

»Nein!« Ihr Schrei galt gleichermaßen Gott wie dem Baby. »Nein!« Die Tür ging auf, der Arzt kam heraus und spähte unter das Tuch, das den kleinen Körper umhüllte. Fachmännisch betastete er den Hals des Kindes.

»Ich fürchte, es ist vorbei«, sagte er. »Wahrscheinlich hätten wir ihn sowieso nicht retten können.«

Con hielt das Baby mit einem Arm umklammert und versetzte dem Arzt mit der freien Hand eine schallende Ohrfeige.

»Sie haben herzlich wenig getan, um das zu versuchen!« zischte sie. »Wenn ich beide Hände frei hätte, würde ich Sie umbringen!«

Der Arzt stand starr vor Staunen über soviel Ungestüm. Die Schwester eilte davon, um einen Wachmann zu holen, und Con schritt blind vor Tränen, aber in würdiger Haltung, zum Ausgang.

»Warten Sie, Madam!« rief der Arzt ihr nach. »Sie können die Leiche nicht mitnehmen. Wir müssen das Kind ins Leichenschauhaus bringen.«

Con wandte sich zu ihm um; ihr zornfunkelnder Blick nagelte ihn an seinem Platz fest. »Ich nehme meinen Sohn mit nach Hause, und, so wahr mir Gott helfe, den ersten, der mich daran zu hindern versucht, werde ich umbringen!«

Die Schwester und ein Wachmann wollten ihr nach und sie aufhalten, doch der Arzt winkte ab, und Con setzte unbehelligt ihren Weg fort.

Sie wankte die steinernen Stufen hinunter, taumelte, sie wußte selbst nicht, wie, nach Hause und in ihre Wohnung, das furchtbar stille Bündel im Arm.

Was sollte nun mit diesem kleinen toten Körper geschehen? Sie richtete die Glieder gerade, bürstete den weichen Haarflaum aus dem geliebten Gesichtchen, und dann saß sie lange da, die Hand auf der Brust ihres Kindes, und hoffte verzweifelt, das Leben möge in den kleinen Körper zurückkehren. Aber der erkaltete bereits, und es war unverkennbar, daß alles Leben aus ihm gewichen war.

Schließlich zog sie dem Baby sein Nachthemd an – oh, wie lange du schlafen wirst, mein Sohn, wie lange –, hüllte es in eine Decke und legte sich neben es aufs Bett. Dort fand Tierney seine Frau, als er Stunden später von der Arbeit heimkam.

Es dauerte lange, bis meine Schwester über den Tod ihres Sohnes hinwegkam – sofern eine Mutter den Tod ihres Kindes überhaupt je verwinden kann. Ich hatte die Erfahrung gemacht, daß man irgendwie damit fertig wird; Con brauchte indes sehr lange dazu. Wir setzten Eamon in Glasnevin bei, da Con zu schwach war für die lange Heimreise – so hatten Kummer und Verzweiflung an ihr gezehrt. Inzwischen ruht er inmitten unserer Familie, von der so viele allzu früh heimgegangen sind, auf dem Friedhof der FitzGibbons.

Auch Tierney war untröstlich. Er machte sich die bittersten Vorwürfe, weil er in der Nacht, als das Baby starb, nicht daheim gewesen war ... er sei schuld ... Die Hauptschuld freilich gab er seiner Armut. Hätten sie das Geld für einen Hausarzt gehabt, hörte ich ihn klagen, wäre alles anders gekommen. Beide machten eine

trostlose und elende Zeit durch, wenngleich sie unbeirrbar aneinander festhielten, und an Tahg natürlich.
Als ich Con auf der Beerdigung wiedersah, kam sie mir völlig verstört vor. Ich ließ Edmond wissen, daß ich bei ihr bleiben würde, solange sie mich brauchte. Anders als Con, der die Armut Beschränkungen auferlegte, verfügte ich über Geld und Personal. Meine Kinder waren bei ihrer Nanny gut aufgehoben; ich konnte mich also ungehindert meiner Schwester widmen und sie dem Leben zurückzugewinnen suchen – genau wie sie es vor Jahren für mich getan hatte.
Ich wundere mich manchmal, warum so wenig über die innige Zuneigung geschrieben wird, die unter Geschwistern möglich ist. Con und ich hatten, als ich sie diesmal besuchte, beide einen langen Reifungsprozeß durchgemacht, der mit viel Leid verbunden war. Wir waren nicht mehr einfach Kameraden wie in unserer Kindheit, als Heimat, Abstammung und Familiengeschichte ein natürliches Band zwischen uns schufen. Jetzt glichen wir eher kampferprobten Veteranen jener absonderlichen Kriege, die das Leben anzettelt. Wir hatten viel Liebe erfahren, aber auch so manchen Verlust erlitten – jede von uns hatte ein Kind begraben. Und all diese Ereignisse hatten uns geprägt und unwiderruflich verändert. Trotzdem waren wir nach wie vor Vertraute und getreue Verbündete. Manchmal denke ich, daß wohl keine Bindung stärker und beständiger sein kann als die zwischen zwei Menschen, die demselben Mutterschoß entstammen.
Wir spürten eine den Kummer der anderen und verstanden uns gegenseitig besser als irgend jemand sonst. Seit dem Tod ihres Babys war Con schwermütig und in sich gekehrt. Mir hatte das Elend meiner Ehe alle Zukunftshoffnung geraubt. Jede von uns fühlte die furchtbare Not der Schwester, und seltsamerweise hegten wir die feste Überzeugung, daß wir uns nur gegenseitig retten könnten.
Ich weiß nicht, ob mein Beistand meiner Schwester in den nächsten Monaten so geholfen hat, wie ich es mir wünschte; sie versicherte mir, ich habe ihr damit das Leben gerettet, und ich hoffe, das stimmt. Was ich dagegen genau weiß, ist, daß Con die folgenschwerste Erfahrung meines Lebens herbeiführte, denn sie drängte mich, meine Bekanntschaft mit Seaneen O'Sullivan zu

erneuern – ein Weg, den ich ganz sicher nicht hatte beschreiten wollen.
Ich war neugierig auf die Versammlungen, die Con und Tierney so heilig waren wie die Messe. Ich wollte mehr darüber erfahren und sehnte mich nach dem tröstlichen, ja familiären Zusammenhalt, den dieser revolutionäre Geheimbund offenbar zu bieten hatte. Außerdem übte Seaneen ungeheure Anziehungskraft auf mich aus.
Con wußte vermutlich recht gut, wohin meine nähere Bekanntschaft mit ihm führen würde – sie wußte auch, wie verzweifelt es mich danach verlangte, Liebe zu schenken und zu empfangen. Vor Jahren hatte sie mich vor diesem Mann gewarnt, jetzt aber drängte sie mich, zu nehmen, was er mir bieten könne; so weit hatte das Leben uns von der Unschuld unserer Mädchenjahre entfernt. Gott segne ihre liebe Seele für dieses so überaus wohlmeinende Manöver.
Es dauerte nicht lange, bis Seaneens außergewöhnliche Kraft und Stärke – nicht zu vergessen seine Sanftmut – Gefühle in mir wachriefen, die sich schwerlich unterdrücken ließen. Diese Empfindungen verwirrten mich, aber ich war endlich wieder lebendig. So lebendig wie schon seit langem nicht mehr.

Wenn Seaneen lachte, klang es froh und herzlich – jünger, als man es bei einem Mann seines Alters erwarten würde. Der Schalk saß ihm in den Augen, doch meist verbarg er ihn hinter den zahllosen Zitaten, die ihm so leicht über die Lippen kamen. Im Gefängnis hatte er soviel Shakespeare gelesen, daß er ihn zitieren konnte wie einen alten Freund. Überhaupt verwendete er gern und oft Aussprüche von Klassikern. Sein Lachen aber erklang nur selten, und wenn es geschah, horchten alle auf.
»Darf man erfahren, warum du heute morgen so fröhlich bist?« fragte Tommy McGowan den für gewöhnlich recht verschlossenen Fenier.
»Keine Ahnung, Tommy«, antwortete Seaneen. »Schon als ich heute morgen aufgewacht bin, fühlte ich mich rundherum großartig. Wie ein junger Bursche. ›Der Geist ist's, der den Körper reich macht‹, verstehst du? Mein Geist *ist* heute morgen reich.«
Ein paar Männer, die in Hörweite standen, tauschten vielsagende

Blicke. Seaneen hatte sich spürbar verändert, seit diese Lady Manningham in der Stadt war. Niemand wußte mit Bestimmtheit, ob zwischen den beiden mehr war als nur ein Flirt – aber wenn nicht, so würde das schon noch kommen. Es amüsierte sie, daß Seaneen glaubte, sie hätten alle miteinander keine Ahnung von dem, was sich vor ihrer Nase abspielte.
Tierney schmunzelte genau wie die anderen, doch insgeheim betrachtete er die Angelegenheit weitaus ernsthafter. Er und Con hatten die aufkeimende Freundschaft zwischen Beth und Seaneen von unterschiedlichen Standpunkten aus bereits erörtert.
»Er ist zu sehr Illusion für sie, Con, ein verführerischer Traum, mehr nicht«, hatte er sie gestern noch gewarnt.
»Seaneen und Illusion? Mann, ich glaube, du hast den Verstand verloren. Er ist so greifbar wie kaum einer.«
»Ja, schon, aber er hat sich einer anderen Geliebten verschrieben. Er gehört mit Leib und Seele der Bewegung.«
»Trotzdem ist er ein Mann, Tierney, und ein sehr irdischer obendrein. Nicht der unfehlbare Gott aus Marmor, für den ihr Männer ihn zu halten scheint. Mein Instinkt sagt mir, daß er jedesmal, wenn er Beth anschaut, daran erinnert wird, daß er einen Leib hat, der ihm ganz allein gehört.«
Tierney lächelte. Er wußte nur zu gut, wie recht sie hatte. Aber er wußte auch, daß alles, was Beth und Seaneen womöglich verbinden mochte, nicht von Dauer sein konnte, und er stellte sich die bange Frage, wie jeder von beiden über das unvermeidliche Ende hinwegkommen würde.

Seaneen beugte sich über die Landkarten und Materialberichte auf seinem Schreibtisch, aber er war nicht bei der Sache. Der Gedanke an Cons Schwester beeinträchtigte seine Konzentration, drängte sich beharrlich in sein so wohlgeordnetes Leben. Geordnet und *einsam*, ergänzte er im Geiste, schob entschlossen die Papiere beiseite und goß sich einen Whiskey ein, obwohl er im Grunde keine sonderliche Lust darauf hatte.
Statt zu trinken, stellte Seaneen das Glas auf den Tisch und legte seine Brille daneben. Er brauchte sie inzwischen, um Kleingedrucktes zu lesen, was ihn gehörig ärgerte, war doch diese Brille ein Vorbote unwillkommener Altersgebrechen.

Er rieb sich den Nasenrücken, insbesondere die Stelle, auf der die Brille gesessen hatte, und versuchte, die unbequemen Gedanken zu bannen, die hinter seinen müden Augen lauerten; allein, die waren hartnäckig.
Sie war so liebreizend, aber auch so verletzlich. Etwas Unschuldiges ging von ihr aus, »so als fürchte sie keine Gefahr, weil ihr die Sünde fremd ist«. Und sie war einsam. Er spürte ihren Hunger (einfach, weil auch er daran litt) nach Freundschaft und tieferem Verständnis. Und sie war schön. Sie hatte zwar weder das stolze Ebenmaß einer Maud Gonne noch die aristokratische Eleganz der Gräfin Markievicz oder die frische, lebensvolle Schönheit ihrer Schwester Con. Dafür aber strahlte sie jene sanfte, frauliche Wärme aus, die von geheimnisvoller Tiefe zeugt.
Seaneen stützte den Kopf in die Hände, sammelte sich und versuchte, sein Verlangen zu bezwingen. Es war nicht seine Art, so leidenschaftlich zu begehren – längst hatte er sich von jeder Liebessehnsucht befreit. Seit dem Tode seiner Frau hatte er keinem weiblichen Wesen mehr gestattet, den Panzer zu durchdringen, der seine Gefühle vor der Welt abschirmte. Natürlich hatte er sich im Laufe der Jahre hie und da eine Frau in sein Bett geholt. Nicht viele, aber doch genug, um seine Bedürfnisse zu befriedigen.
Nie aber hatte er so wie jetzt gegen eine alberne Schuljungenschwärmerei ankämpfen müssen. Sie war um gut zwanzig Jahre jünger als er und obendrein die Frau eines anderen. Ihr Mann gehörte zu eben der Kategorie Menschen, vor denen er sein Leben lang auf der Flucht gewesen war: ein arroganter, besserwisserischer anglo-irischer Aristokrat, der Bildung, Privilegien und ein Vermögen besaß – Vorzüge, die für Seaneen unerreichbar waren. Dieser Mann führte ein kultiviertes Leben mit all den Annehmlichkeiten, die einer Dame wie Elizabeth Manningham zustanden.
Er versuchte, ihr Gesicht aus seinem Gedächtnis zu bannen. Doch es wollte ihm nicht gelingen. Ihr langes, kastanienbraunes Haar trug sie aufgesteckt; wie ein Glorienschein umgab die Frisur, aus der sich immer wieder vorwitzige Strähnen befreiten, ihr Gesicht. Er stellte sich vor, wie es wäre, ihre Flechten zu lösen und ihr offenes Haar über die entblößten Schultern fallen zu lassen, sie zu berühren, ihre Haut zu streicheln…

Seaneen schlug mit der Faust so heftig auf den Tisch, daß der Whiskey überschwappte und seine Brille aufhüpfte und zu Boden fiel.
Ich muß mich zusammenreißen, dachte er und kippte das feurige Getränk in einem Zug hinunter. Eher will ich verdammt sein, als daß ich mich zum Narren mache und wie ein grüner Junge die Frau eines anderen anschmachte.
Entschlossen wischte er mit seinem Taschentuch den verschütteten Whiskey vom Tisch und breitete die Karten, die er vorhin zur Seite geräumt hatte, wieder vor sich aus. Er würde sich zur Arbeit zwingen; würde vergessen, daß sie schön und einsam war und daß er vor Verlangen nach ihr brannte.

16

Ruhelos wanderte ich auf dem Aubussonteppich hin und her; in meinem Kopf wirbelte alles durcheinander. Jetzt vermochte nicht einmal Cons vernünftiger Rat mir weiterzuhelfen. Ich mußte meine Wahl allein treffen. Seit meiner Ankunft in Dublin waren Seaneen und ich auf diesen Punkt zugetrieben. Als wir einander das letzte Mal in die Augen gesehen hatten und dabei die Welt ringsum vergaßen, war mir das unwiderruflich klargeworden. Ich durfte kein Feigling sein und die Entscheidung nicht länger hinauszögern.
Seaneen würde sich meinem Beschluß beugen, ganz gleich, wie er ausfiel. Das wußte ich. Rauhbeiniger, sanfter Seaneen, der die Last so vieler Menschen auf seinen breiten Schultern trug; zäher, unnachgiebiger Seaneen, der die Leute schubste und drängte, bis sie sich seinem Willen fügten; unergründlicher, verschwiegener Seaneen, dessen Augen mir doch in einem einzigen Moment mehr gesagt hatten, als ich von Edmond in einem ganzen Leben erfahren würde.
O Gott, dieses Schwanken war furchtbar! Der bloße Gedanke an Untreue war mir unerträglich. Frauen wie ich begingen keinen Ehebruch... gute, anständige Frauen, die ihr Leben lang danach trachteten, das Richtige für ihre Familie zu tun. Untreue Ehefrauen waren verderbte, seelenlose Geschöpfe ohne Bildung und Sinn für Schicklichkeit.

Ich machte vor dem ovalen, goldgerahmten Spiegel halt und betrachtete mich prüfend. Immer noch jung genug, schien mein Spiegelbild zu sagen; jung und hübsch genug, um sich nach Liebe zu sehnen.

Sollte ich denn nie erfahren, was es heißt, wirklich von einem Mann geliebt zu werden? Nie einem so mächtigen Verlangen nachgeben dürfen, wie es jetzt in meinem Herzen brannte?

Ich hatte meine Rolle in unserer unseligen Ehe brav gespielt. Ich hatte den Vertrag erfüllt, im Bett und auch sonst. Aber bedeutete das denn, daß ich niemals im Leben empfangen durfte, wonach ich mich verzehrte? Ich nahm meine rastlose Wanderung durchs Zimmer wieder auf. Oh, wie sehnte ich mich danach, meinem drängenden Verlangen nachzugeben! Seaneen konnte mir geben, wonach ich mich sehnte. Er besaß die nötige Stärke, Leidenschaft und das Verständnis; ja, und wahrscheinlich teilte er sogar mein Verlangen. Ich hatte es doch in seinen Augen gelesen. Er begehrte mich ebenso wie ich ihn. Natürlich würde es nicht von Dauer sein. Es gab keine gemeinsame Zukunft für uns. Aber wenigstens würde mir die Erinnerung bleiben.

Rasch kleidete ich mich an und fuhr mit einer Droschke zur Versammlung der Gälischen Liga, wo ich ihn treffen würde. Ich redete mir ein, daß ich mich erst entscheiden wollte, wenn wir uns wiedergesehen hätten.

Als die Versammlung aus war, wartete ich, bis der Raum sich geleert hatte. Sogar diejenigen, welche für gewöhnlich bis lange nach Mitternacht blieben, schienen zu spüren, daß Seaneen heute abend andere Dinge im Kopf hatte, und verabschiedeten sich frühzeitig. Ich merkte, wie er mich heimlich beobachtete, während die Leute hinausgingen.

Langsam und schwerfällig kam er auf mich zu und setzte sich neben mich. Er versuchte mir meine Entscheidung vom Gesicht abzulesen, und als er sah, wie Liebe und Verwirrung in meinen Zügen kämpften, sagte er: »Mir scheint, ich habe Sie ganz schön in die Klemme gebracht, Mylady.« Ein tausendfältiges Netz feiner Linien, durchkreuzt von tiefen Falten, überzog sein Gesicht. Seine Augen wirkten alt, soviel Weisheit und Erfahrung, Trauer und Hoffnung lag in ihnen. Behutsam strich er mit dem Handrücken über meine Wange; die bloße Berührung weckte eine unbeschreibliche Sehnsucht in mir.

»Es kommt mir so unehrenhaft vor...«, begann ich, denn ich konnte nicht anders, als aufrichtig zu ihm zu sein. »Ich habe mich nie in der Rolle einer Ehebrecherin gesehen«, setzte ich kläglich hinzu.
Darauf schaute er mir tief in die Augen und nickte. »Ganz recht, Mylady. Und ich möchte nicht schuld sein, daß Ihnen dieses Wort noch einmal über die Lippen kommt. Vielleicht ist es doch das beste, wir beginnen gar nicht erst mit etwas, das wir nicht auf ehrbare Weise zu Ende bringen können.« Ich ergriff seine dargebotene Hand und hielt sie einen Moment lang in der meinen. Er hatte die Angst in Worte gekleidet, die uns beiden auf der Seele lag.
»Wie wär's, wenn ich Sie jetzt nach Hause brächte?«
»Ich denke, ich sollte lieber allein gehen, Seaneen«, erwiderte ich zögernd, hoffte jedoch, er würde auf seinem Angebot bestehen. Statt dessen nickte er nur und nahm die Abfuhr widerspruchslos hin. Ich beugte mich zu ihm, küßte ihn auf die Wange und ging hinaus in die Dunkelheit; in mir war nichts als gähnende Leere. Ich war blind vor Tränen. Ich habe richtig entschieden, redete ich mir ein. Aber warum quälte ich mich dann so? An der nächsten Ecke blieb ich stehen; ich wollte nicht fort von dem Mann, den ich so sehr begehrte – und konnte doch nicht zurück. Ein paar Sekunden später fühlte ich Seaneens Arm um meine Taille.
»So kann ich Sie nicht gehen lassen, Mylady. Gott weiß, wie wenig ich Ihnen zu bieten habe. Aber als Sie vorhin hinausgingen, da wußte ich, daß wir uns nicht so trennen dürfen. Mag sein, es gibt keine Zukunft für uns, doch ich kann Sie nicht fortlassen, ohne Ihnen zu sagen, wie sehr ich mir gewünscht hätte, daß uns wenigstens die Gegenwart gehört.«
Bis ich sterbe, werde ich meinem Schöpfer dafür danken, daß er Seaneen die Kraft gab, sich über meine gutgemeinte Torheit hinwegzusetzen.
»Ich bin schrecklich dumm gewesen, Seaneen! Verstehst du nicht? Ich habe dich mein Leben lang gebraucht! Warum habe ich dich erst jetzt gefunden, da es zu spät ist?«
Als ich zu ihm aufblickte, war sein Gesicht wie verwandelt. Sanft und liebevoll schaute er mich an. »Bei Gott, auch ich wünschte, wir wären einander zu einer anderen Zeit begegnet«, flüsterte er heiser.

»Aber dann hätten wir einander vielleicht überhaupt nicht bemerkt.«
Lächelnd zog er mich fester an sich. »Wohin sollen wir nun gehen, Mylady? Meine Wohnung ist nicht das, woran du gewöhnt bist.«
»Heute abend wird mir jeder Ort, an dem ich allein mit dir sein kann, wie das Paradies erscheinen.«
Wir gingen zu Fuß zu seiner Unterkunft. Das Haus lag in einer ärmlichen Gegend, aber für einen alleinstehenden Mann sah die Wohnung ordentlich und sauber aus. Mir kam der Verdacht, Seaneen habe in der Hoffnung auf meinen Besuch aufgeräumt.
Einen Moment lang blieben wir im Türrahmen stehen und umarmten einander mit Blicken. Ein erwartungsvoller Schauer durchlief meinen Körper. In all den Jahren meiner Ehe mit Edmond hatte ich nie ein so brennendes Verlangen gespürt.
Endlich streckte Seaneen die Hand aus und löste den Verschluß meines Capes, das hinter mir zu Boden glitt. Ich wußte nicht, was tun, also stand ich einfach da und überließ mich meiner freudig gespannten und doch so qualvollen Erwartung. Meine Haut prikkelte. In meinem Kopf drehte sich alles. Ich war nervös und ängstlich, glücklich und verwundert. Nie zuvor hatte ich mich so sehr als Frau gefühlt. Ich empfand zugleich Wollust und kindliche Unschuld. Ich begehrte ihn mehr, als sich mit Worten schildern läßt.
»Wenn du nur wüßtest, wie lange ich davon geträumt habe, Mylady«, sagte er leise, als er mein Kleid aufknöpfte. Behutsam, so als könne ungebührliche Eile den Traum zerstören, löste er mein Mieder, streifte mir die Hemdträger von den Schultern und entblößte meine Brust. Endlich half er mir aus den spitzenbesetzten Hosen, und nun stand ich im schummrigen Licht nackt vor ihm. Ich war schockiert über mich selbst, denn statt mich zu schämen, fühlte ich mich einfach nur schön. Und ich wußte, das war sein Werk.
Ohne jede Eile zog Seaneen sich aus, so, als hätten wir alle Zeit der Welt.
»Wie schön du bist«, sagte er, und ich wußte, er meinte es ehrlich. Er nahm mich in die Arme, bettete seinen Kopf an meine Schulter und seufzte, wie aus Erleichterung darüber, daß eine wichtige Entscheidung endlich gefallen war. Dann trug er mich aufs Bett.

»Ich wußte es!« jubelte ich, als ich seine Kraft auf mich überströmen fühlte. »Ich wußte, daß es so sein würde mit dir…« Doch er verschloß mir den Mund mit hungrigen Küssen, und ich kam in dieser Nacht nicht dazu, ihm noch mehr zu sagen.
Oh, diese Nacht der Nächte – zärtliche, wilde, sanfte, rasende, vollkommene Leidenschaft schenkte sie mir, bis ich endlich in Seaneens Armen behütet einschlief. Hab Dank, Seaneen, für diese eine vollkommene Nacht. Dank sei auch Dir, lieber Gott.

Eingehüllt in eine Wolke des Glücks kehrte ich am nächsten Morgen heim. Kaum vermochte ich zu atmen – es war, als könne mein Körper die Seligkeit nicht fassen, die mich erfüllte.
Ich wurde geliebt und konnte diese Liebe erwidern! Mein Leib schmerzte in Erinnerung an die empfangenen Freuden. Unauslöschliche Bilder rauschhafter Augenblicke gaukelten durch meine Sinne, Bilder, deren jedes mich vor Wonne erschauern ließ.
Das also war es, wonach ich mich unbewußt gesehnt hatte! Diese wilde, animalische, leidenschaftliche, vollkommene Vereinigung, die einen aller irdischen Beschränkung entrückte. Lieber Gott, wie konnte man ohne sie weiterleben, wenn man diese Lust erst einmal kennengelernt hatte?
Cons längst vergessene Warnung kam mir in den Sinn. Wenn ich zu Edmond zurückkehren müßte, nachdem ich mit einem Mann wie Seaneen zusammengewesen wäre, würde der Rest meines Lebens eine qualvolle Marter sein – so ungefähr hatte sie sich ausgedrückt.
Lieber Gott, wie recht sie gehabt hatte! Doch daran wollte ich jetzt nicht denken. Ich hatte noch einen ganzen Monat vor mir, vielleicht sogar zwei. Einen Sommer voll Glück, in dem ich endlich lernen würde, ganz Frau zu sein, so wie ich es mir immer gewünscht hatte. Ich würde lernen, Liebe zu schenken und zu empfangen und das Glück, das mich erfüllte, mit dem Geliebten zu teilen. Vielleicht bestand doch noch Hoffnung für die Zukunft.

Unruhig warf Seaneen sich im Bett hin und her. Er hatte einen furchtbaren Traum; ihn quälte eine zwanzig Jahre zurückliegende

Grausamkeit, die er so tief in seinem Innern begraben hatte, daß sie sich nur selten an die Oberfläche drängte.
Ein merkwürdiger Laut, halb erstickter Schrei, halb Wutgeheul, entrang sich seiner Kehle. Ängstlich und verwirrt fuhr ich neben ihm hoch.
Er lag wieder still, aber sein Gesicht war schmerzverzerrt, und trotz der kühlen Nachtluft war sein Körper schweißgebadet. Ich beobachtete ihn unschlüssig: Sollte ich ihn wecken und beruhigen, oder würde ich ihn damit womöglich nur beschämen?
Plötzlich verkrampften sich seine Glieder, wurden stocksteif, dann öffnete er die Augen und spähte verstohlen um sich, so als wolle er sich vergewissern, ob er auch in Sicherheit sei. Als er mich erkannte, versuchte er zu lächeln, doch sein gequälter Blick strafte dieses Lächeln Lügen.
»Verzeih mir, Mylady«, bat er leise. »Ich schlafe meist allein, und da brauche ich keine Angst zu haben, daß ich jemanden mit meinen bösen Träumen erschrecken könnte. Den hier habe ich, Gott sei Dank, schon eine ganze Weile nicht mehr gehabt... aber wie es scheint, lauert er immer noch tief drinnen in mir.«
Ich beugte mich über ihn, und dabei rutschte die Decke von meinen Schultern. Als ich sie wieder hochziehen wollte, kam er mir zuvor. »Nicht. Deck dich nicht wieder zu. Ich liebe den Anblick deiner Brüste.«
»Und ich liebe alles an dir«, erwiderte ich und schmiegte mich in seine Arme. »Was hast du denn für schreckliche Träume?« fragte ich und fuhr ihm mit den Fingern liebevoll über den Rücken. Sein Körper war über und über mit Narben bedeckt.
»Am schlimmsten ist es, wenn ich vom Gefängnis träume. Ein Mann verändert sich ganz seltsam unter der Folter, Mylady. Auch wenn einer die Qualen übersteht – er ist danach nicht mehr derselbe. Man sieht die anderen nicht mehr so unbefangen wie zuvor. Wer die ausgesuchte Grausamkeit *eines* Menschen erlebt hat, dem sind fortan alle verdächtig. Und natürlich zweifelt man auch an sich selbst.«
»Aber warum? Bist du denn nicht stolz auf dich, daß du standgehalten hast, wo andere versagten?«
»Nein, Mylady, nein. Unter der Folter, siehst du, erkennt man sich jeden Augenblick als das schwache, verletzliche Geschöpf, das man wirklich ist. Entlarvt, entmannt. Ringsum ein Ozean voll

Schmerz, und man selbst nicht mehr als ein Klumpen blutigen Fleisches und berstender Knochen, die jeden Augenblick nachgeben können. Aber man hält durch und betet um eine Ohnmacht. Man fleht zu Gott, er möge nicht zulassen, daß man seine Kameraden verrät und die im Stich läßt, deren Leben von einem abhängt. Doch in jeder Sekunde dieser Pein weiß man auch, daß man nur um Haaresbreite davon entfernt ist, aufzugeben. Und dann ist es auf einmal vorbei. Man hat es überstanden. Aber die Angst läßt sich nicht abschütteln, die Angst, daß ein Tag länger oder auch nur fünf Minuten mehr oder noch ein qualvoller Schlag genügt hätten, und es wäre anders ausgegangen. Wer einmal die eigene Schwäche so zu spüren bekam, Mylady, dem fällt es schwer, je wieder stolz zu sein.«

Beschwichtigend legte ich ihm den Finger an die Lippen. Wie gern hätte ich seinen Schmerz gelindert. »Wir Frauen erfahren unsere Sterblichkeit im Kindbett«, sagte ich. »Danach sind auch wir nicht mehr wie zuvor.«

»Ja, mein Schatz, wir alle müssen uns mit den bösen Geistern herumplagen, nicht wahr?« Er lächelte wehmütig. »Aber, bei Gott, ich bin froh, daß die Dämonen uns beide verschont haben, damit wir das erleben dürfen.«

»Du hast mir mehr Glück geschenkt, Seaneen, als ich mir auf Erden hätte träumen lassen«, sagte ich und schmiegte mich fester an ihn. »Oh, mein Liebster, wie reich hast du mich gemacht!«

»Seltsam... und dabei hast du doch alles, was die anderen sich ihr Leben lang wünschen. Daß du *mir* Mond und Sterne geschenkt hast, klingt schon viel begreiflicher.« Er lachte leise.

»Ich wünschte, die Götter hätten uns mehr Zeit zugestanden, Geliebter.«

»Und ich bin dankbar, daß sie uns überhaupt zusammengeführt haben.« Er beugte sich über mich und schaute unsagbar zärtlich auf mich herab. »Aber heute nacht, Mylady, heute nacht laß uns so tun, als hätten wir alle Zeit der Welt.«

Seine Hände, seine Lippen spielten die wundervollsten Melodien auf dem Instrument meines Körpers. Ich wollte mich aufrichten, um seine Liebkosungen zu erwidern, doch er drückte mich in die Kissen zurück und preßte mich mit seinem Gewicht nieder, bis ich endlich nachgab und mich treiben ließ. Viel, viel später glitt ich sacht aus verzücktem Sinnentaumel hinüber in den ungetrübten Schlaf der Erfüllung.

»Wünschst du dir nie, wir wären jemand anders und könnten uns einfach liebhaben und heiraten und Kinder bekommen – ein ganz normales Leben miteinander führen?« fragte ich, als wir mit der Straßenbahn von Howth nach Hause fuhren. Wir hatten uns einen ganzen Tag freigemacht und waren mit einem Picknickkorb ans Meer hinausgefahren – ein seltenes Fest, und der Ausflug war so schön verlaufen, wie wir es uns vorgestellt hatten.
»Doch, Mylady.« Der glückliche Tag hatte ein zufriedenes Lächeln auf Seaneens Gesicht gezaubert. »Davon träume ich neuerdings nur zu oft.«
»Erzähl mir mehr davon. Was genau stellst du dir vor?« Gewiß konnte er aus meiner Stimme heraushören, daß ich ebenso zufrieden war wie er.
»Oh, meistens sehe ich uns daheim in Tipperary, wo ich geboren und aufgewachsen bin. Ich stelle mir vor, ich sei Bauer – natürlich kein Großgrundbesitzer wie dein Vater –, aber ich hätte ein hübsches Stück Land und stattliche Söhne, die mir helfen, das Feld zu bestellen. Und dann wären da noch ein, zwei Mädchen, die ich auf den Knien schaukeln könnte.« Er wandte sich mir lächelnd zu und fragte unvermutet: »Würde es dich überraschen zu hören, daß ich deine Kinder gern kennenlernen möchte?«
Der Gedanke erschreckte mich.
»Ich habe Kinder sehr gern, weißt du, und ich kann gut mit ihnen umgehen. Sie mögen mich.« Es klang stolz und verlegen zugleich, und ich dachte bei mir: Es gibt so vieles, was ich noch nicht von dir weiß, mein Liebster.
»Wir hätten wundervolle Kinder zusammen haben können«, sagte ich versonnen.
»Bei dem Tempo, das wir vorlegen, könnte das auch jetzt noch geschehen. Ich ängstige mich um dich, Mylady. Unsere Liebe könnte dich in Gefahr bringen.«
»Mach dir um mich keine Sorgen«, entgegnete ich mutiger, als ich mich fühlte. Denn in Wahrheit hatte mich die Angst vor einer Schwangerschaft seit Beginn unserer Affäre belastet. »Nie könnte ich durch unsere Liebe zu Schaden kommen.«
Später hatte ich Grund, mich an meine Worte zu erinnern. Aber zu keiner Zeit hätte ich sie zurückgenommen.

Ich hatte mit Seaneen eine wundervolle Nacht verbracht – wundervoll wie alle Nächte mit ihm. Die bittersüße Gewißheit, daß ich in wenigen Tagen fort mußte, steigerte unser Verlangen nacheinander nur noch, und jede Minute des Beisammenseins schien von einer fast übernatürlichen Schönheit verklärt. Uns verband mehr als bloße Sinneslust, obwohl wir bei Gott auch darin schwelgten. Seaneen hatte mich gelehrt, zu leben, zu fühlen und über das Gewöhnliche hinauszusehen. Von ihm ging eine Kraft aus wie von einem riesigen Felsen, den jahrhundertelang das Meer umspült, ohne ihm doch etwas anhaben zu können. Ich liebte und bewunderte ihn, und ich glaube, in jener letzten Woche unseres Zusammenseins sah ich ihn klarer als je einen Menschen zuvor.

Edmonds kühle Strenge hatte mich schutzlos vom wahren Leben ausgesperrt – Seaneens Wärme und Leidenschaft dagegen schenkten mir Geborgenheit. Eine grausame Ironie des Schicksals, wie sich herausstellen sollte.

Ich war so trunken vor Freude, als ich aus der Droschke stieg, daß es mich nicht einmal störte, die ganze Nacht außer Haus gewesen zu sein. Bisher hatte ich darauf geachtet, daß ich heimkam, bevor meine Kinder aufstanden, damit ihnen nur ja nichts auffiel oder sie beunruhigte. Aber das war unsere letzte Woche, und der Abschiedsschmerz hatte mich selbstsüchtig gemacht. Ich würde den Dienstboten einfach erzählen, daß ich die Nacht bei meiner Schwester verbracht hätte, was tatsächlich schon das eine oder andere Mal vorgekommen war.

Als das Mädchen mir die Tür öffnete, fand ich mit einem Schlag in die Wirklichkeit zurück. Ihr Gesicht war tränenverschmiert, die Augen wirkten geschwollen.

»Was ist geschehen?« fragte ich ängstlich.

»Unsere kleine Miß, Ma'am...«, jammerte das Mädchen. »Sie konnte Sie nicht finden, heut früh... da ist sie im Hemdchen raus auf die Straße...« Als die Ärmste vor Schluchzen nicht weitersprechen konnte, tat ich etwas, was ich noch nie im Leben gemacht hatte – ich versetzte ihr eine schallende Ohrfeige.

»Ich will wissen, was passiert ist, und zwar sofort!« herrschte ich das arme, wimmernde Geschöpf an; Furcht und Schuldbewußtsein überfielen mich.

»Der Kutscher hat sie nicht gesehen, Ma'am. Sein Wagen hat sie

glatt überrollt, aber der Mann hat sie erst gesehen, als es schon zu spät war.«
Heilige Mutter Gottes, es durfte nicht wahr sein! Nicht meine kleine Angelica! Vier Jahre – das ist zu jung zum Sterben.
»O nein, Ma'am!« rief das Mädchen, das offenbar meine Gedanken erraten hatte. »Sie ist nicht tot, unsere kleine Miß. Nur gelähmt.«
Läßt sich mit Worten ausdrücken, was in diesem Augenblick in meinem Herzen vorging? Mein Baby hatte nach mir gesucht, während ich in Seaneens Armen gelegen und keinen Gedanken an mein Kind verschwendet hatte. Mein Baby hatte mich gesucht und nicht gefunden.
»Wo ist sie?« Ich konnte kaum atmen.
»Wir haben nicht gewußt, wo Ma'am sind, Ma'am. Also ham wir Derek rüber zu Mrs. O'Connor geschickt, und sie ist auch gleich gekommen. Mr. O'Connor hat den Doktor geholt, und dann sind sie alle zusammen mit dem Krankenwagen fort.«
»Wohin, Bessie? In welche Klinik?«
»Ins St.-Vincent-Krankenhaus, Ma'am.« Das Mädchen starrte mich mit weit aufgerissenen Augen an, als fürchte es, sich gleich noch eine Ohrfeige einzuhandeln.
»Verzeih mir, Bessie«, sagte ich hastig, bevor ich auf die Straße zurückrannte. »Ich hätte dich nicht schlagen dürfen.«
»Ist schon recht, Ma'am«, rief sie mir nach. »Wir haben nicht gewußt, wo Ma'am sind, Ma'am.« Ihre Worte hallten noch in meinem Kopf wider, als ich schon in der Droschke saß, die im Eiltempo übers Kopfsteinpflaster rumpelte. »Wir haben nicht gewußt, wo Ma'am sind.«

Ich entdeckte Tierney zuerst im Krankenhauskorridor, doch als ich an ihm vorbeieilen wollte, hielt er mich zurück.
»Du mußt warten, Beth. Du kannst jetzt nicht zu ihr. Sie wird operiert. Con ist bei ihr.«
»Ich sollte bei ihr sein, *ich!*« Schwestern, Ärzte, Patienten – alle starrten mich verwundert an. »Sie ist mein Baby! Ich muß zu ihr!«
Eine hübsche junge Schwester, die wohl erriet, was vorging, eilte auf mich zu. »Für Ihre kleine Tochter wird alles Menschenmögli-

che getan, Euer Ladyschaft. Dr. Langhorn hat zufällig heute morgen einen Vortrag bei uns gehalten, als Ihr Töchterchen eingeliefert wurde. Er ist *der* Spezialist Europas auf diesem Gebiet. Wenn jemand sie retten kann, dann nur er. Bedenken Sie, welch ein Glück, daß er gerade heute hier ist!«
Ich nickte benommen, brachte indes kein Wort heraus. Tierney hielt immer noch mit beiden Händen meine Arme umklammert. Ich versuchte, mich auf seine vor Anstrengung weißen Knöchel zu konzentrieren, aber eine heftige Übelkeit befiel mich, und dann war mir auf einmal schwarz vor Augen. Ich fiel und fiel, und nur Tierneys starke Hände bewahrten mich vor dem Abgrund.
Als ich wieder zu mir kam, sah ich Cons erschrockenes Gesicht über mich gebeugt.
»Wenn ich doch nur zu Hause geblieben wäre...« Ich sprach wohl aus, was alle dachten.
»Scht, Schwesterchen, scht«, flüsterte Con mit tränenerstickter Stimme. »Du darfst jetzt nicht daran denken. Noch besteht Hoffnung für ihr Leben.«
»Sie ist noch so klein und hilflos... Sag mir, was mit ihr passiert ist, bitte!«
Con wollte antworten, aber es gelang ihr nicht; sie warf Tierney einen verzweifelten Blick zu, worauf er mit unnatürlich gepreßter Stimme zu sprechen begann. »Sie lief aus dem Haus, ohne daß jemand es bemerkt hätte. Die Dienstboten wußten bis heute nicht einmal, daß sie allein die Haustür aufmachen konnte... Sie muß so geschwind auf die Straße gerannt sein, daß der Milchmann sie einfach nicht gesehen hat.« Er hielt inne, wie um neuen Mut zu fassen.
»Die Räder haben Rücken und Oberschenkel zerquetscht. Dr. Langhorn meint, er wird versuchen, ihre Beine zu retten, aber ihr Leben hat Vorrang. Er ist der Beste auf seinem Gebiet.«
»Habt ihr gewußt, wo ich war?«
»Als die Dienstboten sagten, du seist nicht heimgekommen, haben wir's erraten, ja. Aber es war keine Zeit, dich bei Seaneen zu verständigen. Wir mußten Angelica so schnell wie möglich ins Krankenhaus bringen, und unter den gegebenen Umständen konnte ich keinen Hausangestellten nach dir schicken.«
»Wir können immer noch hoffen, daß Edmond die volle Wahrheit nie erfahren wird«, warf Con ein.

Ich nickte nur. Ich fühlte mich wie tot – nein, schlimmer: Ich lebte und war schuldig. Mein schönes, geliebtes Töchterchen war gelähmt, mußte vielleicht sogar sterben, weil ich selbstsüchtig meinem Vergnügen nachgegangen war.
Con nahm mich in die Arme, und wir weinten zusammen, warteten und bangten. Keiner von uns sprach mehr, bis der Arzt kam. Was hätten wir auch sagen sollen?

Jene Augenblicke, die unser Leben von Grund auf verändern, bleiben für immer in unserem Gedächtnis. Cons Antlitz, als sie mir sagte, daß sie mit Tierney fortgehen würde; Terrance Kiernans aufrechte Haltung, als man ihn ins Armenhaus führte; Bethanys Sarg, als er in die Erde versenkt wurde; das kreideweiße Gesicht meiner Tochter, als man sie auf dem Weg vom Operationssaal ins Krankenzimmer an mir vorbeifuhr. All diese Bilder werden nie verblassen.
Angelicas zartes Körperchen zeichnete sich kaum ab unter dem weißen Laken, mit dem sie zugedeckt war. Um ihre Beine hatte man eine Art Gitterkäfig konstruiert. Reglos wie eine Tote lag sie auf der Bahre.
Abermals drohten mir die Sinne zu schwinden, doch da gruben sich Cons Fingernägel in mein Handgelenk, und der stechende Schmerz brachte mich wieder zu Bewußtsein. Ein hochgewachsener, distinguierter Herr ging neben der Bahre her. Er trug einen Schnurrbart und war tadellos gekleidet.
»Ich bin Dr. Langhorn, Lady Manningham«, sagte er mit wohleinstudierter Ruhe. »Wir haben nicht amputiert, aber es besteht kaum die Hoffnung, daß Ihre Tochter ihre Beine je wieder wird gebrauchen können. Die Wagenräder haben ihre Wirbelsäule verletzt – ein Schaden, der sich operativ nur bedingt beheben läßt.«
»Wird sie am Leben bleiben, Doktor?«
»Da bin ich ganz zuversichtlich, Mylady. Trotz ihrer Zartheit ist Ihre Tochter erstaunlich widerstandsfähig. Sie müssen sich allerdings darüber im klaren sein, daß die Kleine auf lange Sicht ein Pflegefall bleiben wird. Es dürfte Jahre dauern, ehe sie völlig außer Gefahr ist und sich selbst behelfen kann.«
Ich nickte stumm, von Schuld gemartert. Meine wunderschöne, süße kleine Tochter ein Krüppel – durch meine Schuld! Der Ge-

danke verfolgte mich, ließ mich nicht zur Ruhe kommen. Tagelang wechselten wir uns an Angelicas Bett ab, schliefen kaum und warteten darauf, daß sie aus dem Koma erwachen möge.
Einen Tag nach dem Unfall war Edmond in Dublin eingetroffen. Er konnte nichts über die näheren Umstände erfahren haben, und doch gab er offenbar meiner Nachlässigkeit die Schuld, wozu er ja auch allen Grund hatte.
Am meisten überraschte mich seine unerwartete, aufopferungsvolle Liebe zu unserer kleinen Tochter. Edmond – der Kühle, Unnahbare – wachte an Angelicas Krankenbett mit der Hingabe eines Meßdieners vor dem Altar. Während sie im Koma lag, redete er unermüdlich mit sanften, zärtlichen, liebevollen Worten auf sie ein. Die Ärzte versicherten uns, das Kind könne ihn nicht hören, aber er ließ sich nicht beirren. Später, als es Angelica wieder besserging, konnte sie uns bestätigen, wieviel sein Zuspruch ihr damals bedeutet habe.
Endlich, nach vielen Wochen bangen Wartens, erklärte man unsere Tochter für reisefähig, und wir trafen die nötigen Anstalten, um sie heim nach Manningham zu bringen. Die anderen Kinder waren schon längst in Begleitung ihrer Nanny und einiger Dienstboten nach Hause zurückgekehrt.
Als wir reisefertig waren, machte ich meinen Abschiedsbesuch bei Con und Tierney. Unser Unglück hatte sie fast ebenso schwer getroffen wie mich. Wir küßten und umarmten einander wortlos, doch als ich mich zu Gehen wandte, hielt Tierney mich schüchtern zurück.
»Con wollte nicht dulden, daß ich mit dir über Seaneen rede, Beth. Aber ich muß es tun.«
Alle Farbe wich aus meinem Gesicht. »Ich habe mich so sehr bemüht, nicht an ihn zu denken.«
»Ich weiß, es ist vielleicht nicht recht, das jetzt zu sagen, aber er liebt dich, Beth, das ist die Wahrheit. Das Unglück hat ihn furchtbar getroffen. Er... er hat mir einen Brief für dich gegeben.« Tierney griff in die Tasche und zog einen zerknitterten Umschlag heraus. Anscheinend hatte er ihn schon geraume Zeit mit sich herumgetragen.
Ich brannte darauf, ihn zu öffnen, und wagte es doch nicht. Unschlüssig wog ich den Brief eine Weile in der Hand, schob ihn dann ungeöffnet in meine Tasche, küßte die beiden zum Abschied noch einmal und ging.

Erst als wir schon ein paar Tage auf Manningham waren, getraute ich mich, den Brief hervorzuholen und zu lesen.

Liebste Mylady!
Für den Kummer in meinem Herzen gibt es keine Worte, für die Qual in Deinem keinen Trost.
Und doch möchte ich, daß Du weißt, wie sehr ich Dich liebe – nicht zur Milderung der Schuld, die wir auf uns geladen haben (wir beide sind gewiß die Unglücklichsten unter den Sterblichen, da unser kurzes Glück solch furchtbare Folgen zeitigte), sondern weil Liebe Kraft schenkt, und gewiß wirst Du jetzt Kraft brauchen.
Du sollst wissen, geliebte Beth, daß ich in Dir kein flüchtiges Abenteuer gesehen habe. Vielmehr warst Du der Höhepunkt vieler Träume, die ich längst verloren geglaubt hatte, die Wiedergeburt der Hoffnung, ja meines Lebens, das allzu viele Jahre brachgelegen und weder Liebe noch Hoffnung oder Träume gekannt hatte.
Und doch, wenn ich Dir dieses Herzeleid hätte ersparen können, so hätte ich es gewiß getan. Aber natürlich liegt das nicht in meiner Macht.
Mir bleibt also nichts mehr, als Dir zu versichern, daß ich Dein Andenken in Ehren halten werde wie kein zweites. Eines aber gelobe ich Dir feierlich und bei allem, was mir heilig ist: Falls Du mich je brauchen solltest, gleichgültig, wo und warum, dann werde ich zu Dir kommen, und wenn auch der Teufel selbst den Weg versperrte. Das ist kein leeres Versprechen, Mylady. Denk daran, wenn Du je in Not geraten solltest.
Ich liebe Dich immer und ewig,
Seaneen

Ich las den Brief so oft, bis jedes Wort sich unauslöschlich meinem Gedächtnis eingeprägt hatte. Dann verbrannte ich ihn an der Kerze neben dem Bett meiner Tochter und richtete mich darauf ein, mit den langen Jahren, die vor mir lagen, fertig zu werden.

Die Wege des Herrn sind in der Tat sonderbar. In meinem Alter hat man Zeit genug, darüber nachzudenken, und manches erscheint klarer als in der Jugend. Klar ist mir heute vor allem die Tatsache, daß wir nicht im geringsten vorausahnen können, was Gott mit uns vorhat.

Meine Tochter Angelica war mir zeitlebens das größte Rätsel. Warum dieses wunderbare, einmalige Kind derart leiden mußte, übersteigt alles menschliche Fassungsvermögen. Und doch habe ich miterleben dürfen, wieviel Großes und Gutes sie dem Schicksal abzuringen vermochte und wieviel Gutes sie anderen tat, weshalb ich mich nicht zu fragen brauche, warum sie an jenem furchtbaren Morgen gerettet wurde – bleibt nur die Frage, warum sie so sehr leiden mußte.

Den ganzen Herbst und Winter dieses Jahres rang sie mit dem Tode, selten nur war sie bei klarem Verstand. Immer hatte sie Schmerzen. Ich saß an ihrem Bett, stunden-, tage-, wochen- und monatelang. Meine anderen Kinder waren rührend besorgt um ihre kranke Schwester. Sie brachten ihr Kirschen aus dem Obstgarten und pflückten auf der Wiese Blumen für sie. Die Zwillinge lasen ihr vor, trunken vor Stolz über die Fortschritte, die sie im Unterricht bei ihrem Hauslehrer machten. Selbst Winston, der im übrigen größer und hübscher geworden war, als ich erwartet hatte, ging freundlich und geduldig mit der kranken Schwester um; allerdings dachte er nicht oft daran, Angelica zu besuchen.

Der Sommer schenkte uns die Gewißheit, daß meine Tochter überleben würde – gelähmt zwar, Beine und Rücken verkrüppelt, aber sie würde am Leben bleiben. Merkwürdigerweise hatten die langen Monate schmerzhafter Krankheit sie nicht reizbar und quengelig gemacht, wie man das bei einem Kind ihres Alters erwartet hätte. Statt dessen war sie in sich gekehrt und nachdenklich und von unwandelbarer Sanftmut, so als hätte die übergroße Bürde ihres Leidens sie vor der Zeit reifen lassen. Alt und abgeklärt und weise kam sie mir vor; sie schien zu wissen, daß sie sich auf ihren eigenen Mut und ihre innere Kraft verlassen konnte.

Ich hatte stets das Gefühl, dieses kleine Mädchen sei älter als ich. Edmond war unbeschreiblich gut zu ihr. Jeden Tag spielte er mit Angelica und entfaltete im Umgang mit ihr die bei weitem beste Seite seines Wesens. Winston gegenüber gab er sich kühl und schulmeisterhaft; er stellte hohe Forderungen an seinen Sohn, doch da Winston das Ebenbild seines Vaters war, wurden Edmonds Erwartungen nicht enttäuscht. Zu den Zwillingen war er freundlich, aber unnachgiebig korrekt und überließ sie im übrigen die meiste Zeit ihrer eigenen Gesellschaft. Doch am Bett seiner kranken Tochter war er wie ausgewechselt, immer liebevoll und sanft.

Selbst mir gegenüber zeigte Edmond in Angelicas Gegenwart Nachsicht, wenngleich er zu anderen Zeiten aus seinem Abscheu vor mir keinen Hehl machte. Er hatte auch allen Grund dazu. Denn acht Monate nach meiner Rückkehr aus Dublin brachte ich einen Sohn zur Welt, und Edmond war nicht sein Vater. Dunkles Haar, lohfarbener Teint, dunkle Augen, ein stämmiger Körper und kräftige Glieder – alles miteinander die Verkörperung Seaneen O'Sullivans – zeichneten den jüngsten Sproß der Manninghams aus. Für jeden, der sowohl Seaneen als auch Edmond kannte, mußte sonnenklar sein, wer der Vater des Kindes war.

»Mein Großvater mütterlicherseits war ein bärenstarker Kerl mit schwarzem Haar«, sagte Edmond im Beisein der Dienstboten am Abend der Geburt. »Der Junge schlägt ihm nach.« Es war nett von ihm, mir die Demütigung zu ersparen, hinterrücks vom Personal bespöttelt zu werden, aber der haßerfüllte Blick, mit dem er sich von der Wiege abwandte, ließ mir das Blut in den Adern gefrieren.

Wie konnte ein so kurzes Glück solch furchtbare Zerstörung anrichten? Wie konnte ein einziger wunderbarer Sommer so viele Menschen im Netz der Sünde verstricken? Es war mir unbegreiflich.

Ich nannte den Kleinen John, nicht etwa, weil ich mit dem Schicksal gehadert hätte, das ihm seinen rechtmäßigen Vater vorenthielt, sondern einfach, weil der Junge so sehr seinem Vater nachzuschlagen schien, daß er, wenn schon nicht seinen Familien-, so doch zumindest seinen Vornamen tragen sollte, und sei es auch nur in der anglisierten Form.

In den Monaten der Schwangerschaft hatte ich fast den Verstand verloren ob dieses neuerlichen Beweises meiner Sünde, der in mir wuchs, während ich an Angelicas Bett wachte, deren Leiden auf meinem Gewissen lastete. Hätte Wahnsinn meine Qual gelindert, ich hätte ihn willkommen geheißen. Aber so seltsam es klingen mag, und so wenig ich selbst es erklären kann: Nie, auch nicht einen Augenblick lang bereute ich meine Liebe zu Seaneen oder zu seinem Kind. Mein Gefühl für beide war wie ein winziges Licht in der Dunkelheit.

Wir Menschen sind erstaunlich zäh und überleben vieles, ob es uns nun gefällt oder nicht. Im Herbst, zwei Jahre nach dem Unfall, konnte Angelica ihr Bett von Tag zu Tag länger verlassen, und mein Jüngster gedieh prächtig. Unser Leben fand in die gewohnten Bahnen zurück, und ich lernte endlich, daß ich mich – koste es, was es wolle – zusammenreißen und neu anfangen mußte, wollte ich gut für meine fünf heranwachsenden Kinder sorgen.

Zu Edmonds Gunsten muß ich erwähnen, daß er mir nie ins Gesicht sagte, er wisse, daß Johnny nicht sein Sohn sei; freilich mied er das Kind, wo er nur konnte. Nach seiner Vorstellung waren wir unwiderruflich aneinander gebunden, »im Guten wie im Schlechten«, und vermutlich fand er sich damit ab, daß er in mir den »schlechten« Teil erwählt hatte. Schon lange bevor ich nach Dublin reiste, hatten wir aufgehört, das Bett miteinander zu teilen, aber vor der Welt galt unsere Ehe wahrscheinlich als ebenso gut wie die meisten in unseren Kreisen. Mein Mann würde sich in Zukunft mit anderen Frauen über eine lieblose Ehe hinwegtrösten; mir blieb wesentlich weniger.

Tiefer Kummer überdeckt nach einer gewissen Zeit sogar Schuldgefühle. Und so schloß auch ich schließlich zögernd Frieden mit mir selbst und wandte mich wieder den zahlreichen Pflichten eines großen Haushalts zu. Edmond, der in wachsendem Maße von der parlamentarischen Auseinandersetzung über die Home Rule in Anspruch genommen wurde, richtete es so ein, daß er so oft wie möglich außer Haus war, was ich ihm kaum verübeln konnte.

Ich widmete mich der Erziehung meiner Kinder, kam allmählich wieder zur Ruhe und war bereit, mich in mein Schicksal zu fügen.

Tahg verbrachte jeden Sommer seine Ferien bei uns, und während der nächsten paar Jahre drehte sich meine Welt um diese sechs Kinder – Cons und meine Nachkommen.

Zweiter Teil

Geliebtes Dublin – Häßliche Stadt

Kommende Ereignisse werfen ihre Schatten voraus.

Thomas Campbell

1

Inzwischen weiß ich, daß ich die meiste Erfahrung und Kraft in meinem Leben aus Trauer und Verzweiflung schöpfte. Damals, als ich, getrennt von Seaneen, in meiner lieblosen Ehe lebte, wußte ich das noch nicht. Gegen jede neue Prüfung des Schicksals begehrte ich auf – und wie alle von uns überstand ich sie.
Das Verhältnis zwischen Edmond und mir war von kühler Entspannung gekennzeichnet. Einen Großteil seiner Zeit verbrachte er in London im Oberhaus, wo man ihn aufgrund seiner Scharfsichtigkeit und seiner entschiedenen Meinung zu schätzen lernte. Er machte sich dort bald einen Namen und schien seine in der Ehe erfolglosen Energien in andere Bahnen gelenkt zu haben.
Neben den Kindern und dem Haushalt widmete ich meine Zeit weiterhin täglich dem Schreiben. Neugegründete Frauenzeitschriften veröffentlichten Artikel von mir, und wann immer ich es mit meinen Mutterpflichten vereinbaren konnte, reiste ich zu Lesungen. In der Gesellschaft anderer Frauen fand ich einen mir vorher unbekannten Trost.
In der Erinnerung scheint mir diese Zeit erfüllt von Tatendrang. Die Rechte der Frauen, der Arbeiter, der Kinder und das Recht der Iren – all das vermischte sich zu Beginn des neuen Jahrhunderts in unserem Bewußtsein zu einem einzigen Kampf um Veränderung des Status quo.
Meine Schwester war in Dublin zu einer bekannten Persönlichkeit geworden. Ihr Pseudonym hatte man selbstverständlich nicht gelüftet, doch ihre unverblümten und aufrührerischen Aufsätze beeinflußten das Denken und im Laufe der Zeit auch die Handlungen der Leute. Die Wilde Harfe wie auch die Gälische Liga und die IRB ebneten den Weg für unseren Griff nach der Freiheit.
Mehr als einmal standen Con und ich auf demselben Podium. Mehr als einmal lachten und weinten wir über einen winzigen Triumph oder eine demütigende Niederlage. Wir saßen sogar ge-

meinsam im Gefängnis – wie ich noch berichten werde. Wir hatten uns weit von unseren Kindheitsträumen entfernt in jenen ausgefüllten und harten Jahren, die so schnell vergingen – doch beurteilen Sie selbst, wie sehr wir uns veränderten.

Con und ich waren in Hochstimmung, als wir an jenem unwirtlichen Februarmorgen des Jahres 1910 das Podium bestiegen. Es war einer der kühlen und feuchten Tage, die den irischen Winter auszuzeichnen pflegen; trotzdem war es uns gelungen, ein stattliches Publikum anzulocken, was uns überglücklich machte.

Con sollte über die Verbesserung der Arbeitsbedingungen sprechen, ich die Rechte der Frau vertreten, und die Gräfin wollte ihren Plan darlegen, einen Mittagstisch für die Kinder aus den Armenvierteln einzurichten – gratis, versteht sich. Da unsere Themen durchwegs humanitären Charakter trugen, überraschte uns das große Polizeiaufgebot, welches man zu uns geschickt hatte. Unsere Publikationen und Ansprachen waren streitbar und kämpferisch formuliert, gewiß, dennoch wiegten wir uns in unserer Naivität nach wie vor in Sicherheit. Wir hatten indes kaum zu reden begonnen, da forderte man uns auch schon auf zu verschwinden. Con und die Gräfin, die Temperamentvollsten, aber auch Unbesonnensten unter uns, stritten sich mit den Polizisten herum, bis sich herausstellte, daß die nicht gesonnen waren, uns ungeschoren davonkommen zu lassen. Schließlich gehorchten wir notgedrungen, kletterten vom Podium, die Menge zerstreute sich, und die Polizisten ließen endlich von uns ab.

Wir waren wütend über diese Behandlung und zerbrachen uns den Kopf darüber, wie wir es ihnen schwerer machen könnten, uns zu verscheuchen. Wir hatten von einigen Frauenrechtlerinnen in London gehört, die sich an die Tore des Parlamentsgebäudes gekettet hatten, um ihre Vertreibung zu verhindern. Das würden wir nachmachen!

Falls unser Entschluß Ihnen unbesonnen erscheint, sollte ich Ihnen vielleicht erklären, wie enttäuscht wir mittlerweile waren, weil uns immer wieder ein Strich durch die Rechnung gemacht wurde. Es war schon schwer genug, ein Publikum zu gewinnen –

da viele Frauen den Zorn ihrer Ehemänner fürchteten –, und wenn es uns dann doch gelungen war, eine Gruppe beherzter Zuhörerinnen zusammenzubringen, schikanierte uns die Polizei und hinderte uns daran, unsere Botschaft zu verkünden. Das erfüllte uns mit Wut und Enttäuschung; wir kämpften für eine *gerechte* Sache, die keine Verfolgung verdiente. Also besorgten wir uns das nötige Werkzeug und ketteten uns an die Tore des Gerichtspalastes.

Im Nu hatte sich eine riesige Menschenmenge um uns versammelt, und als wir zu reden begannen, tauchte auch ein Polizeitrupp auf. Wir überschrien ihre Befehle, zu schweigen; wir prangerten ihre Schikanen an als weitere Ungerechtigkeit in einer ohnehin endlos langen Reihe.

Mit vor Aufregung schriller Stimme beklagte ich die Leiden der Frau und verwahrte mich gegen die Unterdrückung unseres Geschlechts. Neben mir proklamierte Con die Menschenrechte. Da packten mich plötzlich rohe Hände, zerrten mich vom Tor weg, und ich hörte das Kreischen der Säge, mit der die Polizisten meine Ketten durchtrennten. Gleich darauf gellte Cons Schrei an mein Ohr, und ich sah, wie ein Uniformierter ihr einen Schlag über den Kopf verpaßte. Sie sackte zusammen und wäre gestürzt, hätten die Eisenketten, mit denen sie ans Tor gefesselt war, sie nicht gehalten.

Ich raste und tobte, beschimpfte die Männer, die meine Schwester geschlagen hatten, mit den übelsten Worten, trat und kratzte die, welche mich zu bändigen versuchten, bis mir schließlich ein harter Schlag auf den Kopf die Besinnung raubte. Als ich wieder zu mir kam, lag ich wund und blutend auf einem Polizeilastwagen, der mich ins Gefängnis brachte.

Man sperrte uns in ein düsteres, trostloses Loch. Eng aneinandergeschmiegt hockten wir auf einer Holzpritsche, unter der Aufsicht einer Wärterin, deren finsterer Blick nichts Gutes verhieß. Heimlich verabredeten wir, dem Beispiel englischer Bürgerrechtler zu folgen und darauf zu bestehen, daß man uns als politische Gefangene behandle und nicht wie gewöhnliche Verbrecher. Ehe man uns gewaltsam voneinander trennte, schworen wir uns, notfalls gleich unseren Vorbildern in den Hungerstreik zu treten, um unsere Forderungen durchzusetzen.

Bei der Vernehmung war ich so geistesgegenwärtig, meinen Na-

men als Elizabeth FitzGibbon zu Protokoll zu geben. Damit hoffte ich, Edmond, der zur Zeit in London weilte, aus dem Skandal um meine Festnahme herauszuhalten.
Die Erniedrigungen, die wir an diesem Tag zu erdulden hatten, werden mich bis in den Tod verfolgen. Wir mußten uns nackt ausziehen und in einen Badezuber steigen, in dem sich offenbar schon viele vor uns gesäubert hatten, denn das Wasser war so trübe und übelriechend, daß ich mich am ganzen Leib besudelt fühlte, als ich wieder herauskam.
Man nahm uns die Kleider fort; statt dessen bekam jede einen Kittel, geflickt und schmutzig, aus grobem Leinen, der uns die Haut wund scheuerte. Doch verglichen mit den Schuhen waren diese Kittel noch paradiesisch. Man gab mir schwere Schnürstiefel, die weder zusammen- noch an meine Füße paßten. Vor allem der linke war so groß, daß ich über den Boden schlurfen mußte, um ihn nicht zu verlieren.
Wir hatten schon Horrorgeschichten über die Zustände in unseren Gefängnissen gehört, doch bevor man nicht selbst in so einer beängstigend winzigen, steinernen Zelle eingesperrt war, ohne Heizung und mit nur einer einzigen schummrigen Gasfunzel, kann man sich ihre wahren Schrecken nicht vorstellen; und auch nicht das entsetzliche Gefühl der Verlassenheit.
Das Schluchzen und Klagen meiner Gefährtinnen ging mir zu Herzen; die gemeinen Reden der hartgesottenen Verbrecher widerten mich an. All meine Phantasie hätte nicht gereicht, um mir auszumalen, wie qualvoll es ist, Nacht für Nacht schlaflos auf einer schmalen Holzpritsche zu liegen, während Kälte und Feuchtigkeit der steinernen Wände den Körper erstarren lassen und das Wimmern verzweifelter Frauen einem in den Ohren gellt. Das Essen war ungenießbar und ohne jeden Nährwert, die Toiletten stanken so bestialisch, daß es sich mit Worten kaum schildern läßt.
Eines Nachts hörte ich in der Nachbarzelle eine Frau schreien, die in den Wehen lag – ihr erbarmungswürdiges Stöhnen wurde übertönt von der scharfen Kommandostimme der Wärterin, die dem armen Weib Schläge androhte für den Fall, daß sie nicht gleich Ruhe gebe.
Ich war in schrecklicher Sorge um Con. Man hatte sie wegen ihrer Kopfwunde in den Krankentrakt geschafft, und es dauerte volle

zwei Wochen, ehe man sie in unseren Zellenblock überführte. Sie wirkte sehr elend.
Kurz nach ihrer Überstellung wurde ich aus dem Gefängnis entlassen. Edmond hatte in England von meiner Festnahme erfahren und all seinen Einfluß spiele lassen, damit ich wieder auf freien Fuß kam. Ich war fuchsteufelswild, als ich erfuhr, daß man mit mir eine Ausnahme machte und aus Rücksicht auf die Stellung meines Mannes Milde walten ließ. Andererseits kann ich nicht guten Gewissens leugnen, daß ich heilfroh war, diesem schaurigen Ort zu entkommen.
Gleich nach meiner Freilassung setzte ich alle Hebel in Bewegung, um Con und die anderen aus dem Gefängnis zu holen. Besonders meine Schwester schien so angegriffen, daß ich um ihre Gesundheit fürchtete.
Stellen Sie sich meine Bestürzung vor, als ich über Con Markievicz, die Kontakt zur Gefängnisverwaltung hatte, erfuhr, daß meine Schwester und die mit ihr inhaftierten Frauen in den Hungerstreik getreten seien. Gütiger Gott! Da ich Cons Tapferkeit und ihren Starrsinn kannte, hegte ich keine Zweifel daran, daß sie rückhaltlos an diesem gemeinsam gefaßten Entschluß festhalten würde.
Was ich nicht voraussehen konnte, war das Ausmaß der Qualen, die sie erdulden mußte.

Con O'Connor lag auf ihrer harten Pritsche und starrte zur Decke hinauf. Sie fastete nun schon seit knapp drei Wochen. Die nagenden Hungerqualen der ersten Tage waren einem dumpfen, aber immerwährenden Schmerz gewichen. Der ließ sich zur Not noch ertragen – schlimm war nur, daß sie nicht abschalten und das Brennen in ihren Eingeweiden vergessen konnte. Sie hatte es mit Lockerungsübungen versucht, solange sie dazu noch stark genug gewesen war; als die Kräfte nachließen, ging sie dazu über, Gedichte zu rezitieren oder in der Bibel zu lesen, die man ihr gegeben hatte. Aber es gelang ihr immer seltener, sich von dem bohrenden Schmerz im Leib abzulenken.
Seit neuestem beunruhigte sie ein merkwürdiges Schwindelgefühl: Von Zeit zu Zeit verschwamm ihr alles vor den Augen, und sie litt zunehmend an Konzentrationsschwäche. Ihre Sehkraft

schien auch nachzulassen, und tagtäglich mußte sie sich aufs neue einprägen, was es zu behalten und was es zu vergessen galt. Manche Erinnerungen waren unerträglich schmerzlich und mußten ausgelöscht werden.

Sie verzehrte sich vor Sehnsucht nach Tierney. Und Tahg und Beth. Wenn sie an ihre Familie dachte, überkam die Einsamkeit sie mit aller Macht, und ihre Selbstbeherrschung war dahin. Versuchte sie dagegen, den Gedanken an Mann und Kind auszuschalten, raubte diese Anstrengung ihr die noch verbliebenen Kräfte.

Heute nun stand ihr die schrecklichste Tortur bevor. »Wenn Sie nicht freiwillig essen, dann werden Sie ab morgen zwangsernährt«, hatte die grausame Wärterin ihr gestern abends ins Ohr gezischt. Con wußte von anderen Häftlingen, daß dies keine leere Drohung war.

Sie kämpfte mit ihrer Angst und ihrem Zorn und lauerte hilflos auf die sich nähernden Schritte im Gang, mit denen ihre Furcht Wirklichkeit werden würde.

Endlich hörte sie Schlüssel klappern, die Tür ging auf, und sechs Wärterinnen in Begleitung eines Arztes traten ein. Ein heftiges Zittern erfaßte ihren Körper, das Herz raste, und in den Ohren dröhnte es. Ihre Widerstandskraft war erlahmt, und als sie in das Gesicht der Aufseherin blickte, die drohend über ihr stand, erschauerte sie im Bewußtsein der eigenen Ohnmacht.

»Na, du kleine Schlampe, wirst du jetzt brav sein und essen?« Der schmeichlerische Singsang ihrer Peinigerin erinnerte sie an die Hexe aus »Hänsel und Gretel«, die täglich kam, um die Knochen ihrer armen Opfer zu betasten. Ich verliere den Verstand, dachte Con und versuchte in panischer Angst, sich von der Pritsche zu erheben.

»Ich bin eine politische Gefangene. Sie haben kein Recht, mich so zu demütigen. Ich verlange mein Recht.« Sie konnte kaum sprechen, denn die Angst schnürte ihr die Kehle zu. »Ich werde jede Nahrung verweigern, bis man mich als politischen Häftling anerkennt.«

»Das werden wir ja sehen!« Die Aufseherin gab den anderen ein Zeichen, packte Cons rechten Arm und drückte ihn gewaltsam auf die Pritsche hinunter. Zu sechst hielten sie Con an Schultern, Fuß- und Handgelenken fest. Vergebens versuchte sie, sich aus der eisernen Umklammerung zu befreien.

Der Arzt wollte ihr gewaltsam die Kiefer auseinanderdrücken, wobei er die zarten Mundwinkel verletzte. Als sie nicht nachgab, nahm er eine Stahlklammer zu Hilfe, stieß ihr aber das Instrument so brutal zwischen den Zähnen in den Mund hinein, daß der Gaumen heftig zu bluten anfing.
Con versuchte den Kopf wegzudrehen, aber eine Wärterin hielt sie an den Haaren fest, während der Arzt ihr einen spitzen Eisenstab zwischen Ober- und Unterkiefer klemmte und mittels einer Schraube den Mund gewaltsam weiter öffnete. Der Schmerz raubte ihr fast die Sinne. Keuchend und würgend setzte sie sich zur Wehr – ohne Erfolg. Als der Arzt ihr den Gummischlauch in den Rachen stieß, glaubte sie zu ersticken. Sie japste nach Luft, ohne welche zu bekommen. Ein wilder Schrei preßte mit Macht aus ihrem Inneren empor, aber sie brachte nichts als einen widerlich gurgelnden Laut zustande.
Sie war fast nicht mehr bei Bewußtsein, als man die warme Brühe in sie hineinpumpte. Kaum hatte der Arzt den Schlauch entfernt, da übergab sie sich heftig. Ihre Peiniger gingen hinaus und ließen sie in ihrem Erbrochenen liegen.
Halb ohnmächtig lag Con, die von der Pritsche gefallen war, auf dem Boden ihrer Zelle und kämpfte ums Überleben.

Tierney, außer sich vor Angst und Wut, hatte Himmel und Hölle in Bewegung gesetzt, um Con freizubekommen. Aber ohne Erfolg. Er und seine Freunde versuchten sogar, gewaltsam ins Gefängnis einzudringen, doch die Demonstranten, die sich vor dem Kerker zusammengerottet hatten, in dem die Hungerstreikenden dahinsiechten, vereitelten diesen Plan. Mit jedem Tag wurde die Menschenmauer vor den Toren dichter. Hunderte von Frauen, die meisten nur in Lumpen gehüllt, standen oder knieten vor dem Gefängnis und beteten den Rosenkranz. Täglich wurden aber auch die Wachtposten verstärkt.
Als die Demonstranten von der Zwangsernährung der Häftlinge erfuhren, begann die Menge, die sich bis dahin ruhig und diszipliniert verhalten hatte, zu rasen. Wir Frauen, unterstützt von den Männern der Bruderschaft, stürmten die Gefängnistore; teils mit bloßen Fäusten, teils mit Stöcken und Rosenkränzen bewaffnet, hämmerten wir an die Türen und begehrten Einlaß, schlugen uns

mit den Polizisten herum und machten durch einen Höllenspektakel auf uns aufmerksam. Einen ganzen Tag lang brodelte dieser Hexenkessel. Ein Aufschrei ging durch die Presse und zwang die Behörden, die Frauen freizulassen.

Tierney und ich nahmen meine Schwester am rückwärtigen Tor in Empfang. Ihr Hals war so wund, daß sie nicht sprechen konnte, doch es bedurfte auch keiner Worte. Der gehetzte Ausdruck in ihren Augen war beredter als alle Worte, die ich je im Leben vernommen habe.

Was treibt Männer und Frauen dazu, einen Aufstand anzuzetteln? Diese Frage ist mir oft gestellt worden. Ich meine, es ist die Überzeugung, daß gleichgültig, welches Opfer die Revolution auch fordert, es nicht so groß sein kann wie jene, die bereits verlangt worden sind.

Es scheint mir wichtig, Ihnen den Seelenzustand zu schildern, in dem meine Schwester aus der Haft entlassen wurde, denn ich glaube, er gab den Anstoß für viele ihrer späteren Taten. Ihre Gefühle waren äußerst komplex, und so will ich denn versuchen, sie Schritt um Schritt zu entwirren.

Con war brutal mißhandelt worden. Man hatte ihren Körper so lange geschunden, bis sie sich ihrer Sterblichkeit grausam bewußt wurde. Doch nicht den Tod hatte sie gefürchtet, sondern die Selbstaufgabe. Sie, die so unverwüstlich gewesen war, reagierte nun wie ein verschrecktes Tier. Meine Schwester befand sich in einem furchtbaren Zwiespalt, schwankte zwischen Dankbarkeit für ihre Befreiung und Wut auf ihre Peiniger. Aber wenn sie über ihre Gefühle nachgrübelte, verschlimmerte sie damit nur ihren Zustand.

Ich litt mit ihr, versuchte sie zu trösten, und ich wunderte mich über die wechselseitige Abhängigkeit von Stärke und Schwäche. Was sind wir Sterbliche doch für komplizierte Wesen!

Con erzählte mir, bisher hätten die Beschwernisse ihres Lebens ihr innerstes Selbst nie so sehr verletzt, daß sie nicht aus eigener Kraft den Mut zum Durchhalten schöpfen konnte. Aber die Folter im Gefängnis habe sie zugrunde gerichtet. »Es wird lange dauern, ehe diese Wunden vernarben.«

Die Zeit, jener große Wundarzt, heilte endlich auch meine

Schwester. Aber sie wurde nicht mehr so wie früher. Ich erkannte, daß bestimmte Qualen nicht spurlos an einem Menschen vorübergehen. Ein Philosoph oder Geistlicher würde vielleicht behaupten, daß wir durch Leid geläutert werden, daß wir an den Wunden erstarken, die das Leben uns schlägt. Wer weiß, vielleicht lindern wir unseren Schmerz mit solchen Theorien. Aber als ich meiner Schwester zuhörte und sie, die ich so sehr liebte, leiden sah, da fragte ich mich, ob wir ohne solch furchtbare Erfahrungen nicht weit besser dran wären. Würde Freude den Menschen nicht eher reifen lassen als Kummer? Und ich haderte mit Gott, weil Er es so gefügt hat, daß die Guten in ihrem Leben mindestens ebensoviel erdulden müssen wie die Bösen. Aber Gott ließ sich nicht dazu herab, mir zu antworten.

In den ersten Jahren des neuen Jahrhunderts kämpfte jeder von uns unermüdlich weiter gegen die Ungerechtigkeit an. Alle Menschenrechte schienen uns unweigerlich mit der Freiheit Irlands verknüpft, so wie in unseren Augen auch alles Unrecht der Welt in eins zusammenfloß. Natürlich war das nicht ganz vernünftig gedacht, aber Revolutionen werden selten von Vernunft diktiert. Niemand kann leugnen, daß Cons militanter Kampfgeist in jener Gefängniszelle geweckt wurde. Seit ihrer Inhaftierung stritt sie nicht mehr allein für ein Freiheitsideal, sondern führte darüber hinaus einen ganz persönlichen Rachefeldzug.
Sie dürfen indes nicht glauben, unser Leben hätte nur mehr aus Kampf bestanden. Eben diese Jahre waren auch erfüllt von der Hingabe an Heim und Familie. Unsere Kinder wuchsen heran. Und ich glaube, wir reiften mit ihnen.

2

»Verstehst du viel von Frauen, Pa?« fragte Tahg seinen Vater, als die beiden am Kai standen und angelten. Tierney mußte ein Schmunzeln unterdrücken. »Ein klein wenig, mein Junge. Ich fürchte, kein Mann weiß sehr gut Bescheid über sie. Es sind rätselhafte Geschöpfe. Warum fragst du?«

Der Zwölfjährige bemühte sich, seine Antwort ungezwungen vorzubringen. »Nur so. Ich finde bloß, man wird nicht schlau aus ihnen.«
»Denkst du dabei an eine bestimmte?«
»Schon, ja...«
»Und wie heißt sie?«
»Kitty O'Neill.«
»Schöner Name. Was ist sie denn für ein Mädchen?«
Tahg warf seinem Vater einen verstohlenen Blick zu, um festzustellen, ob er aus Neugier frage, doch Tierney schien ganz darauf konzentriert, seine Angel mit einem neuen Köder zu versehen. Tahg sah dem Vater gern dabei zu. Er machte das so flink und geschickt, als wisse er genau, was zu tun sei. Sein Pa wußte überhaupt eine Menge; trotzdem war es schwer, mit ihm über Kitty zu reden.
»Sie ist hübsch. Hat lange rote Haare. Und sie lacht viel. Richtig nett ist sie... gar nicht eingebildet oder so.«
»Das klingt gut.«
»Aber sie ist... ich weiß nicht. Ich glaub', sie bringt mich ziemlich durcheinander.«
»Wie das?«
»Ich hab' gedacht, sie mag mich, aber als ich sie gestern bat, mit mir heimzugehen, da hat sie so komisch gelächelt und gesagt: ›Vielleicht ein andermal.‹ Kannst du dir vorstellen, was das soll?«
»Hmhm.« Seltsam, dachte Tierney, daß mein Sohn schon alt genug ist, sich über die Rätselhaftigkeit der Mädchen den Kopf zu zerbrechen. »Das ist eine heikle Frage, mein Junge. Aber ich hab' so eine Ahnung... Willst du wissen, was ich denke?«
»Was?« Der Junge blickte gespannt von seiner Angelrute auf.
»Mädchen wird von klein auf beigebracht, sich bei den Jungen rar zu machen. Sie sollen einen nie merken lassen, wie sie wirklich für ihn empfinden.«
»Das ist aber blöd.«
»Da hast du recht, doch es ist nun mal der Brauch. *Du* sollst ihr nachlaufen, verstehst du, bis sie meint, es sei an der Zeit, sich einfangen zu lassen.«
»Wie die Fische da, hm?« Der Junge lächelte.
Tierney fuhr seinem Sohn durchs dunkle Haar und lachte mit

ihm. »Genau so. Aber ein Mädchen zu angeln macht ein ganz klein wenig mehr Spaß.«
»Ja, sie sehen wirklich so aus, als könnte es nett sein mit ihnen.«
»So ist es, mein Junge! Es gibt auf der ganzen Welt nichts Schöneres als die Liebe zwischen einem Mann und einer Frau. Aber es wird noch ein Weilchen dauern, bis du das herausfindest.«
Der Junge nickte verständig und richtete sein Augenmerk wieder auf die eingetauchte Angelrute. Er liebte seinen Vater. Für Tahg waren die schönsten Stunden die, welche er mit Tierney allein verbringen durfte. Pa konnte einfach alles! Singen, musizieren, dichten. Und dann trieb er auch noch geheime Geschäfte mit der IRB.
Die Bruderschaft. Solange er zurückdenken konnte, war Tahg mit diesem Namen vertraut. Schon als Dreikäsehoch hatte er die großen Helden auswendig hersagen können: O'Leary, O'Donovan Rossa, Wolfe Tone, O'Sullivan... es war wie die Litanei in der Kirche, nur romantischer. Und sein Vater kannte einige dieser lebenden Legenden *persönlich!* Seine Mutter natürlich auch. Tahg wußte, daß es eine große Ehre für eine Frau war, der Bruderschaft anzugehören. Seine Mutter, Maud Gonne und die Gräfin Markievicz zählten als einzige sogar zu den Anführern der Bewegung.
»Erzähl mir von der Gräfin, Pa«, bat er unvermittelt, und Tierney, der genau wußte, wie versessen sein Sohn darauf war, Madames Fianna-Bund beizutreten, tat ihm lächelnd den Gefallen.
»Sie ist eine große Dame, Tahg. Stammt von einem prächtigen Landsitz in Sligo, genau wie deine Mutter. Ihr Mädchenname war Constance Gore-Booth, und ihre Familie lebt in Lissadell, nicht weit von da, wo deine Mutter und ich aufgewachsen sind. Die Gräfin hatte ein wunderschönes Zuhause, mein Junge, ungefähr so wie FitzGibbon Hall, nur ohne den Bergfried.«
»Aber wie ist sie dann zur Irisch Republikanischen Bruderschaft gekommen?« fragte der Junge eifrig, und Tierney lächelte stolz, weil seinem Sohn der Name des Geheimbundes so geläufig von der Zunge ging. Er wußte, daß Tahg besser als andere Kinder seines Alters begriff, wie wichtig die Geheimhaltungspflicht für die Bewegung war. Der Junge würde zu keinem Fremden über die IRB sprechen, aber hier, allein mit seinem Vater, durfte er seine Neugier befriedigen.

»Sie hat erzählt, als sie noch daheim bei ihren Eltern lebte, hätten die Armen bei festlichen Gelegenheiten vor dem Herrenhaus gewartet, um sie und ihre Schwester Eva in ihren Ballkleidern zu bestaunen. Die Gräfin sah die Zerlumpten in der Einfahrt stehen und wunderte sich über ihre unendliche Geduld und Leidensfähigkeit. ›Die Armen sind geduldiger als Buddha‹, hat sie einmal zu mir gesagt. Dann verbrachte sie einen Sommer in den Bergen, wo sie in einer Hütte auf die Fenier-Schriften von John O'Leary stieß. Die fesselten sie so, daß sie den Mann in Dublin aufsuchte. So hat es offenbar angefangen. Ich hab' O'Leary auch gekannt, mein Junge. Ein selbstloser Mann, wenn's je einen gab, ja, das war er. Und ein Feuer brannte in ihm... Er hatte das Herz auf dem rechten Fleck und einen wachen Verstand.«

»Aber was ist mit dem Fianna-Bund?«

»Die Gräfin hat mir erzählt, wie sie in Rage geriet, als die irischen Pfadfinder dem König von England zujubelten. Da beschloß sie, eine Jungengruppe zu gründen, die durch und durch irisch sein sollte... nach dem Vorbild der Fianna-Ausbildung junger Krieger zur Zeit Finn MacCools. Doch das wirst du bald alles von ihr selbst erfahren.«

Tahg lächelte schüchtern und doch voller Vorfreude. Er konnte es kaum erwarten, die Fianna-Jungen kennenzulernen und natürlich die Gräfin. Von seinen Kameraden, die für sie schwärmten, hatte er schon so viel über sie gehört. Tahg war außerdem gespannt darauf, sie mit seiner Mutter zu vergleichen. Er war so gut wie sicher, daß die Gräfin neben ihr nur den zweiten Platz einnehmen würde.

Die Gräfin Markievicz schritt im ummauerten Garten auf und ab und nahm stolz ihr neuestes Projekt zum Wohle Irlands in Augenschein: Belcamp Park. Sie war prächtig anzuschauen in ihrer Uniform mit dem australischen Buschhelm, den sie mit einer Straußenfeder geschmückt hatte. Doch auch ohne flotten militärischen Putz strahlte sie Vitalität und Energie aus, war sie doch die Seele dieser neuen Landkommune. *Das* war der richtige Ort, ihre Jungen zu tüchtigen Soldaten heranzubilden! Nahe genug an Dublin, aber der Atmosphäre nach wie tausend Meilen von der Hauptstadt entfernt.

»Alle mal herhören! Jungs, wir sind hier, um ein Elitekorps zu gründen«, begann sie, und die Knaben horchten auf, denn keiner von ihnen war je zu irgendeiner Elite gezählt worden. »Zur Zeit Finn MacCools und der Ritter vom Roten Zweig wurde jeder Junge eures Alters zum Krieger ausgebildet. Er lernte den Sinn von Ehre und Mitleid und die Kunst von Krieg und Frieden. Große Helden lehrten ihn, was es heißt, ein Mann zu sein.«

Auch als Revolutionärin hatte Madame sich ihre aristokratische Haltung bewahrt, und ihre helle, klare Stimme hob sich wohltuend von dem derben Dubliner Dialekt ab, in dem die Knaben sich vor ihrem Erscheinen unterhalten hatten.

Con, die vor der blaßrosa getünchten Fassade des georgianischen Herrenhauses saß, in dem Madame ihr Hauptquartier aufgeschlagen hatte, lauschte der mitreißenden Ansprache ihrer Freundin und beobachtete die verzückten Gesichter der Knaben, die ihre zündenden Worte aus Armut und Eintönigkeit in die Sphäre strahlenden Heldentums entrückten. Sie erkannte Tahg unter ihnen; er glühte vor Stolz und Erregung ob dieser verheißungsvollen Zukunft.

Sie segnete ihn im stillen, ihn und all die anderen tapferen Jungen, und fragte sich, welche von ihnen wohl Freiheitskämpfer werden und eines Tages zu ihren Enkeln sagen würden: »Ja, Kinder, ich war dabei. Die Fianna hat mich geschult – und als der Aufstand kam, war ich bereit!«

Die ruhige Abgeschiedenheit des bewaldeten Parks tat ihr wohl. Sie war dankbar, daß Tahg an diesem schönen Fleckchen Erde seine Ausbildung beginnen durfte; dreimal die Woche würde er künftig trainieren. In dieser Idylle fiel es schwer, sich vorzustellen, daß Howth im Osten nur einen Steinwurf entfernt lag und auch Dublin im Westen nicht weit war. Belcamp erinnerte weit eher an die beschaulichen Ländereien der FitzGibbons in Sligo. Hier würde ihr Sohn gewiß den alten Traum verstehen lernen.

Tahgs Stimme riß sie aus ihren Gedanken. »Mama! Ist sie nicht wundervoll?«

»Ja, das ist sie, Tahg Mor. Und du bist es auch, mein Sohn.«

Der Junge errötete über das unverhoffte Kompliment, doch Con sah ihm an, wie sehr er sich darüber freute. »Ich muß noch ein Weilchen hierbleiben, bis man uns alles erklärt hat. Kannst du auch ohne mich heimfahren, Mama?« fragte er besorgt.

»Oh, ich denke, ich werde schon zurechtkommen. Du hast jetzt Wichtigeres zu tun, als deine Mutter zu begleiten. Lauf nur, und lerne schön fleißig. Dein Vater wird heute abend über alles Bescheid wissen wollen!«
Tahg lächelte glücklich. Con sah ihm an, daß er drauf und dran war, ihr einen Abschiedskuß zu geben – aber der Gedanke, daß er hier in der Gesellschaft von »Männern« sei, hielt ihn zurück. Er hob nur grüßend die Hand und lief zurück zu seinen Kameraden.
Con sah ihm nach, und wehmütiger Stolz, jenes uralte Gefühl der Mutterliebe, überwältigte sie. Das Herz zog sich ihr zusammen, wenn sie daran dachte, daß ihr Kind unaufhaltsam heranwuchs und bald seine eigenen Wege gehen würde. »Für eine kleine Weile nur sind wir in diese Welt gestellt. Auf daß wir lernen, das Licht der Liebe zu ertragen.« Wie treffend hatte William Blake doch das Nebeneinander von Freud und Leid in der Liebe ausgedrückt – die Mutterschaft erst hatte ihr den tieferen Sinn seiner Verse enthüllt. Sie lächelte insgeheim über ihre Einsicht.
Con sah noch eine Zeitlang zu, wie die Gräfin Anweisungen erteilte, die Ausrüstung erklärte und die Übungen kontrollierte, dann machte sie sich, beruhigt, Tahg in guten Händen zu wissen, auf den Heimweg. Sie freute sich schon auf Tierneys ungläubiges Gesicht, wenn sie ihm erzählte, daß die Gräfin sich ein rosafarbenes Hauptquartier ausgesucht hatte.
Ihr Leben ging seinen festen, wenn auch ungewöhnlichen Gang. Sie und Tierney, beide leidenschaftliche Anhänger der IRB, widmeten sich nach besten Kräften der Bewegung. Die Artikel der Wilden Harfe füllten mittlerweile mehrere dickleibige Bücher. Von Zeit zu Zeit hatte Con mit ihrer Kolumne aussetzen müssen, weil die Behörden Griffith gedroht hatten, seine Zeitung wegen Volksverhetzung zu verbieten. Aber sie hatte immer wieder weitergemacht. Ihr war jedes Mittel zur Veröffentlichung recht: Pamphlete, Leserbriefe, Flugblätter, die auf den Versammlungen der Gälischen Liga verteilt wurden, Anschläge an Häuserwänden. Es war wichtig für die Leute zu wissen, daß die Harfe noch tönte. Irgendwo im verborgenen zwar, aber laut und vernehmlich. Ein reger Stachel, der sich baharrlich ins träge Fleisch der Aristokratie bohrte.
Tierneys Stücke und Gedichte hatten an Zahl ebenfalls gewaltig

zugenommen. Nach wie vor veröffentlichte er nichts und gab auch nichts zur Aufführung frei, aber Con genügte es, daß er schrieb, auch wenn er sich nur im geheimen verewigte. Eines Tages würden die Menschen seine Werke lesen und sein Genie erkennen. Sie hoffte nur, daß dies noch zu ihren Lebzeiten geschehen möge.

Welche Ironie des Schicksals, daß gerade jetzt, wo ihr Leben sich besserte, die Gefahr erneut wuchs. Sie spürte es, als sie die Jungen im Umgang mit der Gräfin beobachtete. Der Aufstand, von dem sie jahrelang nur geträumt hatten, stand nahe bevor. Trotz der Teilnahmslosigkeit der Dubliner, die schon mit dem bloßen Kampf ums Überleben soviel zu tun hatten, daß ihnen zum Rebellieren keine Kraft mehr blieb. Trotz des wohlorganisierten Spionagerings vom Schloß, dem es immer wieder gelang, einen Geheimplan in letzter Minute zu vereiteln. Trotz der scheinbar erdrückenden Übermacht der Engländer. Die Revolution würde kommen. Und zwar bald. Sie wollte heute noch einen Artikel darüber schreiben.

Es könnte nichts schaden, dachte sie, wenn ich mich ebenfalls auf den Kampf vorbereite, genau wie die Jungen. Sie verstand zwar ausgezeichnet mit einem Gewehr umzugehen, war aber ein wenig aus der Übung. Auch als Pflegerin würde sie sich im Ernstfall gewiß nützlich machen können. Ich muß nächstens mit der Gräfin besprechen, wie wir es anstellen wollen, Leute aus unseren Reihen in die Krankenhäuser einzuschmuggeln, damit wir uns Arzneien und Verbandszeug beschaffen können, wenn es losgeht.

Krankenhaus! Con schauderte. Sie mußte unwillkürlich an die furchtbare Nacht denken, in der Eamon gestorben war. Ihr kleiner Sohn, der nun in Glasnevin begraben lag. Ob die Revolution, die sich so unheilvoll ankündigte, abermals Opfer von ihrer Familie fordern und einen ihrer Lieben vor der Zeit abberufen würde?

Con schüttelte die düsteren Gedanken ab und setzte eilends ihren Weg nach Hause und zu Tierney fort.

3

Constance O'Connor
Chapel Street 17
Dublin
30. April 1911

Meine geliebte Schwester!
Mir ist heute abend seltsam melancholisch zumute – vielleicht liegt es nur daran, daß ich dunkle Vorahnungen habe, sie aber nicht zu deuten weiß. Den Anstoß zu allem gab Tierneys neues Stück, ein düsteres und befremdliches Schauspiel – schön, aber voller Schwermut. (Wenn Du jetzt meinst, das könne in dieser Zeit auch nicht anders sein, so hast Du natürlich ganz recht!) Als ich das Stück las, kam ich darauf, wie grundlegend das Leben mich doch verändert hat, seit wir nach Dublin gezogen sind. Wohlgemerkt: das Leben! Wir beide haben zwar oft darüber diskutiert, wie wichtig es sei, daß wir unser Leben selbst in die Hand nähmen, doch befolgt haben wir diese Erkenntnis bisher eigentlich nicht.
Als ich nun Tierneys Stück las, mußte ich plötzlich wieder daran denken, wie unglücklich ich war, als Seaneen uns damals untersagte, Tierneys Stücke aufführen zu lassen. Gott, ich dachte, mir würde vor Enttäuschung das Herz brechen! In der Rückschau muß ich zugeben, daß auch viel Gutes aus diesem Verbot erwachsen ist (Du weißt, daß ich nur dadurch in die Bruderschaft aufgenommen wurde), aber zu der Zeit kam ich fast um vor Kummer und Zorn.
Weißt Du, Bethy, lange habe ich meine zerschlagenen Hoffnungen tief in mir vergraben und hatte Angst, daran zu rühren. Aber heute abend ist alles wieder lebendig geworden, und ich muß mich Dir anvertrauen.
Ich fühlte mich damals so leer, liebste Schwester, fast als sei ein guter Freund von mir gegangen. Meine Zukunftsträume waren zerstört – ach, was hatte ich für egoistische Träume! Ich hoffte auf Erfolg und darauf, meinen Gatten vor der Welt als strahlenden Dichterfürsten zu präsentieren. Er würde berühmt werden, und ich würde den Spöttern endlich ins Gesicht lachen dürfen. Und wir würden nicht mehr arm sein – gütiger Gott, wie ich die Armut hasse! Armut ist etwas Erniedrigendes, sie macht den Menschen kleinlich und gemein. Ich fühlte mich durch sie herabgewürdigt, glaubte weniger zu gelten als bisher,

und ich setzte all meine Hoffnung auf Tierneys Stücke. Die würden mir meinen rechtmäßigen Platz in der Gesellschaft zurückerobern. Ich weiß, das muß Dir töricht erscheinen, Bethy, aber tappen nicht viele von uns in die Falle, ihr Selbstwertgefühl einzig von Erfolg oder Niederlage ihres Mannes abhängig zu machen? Lange Zeit fühlte ich mich beraubt und betrauerte meinen Verlust heimlich, schmollend, furchtsam und kummervoll.

Außerdem hatte ich schreckliche Angst, daß Tierney das Schreiben aufgeben könne. Wenn er keinen Ansporn mehr hat, dachte ich mir, kein Ziel vor Augen, keinen Termin, den es einzuhalten gilt, wenn kein Preis winkt – warum sollte er dann weitermachen? Selbst wenn er die besten Vorsätze hat, früher oder später würde doch die Trägheit siegen. Jedenfalls glaubte ich das.

Erstaunlicherweise ist das genaue Gegenteil eingetreten. Gerade daß der Druck von ihm genommen wurde, den Maßstäben seiner Kritiker gerecht zu werden, hat Tierneys Arbeit ungeheuer befruchtet. Was ich bis dahin nicht erkannt hatte, ist, daß ein so begabter Schriftsteller wie mein Mann sein Talent nicht unterdrücken kann. Er schreibt, genau wie er atmet, sich bewegt, weiterentwickelt. Wie seine Visionen ihn ungebeten heimsuchen, so ist es auch mit seinen Gedichten. Seine Poesie ist ein Teil von ihm (der beste, meint er), und ich glaube, er könnte die Flut seiner Verse nicht hemmen, selbst wenn er das wollte. Zumindest nicht, ohne sich selbst damit großen Schaden zuzufügen.

So war also wenigstens eine meiner Befürchtungen unbegründet – und mit den übrigen habe ich gelernt zu leben. Die Zeit lindert jeden Verlust, selbst den der Hoffnung. Oder vielmehr: Aus der Asche der begrabenen Hoffnungen erwächst uns eine neue. So ist es auch mir gegangen. Meine Hoffnung gilt nun der Zukunft, für die wir beide nach besten Kräften arbeiten. Und wenn Irlands Sieg errungen ist, wird der Veröffentlichung von Tierneys umfangreichem Werk hoffentlich nichts mehr im Wege stehen.

Somit bleibt von all meinem Leid nur die Armut übrig!

Hab Dank für die Sachen, die Du uns geschickt hast und die wir gut gebrauchen können. Wußtest Du, daß unser lieber Des mir dauernd Geld geschickt hat? Aber nachdem ich es ihm jedesmal zurückschickte, hat er angefangen, Tahg Geschenke zu machen; übrigens schreibt er ihm auch von überall, wo er sich herumtreibt. Eine gute alte Haut, unser vagabundierender Bruder!

Ich wünschte nur, Des würde sich endlich zur Ruhe setzen, statt dauernd in der Weltgeschichte herumzukutschieren. Was für ein Pech, daß Evelyn von uns gegangen ist. Mit ihr wäre sein Leben gewiß ganz anders verlaufen.

Siehst Du, ich fühle mich schon besser. Bei Dir konnte ich immer mein Herz ausschütten, und sei es auch auf eine so große Entfernung wie jetzt.

Doch damit genug von privaten Problemen und zurück zur Politik: Das wachsende Nationalgefühl macht sich überall in Dublin bemerkbar. Die jungen Männer sind ganz wild auf den Gälischen Sportverband – manchmal denke ich, der Sport wird die Leute fester an unsere Sache binden als all die leidenschaftlichen Artikel des Harfners zusammengenommen! Manches Hurlingspiel bringt mehr Zuschauer auf die Beine als ein Besuch des Königs – Du kannst Dir gewiß vorstellen, mit welcher Begeisterung Jungen wie Tahg ein solches Ereignis verfolgen. Der Gälische Sportverband ist mittlerweile in jeder Gemeinde des Landes vertreten. Seaneen sagt, der Verband wird mit der Zeit auch politisch sehr wichtig werden.

Die Gälische Liga floriert natürlich, Gott sei Dank! Sie tritt für die Verbreitung der irischen Sprache ein, belebt die alten Volkssagen wieder, pflegt das Volkslied und fördert die Heimatliebe, die in uns Iren so tief verwurzelt ist. Auch im Theater lebt der Nationalgedanke auf. Es hat sogar Protestveranstaltungen gegen das Werk eines Bühnenautors gegeben, dessen Dialoge die Nationalisten in Rage brachten. Wie weit war doch Tierney mit seinem ersten Stück der Zeit voraus! Yeats gibt natürlich wieder einmal den Ton an; mit seinen symbolischen Versdramen hat er eine glänzende Form gefunden. »Die Gräfin Cathleen« und »Die schattigen Wasser« haben das Publikum tief bewegt, und Yeats widmet sich am Abbey-Theater nun ausschließlich der keltischen literarischen Renaissance.

Mit einem Wort, der Nationalismus regt sich an allen Fronten. Das muß über kurz oder lang zu Konsequenzen führen. Inzwischen verfolgen Tierney und ich unverdrossen unsere patriotischen Ziele und hoffen, daß unsere Bemühungen nicht fruchtlos bleiben werden. Wir leben in einer aufregenden Zeit, meine liebe Schwester. Mir ist, als rege sich allenthalben etwas, fast so, als habe der Wind sich gedreht. Ich bin gespannt, ob er nun endlich in unsere Richtung weht.

Grüße alle in Sligo von uns aus Dublin. Ich verspreche Dir nächstens einen fröhlicheren Brief.

Wie immer, in Liebe,
Con

Als ich Cons Brief beseite legte, fragte ich mich, ob sie sich je wie ich darüber wunderte, daß sie, die doch so oft über die Stränge geschlagen und vieles im Leben falsch gemacht hatte (zumindest nach den Normen, mit denen wir aufwuchsen), trotzdem ein glückliches Leben führte, Erfüllung in ihrer Ehe und ihrer Arbeit gefunden hatte. Ich dagegen, die ich immer alles getan hatte, was von mir erwartet wurde, welkte an der Seite eines Mannes dahin, der sich nichts aus mir machte, und verzehrte mich nach einer Liebe, die ich unwiderruflich verloren hatte. Selbst in diesem Brief, der von alten Wunden erzählte, sprach Cons Liebe zu Tierney aus jeder Zeile.

Wie viele Enttäuschungen und Entbehrungen sie auch erduldet hatte, sie war doch in den letzten vierzehn Jahren Nacht für Nacht in den Armen ihres Mannes eingeschlafen, der sie mehr liebte als sein Leben. Ob sie wohl ahnte, wie ich mich nach einem solchen Glück sehnte?

Seltsamerweise war mit meinem Selbstbewußtsein auch meine Sehnsucht gewachsen. Zweimal war ich schon so weit gegangen, an Seaneen zu schreiben, ihm meine Liebe zu gestehen und all meine Verzweiflung und Einsamkeit vor ihm auszubreiten. Aber beide Male verbrannte ich die Briefe.

Ich hatte mich nach Kräften bemüht, meine Wunden zu heilen und mir eine sinnvolle Aufgabe im Leben zu schaffen, aber manchmal, in den langen, einsamen Nächten, wäre ich bereit gewesen, für einen einzigen Tag der Liebe und Erfüllung meine Seele zu verkaufen.

Vielleicht war diese Melancholie, von der Con schrieb, anstekkend. Ich verschloß ihren Brief in der Schreibtischlade und beschloß, ihr und Des zu schreiben.

Desmond FitzGibbon machte sich nur selten Gedanken über die Zukunft. Er war überhaupt kein Freund von ernsten Dingen. Des wußte, daß seine Schwestern sich freuen würden, wenn er endlich heiratete und eine Familie gründete; er wußte auch, daß ihm das eines Tages bevorstünde, wollte er das Erbe der FitzGibbons in direkter Linie weitergeben.

Nicht lange, nachdem Con mit Tierney nach Dublin gezogen war, hatte er sich verlobt. Es war nicht schwer, sich vorzustellen, wie anders sein Leben verlaufen wäre, hätte er damals geheiratet. Evelyn FitzMaurice war ihm als die ideale Gefährtin erschienen – wer hätte geahnt, daß der Tod sie im Alter von dreiundzwanzig Jahren dahinraffte? Blutvergiftung, hatten die Ärzte gesagt, dabei hatte sie sich nur bei der Fuchsjagd in die Hand geschnitten. Sie hatten beide über ihre Ungeschicklichkeit gelacht, und er hatte ihr den Schmerz fortgeküßt. Fünf Tage später war sie tot. Ihr Arm war widerlich aufgedunsen, und auf ihrem Gesicht lag derselbe verständnislose Ausdruck wie auf dem von Des, der ohne sie weiterleben mußte.

Dann war sein Vater gestorben, und er hatte sein Erbe angetreten. Er war auf den Kontinent gereist, um zu vergessen, und seine gutgefüllte Brieftasche schien für eine vergnügliche, abwechslungsreiche Reise zu bürgen. Desmond war von einer Hauptstadt zur anderen geirrt, hatte hier getrunken, dort gespielt und überall Liebschaften mit den schönsten Frauen gehabt. Er redete sich ein, sein Kummer rechtfertige dieses zügellose Leben. Fast ein Jahr war so verstrichen. Bis er nach Paris kam, wo die revolutionäre Aufbruchstimmung unter den Bohemiens ihn in ihren Bann schlug und ihm neuen Halt gab. Vermutlich war er im Herzen seit eh und je ein Revolutionär gewesen oder doch zumindest ein Unruhestifter. Und dann hatte auch der Posten beim Auswärtigen Dienst seiner Weltenbummelei den Segen der Regierung verliehen.

Aber nun war es allmählich an der Zeit, heimzukehren. FitzGibbon Hall brauchte mehr als einen ständig umherreisenden Hausherrn. Zudem klangen Beths Briefe ganz so, als könne sie seine moralische Unterstützung gebrauchen.

Was für eine Farce ihre Ehe doch geworden war – und dabei schien anfangs alles so wunderbar zusammenzupassen. Wenigstens hatte sie ihre fünf Kinder, mit denen sie sich trösten konnte – und natürlich ihre Bücher. Obwohl sie seit ihrer Festnahme die politischen Aktivitäten um ihrer Kinder willen eingeschränkt hatte, war es ihr doch gelungen, etwas Sinnvolles aus ihrem Leben zu machen.

Er dagegen hatte rein gar nichts vorzuweisen. Höchste Zeit, das zu ändern, denn schließlich ging er schon auf die Vierzig zu.

Desmond FitzGibbon
FitzGibbon Hall
Rosskeerough, Grafschaft Sligo
26. Juni 1911

Meine liebe, schmerzlich vermißte Con!
Der Seefahrer ist heimgekehrt, meine kleine Schwester, und ich bin herzlich froh, wieder zu Hause zu sein, das darfst Du mir glauben. Nicht, daß ich meine wilden Jahre etwa nicht genossen hätte, aber mit der Zeit wird jedes Vergnügen schal, und Dein Bruder ist froh, wieder daheim zu sein.
Unser Haus sah so entsetzlich unbewohnt aus, als ich ankam, daß ich um ein Haar in Tränen ausgebrochen wäre. Alle Möbel waren mit weißen Tüchern verhängt – richtig gespenstisch sah es hier aus. Aber zum Glück hat sich das rasch wieder geändert, in die lieben, gewohnten Räume ist neues Leben eingekehrt – und, bei Gott, auch ich fühle mich wie neugeboren!
Du und Tierney und Tahg, Ihr müßt natürlich so bald wie möglich auf Besuch kommen und bleiben, solange Ihr könnt. Tahg ist übrigens ein fabelhafter Junge – meinen Abstecher zu Euch nach Dublin auf dem Weg hierher habe ich in bester Erinnerung. Ich bin stolz darauf, einen solchen Prachtbengel zum Neffen zu haben, und das hat mich auf einen Gedanken gebracht ... Tahg soll als Gentleman erzogen werden, und dafür wäre doch unser Elternhaus genau der richtige Platz, meinst Du nicht auch? Würdest Du es übers Herz bringen, ihn seinem ruhelosen Onkel ein, zwei Jahre zu überlassen? Es ist schrecklich einsam in diesem Mausoleum ohne meine Mädchen. [An dieser Stelle lächelte Con nachsichtig. Es war so lange her, daß Des sie und Beth »seine Mädchen« genannt hatte; ihr schien fast, als sei das in einem anderen Leben gewesen.]
Ach, ehe ich es vergesse: Was Seaneen O'Sullivan bei unseren Zusammenkünften neulich erzählt hat, ist nicht auf taube Ohren gestoßen. Ich habe zwar keine Ahnung, wie ich Eure Bewegung unterstützen könnte, aber ich will verdammt sein, wenn ich hinter meinen aufrührerischen Schwestern zurückstehe, also werde ich mir etwas einfallen lassen. Wie Du siehst, bin ich noch nicht eingerostet. Was macht uns FitzGibbons nur so abenteuersüchtig?

Nein, keine Angst, ich erwarte darauf gar keine Antwort von Dir. Schreib mir nur von all Euren aufregenden Erlebnissen, und laß mich wissen, ob Du einverstanden bist, daß ich den Jungen nehme, ja? Ich verspräche Dir auch gern, daß ich einen guten Einfluß auf ihn ausüben will, aber da Du mir das doch nicht glauben würdest, schlage ich vor, Tahg soll seinen *Einfluß bei mir geltend machen! Er könnte mich auf den Pfad der Tugend führen, oder wo immer ein guter Onkel zu wandeln hat. Bitte laß ihn zu mir kommen, Con. Wir beide werden uns gut verstehen. Das spüre ich in meinen alten Knochen.*
Morgen fahre ich rüber zu Bethy. Ihre Briefe klingen in letzter Zeit ziemlich traurig, findest Du nicht auch? Wußtest Du übrigens, daß ihre Bücher unter den Frauenrechtlerinnen auf dem Kontinent ebenso populär sind wie bei uns?
Sobald man Vaters Schreibtisch von seiner Staubhülle befreit hat, schreibe ich Dir ausführlicher.

Es umarmt Dich, mit brüderlichen Wünschen
Desmond

Constance O'Connor
Chapel Street 17
Dublin
18. Juli 1911

Meine liebste Bethy!
Schreib mir, welchen Eindruck Des auf Dich macht, und rasch, ich bitte Dich. Ich bin in Sorge um ihn. Ich wünschte so sehr, ihm und Evelyn wäre es vergönnt gewesen, miteinander zu leben. Warum ist das Schicksal uns FitzGibbons gegenüber so unerbittlich?
Dir ist gewiß nicht entgangen, liebste Bethy, daß unser Bruder als ein Besessener heimgekehrt ist. Was unsere Familie auch anfängt – es kommt gewiß etwas Dramatisches dabei heraus! Er behauptet, er wolle sich nun auf Dauer zu Hause niederlassen. Nun, sein erster Besuch nach der Rückkehr vom Kontinent galt Tierney und Seaneen. Ich brauche Dir wohl nicht zu erklären, was das bedeutet. Er will sich mitten in den Kampf stürzen.
Natürlich bin ich überglücklich, daß er endlich nach Hause gefunden hat; er ist so ein lieber Mensch. Aber wir leben auf einem Pulverfaß, und Vorsicht war noch nie Desmonds Stärke.
Verzeih mir, wenn dieser Brief etwas durcheinander klingt – das liegt

nur daran, daß ich mich so fühle. Abgesehen von allem anderen hat Des auch noch unseren Tahg für eine Weile zu sich eingeladen (er will einen Gentleman aus ihm machen, was sagst Du dazu!). Ich weiß zwar nicht, was Tierney und ich ohne unseren Sohn anfangen sollen, aber ich glaube, Onkel und Neffe würde ein solches Arrangement guttun.
Bitte schreib mir, was Du davon hältst. Vielleicht mache ich mir ja ganz unnötige Sorgen um Des. Man könnte glauben, ich sei seine Mutter und nicht seine kleine Schwester! Und doch spüre ich, daß er wieder auf Abenteuer aus ist, und zittere bei dem Gedanken, er könne tatsächlich mitten hinein geraten.
Denk nach über Tahg und Des, liebste Bethy, und laß mich wissen, wie Du zu diesem Plan stehst. Ich muß zugeben, ich finde es sehr verlockend, mir vorzustellen, daß mein Sohn das kultivierte Leben kennenlernt, in dem wir aufgewachsen sind. Außerdem glaube ich, Des ist wirklich einsam.

Wie immer in Liebe
Con

Schloß Manningham
Taghley, Grafschaft Sligo
1. August 1911

Meine liebste Con!
Natürlich muß Tahg unsren Des besuchen kommen und das Gut seiner Vorfahren kennenlernen! Ich weiß, wie sehr der Junge Dir fehlen wird, aber das darf Dich nicht hindern, Desmonds Angebot anzunehmen. Unser Bruder fühlt sich weit einsamer, als er sich anmerken läßt, und Tahg würde ihm helfen, bei uns wieder Wurzeln zu schlagen.
Und denk doch bloß, welch ein Vorteil es für Tahg wäre, das Leben eines Landedelmannes kennenzulernen. Im übrigen ist Angelica ganz aus dem Häuschen vor Freude, seit sie erfahren hat, daß ihr geliebter Tahg vielleicht bald unser Nachbar sein wird. Nicht zu vergessen seine Tante Beth, die ihn mit offenen Armen empfangen und alles versuchen würde, um ihm den Aufenthalt in Sligo angenehm zu machen. Die Kinder sind weiß Gott die einzige Freude und Erfüllung für mich, liebste Con, und Deinen Sohn bei uns zu haben würde mich und die Kinder sehr, sehr glücklich machen.

Bitte, sag ja! Mein Herz sagt mir, daß es Deinem Sohn so bestimmt ist.

Wie stets in Liebe
Bethy

4

Win sah zu, wie sein Cousin sich das stumpfe Schwert umschnallte, und griff vorsorglich nach seinem eigenen. Tahg war auf Angelicas Bitte nach Schloß Manningham gekommen. Seit er bei dem Onkel in FitzGibbon Hall wohnte, war sie so glücklich, daß ihr ganzes Leben schöner geworden zu sein schien. Nur das Glück seiner Tochter bewog Edmond Manningham, Tahg im Schloß zu dulden.

»Ich bin König Arthur, und du kannst meinetwegen den Mordred spielen«, rief Win ungeduldig. »Das heißt, falls du je fertig wirst, du Schlafmütze!«

Tahg blickte auf und lächelte verstohlen. Es war zwar ein kindisches Spiel, aber er wußte, daß es Angelica und den Zwillingen Spaß machte, sich zu verkleiden. Johnny war noch zu klein, um sich darum zu kümmern, was gespielt wurde, solange er nur hinter den Größeren herzockeln durfte. »Tut mir leid, aber du wirst noch ein bißchen warten müssen, Win«, meinte Tahg freundlich. »Ich habe der schönen Maid dort einen Blumenstrauß versprochen.« Er deutete auf Angelica, die wie immer in ihrem Rollstuhl saß. Obwohl die beiden Knaben fast das gleiche Alter hatten, war Tahg größer und kräftiger als sein Cousin; auch hatte er dunkle Haare, Winston dagegen blonde.

»Tahg kann nicht Mordred sein, die Rolle paßt nicht zu ihm!« Merry zeigte beim Lachen ihre Grübchen. »Winston, du bist doch immer so schlecht gelaunt – warum spielst du den Mordred nicht selber?«

Die beiden Mädchen kicherten schadenfroh, aber Jamie schlug diplomatisch vor: »Wir wär's, wenn wir heute überhaupt nur die Guten spielen, Winston? Rollen gibt's doch genug dafür. Du kannst Arthur sein, Tahg Lancelot, ich spiel' den Galahad, und die Mädchen sind Guinevere und Elaine.« Der mit seiner Brille wie ein kleiner Professor wirkende Junge schien sehr zufrieden mit dieser friedlichen Lösung.

»Was bist du nur für ein Trottel, Jamie!« versetzte Winston ärgerlich. »Immer willst du alles nett und harmlos. Das Spiel macht doch keinen Spaß ohne den Kampf zwischen Gut und Böse!«

»Schon gut, Jamie!« Tahg lachte gutmütig. »Ich mach' den Mordred. Ist ja bloß ein Spiel.« Er hatte einen Strauß Gänseblümchen und Löwenzahn gepflückt, trat damit vor Angelicas Rollstuhl, nahm seinen Kostümhut ab und überreichte die Blumen mit einer galanten Verbeugung.

»Habt Dank, Herr Ritter«, sagte das Mädchen würdevoll. »Ihr dürft im Turnier meine Farben tragen.« Sie nestelte eine Schleife von ihrem blonden Zopf und band sie an seinen Schwertgriff.

»Ritter tragen doch keine Haarschleifen, du Dummchen!« rief Winston zornig. »Sie tragen Schärpen!«

»Sie hat aber keine Schärpe, du Esel!« zischte Merry, der Angelicas enttäuschter Blick nicht entgangen war.

»Mir gefällt die Schleife. Es ist mir eine Ehre, Eure Farben an meinem Schwert zu tragen, Mylady.« Tahg küßte seiner Cousine ritterlich die Hand, und sie lächelte glücklich zu ihm auf. Tahg war ihr erklärter Liebling.

»Du mußt noch eine Menge lernen, ehe du ein richtiger Ritter bist«, rügte Merry ihren Bruder Winston. »Tahg und Jamie, das sind Gentlemen.«

»Jamie vielleicht, aber Tahg ist keiner!« gab Win heftig zurück. »Er ist ein Armeleutekind.«

»Ritterlichkeit hat nichts mit Reichtum zu tun!« versetzte Angelica hoheitsvoll. »Du bist der beste Beweis dafür.«

»Du bist noch viel zu klein, um das zu beurteilen. Und überhaupt, ich hab' keine Lust mehr, mit euch Babys zu spielen!« Winston packte sein Schwert und stapfte wütend aufs Haus zu.

»Wir sollten ihn nicht immer so reizen«, sagte Jamie. »Wo er doch so leicht in Wut gerät.«

»Jamie, du bist der geborene Diplomat!« Merry kicherte. Sie gewann meist den ernstesten Situationen noch eine lustige Seite ab.

»Winny war sehr ungezogen!« versetzte Angelica mit Nachdruck. »Außerdem ist er nicht wie wir. Er ist vielleicht unser Bruder, aber ein arroganter Kerl bleibt er trotzdem. Es schadet nichts, wenn ihm das ab und zu mal gesagt wird.«

Das Ungestüm des kleinen Mädchens brachte Tahg zum Lachen. »Angel, manchmal benimmst du dich, als wärst *du* die Älteste von uns. Weißt du das?«

Er beugte sich vor und zupfte sie neckend am Haar. »Soll ich dir dein Haarband zurückgeben? Aus unserem Spiel wird ja nun wohl nichts mehr.«

»Nein, danke.« Sie lächelte. »Ich möchte, daß du es behältst.«

»Gern.« Er knüpfte das blaue Band von seinem Schwert los und steckte es in die Tasche. »Von jetzt ab soll's mein Talisman sein.«

Angelica strahlte ihren Cousin an. Sie selbst hatte bisher nicht viel Glück im Leben gehabt, aber anderen Menschen brachte sie Glück. Sie hätte nicht erklären können, warum, und doch wußte sie, daß es so war. Sie wickelte sich eine Haarsträhne um den Finger und sah zu, wie ihre Geschwister die Spielsachen zusammenpackten.

Einen Augenblick lang verspürte sie den Wunsch, so zu sein wie sie, ungehindert herumlaufen zu können, mit gesunden Gliedern. Aber wie schon so oft verscheuchte sie die trüben Gedanken gleich wieder. Es war nicht gut, über etwas nachzugrübeln, das doch nie Wirklichkeit werden konnte. Man mußte sich auf das konzentrieren, was möglich war – nur das ergab einen Sinn.

Seit Tahg nach Sligo gekommen war, freute er sich täglich auf Angelicas Gesellschaft, im übrigen aber fühlte er sich auf Schloß Manningham seltsam unbehaglich. Winston hatte anfangs nichts unversucht gelassen, um seinem Cousin klarzumachen, daß er nicht hierhergehöre, mit seinen schäbigen Kleidern und seinem Dubliner Dialekt. Natürlich wurde das anders, sobald Onkel Desmond seine Erziehung in die Hand genommen hatte. Und Tahg liebte das Leben hier draußen auf dem Lande. So ertrug er denn Winstons bissige Anzüglichkeiten mit Fassung, gewissermaßen als billigen Tribut für all die Annehmlichkeiten, die sich ihm boten.

Die weitläufige Bucht von Sligo erschien ihm wie seine geistige Heimat. Die bizarren Nebel, die in den frühen Morgenstunden über dem Wasser aufstiegen, regten seine Phantasie zu farbigen Geschichten an, die ihm anderswo vielleicht nie eingefallen wären, und es machte ihm Spaß, sie Angelica zu erzählen. Seine kleine Cousine war eine wunderbare Zuhörerin und zeigte sich dankbar für jede Aufmerksamkeit, die er ihr widmete. Nicht, daß ihm dies etwa schwergefallen wäre, im Gegenteil! Für ihr Alter war Angelica sehr verständig und eine ausgezeichnete Gesprächspartnerin.

Auch mit Jamie und Merry vertrug er sich gut, und Johnny hatte er sehr gern, auch wenn der eigentlich noch ein Baby war. Doch Angelica war ihm die liebste von all seinen Cousins und Cousinen – vielleicht seine liebste Freundin überhaupt.

Tahg setzte sich auf seinen Platz am Eßtisch und hoffte, daß diese Mahlzeit friedlich verlaufen würde. Tante Beth gab sich offensichtlich Mühe, alle bei guter Laune zu halten, aber Onkel Edmond war hochfahrend und rechthaberisch, und Winston schlug ihm nach, weshalb man an der gemeinsamen Tafel vor Streit nie sicher sein konnte.

»Vater hat heute eine phantastische Rede gehalten«, begann Winston, als der geräucherte Lachs serviert wurde. »Alle finden das.«

»Worüber denn, Vater?« Merrys Grübchenwangen bekundeten Interesse.

»Es ging um den dritten Gesetzentwurf zur Home Rule, mein Kind. Ich habe nachgewiesen, daß sie weder den Bedürfnissen der Nationalisten noch denen der Unionisten gerecht wird.«

»Ich weiß zwar nicht genau, was Home Rule bedeutet, Vater, aber ich bin trotzdem sicher, daß du eine wunderschöne Rede gehalten hast.« Merry lächelte strahlend.

»Wenn das Home-Rule-Gesetz tatsächlich in Kraft tritt, Merry, dann bekommt Irland sein eigenes Parlament und eine eigene Gesetzgebung«, erklärte Jamie, der sich lebhaft für Politik interessierte.

»Vater hat gesagt, der vorliegende Gesetzentwurf garantiert ›keinerlei Kontrolle über Ein- und Ausfuhrzölle, ebensowenig wie über die Steuern oder die Polizeikräfte, und deshalb ist es unsinnig, sich überhaupt damit zu befassen‹.« Stolz lieferte Winston sein fast wörtliches Zitat aus Edmonds Rede.

»Sir«, meldete Tahg sich zu Wort, »mein Vater sagt, es kommt gar nicht darauf an, ob der Gesetzentwurf gut oder schlecht ist, da das Oberhaus ihn ebenso schamlos ablehnen wird wie die beiden letzten.«

»Das ist eine sehr respektlose Behauptung, junger Mann. Ich möchte in meinem Haus keinen solchen Unsinn hören!« Edmond funkelte den Jungen mißbilligend an. Er duldete seinen Neffen hin und wieder als Gast auf Manningham, weil er Angelica damit eine Freude machen konnte, aber er würde sich an seinem Tisch keine Frechheiten bieten lassen. »Weder ich noch die anderen Mitglieder des Oberhauses sind auch nur im geringsten an der Meinung deines Vaters interessiert, junger Mann«, fügte Edmond hinzu, und Winston verbarg ein schadenfrohes Grinsen hinter seiner Serviette.

»Vielleicht, Sir, brauchen wir gerade deshalb ein unabhängiges irisches Parlament, weil das Oberhaus nicht an der Meinung von Männern wie meinem Vater interessiert ist.«

Die Zwillinge bestaunten Tahgs Keckheit mit offenem Mund.

»Elizabeth, wenn wir deinen Neffen auch künftig als Gast bewirten sollen, schlage ich vor, du bringst ihm bei, wie man sich gegenüber Höhergestellten benimmt«, sagte Edmond streng.

»Edmond!« rief Beth peinlich berührt. Ihr Mann hatte mit ihrem Neffen auch sie beleidigt. »Falls du es für nötig hältst, mich zu tadeln, dann wäre ich dir dankbar, wenn du damit wartest, bis wir allein sind.«

»Wie es dir beliebt«, antwortete er gleichmütig, und die Kinder, stets darauf bedacht, ihre Mutter in Schutz zu nehmen, lenkten die Unterhaltung auf ein anderes Thema.

»Wie war meine Mutter früher, ich meine, als sie noch jung war?« fragte Tahg seinen Onkel Desmond. Der Junge saß auf dem Kaminvorleger im Salon und war mit sich und der Welt zufrieden. Des lächelte nachsichtig und legte Byrons Gedichte beiseite, in denen er gelesen hatte. Es amüsierte und verwunderte ihn gleichermaßen, wie gut er, der vagabundierende Abenteurer, sich an das beschauliche Landleben mit seinem Neffen gewöhnt hatte. Es war aber auch eine Freude, mit dem Jungen zusammenzusein; er war blitzgescheit, erstaunlich einfühlsam für sein Alter, dabei lebhaft, lustig und stets zu Späßen aufgelegt. Anfangs war er seinem Onkel gegenüber ein wenig schüchtern gewesen, als der ihm eröffnete, er wolle ihn zu einem Landedelmann erziehen. »Oh, aber das werde ich doch nie sein«, hatte Tahg ehrfurchtsvoll abgewehrt. Dann aber hatte er jede Aufgabe mit unfehlbarem Instinkt gemeistert. Man merkt eben gleich, wenn einer aus einem guten Stall kommt, dachte Des. Auch wenn ein Elternteil zufällig arm ist.

»Laß bloß deine Mutter nicht hören, daß du sie nicht mehr jung findest, mein Lieber«, antwortete er jetzt gutgelaunt auf die Frage seines Neffen. »Sonst lernst du womöglich gleich etwas kennen, wofür sie als junges Mädchen berühmt war: ihr hitziges Temperament.«

Sie lachten beide, doch Tahg blieb hartnäckig. »Für mich ist sie weder alt noch jung. Meine Mutter ist einfach da. Weißt du, Onkel Desmond, wie ein großer Baum oder ein mächtiger Felsen – sie ist so... so gewaltig, daß man glaubt, sie müsse schon immer dagewesen sein.«

Desmonds Augen leuchteten auf in Erinnerung an seine Jugend. »Ja, mein Junge, ich weiß, was du meinst. So war sie schon immer, sogar als Kind. Deine Tante Beth und ich, wir haben uns oft über ihre Festigkeit und Überzeugungskraft gewundert. Es war, als wisse sie immer ganz genau, was sie tue und warum. Gott weiß, wie sehr ich mir wünschte, Beth und ich wären genauso.«

»Wart ihr alle sehr schockiert, als sie mit Pa fortgegangen ist?« Tahg gefiel es, daß sein Onkel ihn in ihren Gesprächen wie einen Erwachsenen behandelte.

»Tja, weißt du, Beth und ich, wir waren eigentlich nicht sehr überrascht. Wir hatten einfach gespürt, daß sie eines Tages auf und davon gehen würde, verstehst du? Oder jedenfalls etwas Ungewöhnliches tun. Es steckte wohl in ihr. Sie konnte gar nicht anders.«

»Und Großvater?«

»Das ist eine andere Geschichte, Tahg. Er ist nie richtig drüber weggekommen. Hat ihr nie verzeihen können. Sie waren sich in mancher Hinsicht ähnlich, er und deine Mutter, nur in einem Punkt nicht: Er befolgte immer buchstabengetreu die Regeln, sie dagegen scherte sich um keine Vorschrift. Für deinen Großvater war sie eine ›Abtrünnige‹.«

»Das hat Mutter gewiß sehr traurig gemacht.«

»Tja, das glaub' ich auch, mein Junge. Aber, um ehrlich zu sein, deine Mutter war so wahnsinnig verliebt in deinen Vater – ich weiß nicht, ob sie überhaupt wahrgenommen hat, was andere

dachten. So was wie deine Eltern ist mir nie untergekommen. Komplett verrückt, verstehst du?«
»Ich glaub', sie haben sich immer noch furchtbar lieb«, sagte Tahg stolz.
»Ganz gewiß. Ich vermute, die einzige Enttäuschung, die dein Vater ihr je bereitet hat, war das Verbot, seine Stücke auf die Bühne zu bringen.«
Tahg spitzte die Ohren. »Wovon sprichst du, Onkel Des?«
»Sie war ganz versessen darauf.« Desmond war erstaunt, daß der Junge davon nichts wußte. »Sie dachte, wenn das Publikum seine Theaterstücke und seine Gedichte kennenlernt, würde er reich und berühmt, und dann könnte sie im Triumph heimkehren und es allen zeigen. War 'ne bittere Pille für sie, dieses Verbot.«
»Wer hat's verboten? Die Bruderschaft?«
»Natürlich, wer denn sonst? Die haben sein Talent im Keim erstickt. Verstehst du, er mußte sich entscheiden.«
Darum also hütete seine Mutter die Werke des Vaters so liebevoll. Darum behandelte sie ihn wie ein großes, aber verkanntes Genie. Darum sagte sie so oft, Tierney O'Connors Werk würde weiterleben, wenn sie alle längst unter der Erde wären. Tahg hatte bisher geglaubt, die Mutter schmeichle dem Vater nur aus übergroßer Liebe zu ihm. Jetzt verstand er ihre treue Unterstützung besser.
»Ich will mich nicht als Richter aufspielen, mein Junge, aber wenn William Butler Yeats dachte, dein Vater kann schreiben – und der Meinung war er ganz entschieden –, dann muß er doch wohl begabt sein, oder?«
Tahg nickte verwundert. Er hatte das Gefühl, in FitzGibbon Hall gebe es weit mehr zu lernen als die Kunst, ein Gentleman zu sein. Und wie aufregend das Leben mit Onkel Desmond war – aufregend und voller Annehmlichkeiten! Dienstboten halfen beim Anziehen, brachten einem zu essen oder führten das Pferd vor, wenn man Lust zum Ausreiten verspürte. Und die Kleider! Onkel Des besaß einen zum Bersten gefüllten Schrank mit solch unerhört vornehmer Garderobe, daß all seine Freunde daheim in Dublin sich vor Lachen darüber ausgeschüttet hätten. Alle außer Kitty natürlich.
Kitty würden die Kleider ebenso gefallen wie das feine Leben, die Dienstboten und das Gefühl, etwas zu »haben«. FitzGibbon Hall

verkörperte alles, was sie sich erträumte. Wäre es nicht herrlich, wenn er sie hierherbringen könnte, damit sie alles mit eigenen Augen sähe? Oh, wie gern würde er sie aus ihrer Armut reißen und ihre Träume wahrmachen!

Er merkte, daß Onkel Des ihn aufmerksam beobachtete, und zwang seine Gedanken in die Gegenwart zurück. »Was meinst du, Onkel Des, warum hat mein Vater sich für Irland entschieden statt für seine Werke?«

»Verdammt heikle Frage. Eigentlich von Natur aus kein Rebell, dein Vater. Jedenfalls längst nicht so wie deine Mutter. Aber er ist treu. Steckt voller Ideale. Daran wird's wohl liegen. Er würde nie seinen Glauben verraten.« Des schien mit seiner Erklärung zufrieden.

Tahg nickte. Erwachsene waren manchmal offenbar ziemlich kompliziert. Seine Mutter hatte aus Liebe auf ihr luxuriöses Leben in FitzGibbon Hall verzichtet, sein Vater hatte seinen persönlichen Ehrgeiz einem Ideal geopfert. Er hätte gern gewußt, ob ihre Wahl seine Eltern so glücklich gemacht hatte, daß das Opfer sich lohnte. Und er fragte sich, welches Opfer sein Leben wohl eines Tages von ihm fordern würde.

5

»Ach, ich wünschte so sehr, du könntest für immer hierbleiben«, jammerte Angelica. Tahg und sie saßen unter einem Baldachin schwer beladener Obstbäume. Es war ein sonniger Spätsommertag. »Wir haben soviel Spaß miteinander gehabt!«

Tahg, der neben dem Rollstuhl seiner Cousine auf dem Rasen hockte, sah lächelnd zu ihr auf. »Du wirst mir auch fehlen, Angel. Aber ich schreib' dir ganz oft, also sei nicht traurig. Sieh mal, ich bin nun schon fast zwei Jahre hier. Und dabei gibt's daheim soviel für mich zu tun... bei den Fianna-Jungen... und überhaupt ist grade soviel los in Dublin.«

»Und wahrscheinlich mußt du auch zurück zu Kitty«, meinte Angelica spitz. Sie dachte an die Briefe, die in ein-, zweiwöchigem Abstand aus Dublin eintrafen und Tahg jedesmal in Hochstimmung versetzten.

»Zu Kitty auch, Cousinchen.« Tahg lächelte.
»Es ist gewiß schön, verliebt zu sein«, sagte sie wehmütig, und ein Schatten glitt über das Gesicht des Jungen.
»Eines Tages wird sich auch in dich jemand verlieben, Angel. Wart's nur ab.«
»Mit den Beinen? Nicht doch, Tahg. Kein Junge wird mich jemals anschauen. Wäre ich katholisch, würde die Familie mich einfach ins Kloster stecken und vergessen.«
»Das Kloster, in dem du kleiner Kobold herumgeistern würdest, müßte einem leid tun. Die arme Äbtissin bekäme gewiß schon nach einer Woche einen Schlaganfall!«
Angelica kicherte. Tahg war der einzige, der sie wirklich verstand und dem es trotz allem immer noch gelang, sie zum Lachen zu bringen. Von klein auf war er ihr ganz besonderer Freund gewesen. Er nahm sich die Zeit, ihren Rollstuhl zu schieben, statt mit den anderen davonzustürmen. Er saß stundenlang bei ihr und unterhielt sich mit ihr über ernsthafte Themen, während die anderen nur Albernheiten im Kopf hatten, von denen sie durch ihre Krankheit schon immer ausgeschlossen war.
Vielleicht gab es irgendwo noch einen Jungen, der so war wie Tahg. Einen, der sie lieben würde. Sie versuchte, den Gedanken zu verdrängen, allein, je älter sie wurde, desto schwerer fiel ihr das.
Es war schon schwer genug gewesen, als Kind nicht mit den anderen spielen, herumtollen und auf Entdeckungsreisen gehen zu können – aber sie hatte es ertragen. Doch daß sie nun auch von den Entdeckungen der Erwachsenenwelt ausgeschlossen sein würde – darauf, so fürchtete sie manchmal, war sie nicht vorbereitet.
»Ich versuche deine Mutter zu überreden, daß sie dich für eine Weile zu uns nach Dublin kommen läßt.« Als Tahg ihre grüblerische Miene sah, wurde auch er wieder ernst. »Es ist an der Zeit, daß du das Stadtleben kennenlernst, Angel. Ich könnte dir dort so vieles zeigen, und außerdem möchte ich dich mit einer Menge Leute bekannt machen.«
»Ich habe vor, in Dublin ein eigenes Haus zu beziehen, wenn ich groß bin.« Sie meinte es ernst.
Tahg wußte, wie wichtig es ihr war, ihre Unabhängigkeit zu behaupten. »Wenn du das machst, dann werde ich dein bester Freund in der Stadt sein und dich überall hinführen. Du weißt,

daß ich nie sagen würde, du könntest dies oder das nicht tun wegen deiner Beine. Wir werden einfach eine Menge Sachen finden, die du tun *kannst.*«
»O Tahg!« flüsterte Angelica dankbar. »Du bist wundervoll.«
Der Junge strahlte über das Lob. Er hatte seine kleine Cousine wirklich sehr gern. Für ihn war sie fast so etwas wie ein Philosoph. Und auch mutig. Sie hatte soviel Leid erdulden müssen, und doch schien sie ihm nie verbittert. Wehmütig war sie manchmal, gewiß. Aber nie bitter.
Er würde sein Möglichstes tun, um ihr das Leben leichter zu machen, wenn sie erst einmal erwachsen wären. Sie war zu lebhaft und unternehmungslustig, um sich auf Schloß Manningham zu vergraben; zu temperamentvoll, um für immer an ihren Stuhl und ein einsames Schicksal gefesselt zu sein. Wenn es nach ihm ginge, würde sie später einmal mehr Anteil am Leben nehmen können. Seine Eltern würden das verstehen. Tante Beth hatte immer noch Schuldgefühle wegen des Unfalls, weshalb sie ihre Tochter in Watte packte. Onkel Edmond war zu sehr mit seiner Politik beschäftigt und außerdem zu fürsorglich. Aber *er* würde seine kleine Cousine, die so viele seiner geheimsten Gedanken teilte, nicht vergessen; er gewiß nicht.

»Wenn ich groß bin, möchte ich ein Patriot sein, Pa.« Tahg teilte seinem Vater seinen gewichtigen Beschluß mit, als die beiden vom Pub heimgingen, wo der Junge die halbe Nacht aufgesessen und den Liedern seines Vaters gelauscht hatte. Er war seit einem Monat aus Sligo zurück.
Tierney verspürte einen schmerzhaften Stich in der Brust. Sein Sohn hatte sich in den zwei Jahren bei seinem Onkel mächtig entwickelt. Tierney war überglücklich, ihn wiederzuhaben.
»Ich verstehe dich, mein Sohn. Wenn man die alten Rebellenlieder hört, möchte man am liebsten gleich selbst in den Kampf ziehen.«
»Nein, Pa, das ist es nicht allein. Ich hab' über meinen Aufenthalt in Sligo nachgedacht. Es war so schön dort, daß ich die Wirklichkeit fast aus den Augen verloren hätte. Ich habe lange gebraucht, bis ich mir über alles klargeworden bin.«
Tierney betrachtete seinen Sohn. Er war groß für sein Alter und

hübsch; aber nicht darin allein bestand seine Anziehungskraft. Was Tierney besonders an ihm schätzte, waren seine innere Festigkeit und sein nachdenkliches Wesen, beides vielversprechende Anlagen.

»Und zu welchem Schluß bist du gekommen, mein Sohn?«

»Es ist nicht recht, daß die Verwandten dort so reich sind, wenn es so viele arme Leute gibt, Pa. Es wäre schon recht, wenn sie etwas Besonderes geleistet oder eine großartige Erfindung gemacht hätten, um sich ihren Reichtum zu verdienen. Aber sie sind nur zufällig reich geboren. Doch das geben sie nicht mal zu, Pa. Mamas Familie schon, die sind ehrlich, aber Onkel Edmond und Winston und die meisten seiner Freunde sind bloß arrogant und eingebildet. Hast du eine Ahnung, wie sehr Onkel Edmond alle verachtet, die nicht zu seinem Stand gehören? Ich habe mich ein bißchen mit ihm unterhalten und konnte es gar nicht fassen, wie sehr er die Iren verachtet.«

Tierney freute sich über die scharfe Beobachtungsgabe seines Sohnes. »Er ist das Produkt seiner Erziehung, Tahg. Menschen, denen von Geburt an Macht zufällt, lassen sich nur in den seltensten Fällen nicht von ihr korrumpieren.«

»Aber Onkel Desmond ist da ganz anders! Er und Mama und Tante Beth stammen doch auch aus einer reichen Familie – trotzdem sind sie gut und anständig zu den Leuten.«

»Ah, aber diese drei sind selten wie Schmetterlinge im Winter, Tahg. Sie sind die Ausnahme, verstehst du?«

»Ja, davon spreche ich doch die ganze Zeit, Pa. Was ich dir klarzumachen versuche… nun, ich möchte auch eine Ausnahme sein! Ich möchte etwas tun, um die Unterschiede ein wenig auszugleichen. Ich möchte mit dazu beitragen, daß Irland wieder den Iren gehört. So wie du es in deinen Stücken beschreibst.«

Tierney holte tief Luft, ehe er zu einer Antwort ansetzte. In seinem Herzen hatte er immer gewußt, daß dieser Tag einmal kommen würde.

»Tahg, mein Junge, was du da sagst, weckt recht gemischte Gefühle in mir. Daß du dich unserer Sache verschreiben willst, macht mich einerseits sehr stolz. Es zeugt von Mut und Tapferkeit, daß du diesem Ideal dienen willst. Aber du bist mein Sohn, und du bedeutest mir mehr als alle Ideale der Welt. Und darum glaube ich, es ist meine Pflicht, dir gegenüber ganz offen zu sein.«

Unterdessen waren sie daheim angelangt. Tahg war enttäuscht über die Reaktion seines Vaters. Er hatte sich vorgestellt, sein Entschluß würde ihn stolz und glücklich machen; statt dessen schien er bekümmert und in Sorge.

Auf Zehenspitzen schlichen sie durch den Hausflur nach oben und machten vor ihrer Wohnung halt. Tierney ließ sich auf dem Treppenabsatz nieder und winkte Tahg, sich neben ihn zu setzen »Laß uns hier draußen weiterreden, damit wir deine Mutter nicht aufwecken. Ich möchte dir eine Geschichte erzählen, doch sie ist ziemlich schwierig... oder zumindest sind es die Gefühle, die darin eine Rolle spielen. Aber ich glaube, du bist inzwischen alt genug, um es zu verstehen.« Er klopfte dem Jungen anerkennend auf die Schenkel. »Als ich noch nicht so alt war wie du, hatte ich einen Onkel. Jack war der Bruder meines Vaters, und ihm steckte der Rebell in den Knochen. Er war dunkelhaarig, mit feurigen Augen. Er war ein guter, tapferer Mann, oder zumindest glaubte ich das – und er steckte voller Lieder, Gedichte und Geschichten über die Revolution. Als ich acht oder neun Jahre alt war, Tahg, hatte er mir schon Irlands ganze Leidensgeschichte beigebracht. Onkel Jack war es auch, der meinte, ich sei musikalisch, und mich die Saiteninstrumente spielen lehrte, denen seither meine besondere Liebe gehört. Als er sein abenteuerliches Leben schließlich mit dem Tode bezahlen mußte, wurde er in unserer kleinen Welt wie ein Märtyrer verehrt.«

Tahg beobachtete prüfend das Gesicht seines Vaters, neugierig, wohin diese Geschichte führen würde und warum er bisher nie etwas von diesem Onkel Jack erfahren hatte.

»Ich liebte meinen Onkel abgöttisch, Tahg, und sein Tod ging mir sehr zu Herzen, aber ich war auch so stolz auf ihn, daß ich darin einen seltsamen Trost fand. Wir Iren, weißt du, wir versenken uns richtig in unsere Vergangenheit... in unsere endlosen Leiden und Rebellionen und unser ständiges Freiheitsstreben. Von klein auf lernen wir schon, daß Märtyrer Waffen gegen den Feind sind und daß ihr Tod ein ehrenvolles Opfer auf dem Altar der Freiheit ist – ich glaube, über kurz oder lang erscheint uns der Märtyrertod fast als etwas Natürliches.

Mein Onkel Jack hat die Fackel an mich weitergereicht, ich übergab sie deiner Mutter, und wie es scheint, haben wir beide sie nun dir vermacht – aber es schmerzt mich zu sehen, welch endlose

Kette da entsteht, mein Sohn. Eine endlose Kette von Vätern und Söhnen.«

»Du brauchst dir um mich keine Sorgen zu machen, Pa. Ich komme schon zurecht. Möglicherweise hört die Kette ja auch mit uns auf. Hast du daran schon mal gedacht? Vielleicht sind wir die letzten, die noch zu kämpfen brauchen.«

Tierney lächelte wehmütig und zog den struppigen Kopf des Jungen an seine Brust. »Doch, mein Sohn, freilich habe ich daran gedacht. Oft sogar.«

Drinnen in der Wohnung rührte sich etwas, dann drehte sich quietschend der Schlüssel im Schloß, die Tür ging auf, und Con blinzelte schlaftrunken auf die beiden, die da auf dem Treppenabsatz saßen. Es tat ihr wohl, Mann und Sohn so einträchtig beieinander zu sehen. Wie ähnlich sie sich waren, und wie gut sie zusammen harmonierten.

»Hättet ihr zwei nicht Lust, hereinzukommen und euch bei einer Tasse Tee aufzuwärmen?« Ihre Worte begleitete ein liebevolles Lächeln. »Es ist sehr einsam hier drin ohne euch.«

Vater und Sohn tauschten einen bedeutsamen Blick. Mit der Unterhaltung am heutigen Abend hatten sie gewissermaßen eine Grenze überquert. Daß sie diesen Schritt gemeinsam getan hatten, war für beide von großer Wichtigkeit.

6

James Connolly ließ sich von seiner Tochter Nora aus der Zeitung vorlesen. Sie stand zwar schon auf der Schwelle zur Frau, war für ihn aber noch ganz Kind, dem man zuhörte, das man lobte und mit dem man spielte. Er lauschte beifällig dem rhythmischen Klang ihrer Stimme und sann darüber nach, wie wohl der junge Mann beschaffen sein mochte, der ihm das Mädchen eines Tages rauben würde. Nicht, daß damit in allernächster Zukunft zu rechnen wäre, doch in ein paar Jahren würden die Burschen von seiner reizenden Tochter ernsthaft Notiz nehmen, und dann würde er sie bald hergeben müssen.

»Tut es dir leid, daß du aus Amerika fort bist, Pa?« fragte Nora unvermittelt, so als versuche sie, seine Gedanken zu erraten. Be-

wundernd schaute sie ihren Vater an. Er war kräftig gebaut, ein starker Mann, der einem das Gefühl gab, sicher und geborgen zu sein, wenn er einen bei der Hand nahm.
»O nein, mein Kind, im Gegenteil. Ich bin froh, daß wir wieder in Irland sind.« Stimmt das auch wirklich? fragte er sich. Schließlich war er nicht zu seinem Vergnügen heimgekehrt, sondern weil man ihn in der Heimat brauchte.
»Ich sehne mich manchmal nach Amerika. Dort habe ich mich sicherer gefühlt.«
Der wehmütige Ton, in dem sie das sagte, gab ihm zu denken. Aber war ein Arbeiter irgendwo auf der Welt wirklich sicher?
»Glaubst du denn nicht, daß ich meine Tochter auch hier beschützen werde? Du scheinst mir ja eine schöne Meinung von deinem Vater zu haben.«
Doch sie ließ sich von seinem gespielten Tadel nicht täuschen. »Natürlich wirst du auf mich achtgeben, Pa, so gut du kannst. Aber du bist doch selbst in Gefahr. Wenn ich mir Sorgen mache, dann weit eher um dich als um mich.«
Connolly warf seiner Tochter einen durchdringenden Blick zu. Nein, das war nicht richtig. Vielleicht gab es in Irland gar keine Kinder mehr. Sie wußten zuviel für ihr Alter, um noch als Kinder behandelt zu werden. Seine Tochter verdiente, die Wahrheit zu erfahren, statt mit Gemeinplätzen abgespeist zu werden.
»Weißt du, warum ich das alles tue, Nora? Warum ich mich in Gefahr begebe und dadurch wiederum dich und deine Mutter und deine Geschwister gefährde?« Er beugte sich vor und zog das dunkelhaarige Mädchen an sich.
»Ich denke mir, du mußt es tun. Schließlich bist du berühmt für deine Theorien.« Sie versuchte, sachlich zu klingen, was ihr aber nicht recht gelang.
Connolly lächelte über die Bereitwilligkeit, mit der seine Tochter das Leben akzeptierte, in das er seine Familie hineingezogen hatte. »Ich handle so, Nora, weil es anders nie Sicherheit für unsereins geben wird... die erreichen wir nur, wenn wir willens sind, uns zu wehren, gerechte Löhne und Lebensbedingungen zu verlangen. Andernfalls wird keiner von uns sicher sein können – weder ich noch du oder deine Geschwister. Und auch der junge Mann nicht, der eines Tages daherkommen und dich mitnehmen wird, damit er dich ganz für sich allein haben kann.«

Schüchtern blickte sie auf. Noch nie hatte ihr Vater sich anmerken lassen, daß er sah, wie sie erwachsen wurde.
»Ich möchte dich niemals verlassen, Vater.«
»Ja, mein Schatz, vielleicht jetzt noch nicht. Aber der Tag wird kommen, an dem du dich so sehr in einen jungen Mann verliebst, daß du gar nicht anders kannst, als ihm zu folgen und dir mit ihm zusammen ein eigenes Leben aufzubauen. Und wenn der Tag kommt, Nora, dann muß dieser junge Mann auch die Chance haben, euch eine Existenz zu schaffen. Er braucht eine Arbeit, ein festes Einkommen und die Gewißheit, daß er imstande ist, für sich und die Seinen zu sorgen. Darauf hat er ein Recht, und du hast es auch. Darum kämpfe ich für die Arbeiter. Und für eine irische Gesetzgebung. Für deinen zukünftigen Mann tue ich das und für all unsere Männer.« Er schüttelte den Kopf, so als sei es zu schwierig, sein Anliegen zu erklären, und sein stattlicher Schnurrbart, den das Mädchen so hübsch fand, zitterte unter der Heftigkeit seiner Bewegung.
»Ist schon gut, Pa.« Das Mädchen schmiegte sich fester an den geliebten Vater und küßte ihn aufs Haar, das sich zu lichten begann. »Ich möchte dich ja gar nicht anders haben.« Er gab ihr einen liebevollen Klaps, als sie aufstand und hinausging. Auch ihre Mutter brachte das gleiche selbstlose Verständnis für ihn auf. James Connolly war ein Mann, der mit den Frauen in seinem Leben großes Glück hatte.

Anfangs erschien der Streik durchaus richtig und sinnvoll, dachte Connolly traurig. Im Jahre 1913 lebten 87000 der 400000 Einwohner von Dublin in Mietskasernen, deren Zustand jeder Beschreibung spottete. 22000 davon hausten in Unterkünften, die selbst die abgestumpfte Beamtenschaft für unbewohnbar erklärt hatte.
Die baufälligen Überreste jener stattlichen Häuser im georgianischen Stil waren von skrupellosen Spekulanten zu Elendsquartieren umgewandelt worden, in denen ganze Familien auf jeweils nur einen Raum zusammengepfercht waren. In den Zimmern, die einst vom sorglosen Gelächter der Reichen widergehallt hatten, herrschte nun bittere Not. Dublin war die Stadt mit der höchsten Sterbequote in ganz Europa – und mit dem niedrigsten

Pro-Kopf-Einkommen. Ein Jahr zuvor, also 1912, waren in dieser Stadt 2866084 Pfandscheine ausgegeben worden.
So zahlreich war die Kinderschar, die tagtäglich in den Abfalltonnen nach Essensresten suchte, daß man einen Namen brauchte, um sie zu beschreiben, und sie die »Kehrichtkinder« taufte. Die Jungen und Mädchen durchwühlten mit gutem Grund die Mülleimer, denn die Durchschnittsration einer Familie im Armenviertel von Dublin reichte kaum zum Überleben. Zum Frühstück wie zum Abendessen gab es Tee und Brot; mittags aß man Kartoffeln, Kohl und Zwiebeln, und nur an besonderen Feiertagen genehmigte man sich dazu ein Stück Schinken oder einen Hering.
All das wußte James Connolly aus erster Hand. Am besten aber kannte er das beklagenswerte Verhältnis zwischen Arbeitgeber und Arbeitnehmer, das diese schändlichen Lebensbedingungen festschrieb. Nach dem Motto »Friß oder stirb« konnte die besitzende Klasse einen Mann jederzeit bis an die Grenzen seiner Kraft auslaugen, weil sie genau wußte, daß hundert andere für seinen Platz Schlange standen, falls er aufzumucken wagte.
Darum hatte Connolly sich mit dem Arbeiterführer Jim Larkin zusammengetan und war von New York nach Dublin zurückgekehrt. Er wußte, daß Larkin die Irische Transport- und allgemeine Arbeitergewerkschaft zum Kampf gegen die himmelschreiende Ungerechtigkeit der Industriellen aufgerufen hatte. Connolly wollte dabei mithelfen, die Gewerkschaft in den Dienst des Arbeiters zu stellen. Denn während Larkin Beredtsamkeit, leidenschaftliches Temperament und auch das nötige Gespür mitbrachte, wie man Leute begeisterte, besaß doch Connolly das erforderliche Verständnis und Mitgefühl für die einfachen Arbeiter, um ihnen Vertrauen in die neue Gewerkschaftsbewegung einzuflößen.
Im Grunde war der Streik richtig und sinnvoll gewesen, bis William Martin Murphy auf den Gedanken kam, seinerseits eine Gemeinschaftsorganisation zu gründen, und den Dubliner Arbeitgeberverband ins Leben rief. Was für ein abscheulicher Mann, dachte Connolly, dieser Murphy mit seiner rechthaberischen Art und seiner teuflischen Macht über Leben und Tod anderer Menschen.
Murphy stammte aus einer Bauunternehmersfamilie und hatte die Firma nach dem Tode seines Vaters zu einem Imperium aus-

geweitet, dessen Geschäftsbeziehungen von London bis nach Afrika reichten. Aber die Rechte der Arbeiter standen bei ihm nicht hoch im Kurs, und die gegenwärtigen Schwierigkeiten hatten damit begonnen, daß Murphy kurzerhand hundert Angestellte der Dubliner Straßenbahngesellschaft, deren Generaldirektor er war, entlassen hatte, als die sich zu organisieren versuchten.

Connolly seufzte bei dem Gedanken, wie reibungslos der Streik vor Monaten begonnen hatte. Er und Larkin waren sich einig gewesen, daß sie sich nur durch einen Sympathiestreik zur Wehr setzen konnten... und so hatte es angefangen.

Inzwischen hatten sie in ihrem Hauptquartier in der Liberty Hall eine Suppenküche für die vielen, vielen hungrigen Arbeitslosen eingerichtet, und unter den Streikenden wuchs die Erkenntnis, daß ihnen bis Weihnachten nur mehr die Wahl blieb zwischen Kapitulation und dem sicheren Hungertod.

Connolly schlug den Mantelkragen hoch und machte sich auf den Weg zur Liberty Hall. Ein paar Frauen hatten den Vorschlag gemacht, die Kinder der Streikenden nach England zu schicken, wo mitfühlende irische Familien sich ihrer für die Dauer des Streiks annehmen wollten. Es war eine Verzweiflungstat, die nicht gerade auf Beifall stoßen würde, doch vielleicht könnten die Männer so ein wenig länger durchhalten, und deshalb mußte man den Plan in Betracht ziehen. Die Kirche hatte sich natürlich dagegen ausgesprochen; der Erzbischof befürchtete, die katholischen Kinder könnten in England unter protestantischen Einfluß geraten. Er würde alle Hände voll zu tun haben, um diesen Einwand zu entkräften.

Er und Larkin mußten noch heute entscheiden, ob sie den gewagten Vorschlag der Frauen billigen wollten oder nicht.

Die Morgenzeitungen berichteten ausführlich über Larkins jüngste Rede. Er hatte wieder einmal eine zündende Ansprache gehalten und die Streikenden in einen Begeisterungstaumel versetzt, der um ein Haar zu Ausschreitungen geführt hätte – angesichts der geschwächten Kampfmoral kein leichtes Unterfangen.

Con lächelte Larkin zu, als sie im Hauptquartier an seinem Schreibtisch vorbeiging. Er war ein großer, eckiger Mann mit schlaksigen Bewegungen, der bei näherem Hinsehen eher linkisch wirkte. Aber wenn er auf einem Podium oder an irgendeiner Straßenecke auf einer Seifenkiste stand und zu den Schwachen und Getretenen sprach, konnte ihm keiner das Wasser reichen. Dann glich er einem Adler über einem Häuflein Spatzen, der sich über die Menge aufschwingen konnte und dem es vor allem gelang, sie mit sich emporzuziehen.

»Ich bin auf dem Weg zu Lillie Connolly. Kann ich James was bestellen?«

»Danke, Con, aber ich werde gleich selbst mit ihm sprechen. Ich erwarte ihn noch diese Stunde. Wir müssen die Sache mit den Kindern klären. Trotzdem schönen Dank.«

Sie nickte, winkte ihm zu und trat aus dem geschäftigen Büro. Draußen hatte sich eine lange Schlange gebildet; lauter verängstigte, hungrige Gesichter. Der Strom würde den ganzen Tag über nicht abreißen. Die Leute kamen, um Hilfe von der Gewerkschaft zu erbitten oder um sich von Larkin und Connolly raten zu lassen, was sie während der Aussperrung tun sollten. Von Woche zu Woche waren sie abgehärmter; und mit ihrem Hunger wuchs ihre Angst. Con wünschte, William Martin Murphy müßte für ein paar Tage mit einem dieser armen Kerle den Platz tauschen. Stumm dankte sie Gott dafür, daß ihre Familie immer noch genug zu essen hatte. Tommys Pub war natürlich auch vom Streik betroffen, aber Tierney brachte trotzdem nach wie vor allwöchentlich seinen Lohn heim und manchmal, wenn im Pub etwas übriggeblieben war, auch noch etwas zu essen. Tommy hing an Tierney wie an einem Sohn, und auch sie mochte er sehr gern. Con hatte den Verdacht, daß Tommy ihr ebenso eine Freude machen wollte wie ihrem Mann, als er Tierney nach Seaneens Aufführungsverbot für seine Stücke angeboten hatte, sein Teilhaber zu werden. Tommy war im Umgang mit Frauen sehr sanft, so als fühle er sich ihnen gegenüber in der Rolle des Beschützers. Con wußte, daß er ihr eine besonders innige Freundschaft entgegenbrachte.

Eilig legte sie den kurzen Weg zu Lillies Wohnung zurück. Diese warmherzige Frau nahm einen wichtigen Platz in ihrem Leben ein. Sie und Lillie hatten zwar wenig gemeinsam, aber Mrs. Connolly hatte stets ein offenes Ohr und war ihr eine gute, mütterliche Freundin.

Lillie Connolly öffnete ihr die Tür, eine rundliche Frau mit einem ungemein gütigen Gesicht. »Einen guten Tag wünsche ich dir, Con«, sagte sie munter.

»Und ich dir!« gab Con lächelnd zurück.

Lillie umarmte sie, und Con hatte den Eindruck, sie sei schmaler geworden seit ihrem letzten Besuch. Auch hatte sie dunkle Ringe unter den Augen, ein sicheres Zeichen der Not, in die der Streik so viele Familien gestürzt hatte.

»Die Kinder sind in der Schule. Ich backe gerade Brot, da habe ich reichlich Zeit, mich mit dir zu unterhalten.« Lillies Stimme hatte einen ansteckend fröhlichen Klang. Ihr Haar war von dichten grauen Strähnen durchzogen und im Nacken zu einem nicht ganz ordentlichen Knoten geschlungen.

Con schlüpfte aus dem Mantel und sah sich in der Wohnung um, wie sie es schon so oft seit der Rückkehr der Connollys aus Amerika getan hatte. Sie war eine große Bewunderin von Connollys Schriften und hatte daher alles darangesetzt, ihn sofort nach seiner Ankunft in Dublin kennenzulernen. Con bat ihn, für den *Bean na h Eireann,* eine Zeitung, die von der Gräfin herausgegeben wurde, Artikel beizusteuern, und es dauerte nicht lange, da hatten die beiden sich angefreundet.

Die Wohnung bestand nur aus zwei kleinen Zimmern und entbehrte jeder Bequemlichkeit, aber die helle Sonne schien herein, und man spürte die rührige Hand einer liebevollen Hausfrau. Wenn man in solch beengten Verhältnissen Kinder großziehen mußte, schien es schier unmöglich, Ordnung zu halten; doch bei den Connollys war kein Stäubchen zu entdecken, und nirgends lag etwas herum.

»Setz dich, meine Liebe.« Lillie deutete auf einen Stuhl am Küchentisch, auf dessen abgenutzter Platte sie den herrlich duftenden Brotteig ausgerollt hatte.

»Ich helf' dir kneten«, erbot sich Constance. Ein Bild aus ihrer Kindheit stieg in ihr auf: Sie und Beth standen vor dem riesigen marmornen Backtisch und sahen zu, wie die Köchin den Brotteig knetete. Und dann hatten sie jedesmal gebeten, den großen, mehlbestäubten Klumpen anfassen zu dürfen.

»Nur zu! Nichts fühlt sich so herrlich an wie das nächste frische Brot, hab' ich recht?« Lillie Connolly war sichtlich erfreut über ihren Besuch. Sie war nicht hübsch, doch ihr Lächeln ließ einen das vergessen. »Meine Mutter hat immer gesagt: ›Jedem Laib Brot kannst du ein Gebet einhauchen, Lillie.‹ Aber ich denk' mir: ›In jeden Laib knete ich etwas mehr Liebe zu meiner Familie!‹«

»Und weißt du, was ich oft denke? Es gibt kein besseres Mittel, aufgestauten Ärger loszuwerden, als Teigkneten. Ein Hieb für König Edward!« verkündete Con und stieß die Faust in den Teig. »Einen Knuff für das Schloß und all seine grausamen Gesetze!« Sie walkte den Teig und klopfte ihn auf der Tischplatte aus. »Ein Schlag für Mr. Murphy, den Halsabschneider, und seine gemeinen Streikbrecher!« Sie formte den Laib und bearbeitete ihn kräftig mit den Knöcheln.

Lillie Connolly, die ihr anfangs besorgt zugeschaut hatte, lachte schließlich laut über den Temperamentsausbruch ihrer Freundin. »Du bist James unglaublich ähnlich, Con! Wollte Gott, ich hätte euren Mut und traute mich, auch so drauflosszuschimpfen! Ich bewundere euch.« Sie nickte Con beifällig zu.

»Nicht doch! Ich bewundere *dich,* Lillie. Du bist für mich die perfekte Hausfrau. Liebevoll und warmherzig... und ich bin sicher, du machst James nie Vorwürfe, weil er dich und die Kinder so oft allein lassen muß. Gott weiß, wie ich Tierney vor Jahren die Hölle heiß gemacht habe, weil er Tahg und mich wegen der Bruderschaft vernachlässigte.«

Lillie Connolly riß ungläubig die Augen auf. Es wäre ihr nie in den Sinn gekommen, daß eine brave Ehefrau ihrem Mann irgend etwas vorwerfen könne, am allerwenigsten seinen Einsatz für eine gute Sache. »O nein, meine Liebe! Das hast du bestimmt nicht getan«, widersprach sie energisch, so als wolle sie Cons erschreckendes Geständnis vom Tisch wischen. »Du weißt doch, daß dein Tierney und mein James nur das Beste für die Arbeiter wollen. Ich bin sicher, du übertreibst.«

Sie legte den Teig auf das eingefettete Backblech und breitete ein zerschlissenes, aber sauberes Tuch darüber. »Außerdem hat James mir doch erzählt, wieviel Gutes ihr tut, du und die Gräfin. Ihr bildet die Jungen aus, helft in der Suppenküche und veranstaltet überall Vorträge, um die Leute zu unterstützen.«

Con blickte in das rosige, nahezu faltenlose Gesicht ihrer Freundin mit den zwinkernden grauen Augen und den runden Apfelbäckchen. »Es steht schlecht, Lillie«, sagte sie unvermittelt. »Larkin und dein James können die Männer nicht mehr lange auf ihren

Posten halten. Sogar die Kinderverschickung wird das Unvermeidliche nur ein Weilchen hinauszögern. Die Schufte werden siegen, und dann war alles Leiden sinnlos. Wie kannst du damit leben? Und er – wie wird er damit fertig?«
Mrs. Connolly, die bereits emsig den zweiten Teig bearbeitete, unterbrach ihr rhythmisches Kneten. Schließlich versetzte sie langsam und gedankenvoll, wie um sicherzugehen, daß sie sich richtig ausdrücke: »James kennt die Not der Arbeiter und ihrer Familien besser, als du dir je vorstellen könntest, meine Liebe.«
Und als sei sie vom Thema abgekommen, setzte sie hinzu: »Das ist ein besonderer Tag heute. Seit fast einem Monat habe ich schon kein Brot mehr gebacken.« Sie deutete mit der Hand auf die Schüsseln mit dem Teig, die auf dem Fensterbrett aufgereiht standen. »James meint, wir dürften nie mehr haben als die anderen. Wenn sie hungern, tun wir's auch. James weiß genau, wie's in den Familien der Arbeiter aussieht, Con. Aber er weiß auch, daß sich nichts ändern wird, wenn wir uns jetzt nicht wehren, wenn wir nicht tapfer genug sind, zu kämpfen und notfalls unser Leben zu opfern. James sagt, selbst wenn wir diesmal verlieren – und es sieht ja ganz danach aus –, hätten wir trotzdem etwas gewonnen. Wir haben denen immerhin unser Durchhaltevermögen bewiesen und unseren Mut. Die Zahl unserer Anhänger ist gewachsen. Wir haben unseren Kindern gezeigt, daß wir nicht vor den Tyrannen in die Knie gehen… und daß wir, mögen wir auch noch so arm sein, doch Herr über unsere Seele bleiben!«
Lillies Augen leuchteten, als sie das sagte. »Eines Tages werden die Arbeiter auf der ganzen Welt bessere Lebensbedingungen bekommen, dank meinem James und Mr. Larkin. Kannst du dir das vorstellen? Die Leute werden sich ihrer erinnern und ihre Namen segnen.«
Con bewunderte die unwandelbare Treue und den Glauben ihrer Freundin. »Natürlich hast du recht, Lillie. Aber es kann dir doch nicht leichtfallen, Not und Gefahr auf dich zu nehmen. Einen Monat lang kein Brot – was für ein Leben! Bei Gott, ich wünschte, du hättest mir etwas davon gesagt. Wir hätten mit euch teilen können.«
»Mir macht's eigentlich nichts aus«, erwiderte Mrs. Connolly fest. »Nicht, solange James seine Pflicht tun kann.«
Das ist vermutlich die tiefgründigste aller Wahrheiten, dachte

Con. Und genau darin unterscheiden wir uns. Auch ich diene der Aufgabe meines Mannes. Auch ich würde vieles in Kauf nehmen, damit wir uns eine bessere Zukunft erkämpfen. Aber mir machen die Ungerechtigkeiten dieser Welt etwas aus – sehr viel sogar.
Die Tage, die sie in der Suppenküche half, kamen ihr unendlich länger und ermüdender vor, jetzt, da die Niederlage nicht mehr zu verhindern schien.

Con lag auf dem Bett, das Gesicht in den Kissen vergraben, und döste. Sie hatte einen langen, schweren Arbeitstag in der Suppenküche und bei den Streikposten hinter sich. Gott, würde es denn nie aufhören? Vier Monate dauerte der Streik nun schon, und überall in der Stadt waren Aussperrungen verhängt. Hunger, Furcht und Gewalt regierten in Dublin. Armes altes Dublin, wie bist du doch heruntergekommen! dachte sie noch, und dann übermannte sie die Schwäche, und der gnädige Schlaf des Vergessens senkte sich über sie.
Nur wenige Minuten später spürte sie eine wohlvertraute Hand sanft über ihren bloßen Rücken gleiten. Als sie sich ausgezogen hatte, war sie zu müde gewesen, um das Nachthemd überzustreifen; dankbar, daß Tahg die Nacht bei einem Freund verbrachte, war sie nackt unter die Decke geschlüpft. Im ersten Moment reagierte Con ungehalten und verärgert... sie hätte sich umdrehen, die liebende Berührung ihres Mannes erwidern sollen, aber die bleierne Müdigkeit lähmte sie, und sie sehnte sich nur danach, weiterzuschlafen. Morgen stand ihr ein schrecklicher Tag bevor; zwar klang es vernünftig, die Kinder nach England zu schicken, doch in Wirklichkeit würde es furchtbar sein, die Kleinen von ihren Müttern zu trennen. Schon der Gedanke daran schmerzte sie!
Tierney lächelte auf seine Frau hinunter. Sie war seit dem Morgengrauen unermüdlich am Werk gewesen: hatte in der Suppenküche Hunderte verpflegt, überall nach dem Rechten gesehen und den Streikposten Mut zugesprochen. Tommy war gegen Mittag aus dem Pub verschwunden, um ihr etwas zu essen zu bringen, wie er sagte. In Wahrheit war er um Cons Sicherheit besorgt und besuchte sie bei den Streikposten, sooft es sich einrichten ließ.

Tierney hatte mit einemmal das Gefühl, als könne er seine Liebe zu Con durch seine Hände auf ihren erschöpften Körper überfließen lassen und ihr von seiner Kraft abgeben. Er begann, ihre verspannten Schultern zu massieren – mit starken, geduldigen Bewegungen, die ihre Glieder wärmten, den Schmerz linderten und ihr Frieden brachten.

Con lag ganz still und überließ sich den Händen ihres Mannes. Sie spürte, daß die Liebe, die er ihr jetzt geben wollte, über reine Wollust hinausging – wenngleich die Lust sich in der Regel von selbst einstellte, sobald sie zusammen im Bett waren. Ein Schauer durchrieselte ihren Leib, und Con lächelte bei dem Gedanken, daß Tierneys Berührung sie auch nach langjähriger Ehe noch immer erregte, ja daß ihr Körper auf ein Lachen, ein bestimmtes Wort oder einen bedeutsamen Blick von ihm reagierte. Wieviel Glück sie einander in all den Jahren geschenkt hatten! Wie gütig Gott doch gewesen war, als er dieses belebende Band schuf zwischen Mann und Frau, die einander lieben.

Sie rekelte sich genüßlich unter Tierneys erfahrenen Händen; auf einmal war sie hellwach, drehte sich um und schmiegte sich in seine Arme. Anscheinend gab es mehrere Heilmittel gegen die Ängste und Strapazen des Tages... und bessere als Schlaf.

Oktober 1913

Man hatte die zerlumpten Kinder, so gut es ging, gegen die kalte Herbstluft eingemummt. Sie versammelten sich in der Liberty Hall; viele barfuß, jedes mit einem kleinen Bündel seiner Habseligkeiten unterm Arm, warteten sie darauf, zu dem Schiff nach England gebracht zu werden.

Mütter mit steinernen Gesichtern, auch sie in Lumpen, hielten Kinderhände in den ihren und kämpften mit den Tränen. Der Abschied würde den armen Würmchen schon schwer genug fallen, man durfte ihre Furcht vor dem Alleinsein nicht noch verstärken. Wenigstens würden sie in England nicht Hungers sterben.

Ein wohlgeordneter Zug – meist Frauen und Kinder, Hand in Hand – setzte sich in Bewegung. Gemessen an der Zahl der Kleinen wirkte die Menschenschlange unheimlich still und feierlich.

Con hielt ein Mädchen an der Hand; während sie stumm mit den anderen voranschritt, dankte sie Gott im stillen, daß Tahg schon fünfzehn und ihr mithin die furchtbare Entscheidung erspart geblieben war, der diese Mütter sich hatten stellen müssen. Wie grausam und ungerecht! dachte sie wütend. Wie entsetzlich, eine Mutter zu zwingen, sich von ihrem Kind zu trennen, damit es am Leben bleibt. Bei Gott, die Wilde Harfe würde zu dieser Schandtat nicht schweigen!

Man hörte nichts außer hier und da ein Kinderstimmchen und das Klappern der Schritte auf dem holprigen Pflaster. Doch plötzlich vernahm Con einen erregten Wortwechsel. Sie reckte sich, um zu erkennen, was vorging, und sah eine aufgebrachte Menge, die sich an der nächsten Straßenecke zusammengerottet hatte und dem Zug den Weg hinunter zu den Kais versperrte. Rufe, Schreie und Flüche ertönten von allen Seiten; aus Verstecken in Hausfluren und dunklen Gassen strömten Männer und Frauen hervor, die Fahnen und Knüppel schwenkten. Weiter vorn, nahe dem Kai, drängten sich ebenfalls Bewaffnete.

Eine Männerhand packte das kleine Mädchen neben Con, die das Kind instinktiv an sich preßte und mit beiden Armen festhielt. Doch da tauchte eine Frau auf und zerrte an ihren Kleidern, während zwei Männer ihr gewaltsam das Kind entrissen. Con begann um Hilfe zu schreien, aber jemand versetzte ihr einen heftigen Schlag auf den Kopf. Verzweifelt stolperte sie der Kleinen nach, die heftig strampelnd und brüllend von einem Fremden fortgeführt wurde. Con spürte, wie die Beine unter ihr nachgaben; sie wehrte sich gegen das Schwindelgefühl, doch da traf sie ein zweiter Hieb.

Wie betäubt lag sie auf dem kalten Pflaster und sah, wie rings um sie der Wahnsinn tobte. Knüppel schwingende Polizisten, gut gekleidete Männer und Frauen, Geistliche – alle schrien und rissen den Müttern ihre Kinder aus den Armen... kreischten, kein irisches Kind würde nach England fahren.

Con war, als käme Larkin auf sie zu. Sie wollte nach ihm rufen, aber da wurde ihr endgültig schwarz vor Augen, und ein brennender Schmerz pulste in ihrem Kopf, dort, wo der erste Schlag sie getroffen hatte. Das letzte, woran sie sich erinnerte, war, daß sie ihr Gesicht mit den Armen bedeckte, um es vor der randalierenden Menge zu schützen, die über sie hinwegjagte; dann verebbte der Lärm.

Als sie die Augen aufschlug, schmerzte ihr Kopf immer noch,

aber der Spuk schien vorbei. Ihr war, als halte Tierney sie in den Armen und hebe sie von der Straße auf, doch sie war nicht sicher, ob es Wirklichkeit war oder nur ein Traum.
»Nimm Mutters Schal und ihre Tasche, Junge!« Con sah verschwommen, wie ihr Sohn übers Pflaster huschte und ihre Sachen zusammensuchte. Dann ließ sie sich dankbar in die schützenden Arme ihres Mannes zurücksinken und verlor erneut das Bewußtsein.

»Einwandfrei Gehirnerschütterung«, sagte jemand, als sie wieder zu sich kam – diesmal in ihrer Wohnung. »Achten Sie darauf, ob ihr schwindlig wird oder sie sich übergeben muß, und behalten Sie sie mindestens drei, vier Tage im Bett. Gegen Ende der Woche schaue ich noch mal vorbei.«
Sie kannte die Stimme: Das war der Arzt, der die Gewerkschaftsmitglieder behandelte, wenn sie auf Streikposten verletzt worden waren. Der Doktor war ein alter Freund von Connolly.
»Tierney... was ist mit den Kindern?«
Mit zwei großen Schritten durchquerte er das Zimmer und setzte sich zu ihr aufs Bett. Behutsam strich er ihr über die Wange. »Es ist vorbei, mein Liebes. Euer Plan ist leider gescheitert. Es war unmöglich, die Kinder aufs Schiff zu bringen. Die meisten liegen jetzt daheim in ihren Betten.«
Sie nickte, und ein scharfer Schmerz durchzuckte ihren Kopf.
»Ich bin dir nachgegangen«, fuhr Tierney fort. »Tommy hatte so ein Gefühl, daß es zu Ausschreitungen kommen würde.« Besorgt schaute er ihr ins Gesicht. »Tahg und ich kamen gerade noch zur rechten Zeit. Womöglich hätte man dich niedergetrampelt oder ins Gefängnis geschleppt.«
»Ich liebe dich«, sagte sie, denn etwas anderes gab es offenbar nicht zu sagen. Ihre Stimme klang schwach und matt, doch der Gedanke, daß Tierney sie gerettet hatte, war tröstlich.
»Larkin ist verhaftet. Damit ist der Streik wohl zu Ende.«
»Vielleicht ein Segen, daß er aufhört, bevor der Winter kommt«, flüsterte Con. Es kostete sie große Mühe, sich zu konzentrieren.
»Nur wenn die Fabrikbesitzer ihre Arbeiter wieder einstellen. Aber du brauchst dir darum jetzt keine Sorgen zu machen, meine Schöne. Ich danke Gott, daß du lebst. Du mußt dich nun ausru-

hen, mit so einer Gehirnerschütterung ist nämlich nicht zu spaßen.«
Con nickte wieder und verzerrte das Gesicht in Erwartung des Schmerzes, der gewiß auch dieser Bewegung folgen würde.
»Ich lege mich ein Weilchen zu dir«, sagte er zärtlich. »Tommy wird's verstehen, wenn ich heute abend später zur Arbeit komme. Ich hab' ihm Bescheid sagen lassen.«
Vorsichtig, um sie nur ja nicht anzurempeln, ließ er sich aufs Bett nieder und nahm sie behutsam in die Arme. Con versuchte klar zu denken, den Wust von Informationen zu ordnen, aber ihr Verstand gehorchte nur schwerfällig.
Wenn die Streikenden ihre Arbeitsplätze nicht zurückbekamen, würde in der Stadt mit Sicherheit eine Massenhungersnot ausbrechen. Wie lange konnte es da dauern, bis die Leute sich gegen ihre Peiniger erhoben? Merkten denn die Murphys dieser Welt nicht, daß sie ihren eigenen Untergang vorbereiteten? Ihr Kopf schmerzte zu sehr, als daß sie weiter darüber hätte nachdenken können. Wenn nur die Kinder in Sicherheit waren... Während sie noch über all die ausweglosen Probleme nachsann, übermannte sie ein gnädiger Schlaf.

»Die Großen kommen uns nur groß vor, weil wir auf den Knien liegen!« rief Connolly den Männern zu, die ihm mit stürmischem Beifall antworteten. Das kampflustige Kinn hatte er energisch vorgestreckt. Ja, das war ein Mann des Volkes, ein Arbeiter, der mit ihnen litt und darbte. Was machte es schon für einen Unterschied, daß er sich Sozialist nannte, solange er über die Misere seiner Mitmenschen im Bilde war?
»Diesen Streik haben wir verloren, aber wir werden uns bewaffnen und eines Tages erneut aufstehen, um zu kämpfen. Wenn es wieder Krieg gibt, wollen wir ihm nicht unvorbereitet entgegensehen.«
Unter donnerndem Applaus stieg Connolly vom Podium. Es war höchste Zeit, daß die Männer eine ordentliche militärische Ausbildung erhielten. In ein, zwei Jahren würde man sie im Namen Irlands und der Freiheit zu den Waffen rufen. Bevor das geschah, mußte die Irische Bürgerwehr im Umgang mit der Waffe ebenso geschult sein wie in militärischer Disziplin.

Die Flut steigt

1914–1916

Der Mensch kann nur einmal sterben.
Wir sind Gott einen Tod schuldig.

William Shakespeare

7

Chapel Street 17
Dublin
18. August 1914

Mein liebster Bruder!
Ich kann mich nicht genug darüber wundern, wie sehr Du unseren Tahg verwandelt hast. Das ganze letzte Jahr hindurch konnte ich beobachten, wie reif und erwachsen er geworden ist; ich bin neugierig, ob er Dich ähnlich nachhaltig beeinflußt hat.
Seiner Sprache, Haltung und Kleidung nach zu urteilen, ist er jeder Zoll ein Gentleman – und doch scheinst Du ihn kein bißchen verweichlicht zu haben. Tierney und ich sind der Ansicht, daß Du über ausgezeichnete »Vaterinstinkte« verfügst – und es ist gewiß nicht übertrieben, wenn ich Dir versichere, daß Tahg seinen Onkel vergöttert!
Ich werde Dir ewig dankbar sein, Desmond, daß Du meinem Sohn einen Begriff von seiner Abstammung vermittelt hast. Wenn das Schicksal ihm vermutlich auch nicht das Leben eines Landedelmannes bescheren wird, so mag diese Erfahrung ihn doch für die Zukunft stärken – so wie sie einst mich gestärkt hat. Du bist ein wunderbarer Bruder, Des, und ich bete zu Gott, damit Er Dir eines Tages eigene Söhne schenkt, die Du mit Deiner Großzügigkeit verwöhnen kannst.
Dein Vorschlag, Tahg nach St. Enda, auf Padraig Pearses Internat, zu schicken (und Dein hochherziges Angebot, für das Schulgeld aufzukommen!) ist verlockend. Diese Schule ist großartig, sie atmet ganz den patriotischen Stolz, der Pearse selbst auszeichnet. Ich bin wie Du der Meinung, daß ein solches Wissen um sein irisches Erbe meinem Sohn guttun würde. Er könnte zwar erst im nächsten Frühjahr aufgenommen werden, aber wir werden dafür sorgen, daß er noch diesen Herbst die Aufnahmeprüfung ablegt. Tausendfältiger Segen über Dich ob Deiner Großmut (nicht nur, was das Geld, sondern auch, was die Gefühle betrifft!). Du hast Tahg Möglichkeiten eröffnet, die er

ohne Dich gewiß nicht hätte. Kein Wunder, daß er Dich anbetet – ich übrigens auch!
Wie geht es unserer lieben Bethy, Des? Ich denke manchmal, daß sie von uns allen die schwerste Bürde zu tragen hat. Seaneen spricht immer noch mit größter Verehrung von »Mylady«, und sie verzehrt sich gewiß auch vor Sehnsucht nach ihm. Wie einsam ihr Leben doch sein muß, verfolgt von schmerzlichen Erinnerungen. Dem Himmel sei Dank, daß Du zumindest in ihrer Nähe bist, um ihr beizustehen.
Ihr neuestes Buch ist großartig, findest Du nicht auch? Fällt es einem als Mann eigentlich schwer, Zugang zu dem zu finden, worüber sie schreibt? Uns Frauen scheint jedes Wort aus dem Herzen gesprochen. Sie hat übrigens schon wieder einen neuen Roman begonnen. Ich denke, daß ihre Werke und ihre Vorträge (nicht zu vergessen ihre gelegentlichen Fehden mit der geltenden Rechtsordnung!) sie vielleicht von ihren Eheproblemen ablenken – sie scheint sich freilich mit dem Leben in Sligo einigermaßen ausgesöhnt zu haben, seit Du wieder daheim bist.
Apropos Ehe: Mein Mann schickt Dir seine besten Grüße und lädt Dich herzlich ein, uns zu besuchen, wann immer es Dir möglich ist.

Es umarmt Dich
Deine Dich liebende
Schwester Constance

»Vater!« rief Winston Manningham atemlos und zügelte sein Pferd neben dem Automobil, das für den Schloßherrn bereitstand. »Ist es wahr? Hat man Deutschland wirklich den Krieg erklärt?«
Edmond, der eben seinen schweren Aktenkoffer auf dem Rücksitz verstaut hatte, richtete sich auf. »Ja, das ist leider richtig, Winston«, versetzte er ernst. »Ich bin zu einer Krisensitzung nach London berufen worden.«
»Wie aufregend! Ich darf dich wohl nicht begleiten, Vater?« Der Klang seiner Stimme ließ keinen Zweifel daran, wie gern der Junge an dieser Reise teilgenommen hätte.
Edmond lächelte seinem Ältesten zu. »Diesmal leider nicht. Denk doch nur an die Schule. Aber wenn der Krieg sich mehr als ein paar Wochen hinziehen sollte, will ich sehen, was sich machen läßt.«
»Dafür wäre ich dir wirklich dankbar, Vater«, versetzte Win

würdevoll. Er wollte sich seinen kindlichen Eifer nicht anmerken lassen.
Edmond schüttelte seinem Sohn die Hand. »Von deiner Mutter und deinen Geschwistern habe ich mich schon verabschiedet. Gibst du mir dein Ehrenwort, daß du in meiner Abwesenheit für Ordnung sorgen wirst – wie ein richtiger Mann?«
Der Junge nickte stolz. Edmond tätschelte ihm zum Abschied das Bein, dann bestieg er den Wagen.
»Wir bleiben natürlich in Verbindung«, sagte er noch, ehe die gepolsterte Tür hinter ihm ins Schloß fiel.
»Du kannst dich ganz auf mich verlassen, Vater!«
Win schaute dem Wagen nach, der die gewundene Einfahrt hinunterfuhr, und verspürte ein schmerzliches Neidgefühl. Sein Vater war in jeder Beziehung ein außergewöhnlicher Mann. Bewundernswert in Beruf und Privatleben – abgesehen von seinen ehelichen Schwierigkeiten, die man ihm aber kaum zur Last legen konnte. Mutter benahm sich bisweilen einfach unmöglich. Er würde sich nach Kräften bemühen, es seinem Vater gleichzutun. Eigentlich dürfte das nicht allzu schwer sein. Sie waren einander unheimlich ähnlich. Das sagte jeder.
Mit diesem erfreulichen Gedanken wendete Win sein Pferd und trabte leichten Herzens den Stallungen zu. Es war sehr ermutigend, einem so wundervollen Vater nachzuschlagen.

8

Tahg hielt Kittys Hand in der seinen, so vorsichtig, als sei sie aus Glas. Dabei wußte er, daß Kitty keineswegs zerbrechlich war, sondern jung, gesund und temperamentvoll. Im Gegensatz zu den anderen, oft puppenhaften Mädchen, die er kannte, war Kitty so spürbar aus Fleisch und Blut, daß es ihm zunehmend schwerfiel, sich in ihrer Gegenwart zu beherrschen. Gewiß, sie waren von klein auf befreundet gewesen, aber Kitty war ganz offensichtlich kein Kind mehr.
Sie wandte ihm das Gesicht zu; ihre großen, lachenden blauen Augen leuchteten im Mondschein. »Ich fühle mich einfach wunderbar heut' abend!« sagte sie glücklich.

»Ich fühl' mich immer wunderbar, wenn wir zusammen sind.«
»Mann, bist du aber galant!« Ihre schimmernde rote Mähne flatterte ihr ums Gesicht, als sie lachend den Kopf schüttelte. »Wirst du mich noch lieben, wenn ich erst Schauspielerin bin und meine erste Hauptrolle am Abbey-Theater spiele?«
»Dann steh' ich Abend für Abend am Bühneneingang!« Auch er lachte; ihre gute Laune wirkte ansteckend.
»O nein, das wirst du schön bleibenlassen! Ich will dich nicht mal in der Nähe des Theaters haben – das fehlte noch, daß all die schönen Mädchen dir den Kopf verdrehen.«
»Aber wie soll ich dich denn dann spielen sehen?«
»Ich werde dir die Augen verbinden und dich persönlich an deinen Platz führen, und nach dem letzten Vorhang hole ich dich wieder ab.«
»Du bist schon ein komisches Mädchen, Kitty.« Tahg war wie immer unsicher, wie er ihr begegnen sollte. Sie war für ihn vom ersten Augenblick an etwas Besonderes gewesen; damals war er höchstens neun oder zehn Jahre alt. Es hatte sehr lange gedauert, bis sie ihm gestattete, sie zu »angeln«, wie sein Vater das damals so launig formuliert hatte. Aber inzwischen waren sie gute Freunde geworden. Sogar mehr als das.
Er legte ihr den Arm um die Schultern, und sie blickte zu ihm auf.
»Wirst du jetzt versuchen, mich zu küssen?« fragte sie geradeheraus.
Ihre Offenheit verwirrte ihn. »Nein«, gab er kleinlaut zurück.
»Verdammt! Wie schade!«
Tahg gewann seine Fassung wieder, nahm sie lachend in die Arme und küßte ihren lockenden Mund.
»Vor mir brauchst du dich nicht zu genieren, Tahg O'Connor«, flüsterte sie ihm ins Ohr. »Ich kenn' dich zu gut.«
»Ich kenne dich auch, Kitty«, erwiderte er ernsthaft. »Du bringst mich zwar ziemlich oft durcheinander, aber tief drinnen glaube ich, daß ich dich besser kenne als irgend jemand sonst auf der Welt.«
Forschend blickte sie dem hübschen Jungen in die Augen. Er kannte sie wirklich gut – das machte es ja so schwer.
Nach kurzem Zögern sagte er: »Ich werde fortgehen, Kitty. Nächsten Januar fange ich im St. Enda College an.«
Einen Augenblick lang wirkte sie so niedergeschlagen, daß er sie

am liebsten wieder in seine Arme geschlossen hätte, doch sie faßte sich rasch. Er hatte ihr bereits von Pearses Schule erzählt, noch bevor er die Aufnahmeprüfung abgelegt hatte.
Kitty bemühte sich, ihrer Stimme einen festen Klang zu verleihen. »Weißt du, Tahg Mor, wenn wir beide reich wären – etwa von benachbarten Gütern wie dem deines Onkels stammten –, dann würden wir uns einfach ineinander verlieben und zusammen glücklich sein, bis daß der Tod uns scheidet. Vorausgesetzt natürlich, du würdest nicht heimlich an irgendeiner Revolution teilnehmen und dich erschießen lassen.« Sie hatte ihren unbeschwerten Ton wiedergefunden, doch ihn konnte sie damit nicht täuschen.
Tahg beugte sich über sie und strich ihr über die Wange. Ich werde ihr fehlen, dachte er. Sie macht sich mehr aus mir, als sie zugeben will. »Howth ist nicht weit weg«, sagte er sanft, »ich werde oft heimkommen.« Sie nickte stumm. »Außerdem würdest du mich auch gar nicht nehmen, wenn ich hier hinterm Ofen hocken bliebe.« Er sagte es, um sie aufzuheitern.
»Da hast du ganz recht!« versetzte sie schnippisch. »Es soll einfach nicht sein. Ich will eine große Dame werden und die Welt kennenlernen, und du willst Irland befreien. Wir hätten also gar keine Zeit füreinander.«
Ihn schauderte bei dem Gedanken, wie weit sie würde gehen müssen, um sich ihren Traum zu erfüllen. Stürmisch zog er sie an sich und küßte sie lange und leidenschaftlich.
»Noch haben wir viel Zeit«, flüsterte er und atmete sehnsüchtig den süßen Duft ihres Haars.
»Ja, nicht wahr?« Abermals bot sie ihm den Mund zum Kuß.

Der siebzehnjährige Winston schob seinen Läufer in die vierte Waagrechte und blickte seinen Bruder erwartungsvoll an.
Johnny lächelte verstohlen und machte seinen Gegenzug. »Schach und matt, Bruder«, verkündete der um etliche Jahre Jüngere freundlich, wiewohl es um das Verhältnis der beiden Brüder nicht eben zum besten stand.
Winston runzelte ärgerlich die Stirn und antwortete scheinbar gleichmütig: »Scheint so, Johnny.« Dann schob er mit einer eleganten Handbewegung das Brett über den Spieltisch, als habe

er keinerlei Interesse mehr daran. »Bei der Jagd am Samstag wirst du nicht so gut abschneiden.«

»Nein«, gab sein dunkler, kräftiger Bruder zu. »Mir liegen intellektuelle Vergnügungen mehr.«

Win preßte die Lippen zusammen und erhob sich. Warum hatte er sich überhaupt zu dem Spiel mit seinem Bruder herabgelassen, den er doch ebenso verachtete wie der Vater?

Viele Male hatte er schon beobachtet, mit welch offenkundiger Abneigung sein Vater Johnny behandelte. Sein jüngster Bruder war in jenem furchtbaren Frühling nach Angelicas Unfall zur Welt gekommen; dem Frühling, in dem seine Eltern aufgehört hatten, einander zu lieben. Er wußte, daß sein Vater der Mutter ihre Unachtsamkeit nicht verzeihen konnte und ihr die Schuld an Angelicas Verletzung gab. Win hegte den Verdacht, daß auch seines Vaters Widerwillen gegen Johnny irgendwie mit dem Unfall zusammenhing. Aber was auch der Grund sein mochte, jedenfalls mied der Vater die Gesellschaft seines Jüngsten; die ganze Familie spürte das. Und er, Winston, verstand durchaus, warum.

Nicht daß sein Bruder etwa dumm gewesen wäre; im Gegenteil. Doch irgendwie paßte er nicht zu ihnen. Und dann hatte er diese rätselhafte Abneigung gegen Pferde. »Er geht mit ihnen um wie ein Stadtkind«, hatte der Vater einmal spöttisch geäußert. »Hat nicht das geringste Gespür für die Gäule.« Und das stimmte wirklich. Johnny konnte zwar inzwischen ganz passabel reiten, aber er mochte einfach keine Pferde.

Als habe er die Gedanken des Älteren erraten, sagte Johnny: »Ich fahre Angelica heute nachmittag in der Kutsche spazieren, Win. Hast du Lust, mitzukommen?«

»Soll ich etwa wie eine Matrone im Wagen sitzen? Nein, danke!«

Johnny musterte seinen Bruder mißbilligend unter dunklen Brauen hervor. Er konnte sich nicht erinnern, wann Winston das letzte Mal etwas Nettes für Angelica getan hatte. »Na schön«, erwiderte er mit Nachdruck. »Wir werden uns ohne dich gewiß besser amüsieren.« Aber Winston war schon zur Tür hinaus. Er hatte Besseres zu tun, als sich mit seinem Bruder herumzustreiten.

Winston war zu der politischen Kundgebung gegangen, um den Vortrag seines Vaters zu hören. Er hatte Edmonds scharfen Verstand geerbt und war ihm überhaupt so ähnlich, daß niemand daran zweifelte, welche Laufbahn der Junge einschlagen würde, wenn er erst einmal sein Studium in Oxford abgeschlossen hatte. Sein Schicksal war vorgezeichnet: Er würde Graf und Politiker werden, und für beides würde er wohlgerüstet sein.

Win sah seinen Vater ungezwungen mit Sir Edward Carson, dem Hauptredner des Abends, plaudern, und wie immer erfüllte glühende Bewunderung für den Vater seine Brust. Welch strenge Würde er doch ausstrahlte! Er war wahrhaftig ein Aristokrat bis ins Mark. Seine Ansprache war nicht weniger bedeutsam gewesen als die seines Freundes Carson, und das wollte etwas heißen.

Sir Edward Carson hatte sich vor seiner politischen Karriere schon einen Namen als streitbarer und unerbittlicher Staatsanwalt gemacht. Als die Auseinandersetzungen um die Home Rule immer heftiger wurden, war er 1913 im Parlament aufgetaucht, wo er mit Vehemenz die Interessen der englischen Regierung vertrat – und das nicht nur rhetorisch. Er gründete die Gruppe der Freiwilligen von Ulster, ein krönender Abschluß in dem Plan, die sozialen und religiösen Differenzen innerhalb des irischen Volkes auszubauen. Als der Weltkrieg schließlich ausbrach, hatte sich der Haß zwischen den mittel- und arbeitslosen Katholiken im Süden und den reicheren Protestanten im Norden des Landes bereits zwei Jahrzehnte lang aufgestaut, so daß es nur noch eine Frage der Zeit war, bis der von allen Seiten geschürte Topf des englischen Empire überkochen würde.

Wegen des Krieges hatte man die leidige Home-Rule-Frage zurückstellen müssen, aber unter der Oberfläche gärte es nach wie vor. Bald würde man das Problem endgültig lösen müssen.

»Es wird einen Aufstand geben«, prophezeite Carson, der wie immer mit wenigen Worten die Sache auf den Punkt brachte. »Und zwar noch vor Ende des Krieges.«

»Mein lieber Freund«, sagte Edmond, »das halte ich für ausgeschlossen. Diese Tölpel haben keine ordentliche Armee, keine Waffen, und wie die Geschichte lehrt, tragen sie ihre Kämpfe eher untereinander aus, als sich vereint gegen uns zu erheben.«

»Wenn es mir gelungen ist, dreißigtausend Gewehre für meine

Freiwilligen nach Ulster zu schmuggeln, Edmond, dann können sie das auch.«
»Bei allem gebotenen Respekt, mein lieber Edward, Sie werden sich doch nicht mit diesem Pack vergleichen wollen! Da sind schließlich völlig unterschiedliche Fähigkeiten am Werk – sowohl geistiger wie praktischer Natur!«
Carson zog bedächtig an seiner Zigarre. Mit seinem asketischen Gesicht hätte man ihn leicht für einen Geistlichen halten können. Er hatte tiefe Augenringe, und über den Wangenknochen spannte sich die fahle Haut wie Pergament.
»Ich weiß aus zuverlässiger Quelle, daß die Rebellen Beziehungen zur deutschen Regierung angeknüpft haben.«
Edmond warf ihm einen durchdringenden Blick zu. Carson behauptete nie etwas, wenn er es nicht beweisen konnte. »Wenn das stimmt, wird man die Rädelsführer festnehmen und aufhängen. Hat Ihre ›Quelle‹ Ihnen denn keine Namen genannt?«
»Bis jetzt noch nicht, aber man ist den Leuten auf der Spur.«
»Und die Deutschen? Glauben Sie, die lassen sich auf einen Handel mit den Rebellen ein?«
»Warum denn nicht? Was würden Sie tun, wenn Sie die Möglichkeit hätten, einen Gegner gegen Ihren Feind einzusetzen, der diesem Feind räumlich so nahe liegt wie Irland England?«
»Ich würde kooperieren, falls besagter Gegner sich als vertrauenswürdig erweist und die Gewehre *bezahlen* kann.«
Beide Männer lächelten, und das Gespräch wandte sich erfreulicheren Themen zu. Aber Edmond prägte sich die Information seines Freundes gut ein; sie konnte ihm später von Nutzen sein.

9

»Aber Desmond, es ist doch Wahnsinn, jetzt, mitten im Krieg, mit den Deutschen Geschäfte zu machen! Das ist Hochverrat!«
Con war der bedeutungsvolle Blick nicht entgangen, den Seaneen und Tierney tauschten, als ihr Bruder seinen Plan darlegte.
»Schwesterchen, du weißt doch, daß ich im Auswärtigen Dienst mehrere Jahre bei den Deutschen verbracht habe. Ich versichere dir, nicht alle von ihnen sind solche Unmenschen, wie man uns

hier glauben machen will. Ich habe bereits einige Vorbesprechungen mit hochgestellten Beamten ihrer Regierung geführt, und mir scheint, es wird ein ganz solider Handel. Sie versprechen sich von unserem Aufstand einen Vorteil für ihre kriegerischen Operationen.«

»Mir gefällt das auch nicht.« Tierney runzelte die Stirn. »Bei Gott, ich weiß genau, wie wichtig es ist, daß wir die nötigen Waffen für den Aufstand zusammenbekommen, aber einen Tyrannen durch einen anderen austreiben – das scheint mir einfach unmoralisch. Wäre es dir etwa recht, wenn statt der Engländer morgen die Deutschen unsere Herren würden? Der Teufel, den man kennt, ist immer noch besser als ein fremder.«

»Tierney hat völlig recht. Und außerdem – wenn man dich erwischt, wie du in Kriegszeiten mit dem Feind verhandelst, wirst du als Verräter an die Wand gestellt, und keiner von uns könnte auch nur das geringste dagegen unternehmen!« Con war richtiggehend aufgebracht.

Desmond nahm begütigend ihre Hand in die seine. »Meine liebe Schwester, glaub mir, wenn es einen anderen Weg gäbe, würde ich diesen nicht wählen. Aber Amerika hat uns einfach nicht genug Waffen geschickt. Denk doch nur, Con, in welch hoffnungslose Lage wir unsere Männer brächten, wenn wir sie nicht einmal ordentlich ausrüsten könnten. Selbst *mit* den Waffen der Deutschen steht es weiß Gott nicht günstig für uns. Aber ohne sie... Der Plan ist relativ einfach. Wenn ich die Deutschen dazu bringen kann, uns die erforderlichen zwanzigtausend Gewehre zu liefern, wird eines ihrer Unterseeboote sie einem irischen Fischkutter übergeben – der schafft sie an einen abgelegenen Strand nördlich von Dublin, wo sie auf Lastwagen verladen und an Freiwillige in ganz Irland verteilt werden.«

»Und womit willst du die Waffen bezahlen?« fragte Con.

»Wenn meine Informationen richtig sind, verlangen die Deutschen weniger als erwartet. Natürlich sind die Waffen nicht erstklassig, aber die Deutschen scheinen in erster Linie darauf bedacht, das britische Reich durch einen Aufstand zu erschüttern, den wiederum sie zu Propagandazwecken ausnützen können. Dafür sind sie bereit, uns die Gewehre zu einem Spottpreis zu überlassen.«

»Deine Skrupel teile ich nicht, Con«, mischte Seaneen sich ein.

»Für mich ist es kein Unrecht, mit den Feinden Englands Geschäfte zu machen. Die Engländer haben mich zu oft mißhandelt, als daß ich ihrem Empire etwas anderes als Verachtung entgegenbrächte. Wir fordern schließlich nur unsere Freiheit. Genau wie viele andere Kleinstaaten auch. Wir verlangen bloß das, weshalb die Engländer angeblich gegen die Deutschen Krieg führen! Verstehst du denn nicht? Dieser Krieg ist Irlands große Chance! Vielleicht die einzige, die wir zu unserer Lebzeit je bekommen werden. Wir müssen sie ergreifen, welch persönliche Opfer das auch fordern mag!«

»Ach, Seaneen, ich bewundere deinen Mut und deine Leidenschaft, aber Des ist mein Bruder... Ich habe Angst um ihn. Und ich spüre überdies, daß ihr, du und Tierney, ebenso in die Geschichte verwickelt seid wie er. Ich habe Angst um uns alle.«

»Erlaubst du mir noch ein Wort der Erklärung, Con?« bat Desmond. Seine Schwester wußte wohl, daß allein seine Persönlichkeit diesem gewagten Unternehmen Aussicht auf Erfolg verlieh. Desmond war nicht nur reich, sondern besaß auch hohes Ansehen in diplomatischen Kreisen. Selbst in Kriegszeiten würde niemand Verdacht schöpfen, wenn er auf den Kontinent reiste und dort seine Kontakte zu hohen Regierungsvertretern auffrischte. Ein Mann mit seiner politischen Immunität war genau der richtige für die IRB; ihm konnte es in der Tat gelingen, die Deutschen zur dringend benötigten Unterstützung des Aufstandes zu überreden. Ja, einen wie ihn hat die Bruderschaft gesucht, dachte Con – aber warum muß es ausgerechnet Des sein?

»Meines Erachtens«, fuhr Desmond mit ruhiger, klarer Stimme fort, »kenne ich die englische Kolonialmentalität besser als ihr alle miteinander. Schließlich habe ich nicht umsonst fast fünfzehn Jahre lang im Auswärtigen Dienst gearbeitet. Ich bin viel herumgekommen... nicht nur in Europa, sondern auch in einigen dieser Kolonien, über denen die Sonne nie untergeht. Und wenn ich eines über die Psyche der Engländer gelernt habe, dann das: Sie geben nicht leicht auf! In gewissem Sinne glauben sie wirklich, das Empire herrsche nach göttlichem Recht über die unterworfenen Völker. Sie bilden sich ein, der Allmächtige habe England dazu ausersehen, den Wilden im Busch die Zivilisation zu bringen, also erfüllen sie gewissermaßen eine heilige Pflicht. Und ich habe Landstriche bereist, die einen fast glauben machen, daß in dieser Vermessenheit ein Körnchen Wahrheit steckt.« Er schenkte Con ein entwaffnendes Lächeln. »Worauf ich hinauswill, ist folgendes: Wenn es uns mit der Befreiung Irlands ernst ist, dann müssen wir dem Beispiel der Engländer folgen und unsere Herzen verhärten. Wir müssen bereit sein, jede Gelegenheit zu ergreifen, die sich uns bietet. Vor allem aber müssen wir bald zum Angriff gerüstet sein! Solange noch ein paar alte Fenier am Leben sind. Das sind wir ihnen schuldig. Und uns selbst schulden wir das Recht auf ein Leben in Freiheit.«

Des hatte triftige Gründe ins Feld geführt, denen selbst Con sich nicht verschließen konnte. Trotzdem bangte sie um die Sicherheit ihres Bruders.

Als die vier endlich auseinandergingen, tauchte die Morgenröte den Himmel über Dublin in purpurnes Licht. Auf den Heimweg quälte Con mehr als nur die Sorge um Desmond. Seaneen hatte ihr beim Abschied gesagt, daß Tierney zum Kapitän des Kutters ausersehen sei, auf dem die Waffen von dem deutschen Unterseeboot zur Küste transportiert werden sollten.

»Ich habe eine prima Idee!« rief Kitty schelmisch. »Wir wollen einander unsere Träume erzählen. Wer weiß, wenn wir sie recht farbig ausmalen, gehen sie womöglich in Erfüllung.«

Tahg verschlang sie fast mit den Augen. Kitty war die ideale Ergänzung für ihn, den eher Stillen und in sich Gekehrten. Sie sprudelte nur so vor Energie und Lebenslust; was ihn am meisten an ihr faszinierte, war Kittys Fähigkeit, mit offenen Augen zu träumen und sich in der Phantasie in eine bessere Welt zu versetzen. Die Zielstrebigkeit, mit der sie ihre Zukunftspläne verfolgte, war beispiellos.

»Einverstanden«, sagte er. »Aber du fängst an, weil du's so gut kannst.«

Sie lachte hell auf und lehnte sich mit dem Rücken gegen die Steinmauer der kleinen Veranda vor dem Haus. »Eines Tages werde ich eine berühmte Schauspielerin sein. Eine ergreifende Geste von mir – und das Publikum bricht in Tränen aus! Eine Bewegung meines Kopfes – und sie halten sich vor Lachen die Seiten! Die Männer werden mir in Scharen zu Füßen liegen, aber ich werde jedem sagen, ich sei bereits versprochen, und im Gegensatz zu anderen berühmten Damen des Theaters sei ich meinem Geliebten treu.« Tahg verstand ihren bedeutungsvollen Blick sehr wohl; sie neckte ihn, und das wußte er. Aber er erkannte auch eine Spur von Aufrichtigkeit in ihrer Stimme.

»Ein weltberühmter Schneider wird meine Garderobe nähen. Ich werde mich in Samt und Seide kleiden... mit viel Spitze natürlich. Die ganze Welt werde ich bereisen, Kaschmir und Katmandu, die Paradiese in der Südsee und die weiten Steppen Australiens... vielleicht fahre ich sogar nach Rußland und spiele dem Zaren vor.«

»Und wem willst du in der australischen Steppe vorspielen, hm?«

»Den Aborigines natürlich! Und du mußt mich vor feindlichen Stämmen beschützen.«

»Aha, ich begleite dich also auf deinen Reisen?«

»Das will ich doch hoffen. Schließlich kann eine berühmte Schauspielerin nicht ohne Gefolge die Welt durchstreifen.«

»Und wenn ich nun mehr sein möchte als bloß ein Mitglied deines ›Gefolges‹?«

»Darüber reden wir, wenn es soweit ist. Aber jetzt mußt du mir erst einmal deine Träume erzählen.«

»Die sind leider längst nicht so schön wie deine, Kitty. Es fällt mir schwer, an etwas anderes zu denken als an Irland und die Revolution, die uns bevorsteht.«

»Bloß weil deine Eltern in diesen Aufstand verwickelt sind, mußt du doch nicht auch mitmachen, oder? Ach, Tahg, du könntest so viele wunderbare Berufe ergreifen – Gelehrter könntest du werden oder Geschäftsmann oder...«

»Wie wär's mit Schuster oder Schneider?« fiel er ihr lachend ins Wort. »Was immer auch aus mir werden sollte, Kitty, ich muß zuerst und vor allem Irland die Treue halten. Nicht nur wegen meiner Eltern – auch um all des Unrechts willen, von dem ich gehört und gelesen habe. Aber auch mir selbst schulde ich das. Ich muß helfen, wo ich kann – und wenn mein Beitrag noch so gering ist. Außerdem wäre es dir doch nicht recht, daß ich mich verkrieche, wenn's losgeht, oder?«

»Und ob mir das recht wäre, falls sich damit verhindern ließe, daß man dich umbringt!«

»Ich habe nicht vor, mich umbringen zu lassen. Ich will nur meine Pflicht erfüllen.«

»Wenn dir nichts Besseres einfällt, machst du das ganze Spiel kaputt!« versetzte sie ungehalten und warf den Kopf mit der schimmernden Mähne heftig zurück.

»Dann sollten wir vielleicht etwas anderes spielen.« Tahg beugte sich über sie und küßte sie mit solcher Inbrunst, daß ausnahmsweise einmal Kitty sich verlegen losmachte und flüsterte, es sei Zeit zum Heimgehen.

Ich liebe dich, Tahg O'Connor, und deshalb muß ich sehr vorsichtig sein, dachte Kitty, als sie sich von ihrem Freund verabschiedet hatte und in die schäbige kleine Wohnung ihrer Familie hinauflief. Ihr war ganz und gar nicht so unbekümmert zumute, wie sie vorgab, aber sie war fest entschlossen, sich nicht anmerken zu lassen, wie sehr ihr manches zu Herzen ging.

Sie konnte es sich nicht leisten, wegen dieses rührenden Jungen den Kopf zu verlieren, denn sie hatte jetzt ganz einfach keine Zeit, sich zu verlieben. Kitty sah sich in der stickigen, engen Behausung um, in der sie mit ihrem Vater und drei Geschwistern lebte. Ihre Mutter war seit sieben Jahren tot; sie hatte es auf den Bronchien gehabt und war lange Zeit elend dahingesiecht, ehe sie in einem Armengrab die letzte Ruhe fand.

Kitty stellte den Sessel auf und nahm eine Tontasse vom Küchenbord, die mehrere Sprünge aufwies. »Was bist du doch für ein billiges, häßliches Ding!« sagte sie laut. »Ich will später einmal Silber und Porzellan auf dem Tisch haben, keine so scheußlichen alten Tassen wie dich!«

Als das Wasser kochte, brühte sie den Tee auf, goß sich eine Tasse ein und trat damit ans Fenster. Grau und trist lag die Straße da, die ihr doch an Tahgs Seite eben noch so sonnig erschienen war.

»O Tahg«, seufzte sie, und ihr Atem hauchte kleine Dunstwölkchen auf die Scheibe. »Ich wünschte mir so sehr, dich einfach zu lieben und zu heiraten. Aber ich kann dieses armselige Leben nicht mehr ertragen!«

Es würde ihr gelingen, die Armut abzuschütteln, dessen war sie gewiß. Sie war begabt und besaß ein ausgezeichnetes Gedächtnis. Und sie war hübsch – viel hübscher, als ihre Familie je zugeben würde. Die Leute auf der Straße hingegen nahmen Notiz von dem schlanken, hochgewachsenen Mädchen mit dem rotbraunen Haar und den blauen Augen, das trotz seiner abgetragenen Kleider wie eine Königin einherschritt.

Und die Männer begehrten sie – seit sie den Kinderschuhen entwachsen war, erntete sie an jeder Straßenecke lüsterne Blicke und zweideutige Bemerkungen.
O ja, dachte sie, ich werde es schaffen und hier herauskommen. Aber ich muß auf der Hut sein und darf mich nicht von meinem Ziel ablenken lassen. Wenn ich erst einmal alles erreicht habe, bleibt immer noch Zeit genug für Tahg. Schon beim Gedanken an ihn rieselte ihr ein wohliger Schauer über den Rücken. Wenn er nur reich wäre – wie schön könnte dann alles sein, dachte sie wehmütig. Aber ihn heiraten, wie er war, und ein Leben lang in Armut und Elend hausen – nein! Den Gedanken mußte sie sich aus dem Kopf schlagen. Das war ganz und gar unmöglich.
Sie würde ihre Aussprache verbessern und lernen, sich wie eine Dame zu benehmen. Gelegenheit dazu hatte sie; Kitty arbeitete als Hausmädchen bei einer vornehmen Familie, in der sie genügend Beispiele fand. Und wann immer es sich einrichten ließ, schlich sie ins Theater. Das letzte Stück hatte sie so oft gesehen, daß sie den Part der Hauptdarstellerin wie am Schnürchen hersagen konnte. Nicht mehr lange, und es würde zum Vorsprechen am Abbey-Theater reichen. Dann würde ihr Leben ganz von vorn beginnen… so wie es sein sollte, so wie sie es sich erträumte!

10

Das Dublin, welches ich im Frühsommer 1915 besuchte, unterschied sich erheblich von der Stadt meiner Jugend. Der große Streik des Jahres 1913 hatte die Not der Armen so unerträglich gemacht, daß sie die mir von früher her vertraute Lethargie gegen radikalen Kampfgeist eingetauscht hatten. Feindliche Blicke trafen jeden, der wohlhabend erschien, und die Kehrichtkinder verfolgten einen mit ihren großen, hungrigen Augen.
In Ballsbridge, einem Viertel, das die Kehrichtkinder nur vom Hörensagen kannten, hatten wir in der Waterloo Road 32 ein Stadthaus erworben. Von dort aus brauchte man zu Fuß nur etwa zwanzig Minuten bis zum Trinity College, was für die Kinder später sehr bequem sein würde; und im übrigen galt diese Wohngegend damals als ausgesprochen vornehm.

Ich hatte eine Vortragsreise und die Veröffentlichung meines neuen Buches vorgeschützt, um meinen Aufenthalt in Dublin möglichst lange ausdehnen zu können. Von meinen Kinder begleiteten mich nur Johnny und Angelica. Zwar vermißte ich die drei, die auf Manningham zurückgeblieben waren, aber um ihr Wohlergehen brauchte ich mir keine Sorgen zu machen. Win war von klein auf in Gesellschaft seines Vaters am glücklichsten gewesen, und die Zwillinge waren mit allem zufrieden, solange sie nur beieinander waren.

Angelica zeigte in der Regel soviel Selbstbeherrschung für ein Kind, daß es mich überraschte, mit welcher Spannung und Vorfreude sie dem Wiedersehen mit Tahg entgegenfieberte. Er ging zwar jetzt aufs St. Enda College, konnte jedoch an den Wochenenden nach Hause kommen und würde zudem die langen Sommerferien in Dublin verbringen. Angelica schwärmte leidenschaftlich für ihren Cousin, und das aus gutem Grund, denn Tahg hatte sich stets besondere Mühe gegeben, ihr Gutes zu tun. Auch Johnny hatte eine Vorliebe für Tahg und teilte dessen Begeisterung für die Idee der Rebellion.

Johnny war fast neun, als ich mit ihm und Angelica nach Dublin zurückkehrte. Ich hatte vor, so lange wie möglich in der Stadt zu bleiben. Con hatte mir geschrieben, daß der Aufstand unmittelbar bevorstehe; das bedeutete Gefahr, und ich war der Ansicht, Seaneen und Johnny sollten einander kennenlernen, ehe es womöglich zu spät wäre. Diese Erkenntnis verdankte ich nicht zuletzt dem Kind selbst.

Mein jüngster Sohn wirkte zwischen seinen Geschwistern wie ein Fels im Rosengarten. Er hatte als einziger dunkles Haar und war im Gegensatz zu den anderen untersetzt und kräftig. Johnny lernte gut, wenngleich er von Natur aus nicht gerade ein Bücherwurm war. »Seine Denkweise unterscheidet sich von der seiner Geschwister«, äußerte unser Hauslehrer einmal, und er hatte recht. Johnnys Liebe und Anteilnahme galten von klein auf seinem Vaterland; sobald er lesen konnte, verschlang er alles, was ihm über die Geschichte und die Rebellionen der Iren vor Augen kam.

Mit Jamie und seinen beiden Schwestern verstand Johnny sich gut, aber er und Win waren fast nie einer Meinung. Seinen Cousin Tahg verehrte mein Jüngster schwärmerisch, und wann immer die beiden zusammen waren, lief er ihm nach wie ein Hündchen.

Ich wußte, daß die beiden miteinander in Briefwechsel standen und daß Tahg meinem Sohn die Artikel der Wilden Harfe sowie anderes Informationsmaterial über die Fenier schickte, allein, ich brachte es nicht übers Herz, einzuschreiten. Johnny war eben ganz der Sohn seines Vaters, darum zog es ihn zur Freiheitsbewegung. Seaneen und ich hatten den Göttern die wenigen kostbaren Augenblicke unseres Zusammenseins gestohlen... aber ich sollte noch erfahren, wie unerbittlich sie das einfordern, was ihnen zusteht. Vielleicht wollten sie mich auch strafen, weil ich meine Liebe zu Seaneen nicht als Sünde ansehen konnte. Wer weiß, wenn ich aufrichtig bereut hätte, vielleicht wären die Götter dann weniger unbarmherzig in ihren Forderungen gewesen? Aber womöglich sind das auch nur die törichten Gedanken einer alten Frau.

Bei all seiner Verträglichkeit war Johnny rastlos und aufrührerisch. Edmonds Abneigung machte ihm sehr zu schaffen, zumal er keine Erklärung dafür wußte. In ihm keimte die Saat des Zorns – verständlich zwar, aber auch gefährlich.

Wie die meisten Mütter liebte ich jedes meiner Kinder seinem Charakter gemäß auf eigene Weise. Aber um Johnny, den Sohn meines Herzens, war mir immer bange.

Mit gemischten Gefühlen sah ich Johnnys Zusammentreffen mit seinem Vater entgegen. Ich wünschte mir, daß die beiden einander liebten, hoffte, daß Seaneen seinem Sohn die Zuneigung schenken würde, die Edmond ihm verwehrt hatte. Andererseits fürchtete ich die Gefahren, denen ich Johnny aussetzte, wenn ich ihn mit seinem Vater zusammenbrachte. Die Liebe zu Irland brannte ohnehin verführerisch im Herzen des Jungen, wie mochte er da erst reagieren, wenn er erfuhr, daß er einen Helden zum Vater hatte?

Edmond war unterdessen voll und ganz mit seiner Arbeit im Parlament beschäftigt. Er widersetzte sich weiterhin energisch der Selbstverwaltung Irlands (mangelnde Konsequenz konnte man ihm gewiß nicht vorwerfen) und unterstützte nach wie vor Sir Edward Carson und mit ihm das Triumvirat von Ulster. 1915 machte ihm überdies natürlich auch der Krieg zu schaffen.

Ich rechnete es meinem Gatten hoch an, daß er sich erbot, unsere drei Ältesten in der nächsten Saison mit nach London zu nehmen. Edmond meinte, es sei an der Zeit, daß Win sich endlich selbst ein

Bild von Westminster mache, und da Jamie ohnehin zu einem kleinen Historiker heranwüchse, könne es ihm nicht schaden, einmal mitzuerleben, wie und wo Geschichte gemacht wurde. Sein Angebot bedeutete eine große Erleichterung für mich, denn ich hatte schon befürchtet, mein Entschluß, den Winter in Dublin zu verbringen, würde zum Streit zwischen mir und Edmond führen.

Wir waren bereits über zwei Wochen in Dublin, als ich endlich all meinen Mut zusammennahm und die schicksalhafte Begegnung in die Wege leitete. Ich wollte, daß Johnny seinem Vater so ungezwungen wie möglich gegenüberträte, und deshalb ließ ich Seaneen durch Tierney ausrichten, er möge uns am kommenden Nachmittag auf einem Spaziergang in St. Stephen's Green begleiten. Ich hoffte, auf das Kind würde die Begegnung ganz zufällig wirken, und dachte mir, unser Zusammentreffen an einem öffentlichen Ort könne etwaigen Zeugen gewiß nicht ungehörig erscheinen.

Heute denke ich mir, daß ich Seaneen vielleicht auch deshalb im Park wiedersehen wollte, weil ich da am leichtesten davonlaufen konnte, sollte mir der Mut sinken.

Wie kann ich Ihnen schildern, welche Gefühle die Aussicht auf das Wiedersehen mit Seaneen in mir weckte? Ich schwankte zwischen Furcht und Jubel. Die Spannung eines Schulmädchens kämpfte mit den Ängsten einer Frau. Ob er sich wohl verändert hatte? Würde er mich für verrückt erklären, weil ich nach so vielen Jahren Leiden und Freuden wachrief, die er vielleicht lieber auf immer vergessen hätte? Wie sollte ich ihm gegenübertreten, ohne in Tränen auszubrechen? Wie mich davor zurückhalten, in seine Arme zu sinken? Wie konnte ich mit ihm über Belangloses plaudern, wenn eine seit zehn Jahren schwelende Sehnsucht in meinem Busen loderte?

Wie, wenn er mich nun nicht mehr liebte? Oder wenn er es noch tat? Gott steh uns bei. In meiner Phantasie spielte ich mir die Szene tausendmal vor, und meine Erregung nahm ständig zu.

Ich konnte mich lange nicht entschließen, was ich anziehen sollte. Dieses Kleid war zu trist, jenes zu extravagant. Endlich entschied ich mich für ein elegantes Nachmittagskostüm mit zierlichen

Knöpfen an Kragen und Manschetten. Ich war so nervös, daß ich das Mädchen bitten mußte, mir bei der Toilette behilflich zu sein.
Und so standen sich denn an einem ganz gewöhnlichen Donnerstag gegen drei Uhr nachmittags Seaneen O'Sullivan und Johnny Manningham zum ersten Mal in jenem friedlichen Park gegenüber, der sich bald in ein Schlachtfeld verwandeln sollte.
Seaneen sah noch genauso aus, wie ich ihn in Erinnerung hatte.
»Ich freue mich sehr, Ihre Bekanntschaft zu machen, Sir«, sagte Johnny feierlich.
»Die Freude ist ganz meinerseits«, antwortete Seaneen. Später gestand er mir, sein Herz habe so heftig gepocht, daß er fürchtete, wir könnten es hören.
»Meine Mutter hat mir viel von Ihnen erzählt, Sir. Alle wissen, daß Sie ein großer Patriot sind, und deshalb ist es eine besondere Ehre für mich, Ihnen zu begegnen.« Schüchtern blickte Johnny zu mir auf, ehe er hinzusetzte: »Ich glaube, in unserer Familie bin ich auch fast so etwas wie ein Rebell, Sir. Bei Tisch ergreife ich immer Irlands Partei.« Seine Augen leuchteten. In Johnnys und Tahgs Biographie rangierte Seaneen O'Sullivan gleich hinter den Heiligen.
Mir war, als müsse ich an den Tränen ersticken, die mir in der Kehle brannten. Ich konnte Seaneen an den Augen ablesen, daß er verstand, wie mir zumute war.
Während ich stumm dabeistand, unterhielten Johnny und Seaneen sich lebhaft, oder vielmehr beantwortete Seaneen geduldig die Fragen, die der Junge unermüdlich hervorsprudelte. Endlich blickte Seaneen mich forschend an und sagte: »Wenn deine Mutter es erlaubt, mein Junge, werde ich dich mit ein paar von den Männern bekannt machen, für die du dich so interessierst. Doch jetzt möchte ich deine Mutter einen Augenblick allein sprechen. Es ist lange her, seit wir uns das letzte Mal gesehen haben.«
Der Junge riß begeistert die Augen auf. »Oh, danke, Sir! Ja, das würde mir gefallen. Bitte, Mutter!« Flehend blickte er mich an.
»Natürlich darfst du, Johnny. Mr. O'Sullivan ist ein alter Freund von mir, ihm vertraue ich dich gerne an.« Mein Sohn und ich waren bereits übereingekommen, daß es nicht ratsam sei, Edmond von diesem Zusammentreffen zu erzählen. Johnny glaubte, der Grund dafür sei Edmonds politische Einstellung, und er war mächtig stolz darauf, mit mir ein Geheimnis zu teilen. Wie ein Er-

wachsener schüttelte er Seaneen die Hand und lief dann folgsam ein Stück voraus, damit wir ungestört miteinander reden konnten.
Seaneen und ich blieben wie verzaubert zurück und umarmten einander mit den Augen. Können Sie sich vorstellen, was es heißt, den Menschen, den man über alles liebt, aber für immer verloren glaubte, plötzlich wieder greifbar vor sich zu sehen? Seaneen war älter geworden, sein Gesicht faltiger, von Sorgen gezeichnet, doch all das ließ ihn mir nur um so schöner erscheinen. Meine Träume und Hoffnungen waren endlich wahr geworden.
»Wollen wir einen Spaziergang machen?« fragte ich, und er nickte zustimmend.
»Ja, Mylady.« Der alte Kosename ließ mein Herz höher schlagen. »Es redet sich leichter im Gehen, und mir scheint, wir haben eine Menge zu besprechen.«
»Hast du ihn gleich erkannt?«
»Allerdings. Er sieht meinem Vater sehr ähnlich. Und natürlich habe ich mir all die Jahre hindurch vorzustellen versucht, wie er wohl aussehen mag. Ich habe fast so oft von ihm geträumt wie von dir.«
»Auch ich habe von dir geträumt, Seaneen. Ach, mein Liebster, ohne meine Träume hätte ich die furchtbaren Jahre ohne dich gewiß nicht überlebt. Nacht für Nacht sah ich dein Gesicht vor mir, glaubte mich von deinen starken Armen umschlungen. Lieber Gott, wie haben wir es nur so lange ausgehalten?« Ich las den Schmerz in seinen Zügen, sah, wie er die schwieligen Hände zu Fäusten ballte, und der Wunsch, ihn zu berühren, wurde so übermächtig, als wollten meine Hände plötzlich ihrem eigenen Willen gehorchen. Nur unter Aufbietung all meiner Kräfte gelang es mir, die Beherrschung zu wahren; ich wußte, ihm ging es nicht anders.
»Er scheint ein feiner Kerl zu sein.« Seaneen fuhr sich mit der Hand über die Augen, um das verräterische Glitzern vor mir zu verbergen.
»O Liebster, das ist er! Er ist gescheit und anstellig und hat ein gutes Herz. Aber er gehört nicht nach Manningham, Seaneen. Er hat einfach zuviel von dir geerbt. Wie oft habe ich mir gewünscht, er könnte hier bei dir aufwachsen.«
»Er und Edmond – wie kommen sie miteinander aus?«

»Sie gehen sich aus dem Weg, und wenn sich's nicht vermeiden läßt, ertragen sie einander... aber es hat nie einen Skandal gegeben.«

»Und was soll nun werden?«

»Ich habe ihn mitgebracht in der Hoffnung, ihr beide würdet euch näher kennenlernen.« Ich fand, meine Worte klangen ganz vernünftig. Ich hatte meinen Sohn nach Dublin gebracht, damit er seinen Vater kennenlernte. Alles weitere lag in Gottes Hand.

»Und was ist mit uns, Mylady? Ich habe dich nun schon so lange in meinem Herzen getragen, daß mir manchmal ist, als seiest du ein Geschöpf meiner Einbildungskraft. Wird das so bleiben, auch wenn du jetzt zurückgekehrt bist? Die Entscheidung liegt bei dir – du weißt, ich werde mich deinen Wünschen fügen.«

Mein Blick fiel auf seine geballten Fäuste, die weiß hervorspringenden Knöchel. Ich wollte ihm begreiflich machen, was in mir vorging. Langsam und bedächtig wägte ich jedes Wort ab, damit auch alles, was ich sagte, der Wahrheit entsprach.

»Damals, mein Liebster, hätte das, was wir getan haben, mich fast in den Tod getrieben.«

Er wollte mich unterbrechen, doch ich kam ihm zuvor.

»Nein, es ist nicht, wie du denkst! Ich habe unsere Liebe niemals als Unrecht angesehen. Aber ich gab mir die Schuld an dem Unglück, das Angelica widerfuhr. Und ich verzehrte mich, weil ich dich nicht für immer haben konnte. Doch selbst im tiefsten Schmerz klammerte ich mich noch an die Erinnerung dessen, was wir gemeinsam erleben durften. Ich haßte mich für das, was ich an meinem Kind verbrochen hatte... aber dich liebte ich, Seaneen, und segnete dich, weil du als einziger mir Zärtlichkeit und Hingabe geschenkt hattest. Das erste Jahr nach der Trennung war ein einziger Alptraum, dennoch glaube ich, daß es die Liebe zu dir war, die mich am Leben erhielt. Angelica war sehr, sehr krank... und ich innerlich so zerrissen – aber das Kind, Seaneen – unser Kind, das ich trug –, mein einziges Kind aus Liebe.«

Er lächelte unsagbar traurig, und ich wußte, er dachte an alles, was uns die Liebe außer diesem Kind noch geschenkt hatte.

»Ja, und dann kam Johnny zur Welt. Angelica erholte sich allmählich, und ich hatte keine andere Wahl, als um meiner Kinder willen das Leben wieder aufzunehmen.«

»Und Edmond?«

»Er liebt mich nicht, aber er ist im Grunde doch ein Gentleman, und wir beide haben miteinander Frieden geschlossen.«
Seaneen nickte und räusperte sich. »Du hast nichts dagegen, daß ich gelegentlich was mit dem Jungen unternehme?«
»Er ist dein Sohn, Liebster«, entgegnete ich sanft. »Ich hoffe, daß ihr gute Freunde werdet – darum habe ich ihn ja hergebracht. Er verehrt dich schon seit langem aus der Ferne – der Junge hat nichts im Kopf als Irland und die Rebellion. Ich werde mit ihm hierbleiben, solange es geht... wenigstens bis zum Ende des Winters.«
»Ich glaube«, begann Seaneen leise, fast schüchtern, nachdem wir eine ganze Weile geschwiegen hatten, »ich glaube, ich würde alles dafür geben – was ich bin und wofür ich mein Leben geweiht habe –, wenn ich dich nur noch einmal in meinen Armen halten dürfte, Mylady.«
Ich spürte, wie heiße Tränen hinter meinen Lidern brannten, und suchte nach Worten, um ihm meinen Entschluß zu gestehen.
»Ich habe zehn Jahre gebraucht, Seaneen, ehe ich den Mut fand, das zu sagen, aber ich bin gekommen, um bei dir zu sein, wenn du mich haben willst... wann immer es mir möglich ist.«
Verständnislos blickte er mich an.
»Ich darf weder meiner Familie noch Edmonds Karriere im Parlament durch einen Skandal schaden. Er mag sein, wie er will, aber er hat in all den Jahren den Anstand gewahrt und sein Bestes für mich und die Kinder getan. Mein Gewissen verbietet mir, ihm das anders als mit Achtung zu vergelten. Doch wenn wir diskret sind und du mich noch willst, werde ich zu dir kommen, sooft ich kann.«
»Dann warte ich also auf dich, Mylady.« Scheu strich er mir mit dem Handrücken über die Wange. »Tierney weiß stets, wo ich zu finden bin.«
Wir besiegelten unser Versprechen mit einem Blick voller Liebe, dann machte er rasch kehrt, holte mit ein paar Schritten seinen Sohn ein, und ich sah, wie er ihm zum Abschied übers Haar strich.
Johnny kam eilig zu mir zurückgelaufen. Als er das Taschentuch in meinen bebenden Fingern sah, schien er mir eine Frage stellen zu wollen. Doch statt dessen nahm er in einer eigenartig erwachsen anmutenden Geste meinen Arm und sagte beschwichtigend: »Mach dir keine Sorgen, Mama. Es wird alles gut werden. Mr.

O'Sullivan ist ein netter Mann.« Er sagte es, als sei damit alles erklärt.

»Ach, Johnny, ich hab' dich sehr lieb.«

»Ich dich auch.« Damit wandten wir uns dem Ausgang zu, bestiegen vor dem Park eine Droschke und ließen uns nach Hause fahren.

Wie sich bald herausstellte, war es schwieriger, mich mit Seaneen zu treffen, als ich erwartet hatte. Meine Kinder waren inzwischen herangewachsen und stellten neugierige Fragen. Ich war durch meine Bücher in Dublin zu einer recht bekannten Persönlichkeit geworden; und natürlich mußte ich doppelt vorsichtig sein, um Edmonds Karriere nicht zu gefährden.

Trotz vieler Schwierigkeiten hatte ich es eine Woche später endlich geschafft, mich mit Seaneen zu verabreden; die Kinder übernachteten bei Con, die Dienstboten hatten Ausgang. Uns gehörte eine ganze, wunderbare Nacht, in der alle Träume der letzten zehn Jahre Wirklichkeit werden würden.

Ich machte mich fast verrückt vor Sorge wegen meines Alters – mein Körper besaß nicht mehr jenen strahlenden Liebreiz der Jugend, die alles schön erscheinen läßt, auf meinem Gesicht begannen sich feine Falten abzuzeichnen, die man beschönigend vielleicht als Zeichen von Charakter sehen konnte.

Was würde er nach all den Jahren des Wartens von mir halten? Ob seine Erinnerung mich so verklärt hatte, daß ich mich nicht mehr mit dem Traumbild messen konnte? Oder würden wir die schmerzliche Erfahrung machen, daß die Seligkeit von damals sich nicht wiederholen ließ? Als ich mich endlich aus dem Haus stahl, war ich schier außer mir vor Angst und Aufregung. Da ich unsere Kutsche nicht zu benutzen wagte, nahm ich einen Mietwagen.

Seaneen bewohnte immer noch jene zwei kleinen Zimmer, die in meiner Erinnerung von einem Glorienschein erhellt waren und die ich selbst nach all den Jahren noch Zentimeter um Zentimeter hätte nachzeichnen können.

Ich klopfte, er öffnete, und ich schlüpfte rasch hinein, um von niemandem gesehen zu werden. Drinnen standen wir beide erst einmal stumm und reglos voreinander, überwältigt von Liebe, Frieden und Glück. Dann lag ich in seinen Armen, und er preßte mich so fest an sich, daß ich fast keine Luft mehr bekam. Wir küßten uns, lachten und weinten gleichzeitig, redeten durcheinander und hielten uns umschlungen, als könnten wir einander nie mehr loslassen.

Doch nach einer Weile verstummten Lachen und Gespräch, und wir umarmten uns erneut, glühender, leidenschaftlicher. Ungeduldig zerrte er an meinen Kleidern, wie ich an den seinen. Endlich spürte ich seine Hände auf meiner Haut, und alle Ängste ob der Unvollkommenheit meines Körpers schmolzen dahin. Er ließ mich fühlen, daß ich in seinen Augen schön war wie eh und je.

Wir liebten uns, wie nur zwei Menschen es können, die den Körper des anderen ebensogut kennen wie ihren eigenen. Und mir war, als sei ich endlich, endlich heimgekommen. Die Seligkeit benahm mir den Atem, und ich ließ mich treiben vor Glück, so wie ich es schon einmal vor langer Zeit in den Armen dieses Mannes getan hatte, des einzigen, den ich je geliebt hatte und je lieben würde.

»Weißt du, wie oft ich dich in all den Jahren im Geiste in meinen Armen gehalten habe?« fragte er, als wir später erschöpft und glücklich nebeneinander lagen.

»Vielleicht gar so oft, wie ich es mir wünschte?«

»Als ich in den Park ging, um mich mit dir und Johnny zu treffen – da war ich sicher, du würdest nicht zu mir zurückkehren.«

»Warum?«

»Das weiß ich selber nicht genau«, erwiderte er nachdenklich. »Aber du sahst so elegant aus, wie eine große Dame. Du schienst dein Leben fest im Griff zu haben. Wahrscheinlich hatte ich das Gefühl, ich könne nur deinen Seelenfrieden stören.«

»Das hast du ja auch getan, mein Liebster. Seit ich dich zum ersten Mal sah, Seaneen O'Sullivan, war es aus mit meinem Seelenfrieden.«

Ich blickte ihm in die Augen; wir lagen ganz eng beieinander, und eins spürte wohlig die Wärme des anderen.

»Ich habe eine Entscheidung getroffen... und zwar gleich für dich mit«, sagte ich.

Sein Lächeln entzückte mich wie damals – ein junges Lächeln in einem weltverdrossenen Gesicht. »Und die wäre?«

»Wir wollen so oft zusammensein, wie es uns vergönnt ist. Jetzt.

Dieses Jahr. Nächstes Jahr. Unser Leben lang. Wann und wo immer es geht. Kein Jahr unserer Liebe soll mehr vergeudet werden! Zu viele haben wir schon verloren. Wir wollen uns künftig nicht mehr mit Gedanken über Recht und Unrecht quälen, sondern einfach dankbar sein, daß wir einander wiedergefunden haben und uns lieben.«

Er blickte mich lange an, dann rollte er sich über mich, bettete den Kopf an meine Brust, und ich spürte, wie seine Schultern zuckten. Es dauerte einen Moment, ehe ich begriff, daß er lautlos weinte.

Wir hielten einander umschlungen, bis der Morgen dämmerte; nie zuvor hatte ich solchen Frieden im Herzen verspürt. In dieser Nacht gelobten wir einander ewige Treue – nie im Leben hatte ich einen aufrichtigeren Schwur getan. In Wahrheit bedurfte es freilich keines solchen Gelöbnisses zwischen uns, denn unser Bund war an einem anderen Ort zu einer anderen Zeit geschlossen worden, und nur die Launen des Schicksals hatten uns so lange daran gehindert, ihn zu vollziehen.

Johnny hatte den neuesten Artikel der Wilden Harfe zu Ende gelesen und sah zum Fenster hinaus. Wäre es nicht einfach wunderbar, wenn er die Menschen so aufrütteln könnte wie der unbekannte Harfner? Nur wenige besaßen die Gabe, auszudrücken, was ihr Herz und das vieler anderer bewegte. Johnny hatte alle Kolumnen des Harfners aufgehoben, die Tahg ihm geschickt hatte. Es war ein ansehnlicher Stapel, den er vorsorglich im hintersten Winkel seines Schrankes versteckt hielt.

In diesen Zeitungsausschnitten spiegelten sich all die Hoffnungen wider, die er für die Zukunft hegte. Eines Tages würde auch er für Irland kämpfen. Natürlich nicht mit Worten wie der Harfner. Er, Johnny Manningham, verstand es besser, sich mit Fäusten und Pistolen zur Wehr zu setzen. Er würde ein Rekrut der Rebellion werden, von der Tahg behauptete, sie ließe nicht mehr lange auf sich warten. Johnny hatte immer gewußt, daß er dabeisein würde, wenn die Zeit erst reif war. Angelica hatte ihn einmal gefragt, ob er so an Irland hinge, weil das seinen Vater ärgere, und er hatte lange darüber nachgedacht. Schließlich hatte er allen Grund, es dem Vater heimzuzahlen, weil der ihm von klein auf mit Verachtung begegnet war, wenn er ihn nicht ganz einfach übersah.

Und die Befreiung Irlands war in der Tat ein heikles Thema im Hause Manningham.
Doch als Johnny seiner Schwester schließlich antwortete, da verneinte er ihre Frage. Er gab sich stets die größte Mühe, Angelica gegenüber ehrlich zu sein, nicht nur, weil sie Aufrichtigkeit verdiente, sondern weil sie die unheimliche Fähigkeit besaß, jede Lüge sofort zu durchschauen.
Nein, hatte er also gesagt. Er liebe Irland... weil... er liebe es eben! Es war ein Teil von ihm wie seine Glieder, wie sein Kopf... Jede Geschichte, die er über die Vergangenheit seiner Heimat las, jedes Volkslied, das er hörte, rührte ihm ans Herz, gab ihm das Gefühl, Teil eines bedeutsamen Ganzen zu sein. Er *gehörte* zu den Iren – genau wie er *nicht* zu seinem Vater gehörte. So einfach sei das, hatte er zu seiner Schwester gesagt.
Angelica hatte seine Erklärung stillschweigend akzeptiert. Sie hörte ihm oft zu, wenn er Heldengesänge rezitierte oder ihr die Artikel des Harfners vorlas; wenn er über das Leben sprach und über die Zukunft; wenn er sich beklagte, weil der Vater ihn nicht anerkannte. Sie hörte zu, bot ihm Rat und Trost. Auf Angelica war Verlaß.
Mit Merry konnte man viel Spaß haben, und Johnny vermißte sie ein wenig. Aber mit ihr verband ihn keine so enge Freundschaft wie mit Angelica. Merry war lustig, liebenswert und verdammt hübsch, doch sie war sich ihrer Stellung in der Welt und der Liebe ihrer Familie so sicher, daß sie seinen Kummer nie wirklich begreifen konnte. Aber Angelica war benachteiligt, genau wie er. Sie war vom Leben verletzt worden, folglich verstand sie seinen Schmerz, seinen Zorn.
Natürlich konnte man sich auch auf Mama verlassen. Sie liebte ihn auf ganz besondere Weise. Es war nicht so, daß sie seine Geschwister weniger liebgehabt hätte als ihn... sie liebte ihn einfach mehr.
Er warf einen letzten Blick auf den Artikel. Ehe er ihn zu den übrigen in den Schrank legte, wollte er sich noch ein paar Einzelheiten einprägen, die er heute nachmittag mit Mr. O'Sullivan zu besprechen gedachte.
Johnny freute sich auf das Wiedersehen mit Mr. O'Sullivan. Neben Tahg und Angelica verstand er ihn und seine Wünsche am besten.

11

Desmond FitzGibbon
FitzGibbon Hall
Rosskeerough, Grafschaft Sligo
11. Juli 1915

Meine innig geliebten Schwestern!
Wie schön, daß Ihr endlich einmal wieder zusammen in Dublin seid – auch für mich, denn nun brauche ich statt zwei Briefen bloß einen zu schreiben.
Es wird Euch zu Recht erstaunen, daß ich mich endlich dazu bequeme, Eure zahlreichen Erkundigungen nach meinen Heiratsplänen zu beantworten. (O ja, ich weiß, Ihr habt beide nur durch zarte Winke an das heikle Thema gerührt, trotzdem war für mich der Sinn Eurer versteckten Fragen stets sonnenklar!) Ich weiß auch, daß Ihr nur mein Glück im Auge habt, und darum, meine lieben Mädchen, halte ich es für meine Pflicht und Schuldigkeit, Euch endlich zu gestehen, wie es um Desmond FitzGibbon und die Ehe bestellt ist.
Wie Ihr wißt, habe ich ein Leben lang Evelyns Tod vorgeschoben, wenn jemand mir den Junggesellenstand ausreden wollte. In den ersten Jahren war das auch durchaus begründet; wäre sie nicht von uns gegangen – mein Leben hätte gewiß eine andere Wendung genommen. Nichtsdestoweniger bot sich mir seitdem reichlich Gelegenheit, mich zu vermählen, und nun will ich Euch gestehen, warum ich keine davon genutzt habe.
Um die Wahrheit zu sagen, ich hege den Verdacht, daß ich nicht für die Ehe tauge. Ich zweifle ernsthaft daran, daß ich so treu und aufrichtig lieben könnte wie Tierney zum Beispiel. Und wenn ich bestimmt auch nicht so kühl und abweisend wäre wie Edmond, so habe ich mich doch schon manches Mal gefragt, ob ich als Ehemann nicht ebenso Schiffbruch erlitten hätte wie er. Ich bin ein rastloser Geselle, meine guten Schwestern, und in der Liebe leider weit oberflächlicher als Ihr beide. Neben Euch stillen Wassern muß ich mich wohl ausnehmen wie ein reißender Wildbach.
Wo ich auch bin – stets sehne ich mich an einen anderen Ort. Liebe ich eine Frau, so höre ich deshalb nicht auf, mich von den Reizen der anderen betören zu lassen. Im übrigen fühle ich mich in der Gesellschaft von Männern durchaus wohl (Sexualität steht natürlich auf einem an-

deren Blatt!), und manchmal frage ich mich, ob ich nicht die militärische Laufbahn hätte einschlagen sollen, bietet sie doch alle Voraussetzungen, die ich zum Glücklichsein brauche: Abenteuer, Zigeunerleben, Gefahren, dabei keine dauerhaften Bande, die meine Wanderlust hemmen könnten.

Aber wie steht es mit Kindern, werdet Ihr nun gewiß fragen. Ach ja, Ihr Lieben, ich weiß nur zu gut, welch kostbarer Schatz mir da entgangen ist. Als Vater hätte ich mich womöglich ganz ordentlich bewährt. Die beiden Jahre, die Tahg hier auf FitzGibbon Hall verbrachte, zählen zu den glücklichsten meines Lebens – und ich vermute, im tiefsten Winkel meines Herzens werde ich ihn immer als den Sohn ansehen, der mir nie vergönnt war und den ich, verzeiht, wenn ich das sage, nie haben werde. Und damit wäre ich beim eigentlichen Anlaß für meinen Brief.

Liebste Schwestern, ich habe mein Testament gemacht. (Nein, nein, ich bin ganz gesund, glaubt mir, aber mein Anwalt meint, es sei nur vernünftig, daß ich mein Haus bestelle.) Euch beide sowie Win, Merry, Jamie, Angelica und Johnny habe ich jeweils mit einem kleinen Legat bedacht. FitzGibbon Hall und der Hauptteil meines Vermögens fallen nach meinem Tode an Tahg. Und nun scheint es mir nur recht und billig, daß ich Euch erkläre, warum ich so und nicht anders über meine Hinterlassenschaft verfügt habe.

Erstens liebe ich den Jungen mehr, als Ihr Euch vielleicht vorstellen könnt. Zweitens fand ich es gewissenlos von Vater, Dich, liebste Con, aus seinem Testament zu streichen – und so ist es mir denn eine Ehre und ein Bedürfnis, dafür zu sorgen, daß Tahg bekommt, was ihm ohnehin zugefallen wäre, hätte man Dir Dein Erbe nicht vorenthalten. (Oder hättet Ihr, Tierney und Du, Beth und mir erlaubt, Euch Euren Anteil auszuzahlen, was wir so oft vorgeschlagen haben.)

Deine Kinder, meine liebe Bethy, sind so gut versorgt – Edmonds Besitz ist riesig, Du selbst verfügst über ein stattliches Vermögen –, daß ich mir um ihre Zukunft gewiß keine Gedanken zu machen brauche. Von materiellen Reichtümern abgesehen, fallen ihnen zahlreiche Privilegien zu, und ihren Platz in der Gesellschaft kann ihnen keiner streitig machen. Tahg dagegen hat keine dieser Sicherheiten vorzuweisen. Und so vertraue ich denn darauf, daß Du, liebe Bethy, in Deiner unwandelbaren Güte Verständnis dafür haben wirst, daß ich meinen Besitz und meine Titel an meinen Neffen Tahg weiterreiche.

Wißt Ihr, liebe Schwestern, ich habe einen wunderbaren Traum – ich stelle mir vor, daß Tahg eine ganz neue Dynastie von FitzGibbons gründen wird – was tut es schon zur Sache, daß sie O'Connor heißen! Im übrigen zierte dieser Name einst ein Königsgeschlecht, und Gott weiß, daß Ihr beide, Con und Tierney, ihm alle Ehre macht.

Damit, meine Lieben, will ich schließen. Ich hoffe aus tiefstem Herzen, daß Ihr mit meiner Entscheidung einverstanden seid. Wie Ihr wißt, begebe ich mich in Kürze auf eine kleine Reise, und da ich nicht weiß, ob wir uns vor meiner Abfahrt noch einmal sehen, vertraue ich dieses Schreiben der Post an.

Ich versichere Euch meiner immerwährenden Liebe!

Euer wanderlustiger Bruder
Desmond

Con und ich lasen diesen folgenschweren Brief mit gemischten Gefühlen. Natürlich freute ich mich mit meiner Schwester über dieses hochherzige Geschenk für Tahg. Aber wir spürten beide, warum Desmond gerade jetzt sein Testament gemacht hatte: um vorzusorgen für den Fall, daß sein nächster Auftrag auch sein letzter sei.

Desmond FitzGibbon zog die Riemen seiner Reisetasche fest und richtete sich auf wie einer, der mit seinem Werk zufrieden ist.

Ein Blick in den hohen, ovalen Spiegel überzeugte ihn davon, daß er sich in nichts von jenen wohlhabenden Gentlemen unterschied, die von Zeit zu Zeit eine Vergnügungsreise auf den Kontinent unternahmen. »Willst dir wohl eine österreichische Prinzessin angeln oder gar eine italienische Komteß, du alter Fuchs, was?« Sir Bertram hatte anzüglich geschmunzelt, als Des ihm vergangenen Samstag beim Treffen der Sligo Harriers von seinen Reiseplänen erzählt hatte.

»Nicht doch, Bertie! Ich denke nicht im Traum daran, mich zu verheiraten. Und wenn ich das vorhätte, darfst du getrost sein, daß eines unserer Mädchen mehr nach meinem Geschmack wäre.«

»Wer spricht denn von Heiraten, mein Bester? Beim Himmel, ich dachte eher an ein pikantes Abenteuer. Wie man hört, kann unser-

eins von diesen kontinentalen Schönheiten noch allerhand lernen.« Sir Bertram zwinkerte lüstern und beäugte Des durch sein Monokel.
»Ich geb' dir mein Wort, Bertie – wenn ich etwas Lohnendes in Erfahrung bringe, sollst du als erster davon hören!«
Des lächelte in Erinnerung an dieses Gespräch. Mochten die Leute ihn ruhig für einen leichtsinnigen, reichen Schwerenöter halten; das war das beste, was ihm passieren konnte. Der Bruderschaft wäre nicht damit gedient, wenn ein Verdacht auf ihn fiele. Die Welt brauchte nicht zu wissen, daß er mit Irlands Freiheitskämpfern sympathisierte.
Zum Glück hielt ihn im Augenblick nichts in Sligo. Er konnte beruhigt nach Deutschland fahren und seine Aufgabe erfüllen.

12

Angelica war zu einem hübschen jungen Mädchen herangewachsen. Ich hatte schon fast vergessen, wie aufregend es für eine Dreizehnjährige vom Land ist, Bekanntschaft mit der Großstadt zu machen. Obgleich meine Tochter von den Empfängen und Festlichkeiten ausgeschlossen blieb, die ihr offengestanden hätten, wäre sie gesund gewesen, schien sie zunehmend fröhlich und vergnügt, seit wir nach Dublin gekommen waren.
Ich kleidete sie nach der neuesten Mode, und wir führten sie im Wagen zu allen Sehenswürdigkeiten, welche die Stadt zu bieten hatte. »Dank der Kutsche bin ich genauso beweglich wie jedes andere Mädchen«, sagte sie einmal zu mir, und ich entnahm daraus, wie schmerzlich es für sie war, nicht wie die anderen herumspringen zu können – besonders jetzt, da ihre Altersgenossinnen anfingen, den jungen Herren schöne Augen zu machen. Eines Tages beobachtete ich, wie Angelica vom Wagen aus ganz unerhört mit einem Kavalleristen flirtete, und ich begriff, daß sie sich das nur getraute, weil ihre Beine verdeckt waren.
Tahg gewann sich durch seine beständige Freundschaft zu meiner Tochter einen Ehrenplatz in meinem Herzen. Sooft er am Wochenende oder während der Ferien nach Dublin kam, nahm er sie in ihrem Rollstuhl überallhin mit. Später hatte ich Grund zu der

Annahme, daß ihre große Liebe zu den Armen und dem irischen Volk erst auf jenen Ausflügen geweckt worden war, bei denen Tahg sie mit Leuten zusammenbrachte, die ihr Vater als »Abschaum« bezeichnet hätte.
Wenn sie heimkam, konnte sie nicht genug erzählen von dem, was sie gesehen und erlebt hatte. Ihre Schilderungen erinnerten mich an jenen schicksalhaften Sommer, in dem Seaneen mir das wahre Irland gezeigt hatte. Oft blieb Angelica ein, zwei Tage bei Tahg, der sie die Treppen hinauf- und hinuntertrug, als sei er ein Mann und sie noch ein Kind. Seiner Statur nach war er tatsächlich fast schon ein Mann, hochgewachsen wie sein Vater, dunkelhaarig und gutaussehend. Angelica war außerdem leicht wie ein Vögelchen.
Sie hatte prächtige, goldblonde Locken, und wenn sie das Haar offen trug, sah sie aus wie die Magdalena von Raffael. Das Auffallendste an ihrem schönen, intelligenten Gesicht waren ihre großen, forschenden Augen. Jahrelang hatte es den Anschein gehabt, als seien diese Augen das einzig Lebhafte an ihr, und ich konnte mich nicht genug darüber verwundern, wie gründlich sie ihre Umgebung erforschten, begierig nach Wissen und Erkenntnis. Mir schien, als sehe Angelica mehr als gewöhnliche Sterbliche; ihre Augen schienen den Menschen direkt ins Herz zu blicken. Es war nie leicht, Angelica hinters Licht zu führen.
Johnny verbrachte jede freie Minute mit Seaneen. Manchmal begleitete ich sie auf ihren Streifzügen, doch meist zogen sie allein los. Ich erinnere mich besonders an einen Morgen, als ich ihnen nachsah, wie sie die Straße hinuntergingen; Johnny hatte Mühe, mit Seaneen Schritt zu halten. Beide waren stämmig und untersetzt, die breiten Schultern herausfordernd, der Gang voller Selbstvertrauen.
Ich sah die beiden gern zusammen, ja, mir gefiel tatsächlich alles an unserem Aufenthalt in Dublin; seit Jahren hatte ich mich nicht mehr so frei und unbeschwert gefühlt.
Doch dann erhielt ich Post von Edmond, der mir mitteilte, er und die Kinder würden Weihnachten nach Irland zurückkehren.

Edmond, Win, Merry und Jamie kamen kurz vor den Feiertagen. Bildete ich es mir nur ein, oder hatten sie sich wirklich in den paar Monaten verändert?

Win gab sich ganz als junger Mann, elegant und selbstbewußt. Er war höflich, beredt wie ein Advokat und hatte das würdevolle Auftreten eines Peers. Er war gewissermaßen Edmonds Schatten, und ich überlegte oft, welchen Gesprächsstoff diese beiden verschlossenen Charaktere wohl für ihre fortwährenden Unterhaltungen fanden. Mir hatten sie weiß Gott kaum etwas zu erzählen. Aber um Edmond Gerechtigkeit widerfahren zu lassen, muß ich einräumen, daß er sich seinem Ältesten gegenüber geduldig und großmütig zeigte und ihn alles Nötige lehrte, damit Win eines Tages sein Erbe gewissenhaft verwalten könne. Ich nehme an, Edmonds Beziehung zu seinem Vater war dem Verhältnis zwischen ihm und Winston recht ähnlich, und es gefiel ihm über die Maßen, einen so mustergültigen Sohn zu haben.
Merry und Jamie, die bald ihren sechzehnten Geburtstag feiern würden, kamen mir ebenfalls furchtbar erwachsen vor. Vermutlich merkt man für gewöhnlich nicht, wie die eigenen Kinder groß werden, aber wenn man über einen längeren Zeitraum von ihnen getrennt war, sieht man sie nachher mit ganz anderen Augen an. Merry war auffallend hübsch, ach, was sage ich: eine Schönheit! Und ich machte mir Sorgen, daß Angelica womöglich auf sie eifersüchtig werden könne. Merry hatte pechschwarzes Haar und ein Bilderbuchgesicht. Ihr fröhliches Wesen und ihr ansteckendes Lachen verliehen ihr einen ungekünstelten Charme. Es stand außer Zweifel, daß alle jungen Männer, die sie zu Gesicht bekamen, sich um sie reißen würden.
Jamie hatte in London eine Menge gelernt und brannte darauf, seine Kenntnisse an den Mann zu bringen. Seine Wißbegierde hatte Edmonds Parlamentsfreunden offenbar gefallen, und eine Reihe recht einflußreicher Männer hatten ihm ihre Ansichten über Politik und Geschichte dargelegt – schwere Kost für einen Fünfzehnjährigen, aber Jamie schien mir in der Gesellschaft dieser älteren Herren gereift zu sein.
Edmond und ich hatten in unserer Ehe einen erträglichen Waffenstillstand erreicht – wie damals vermutlich die meisten Paare aus unseren Kreisen. Im Laufe der Jahre waren wir sogar relativ gute Kameraden geworden, die, wenn nicht Zuneigung, so doch die Erfahrung miteinander verband. Ich war die ideale Gastgeberin, was seiner parlamentarischen Laufbahn zugute kam, und er war der Gentleman, für den man mich erzogen hatte. Daß ich die

Liebe kennengelernt hatte, wenn auch nur für kurze Zeit, und jedenfalls wußte, daß es sie gab, war mein Problem und nicht Edmonds.

Bei seiner Rückkehr aus London war mein Gatte auffallend guter Stimmung. Die Kinder hatten sich musterhaft geführt, also hatte ich meinen mütterlichen Pflichten offenbar doch Genüge getan. Der Krieg, so grausam er auch sein mochte, hatte immerhin ein wenig Leben in die verstaubte Parlamentsroutine gebracht, und Edmond war im großen und ganzen recht zufrieden mit der Aussicht, eine Weile in Dublin zu bleiben; er war in hoher diplomatischer Mission aufs Schloß beordert worden, um dem Oberhaus aus erster Hand über die »irische Frage« berichten zu können.

Die Kinder konnten nicht genug über den schweren Zeppelin-Angriff erzählen, den sie im Oktober in London miterlebt hatten. Natürlich hatten sie uns schon davon geschrieben, aber ihre mündlichen Schilderungen waren allemal spannender. Selbst der für gewöhnlich so wortkarge Edmond zeigte diesmal ein lebhaftes Mitteilungsbedürfnis.

»Sir Douglas Hyde hat General French als Oberbefehlshaber abgelöst«, erzählte er mir am Tag seiner Ankunft beim Tee.

»Ich dachte, French sei so beliebt gewesen.« Ich war hoch erstaunt; nie zuvor hatte ich erlebt, daß Edmond seine politischen Belange mit mir zu erörtern wünschte.

»Man sagt ihm einen wankelmütigen Charakter nach«, antwortete Edmond. »Neigt zu Extremen in seinem Urteil. Seine Kriegsakte ist auch nicht ganz makellos. Hat nicht weniger Niederlagen als Erfolge zu verzeichnen, der Mann.«

»Aber wird es nicht großes Aufsehen erregen, wenn man mitten im Krieg einen Oberbefehlshaber zurückbeordert?«

»Allerdings. Das Kabinett war auch nicht gerade erbaut davon, ihn gerade jetzt abzuberufen. Fürchtet sich wohl vor dem Vorwurf der Labilität. Aber es ließ sich nicht vermeiden.«

»Und der alte General? Was geschieht mit ihm?«

Edmond lächelte; er schien wahrhaftig ein wenig aus sich herauszugehen. Ich konnte mir nicht erklären, was diesen plötzlichen Umschwung bewirkt haben mochte.

»Man hat ihn in den Adelsstand erhoben und zum Oberbefehlshaber der Streitkräfte des Vereinigten Königreiches ernannt.«

»Aha. Demnach wird er wohl das Kommando führen, wenn es hier bei uns zu Unruhen kommt, nicht wahr?« Ich stellte meine Frage so harmlos ich nur konnte. In Wirklichkeit wußte ich ziemlich genau über French Bescheid: Er war ein entschiedener Gegner sowohl der Republikaner wie auch des Home-Rule-Gesetzes.

»Haben wir denn Unruhen zu erwarten?« Edmond hob die Brauen. Da begriff ich, daß mein Mann mich nicht länger für eine unwissende Frau hielt; er hegte vielmehr den Verdacht, ich sei in alle möglichen Geheimnisse eingeweiht.

»Nun, in Parks und auf den Plätzen ist allerhand los. Die Freiwilligen veranstalten dauernd Aufmärsche und militärische Übungen.«

»Ach, diesen Unfug meinst du! Ich glaube nicht, daß irgendwer die Kerle ernst nimmt.«

»Vielleicht hast du recht.« Es amüsierte mich, daß Edmond offenbar durch mich an Informationen zu kommen versuchte.

»Man hat uns versichert, die Mehrheit des irischen Volkes sei so patriotisch eingestellt, daß sie den Krieg abwarten werden, ehe sie wieder auf die Barrikaden steigen. Schließlich sind wir ein integraler Bestandteil Großbritanniens.«

»Wenn auch widerstrebend.«

Edmond wollte offenbar etwas erwidern, doch dann wechselte er unvermittelt das Thema. »Ich möchte heute abend nicht mit dir streiten, Elizabeth.«

Ich muß ziemlich verdutzt dreingeschaut haben, denn er fuhr fort: »Die Kinder und ich – wir sind sagenhaft gut miteinander ausgekommen. Sie sind jeder Zoll so, wie ein Mann sich seine Nachkommen wünscht. Das ist in erster Linie dein Verdienst, Elizabeth, und es tut mir leid, das bisher nicht gebührend gewürdigt zu haben.«

»Großer Gott, Edmond!« rief ich, verwundert über seinen ungewohnt sanften Ton. »Du sprichst besser nicht weiter – womöglich bringst du mich noch in Verlegenheit!«

Er lächelte zaghaft. »Was haben wir nur falsch gemacht?« fragte er eindringlich.

»Beinahe alles, fürchte ich.«

»Wahrscheinlich hast du recht. Trotzdem haben wir ein paar wunderbare Kinder miteinander großgezogen. Ich bin ziemlich stolz auf uns.«

Ich betrachtete den Mann, mit dem ich seit neunzehn Jahren verheiratet war. Er war spürbar das Produkt seiner Zeit und seines Standes. Nicht viel anders als andere, die in ähnlichen Verhältnissen aufgewachsen waren. Aber es fällt schwer, Jahre der Lieblosigkeit und Enttäuschung in einem Augenblick zu verzeihen. Ich zerbrach mir den Kopf darüber, was ihn zu diesem Sinneswandel mir gegenüber veranlaßt haben mochte. Vielleicht war seine Geliebte gestorben, und er fühlte sich zu alt, um sich eine neue zu suchen.

Aus welchem Grund Edmond sich mir auch wieder zuwenden mochte – all meine Liebe gehörte Seaneen O'Sullivan, weshalb ich den Annäherungsversuch meines Mannes so geflissentlich wie möglich überhörte.

Das Schicksal spielt uns die sonderbarsten Streiche... am häufigsten wohl, indem es die Falschen zusammenführt. Manchmal frage ich mich, ob der göttliche Plan sich nur darum kümmert, daß die richtigen Kinder in die Welt gesetzt werden, egal, welches Paar er dazu auserwählt. Edmonds Meinung über unsere Kinder teilte ich jedenfalls. Sie waren wohlgeraten, und jedes von ihnen hatte eine ganz besondere Gabe. Wie spätere Ereignisse zweifelsfrei beweisen sollten.

13

Tierney breitete die Landkarten auf dem Tisch aus und sah die IRB-Mitglieder, die sich mit ihm im Stadthaus versammelt hatten, der Reihe nach an.

»Desmond FitzGibbon wird die Gewehre aus Deutschland herüberschaffen. Ein deutsches Schiff wird Waffen und Munition bis zum vereinbarten Treffpunkt bringen. Dort warte ich mit einem Fischkutter und übernehme die Fracht. In der Nacht zum 9. April verladen wir Waffen und Munition auf Lastwagen, die damit ins Inland fahren und sie in Geheimverstecken auf bestimmten Friedhöfen deponieren. Wo es zu gefährlich scheint, die Gewehre oberirdisch zu verstecken, werden sie in Särgen vergraben. Der Großteil der Fracht kommt übrigens direkt nach Dublin, denn von hier soll ja der Aufstand ausgehen.«

Tommy hörte schweigend zu, während sein Freund und Partner den Plan in allen Einzelheiten erläuterte. Es klang alles ganz einwandfrei, aber es gab so viele Fallen, über die sie stolpern konnten. Unter den Augen der Schloßbeamten Waffen in die Stadt zu schmuggeln war die gefährlichste Aufgabe, die ein Mann in diesen Zeiten übernehmen konnte.
Als Tierney geendet hatte, setzte er sich neben Tommy. Seaneen ergriff als nächster das Wort. Nach ihm würde Padraig Pearse an die Reihe kommen, der nicht nur Dichter und Schulleiter von St. Enda war, sondern vor allem einer der Drahtzieher des geplanten Aufstandes. Es würde eine lange Nacht werden. Sie spielten um einen hohen Einsatz, und jeder Anführer würde sein Scherflein beisteuern wollen. Tierney wünschte sich nichts weiter, als mit Con heimgehen zu können. Wenn doch nur diese bange Vorahnung, die ihm wie ein prickelnder Schmerz im Nacken saß, sich endlich verscheuchen ließe. Das »Zweite Gesicht« machte sich wieder bemerkbar... Noch war es keine klare Vision, nur das verschwommene Bild drohenden Unheils. Nicht, daß es darauf ankam, die Vision deutlich zu sehen. Es gab ohnehin keine Umkehr mehr; die Würfel waren gefallen!

»Findest du es nicht merkwürdig, daß unsere Revolution überwiegend von Dichtern angeführt wird?« Con und Tierney gingen in nördlicher Richtung die Grafton Street entlang nach Hause. Sie kamen von einer Versammlung, auf der Pearse, Plunkett und MacDonogh gesprochen hatten, und Con war nicht ganz wohl in dem Bewußtsein, daß alle Anführer der Bewegung eigentlich eher gewohnt waren, mit dem Wort zu kämpfen als mit der Waffe in der Hand.
Tierney lachte auf. »Ja, das ist schon seltsam. Es sei denn, man geht davon aus, daß Dichter vielleicht eher als andere spüren, wenn es im Volke gärt.«
»Mag sein, trotzdem wäre mir wohler, wenn wenigstens ein Militärstratege unter ihnen wäre oder ein paar mehr vom Schlage Seaneens und Tom Clarkes, die sich ihr Leben lang im Umgang mit der Waffe geübt haben.«
»Du hättest natürlich recht – vorausgesetzt, du hoffst allen Ernstes, daß wir gewinnen können. Aber ich kann mir nicht helfen,

ich glaube, darauf kommt es ihnen gar nicht an. Sie meinen alle, Heldenmut und Märtyrertum würden der Sache weit besser nützen.«
Con schauderte in der Dunkelheit und klammerte sich fester an Tierneys Arm. Sie spürte mit einemmal, wie sehr sie ihn brauchte. Sie gingen bösen Zeiten entgegen. Es galt, jeden Augenblick, der ihnen zusammen vergönnt war, zu nutzen als Bollwerk gegen die Zukunft. Heute nacht und in den kommenden Nächten sehnte sie sich danach, mit ihrem Mann allein zu sein.

14

Joe Plunkett sah auf seltsame Weise beeindruckend aus in seinem fremdländischen Gewand. Daheim legte er gern die traditionelle Dschellaba der Beduinen an, eine Tracht, an die er sich während der Genesung nach langer Krankheit in Nordafrika gewöhnt hatte.
»Meine Herren«, wandte er sich an die finster dreinblickenden Männer, die sich in seinem Salon versammelt hatten, um den seit mehr als einem Jahr geplanten Aufstand zu besprechen. »Wir müssen das Stadtzentrum in unsere Gewalt bringen. Darum schlage ich vor, daß wir gleichzeitig alle strategisch wichtigen Punkte besetzen. Unsere Posten werden außerdem die Zufahrtsstraßen kontrollieren, damit das Schloß keine Verstärkung aus dem Umland nach Dublin holen kann.«
Plunkett deutete auf einen Stadtplan an der Wand, auf dem mit roten Kreuzen die Stützpunkte markiert waren, die es zu besetzen galt.
»Edward Daly, du übernimmst die Four Courts. Sean Heuston, du das Armenhaus am anderen Ufer des Liffey. Und du das im Süden, Eamonn Ceannt. James Connolly, dein Platz ist in der Hauptpost.«
»Na, dann bist du ja nahe genug am Schloß! Kannst die Kavalleristen zum Tee einladen«, warf Tommy McGowan sarkastisch ein, doch die Männer im Raum spürten, daß es ihm im Grunde nur darum ging, die steigende Spannung zu dämpfen.
»Eamon de Valera, du übernimmst Bolands Mühle und behältst

von dort aus die Straße nach Kingstown im Auge, für den Fall, daß Seine Britische Majestät Verstärkung schicken sollte. Thomas McDonogh, du besetzt Jacobs Keksfabrik...«

»Tom, ich bin dein Mann – deine Leute brauchen wenigstens nicht zu hungern!« Abermals versuchte McGowan, die Stimmung zu lockern, aber Plunkett warf ihm einen ärgerlichen Blick zu.

»Michael Mallin, du mußt mit deiner Bürgerwehr und dem Fianna-Bund St. Stephen's Green halten. Pearse und ich, wir schlagen zusammen mit Connolly in der Post unser Hauptquartier auf.«

»Warum gerade dort?« fragte Tierney.

»Sie ist zentral gelegen und stabil gebaut. Außerdem kann man sie von überall her sehen. Pearse wird seine Proklamation am Eingang anschlagen, und König Edward kann persönlich rüberkommen, um sie zu lesen, wenn's ihm Spaß macht.«

»Der letzte Protestant, der so was versucht hat, Joe, war Martin Luther.« Wieder kam der ironische Einwurf von Tommy. »Hoffen wir, daß du in Irland mehr Erfolg hast als er.« Diesmal entlud sich die nervöse Spannung im Raum in einem kurzen, aber heftigen Gelächter.

»Was glaubst du, werden die im Schloß machen, während wir jedes wichtige Gebäude der Stadt besetzen?« fragte Tierney. »Könnten wir nicht bis Montag warten? Da ist die halbe Garnison draußen in Fairyhouse beim Rennen.«

»Nein«, widersprach Pearse mit Nachdruck. »Der Ostersonntag hat bei den Iren große religiöse Bedeutung. Das ist wichtig für unseren Aufstand. Außerdem schneiden wir sie von jeder Verstärkung ab, während die Freiwilligen und die Bürgerwehr aus ganz Irland in die Hauptstadt strömen. Vor allem aber glaube ich fest daran, daß die Dubliner Bevölkerung uns unterstützen wird, wenn wir unsere Absicht erst einmal kundgetan haben.«

»Da irrst du dich aber gewaltig«, fuhr McGowan dazwischen. »Die armen Teufel haben anderes im Kopf. Sie müssen dafür sorgen, daß ihre Familien nicht Hungers sterben. Für die sind wir nichts weiter als verbohrte Spinner.«

Plunkett brachte ihn mit einem verächtlichen Blick zum Schweigen und fuhr in seinen Instruktionen fort. Als die Versammlung geschlossen wurde, gingen Tierney, Seaneen und Tommy gemeinsam.

»Was haltet ihr von dem Plan?« fragte Tommy, sobald sie auf der Straße standen.
»Es könnte gutgehen ... jedenfalls fürs erste. Wenn uns ein Überraschungsangriff glückt.«
»Die werden niemals kapitulieren«, prophezeite Tierney. »Die englische Regierung wird das nicht zulassen. Die Gefahr ist zu groß, daß die anderen Kolonien unserem Beispiel folgen könnten.«
»Da magst du recht haben«, räumte Seaneen ein. »Aber bleibt uns denn eine andere Wahl? Wenn wir jetzt, da England durch diesen Krieg geschwächt ist, nicht zuschlagen, bietet sich uns womöglich unser Lebtag keine Chance mehr, uns auf die Hinterbeine zu stellen und wie Männer zu kämpfen.«
Tierney nickte. Seaneen hatte natürlich recht, allein, seine Sorgen wurden dadurch nicht geringer.

»Ist unser Kampf denn wirklich so aussichtslos?« fragte Con, nachdem Tierney ihr den Verlauf der Versammlung in allen Einzelheiten geschildert hatte.
»Ich kann mir nicht vorstellen, daß wir siegen«, antwortete Tierney nach einer Weile. »Sie sind in der Übermacht, haben die besseren Waffen und die bessere Ausbildung. Dagegen sind wir nur ein Haufen von Dilettanten, die um ihr Leben kämpfen.«
»Aber warum blasen wir dann den Aufstand nicht ab?«
»Weil wir immerhin eine winzige Chance haben, wenn wir den Plan genau durchführen. Uns bleibt gar keine andere Wahl. Wir haben ganz einfach schon zu lange geredet – jetzt ist es an der Zeit, Taten folgen zu lassen ... ach, Liebste, du kennst die Argumente so gut wie ich.« Er schlang die Arme um sie und zog sie an seine Brust.
»Ja, du hast natürlich recht. Weißt du, Tierney, es ist seltsam, aber jetzt, da es endlich soweit ist – nachdem wir so lange vergeblich gewartet haben –, jetzt wünschte ich auf einmal, wir könnten davonlaufen. Irgendwohin – nur raus aus Irland. Irgendwohin, wo wir unbehelligt leben dürften, uns lieben und zusammen alt werden, wo unser Sohn heiraten und Enkelkinder heimbringen könnte. Bisweilen scheint es mir unerklärlich, wie wir in diese böse Geschichte hineingeraten konnten. Dabei haben wir doch

ein Leben lang nur auf diesen Augenblick hingearbeitet, und im Grunde will ich ihnen ja auch heimzahlen, was sie an Ungerechtigkeiten begangen haben... Ach was, wahrscheinlich habe ich ganz einfach Angst! Nein, nein, ich würde trotz allem nicht davonlaufen. Genausowenig wie du! Ich will weiter kämpfen für unseren unerfüllbaren Traum. Glaubst du, ich bin verrückt? Sind wir's am Ende beide, weil wir nicht weglaufen, bevor es zu spät ist?«

Tierney lächelte seine Frau an. Er sah die Sorgenfalten in ihrem Gesicht und dachte, wie selten ihm doch auffiel, daß auch an ihr die Jahre nicht spurlos vorübergingen. Sie war jetzt doppelt so alt wie damals, als sie einander kennengelernt hatten.

»Erinnerst du dich, meine Schöne, wie ich dir vor langer, langer Zeit daheim am Strand zum ersten Mal von Cúchulainn und Connla erzählte? Die beide ihrem Schicksal nicht entrinnen konnten? Manchmal denke ich, uns beiden geht es genauso. Unser Schicksal ist ganz eng mit dem Irlands verknüpft. Das hat uns damals zusammengebracht, und nun vernichtet es uns vielleicht – trotzdem glaube ich, wir müssen unseren Weg bis zum Ende gehen. Nur so können wir uns treu bleiben.«

»Ja, Tierney, ich verstehe dich. Wir sind in ein Schicksal eingebunden, das größer ist als wir – es trägt uns mit sich fort ins Ungewisse. Aber wir müssen ihm folgen, sonst wäre ja alles, wofür wir gelebt haben, weiter nichts als Lüge gewesen. Und wir hätten deine Dichtungen einem sinnlosen Traum geopfert.«

Liebevoll streichelte er ihr Gesicht. »Das bedrückt dich noch immer, nicht wahr, Con? Noch nach all den Jahren. Eine treuere Leserin als dich könnte kein Autor sich wünschen.« Seine Stimme klang unsagbar traurig.

Sie las das Leid in seinen Augen, legte den Kopf an seine Brust und schmiegte sich tröstend an ihn.

»Ich hab' so schreckliche Angst«, flüsterte sie nach einer Weile. »Angst vor der Zukunft, verstehst du?«

Tierney fiel keine passende Antwort ein, also hielt er seine Frau schweigend in den Armen und streichelte ihr über Haar und Rükken, bis ihre regelmäßigen Atemzüge ihm verrieten, daß sie eingeschlafen war.

Er aber lag noch lange wach und grübelte darüber nach, ob es überhaupt eine Zukunft für sie gäbe.

»Ach, Tommy«, seufzte Tierney, »ich wünschte, ich könnte mich von ganzem Herzen für diesen Aufstand begeistern, aber mir ist gar nicht wohl in meiner Haut.«
Das Pub war geschlossen, und die beiden räumten auf.
»Mir geht's genauso. Was macht dir denn am meisten Sorge, mein Junge?«
»Diese Heimlichtuerei, glaube ich. Ich finde es falsch, O'Rahilly und MacNeill nicht in unsere Pläne einzuweihen. Sie sind zwar nicht bei der IRB, aber schließlich haben sie die Freiwilligen zusammengetrommelt. Eoin MacNeill als Geschichtsprofessor ist bedingungslos für die irische Sache, und wenn du die Artikel von Michael O'Rahilly in der *Irish Freedom* liest, weißt du sofort, daß du ihm bedingungslos vertrauen kannst. Es hat doch keinen Sinn, die wenigen Iren, die bereit sind zu kämpfen, auch noch in zwei gegnerische Gruppen aufzuspalten. Ich glaube, Pearse und Connolly sind da viel zu mißtrauisch. Außerdem fürchte ich, die Dubliner Bevölkerung steht nicht hinter uns. Die Leute werden uns elend im Stich lassen, das spüre ich. Und was noch schlimmer ist: Ich habe eine böse Vorahnung, was meine Mission bei der Waffenübernahme angeht.«
Tommy nickte. »Wann soll die eigentlich stattfinden?«
»In der Nacht zum 9. Wir sollen die Gewehre jenseits der Zwölf-Meilen-Zone von dem Unterseeboot übernehmen und auf unserem Kutter nach Baldoyle bringen. Dieses verdammte ›Zweite Gesicht‹ plagt mich wieder. Ich habe das dumpfe Gefühl, es wird was schiefgehen – nur weiß ich nicht, was.«
»Kannst du noch raus aus der Sache?«
»Nein, nicht ohne stichhaltigen Grund. Wir brauchen die Gewehre.«

Aus Desmond FitzGibbons Tagebuch, Berlin, den 26. März:
In ein paar Tagen gehe ich an Bord eines deutschen U-Bootes, um am wahnwitzigsten und zudem bisher am schlechtesten organisierten Unternehmen in der Geschichte wahnwitziger irischer Revolutionen teilzunehmen.
Meine Ehre gebietet mir, den Auftrag zu Ende zu führen. Wenn ich die Aktion abblasen würde (falls das überhaupt noch möglich wäre), brächte ich andere Menschen in allergrößte Gefahr.

Glückt der Aufstand – was ich mir indes kaum vorstellen kann –, dann werde ich als Irlands Retter in die Geschichte eingehen. Wenn nicht, so glaube ich kaum, daß ich dieses Jahr überleben werde...

Desmond legte die Feder beiseite und bettete seinen schmerzenden Kopf in die zitternden Hände. Was war er doch für ein Narr gewesen, daß er der deutschen Regierung vertraut hatte! Sie benutzten ihn und seinen guten Namen zu eigenen Propagandazwecken. Wir werden weder die Leute bekommen noch die Unterstützung, die sie uns zugesagt haben, dachte er. Die Waffen, die sie uns verkauft haben, sind entweder hoffnungslos veraltet oder russische Fabrikate, womit unsere Männer nicht umzugehen verstehen. Und ich sitze hier buchstäblich als Gefangener.
Abermals nahm er die Feder zur Hand.
»Eine entsetzliche Dummheit!« schrieb er und wußte, daß dies eine barmherzige Untertreibung war. Desmond fragte sich, ob die Deutschen ihn überhaupt lebend über die Grenze lassen würden.

15

6. April 1916

»Kannst du auch bestimmt mit dem Kahn umgehen, Tierney?« fragte Seaneen eindringlich.
»Aber Seaneen, ich bin schließlich der Sohn eines Fischers, hast du das vergessen? Mein Pa wäre stolz auf mich.«
»Eine Stunde nach Mitternacht liegt das Boot aufgetankt am Pier. Ihr fahrt damit raus, bis ihr in internationale Gewässer kommt. Am verabredeten Treffpunkt übernimmst du von dem U-Boot Waffen und Munition. Das haarigste Stück wird der Rückweg nach Baldoyle und hierher nach Dublin – ihr dürft euch auf keinen Fall erwischen lassen. Deine Männer müssen die Gewehre schnellstens beiseite schaffen. Es muß so aussehen, als entladet ihr ganz normale Fracht – dann auf die Lastwagen damit und ab zu den verschiedenen Friedhöfen. Dort werden die Unseren euch erwarten. Diese Ladung und die von Casement machen den Haupt-

teil der Waffen für den Aufstand aus. Sie müssen unbedingt durchkommen, koste es, was es wolle. Verstanden?«
Am Tisch erhob sich zustimmendes Gemurmel.
»Und wenn uns ein Patrouillenboot anhält?«
»Dann müßt ihr euch irgendwie rausreden!«
»Du solltest unterwegs auf Schloß Blarney haltmachen und den Glücksstein küssen, Tierney«, warf McGowan ein.
Seaneen runzelte mißbilligend die Stirn. »Jetzt ist nicht der rechte Zeitpunkt für faule Witze, Tommy! Merkt euch eins: Auf keinen Fall dürfen die Waffen dem Feind in die Hände fallen.«
»Bist du auch sicher, daß uns niemand verpfiffen hat?«
»Ziemlich sicher, ja.«
»Tja, das wäre wohl alles«, sagte Tierney. »Ach, halt – wie erkenne ich eigentlich den Kutter?«
»Am Heck ist eine Harfe aufgemalt. Und das Boot heißt ›Gräfin Cathleen‹.«
Schweigend, mit ernster Miene, gingen die Männer hinaus. Alle bis auf Tierney.
»Die auf dem Schloß spüren, daß was im Busch ist. Da bin ich ganz sicher«, sagte Tierney, sobald er und Seaneen allein waren. »Sie haben die Patrouillen auf See verstärkt. Die Chancen stehen schlecht für uns. Es ist durchaus möglich, daß sie uns im Hafen erwischen.«
»Das stimmt.«
»Aber warum riskieren wir's dann?«
»Weil wir ohne diese Waffen verloren wären, Mann! Versteh doch, wenn's klappt, kriegen wir auf einen Schlag zweitausend Mauser-Gewehre und vierzigtausend Schuß Munition. Der Revolutionsrat ist der Ansicht, das Risiko sei nicht zu hoch für einen solchen Preis.«
»Der Revolutionsrat hat leicht reden – die Herren sitzen ja auch schön im trockenen!«
Seaneen schlug so hart mit der Faust auf den Tisch, daß Tierney zusammenzuckte.
»Wir verlangen nichts von dir, was nicht auch jeder von uns wagen würde oder gewagt hat! Du hättest die größte Chance, durchzukommen, weil du unter Fischern aufgewachsen bist und ihr Handwerk verstehst, Tierney, aber, bei Gott, wenn du aus der Sache aussteigen willst, dann sag es jetzt, solange noch Zeit ist!«

»Damit ich eine Kugel in den Rücken kriege, wenn ich durch diese Tür gehe, weil ich zuviel weiß?«
Seaneen blickte verlegen beiseite. »Keiner im Revolutionsrat würde dir zutrauen, daß du uns denunzierst, mein Junge.« Aber Tierney merkte wohl, daß er ihm nicht sein Leben versprach, für den Fall, daß er den Auftrag ablehnte.
»Nun, ich habe keineswegs die Absicht, mich zu drücken«, versetzte er ruhig. »Keiner von uns könnte ein Boot so sicher an den Sandbänken vorbeisteuern wie ich, und ich will die armen Teufel da draußen nicht noch mehr in Gefahr bringen. Doch das eine sage ich dir, Seaneen, dieser Plan ist schlecht durchdacht; ich spüre es in den Knochen, daß wir uns auf nichts Gutes eingelassen haben. Also setz besser deine Hoffnungen auf Casement und bete, daß *er* durchkommt. Denn ich mache jede Wette, daß meine Männer eher auf den Friedhöfen landen als deine verdammten Gewehre! Du bist wie ein Bruder für mich, Seaneen O'Sullivan – aber das ist ein Himmelfahrtskommando!«
Damit nahm Tierney seine Mütze vom Tisch, zog sie tief in die Stirn und ging grußlos hinaus.

16

Tierney fröstelte und schlug den Kragen hoch, was freilich nichts half, da die Kälte von innen kam. Die dunkle Straße war fast menschenleer. Tierney spähte so unauffällig wie möglich nach rechts und links, tastete vorsorglich nach der Pistole, die unter seiner Jacke versteckt war, und schlug den Weg zum Hafen ein.
Die »Gräfin Cathleen« lag ruhig vor Anker; schwarzglänzende Wellen leckten an ihrem Heck. Im fahlen Mondlicht erkannte er das Wahrzeichen, die Harfe. Unbehaglich stellte er fest, daß bereits Männer an Bord waren, als er lautlos das Fallreep betrat. Gleich darauf tauchte hinter der Kajüte eine Gestalt auf, in der er seinen eigenen Sohn erkannte.
»Tahg!« flüsterte er eindringlich. Da löste sich der Schatten von der Kajütwand und huschte auf ihn zu.
»Um Gottes willen, was machst du hier?« herrschte er den Jungen an, doch der ließ sich nicht einschüchtern.

»Ich bin weg von der Schule, Pa. Ich will dir bei diesem Auftrag beistehen.«
»Ich nehme dich aber nicht mit! Es ist zu gefährlich... der reinste Wahnsinn!«
»Ich werde mit dir fahren, Pa. Ich hab's mit Seaneen abgesprochen.«
»So, hast du das? Nun, dein Pech, daß du's nicht mit *mir* abgesprochen hast. Das Boot läuft nicht aus, ehe du nicht von Bord bist, das schwöre ich dir!«
Tahg sah sich beklommen um. Die Männer an Deck hatten ihre Arbeit unterbrochen und den Streit mit angehört.
»Dein Sohn ist jetzt ein Mann, Tierney«, ließ sich Tommy McGowans Stimme von hinten vernehmen. »Du willst ihn doch nicht vor den anderen demütigen, oder?«
Tierney fühlte Tommys Hand begütigend auf seiner Schulter ruhen.
In den Augen seines Sohnes spiegelte sich die Verlegenheit eines jungen Mannes, der vor Erwachsenen als Schuljunge behandelt wird. Tommy hatte natürlich recht. Er durfte den Jungen nicht demütigen.
Doch bevor Tierney sich noch zu einer Antwort durchringen konnte, sagte Tommy leise: »Geh nur, mein Junge. Dein Vater war bloß in Sorge um dich. Aber im Grunde ist er sehr froh, dich dabei zu haben.«
Tahg nickte zögernd, wartete auf ein Wort seines Vaters; als Tierney schwieg, machte der Junge kehrt und ging zurück an seinen Platz.
»Er wird seinen Mann stehen«, sagte Tommy so leise, daß nur Tierney ihn verstehen konnte. »So gut wie sein Vater. Verlaß dich drauf.«
»Ich weiß nicht... ich sähe ihn lieber gedemütigt als tot.« Brüsk wandte Tierney sich ab und stapfte ins Ruderhaus.
»Als ob das für einen Jungen seines Alters nicht ein und dasselbe wäre!« Wehmütig schüttelte Tommy den Kopf. »Ach, es ist ein Jammer.« Damit ging auch er wieder an seine Arbeit.
Als das Boot klar zum Ablegen und jeder Mann auf seinem Posten war, kehrte Tommy auf den Pier zurück. Er sah zu, wie die Leute die Leinen losmachten und der Kahn in die Dunkelheit hinaustukkerte.

»Gott schütze euch«, flüsterte er. »Gott schütze euch.« Dann blickte er sich verstohlen um, tauchte in den Schatten zurück und machte sich auf den Weg zu seinem Pub.

Die Übergabe der Waffen verlief reibungslos. Der alte Fischkutter, der außerhalb der Zwölf-Meilen-Zone vor Anker ging, erregte keinerlei Aufsehen.

Tierney seufzte erleichtert, als die schweigende Mannschaft die letzte Kiste an Bord geholt hatte. So weit, so gut, dachte er. Doch seine dunklen Ahnungen wollten nicht weichen.

Wohl zum hundertsten Mal tastete Tierney nach der Pistole unter seiner Jacke und sah auf die Uhr: 2 Uhr 38 – sie hatten den Zeitplan auf die Minute genau eingehalten. Wenn sie in dem Tempo weitermachten, würden sie wie vorgesehen mit den Booten, die vom morgendlichen Fischfang zurückkehrten, in den Hafen von Dublin einlaufen. Besorgt schaute er auf die unruhige See hinaus.

Wie kalt und finster es doch war! Während die Wellen klatschend gegen den Rumpf des Kutters rollten, stieg das Bild seines Vaters vor ihm auf, wie er in seinem kleinen Boot stand und das Netz auswarf. Er sah sich neben dem Vater im Boot, Hände und Nase prickelten in der Kühle der Nacht; beim Sprechen bildeten sich helle Dunstwölkchen vor seinem Mund.

»Wie tief ist's hier eigentlich, Pa?« hatte er einmal gefragt, als er noch recht klein war, und seine älteren Brüder hatten sich über ihn und seine Naivität lustig gemacht. Der Vater jedoch hatte ihm ernsthaft geantwortet, so als handle es sich um eine durchaus berechtigte Erkundigung.

»Tief genug, daß all die vielen Boote sich über Wasser halten können, mein Junge. So tief, daß alle Fische Heim und Nahrung finden.« Zufrieden hatte er an seiner kalten Pfeife gezogen; auf See zündete er sie nur selten an.

»Tief genug, um all den Booten, die je hier segelten, samt ihrer Besatzung ein kühles Grab zu bereiten.«

»Aber es sterben doch nicht *alle* Seeleute auf dem Meer, Pa?« hatte Tierney entsetzt gefragt.

»Nein, mein Junge. Nur die, deren Schicksal es so gewollt hat. Doch glaub mir, es ist kein schlechter Ruheplatz für einen Seemann, bei Gott nicht.«

Und der kleine Tierney hatte aus dem schwankenden Boot über die schwarzen Wogen hinausgeblickt und sich gewundert, wie sein Vater nur so etwas Unglaubliches sagen konnte. Noch im selben Sommer hatte er seine Brüder dazu überredet, ihm das Schwimmen beizubringen, damit ihm nur ja nicht das Los zuteil werde, bis in Ewigkeit auf dem Grunde des kalten, finsteren Meeres zu ruhen.

Tierney lächelte in der Dunkelheit vor sich hin. Aus seinem Sohn hatte wiederum er einen guten Schwimmer gemacht – vorsichtshalber, denn er hatte jenes Gespräch mit seinem Vater nicht vergessen. Tahg war überhaupt ein kräftiger, sportlicher Junge. Warum erschien ihm das auf einmal wie ein tröstlicher Wall gegen die drohende Gefahr? »Weil du nirgends so wehrlos bist wie auf einem Boot«, würde Tommy sagen... vielmehr *hatte* er gesagt, als der Waffenschmuggel zum ersten Mal aufs Tapet kam. »Ich helfe dir, wo ich nur kann, mein Junge«, hatte er Tierney versichert, »aber nur, solange ich festen Boden unter den Füßen habe, wenn's dir recht ist. Die alten Seemannslieder sing' ich zwar recht gern – doch darüber hinaus möchte ich nichts zu schaffen haben mit der hohen See.«

Tierney sah, wie das deutsche Schiff die Anker lichtete und im Dunst verschwand. In spätestens einer Stunde würden die Hafenlichter in Sicht kommen. Der Gedanke beruhigte ihn ein wenig.

Plötzlich drang ein Surren und Gluckern an sein Ohr, das scheinbar von weither kam. Tierney beugte sich über die Reling und lauschte, alle Sinne in Alarmbereitschaft.

»Ein Schiff, Captain! Die halten schnurstracks auf uns zu«, rief eine aufgeregte Stimme hinter ihm. »Der Geschwindigkeit nach kann's nur ein Marineboot sein.«

»Vielleicht sind wir zufällig auf ihrem Kurs, und sie fahren einfach vorbei. Warten wir's ab.«

»Sie geben Signal zum Beidrehen!« rief der Bugmann. »Was sollen wir tun, Sir?«

»Wir versuchen uns rauszureden. Seht zu, daß die Kisten außer Sicht sind, und haltet eure Waffen bereit.«

»Ay, Sir.«

Tierney sah sich nach seinem Sohn um, doch Tahg war bereits unten im Laderaum und half, die Waffen zu verstauen.

»He, ihr da!« tönte eine schneidende Stimme vom Küstenwacht-

boot herüber, das inzwischen längsseits gekommen war. »Wer seid ihr?«
»Fischkutter ›Gräfin Cathleen‹«, rief Tierney zurück, bemüht, sich seine Furcht nicht anmerken zu lassen.
»Und was macht ihr um diese Zeit so weit draußen?«
»Man muß schon auf Trab sein, Sir, wenn man der Konkurrenz zuvorkommen will. Und wir wollten einen guten Fang machen.«
»Wir kommen an Bord! Macht euch bereit.«
»Wir müssen's auf einen Kampf ankommen lassen«, flüsterte Tierney seinem Maat zu. »Abhängen können wir sie nicht, die sind schneller als wir. Aber ich hab' auch nicht vor, den Rest meines Lebens in einem britischen Gefängnis zu verbringen.«
Der Offizier, der die Verhandlungen geführt hatte, kam mit drei Mann an Bord.
»Wir durchsuchen alle verdächtigen Boote nach Schmuggelware. Ich habe eine Blankovollmacht, jeden Kahn zu überprüfen und gegebenenfalls zu beschlagnahmen.«
»Schmuggelware, sagen Sie, Sir?« Tierney versuchte Zeit zu gewinnen. »Und woran denken Sie da so?«
Der junge englische Offizier lächelte spöttisch. »Das kann ich Ihnen genau sagen, Mann. Wir suchen nach Waffen! Vielleicht interessiert es Sie, daß wir in eben diesen Gewässern ein deutsches U-Boot abgefangen haben, das mit gefälschten Papieren unterwegs war. Und falls wir auf Ihrem Kahn Waffen finden, darf ich Sie darauf aufmerksam machen, daß wir Sie wegen Verrat an der Krone verhaften werden.«
»Na, dann soll es sich aber wenigstens rentieren, was, Jungs?« Tierney gab seinen Männern das Zeichen zum Angriff und stürzte sich im selben Augenblick auf den Offizier. Doch die anderen waren in der Übermacht. Im Patrouillenboot warteten mindestens noch ein Dutzend Männer.
Schüsse hallten durch die Nacht. Stöhnend und fluchend wälzten sich die Kämpfenden auf dem schlüpfrigen Deck. Die Männer vom Patrouillenboot schickten sich an, ihrem Offizier zu Hilfe zu kommen.
Tierney wehrte sich verzweifelt gegen einen Mann mit gezogener Waffe, als er plötzlich von hinten einen Schlag über den Kopf bekam und zusammensackte. Das ist das Ende, dachte er im Fallen,

ich bin so gut wie tot. Sein Angreifer richtete die Pistole gegen Tierneys Schläfe – da plötzlich schnellte sein Arm wie durch ein Wunder in die Höhe, und die Kugel ging ins Leere. Hastig rappelte Tierney sich auf.

»Nimm ihm die Waffe ab, Pa!« Tahg hatte seinem Vater das Leben gerettet. Mit eisernem Griff hielt er den Engländer von hinten umklammert.

Tierney riß die Pistole an sich und schlug sie dem wild Strampelnden über den Kopf. Der fiel bewußtlos aufs Deck, aber im selben Moment sah Tierney die Verstärkung vom Küstenboot über die Reling klettern.

»Schwimm um dein Leben, mein Junge!«

»Ich verlaß dich nicht!«

»Jemand muß die Leute am Strand warnen.«

»Ich geh nicht!«

»Jetzt ist nicht die Zeit zum Streiten, Tahg!«

Verzweifelt sah Tierney die Angreifer näher kommen. Er mußte rasch handeln!

»Verzeih mir, mein Sohn«, flüsterte er, packte den Jungen unter Auferbietung all seiner Kraft und warf ihn über Bord. Er wartete gerade lange genug, bis der Kopf seines Sohnes an der Wasseroberfläche auftauchte, dann stürzte er sich erneut ins Kampfgetümmel.

Ruhelos vor Angst lief Con im Zimmer auf und ab. Es war schon fast acht Uhr morgens, und von Tierney keine Spur. Die wachsende Furcht hatte ihre Müdigkeit verscheucht. Er hätte schon vor zwei Stunden nach Hause kommen sollen.

Irgend etwas war schiefgegangen. Nein! Er hat sich nur verspätet, weiter nichts. Er wird gleich hiersein. Die Tür wird aufgehen, er wird hereinkommen und mir erzählen, daß die Ebbe ihn aufgehalten hat oder ein Betrunkener in einer finsteren Gasse oder die teuflische Patrouille auf der Sackville Street.

Aber es war *doch* etwas schiefgegangen! Ihr Herz wußte es, und kein Argument, das ihr Verstand vorbrachte, konnte diese furchtbare Gewißheit widerlegen. Con warf einen letzten Blick auf die Uhr und faßte einen Entschluß.

Sie würde zu Seaneen gehen. Sie würde Mantel und Schuhe anzie-

hen, die Treppe hinunterschleichen und Seaneen aufsuchen. Er würde wissen, was zu tun sei.
Con war schon halb auf der Treppe, als ihr einfiel, daß sie Tierney keine Nachricht hinterlassen hatte. Nie ging einer von ihnen aus dem Haus, ohne dem anderen Bescheid zu geben, wo er zu finden sei.
Sie zögerte, halb entschlossen, zurückzugehen und ihm einen Zettel zu schreiben. Doch etwas hielt sie zurück: die innere Gewißheit, daß Tierney nicht nach Hause kommen würde.

Der Offizier trat dicht vor den Stuhl, auf dem Tierney an Händen und Füßen gefesselt saß.
»Ich möchte Sie ungern noch einmal fragen müssen, wer außer Ihnen zu diesem Schmugglerring gehört.« Die arrogante Stimme hatte einen so bedrohlichen Tonfall angenommen, daß die beiden Untergebenen des Offiziers einen vielsagenden Blick tauschten. Lieutenant Benchley war berüchtigt für die Kaltblütigkeit, mit der er die Fenier zur Strecke brachte.
»Ich kann Ihnen keine Namen nennen, weil ich allein verantwortlich bin.«
Wie der Blitz schlug der Lieutenant zu. Tierney war, als habe der Schlag seinen Kiefer zertrümmert. Der Stuhl kippte hintenüber. Hilflos und wie betäubt lag er da, doch mit einem Ruck wurde der Stuhl wieder aufgerichtet.
»Von solchem Abschaum wie dir lasse ich mich nicht anlügen!« zischte der Offizier ihn an. »Und wenn ich die Wahrheit aus dir rausprügeln, dich foltern oder hungern lassen muß – verlaß dich drauf, du wirst reden, du Schwein! Hast du mich verstanden?«
Tierney entschied, es sei vernünftiger zu schweigen.
»Ob du mich verstanden hast?« donnerte der Lieutenant, und abermals schnellte seine Faust vor. Doch diesmal war Tierney auf der Hut, und es gelang ihm, das Gleichgewicht zu halten.
»Ja«, brachte er mühsam hervor. Sein Kiefer schmerzte entsetzlich. »Ich habe gehört, was für ein hochstehendes Kulturvolk ihr Engländer seid. Ich zweifle nicht daran, daß ich was davon zu spüren bekomme, ehe Sie mit mir fertig sind.«
Der Lieutenant lachte höhnisch. »Auch noch überheblich, wie? Na, wollen mal sehen, ob zwei Tage Fasten dem nicht abhelfen!«

Er winkte seinen Untergebenen, den Häftling abzuführen. Er hatte reichlich Erfahrung im Umgang mit aufsässigen Gefangenen. Die Iren waren nicht anders als Buren oder Hottentotten. Er hatte festgestellt, daß ein bißchen Hunger und Durst sie gewöhnlich weichmachte. Wenn nicht, konnte man immer noch zu drastischeren Mitteln greifen. Mit übertriebener Eile war nichts gewonnen.

Tierney lag auf der Pritsche in seiner Zelle und versuchte, sich über seine Lage klarzuwerden. Dicke Steinmauern machten jeden Gedanken an Flucht sinnlos. Die Feuchtigkeit ließ ihn frösteln. Keine Decken oder warme Kleidung, um sich gegen das unwirtliche irische Klima zu schützen. Doch diese Nöte waren äußerer Natur und somit erträglich. Auch an Hunger war er gewöhnt. Nur ein Offizier der Krone konnte so dumm sein, anzunehmen, daß Hunger genügte, um einen Iren einzuschüchtern; Hunger gehörte zum Lebensalltag.

Aber Con! O du mein Gott, wenn ich sie nun nie wiedersehe... oder Tahg. Er hatte noch immer das entsetzte Gesicht seines Sohnes vor Augen, als er ihn über Bord gestoßen hatte. Gewiß, Tahg war ein guter Schwimmer, doch ob er es bis zum Strand geschafft hatte? Ich darf nicht daran zweifeln – das würde mich zugrunde richten. Ob Con inzwischen weiß, was passiert ist? Und wenn sie's weiß, welche Qualen muß sie durchmachen? Wohin wird sie nur gehen? Natürlich, zu Seaneen! Er wird schon die richtigen Worte finden. Ach, was ist der Verstand doch für eine dumme Maschine! Welch infame Täuschung, sich einzubilden, *irgendwer* könnte *irgendwas* sagen, das es ihr leichter macht. Der innere Kampf verstärkte den bohrenden Schmerz in seinem Kopf.

Tierney zwang sich, die ihm unmittelbar drohende Gefahr zu überdenken. Man würde ihn foltern. Was würden sie ihm antun, sie, deren Aufgabe es war, ihm um jeden Preis sein Geheimnis zu entreißen? Wieviel würde er ertragen können? Ließ sich diese Frage überhaupt im voraus beantworten? Hatte Clarke gewußt, ob er die Folter überleben würde... oder Seaneen? Beide waren sie von Experten gemartert worden, und sie hatten es durchgestanden. Dieser Gedanke tröstete ihn. Es war gut zu wissen, daß es Männer gab, die Qual und Erniedrigung ertragen hatten, um

ihre Freunde zu schützen... es war grauenhaft... aber es war nicht unmöglich. Der Gedanke tat ihm wohl.
Das schummrige Gaslicht in seiner Zelle brannte die ganze Nacht hindurch; Tierney schlief unruhig und träumte von seiner Frau.

Zwei Tage Fasten dürften einen Mann nicht sonderlich schwächen, redete er sich ein, als er in dem kleinen Vernehmungsraum stand und auf seinen Peiniger wartete. Doch er fühlte sich schwach und demoralisiert und wußte, daß nicht zuletzt das nagende Hungergefühl in seinen Eingeweiden daran schuld war.
Die beiden Wachsoldaten nahmen plötzlich Haltung an. Lieutenant Benchley trat ein, stolzierte zu dem reichgedeckten Tisch und ließ sich gemütlich nieder. Doch wenn er den Häftling durch den Anblick dieser üppigen Tafel hatte demütigen oder provozieren wollen, so erreichte er das Gegenteil: Tierney kam die Galle hoch.
»Ich erwarte von Ihnen, daß Sie mir jetzt die Namen Ihrer Freunde und Komplizen nennen, Mr. O'Connor«, sagte der Offizier und schob sich genüßlich den ersten Bissen in den Mund.
Tierney schwieg.
Benchley nickte einem der Soldaten zu, der stieß Tierney von hinten die Faust in die Nieren, so daß er zusammensackte. Unter dem zweiten Schlag barst eine Rippe, und Tierney, der ungestüm an seinen Handschellen zerrte, wurde sich schmerzlich bewußt, wie verletzlich er war.
»Nun, wie steht's, Mr. O'Connor?« Die ruhige Stimme des Offiziers klang zugleich feindselig und interessiert.
Keine Antwort.
Die Soldaten schlugen abermals zu, wieder und wieder – bis die Welt um Tierney auf den schmerzhaften Zusammenprall von Fäusten und Stiefeln mit Fleisch und Knochen schrumpfte. Als er das Bewußtsein verlor, schleppten sie ihn zurück in seine Zelle. Dort erwachte er nach einiger Zeit auf dem Steinboden, steif vor Kälte und dankbar, daß die Tortur fürs erste vorbei war.

Es ist mir unmöglich, Ihnen Cons Zustand zu schildern, nachdem sie von Tierneys Verhaftung erfahren hatte. In Gegenwart anderer versuchte sie einen Anschein von Vernunft zu wahren, erwog die Durchführbarkeit dieses oder jenes Befreiungsplanes. Aber selbst dann verriet ihr gehetzter Blick mir ihre abgrundtiefe Verzweiflung.

Sie war im Gefängnis gewesen. Sie kannte die Brutalität, die dort waltete. Und ihr Vergehen war gering gewesen im Vergleich zu seinem.

Tag für Tag bemühte sie sich um eine Besuchserlaubis. Sie bat und flehte, schmeichelte und bot Bestechungsgelder an – alles vergebens. Wir versicherten uns Edmonds Hilfe, aber man erklärte ihm, der Gefangene sei des Hochverrats angeklagt und dürfe keine Besucher empfangen, die möglicherweise mit ihm unter einer Decke steckten. Er entgegnete, dann wünsche er den Gefangenen persönlich zu sprechen; der Graf von Sligo könne doch gewiß nicht als Sicherheitsrisiko gelten. Edmond beteuerte uns, über kurz oder lang werde man ihn bestimmt zu Tierney lassen – aber als er von seinen Verhandlungen mit den Schloßbehörden zurückkehrte, konnte er uns den Ernst der Lage nicht verhehlen.

Ich wohnte während dieser Zeit bei Con und Tahg. Er war der treueste und liebevollste Sohn, der sich denken läßt. Um seinen Vater grämte er sich Tag und Nacht und machte sich Vorwürfe, weil er der Verhaftung entkommen war. Aber er bemühte sich tapfer, seinen Kummer zu unterdrücken, um seiner Mutter in ihrem Leid beizustehen. Das Bündnis, welches in diesen schrecklichen Tagen zwischen meinem Neffen und mir entstand, war von seltener Festigkeit.

Mehrere Tage nach Tierneys Gefangennahme wurde ich eines Nachts wach, weil die Dielenbretter unter vorsichtig tastenden Schritten knarrten.

Cons schlanke Gestalt zeichnete sich gegen das fahle Rechteck des Fensters ab; sie hatte die Arme über der Brust gekreuzt, wie um die Kälte abzuwehren.

Ich stand auf, warf mir einen Schal um die Schultern und brachte ihr ebenfalls einen. Sie rührte sich nicht, als ich ihr das Tuch umlegte, aber sie sprach mit einer so verzagten, wehmütigen Stimme, daß ich sie heute noch zu hören glaube.

»Ich werde ihn nicht lebend wiedersehen…«

»So was darfst du nicht einmal denken!« Entsetzt rüttelte ich sie

an den Schultern, doch sie blieb so unempfindlich gegen die Berührung wie eine Statue.
»Ich werde ihn nicht lebend wiedersehen...«, wiederholte sie.
Da wußte ich, daß sie die Hoffnung aufgegeben hatte.

17

Tierney fuhr aus dem Schlaf hoch. Er schauderte im Finstern, und das mit gutem Grund: Eine Vision hatte ihm seinen eigenen Tod gezeigt. Oder war es vielleicht nur ein Traum gewesen? Er schüttelte den Kopf, um Klarheit zu gewinnen, und spürte, wie sein Herz hämmerte; trotz der Kälte war er schweißgebadet.
Er hatte sie von weitem beobachtet – Con und Tahg, die nebeneinander an einem offenen Grab standen. Ein leichter Regen fiel, und die Leute auf dem Friedhof drängten sich in Grüppchen unter schwarzen Schirmen zusammen.
Zuerst war er sich nicht ganz sicher gewesen, ob er wirklich seine Frau und seinen Sohn sehe, also hatte er die beiden angerufen... Aber als sie sich daraufhin umwandten und er ihre Gesichter erkennen konnte, da hatte er augenblicklich verstanden. Es war sein eigenes Grab.
Auch Seaneen hatte er gesehen und andere Mitglieder der Bruderschaft. Und jemand, der aussah wie Pearse, hielt eine Rede. Die Leute hörten aufmerksam zu, trotz des Regens, und in ihren Mienen mischten sich Zorn und Schmerz. Beim Erwachen hätte die Vision eigentlich verblassen sollen, doch Tierney sah auch jetzt noch alles deutlich vor sich.
Ein eisiger Schauer begleitete die Erkenntnis, daß dies kein Alptraum gewesen sei, ausgelöst durch seine Furcht oder den leeren Magen. Nein, es war ein prophetischer Traum; gütiger Gott, er hatte die wahren Träume ja immer erkannt. Von Kindheit auf hatte er gespürt, daß er um Dinge wußte, die anderen verborgen blieben... Dinge sah, die anderen unsichtbar waren.
O Con, Con, Con, mein liebstes Herz, ist das also das Ende für uns? Diese entsetzliche Einsamkeit und Trauer in deinen schönen Zügen? Diese furchtbaren Sehnsuchtsqualen, die mich peinigen, ist das alles, was uns bleibt?

Soll ich dich nie mehr in meinen Armen halten... Werden wir einander nie mehr süße Liebesworte zuflüstern... Darf ich nie mehr das Glück erleben, an deiner Seite zu erwachen?
Wie einsam werde ich sein, ohne dich, meine Schöne, in jenem langen, langen Schlaf.
O Con, wie soll ich das nur ertragen?
Tierney stützte den Kopf in die Hände, und heiße Tränen liefen ihm übers Gesicht. Er saß lange reglos auf der Pritsche und versuchte, seine Gedanken zu ordnen. Dann stand er auf, warf sich die dünne Decke um – freilich nur ein notdürftiger Schutz gegen die feuchte Kälte –, ging zur Tür und rief nach der Wache.
»Ich kann heut nacht nicht schlafen«, erklärte er dem Mann. »Könnten Sie mir wohl eine Kerze besorgen?«
Der Wärter nickte, verschwand und kehrte nach wenigen Minuten mit einer brennenden Kerze zurück, die er Tierney durchs vergitterte Fenster in der Zellentür reichte. Tierney bedankte sich und kramte unter der Matratze Papier und Bleistiftstummel hervor, die er dort versteckt hatte.
»Meine Liebste«, schrieb er in winzig kleinen Buchstaben, um nur ja nicht zuviel von dem kostbaren Papier zu verschwenden.

Ich habe erkannt, daß das Ende nahe ist (aber vielleicht auch der Anfang, falls unsere metaphysischen Lehren oder gar die der alten Kirche wahr sein sollten), und es gibt noch so unendlich vieles, was ich Dir sagen muß.
Neunzehn Jahre sind wir zusammen gewesen – mehr, als Du auf Erden verbracht hattest, als wir uns begegneten ... ein Lebensalter, mein Liebstes. Ein Leben glücklicher Gemeinschaft für mich ... ein Leben angefüllt mit allem, was ein Mann in dieser Welt von Frau und Gefährtin erwarten kann.
Aber Du, so scheint mir jetzt, mußtest gar vieles erdulden und entbehren. Die schreckliche Angst vor der Armut, die Du nie loswerden konntest (dachtest Du etwa, ich hätte das nicht gespürt, nur weil Du sie so geflissentlich vor mir geheimhieltest?). Dein Wunsch, daß ich mehr schreiben und weniger rebellieren möge; die Schrecken, mit denen Du leben mußtest, wann immer die Bruderschaft mich mit einem Auftrag betraute. Ich wußte davon; habe es immer gewußt. Und doch erschien mir bis zu dieser Stunde der Weg, dem ich folgte, der rechte zu sein; und ich glaubte, indem ich meinen Idealen die Treue hielt, hielte

ich sie auch Dir. Habe ich damit womöglich nur mein Gewissen beruhigt? So frage ich mich in dieser Nacht, meine liebe Frau.
Während ich mir Deine Geduld, Dein Leiden und Deine Tapferkeit in all den Jahren vor Augen halte, scheint mir, ich sei allzu starrköpfig gewesen. Ich hätte mit Dir fliehen sollen, solange noch Zeit war – wenn nötig bis ans Ende der Welt... jedenfalls aber weit genug fort von Irlands gequältem Herzen, um Ruhe zu finden. Ich hätte meine Zeit damit verbringen sollen, Dir Liebeslieder und Sonette zu schreiben, meine stolze Schöne, meine geliebte Freundin. Und glaube mir, durch die Gedichte, die ich geschrieben hätte, wären wir beide unsterblich geworden.
Wirst Du mich verstehen, wenn ich Dir sage, daß mir mit dem Sterben die leichtere Aufgabe zufällt? Ein Weiterleben ohne das, was uns die Welt bedeutete, wäre weit schlimmer als der Tod – vergib mir, mein liebstes Herz, daß ich Dich im irdischen Kampf allein lasse.
Die heutige Nacht ist voller Erinnerungen an Dich, mein Liebes. Zu heilig, als daß ich sie zu Papier bringen und womöglich von schnöden Kerkermeistern entweihen lassen dürfte. Aber Du weißt ohnehin, von welchen Erinnerungen ich spreche – ach, wüßtest Du auch, wie sehr sie mich in dieser bösen Stunde trösten.
Mit Worten läßt sich nicht schildern, wie leidenschaftlich ich Dich geliebt habe von jenem Augenblick an, da ich Dich im Cottage meiner Eltern zum ersten Mal sah; wie ich mich jedesmal, wenn ich Dich ansah oder berührte oder Dich in meinen Armen hielt, von neuem darüber wunderte, daß Gott Dich in Seiner unerschöpflichen Güte zu mir gesandt hat.
Du bist unser Leben lang mein cuisle mo chroidhe, *der Puls meines Herzens, gewesen. Weißt du noch, wie wir einmal über Mathers »Andere Seite« gesprochen haben und über den Platz, an dem wir einander treffen wollten, am grünen Ufer des Flusses, unter dem schattigen Baum? Nun gehe ich Dir dorthin voran, meine Schöne, um den Weg zu erkunden – komm zu mir, wenn Du kannst, Con. Und vergiß nicht: Ich werde Dir stets nahe sein, mein geliebtes Weib.*
Tierney

Er schrieb und schrieb, der Stift flog nur so über die Seiten. Manchmal hielt er inne, aber nur, um sich gleich darauf mit vermehrtem Eifer erneut an die Arbeit zu machen.
Als er fertig war, las Tierney Seite für Seite durch. Dann glättete

er das letzte Fetzchen unbenutzten Papiers über den eng beschriebenen Blättern und vermerkte darauf:

LIEBESLIEDER FÜR EINE WILDE HARFE
12. APRIL 1916

Endlich blies er zufrieden die Kerze aus und legte sich schlafen.

Unbehaglich stand Lord Edmond Manningham im Büro des Gefängnisdirektors. Es gehörte nicht eben zu seinen Gepflogenheiten, politische Häftlinge zu besuchen, und es war ihm höchst zuwider, daß die Verhaftung seines Schwagers ihn nun in diese zwielichtige Lage gebracht hatte.
Neugierig musterte der Hauptmann seinen hohen Gast. Der Bursche war in einer verdammt heiklen Situation. Im großen und ganzen aber anständig von ihm, den Gefangenen zu besuchen. Oder seine Frau hatte ihn dazu überredet.
»Also schön, Lord Edmond«, sagte der Hauptmann in militärisch knappem Ton, als er nach dem Sergeant läutete. »Er darf zwar eigentlich keine Besucher empfangen, aber ich habe Order vom Schloß erhalten, wonach Sie als Ausnahme zu betrachten sind.«
Edmond blickte ihn kühl an. Der Mann tat natürlich nur seine Pflicht, doch er wußte wahrhaftig nicht, worüber er sich mit diesem Menschen hätte unterhalten sollen. »Besten Dank für Ihr Entgegenkommen.« Damit folgte Edmond dem Sergeant auf den Korridor hinaus.
»Scheußlich kalt hier unten«, sagte er, als sie über die feucht glänzenden Fliesen ins Innere des Kerkers vordrangen. Die naßkalte Luft ließ ihn bis ins Mark erschauern. »Wohl, wohl, Sir.« Der Sergeant sprach mit schottischem Akzent. »Wir halten das für ein gutes Mittel, um diese irischen Hitzköpfe abzukühlen.«
Vor einer schweren Eisentür, in die ein vergitterter Sehschlitz eingelassen war, machte er halt, schloß auf und trat beiseite, um Edmond vorbeizulassen.
»Wenn's Ärger geben sollte, Sir, brauchen Sie nur nach mir zu rufen. Meine Männer stehen am Ende des Ganges in Bereitschaft.«
»Ich versichere Ihnen, Sergeant, es wird keinen Ärger geben.« Edmond strengte seine Augen an, um in der schummrigen Zelle etwas erkennen zu können. Tierney lag ausgestreckt auf der Prit-

sche an der Längswand. Er versuchte aufzustehen und seinen Gast zu begrüßen, aber seine Glieder gehorchten ihm offenbar nicht. Verlegen lächelte er Edmond an und zog die Decke fester um die Schultern. Edmond war entsetzt darüber, wie hager und abgezehrt der einst so kräftige Mann war. Er sah krank und hungrig aus.

»Verzeihen Sie, Edmond, aber wenn ich auch aufstehen könnte – ich glaube nicht, daß ich es schaffen würde, mich aufrecht zu halten.« Tierneys jungenhafter Charme wirkte in dieser Umgebung wie eine traurig-groteske Farce.

»Um Gottes willen, was ist nur mit Ihnen geschehen?« Edmonds kummervolle Stimme verriet, daß er ahnte, was allein den beklagenswerten Zustand seines Schwagers verschuldet haben konnte.

»Man hat ein wenig koloniale Gerechtigkeit an mir exerziert, Edmond. Sie haben mir Fragen gestellt, waren jedoch mit meinen Antworten nicht zufrieden. Also bemühten sie sich, mir Manieren beizubringen.«

Abermals versuchte er, sich aufzusetzen; diesmal fiel die Decke zurück und entblößte Brust und Schultern. Edmonds Augen weiteten sich angesichts der Spuren brutaler Mißhandlung an Tierneys Körper. Rasch und verlegen hüllte Tierney sich wieder in die Decke.

»Lieber Gott, man hat Sie geschlagen, Mann!« rief Edmond fassungslos. »Aber im Parlament hat man uns versichert, daß jegliche Gewaltanwendung in den Gefängnissen unterbleibt!«

»O nein, Edmond. Wir werden geschlagen – jeden Tag. Und das ist noch längst nicht das Schlimmste. Aber wir wollen nicht wertvolle Zeit mit Dingen vergeuden, die nun mal nicht zu ändern sind. Bitte, Sir, erzählen Sie mir von meiner Frau und meinem Sohn. Sind die beiden in Sicherheit?«

Edmond blickte seinen Schwager verwundert an. Mannhaft und klaglos ertrug er seine furchtbare Lage; wie einer, der alles gewagt und alles verloren hat – bereit, die Folgen auf sich zu nehmen. Auf einmal fragte er sich, ob er Tierney womöglich immer falsch beurteilt habe.

»Ihre Familie ist wohlauf und in Sicherheit«, versetzte er mit mühsam erzwungener Ruhe. »Constance hat Himmel und Erde in Bewegung gesetzt, damit man sie zu Ihnen läßt.«

»Ach, das habe ich gewußt! Natürlich hat man mir einreden wollen, niemand habe nach mir gefragt, doch ich habe ihnen nicht geglaubt. Das einzige, wovor ich mich fürchte, Edmond, ist, daß ich mich womöglich nicht wie ein Mann verhalten könnte, wenn *sie* auf einmal vor mir stünde.« Tierney kratzte sich am Kopf, ließ aber gleich darauf verlegen die Hände wieder sinken. Mein Gott, dachte Edmond, der arme Mensch hat Läuse. Er wußte, daß alle Gefängnisse einen mehr oder minder aussichtslosen Kampf gegen diese Plage führten.
»Sie müssen mir sagen, wie ich Ihnen helfen kann, Tierney!« Die Erniedrigung, die er hier erblickte, erfüllte Edmond mit ohnmächtigem Zorn. »Ich habe Gnadengesuche an den Vizekönig, nach Whitehall und weiß der Teufel wohin geschrieben. Aber ich fürchte, die werden allesamt auf taube Ohren stoßen. Sie haben da in ein regelrechtes Hornissennest gestochen, alle haben Angst vor einer Invasion der Deutschen und dem Krieg... Aber bei Gott, O'Connor, ich werde all meinen Einfluß aufbieten, damit Sie in Zukunft nicht mehr belästigt werden. Schon der Gedanke an Folter ist mir entsetzlich!«
Tierney lächelte; diesmal gelang es ihm, sich aufzurichten.
»Wir haben Wichtigeres zu besprechen, Edmond. Meine schlimmsten Befürchtungen gelten Con und Tahg. Um mich habe ich keine Angst. Ich habe Irland vor langer, langer Zeit den Treueschwur geleistet, und ich werde ihn halten, so gut ich kann.«
Keinerlei Schwäche, dachte Edmond. Bei dem wird ihnen auch die Folter nichts nützen. Ich wünschte nur, ich hätte früher erkannt, wie stark und ehrenhaft er ist.
»Wenn ich hier sterbe, kann ich meiner Familie nichts hinterlassen. Falls es Con gelingt, meine Stücke und Gedichte zu verkaufen, bekommt sie zwar ein bißchen Geld, und auch mein Anteil am Pub dürfte einiges abwerfen – aber nicht genug, um den beiden ein sorgenfreies Leben zu ermöglichen. Es kommt mich hart an, Sir, um Almosen zu bitten. Doch ich könnte nicht in Frieden ruhen, wenn ich sie mittellos wüßte.«
»Da können Sie ganz beruhigt sein, O'Connor. Für Ihre Familie will ich sorgen, darauf gebe ich Ihnen mein Wort.«
Der Jüngere lächelte, wobei seine Mundwinkel auf die ihm eigene Weise abwärts zeigten; er schien ungeheuer erleichtert.

»Würden Sie auch so gut sein und Con eine Nachricht überbringen und... ein Geschenk?« Er beugte sich vor und stöhnte auf. »Hab' mir wohl eine Rippe gebrochen. Beim Hurlingspiel könnte Schlimmeres passieren.« Doch Edmond las in den tief eingesunkenen Augen die Qualen, welche Tierney litt.
»Ich habe Ihnen Feder und Papier mitgebracht«, sagte Edmond und dankte im stillen seiner Frau, daß sie ihn daran erinnert hatte.
Er schaute nicht hin, als Tierney sich mit zitternder Hand übers Papier beugte und unter Schmerzen Buchstaben für Buchstaben formte. Endlich faltete er das Blatt zusammen und reichte es seinem Schwager. Dann zerrte er unter der Matratze den Stapel Papierfetzen hervor und gab ihn dem erstaunten Edmond. »Das ist für meine Frau«, sagte er gefaßt. »Es wäre gut für Ihre Sicherheit, wenn niemand diese Blätter zu Gesicht bekäme.« Edmond nickte. Tierney hatte ihn mit keinem Wort gefragt, ob er ihm vertrauen könne, sondern stillschweigend angenommen, der Ältere werde seine Bitte erfüllen.
»Eins noch«, flüsterte Tierney, und Edmond merkte, wieviel Anstrengung ihn das Sprechen kostete. »Sagen Sie ihr nichts davon!« Er deutete auf seinen geschundenen Körper. »Sie darf nichts davon erfahren, Edmond. Sie hat auch ohne das genug zu leiden.«
»Keine Sorge, ich werde Con nichts erzählen. Ich tue mein Bestes für Sie, verlassen Sie sich drauf!«
»Nur das, worum ich Sie gebeten habe.«
»Also dann... Gott schütze Sie, mein Lieber.« Tierney lächelte über die vertrauliche Anrede; in all den Jahren hatte sein Schwager ihn nie anders als »O'Connor« genannt.
Edmond spürte ein heißes Brennen hinter seinen Augen. Dieser Mann hatte es gewiß nicht verdient, in einem kalten, finsteren Loch zugrunde zu gehen. Welch ein Jammer, einen solchen Mann zu verlieren!
Tierney erhob sich unter großen Schmerzen, um seinen Schwager zu verabschieden. Edmond sah entgeistert, daß man ihm Schnürsenkel und Gürtel abgenommen hatte, weshalb Tierney mit der Linken seine Hose festhalten mußte, während er ihm die Rechte entgegenstreckte.
Das erste Mal, dachte Edmond, daß wir einander die Hand schütteln. Einen Moment lang blickte er der abgerissenen, unrasierten

und ungekämmten Gestalt ins Gesicht und dachte, wie seltsam würdevoll der Mann doch trotz allem wirkte. Zu erschüttert, als daß er dem Gefangenen noch ein Wort des Trostes hätte sagen können, rief er nach dem Sergeant und kehrte dankbar in den warmen Sonnenschein zurück.

18

Der Wärter stieß Tommy mit einem groben Faustschlag in die Zelle, wo Tierney sich in unruhigem Schlaf auf seiner Pritsche wälzte. McGowan taumelte unter dem Hieb und sackte vor der schmalen Lagerstatt zusammen.

Tierney fuhr hoch und erhob sich mühsam, als er den Mann erkannte.

»Gütiger Himmel, Tommy! Nicht du auch!« Eine entsetzliche Hoffnungslosigkeit überkam ihn, während er dem Älteren vom Boden aufhalf.

»Sag nichts!« flüsterte Tommy eindringlich. »Die haben mich bloß hier reingebracht, weil sie hoffen, auf die Tour was rauszukriegen.«

»Wie haben sie dich nur geschnappt?«

»Diese verdammte Notverordnung natürlich! Dadurch haben sie die unbeschränkte Vollmacht, bei jedermann einzudringen und Verdächtige nach Belieben festzunehmen. Die haben ganz einfach meine Wirtschaft gestürmt und mich zusammengeschlagen. Sie behaupten, sie hätten Beweise dafür, daß ich den Harfner kenne. Anscheinend standen wir schon eine ganze Weile unter Beobachtung, du und ich. Vielleicht hat uns einer angezeigt, vielleicht hatten wir aber auch nur Pech.« Zorn flammte in McGowans Augen auf; er deutete mit dem Kopf zur Tür, wie um Tierney zu warnen.

»Was für Beweise haben sie?«

»Beweise? Die brauchen sie nicht. Dieser Lump Benchley behauptet allerdings, er wisse genau über den Harfner Bescheid – alles Bluff! Aber eines versichere ich dir, mein Junge, die haben nichts Gutes mit uns im Sinn.«

»Hast du Con gesehen?«

»Ja, und Tahg Mor auch. Beiden geht es gut, aber sie sind außer sich, weil man dich geschnappt hat. Deine Frau hat der Gefängnisverwaltung die Tür eingerannt, damit man sie zu dir läßt, doch diese Schurken grüßen sie nicht mal.«

»Und der Aufstand?« flüsterte Tierney.

»Findet statt – genau nach Plan. Casements Ladung ist noch auf See. Es geht das Gerücht, daß FitzGibbon und Casement zusammen nach Irland zurückgebracht werden.«

Tierney nickte. Des hatte seine Aufgabe erfüllt. Gut, daß er aus Deutschland rauskam. Aber wenn die Küstenpatrouille seine Ladung abgefangen hatte, konnte sie womöglich auch Casements Waffen beschlagnahmen. Wie, wenn ihnen auch Des in die Hände fiel?

»Was meinst du – ob sie tatsächlich über den Harfner Bescheid wissen?«

Tommy sah seinen Freund nachdenklich an. »Nein«, sagte er nach einer Weile. »Sie haben darüber gesprochen, als sie mich herbrachten. Sie halten *dich* für den Harfner. Sie glauben, daß sie mit dir einen großen Fang gemacht haben, mein Junge. Waffenschmuggler und berüchtigter Dissident – das ist schon was! Du bist die reinste Goldgrube für die und ihre Propaganda. Mich haben sie nur hergebracht, weil sie hoffen, so an dich ranzukommen.«

Tierneys Augen weiteten sich, dann nickte er. Das klang plausibel. Was er nicht tun würde, um die eigene Haut zu retten, mochte er vielleicht für seinen Freund tun.

»Was auch geschieht, mein Junge, du mußt wissen, wo ich stehe. Was sie mir auch antun, du darfst dich nicht in Gefahr bringen. Der Harfner ist wichtig für unsere Sache, und du, Con und Tahg – ihr seid die einzige Familie, die mir geblieben ist.«

»Sei kein Esel, Tommy! Ich lasse nicht zu, daß man dich foltert für das, was wir getan haben.«

»Nicht doch, mein Junge, du mußt den Tatsachen ins Auge sehen. Wir haben beide wenig Aussicht, lebend hier rauszukommen. Aber falls denen einfallen sollte, zwischen dir und mir zu wählen, so vergiß nicht, daß du eine Familie hast, die dich braucht.«

Draußen näherten sich schwere Stiefelschritte; die beiden Männer blickten einander an und schüttelten sich wie zum Abschied die

Hand. Tierney brauchte keine Diskussion mit Tommy mehr, denn er wußte wohl, daß ihm der Tod schon über die Schulter blickte.
Es wäre sinnlos, auch Tommy zu Schaden kommen zu lassen; auf jeden Fall aber mußte er das Geheimnis des Harfners schützen.
In makelloser Uniform stand Benchley in der Tür. Er wandte sich an beide Gefangenen.
»Wie nett, daß die Herren bereits miteinander bekannt sind«, sagte er freundlich. »Tja, mit Ihrem Kameraden da haben wir einen guten Fang getan, O' Connor. Wir haben den begründeten Verdacht, daß er in enger Verbindung mit diesem berüchtigten Harfner steht.«
»Meines Wissens hat Tommy nie etwas anderes geschrieben als harmlose Seemannsballaden«, versetzte Tierney gelassen.
»Ach nein, wirklich? Na, dann wollen wir uns doch mal was vorsingen lassen!« Er gab seinen Männern einen Wink, McGowan aus der Zelle zu schaffen.
»Während wir uns mit Mr. McGowan unterhalten, hätten Sie vielleicht die Güte, ein wenig über die Waffen nachzudenken, nach denen wir Sie gefragt haben. Wir erwarten Ihre Antwort mit ziemlicher Ungeduld, Mr. O'Connor. Also noch mal: Wer war mit Ihnen an diesem Schmugglergeschäft beteiligt, und wozu waren die Gewehre bestimmt?«
Zwei Soldaten packten Tommy unter den Achseln und schleiften ihn hinaus auf den Gang.
»Ihr Freund ist nicht mehr der Jüngste, Mr. O'Connor. Er hält vielleicht nicht soviel aus wie Sie. Darum schlage ich vor, Sie überlegen sich's schnell.«
Als die Tür zuschlug und der Schlüssel umgedreht wurde, hörte Tierney von draußen Tommys Stimme: »Meinetwegen kein Wort zu den Schurken, mein Junge! Hörst du mich?« Dann vernahm er nur noch ein Stöhnen, während sein Freund fortgeschleppt wurde.

»Erzählen Sie uns was über diesen Harfner.« Lieutenant Benchleys kühle Stimme hatte einen belustigten Unterton.
Tommy stand in Handschellen vor ihm. Er war etwa gleich groß

wie der Offizier und konnte ihm gerade in die Augen sehen. Ein leises Lächeln huschte über sein Gesicht, dann legte er den Kopf zurück und begann zu singen.

> Der Fahrende Sänger, er zog in den Krieg,
> Such ihn in den Reihen der Toten.

Benchley gab dem Soldaten zu seiner Rechten ein Zeichen, der ballte die Faust und traf Tommy zwischen die Rippen.

> Des Vaters Schwert verspricht ihm den Sieg,
> Die Wilde Harfe, sie macht ihm den Boten.

Ein zweiter Soldat versetzte ihm einen Schlag ins Gesicht, und Tommy spuckte einen Zahn aus.

Tierney in seiner Zelle umklammerte die Gitterstäbe vor dem Guckloch in der Tür. Er hörte Tommy singen, vernahm aber auch die dumpfen Schläge. Der Raum, in dem man seinen Freund verhörte, mußte in unmittelbarer Nähe liegen.

Tierney wägte rasch ab, welche Chancen ihm noch blieben. Con mußte unter allen Umständen beschützt werden. Und Tommy auch. Von ihm, Tierney, wollten sie die Namen derer, die den geplanten Aufstand organisierten. Aber die durfte er selbst um Tommys willen nicht verraten. Doch er konnte sich selbst für den Harfner ausgeben.

Das würde sie wenigstens von Con ablenken. Tommy begann erneut zu singen, aber seine Stimme klang diesmal erheblich schwächer.

> »O Land der Lieder!« So tönt der Barde.
> »Bist du auch verraten von aller Welt…

Tierney packte die Gitterstäbe fester und stimmte lautstark mit ein. Es war die einzige Unterstützung, die er seinem Freund geben konnte.

> »Ein Schwert sei deiner Rechte Garde…«

Tierney sang aus voller Brust:

»Eine Harfe dir die Treue hält.«

Plötzlich erklang das Lied auch aus anderen Zellen entlang des Korridors:

Der Sänger fiel! – Doch des Feindes Heer
Brach nicht seine Seele, stolz und frei.

Die Stimmen waren nicht so klangvoll wie Tommys und Tierneys, aber die Männer sangen mit Inbrunst:

Seine Harfe, die Liebste, sie sang nie mehr,
Denn er riß ihre Saiten entzwei.
»Dich entweih keine Tyrannei«,
Sprach der Harfner, »mein Lieb, verzeih.
Dein Gesang war rein und frei,
Nie soll er erklingen in Sklaverei.«

Die Melodie hallte in dem schmalen Gang wider und erstarb. Tierney lauschte angestrengt, doch kein Laut drang mehr aus dem Vernehmungszimmer nach draußen.
Ein paar Minuten später schleppten zwei Wachen den bewußtlosen Tommy McGowan in die Zelle und ließen ihn am Boden liegen.

»Mir scheint, die haben uns was ins Essen getan, mein Junge«, sagte Tommy etwa eine halbe Stunde, nachdem die Wache die Näpfe vom Abendessen abgeholt hatte. »Mir ist ganz komisch.«
Tierney nickte. Er konnte vor lauter Übelkeit nicht sprechen. Kein Zweifel, man hatte den Speisen etwas beigemischt, aber was es auch sein mochte – das Zeug verursachte nicht nur Brechreiz, sondern auch Schwindelgefühl; ihm war, als habe er jegliche Orientierung verloren und könne nicht mehr klar denken.
»Allmächtiger, siehst du das Ding da an der Wand?« schrie Tommy plötzlich. Tierney blickte auf, doch was immer Tommy gesehen hatte, war nicht mehr da... aber auch die Wand war verschwunden! Ein formloses, grelles, pulsierendes Etwas tanzte statt dessen vor seinen Augen.

»Verdammt, ich glaub', die haben uns vergiftet!« Tommys Stimme drang wie durch einen Watteteppich an Tierneys Ohr.
»Nein, nein! Das war irgendein Medikament, das Halluzinationen hervorruft.« Einer der Fenier hatte Tierney vor dieser Folterungsmethode gewarnt. Aber wer, wo und wann? In seinem Kopf wirbelte alles durcheinander, er konnte sich nicht konzentrieren. Und Tommy hatte tatsächlich recht – da kroch etwas Furchtbares über die Wand.

Tierney versuchte, die Augen offenzuhalten, aber es fiel ihm sehr schwer. Er sah Tommy über sich gebeugt, spürte, wie der Freund ihn auf die Wangen schlug, doch er erlebte das alles wie aus weiter Ferne.
»So was macht einem verteufelt klar, warum Häftlinge in den Hungerstreik treten, wie?« fragte Tommy, und in seiner Stimme schwang wieder eine Spur des alten Schalks mit. »Man kann eben dem Essen in den Hotels Seiner Majestät nicht trauen!«
Tierney bot alle Kraft auf, um nicht erneut das Bewußtsein zu verlieren. Die Zelle stank nach Erbrochenem, und sein Kopf schmerzte, als habe man ihn geschlagen. Sein Mund war wie ausgedörrt, und er hatte einen widerlichen Geschmack auf der Zunge, weshalb er dankbar und gierig aus dem Becher trank, den Tommy ihm an die Lippen setzte.
»Nicht zuviel auf einmal, mein Junge. Ich bin vor 'ner halben Stunde zu mir gekommen und hab' den Fehler gemacht, zu schnell und zuviel zu trinken. Nun sieh dir an, was draus geworden ist. Das Zimmermädchen wird hier ordentlich was zu putzen haben.«
Tierney richtete sich mühsam auf. »O Gott, ich dachte, ich hätte mich *vorher* schlecht gefühlt«, stöhnte er, und Tommy schmunzelte.
»Macht einen direkt neugierig auf die übrigen Zivilisierungstechniken, die sie noch für uns Wilde parat haben, hm?«
Tierney nickte und zog dabei eine schmerzliche Grimasse. Er fühlte sich am ganzen Körper wie zerschlagen.
»Vermutlich wollten sie uns damit weichmachen«, flüsterte er.
»Na, das ist ihnen denn auch gründlich gelungen. Ich komm' mir vor, als würde ich ganz aus ausgeleierten Gummiringen bestehen.«

Zitternd vor dem, was der neue Tag bringen möge, schliefen die beiden endlich ein.

»Meine Herren, Sie sollten wirklich etwas für Ihr Aussehen tun!« Lieutenant Benchley saß lächelnd hinter seinem Schreibtisch im Vernehmungszimmer. »Sie sehen ziemlich runtergekommen aus.«

Tierney und Tommy standen ihm in den besudelten Kleidern der vergangenen Nacht gegenüber. »Wir tun unser Bestes, Mr. Benchley, Sir. Aber der Kammerdiener war heute morgen nicht pünktlich«, erwiderte Tommy.

»Ich hoffe, Sie sind heut früh ein wenig mitteilsamer, meine Herren! Wär' doch gelacht… ich meine, Ihr Volk ist schließlich in aller Welt bekannt für seine Redseligkeit, nicht?« Er lächelte heimtückisch. »Aber bevor wir anfangen, will ich Ihnen noch einmal die Spielregeln ins Gedächtnis rufen. Die Informationen, die wir brauchen, befinden sich in *Ihrem* Besitz, Mr. O'Connor. Um ehrlich zu sein, der gute Mr. McGowan interessiert uns nicht besonders. Wir wissen auch nicht viel über ihn; er hat nur das Pech, einer Ihrer engsten Freunde zu sein. Sehen Sie, wir hatten den Eindruck, Sie wären nicht gewillt, mit uns zusammenzuarbeiten – und da Ihr erlauchter Schwager überall seinen nicht zu unterschätzenden Einfluß geltend macht, um Sie hier rauszuholen, ist es unsere Pflicht, Sie zu einem Geständnis zu bewegen, ehe man Sie unserem Zugriff entzieht. Daher, Mr. O'Connor, sehen wir uns leider gezwungen, Maßnahmen zu ergreifen, die wir eigentlich lieber vermeiden. Ich schmeichle mir, ein ganz passabler Menschenkenner zu sein. Und ich könnte mir vorstellen, daß Sie zwar nicht den Mund aufmachen würden, um die eigene Haut zu retten, sich aber vielleicht überreden lassen, uns die gewünschte Auskunft zu geben, damit wir Ihren Freund schonen. Sie sehen also, Mr. O'Connor… von diesem Augenblick an liegt Mr. McGowans Schicksal einzig und allein in Ihrer Hand.«

Er nickte den beiden Wachen, die Tommy in die Mitte genommen hatten, aufmunternd zu. »Ihr könnt anfangen«, sagte er, und Tierney wandte den Kopf ab, als die Männer mit blanken Fäusten auf Tommy einzuschlagen begannen.

»Halt ja den Mund!« zischte Tommy zwischen den Zähnen her-

vor. Die Schläge hagelten auf ihn nieder, bis er endlich zusammenbrach und trotz der Anstrengung der Wachen, ihn aufrecht zu halten, der Länge nach hinschlug.
»Sie wollen also immer noch nicht reden?« fragte Benchley, während ein Soldat Tommy einen Eimer Wasser ins Gesicht schüttete, damit er wieder zu sich kam. »Dann müssen wir Ihnen wohl eine anschaulichere Vorführung geben.«
Er erteilte den Wachen ein paar leise Befehle, worauf die Männer den inzwischen wiederbelebten Tommy an einen Streckrahmen fesselten. Nachdem sie Hände, Arme und Taille festgeschnallt hatten, rissen sie ihm das Hemd entzwei.
Heiliger Gott, dachte Tierney, sie wollen ihn auspeitschen! Das wird er in seinem Alter nicht überleben! »Also gut, Benchley, lassen Sie ihn laufen.« Tierneys Stimme war klar und fest. »Ich gebe zu, daß ich der Harfner bin.«
Benchley lächelte. »Sehr gut, Mr. O'Connor. Wirklich, sehr gut. Aber leider ist das nur ein Teil dessen, was wir wissen möchten.« Das Lächeln erstarb. »Ich verlange die Namen Ihrer Komplizen in diesem Schmugglerring. Und ich will wissen, für wen die Waffen bestimmt waren und zu welchem Zweck.«
Tierney hielt seinem Blick stand. »Ich habe den Auftrag allein übernommen. Ich wollte die Gewehre an den Meistbietenden verkaufen. Ich dachte mir, daß sich für solch heiße Ware leicht Interessenten finden würden.«
»Aber, aber, Mr. O'Connor«, versetzte der Offizier mit geheucheltem Bedauern. »Einem so berühmten Literaten wie dem Harfner hätte ich ein bißchen mehr Phantasie beim Geschichtenerfinden zugetraut.« Zu den Wachen gewandt fuhr er fort: »Schafft einen Arzt her, und zwar schnell!«
Tierney wußte, daß es Vorschrift war, Auspeitschungen nur in Anwesenheit eines Arztes durchzuführen. Ein schmächtiger, grauhaariger Mann erschien und untersuchte den Häftling. »Der Mann ist verletzt«, sagte er. »Viel dürfen Sie dem nicht mehr zumuten, Lieutenant.«
Benchley nickte und gab dem Mann mit der Lederpeitsche ein Zeichen. Tommy ließ ein ersticktes Gurgeln hören, als der erste Hieb eine blutige Strieme auf seinen Rücken zeichnete. Auch den zweiten Schlag begleitete ein seltsamer Laut aus der Kehle des Gepeinigten. Aber diesmal begriff Tierney, daß sein Freund zu sin-

gen versuchte: »Ja, wir sind Soldaten, Irland gehört unser Leben... haben manch einen Kameraden, weit, weit an fernen Gestaden.«
Abermals sauste die Peitsche nieder. Aus einer klaffenden Wunde sickerte hellrotes Blut.

Ja, wir sind frei geboren, und unser Vaterland
gehört nicht Diktatoren, gehört nicht Feindeshand.

Das gräßliche Geräusch aufplatzender Haut unterbrach den grotesken Gesang.
Plötzlich wußte Tierney, was er zu tun hatte. Es gab nur eins, womit er Con und Tommy retten konnte. Er war ohnehin ein toter Mann.
»Verzeih mir, Con«, flüsterte er und machte sich bereit. »Ich darf ihn nicht so sterben lassen.« Damit stürzte er sich auf den Soldaten vor ihm, der die Folter ungerührt mit ansah. Er mußte dem Mann gerade soviel Zeit lassen, daß er seine Waffe ziehen konnte.
Der Schuß krachte, und sein Echo hallte von den steinernen Mauern wider.
»Idiot!« schrie Benchley. »Sehen Sie, wozu er sie verleitet hat? Sie haben ihn umgebracht, Sie Unglücksmensch!«
Tierney lag in einer Blutlache am Boden. Klebriges Rot färbte sein Hemd über der Brust.
»O mein Gott, verzeih mir, denn ich habe gesündigt wider Dich... ich bekenne vor dem Allmächtigen, daß ich gefehlt habe, auf daß ich eingehe in Sein Reich und verschont bleibe vor den Qualen der Hölle...«
Wie von selbst fielen Tierney in seinen letzten Augenblicken die Worte des alten Bußbekenntnisses ein. Er versuchte sie zu verdrängen, denn sein Weg führte nicht in den katholischen Himmel seiner Kindheit. Er wollte zu dem grünen Hügel jenseits des Flusses, wo Con eines Tages zu ihm kommen würde... Er ging heim zu Con.

In den Tagen nach Tierneys Tod war Con wie eine Besessene. Bis zur völligen Erschöpfung trainierte sie täglich mit den Fianna-Jungen, übermittelte Botschaften und war Seaneen unermüdlich auf den Fersen. Sie tat alles, um sich von dem schrecklichen Gram abzulenken, der auf ihr lastete. Meine Schwester äußerte sogar die Absicht, sie wolle bei dem Aufstand Tierneys Platz übernehmen.

Nachdem man uns die Todesnachricht übermittelt hatte, saß sie drei Tage lang dumpf brütend in ihrer Wohnung, neben sich das Bündel mit Tierneys Kleidern und seinen persönlichen Sachen, das die Gefängnisverwaltung ihr hatte zustellen lassen.

»Wie respektvoll sie doch mit Eigentum umgehen... sie, die keinen Respekt vor dem Leben haben«, sagte sie zu mir, als wir von der Beerdigung heimgingen. Es war einer jener düsteren, regnerischen Tage, die so typisch sind für Dublin. Die Trauernden auf dem Friedhof hatten sich unter schwarzen Regenschirmen zusammengedrängt. Nur Con hatte jeden Schutz gegen die Witterung verschmäht. Sie war naß bis auf die Haut, aber ich konnte sie nicht einmal dazu bewegen, die triefenden Kleider auszuziehen; sie glich einer Schlafwandlerin.

Die Gedichte, die Tierney ihr aus dem Gefängnis geschrieben hatte, schienen ihr einziger Trost. Sie las sie wieder und wieder, und wenn sie dazu zu müde war, strich sie zumindest über die zerfetzten Seiten. Tahg und ich saßen stundenlang bei ihr, bis uns klar wurde, daß wir sie besser mit ihren Erinnerungen allein ließen.

Tahg nahm sich den Tod seines Vaters sehr zu Herzen, das spürte ich wohl. Er machte sich die bittersten Vorwürfe, weil er in der Nacht, als man seinen Vater auf dem Kutter verhaftete, von Bord gegangen war – wenn auch nicht freiwillig. Seine gewohnte Einfühlsamkeit schien sich nun ganz und gar nach innen zu verlagern, so daß ich die Folgen seiner Schwermut zu fürchten begann. Dann, eines Tages, erschien ein außergewöhnliches junges Mädchen, das ihn zu sprechen wünschte.

Sie war wunderschön, betörend und reizvoll. Ihre geschulte Stimme schien unergründliche Geheimnisse zu versprechen, wenn sie nur »Guten Tag« sagte. Ihr gelang es, meinen Neffen aus der Wohnung zu locken – ihren Reizen hätte sich wohl kaum einer zu widersetzen vermocht –, und als Tahg Stunden später zurückkehrte, schien seine furchtbare Seelenqual sich in eine erträglichere Form der Trauer verwandelt zu haben.

Wir wußten damals noch nichts davon, aber in der schrecklichen Woche von Tierneys Gefangenschaft erduldete auch mein Bruder Desmond Höllenqualen.

Die Deutschen hatten nicht Wort gehalten. Sie hatten Des und Casement mit dem Versprechen unbegrenzter Hilfsbereitschaft hinters Licht geführt, aber die beiden hatten die Heimtücke der Feinde Englands bald entdeckt. Die Waffen, die man ihnen bot, waren nahezu wertlos; die Freiwilligencorps, die man angeblich in den Kriegsgefangenenlagern hatte rekrutieren wollen, existierten nicht; Casement und mein Bruder wurden von den Deutschen fast wie Gefangene gehalten, mit denen man nur gelegentlich zu Propagandazwecken renommierte.

Die gemeinsamen Schwierigkeiten hatten Des und Sir Roger Casement – »Roddie«, wie seine Freunde ihn nannten – einander nähergebracht, und sie setzten alles daran, gemeinsam auf demselben Schiff nach Irland zurückgebracht zu werden. Hätte man ihnen nicht erlaubt, mit dem U-Boot auszureisen, das Casements Waffenladung begleitete, steht zu bezweifeln, ob überhaupt einer der beiden lebend aus Deutschland herausgekommen wäre.

Als sie begriffen, daß die Deutschen gar nicht vorhatten, die irischen Rebellen zu unterstützen, faßten Des und Roddie in höchster Not einen gewagten Plan: Sie mußten nach Irland zurück, koste es, was es wolle, und den Aufstand verhindern. Unter dem Vorwand, sie könnten beim Ausladen der Waffenfracht von strategischem Nutzen sein, hatten sie die Deutschen überredet, sie an Bord des U-Bootes zu lassen. In Wahrheit hofften die beiden, in letzter Minute eine Katastrophe abzuwenden.

Heute lernt jedes Kind in der Schule, daß die »Aud«, das von den Deutschen als Norweger getarnte Marineschiff mit der Waffenlieferung an Bord, von den Engländern aufgebracht wurde und sich selbst versenkte. Das Schlauchboot, in dem Des und Casement in der Bucht von Tralee an Land zu rudern versuchten, geriet in stürmische Gewässer und kenterte. Trotzdem erreichten die beiden in den Morgenstunden des 21. April 1916 den Strand. Durch eine unglückselige Verkettung von Zufällen wurden sie jedoch von einer Polizeipatrouille aufgespürt. Der US-Spionagedienst hatte deutsche Geheimdokumente entschlüsselt, die von der bevorstehenden Waffenlieferung an Irland berichteten, und unverzüglich die britische Regierung verständigt.

Gott in seiner Barmherzigkeit verhinderte einstweilen, daß Con und ich erfuhren, welch furchtbares Geschick unseren Bruder ereilt hatte.

Wenige Tage vor Ostern wurde Edmond wegen einer dringenden Angelegenheit auf seine Güter nach Sligo berufen. Er rechnete damit, ungefähr eine Woche fortzubleiben, und entschuldigte sich mehrfach bei mir und den Kindern, weil er uns ausgerechnet über die Feiertage allein lassen mußte. Aber ich war erleichtert, daß er während des Aufstands nicht in der Stadt sein würde. Ich hatte dem Mädchen oben beim Packen geholfen und wollte gerade in den Salon hinuntergehen, als ich aus dem angrenzenden Wohnraum einen erregten Wortwechsel hörte. Ich blieb an der Tür stehen und horchte.

»... er hat nur gekriegt, was er verdient!« Es war Wins Stimme.

»Er war ein Held!« schrie Johnny erbost.

»Du mußt zugeben, er war sehr tapfer, Win«, versuchte der stets besonnene Jamie einzulenken. »Er ist für seine Ideale in den Tod gegangen.«

»Ach was! Er war ein gemeiner Verräter«, gab Winston verächtlich zurück. »Und es ist einfach abscheulich, daß so einer zu unserer Familie gehört!«

»Sei doch nicht so verdammt selbstgerecht, Win!« rief Merry. »Onkel Tierney ist immer nett zu dir gewesen, und ich finde, es ist eine Schande, daß du so über einen Toten herziehst. Hast du denn gar kein Mitleid mit Mama? Du weißt doch, wie verzweifelt sie wegen Tante Constance ist!«

»Mama?« fragte Winston höhnisch. »Sie ist nicht viel besser, als er es war. Ich hab' gehört, wie sie mit Tante Constance geredet hat. Sie ist genauso eine Verräterin wie der Rest der Bande.«

Ich war so bestürzt über diese unerwartete Behauptung meines Sohnes, daß ich nicht merkte, wie Edmond hinter mich trat. Auch er hatte den Streit unserer Kinder mit angehört. Er griff an mir vorbei nach der Klinke und stieß mit einem heftigen Ruck die Tür auf. Die jungen Leute verstummten erschrocken.

»Was deinen Onkel Tierney betrifft, Winston, so habe ich mich gleich dir eines arroganten Fehlurteils schuldig gemacht«, sagte mein Mann mit klarer Stimme. »Obwohl ich nach wie vor glaube, daß er in seinen Zielen irregeleitet war, weiß ich doch jetzt, daß er ein aufrechter, tapferer Mann mit ehrbaren Grundsätzen war. Ein Gentleman, Winston, bewundert Mut und Ehrgefühl auch an seinen Feinden. Mir scheint, das mußt du erst noch lernen.«

»Aber Vater...«

»Im übrigen«, fiel Edmond ihm ins Wort, »merke dir eines, mein Sohn: Sollte mir je wieder zu Ohren kommen, daß du deine Mutter respektlos behandelst, dann werde ich dich eigenhändig übers Knie legen, ganz gleich, wie alt du bist! Und nun entschuldige dich bei ihr für deine unglaubliche Unverschämtheit und dein rüpelhaftes Benehmen.«

Aller Augen richteten sich auf mich, die ich reglos im Türrahmen stand. Winstons Wangen glühten, als habe man ihn geschlagen. »Ich entschuldige mich, Mutter.« Er kämpfte mit den Tränen. »Es tut mir leid, daß ich so grob war.« Ich nickte nur. Dieser Streit und nicht zuletzt Edmonds Eintreten für mich hatten mir die Sprache verschlagen.

Die Kinder trollten sich eilends. Edmond räusperte sich, wie um noch etwas zu sagen, doch er strich mir nur tröstend über den Arm und ging mit den anderen hinaus.

19

Woodtown Park, Rathfarnham
Karfreitag, den 21. April 1916

MacNeill schien besorgter, als O'Rahilly ihn je gesehen hatte. Die Ruhe, die der Gelehrte für gewöhnlich ausstrahlte, war dahin; seine Hände, die erregt und fahrig die Papiere auf seinem Schreibtisch hin und her schoben, zitterten.

»Ich darf es nicht zulassen, Michael!« sagte er mit Nachdruck.

»Wovon redest du?« O'Rahilly bemühte sich, Klarheit in ihr Gespräch zu bringen. Eoins Bemerkung konnte sich natürlich nur auf eins beziehen: Pearse und der Revolutionsrat hatten beschlossen, den Aufstand wie geplant durchzuführen.

»Ostersonntag wollen sie losschlagen. Sie haben die Freiwilligen, die Bürgerwehr und natürlich die IRB aufgerufen, sich in der Liberty Hall zu versammeln. Pearse hat mich die ganze Zeit über belogen! Er schwor mir, es seien keine geheimen Unternehmungen für einen Überraschungsangriff im Gange. Unsere eigenen Leute haben uns hintergangen, Michael!«

O'Rahilly setzte sich MacNeill gegenüber an den Schreibtisch und sah den Kameraden forschend an. »Wer steckt noch dahinter?« fragte er.

»Bis jetzt habe ich nur Vermutungen. Ich halte Pearse und Connolly für die Rädelsführer, aber sicher bin ich mir nicht.«

»Wie bist du dahintergekommen?«

»Ein Spitzel hat Bulmer Hobson erzählt, daß die für Sonntag angesetzten Manöver nur ein Vorwand für die Revolte seien. Gestern abend habe ich Pearse zur Rede gestellt, und weißt du, was er mir geantwortet hat? Daß es ihnen – dieser gottverdammten IRB – eingefallen sei, mich in ihrem Spiel als Schachfigur einzusetzen! Dieser Befehl vom Schloß, den man uns gezeigt hat und in dem die Auflösung der Freiwilligen angeordnet wird, war womöglich bloß eine Fälschung. Mein Gott, Michael! Am Ende haben sie uns die ganze Zeit irregeführt, nur damit wir zur Mobilmachung aufrufen.«

»Bist du dir deiner Sache auch sicher?«

»Aber ja. Pearse, MacDonogh und MacDiarmida waren heute morgen bei mir. Wie es scheint, erwartet man noch heute eine Waffenlieferung der Deutschen unten in Kerry.«

O'Rahilly stand auf, trat neben seinen Freund und legte ihm begütigend die Hand auf die Schulter. »Wenn die Sache so weit gediehen ist, dann müssen wir vielleicht mit ihnen zusammenarbeiten, Eoin. Wie konnten sie sich nur einbilden, daß eine Gemeinschaft unter den Männern entstehen würde, wenn sie uns im ungewissen ließen? Die Freiwilligen folgen doch dir und nicht Pearse!«

»Bei Gott, ich wünschte, es wäre so, Michael. Wenn das mit der Waffenlieferung stimmt, dann ist dies womöglich unsere einzige Chance für einen Aufstand. Ist die Meldung dagegen falsch und wir handeln voreilig, könnte es zur Katastrophe kommen.«

»Wir müssen mehr in Erfahrung bringen, Eoin, ehe wir eine Entscheidung fällen. Ich werde mich mal umhören. Halte dich natürlich auf dem laufenden.« O'Rahilly ging hinaus; er schien die Situation und auch seine eigenen Gefühle im Griff zu haben. MacNeill sah ihm nach und wünschte, er hätte sich ebenso in der Gewalt wie sein Freund. Die Freiwilligen würden Lösungen von ihm erwarten, er aber hatte das Gefühl, nicht einmal die Fragen zu kennen.

Karsamstag, den 22. April 1916

MacNeill eilte zurück zum provisorischen Hauptquartier in Dr. O'Kellys Haus in der Rathgar Road. Seine schlimmsten Befürchtungen hatten sich bestätigt. Was O'Rahilly herausgefunden und ihm am frühen Abend mitgeteilt hatte, veranlaßte ihn, Pearse im St. Enda College aufzusuchen und eine Stellungnahme von ihm zu fordern. Pearse hatte Punkt für Punkt bestätigt. Das Dokument vom Schloß war eine Fälschung. Die Engländer planten keinerlei Zwangsabrüstung. Schlimmer noch. Die »Aud«, jenes als neutraler Norweger getarnte deutsche Frachtschiff, lag mit ihrer kostbaren Waffenladung auf dem Grunde des Hafens von Queenstown in der Grafschaft Cork. Casement saß in Tralee im Gefängnis, FitzGibbon in Dublin.

Und doch behauptete Pearse mit unverschämter Arroganz, er, Eoin MacNeill – ohne den die Freiwilligen noch heute nicht mehr als ein vages Konzept im Hirn irgendeines Schreibtischrevolutionärs wären –, könne ihren wahnwitzigen Plänen nicht Einhalt gebieten!

Der Aufstand würde eine Katastrophe heraufbeschwören; er war zum Scheitern verurteilt. Deutete denn nicht alles darauf hin? Es war heller Wahnsinn, und, bei Gott, er würde sie aufhalten! Er mußte einen Weg finden, die Männer vor der Gefahr zu warnen, mußte sie daran hindern, morgen anzutreten.

MacNeill zog seine Uhr aus der Westentasche. Schon nach elf! Sie würden sich beeilen müssen, wollten sie die Freiwilligen in den Landgemeinden noch rechtzeitig informieren. Er straffte die schmalen Schultern. Noch war er der Stabschef der irischen Freiwilligen, und letztlich galt *sein* Befehl – nicht der von Pearse, Plunkett oder MacDonogh.

Ostersonntag, den 23. April 1916, 1 Uhr nachts

Aufgrund der äußerst kritischen Lage sind hiermit alle Befehle für Sondereinsätze der Irischen Freiwilligen für heute, Ostersonntag, aufgehoben. Alle Paraden, Aufmärsche und Manöverübungen sind abgesagt. Jeder Freiwillige hat diesem Befehl bedingungslos Folge zu leisten.

Unschlüssig hielt MacNeill seine Botschaft in Händen. Er ging ein großes Wagnis ein, wenn er diese Meldung in der Zeitung abdrucken ließ – eines, das er vielleicht mit seinem Leben würde bezahlen müssen. Aber ihm blieb keine andere Wahl mehr. Die Freiwilligen waren von einer kleinen Gruppe von Gewaltanhängern gründlich getäuscht worden. Pearse und seine Verbündeten waren Wahnsinnige mit einem Märtyrerkomplex; es war skrupelloser Leichtsinn, aufrechte Männer in einen hoffnungslosen Kampf zu führen.

Er las seinen Befehl noch einmal durch, dann übergab er das Blatt samt der Gebühr dem jungen Mädchen in der Anzeigenaufnahme des *Sunday Independent.*

»Sorgen Sie dafür, daß diese Anzeige in die Morgenausgabe kommt, Miß, und zwar so plaziert, daß sie dem Leser gleich ins Auge springt. Dazu möchte ich noch eine markante Überschrift – die bitte fett gedruckt! ›Sonderbefehl! Keine Paraden. Marsch der Irischen Freiwilligen abgesagt.‹ «

Das Mädchen schrieb fieberhaft mit, alarmiert vom besorgten Gesichtsausdruck des Mannes.

»Wird gemacht, Sir. Ich werde dafür sorgen, daß die Anzeige Ihren Wünschen entspricht.«

Er nickte, bedankte sich lächelnd und verließ die Redaktion. Vielleicht würden diese Anzeige und die Boten, die er über Land geschickt hatte, ein paar Freiwilligen das Leben retten. Das war alles, worauf er jetzt noch hoffen durfte.

O'Rahilly setzte sich in seinen grünen Ford-Tourenwagen und ließ den Motor an. Er hatte heute nacht noch einen weiten Weg vor sich. Er mußte jeden einzelnen der Freiwilligen, die seinem Kommando unterstellt waren, aufsuchen und ihnen mitteilen, daß der Aufstand abgeblasen sei... oder daß *sie* zumindest nicht daran teilnehmen dürften, weil nicht die geringste Aussicht auf Sieg bestand. Es fehlte an brauchbaren Waffen, gründlicher Ausbildung und vor allem an besonnenen Anführern; ihre Chancen standen gleich Null.

20

Lord Wimborne, Vizekönig von Irland, ging unruhig in seinem Amtssitz am Phoenix Park auf und ab. In der Hand hielt er die Morgenausgabe des *Sunday Independent.* Wenn Eoin MacNeill, der Oberbefehlshaber der Irischen Freiwilligen, den Aufruf erlassen hatte, *nicht* an den geplanten Aktionen teilzunehmen, dann mußte etwas Wichtiges im Gange sein. War es denkbar, daß diese lächerlichen Paraden, die er während der letzten Monate auf der Sackville Street beobachtet hatte, tatsächlich als Vorspiel zu einem bewaffneten Angriff auf die rechtmäßige Regierung gelten sollten? Das schien unwahrscheinlich... aber diese Iren waren ein aufsässiges und unberechenbares Volk.

Er hatte Nathan, seinen Staatssekretär, und Neville Chamberlain, den Chef der Königlich Irischen Gendarmerie, zu sich gebeten, um sich mit ihnen zu beraten. Die Verschiebung der Aktion bedeutete ja noch lange nicht, daß sie gänzlich unterbleiben würde. Diesen irischen Revolutionsbestrebungen mußte ein für allemal ein Ende gemacht werden. Er war im Besitz einer Namensliste, in der alle mutmaßlichen Anführer erfaßt waren, und das Ermächtigungsgesetz gab ihm die Mittel an die Hand, diese Männer dingfest zu machen.

Ein Jammer, daß Birrell sich gerade in London aufhielt. Abgesehen von seiner Tüchtigkeit und seinem wachen Verstand wußte er Bescheid über diese irischen Vorgänge; sein Rat wäre ihm jetzt sehr nützlich gewesen. Birrell war zwar etwas unbeständig, aber immer auf dem laufenden. Er stand in unmittelbarem Kontakt zur irischen Parlamentspartei und hatte sich auf dem Posten des Generalstaatssekretärs wesentlich länger halten können als die meisten seiner Vorgänger. Doch zur Zeit war er in London, und damit mußte man sich abfinden.

Wimborne begrüßte den eintretenden Sir Matthew Nathan. Gediegener Charakter, dachte er abschätzend, als Nathan sich seinem Schreibtisch näherte. Und seriös. Nathan war gelernter Ingenieur und hatte lange Zeit in der Armee gedient. Er galt als liberal und besaß viele einflußreiche Freunde. Stand sowohl Premierminister Asquith nahe als auch Lloyd George, dem Finanzminister; in der Tat, ein sehr nützlicher Mann. Und daß er Jude war, verlieh ihm eine erfreuliche Neutralität in diesem Land, wo katholische und protestantische Interessen so häufig aufeinanderprallten.

Chamberlain erschien unmittelbar nach Nathan. Wimborne lud beide Männer ein, vor dem Kamin Platz zu nehmen, dann erhob er sich hinter seinem Schreibtisch und gesellte sich zu ihnen.

»Meine Herren«, begann er gewichtig, »ich bin überzeugt, daß eine Verschwörung im Gange ist.« Wimborne war ein aufdringlicher Mensch, der zu Taktlosigkeiten neigte, was ihm verständlicherweise nicht viele Freunde schuf. Auch seine beiden Besucher schätzten ihn nicht besonders. »Ich gehe davon aus, daß Sie heute früh MacNeills Annonce gelesen haben?«

»Ganz recht«, erwiderte Chamberlain unbekümmert. »Ich habe den Eindruck, mit dieser Anzeige bläst MacNeill alles ab, was eventuell geplant war.«

»Ich glaube, worauf Lord Wimborne hinaus will«, mischte Nathan sich ein, »ist die bedenkliche Tatsache, daß es überhaupt zu solchen Plänen kommen konnte.« Er sagte dies auf seine ruhige, sachliche Art, aber Chamberlain schienen seine Worte trotzdem zu verärgern.

»Unsinn!« entgegnete er scharf. »Wir haben Casement und FitzGibbon in unserer Gewalt, das deutsche Schiff ist mitsamt der Waffen- und Munitionsladung gesunken. Wie um alles in der Welt sollten die Brüder denn da einen Aufstand auf die Beine stellen?«

»Ich weiß, es klingt unglaublich«, warf Wimborne ein, »trotzdem habe ich das Gefühl, daß etwas im Busch ist. Auf alle Fälle sollten wir dafür sorgen, daß sie sich nicht wieder neu formieren können. Lassen Sie uns *jetzt* zuschlagen, meine Herren. Dank unserem Notstandsgesetz können wir die Verschwörer ohne viel Federlesens hinter Schloß und Riegel bringen. Ohne ihre Anführer wird der Rest der Bande nichts unternehmen.«

»Können wir uns denn wirklich darauf verlassen, daß wir die Rädelsführer alle kennen?« fragte Nathan.
»Heute früh hat ein Mann namens Bailey eine Aussage gemacht«, antwortete Chamberlain. »Er war mit Casement zusammen. Diese deutschen Waffen waren für die Freiwilligen bestimmt, daran besteht kein Zweifel. Folglich haben wir allen Grund, das Wespennest in deren Hauptquartier zu suchen – also MacNeill, O'Rahilly, Hobson, Pearse, Plunkett und MacDonogh. Wer weiß, vielleicht haben wir mit der Festnahme Casements bereits die Nummer eins erwischt! Unter den Freiwilligenführern ist jedenfalls kein einziger mit Militärverstand!« schloß er verächtlich.
Wimborne ließ sich indes nicht beirren. »Trotzdem möchte ich, daß die Kerle unschädlich gemacht werden.«
»Aber wenn wir zum Großangriff blasen und sämtliche Anführer verhaften, entfachen wir damit nur einen Proteststurm unter der Bevölkerung...«, gab Nathan zu bedenken, doch Wimborne ließ ihn nicht ausreden.
»Gentlemen, die Sache ist beschlossen. Räuchert sie aus!«
Der Vizekönig war berüchtigt für seinen Jähzorn, und weder den Staatssekretär noch den Chef der Königlichen Gendarmerie gelüstete es nach einem Streit mit ihm, schon gar nicht am Ostersonntag. Die Herren verabschiedeten sich also und ließen Wimborne in seinem Büro zurück. Der Vizekönig verbrachte, wie man wußte, täglich viele Stunden an seinem Schreibtisch, wenngleich bisweilen gemunkelt wurde, es sei beim besten Willen nicht auszumachen, was er dort so gewissenhaft erledige.
»Wenn wir diesen Befehl ausführen, ist in Dublin bald die Hölle los«, sagte Chamberlain, als die beiden Herren die Treppe am Ende des Ganges erreicht hatten.
»Dann sollten wir uns damit nicht übermäßig beeilen, oder?« versetzte Nathan nachdenklich.
»Und wie darf ich das verstehen?«
»Nun, er hat schließlich nicht gesagt ›Handeln Sie noch heute abend‹, oder? Vielleicht wäre es klug, ihm noch ein, zwei Tage zum Überlegen einzuräumen, bevor wir unnötig einen ernsten Zwischenfall heraufbeschwören. Auf jeden Fall möchte ich Birrell in London unterrichten, ehe wir etwas unternehmen. Er trifft die Entscheidungen für Irland, nicht Wimborne.«

Der Gendarmeriechef nickte. Gar keine schlechte Idee, dachte er. Schließlich war morgen Feiertag. Die meisten Leute würden sowieso draußen in Fairyhouse beim Rennen sein. Das konnte er als Entschuldigung anführen, falls Wimborne ihn der Insubordination bezichtigen sollte.

Ostermontag, den 24. April 1916

Con knöpfte ihre Stiefel zu, zog die Uniform zurecht und betrachtete sich seufzend im Spiegel. Sie trug eine breite schwarze Armbinde als Zeichen ihrer Trauer.

Einer von Devs Rekruten hatte ihr die Uniform angeboten. »Darin sind Sie beweglicher, Ma'am«, hatte er respektvoll gesagt, und sie war nicht wenig erstaunt gewesen über diese Geste der Anerkennung von seiten eines Mannes, mit dem sie Dienst tun sollte.

»Es wäre mir eine Ehre, Mrs. O'Connor in meinem Stab zu haben, meine Herren«, hatte Eamon de Valera versichert, als Con auf einer der letzten Versammlungen ihre Absicht kundgetan hatte, bei dem Aufstand Tierneys Platz einzunehmen. Sie war ziemlich überrascht gewesen, daß Dev und nicht Seaneen sie unter sein Kommando stellen wollte. Der hochgewachsene Schullehrer, ein Intellektueller mit vorspringender Hakennase, hatte sie bis dahin kaum beachtet; selten hatten sie mehr als einen flüchtigen Gruß miteinander gewechselt.

»Darf ich Ihre Gründe erfahren, Eamon?« hatte sie fast schüchtern gefragt.

»Nun, ich bewundere Tapferkeit – sehr sogar.«

Con hätte gern gewußt, ob Tierney nach allem, was geschehen war, ihre freiwillige Meldung auch für tapfer oder nicht eher für irrsinnig gehalten hätte.

»Wo bist du, mein Liebster?« flüsterte sie jetzt in die Stille des Zimmers hinein. Beim Gedanken an ihren Mann tat ihr jedesmal das Herz weh. »Wartest du irgendwo auf mich? Weißt du, daß ich dir vielleicht, noch ehe diese Woche zu Ende geht, nachfolgen werde? Oder bist du für immer von mir gegangen? O Gott, ich brauche dich so sehr, Tierney! Da ziehe ich nun hinaus, um für die Sache zu kämpfen, die uns beiden soviel bedeutete, aber in Wahrheit ist mir alles gleichgültig, seit du von mir gegangen bist. Mir

scheint alles sinnlos, Liebster, außer vielleicht der Kampf gegen die Schurken, die dich auf dem Gewissen haben. Im Grunde ist der irische Kampf nie etwas anderes gewesen, nicht wahr, als schmerzliche Vergeltung für lange erduldetes Unrecht, für seelische und körperliche Qualen. Ich sollte einen guten Soldaten abgeben, mein Liebster, denn mir ist es gleich, ob ich lebe oder sterbe, solange es mir nur gelingt, dich zu rächen.«
Unwillkürlich lächelte sie bei dem Gedanken, wie entsetzt wohl Tahg wäre, wenn er sähe, wie sie vor dem Spiegel stand und mit seinem toten Vater redete. Da erkannte sie auch schon den Schritt ihres Sohnes auf der Treppe. Gleich darauf stand er in der Tür, gefolgt von einigen Freunden in der behelfsmäßigen Uniform des Fianna-Bundes.
»Bis auf die Haare siehst du aus wie ein Jüngling, Mutter«, sagte Tahg bewundernd.
»Und du gleichst ganz deinem Vater, mein Junge. So hat er ausgesehen, als wir uns kennenlernten. Er wäre heute sehr stolz auf dich, mein Sohn... genauso wie ich es bin.«
Sie breitete die Arme aus. Ob er sich vor seinen Freunden wohl genieren würde, die Mutter zu umarmen? Aber Tahg drückte sie zärtlich an sich. Con küßte ihn auf die Wange.
»Gott sei mit dir, mein Sohn. Ich habe dich sehr lieb.«
»Ich dich auch, Mutter.«
»Grüß Connolly von mir«, sagte sie noch. Für das, was ihr Herz bewegte, fehlten ihr die Worte.
»Ja, Mutter. Ich wäre beruhigter, wenn wir zusammen eingeteilt wären und ich dich beschützen könnte.«
Sie nickte und dachte, wie schön und tröstlich es doch sei, daß ihre Rollen vertauscht waren und er sich nun um sie sorgte, wie sie all die Jahre nach ihm gesehen hatte. »Gebe Gott, daß bis Ende der Woche Dublin in unseren Händen ist, dann können wir einander gegenseitig beschützen.« Aber selbst als sie das sagte, wußte Con, daß sie den Jungen, den sie jetzt vor sich sah, in dieser einen Woche für immer verlieren würde; der Aufstand würde endgültig einen Mann aus ihm machen.
»Ich möchte dich wenigstens bis zur Liberty Hall begleiten, Mutter. Schließlich müssen wir uns doch alle dort sammeln.«
Con nickte, nahm die Pistole vom Tisch, prüfte das Magazin, sicherte dann die Waffe und steckte sie ins Halfter an ihrem Gürtel.

Als er seine Mutter so fachmännisch mit der Pistole hantieren sah, beschlich Tahg eine böse Vorahnung. Er schalt sich wegen seiner Furcht und redete sich ein, je besser ein Schütze sei, desto größere Chancen habe er auch, zu überleben. Und doch erschreckte ihn die unheimliche Ruhe, die seine Mutter im Umgang mit der Waffe zeigte. Er fragte sich plötzlich, ob sie überhaupt die Absicht habe, diesen Aufstand zu überleben.

Wir hatten uns schon einmal Lebewohl gesagt, Seaneen und ich – für immer, wie wir glaubten. Als wir uns vor dem Aufstand zum letztenmal sahen, mußte ich wieder daran denken.

Ich hatte es einrichten können, mich daheim ein paar Stunden freizumachen; für ihn war es weit schwerer, seinen Pflichten zu entkommen.

Ist es makaber, daß unser Verlangen nach Liebe sich mit der Gefahr steigert? Liegt das am unerbittlichen Fortpflanzungsgesetz der Natur oder einfach am überwältigenden Bedürfnis des Menschen, sich im Angesicht des Todes des *Lebens* zu versichern?

Was auch der Grund sein mag, Seaneen und ich brauchten einander an diesem Tag so sehr, daß wir vor Verlangen kaum sprechen konnten. Sobald wir allein waren, begann Seaneen, an meinen Kleidern herumzunesteln, und auch ich hatte nur den einen Wunsch, mich ihm hinzugeben, mit ihm zu verschmelzen, eins zu sein; das überwältigende Bedürfnis, ihn zu berühren, zu halten, seine Kraft zu spüren.

Atemlos und erschöpft von der Woge der Leidenschaft, die uns aus der Gegenwart hinweggerissen hatte, lag ich schließlich in seinen Armen.

Werden wir je wieder so zusammen sein? Ich brachte die Frage nicht über die Lippen. Es wäre ja auch sinnlos gewesen, sie zu stellen. Was hätte er mir schon Beruhigendes antworten können? Daß der Aufstand glücken würde? Ich wußte doch selbst, wie schlecht die Chancen standen. Daß er und seine Kameraden siegreich heimmarschieren würden und daß ich dann da wäre, um den Helden zu begrüßen? Vor der Welt gehörten wir einander ja nicht.

Und wenn der Aufstand nun tatsächlich gelang, Seaneen aber getötet oder verwundet wurde und mir die Schicklichkeit verbot, zu ihm zu eilen? Oder wenn die Revolte glückte und der Kampf sich aufs Land hinaus verlagerte – würden wir dann selbst diesen kleinen bescheidenen Hafen unseres Glücks verlieren?

So lagen wir denn beieinander, nachdem unser Verlangen gestillt war, und sprachen über allerlei Belangloses. Davon, wie die Blumen auf den Hügeln über dem Hafen von Howth uns an duftigen Spitzenbesatz erinnert hatten; daß Johnny den Winter über um ein paar Zentimeter gewachsen sei; wie schön es wäre, wenn wir eines Tages gemeinsam zur Kirche gehen könnten (ein unwahrscheinlicher Gedanke, da ich Protestantin war, während die katholische Bischofskonferenz ihn und die gesamte IRB exkommuniziert hatte – und doch eine schöne Vorstellung). Und alles Unausgesprochene sagten wir uns mit unseren Händen, unseren Blicken und unserem Schweigen.

»Ich würde alles darum geben, einmal die ganze Nacht bei dir bleiben zu können«, flüsterte ich schließlich.

»Schlaf jetzt, Mylady«, antwortete er zärtlich. »Ich wiege dich in meinen Armen ein und wecke dich, wenn es Zeit ist zu gehen.« Er drehte sich auf die Seite, legte von hinten die Arme um meine Brüste und schob ein Bein über meine – eine Haltung, in der ich mir restlos beschützt vorkam.

»Ich könnte jetzt nicht schlafen«, sagte ich und schmiegte mich fester in seine Arme. Die vollkommene Harmonie unserer Körper tat mir unaussprechlich wohl.

»Ich auch nicht, Mylady.« Aber dann schliefen wir doch ein. Dem Himmel sei Dank. Mehrere Stunden schlummerten wir eng umschlungen, und erst später fiel mir auf, daß wir einander beim Abschied nicht Lebewohl gesagt hatten.

Der Osteraufstand

Dublin 1916

Wer den Teufel mit seinen eigenen Waffen besiegen will,
darf sich nicht wundern, wenn er unterliegt.

Robert Smith

21

Ostermontag, den 24. April 1916

An jenem Ostermontag herrschte sonniges Frühlingswetter – eine Seltenheit in Dublin. Spannung und Neugier lagen in der Luft, denn überall in der Stadt gingen Gerüchte um, die von der kommenden Revolution kündeten, und selbst die, welche wußten, was geplant war, fühlten sich unsicher und waren nervös. Eoin MacNeills Aufruf in der Sonntagszeitung, alle militärischen Aktionen abzubrechen, hatte die Leute in heillose Verwirrung gestürzt.

Ich wußte von Con und Seaneen, daß der Aufstand trotzdem stattfinden würde, aber ich war kein Rekrut, also hielt ich mich ängstlich und besorgt im Hintergrund. Selbst wenn alles gutging, würden Con, Tahg und Seaneen ihr Leben aufs Spiel setzen. Und ich hatte Angst; so sehr, daß ich beschloß, zur Hauptpost zu gehen und die Vorgänge dort zu beobachten. Auf diese Weise würde ich denen, die meinem Herzen teuer waren, zumindest nahe sein, wenn die Unruhen begannen.

Gewichtig und eindrucksvoll markierte das Denkmal Daniel O'Connels, des großen Befreiers, ein Ende der Sackville Street; ihm gegenüber, am anderen Ende der Straße, befand sich das schlichtere Standbild von Charles Stewart Parnell. In der Mitte zwischen beiden erhob sich auf einer mächtigen dorischen Säule Englands Seeheld Nelson, der gebieterisch auf die beiden anderen hinunterblickte. Im Gehen blickte ich bald hierhin, bald dorthin; auf einmal erschien mir die breite, hübsche Allee in ganz neuem Licht, und die bange Frage drängte sich mir auf, wie sie wohl aussehen würde, wenn dieser Tag zur Neige ging.

Auf der Westseite der Straße befand sich das stattliche Gebäude der Hauptpost. Den aus acht Säulen bestehenden Portikus krönten Hibernia, Merkur und Fidelitas; eine klassische Nachbildung also, wenngleich die Leute, die ein und aus gingen, um Briefmarken zu kaufen oder Päckchen aufzugeben, sich entschieden mehr

für die Dienstleistungen des Gebäudes interessierten als für seine Architektur.
Hier lag das Zentrum von Dublin. Die Four Courts, der Phoenix Park, die Bank von Irland, der Hauptbahnhof und die Guinness-Brauerei, das Trinity College und das Schloß – alles war zu Fuß erreichbar. In der Hauptpost ging es für gewöhnlich ziemlich ruhig zu. Den Schauplatz einer Revolution hätte man sich gewiß anders vorgestellt; aber das ist gewiß bei vielen Schlachtfeldern so.
Kurz nach zwölf bog eine etwa vierzig Mann starke Kompanie, angeführt von zwei Motorrädern, einem grünen Ford-Tourenwagen, einer Droschke und zwei Lastwagen, in die Sackville Street ein. Einige der Männer trugen graugrüne Uniformen, die Mehrzahl war in Zivil; gelbe Armbinden wiesen den Trupp als Armee auf dem Vormarsch aus.
Niemand schenkte ihnen auch nur die geringste Beachtung. Sie schleppten so viele Waffen mit sich, wie sie nur tragen konnten. Pickel, Hacken, Äxte und Schaufeln, alles, was ihre Vorfahren seit Generationen benutzten; Gewehre, Schrotflinten, Schmiedehämmer, Handgranaten, das, was die moderne Kriegsführung verlangte. Ich wußte, daß sie auch Verbandszeug dabeihatten, denn diese kleine Armee verfügte nur über wenige Ärzte. Die Automobile waren mit Waffen, Munition und Sprengkörpern beladen. Gott allein wußte, welch mächtiges Arsenal der anderen Seite zur Verfügung stand. »Alles außer dem Höllenhammer«, hatte Tommy vor ein paar Wochen prophezeit. »Und wenn sie ihn brauchen, kriegen sie auch den«, hatte Seaneen geantwortet.
»Ob diese Idioten ihre ewigen Aufmärsche nie leid werden?« hörte ich im Vorbeigehen einen Polizisten seinen Kollegen fragen. Die Irische Bürgerwehr und die Irischen Freiwilligen wurden kaum ernst genommen – aber den Peelern (wie man die irische Polizei nach ihrem Gründer Robert Peel spöttisch nannte) waren sie lästig. Ich hätte weinen mögen, so leid tat mir die entschlossene kleine Schar, die auf niemanden Eindruck machte und erst recht keinem Angst einjagte.
Natürlich erkannte ich die drei Männer in grüner Offiziersuniform mit dem Schwert an der Seite, die den Trupp anführten. Als erster kam Kommandant General James Connolly, gefolgt von Kommandant General Padraig Pearse und Kommandant General Joseph Plunkett, die in ihrer neuen Armee alle befördert worden

waren. Vor einer Stunde hatten die drei vor der Liberty Hall ihre Truppen inspiziert.

Im Gefolge der Generale erblickte ich Thomas Clarke, der Sean MacDiarmida stützte; er hatte als Junge Kinderlähmung gehabt und konnte sich nur mühsam am Stock fortbewegen. O'Rahilly steuerte den Ford; es war derselbe Wagen, mit dem er Samstagnacht über Land gefahren war, um die Leute vor der Teilnahme an dem Aufstand zu warnen. Sein Leben, sagte er, würde er für eine gerechte Sache schon riskieren, aber er wolle kein anderes auf dem Gewissen haben. Er war ein galanter Kavalier, sah heute aber eher grimmig aus – ich hatte ihn immer gern gemocht, und man konnte ihn nur dafür bewundern, wie mutig er zu seiner Überzeugung stand.

Vor der Hauptpost brachte Connolly die Männer zum Stehen.

»Links um!« kommandierte er. »Die Hauptpost! Angriff!«

Der unerwartete Befehl schien den bunt zusammengewürfelten Haufen zu verwirren; die Männer, denen es an militärischem Drill fehlte, reagierten nicht. Sie kamen mir so hilflos vor, daß ich am liebsten losgeheult hätte.

»Stürmt die Post!« kommandierte jemand, und nach einigem Hin und Her gehorchten die Männer und erklommen die Stufen.

»Werft die Fenster ein, verrammelt die Türen!« Auch dieser Befehl wurde befolgt.

»Ich brauch' eine Briefmarke, und ich geh' nicht, eh' ich sie nicht gekriegt hab'!« zeterte eine alte Frau, die störrisch in der Schalterhalle ausharrte, während andere Kunden an ihr vorbei zum Ausgang hasteten, um dem drohenden Inferno zu entkommen. Wären die Umstände nicht so bedrückend gewesen, man hätte die Szene komisch finden können.

Plunkett, den man erst kürzlich aus dem Krankenhaus entlassen hatte, war durch den Marsch sichtlich geschwächt; dem Zusammenbruch nahe, lehnte er an einer Säule. Der Wundverband an seinem Hals schien schrecklich unbequem, jedenfalls befingerte er ihn unablässig mit schmerzverzerrtem Gesicht. Die Schwindsucht, an der er seit dem Aufenthalt in Nordafrika litt, hatte seinen Körper wesentlich mehr geschwächt als seinen Geist, und wie ich ihn so dastehen sah, kam mir der Gedanke, der Bedauernswerte fürchte womöglich, den Aufstand nicht bis zum Ende durchhalten zu können. Schritt für Schritt hatte er selbst die Strategie dieses Unternehmens ausgearbeitet; auf seine Art war er ein leidenschaftlicher Patriot. Ich sprach ein stilles Gebet für ihn.

Mick Collins, ein kräftiger junger Mann mit kantigem Kinn und breiten Schultern, stand auf den Stufen und redete mit einem Polizisten, der ihn anflehte, ihn nicht zu erschießen.

»Wir erschießen keine Gefangenen«, hörte ich Collins verächtlich sagen, ehe er seine Freiwilligen anwies, den Mann fortzuschaffen. Nach den erleichterten Mienen der Männer zu urteilen, kamen sie diesem Befehl nur allzu bereitwillig nach. In geheimen Versammlungen über die Revolution zu reden war offenbar etwas ganz anderes, als einen Peeler im Postamt zu erschießen.

Einige Männer warfen die Fensterscheiben ein und gingen auf den Simsen in Stellung, um die Straße zu kontrollieren.

Eine alte Gemüsefrau rief vom Gehsteig herüber: »Die Heiligen mögen uns beschützen! Seht doch nur, wie sie alle die schönen Fenster einwerfen!« Die scheinbar sinnlose Zerstörungswut entsetzte sie. Die Männer auf den Fenstersimsen lachten fröhlich zu ihr hinunter. »Mach, daß du heimkommst, Mütterchen, sonst geschieht dir womöglich noch was!« riefen sie.

Als nächstes sah ich Winifred Carney, Connollys Sekretärin, ihrem Chef in die Hauptpost folgen. So ergeben war sie ihm, daß sie ihn nicht einmal bei der Revolution alleine ließ. Mit ihrer riesigen Webley-Schreibmaschine im Arm folgte sie unbeirrbar ihrem General, als sei der Wahnsinn ringsum keiner weiteren Beachtung wert.

Ich pirschte mich näher heran, als eben Pearse und O'Rahilly aufeinandertrafen. Die beiden zeigten weder feindselige noch freundschaftliche Gefühle. Pearse hatte O'Rahilly seine Pläne vorenthalten, und O'Rahilly hatte eine beträchtliche Anzahl von Männern davon abgehalten, am Kampf teilzunehmen. Jeder von beiden hatte seiner Auffassung nach seine Pflicht getan.

»Was denn, du bist hier?« hörte ich Pearse mit gedämpfter Stimme fragen.

»Ich hab' mitgeholfen, diese Uhr aufzuziehen – nun will ich sie auch schlagen hören.«

»Verstehe.«

»Es ist Wahnsinn, Padraig«, versetzte O'Rahilly eindringlich. »Aber ein glorreicher Wahnsinn, und ich bin mit von der Partie.«

Pearse nickte stumm, zog dann den Zettel mit der vorbereiteten Proklamation aus der Tasche und überflog den Text noch einmal.
Zwei Polizisten schlenderten vorbei, und ich belauschte ihr Gespräch.
»Die von der Sinn Fein haben sich die Post geschnappt«, bemerkte der eine ziemlich gleichgültig.
»Hundsfotte! Daß die auch immer stänkern müssen«, entgegnete der andere, und damit gingen sie weiter, als ob nichts geschehen wäre. Mein Herz klopfte ungestüm – zum einen, weil ihr Kommen mich erschreckt hatte, und zum anderen, weil sie den Aufstand als eine lächerliche Kinderei abtaten.
Inzwischen hatte sich eine Handvoll Zuschauer um mich versammelt, die den Männern in der Post nicht gerade freundlich gesonnen schienen; die Stimmung schwankte zwischen Neugier und Feindseligkeit.
Traurig überblickte Pearse das jämmerliche Häuflein, das von seiner Revolution überhaupt Notiz nahm, und machte sich bereit, die Proklamation zu verlesen.

POBLACHT NA H EIREANN
DIE PROVISORISCHE REGIERUNG DER
REPUBLIK IRLAND
AN DAS IRISCHE VOLK

Er hatte zwar feierlich die Stimme erhoben, doch diesmal klang sein Vortrag nicht so mitreißend wie sonst.
»Irische Männer und Frauen! Im Namen Gottes und der verstorbenen Generationen, von denen es seine nationale Tradition herleitet, ruft Irland durch uns seine Kinder zu seiner Fahne und zum Kampf für die Freiheit.«
Die Leute um mich herum reagierten mit Unmutsäußerungen. »Was glauben diese Narren denn, wer sie sind?« sagte eine Frau neben mir. »Die werden die Engländer genausowenig vertreiben wie alle Rebellen vor ihnen. Alles, was sie erreichen werden, ist, daß die vom Schloß die Gesetze verschärfen – als ob das Leben für unsereins nicht schon schwer genug wäre!« Ich strengte mich an, Pearse über das Gemurmel hinweg zu verstehen.
»Wir erklären das Recht des irischen Volkes auf sein Heimatland

und auf die unbeschränkte Kontrolle über sein Geschick für unanfechtbar. Daß ein fremdes Volk und seine Regierung uns dieser Rechte jahrhundertelang beraubt haben, kann sie dennoch nicht auslöschen; nichts vermag unsere Rechte auszulöschen, außer die völlige Vernichtung des irischen Volkes ...« Seine Stimme gewann spürbar an Zuversicht. »Auf diese fundamentalen Rechte berufen wir uns, ja, wir beschwören sie mit Waffengewalt vor dem Angesicht der Welt, wenn wir hier und heute die Republik Irland als unabhängigen, souveränen Staat ausrufen. Unser Leben und das unserer Waffenbrüder verpfänden wir für die Freiheit Irlands und sein Gedeihen als gleichberechtigte Nation unter seinen Bruderstaaten. Die Republik Irland beruft sich auf ihr Recht und fordert hiermit alle irischen Männer und Frauen auf, ihre Pflicht zu tun und für ihr Vaterland zu kämpfen.«

»Na, da kann er lange warten!« brummte hinter mir ein Mann, und alles lachte dazu.

»Die Republik garantiert all ihren Bürgern Gleichberechtigung, Religionsfreiheit sowie Wahrung ihrer Grundrechte und erklärt hiermit feierlich ihren Entschluß, Glück und Wohlfahrt der gesamten Nation, aber auch jedes einzelnen Bürgers anzustreben sowie für alle Kinder unseres Volkes in gleicher Weise zu sorgen, ohne Ansehen jener Unterschiede, die eine fremde Regierung jahrhundertelang sorgsam unterstrichen hat, um eine kleine Minderheit von der Mehrheit des Volkes abzusondern.«

»Und das wollen sie alles so mir nichts, dir nichts in Ordnung bringen«, höhnte der Mann hinter mir. »Und die Engländer werden wohl einfach ihre Siebensachen packen und mit eingezogenem Schwanz davonlaufen. Ach, was ist das doch für ein verrückter Haufen!«

»Wir stellen die Republik Irland unter den Schutz des Allerhöchsten Gottes, dessen Segen wir für unsere Waffen erflehen, und wir beten darum, daß niemand, der Irland dient, unsere Sache durch Feigheit, Unmenschlichkeit oder Plünderung entehren möge. In dieser Entscheidungsstunde muß die irische Nation sich ihres erhabenen Schicksals würdig erweisen – das aber kann sie nur durch Tapferkeit und Disziplin und die Bereitschaft ihrer Söhne, sich für das Gemeinwohl zu opfern.«

»Ach, wenn man's recht bedenkt, so ist's doch eine hübsche Proklamation«, meinte das schmächtige Frauchen neben mir. Ich

nickte wortlos. »Aber jetzt, mein Kind, sollten wir uns auf die Socken machen«, fuhr sie fort, »damit wir in Sicherheit sind, wenn die im Schloß von diesem ganzen Unfug Wind bekommen und ihre Kavallerie herschicken.«
Pearse verlas die Namen der Unterzeichner: »Thomas Clarke, Seaneen MacDiarmida, Thomas MacDonogh, Padraig Pearse, Eamonn Ceannt, James Connolly, Joseph Plunkett.« Dann nagelte er die Proklamation ans Portal, warf einen letzten Blick über das traurige Häuflein seiner Zuhörer und verschwand in der Post.
Da ich durch längeres Verweilen doch nichts hätte ausrichten können, machte ich mich auf den Heimweg; die vermeintliche Sinnlosigkeit des ganzen Unternehmens trieb mir die Tränen in die Augen.

De Valera und Con marschierten an der Spitze der III. Kompanie ihrem Ziel entgegen: Bolands Getreidemühle. Sie hatten die Aufgabe, den Verstärkungstruppen der Engländer den Zugang zur Hauptstadt zu versperren. Die Soldaten würden in Kingstown landen und von dort auf Dublin marschieren, aber zuerst mußten sie die Mount-Street-Brücke passieren; dort galt es, sie aufzuhalten.
De Valera postierte ein Dutzend Leute auf dem Westland-Row-Bahnhof, wo die Eisenbahnlinie Kingstown–Dublin endete, und zog mit dem übrigen Trupp weiter zur Mount-Street-Brücke. Die Gräfin Markievicz und Michael Mallin würden die südlichen Zufahrtsstraßen vom strategisch günstig gelegenen St. Stephen's Green aus kontrollieren.
»Wir müssen äußerst sparsam mit unseren Soldaten umgehen«, erklärte er Con, während er die Männer sorgfältig in Dreier- und Vierergruppen einteilte und ihnen ihre Posten in verschiedenen Häusern zuwies. Er ist und bleibt eben Mathematiker, dachte sie.
Die ihm noch verbleibenden achtzig Mann führte de Valera zu Bolands Mühle, einem grauen Kalksteinbau, dessen zahlreiche Fenster von innen mit Mehlsäcken befestigt werden mußten. Das Gebäude stand am Kanalufer, mit Blick auf das Armenviertel Ringsend.

»Was meinen Sie, wenn wir nun über der zerfallenen Schnapsbrennerei da drüben eine Fahne hißten... ob die Engländer dann dort unser Hauptquartier vermuten würden?«
Con warf dem Mann einen erstaunten Blick zu. Er war offenbar raffinierter, als sie gedacht hatte. »Ein Versuch würde nicht schaden«, erwiderte sie.
Er nickte und gab die nötigen Befehle – schneidig und knapp wie einer, der es gewohnt ist, sich Autorität zu verschaffen.

Pearse und Connolly erteilten die vereinbarten Instruktionen und warteten die Reaktion des Feindes ab.
Brennan Whitmore wurde losgeschickt, um einen Gang vom Café Pillar zum Hotel Imperial freizusprengen, falls ein Flucht- oder Aufklärungsweg vonnöten sein würde.
Fergus O'Reilly und Arthur Shields, ein Nachwuchsschauspieler vom Abbey-Theater, wurden beauftragt, eine Funkanlage für die Verbindung mit der Außenwelt zu installieren. Eine Gruppe von Mädchen aus der Organisation Cumann na mBan traf ein, die sich um die Verköstigung der Rebellen und die Pflege der Verwundeten kümmern sollte.
Wo aber blieb der Feind? Den ganzen Tag lang warteten Pearse und Connolly.
Abgesehen von einem Trupp Kavalleristen, die unvorsichtig ins Feuer der Aufständischen geritten waren und ihren Leichtsinn mit Verletzungen, wenn nicht gar mit dem Tode gebüßt hatten, schien sich niemand im Schloß um die Rebellen zu kümmern.
Die Gebäude rings um die Hauptpost waren evakuiert worden; gelegentlich pfiff die Kugel eines Heckenschützen durch die Nacht, dann war wieder alles still. Außer dem Gesindel, das sich zusammengerottet hatte, um die verlassenen Häuser und Läden zu plündern, schien kein Mensch auf der Straße.
Weder die erwartete irische Verstärkung noch die britische Armee ließen sich blicken.
Die Anführer in der Hauptpost beschlossen den ersten Tag ihrer Rebellion in der nervenaufreibenden Gewißheit, daß dies die Ruhe vor dem Sturm sei. Morgen würde der britischen Regierung keine andere Wahl mehr bleiben, als auf ihren verwegenen kleinen Aufstand zu reagieren.

Seaneen O'Sullivan war froh, daß er kein eigenes Kommando zu befehligen hatte. Es war sein ausdrücklicher Wunsch gewesen, mit Clarke und MacDiarmida in die Hauptpost zu gehen. *Sie* waren die IRB, und dies war ein Unternehmen der IRB. Er würde sich ihren Befehlen beugen und gemeinsam mit ihnen versuchen, in diesem behelfsmäßigen Hauptquartier mit seiner behelfsmäßigen kleinen Armee die Disziplin der IRB aufrechtzuerhalten. Im stillen hatte er sich gefreut, als Clarke ihn bat, auf die Ehre eines eigenen Kommandos zu verzichten und statt dessen als sein Adjutant zu fungieren.

Tierneys Tod hatte Seaneen zu einer ernsthaften Gewissensprüfung veranlaßt. Der Mann war sein Freund gewesen, und er betrauerte ihn aufrichtig. Zwar hatte er in seinem langjährigen Kampf für Irland schon viele Kameraden verloren, doch Tierneys letzte Worte wollten ihm nicht mehr aus dem Kopf. »Ein Himmelfahrtskommando« hatte er seinen letzten Auftrag genannt – und er hatte recht behalten. Die Waffen waren verloren, und mit ihnen hatten sie viele brave Männer eingebüßt; ohne sie und ohne die Gewehre aus Deutschland war auch der ganze Aufstand zu einem Himmelfahrtskommando geworden.

Ihm blieb nichts anderes übrig, als seinen Mut zusammenzunehmen und seine Pflicht zu tun. Ich will verdammt sein, dachte er, wenn ich weniger Courage aufbringe als Clarke, MacDiarmida und Connolly – oder als die armen Jungs da draußen, die hinter ihren Sandsäcken hocken und die Straßen bewachen.

Seaneen dachte an Beth und daran, was hätte sein können, doch nur einen kurzen Augenblick lang. Jetzt war nicht die rechte Zeit für Trauer oder Reue. Auf diesen Augenblick hatte er sein Leben lang hingearbeitet, und außerdem – fast hätte er lächeln müssen über die bittere Ironie dieses Gedankens – wog in Irland ein Märtyrer hundert lebende Patrioten auf. Wer zum Henker wußte überhaupt, wo das alles hinführen würde? Nur Gott allein – und Er schien sich nicht sonderlich darum zu kümmern.

Seaneen verbat sich energisch, diesen beunruhigenden Gedanken länger nachzuhängen, und begab sich zu einer Gruppe junger Männer, die hitzig miteinander diskutierten. Er hatte Erfahrung darin, wie man die Jugend aufmunterte und bei der Stange hielt – heute nacht würde er diesen verängstigten Burschen zuliebe sein Talent wieder einmal erproben.

22

Montagabend, den 24. April 1916

»Ihr Hornochsen!« schrie Wimborne außer sich vor Zorn, als er gewahr wurde, daß Nathan und Chamberlain seinen Befehlen nicht Folge geleistet hatten.

»Wißt ihr Trottel denn eigentlich, was ihr angerichtet habt, indem ihr meine Instruktion ignoriert und diese fanatischen Fenier einfach habt laufenlassen?«

»Verzeihen Sie, Sir, aber wir dachten, es sei am besten, erst Birrells Rat abzuwarten«, antwortete Chamberlain.

»Na, immerhin ein Trost, daß Sie überhaupt gedacht haben! Das hätte ich wirklich nicht vermutet.«

»Wir haben das Kriegsrecht über die Innenstadt verhängt, Sir. Und wir tun unser Möglichstes, um das Ausmaß der Unruhen festzustellen«, warf Nathan ein. »Morgen früh werden wir die Lage wesentlich klarer überblicken, und falls es notwendig erscheint, kann das Kriegsrecht dann aufs Umland ausgedehnt werden.«

Wimborne schien einigermaßen besänftigt. »Wo zum Kuckuck steckt General Lowe?« fragte er. »Ist der Kerl denn nie zur Stelle, wenn man ihn braucht? Kann schließlich nicht schaden, die Meinung des Militärs zu diesem Vorfall zu hören.«

»Lowe beaufsichtigt die Mobilmachung unserer Truppen, Sir. Wenn erst die Verstärkung aus den Landgarnisonen anrückt, werden wir hier in Dublin einen bedeutend besseren Stand haben.«

»Lowe ist nur ein einfacher Brigadegeneral«, versetzte Wimborne ungeduldig. »Vielleicht brauchen wir einen Höhergestellten für diese Aufgabe. Ich glaube, wir müssen die Halunken das Fürchten lehren. Chamberlain, welche Gebäude haben die Kerle besetzt?«

Hastig leierte der Gendarmeriechef die Liste der Rebellenstützpunkte herunter. »Wenn Sie mir die Bemerkung erlauben, Sir«, setzte er hinzu, »so scheint es, als hätten die Aufständischen keinerlei Vorkehrungen zum Schutz vor einem Gegenangriff getroffen. Es dürfte nicht schwer werden, sie einzukreisen und in die Knie zu zwingen.«

Wimborne strich sich bedächtig übers Kinn. »Ja, ich stimme Ihnen zu. Mit ein bißchen Unterstützung von seiten der Armee könnten wir diesem Unfug innerhalb einer Woche ein Ende setzen. Wir werden soviel Artillerie anfordern, wie sie an der Front drüben auf dem Kontinent entbehren können, und wenn wir ein paar Gebäude unter Beschuß nehmen müssen – um so besser! Dann wird dieses Pack schnell begreifen, wer hier das Sagen hat!«

»Ich hab' gehört, Generalmajor Maxwell sei kürzlich in London gesehen worden, Sir«, warf Nathan ein. »Vielleicht wäre er der richtige Mann für uns?«

Wimborne nickte und wandte sich an Chamberlain. »Wann wird Lowe erwartet?«

»Morgen früh, Sir. Maxwell braucht vielleicht ein wenig länger, bis er auftaucht, aber dafür wird er mit den Iren auch kurzen Prozeß machen, dafür garantiere ich.«

»Sehr schön.« Wimborne schob die Papiere auf seinem Schreibtisch zusammen. »Genauso hab' ich's mir vorgestellt... streng militärische Aktion. Wir wollen uns doch nach Möglichkeit nicht die Hände schmutzig machen.«

Sir Matthew Nathan und Sir Neville Chamberlain tauschten einen erleichterten Blick. Dies war die erste Bemerkung des Vizekönigs, der sie ehrlichen Herzens beipflichten konnten.

23

Mittwoch, den 26. April 1916

Tahg beobachtete den jungen Derek O'Hanrahan im Umgang mit den Verwundeten. Derek war kräftig gebaut, doch seine schlanken, feingliedrigen Hände wirkten auffallend sensibel. Auffallend war auch sein Gang – nicht, daß er hinkte, aber er bewegte sich doch seltsam schleppend vorwärts. Er hatte rötlichbraunes Haar, und sein Gesicht war mit Sommersprossen übersät.

Derek strahlte eine Ruhe und Zuversicht aus, die den Verletzten merklich wohltat. Und das ist ein Segen, dachte Tahg. Die Medikamente waren beängstigend knapp, und bald schon würde den Patienten nicht mehr zur Verfügung stehen als ein freundliches Wort und kundige Erste-Hilfe-Leistung.

»Ich werde Ihnen zur Hand gehen«, sagte Tahg, als Derek seine Arbeit unterbrach, um einen Becher Wasser zu trinken. »Wenn Sie mir zeigen, was ich tun soll, helfe ich gern. Ich bin nämlich zur Zeit nicht im Einsatz.«
Derek taxierte ihn lächelnd. »Wird mir ein Vergnügen sein, Sie anzulernen«, sagte er freundlich in der breiten Mundart der Dubliner Arbeiterklasse, und Tahg fragte sich neugierig, wie dieser O'Hanrahan, der offenbar nicht gerade aus gehobenem Milieu stammte, es wohl zum Doktor der Medizin gebracht hatte. »Diese armen Teufel brauchen weiß Gott jede helfende Hand.« Der junge Arzt seufzte und bedeutete Tahg mit einem Wink, sich zu ihm zu setzen.
»Wie alt sind Sie?« fragte er unvermittelt.
»Achtzehn«, antwortete Tahg.
»Ich bin fünfundzwanzig. Hab' gerade erst meine Zulassung gekriegt.«
»Und gleich eine so überfüllte Praxis!« Tahg wies auf die Reihen der Verwundeten am Boden; Derek lächelte wehmütig.
»Na ja, ich hab' wohl immer schon mit dem Establishment auf Kriegsfuß gestanden – also kann ich auch meine Laufbahn auf diese unübliche Weise beginnen.«
»Allmächtiger!« schrie jemand vom Fenster herüber. »Da beschießt ein Kriegsschiff vom Fluß aus die Liberty Hall!«
Entsetzt sahen Tahg und Derek sich an. Tahg sprang auf und griff nach seinem Gewehr.
»Den alten Kasten können sie ruhig zusammenschießen.« Derek lachte bitter. »Da drin ist keine Menschenseele. Ich hab' selbst gehört, wie Connolly das zu O'Rahilly gesagt hat.«
Ehe Tahg etwas erwidern konnte, ließ ein ohrenbetäubender Kanonendonner die Stadt erzittern; gleich darauf erfolgte eine zweite Detonation.
»Wenn sie Liberty Hall beschießen, können sie auch uns erwischen«, rief Tahg. Ein würgendes Angstgefühl stieg in ihm auf. Wieder wurde eine Salve abgefeuert. Plötzlich war es, als stünde der Himmel in Flammen.
»Jesus, Maria und Sankt Patrick!« schrie O'Hanrahan. »Wenn die so weitermachen, zünden sie uns noch ganz Dublin an.«
»Jeder Mann auf seinen Posten!« kommandierte Seaneen aus dem Erdgeschoß. »Alle Mann klar zum Gefecht!«

Tahg schulterte sein Gewehr, winkte Derek zu und rannte nach unten.

»Wie sind Sie eigentlich zu Ihrem Beruf gekommen?« fragte Tahg, als endlich eine Feuerpause eintrat und er O'Hanrahan erneut seine Hilfe anbieten konnte.
»Wie stellt ein Kind aus den Elendsvierteln es an, Arzt zu werden, meinen Sie das?«
Tahg nickte verlegen.
Der junge Mann hob seine schönen, schlanken Hände und betrachtete sie prüfend.
»Diese ollen Flossen haben's geschafft«, versetzte er unergründlich. »Sie schienen mit einem Wissen begabt, das ich selber eigentlich gar nicht hatte. Was die Professoren auch verlangten – meine Hände konnten es! Auf der Universität hat man mir vom ersten Tag an prophezeit, daß ich das Zeug zum Chirurgen hätte. Ich bekam Stipendien, und ein berühmter Arzt nahm mich unter seine Fittiche. Ich hätte die gleichen Hände wie sein Vater, sagte er. Sein Vater war ein anerkannter Chirurg. Sie sehen also, meine Hände haben's geschafft – ich hab' mich nur mitziehen lassen.«
Merkwürdige Geschichte, dachte Tahg, aber ein netter Bursche.
»Kommen Sie, ich zeig' Ihnen, wie man einen Verband wechselt. Wollen mal schauen, ob Sie Blut sehen können.«
Als das Gefecht am nächsten Morgen wieder einsetzte, hatten die beiden jungen Männer Freundschaft geschlossen, eine Freundschaft, erwachsen aus der verzweifelten Situation, in der sie sich befanden.

»Inzwischen sind in Kingstown britische Truppen gelandet. Das Stadtzentrum können sie allerdings nur über die Mount-Street-Brücke erreichen.« De Valera sprach ruhig, aber eindringlich. »Wir kennen die genaue Stärke der Verbände nicht, aber man schätzt sie auf über zweihundert.«
Lieutenant Michael Malone, Devs Adjutant, blickte sich unter den Männern um, die neben ihm in einer Reihe angetreten waren, und räusperte sich. »Wir werden die Brücke halten, Sir«, sagte er. Die Männer, deren Aufgabe das sein würde, riefen: »Bravo!«

Sobald die britischen Truppen auf der Mount Street Stellung bezogen hatten, nahmen sie Bolands Mühle unter Beschuß.
Das am Ufer des Liffey vertäute britische Kriegsschiff »Helga« feuerte auf die Schnapsbrennerei, die man irrtümlich für de Valeras Hauptquartier hielt, aber die Kugeln aus einem Feldgeschütz, das man auf dem Percy Place aufgestellt hatte, durchschlugen die Außenmauer der Mühle.
Ruhig und überlegt ging de Valera drinnen von einem zum anderen und erteilte den Männern seine Befehle. Er war von Kopf bis Fuß mit Mehlstaub bedeckt, und selbst sein unrasiertes Gesicht war weiß bestäubt.
De Valera wußte, daß ganz Dublin in Flammen stand. Die Verbindung zum Hauptquartier im Postamt war schlecht, und wenn eine Botschaft durchkam, so war sie alles andere als ermutigend: Die Zahl der Verletzten stieg, Nachschub war so gut wie nicht vorhanden, Nachrichtendienste unzulänglich.
Er mußte weiterhin Optimismus zeigen, um den Männern Mut zu machen. Dies war nicht der rechte Zeitpunkt für Mutlosigkeit.

Donnerstag, den 27. April 1916

»Jesus Christus, Tahg«, flüsterte Derek. »Hast du gesehen, wen sie da auf der Bahre reinbringen?«
Tahg, der am Fenster Posten bezogen hatte und hilflos mit ansehen mußte, wie die Abbey Street langsam niederbrannte, drehte sich um und sah ein paar Träger einen Verletzten ins Behelfslazarett schaffen.
»Connolly?« fragte er ungläubig.
»Genau.«
»Wie schlimm?«
»Das kann ich dir erst sagen, wenn ich ihn untersucht habe.«

Sobald Tahg abgelöst wurde, eilte er ins Lazarett.
»Also, was ist mit ihm?« fragte er O'Hanrahan, der sich am Bekken die Hände wusch – wohl schon zum tausendstenmal an diesem Tag.
»Sieht böse aus«, sagte er, ohne aufzublicken. »Der Knöchel ist gesplittert. Dieser gefangene Engländer – er ist Arzt, kümmert

sich drum. Außerdem hat ihn eine Kugel am Arm erwischt. Aber meiner Meinung nach wird ihn der Knöchel das Leben kosten, falls sie ihn nicht in ein ordentliches Krankenhaus bringen können. Es sieht bös aus. Knochensplitter ragen durch die Haut. Er mußt furchtbare Schmerzen haben. Unser bißchen Chloroform hat ihm nicht viel helfen können, als der Engländer versuchte, den Knöchel einzurenken.« Derek blickte auf, und Tahg sah, wie müde sein neuer Freund war.

»Er kriegt garantiert Wundfieber – wenn die Schmerzen ihn nicht vorher umbringen.«

Tahg nickte wortlos. Daß Connolly verwundet war, würde die Kampfmoral der Männer ernstlich untergraben. Der Gedanke ließ ihn erschauern.

Tom Clarke, Sean MacDiarmida und Seaneen O'Sullivan lösten einander auf Wache ab, so daß jeder wenigstens ein paar Stunden schlafen konnte. Gerade machte Clarke seinen Kontrollgang durch die Hauptpost, blieb hier und da bei einem jungen Rekruten stehen, um ein aufmunterndes Wort an ihn zu richten, nahm aber seine ruhelose Wanderung alsbald wieder auf. Sie waren fast am Ende, das wußte er.

Nie zuvor hatte er ein solches Verlangen gespürt wie heute nacht, sich und sein Handeln zu erklären. Vielleicht war es das Gespenst des Todes, das durchs Postamt geisterte und ihn, den für gewöhnlich so Schweigsamen, mit einemmal redselig machte.

Er ging hinüber auf die Krankenstation, wo noch Licht brannte.

»Wie steht's«, fragte er Derek. Die Verwundeten lagen in langer Reihe nebeneinander, grimmes Zeugnis der Opfer dieser Woche.

»So gut, wie man's unter diesen Umständen erwarten kann«, antwortete O'Hanrahan. »Wir haben kaum Medikamente. Und wir bräuchten einen Arzt, der ein bißchen mehr Erfahrung mit Schußverletzungen hat. Wenn Sie also jemand wüßten...«

Clarke zuckte bedauernd die Achseln und trat näher. Derek und Tahg merkten wohl, daß er Gesellschaft suchte. Der sonst so angriffslustige Mann schien verändert; zum erstenmal wirkte er alt und müde.

»Bitte, Mr. Clarke, setzen Sie sich doch«, sagte Tahg. »Die Verwundeten schlafen fast alle. Wir haben im Moment nicht viel zu tun und wollten uns gerade einen Tee kochen.«

Clarke lächelte ihn an. Ein guter Junge, dachte er. »Tja, wenn's keine Mühe macht, O'Connor – ich denke, ich könnte auch eine Tasse vertragen.« Er zog sich einen Stuhl heran und setzte sich. »Wißt ihr, wie lange ich auf diese ruhmreichen Tage gewartet habe?« fragte er versonnen. »Seit meinem sechzehnten Lebensjahr. 1873 bin ich der Bruderschaft beigetreten. Vor dreiundvierzig Jahren, Jungs. Kann man sich in eurem Alter überhaupt vorstellen, wie lang dreiundvierzig Jahre sind?« Prüfend blickte er Tahg an. »Wie alt bist du, mein Sohn?«

»Achtzehn, Sir.«

Clarke nickte versunken. Nach einer Weile aber begann er unvermittelt zu erzählen. Er schilderte ihnen seine Jahre bei den Feniern, sprach von der Zeit, die er – erst in Irland, dann in New York – auf der Flucht verbracht hatte; erzählte, wie er im Auftrag der Bruderschaft in England zu einem Trupp von Sprengstoffattentätern gestoßen war.

»Damals haben sie mich zu lebenslänglich verurteilt, aber ich mußte schließlich doch nur fünfzehn Jahre absitzen – die meisten davon in Einzelhaft.«

»Wie sind Sie da nur bei Verstand geblieben?« fragte Tahg, von der Geschichte und dem gequälten Ton des Älteren gleichermaßen gebannt.

»Ach, mein Junge, wir haben eben alles Erdenkliche versucht, um nicht verrückt zu werden. Zum Teil Sachen, die ihr euch gewiß nicht vorstellen könnt. Ich habe das Alte und das Neue Testament in Stenographie abgeschrieben. Und das zweimal! Papier und Stift dazu mußte ich mir obendrein noch stehlen. Einmal habe ich vierzig Tage in einer eiskalten Zelle ohne ordentliche Kleidung gehungert. Hab' an meinen Lumpen gekaut, um den Magen zu besänftigen…« Nachdenklich hielt er inne und fuhr dann fort: »Und es gab Dinge, die ich nicht einmal erwähnen will.«

»Mr. Clarke…« begann Derek zögernd, aber der Ältere unterbrach ihn.

»Sag ruhig Tom zu mir. Männer, die womöglich bald zusammen in den Tod gehen müssen, brauchen keine Höflichkeitsfloskeln.«

Derek nickte. »Also gut, dann Tom… Wir haben uns alle gefragt, was aus dem Widerruf geworden ist, Sir. Ich weiß, daß wir vielleicht nicht einmal mit der Verstärkung aus dem Umland gewonnen hätten, aber ich finde es verdammt schlimm, daß wir diesen Aufstand so ganz ohne Hoffnung beginnen mußten.«

»Tja, mein Junge, da hast du nicht ganz unrecht. Aber schau, es ist so: Männer – und seien's auch die besten – stimmen nicht immer völlig überein, wenn's darum geht, wie man am besten ein gestecktes Ziel erreicht. Es hat immer Unstimmigkeiten mit den Freiwilligen darüber gegeben, ob eine Rebellion Aussicht auf Erfolg hat oder nicht. Gute, aufrechte Männer wie O'Rahilly und MacNeill fanden, wenn wir nicht die Chance hätten, das Empire wirklich zu besiegen, dann dürften wir das Leben unserer Leute nicht aufs Spiel setzen. Andere wieder – und dazu gehörten Pearse, Connolly und auch ich – meinten, daß wir nur die eine Möglichkeit haben, jetzt loszuschlagen. Wir wußten, daß die vom Schloß uns auf der Spur waren, und wollten die Gelegenheit nutzen, die der Krieg uns bot. Wenn wir noch lange gezögert hätten, wären wir höchstwahrscheinlich alle eingesperrt worden, und wieder wäre eine Generation dahingegangen, ohne sich zu wehren. Je länger man in der Sklaverei verharrt, Jungs, desto schwerer fällt es, sich dagegen aufzulehnen.«

Die beiden jungen Männer tauschten einen erstaunten Blick. Clarkes Offenheit überraschte sie. Was er ihnen da erzählt hatte, konnte nur ein sehr hochstehendes IRB-Mitglied wissen.

»Wahrscheinlich wundert ihr euch, warum ich euch das alles anvertraue«, sagte Clarke, als habe er ihre Gedanken erraten. »Nun, ich tu's, weil ihr Rotkreuzbinden tragt. Vielleicht verschont man euch deshalb beim letzten Sturmangriff. Und wenn's so kommt – wenn ihr am Leben bleibt –, dann hoffe ich, daß ihr den Leuten erklären werdet, warum wir sieben die Proklamation der Republik unterzeichnet haben. Später einmal wird es wichtig sein, daß die Leute sich an unsere Beweggründe erinnern.«

Er wandte sich an Tahg. »Und dir, mein Junge, erzähle ich das alles, weil ich deinen Vater sehr, sehr gern hatte. Und ich möchte, daß du weißt, er ist als Held gestorben, nicht als gescheiterter Revolutionär.«

»Man muß ihn ganz einfach bewundern«, sagte Derek ehrfürchtig, sobald Clarke hinausgegangen war. »Mein Gott, kannst du dir das vorstellen – fünfzehn Jahre Einzelhaft?«

»Mein Vater war sein Freund... Er sagte, Clarke sei ein guter Mann.« Tahgs Stimme klang kummervoll und gepreßt. Derek wußte, daß der Tod seines Vaters ihm immer noch sehr naheging. »Wenn man ihn so reden hört, hat man das Gefühl, ganz gleich, was geschieht, es ist jedenfalls gut, daß wir endlich zurückgeschlagen haben.«
»Ja«, erwiderte O'Hanrahan. »Da gebe ich dir recht.«
Sie unterhielten sich noch ein Weilchen, dann machten sie sich auf dem Fußboden ein Lager zurecht und legten sich schlafen.

24

Freitag, den 28. April 1916

Pearse beendete seine Patrouille mit wachsender Unruhe. Es war nicht recht, daß sie keinen Geistlichen hier hatten. Die Männer wurden sich mehr und mehr bewußt, daß sie in Todesgefahr schwebten, und wenn das Ende kam, sollte zumindest ein Priester dabeisein, um sich ihrer unsterblichen Seelen anzunehmen.
Er winkte eines der jungen Mädchen heran, die schon die ganze Woche Dienst taten. Eilfertig gehorchte es. »Wir brauchen einen Priester«, sagte er. »Dir wird es eher als den Männern gelingen, einen herzubringen. Paß auf, Kathleen, willst du zur Kathedrale gehen und einen Geistlichen bitten, mit hierherzukommen?« Fragend hob er die Brauen. Von seinen Männern erwartete er unbedingten Gehorsam, doch bei Frauen war er sich nicht sicher, was er verlangen durfte.
Das Mädchen schluckte, schaute aus dem Fenster hinaus auf die gefährlichen Straßen, die es zu durchqueren galt, aber dann nickte es zustimmend, und Pearse atmete auf.
»Bist ein braves Mädchen«, sagte der Oberbefehlshaber, tätschelte ihr flüchtig den Arm und wandte sich zum Gehen.
Kathleen zog sich die Jacke fester um die Schultern und verließ die Hauptpost. Einen Block nach Norden und einen in östlicher Richtung, weiter brauche ich ja nicht, sprach sie sich selbst Mut zu, als sie in die Dunkelheit hinausspähte. Auf dem Pflaster lagen Verwundete, von überall her tönten Schüsse an ihr Ohr – und zwei Straßenzüge schienen plötzlich doch ein langer Weg.

Vorsichtig schlich sie um die Schutthaufen herum und versuchte, sich im Schatten der Häuser zu halten; ohne Zwischenfall erreichte sie die Pfarrei.
Pater John Flanagan öffnete dem verängstigten Mädchen die Tür.
»Bitte, Pater«, begann sie zögernd und versuchte ihr wild klopfendes Herz zu beruhigen. »In der Post wird dringend ein Priester gebraucht. Ein Mann liegt im Sterben.«
»Ich bin diese Woche schon einmal dort gewesen, um den Leuten die Beichte abzunehmen«, versetzte der Pater verärgert. Die Sackville Street stand unter Beschuß, und es war mehr als zweifelhaft, ob sie bis zum Postamt durchkommen würden.
»Pater, Sie werden doch Erbarmen mit einem Sterbenden haben«, beharrte das Mädchen und bat im stillen ihren Schöpfer, ihr die Notlüge zu verzeihen.
»Ein Sterbender, sagst du? Ja, um des Himmels willen, warum hat man ihn denn nicht ins Jervis-Street-Krankenhaus gebracht?«
»Ich weiß nicht, Pater«, antwortete sie kleinlaut und dachte, daß sie wohl noch vor Ende der Nacht selbst die Beichte würde ablegen müssen.
Pater Flanagan hatte nicht viel übrig für diese Rebellion; seine Pfarrkinder mußten Mühsal genug erdulden, ohne daß ihnen ein Aufstand das wenige raubte, was sie besaßen. Es ist doch einfach nicht zu glauben, dachte er, daß diese Idioten nicht merken, wie sie mit ihrer Revolution der ohnehin schwergeprüften Stadt nur noch mehr Leid zufügen.
Trotzdem – wenn ein Sterbender das Letzte Abendmahl verlangte, blieb ihm keine andere Wahl; er mußte gehen. Er bedeutete dem Mädchen einzutreten und packte ärgerlich alles Notwendige zusammen. Als letztes schob er den kleinen Behälter fürs Viatikum in seine Tasche und folgte Kathleen auf die Straße hinaus.
Rasch durchschritten sie die Thomas Lane und gelangten über die Marlborough Street zur Parnell Street – ein Umweg zwar, doch dafür eine sicherere Route, erklärte das Mädchen. Sie fand, es hieße das Schicksal allzusehr in Versuchung führen, hätten sie denselben Weg zurück genommen, den sie gekommen war, zumal das Feuergefecht mit verstärkter Heftigkeit wieder eingesetzt

hatte. Kugeln sprangen vom Pflaster zurück, und mehrmals mußten sie sich flach gegen eine Hauswand pressen, um nicht in die Schußlinie der Heckenschützen zu geraten.

Auf der Henry Street rief jemand Pater Flanagan an. Der Geistliche blickte sich um und erkannte entsetzt einen alten Freund, der auf ihn zueilte.

»Was machst du denn hier?« fragte er. Aber der Mann kam nicht mehr dazu, ihm zu antworten, denn eine Kugel pfiff durch die Luft, die Wucht des Aufpralls wirbelte den Mann herum, und er sank leblos aufs Pflaster.

»Gütiger Gott, Pater!« stieß Kathleen entsetzt hervor. »Ich glaube, sie haben ihn umgebracht.«

Schreckerfüllt kniete der Priester neben seinem Freund nieder. »John, hörst du mich?« flüsterte er verzweifelt, aber der andere blieb stumm.

Eilig küßte Pater Flanagan seine Stola und legte sie sich um den Hals. Dann warf er einen verstohlenen Blick nach links und rechts, wie um zu prüfen, ob die Soldaten es wagen würden, einen Gottesmann bei der Erfüllung seiner Pflicht zu erschießen, und erteilte dem Toten die Letzte Ölung.

Neugierige erschienen in den Hauseingängen.

»Kann einer von euch mit anfassen und diesen Mann in die Jervis Street schaffen?« fragte der Priester, nachdem er das Sakrament gespendet hatte.

Drei Jungen kamen mit einem Handwagen aus einem Laden, luden den Toten auf und fuhren davon. Kathleen war, als habe die Schießerei nachgelassen; ob man ihnen wohl Gelegenheit geben wollte, den Toten fortzuschaffen?

Ein junger Mann mit einer Rotkreuzbinde tauchte aus der Dunkelheit auf und sprach den Geistlichen an.

»Wohin wollen Sie, Pater?«

»Zur Hauptpost.«

»Ach, das trifft sich gut. Folgen Sie mir, ich kenne den sichersten Weg.«

»Du gehörst also auch zu den Rebellen, wie?« fragte der Priester angewidert.

»Ganz recht, Pater.«

»Du solltest daheim bei deiner Familie sein, wo du hingehörst.« Ohnmächtiger Zorn über das eben Erlebte raubte ihm die Selbstbeherrschung. »Bist ja noch ein halbes Kind! Glaubst du wirklich, eine Handvoll von euch zerlumpten Narren mit ein paar Gewehren und Rotkreuzbinden kann es mit der britischen Armee aufnehmen?«

Der junge Mann maß den Priester mit einem prüfenden Blick. »Nein, Pater«, versetzte er schließlich ruhig. »Das glaube ich nicht.«

Flanagan schwieg, verdutzt über die Offenheit des Jungen. Der aber wandte sich brüsk um, winkte Kathleen und dem Pater, ihm zu folgen, und führte sie über die Henry Street zu Randalls Schuhfabrik; von einem Ausgangspunkt im zweiten Stock aus krochen sie durch ein Loch in der Mauer ins Nebengebäude und so immer weiter, von einem Mauerdurchbruch zum nächsten, bis zur Hauptpost.

Als sie am Ziel waren, klopfte der Priester sich den Staub von der Soutane und verlangte, daß man ihn zu dem Sterbenden führe. Kathleen, die sich schämte, ihn mit einer Lüge hergelockt zu haben, wies ihm schweigend den Weg zur Krankenstation.

»Und wo ist nun der Sterbende, zu dem man mich gerufen hat?« fragte der Priester ärgerlich, als er keinen Verwundeten entdekken konnte, der in Lebensgefahr schien. »Du hast mich hoffentlich nicht an der Nase herumgeführt, Mädchen? Das würde dir schlecht bekommen!«

Tahg und Derek wechselten einen Blick, dann sagte Derek: »Nein, Pater, es hat schon seine Richtigkeit. Man hat Sie für uns alle gerufen. Denn wenn kein Wunder geschieht, werden wir alle sterben.«

Die Wahrheit dieser schlichten Worte ließ den Priester die beabsichtigte Schimpfkanonade vergessen. »Also schön«, sagte er, und zum erstenmal erschien der Abglanz eines Lächelns auf seinem Gesicht. »Kümmern wir uns zuerst um die Verletzten.« Damit krempelte er die Ärmel seiner Soutane hoch, setzte sich neben die Bahre, die ihm am nächsten stand, und begann leise mit dem Verwundeten zu sprechen.

25

Schildern zu wollen, wie Dublin am Ende der Osterwoche aussah, wäre ein schier aussichtsloses Unterfangen.
Was nicht niet- und nagelfest war, hatten Plünderer in ihre Gewalt gebracht. Was nur irgend brennen wollte, war in Flammen aufgegangen, und alle, die es sich leisten konnten, waren aufs Land geflüchtet.
Wer sich auf die Straße wagte, riskierte, einem Heckenschützen von der einen oder der anderen Seite zum Opfer zu fallen. Diejenigen, die nicht schon Anfang der Woche von zu Hause fortgegangen waren, zauderten jetzt aus Angst, unterwegs erschossen zu werden.
Ich war mit meinen Kindern in einen Vorort gezogen, wo wir zumindest vor den Brandbomben sicher waren. Aber natürlich blieb mein Herz im Zentrum von Dublin, bei den Menschen, die ich so sehr liebte. Seaneen war in den Four Courts, Con in Bolands Mühle, Tahg in der Hauptpost – alle schwebten sie in äußerster Gefahr, und ich hatte keinerlei Möglichkeit, mit einem von ihnen Kontakt aufzunehmen.
Oh, unglückselige Zeiten! Schon der Gedanke an jene Wochen ist mir schmerzlich, da alles Gute und Schöne mit Füßen getreten wurde und ich so viele Menschen, die mir ans Herz gewachsen waren, verlor. Wie kann ich das Entsetzen beschreiben, das einen überkommt, wenn ein Kriegsschiff Gebäude zerstört, in denen sich die liebsten Freunde oder Verwandten befinden? Wie erklärt man die hilflose Ohnmacht, die einen befällt, wenn auf der Straße gleich neben einem jemand erschossen wird? Wie läßt sich das Gefühl unwiederbringlichen Verlustes schildern, das jede neuerliche Verwüstung heraufbeschwört?
Ich mußte mich zu Con durchschlagen. Je aussichtsloser die Lage der Rebellen wurde, desto dringlicher wurde dieses Verlangen in mir. Ich mußte einen Weg finden und zu Con gelangen…
Seaneen und ich hatten voneinander Abschied genommen, ehe der Kampf begann. Aber Con war so verzweifelt gewesen über Tierneys Tod, daß mir schien, wir hätten einander in den Tagen vor dem Aufstand kaum gesehen.
Ich mußte zu Con.

Das Feuer hatte überall verheerend gewütet; die Luft war rauchgeschwängert; stinkender Qualm brannte einem in der Kehle und ließ die Augen tränen. Auf den Straßen lagen Sterbende, Tote, Blutende oder Verkohlte. Mir war, als ginge das Gespenst des Todes an meiner Seite. Seit Montag hatte ich unablässig um Con gebangt, und jetzt schien es mir klar, daß auch ich in dieser Revolution sterben würde.
Einer von Seaneens Männern führte mich; so schnell es ging, bahnten wir uns einen Weg durch das Blutbad. Mein Führer war ein junger Mann mit freundlichen Zügen. Er wußte, daß ich meine Schwester suchte. Inzwischen hatte sich Cons Tapferkeit unter den Rebellen herumgesprochen, und die Männer hatten große Achtung vor ihr. Der Junge hatte sich daher gern bereit erklärt, mich zu ihr zu bringen.
Gegen Mittag erreichten wir die Barrikade, was nicht gerade einfach war. Die Sonne, die seltsamerweise die ganze Woche über geschienen hatte, verstärkte nur den Geruch des Todes.
Die primitive Barrikade bestand aus Drahtgeflecht, verstärkt mit allem, was zur Hand war – Stühle, geborstene Tische, sogar ein verirrtes Automobil und riesige Gipsbrocken, die bei dem endlosen Bombardement der letzten beiden Tage aus den Häuserwänden herausgesprengt worden waren.
Als wir uns Bolands Mühle näherten, kam es hie und da zu einem Schußwechsel. Chris, mein Führer, hatte mich vor den gefährlichen englischen Heckenschützen gewarnt; es wäre nicht nötig gewesen, denn unterwegs wurden drei Männer vor meinen Augen getötet. Auf solch einem Gang kann man ganz plötzlich alt werden – wenn man überhaupt ans Ziel gelangt.
Dann erblickte ich meine Schwester; groß und schlank stand sie hinter der Barrikade. Würde es Ihnen befremdlich erscheinen, wenn ich sagte, daß sie schön war, trotz der grausigen Szenerie – oder vielleicht gerade deswegen, da sie so sichtbar im Einklang mit ihr stand?
Ich sah, wie sie lachte – den Kopf zurückwarf und der Übermacht ins Gesicht lachte. Sie drohte einem unsichtbaren Scharfschützen mit der Faust und lachte. Es klang bizarr und triumphal zugleich. In diesem Augenblick war sie eine kriegerische Königin. Ihr Anblick ließ mich frösteln, gab mir aber auch neuen Mut.
Sie war in Uniform. Die Kleider mußten einem knabenhaften

Soldaten gehört haben, denn sie paßten ausgezeichnet; nur um den Busen spannte die Jacke etwas. Allein, das fiel nicht weiter auf, da sie sich einen Patronengurt schräg um die Brust geschlungen hatte. Über der Schulter trug sie mit lässiger Anmut ihr Gewehr. Gott verzeih mir, doch ich glaube, ich habe nie wieder ein so faszinierendes Bild gesehen.

Vielleicht lag es an meiner Erleichterung, sie lebend anzutreffen – vielleicht war es die vollkommene Schönheit einer Gestalt, die in ungetrübter Harmonie mit dem Augenblick verschmilzt – vielleicht auch die Kraft der Liebe, die uns verband. Genau werde ich das wohl nie ergründen. So müssen auch die alten irischen Göttinnen ausgesehen haben, als sie sich an die Spitze ihrer Legionen stellten.

Allein, hier gab es keine Legionen. Die Männer und Knaben wirkten unsagbar müde. Nicht so hungrig wie die Truppen an anderen Stützpunkten, denn der Umstand, daß sie in einer Mühle stationiert waren, erlaubte ihnen, sich selbst zu versorgen. Sie hatten sogar nicht nur für sich selbst, sondern auch für die hungernden Nachbarn emsig Brot gebacken.

Es war nur eine Handvoll Männer, aber sie hatten die britische Armee fünf Tage lang in Schach gehalten – und dementsprechend sahen sie auch aus: triumphierend, erschöpft, dem Untergang geweiht.

Wir nutzten die nächste Feuerpause und rannten die letzten paar Meter, die uns noch von der Barrikade trennten. Und da sah sie mich. Eine Wolke der Bestürzung glitt über ihr Gesicht – ich wußte, sie bangte um meine Sicherheit. Doch gleich darauf erhellten Erleichterung und Wiedersehensfreude ihre Züge, überschattet von der kummervollen Ahnung, daß wir beide, die wir einander so sehr liebten, uns wohl zum letztenmal auf Erden wiederfanden.

Sie zog mich über die Barrikade, mein langer Rock verfing sich im Draht, und dann lagen wir einander in den Armen.

»Lieber Gott«, flüsterte sie, »ich dachte schon, ich würde dich nie wiedersehen!«

»Um mich von dir zu trennen, braucht es schon mehr als die britische Armee«, erwiderte ich. Wir herzten und küßten uns. »Wie schlimm sieht's aus?« fragte ich, als ich wieder zu Atem kam.

»Das könnte ich genausogut dich fragen«, sagte Con mit wehmütigem Lächeln. »Wir sind hier so ziemlich abgeschnitten von der Welt. Aber angeblich haben wir in unserer Mühle immerhin ein paar der schlimmsten Gefechte durchgestanden. Stell dir vor, es ist uns sogar gelungen, die Verstärkungstruppen aus Kingstown aufzuhalten... bis jetzt jedenfalls.« Sie hob vielsagend die Brauen, wie um anzudeuten, sie wisse zwar, daß sie letzten Endes auf verlorenem Pfosten kämpften, wolle es aber vor den Männern nicht aussprechen.

»Wie lange könnt ihr euch noch halten?« fragte ich.

»Bei strenger Rationierung reicht unsere Verpflegung noch für drei Wochen. Die Munition ist allerdings sehr knapp. Und wenn unsere eigene Verstärkung nicht durchkommt...« Sie holte tief Luft, dann sagte sie leise, aber bestimmt: »Das Ende ist nahe, Schwester. Wir dürfen uns nicht mit falschen Hoffnungen betrügen.«

»Und was dann?«

»Wenn sie uns lebend kriegen, werden wir erschossen. Wahrscheinlich immer noch besser, als aufgehängt zu werden. Immerhin ein Soldatentod, und nicht der eines Verräters. Beth, sag mir, hast du irgendwas von Des gehört?«

»Nicht das geringste«, antwortete ich wahrheitsgemäß. »Es ist freilich denkbar, daß man ihn zusammen mit Casement gefangengenommen hat. Edmond versucht, Näheres in Erfahrung zu bringen. Aber ich hab' einen Brief von Tahg für dich, sieh her!« Ich zog ein zusammengefaltetes Blatt Papier aus der Tasche und reichte es ihr.

»Ich hab' auch einen für dich, Bethy«, erwiderte sie hastig und holte einen zerknitterten Umschlag unter der Jacke hervor. »Ich hab' ihn letzte Nacht geschrieben. Ich... ich dachte, falls ich getötet oder eingesperrt werde, würden sie ihn dir schicken...«

Ich nahm den Brief entgegen; nur mit äußerster Anstrengung konnte ich die Tränen zurückhalten.

»Weißt du noch, Bethy, als wir klein waren?« fragte sie leise. »Wie wir im Park erwachsen spielten und uns ausmalten, daß wir eines Tages für Gerechtigkeit in der Welt sorgen würden und berühmt werden, bis über den Tod hinaus?«

Ich nickte, halb betäubt vor Schmerz.

»Siehst du, ich habe versucht, diesen Kindheitstraum wahrzumachen. In den letzten paar Tagen habe ich versucht, Klarheit über mich und mein Handeln zu gewinnen... Bin ich hierher gekommen, um Tierney zu rächen, um für seine Sache zu kämpfen, oder um meinem Sohn zu beweisen, daß wir nicht nur müßige Reden führten? Diese Fragen habe ich mir immer wieder gestellt, und endlich weiß ich auch die Antwort. All das hat mit dazu beigetragen, Bethy – aber nichts davon war wirklich entscheidend. Letzten Endes bin ich um meiner selbst willen hier. Ich möchte, daß du das weißt. Ich bin hier, weil ich das Unrecht verabscheue, welches man Irland zugefügt hat, und weil bis auf dich und Des die Menschen, die mir am nächsten stehen, einer Schicht angehören, die geschlagen, erniedrigt und fast in die Knie gezwungen wurde. Und ich bin hier, um meinen bescheidenen Beitrag zu einer unsterblichen Heldentat zu leisten.«

Ich warf ihr die Arme um den Hals, und wir hielten einander ganz fest.

»Ein Tropfen auf dem Stein des Empires zu sein – oder dem Tyrannen mit einer großen, auftrumpfenden Geste zu trotzen... Tierney hat mir einmal gesagt, dazwischen müßten wir uns entscheiden. Und weißt du was, Beth, in den letzten paar Tagen, während ich unter diesen mutigen und tapferen Männern lebte, die für eine Geste kämpfen und in den Tod gehen – da erkannte ich, daß wir die bessere Wahl getroffen haben.«

Wir hielten einander umschlungen und weinten wie die Kinder – ihre Kameraden beobachteten uns, aber das war uns gleichgültig; zudem verrieten die Gesichter der Männer, daß sie verstanden, was in uns vorging. Wir sprachen über unsere Kindheit, vom Vater und von der Mutter, die Con nie gekannt hatte. Es war, als brächten wir in dieser einen Stunde unser ganzes kleines Universum in Ordnung.

Und dann war es Zeit, auseinanderzugehen.

Wir trockneten uns die Augen, und jede versuchte um der anderen willen, beim Abschied tapfer zu sein. Ich ahnte damals nicht, daß wir uns an einem anderen Tag unter noch entsetzlicheren Umständen wiedersehen würden. Wie hätte ich auch wissen können, daß der Tod zwar nahe war, sich aber nicht die Barrikaden zum Stelldichein mit seinem Opfer auserkoren hatte?

Wir brauchten Stunden für den Rückweg. Die Brandbomben hatten fast ganz Dublin in Schutt und Asche gelegt. Der liebreizend altertümliche Charme der Stadt war den Flammen zum Opfer gefallen – Kunst, Geschichte, Tradition, Architektur, alles Schöne und Edle mußte wahllos als Zündstoff für ein blindwütiges Inferno herhalten.

Ich war so tief traurig, daß mich nichts mehr berühren konnte, weder die qualvolle Hitze noch der beißende Rauch oder die Querschläger. Ob ich lebte oder starb – im Grunde, so schien mir, war mein Leben mit dem meiner Schwester dahin. Und mit dem unseres guten alten Dublin.

Als ich schmutzig, zerlumpt, rußgeschwärzt und zu Tode erschöpft zu Hause ankam, wartete Edmond auf mich.

Der Kontrast zwischen den Rebellen draußen und diesem makellos eleganten Mann in seinen gewichsten Stiefeln und dem teuren Reitanzug – er hatte den größten Teil der Rückreise in die Hauptstadt zu Pferd zurückgelegt, da ihm zu Ohren gekommen war, daß fast alle Verkehrsmittel lahmgelegt seien –, dieser Kontrast schien mir wie eine Metapher für die ewige Pein unseres Vaterlandes. Die Reichen blieben reich, während die Armen sich in periodisch wiederkehrenden Kämpfen um ihre Freiheit selbst zugrunde richteten.

»Ich dachte, du brauchst mich vielleicht«, sagte Edmond schlicht.

Zu müde, um Fragen zu stellen, zu traurig, um zu disputieren, sank ich erschöpft in einen Sessel und zog mir die Knöpfstiefel aus; sie waren blutbespritzt, was ich jedoch mit einer Gleichgültigkeit zur Kenntnis nahm, die ich noch vor vierundzwanzig Stunden nicht für möglich gehalten hätte.

»Con ist mit de Valera in Bolands Mühle«, sagte ich. »Sie rechnen damit, daß man sie in Kürze überwältigt. Con meint, man wird sie mit den übrigen Anführern erschießen.«

»Großer Gott! Ihr FitzGibbon-Frauen übersteigt das Fassungsvermögen eines jeden Mannes!« rief er aufgebracht, doch es klang keineswegs unfreundlich. »Paß auf, Elizabeth, ich werde ins Schloß gehen. Wimborne kenne ich recht gut, und mit Birrell stehe ich sogar auf vertrautem Fuß. Ich will sehen, was ich tun kann.« Nach einigem Zögern setzte er hinzu: »Elizabeth, es tut mir so schrecklich leid... ich weiß, wie sehr du an deiner Schwester hängst.«

»Danke, Edmond. Ich glaube, du meinst es ehrlich.«

Er wandte sich zum Gehen, kam jedoch noch einmal zurück und trat dicht vor mich hin.

»Unsere Ehe ist durch viele böse Stürme gegangen, Elizabeth. Gott weiß, daß ich in den letzten zwanzig Jahren zwischen Liebe und Haß zu dir geschwankt habe. Zu Zeiten hast du mich so tief verletzt, daß ich glaubte, es nicht ertragen zu können. Aber... du sollst wissen, daß ich dich trotzdem schätze und bewundere. Du bist ganz und gar nicht so, wie ich mir eine Ehefrau gewünscht hatte... aber du hättest mir eine wunderbare Freundin und Verbündete sein können, wäre ich nur klug genug gewesen, eine solche Beziehung zwischen uns zuzulassen.«
Verwundert hörte ich ihm zu. Seit wir verheiratet waren, hatte Edmond mir noch nie so freimütig sein Herz offenbart. Jetzt war ich um eine Antwort verlegen.
»Ich habe dich in all den Jahren beobachtet, Elizabeth. Mein Alter ermöglichte mir wohl auch, einiges treffend zu beurteilen. Zwar ließ ich mich oft genug von meinen Gefühlen blenden, aber am Ende habe ich doch jedesmal deinen Wert erkannt. Darum auch habe ich den Sohn eines anderen wie mein eigen Fleisch und Blut erzogen... und darum helfe ich dir jetzt – so gut ich kann.« Damit machte er auf dem Absatz kehrt und ging hinaus.
Ich ahnte zwar, wie bedeutend dieses Bekenntnis war, aber an diesem Tag konnte ich über nichts mehr nachdenken. Ich saß einfach da und weinte leise vor mich hin, bis ich schließlich in meinem Sessel einschlief.

26

Con, die sich um einen Verwundeten bemühte, hob den Kopf und fing de Valeras grübelnden und zugleich mitleidigen Blick auf. Er winkte ihr, ihm zu folgen; sie hüllte den jungen Soldaten sorgsam wieder in die zerschlissene Decke und ging mit ihrem Kommandanten in einen Winkel der Mühle, wo sie ungestört reden konnten.
Das Geschützfeuer hatte gegen Abend nachgelassen. Der rötlich glühende Widerschein im Westen tauchte Dublin in ein unwirklich zeitloses Licht. Con hatte das unheimliche Gefühl, als existiere außerhalb ihres kleinen Stützpunktes nichts anderes mehr.
»Sie sehen müde aus, Dev.« Erst als sie das sagte, merkte sie, wie erschöpft sie selber war.

»Würde es Sie befremden, wenn ich Ihnen sagte, daß ich mich einfach nur ein bißchen mit Ihnen unterhalten möchte?« fragte er. »Ganz gleich, worüber. Ich denke, schon der Klang einer weiblichen Stimme würde mir helfen, wieder einen klaren Kopf zu bekommen.« Er lächelte, und Con dachte wieder einmal, was für ein sonderbarer Mann er doch sei.
Sein schlaksiger, magerer Körper erinnerte sie ein wenig an einen Reiher; eigentlich war er recht unscheinbar, dieser kluge Mathematiker und Astronom, der hier, fern seinen Zahlen und Sternen, so verloren wirkte. Inzwischen war sie jedoch froh, daß ausgerechnet er sie unter sein Kommando gestellt hatte. Er war ein guter Mensch und ein ausgezeichneter Anführer. In den vergangenen fünf Tagen hatte sie reichlich Gelegenheit gehabt, sich davon zu überzeugen.
Sie lud ihn ein, sich neben sie auf den Boden zu setzen, und lehnte sich mit dem Rücken an die Mauer. Hier in diesem Eckchen fühlte sie sich sicherer als in den weiträumigen Lagerhallen der Mühle.
»Ich wüßte gern, ob denen je aufgehen wird, daß es bloß ein Dutzend Männer waren, die den ganzen Mittwoch gegen die Sherwood Forester standgehalten haben«, sagte Con nachdenklich. »Die haben doch mindestens zweihundert Mann verloren.«
»Das wird die Welt nie erfahren. Generalmajor Maxwell wird's vermutlich so hinstellen, als hätte eine Handvoll von *denen* einer Armee von Rebellen den Garaus gemacht.«
Beide lächelten wehmütig.
»Haben Sie Ihrer Frau und den Kindern geschrieben?«
Er nickte. »Sie wissen ja, daß ich meiner Frau letzten Sonntag, als wir aufbrachen, nicht gesagt habe, was wir vorhaben. Heute bedauere ich das.«
Sie legte ihm mit mütterlicher Geste die Hand auf den Arm. »Vielleicht wird es nicht nötig sein, Abschied zu nehmen.«
Er warf ihr einen durchdringenden Blick zu; hinter den runden Brillengläsern blitzten Falkenaugen.
»Wir beide wissen's doch besser«, sagte er schlicht.
»Sie glauben also, daß morgen alles zu Ende ist?«
»Nein, das nicht. Ein Weilchen werden wir sie noch aufhalten.«
»Sie müssen morgen mehr im Hintergrund bleiben, Dev. Sie setzen sich der Gefahr zu leichtsinnig aus. Die Männer brauchen Sie. Schon ihretwegen müssen Sie Ihr Leben schonen.«

»Bessere Männer als ich sind umgekommen, Con.«
Es war das erste Mal, daß er sie nicht Mrs. O'Connor nannte. Die vertraute Anrede ängstigte sie mehr als alles andere, denn daran erkannte sie, daß das Ende unwiderruflich bevorstand.
»Ach, Con, wenn die Bevölkerung uns doch nur zu Hilfe gekommen wäre – meinetwegen auch mit Messern und Mistgabeln.«
Sie nickte. »Es tut weh zu denken, daß wir diesen Aufstand für eine Bevölkerung angezettelt haben, die damit nicht das geringste zu tun haben will, nicht wahr, Dev? Ich muß immer wieder an etwas denken, das Tommy McGowan einmal zu mir gesagt hat: ›Wir, die Widerwilligen, geführt von den Unzulänglichen, werden Unglaubliches erkämpfen – für Undankbare.‹ «
»Ich glaube, die Leute sind einfach ausgelaugt. Zu arm und zu sehr daran gewöhnt, unterdrückt zu werden.«
»Nun, dann haben wir ihnen in dieser Woche vielleicht eine Lektion in Tapferkeit erteilt.«
»Ich glaube auch, daß unser Kampf nicht ganz vergeblich war«, sagte er ein wenig zuversichtlicher. »Haben Sie Nachricht von Ihrem Sohn?«
»Er ist bei Connolly und Pearse in der Post.«
»Tapfere Männer, alle beide«, sagte er, wie um sie zu überzeugen, daß Tahg unter ihrem Schutz sicher sei. »Ich kannte Ihren Mann, wissen Sie. Ich habe ihn sehr bewundert.«
»Er fehlt mir.«
»Ach ja, Con, gewiß. Manche Menschen hinterlassen mit ihrem Tod eine große Lücke. Tierney war so jemand. Darf ich Ihnen etwas verraten? Ich habe mich immer gefragt, ob nicht er der Harfner ist.«
Ohne ihre Antwort abzuwarten, stand er auf, schob die Hände in die Taschen und näherte sich vorsichtig, um nicht gesehen zu werden, dem Fenster.
»Ich wünschte, meine Frau wäre heute nacht bei mir.«
»Wir sind schon zwei prächtige Revolutionäre, was, Dev?« Con lachte leise. »Aber es tut gut, von der Familie zu sprechen, nicht wahr? Inmitten dieser Hölle ist es ein Trost, sich daran zu erinnern, wie das Leben einmal gewesen ist.«
Er lächelte sie an, und mit einemmal erschien sein Gesicht ihr sanft und jungenhaft.
»Sie sind mir eine gute Kameradin gewesen, Con. Seaneen war

ein Narr, daß er Sie nicht mit sich genommen hat. Aber um unseretwillen bin ich froh darüber.«
»Ich auch. Falls noch etwas Tee übrig ist, sollten wir uns jetzt einen Schluck gönnen. Was meinen Sie?« Con erhob sich, schlich geduckt am Fenster vorbei, und gemeinsam machten sich die beiden auf den Weg zur Küche.

Seaneen O'Sullivan neigte sich über Connolly, um sicherzugehen, daß er ihn auch richtig verstand.
»Du mußt hier raus«, wiederholte Connolly mühsam. »Unsere einzige Hoffnung ist, daß die Verstärkung aus dem Umland durchkommt.«
Seaneen blickte in das schmerzverzerrte Gesicht seines Kameraden. Glaubte Connolly denn wirklich, was er da sagte? Der Kampf war so gut wie verloren. »James«, sagte er eindringlich, »selbst wenn man uns Verstärkung schickt – die Leute würden nie rechtzeitig hier eintreffen.«
»Aber wir hätten's zumindest versucht!«
Seaneen wollte etwas erwidern, doch Connolly packte ihn am Ärmel und drängte: »Mir zuliebe, Seaneen. Tu's für mich!«
»Also ein Befehl?« fragte O'Sullivan.
»Nein. Ich bitte dich nur, einem sterbenden Freund einen Dienst zu erweisen.«
Seaneen ergriff Connollys Hand und nickte. Mit einem Mann, der dem Tod ins Auge sah, durfte man nicht streiten. »Ich geh' noch heute nacht, wenn Clarke mich beurlaubt«, sagte er.
»Gott schütze dich.«
Seaneen machte sich zum Ausbruch bereit. Er zweifelte nicht daran, daß er durchkommen würde. Nur davor, daß man ihn an der Rückkehr hindern könne, fürchtete er sich. Diese aussichtslose Revolution würde gewiß noch vor Ende der Woche niedergeschlagen werden. Er warf noch einen letzten Blick auf den hilflos darniederliegenden Connolly, dann machte er sich auf, um Clarke über seine Pläne zu unterrichten.

Generalmajor Sir John Maxwell war ein Verfechter strenger militärischer Zucht. Am Donnerstag, dem 27. April, hatte man ihn

als Oberbefehlshaber der britischen Streitkräfte nach Dublin abkommandiert und ihm Generalvollmacht erteilt.
Maxwell hatte viele Jahre in Ägypten gekämpft und die Wiederbesetzung Khartums befehligt. Für seinen verdienstvollen Einsatz in Afrika war er ausgezeichnet und überdies zum Ritter geschlagen worden, weil er das Nildelta gegen den Ansturm der Türken verteidigt hatte. Er war ein mustergültiger Soldat mit erstaunlichen strategischen Fähigkeiten – und eine politische Zeitbombe, repräsentierte er doch den schlimmsten Typus des Soldaten: einen General, der einen persönlichen Groll hegte. Maxwell hatte das Gefühl, politische Machenschaften hätten ihn seines angestammten Kommandos beraubt. Er brauchte nur mehr eine Gelegenheit, seine Wut abzureagieren.
Sobald er erfuhr, daß in Dublin eine militärische Aktion unbekannten Ausmaßes stattfände, hatte er alle verfügbaren Regimenter in Alarmbereitschaft versetzt und den Befehl erteilt, die Truppen sollten sich zum Vormarsch auf Dublin bereit halten. In der Hauptstadt standen ihm bereits die dort ansässigen Garnisonen zur Verfügung: 3800 Mann stark. Er sah sich durchaus in der Lage, die Iren das Fürchten zu lehren.
Als Maxwell am Freitag in Dublin eintraf, erkannte der erfahrene General sofort, daß diese verrückte kleine Rebellion zum Scheitern verurteilt war. In vielen Stadtteilen wurde zwar noch gekämpft, und die Sackville Street stand immer noch in Flammen. Aber die Aufständischen befanden sich in arger Bedrängnis, und es fehlte ihnen sowohl an Nahrungsmitteln wie auch an Munition. Ihre Niederlage war nur mehr eine Frage der Zeit.
Schon wenige Stunden nach seiner Ankunft erließ General Maxwell die folgende Proklamation:

> Wir werden schärfste Maßnahmen ergreifen, um Menschenleben und Eigentum vor dem bewaffneten Zugriff gewisser irregeleiteter Elemente zu schützen... Sofern dies nötig sein sollte, werden wir nicht zögern, sämtliche Gebäude in den von den Rebellen besetzten Stadtteilen zu zerstören... An die Aufständischen ergeht der Befehl zur bedingungslosen Kapitulation... Alle Männer werden sich den Beobachtungsposten ergeben und die in ihrem Besitz befindlichen Waffen sowie die Munition ausliefern.

Noch während Maxwell diesen Aufruf diktierte, verfaßte Padraig Pearse in der Hauptpost seinerseits ein Manifest. Er wußte so gut wie Maxwell, daß das Ende bevorstand.

O'Rahilly beendete den täglichen Bericht an seine Frau und steckte ihn in die Tasche zu den übrigen. Er hoffte, man würde diese Schreiben bei seiner Leiche finden und seiner Frau übergeben. Sehnsüchtig überließ er sich für ein paar Minuten den Gedanken an sie, die er so sehr liebte. Sie hatten glückliche Jahre miteinander verlebt und fünf Kinder zusammen großgezogen. Gott gebe, daß sie alle in Sicherheit sein würden, wenn dieser Alptraum vorüber war. Daß er sie nie wiedersehen würde, schmerzte ihn unsäglich.

Er trat aus dem kleinen Zimmer, in dem er geschlafen hatte, und gab Befehl, alle entbehrlichen Granaten und Sprengkörper vom Dach und aus dem Obergeschoß nach unten zu schaffen. Zwei volle Tage hatten die Briten sie unter Beschuß gehabt, doch nur zwei Granatwerfer waren im Postamt eingeschlagen. Ein solches Glück konnte nicht lange andauern.

O'Rahilly ging hinunter, um nach Connolly zu sehen.

»Willst du mir einen Gefallen tun?« fragte der Verletzte, als er ihn eintreten sah. »Ich habe einen Aufruf an die Männer verfaßt, doch ich habe nicht mehr die Kraft, ihn selbst zu verlesen.« Er hielt O'Rahilly mit zitternder Hand ein Blatt Papier entgegen. Sonderbar, dachte O'Rahilly, aber in dieser Woche voller Fehlschläge ist er mir richtig ans Herz gewachsen. Auch mit Pearse hatte er seinen Frieden gemacht; nun akzeptierte er dessen Überzeugung, daß die Leute, mochte der Aufstand auch scheitern, sich weiter für ihre Sache einsetzen und Irland befreien würden. Wie merkwürdig, daß sich seine Ansichten in dieser einen Woche so grundlegend geändert hatten.

Er ging hinaus in die Schalterhalle und rief die Männer zusammen. Tahg verließ seinen Posten am Fenster und kam näher, um zuzuhören. Als er sich umblickte, erkannte er neben sich den jungen Mick Collins.

O'Rahilly las mit klarer, vernehmlicher Stimme: »Heute ist der fünfte Tag seit der Gründung der Irischen Republik...«

Collins stieß Tahg in die Seite und flüsterte: »Heute oder morgen

ist's aus, O'Connor. Ich habe mit O'Rahilly darüber gesprochen. Wir müssen einen Weg finden, hier rauszukommen, ehe sie alles in Schutt und Asche legen.«
Tahg sah den jungen Mann aufmerksam an. Collins war von grobschlächtiger Statur und hatte harte Augen, aber die Männer mochten ihn; er war ein guter Schütze und ein kluger Kopf. Und er machte den Eindruck, als könne man ihn ernst nehmen.
»Warum sagen Sie das gerade mir?«
»Weil O'Rahilly mich beauftragt hat, mir sechs Jungs zu suchen, die mir helfen, die Männer hier rauszubringen. Ich beobachte Sie schon die ganze Woche. Sie sind in Ordnung, O'Connor. Es wird gefährlich werden, aber Sie sind gesund und kräftig – ich denke, Sie schaffen's.«
»Ich bin dabei«, antwortete Tahg. »Vorausgesetzt, daß Sie mich von meinem Posten hier loseisen können.«
»Keine Sorge, wir reden mit O'Rahilly, sobald er fertig ist.«
»Feuer!« schrie jemand von oben. »Das Dach brennt!«
O'Rahilly und Collins stürmten geistesgegenwärtig auf die Treppe zu.
»O'Connor!« rief Collins über die Schulter zurück. »Hierher! Los, kommen Sie mit!« Und Tahg rannte hinter ihm her nach oben. Wie gigantische Leuchtkäfer stürzten die Brandbomben vom Himmel herab. Mit Pumpen und Spritzen kämpften die Männer dagegen an; allein, der Wasserdruck reichte nicht aus, und allenthalben flammten neuerliche Brandherde auf.
O'Rahilly tastete sich durch dichte Rauchschwaden vor und schrie dem Mann auf dem Dach entgegen: »Komm runter, O'Shaunessy! Das ist ein Befehl, Mann!«
»Sie wissen doch, was Sie mit *dem* Befehl machen können, Sir«, kam die Antwort zurück.
»Du hast gehört, was ich sage, O'Shaunessy! Wir räumen das Gebäude, Mann!«
»Ich komm' nach, sobald ich kann, Sir. Aber im Augenblick hab' ich ein bißchen viel zu tun.«
Stock für Stock dämmten sie das Feuer ein und versuchten dabei gleichzeitig die Männer in Sicherheit zu bringen. Sobald sie der Flammen nicht mehr Herr werden konnten, zogen sie sich ins nächsttiefere Stockwerk zurück. Tahg bewunderte O'Rahillys Fähigkeit, die Männer in Schach zu halten; er schien der geborene

Befehlshaber. Mick Collins besaß ebenfalls dieses Talent, das merkte man gleich.
Schließlich mußten sie erkennen, daß keine Chance bestand, ihren Vorsprung vor dem Feuer zu wahren. O'Rahilly warnte Pearse, MacDiarmida, Clarke und Plunkett, die eilends ihre Leute in der großen Schalterhalle versammelten, so weit wie möglich von den lodernden Flammen und der sengenden Glut entfernt. Tahg und Mick bezogen auf O'Rahillys Befehl hin etwas abseits ihre Posten.
»Es wäre eventuell möglich«, sagte Pearse, »daß ein paar von uns sich zur Seifen- und Süßwarenfabrik Williams & Wood in der Parnell Street durchschlagen und dort ein neues Hauptquartier errichten.«
»Um Gottes willen!« rief MacDiarmida. »Da müßten wir erst die Henry und die Moore Street überqueren – genausogut könnten wir gleich in die Hölle fahren!«
In den Obergeschossen waren Balken eingestürzt und hatten die Decke der Schalterhalle in Brand gesetzt, von der nun die ersten Funken auf die Männer herabregneten.
»Trotzdem«, beharrte Plunkett, »wir sollten einen Stoßtrupp losschicken, der es zumindest versucht.«
»Die Männer müßten die britischen Linien durchbrechen und würden ihnen direkt ins Mündungsfeuer laufen«, gab der stets realistische Clarke zu bedenken.
»Ich werd's versuchen«, sagte O'Rahilly. Stumm und bewundernd blickten die übrigen ihn an.
»Zuvor müssen wir aber die Verletzten rausschaffen«, meinte Pearse schließlich.
Ein Trupp Männer wurde abkommandiert, durch die Mauern der Gebäude entlang der Henry Street einen Gang bis zum Coliseum-Theater freizusprengen. Wenn es gelang, die Verwundeten so weit durchzuschleusen, hätten sie schon ein beträchtliches Stück des langen Weges bis zum Krankenhaus in der Jervis Street geschafft.
Pearse und Plunkett stellten den Stoßtrupp zusammen, gaben jedem Mann seine Verpflegungsration und nahmen Abschied von ihren Kameraden. Plunkett wandte sich an Winifred Carney, Connollys Sekretärin, die sich geweigert hatte, den Verwundeten zu verlassen.

»Würden Sie etwas für mich tun, Miß Carney?«
»Aber sicher«, erwiderte sie mit einem besorgten Blick auf die dunklen Schatten unter den Augen des Geschwächten.
»Dann übergeben Sie diesen Brief meiner Verlobten, Grace Gifford. Er enthält mein Testament – ich habe ihr alles vermacht, was ich besitze.« Er nahm seinen Armreif ab, zog den großen Ring vom Finger und legte beides auf den Umschlag. »Ich glaube nicht, daß euch Frauen etwas geschehen wird, Miß Carney. Bitte geben Sie Grace diese Sachen von mir.«
Winifred nickte; der Rauch kratzte sie in der Kehle und hinderte sie am Sprechen. Plunkett wirkte so angegriffen, daß sie bezweifelte, ob er die nächsten paar Tage überleben würde. Er ist ein gütiger, tapferer Mann, dachte sie, trotz seiner verschrobenen Ansichten. Sie umarmte ihn und ging dann rasch ihrer Wege.
Collins und Tahg gehörten zu den etwa dreißig Männern, die Pearse für den Stoßtrupp auswählte.
»Wir bereiten die Evakuierung des Hauptquartiers vor!« rief er den Leuten zu. »Aber ihr werdet nicht mit uns kommen! Ihr seid O'Rahillys Kommando unterstellt und werdet zur Fabrik Williams & Wood vordringen. Ein gefährlicher Auftrag. Doch ich bin sicher, ihr werdet ihn meistern!«
Er erhob seine Stimme, damit ihn auch alle über das Knistern der Flammen hinweg verstehen konnten. »Ich erwarte, daß ihr bereit seid, den Maschinengewehren da draußen gegenüberzutreten, als ginget ihr zur Parade. Wenn wir uns schon ergeben müssen, dann nicht, um unsere Haut zu retten, sondern Dublin!«
Einen Moment lang herrschte tiefes Schweigen. Die Männer sahen einander an, ihre grimmig entschlossenen Gesichter glänzten schweißnaß von der Hitze des Feuers. Einer erkannte in den Augen des anderen den Wahnwitz der Situation, aber auch die Einigkeit, die sie miteinander verband und stärkte.
Dann begann eine zögernde Stimme zu singen: »Ja, wir sind Soldaten...« Hier und da stimmten andere mit ein: »...Irland gehört unser Leben.«
Pearse, der kein solches Echo erwartet hatte, blickte sich nach Connolly um, und Tahg war es, als glänzten Tränen in seinen dunklen Augen.
Bald schon erklang die Hymne der irischen Befreiungsbewegung aus dreihundert beherzten Kehlen:

...Haben manch einen Kameraden, weit, weit an fernen Gestaden.
Ja, wir sind frei geboren, und unser Vaterland
Gehört nicht Diktatoren, gehört nicht Feindeshand.

Es war, als sei dieses Lied, das die Männer in den vergangenen Wochen oft angestimmt hatten, um sich Mut zu machen, eigens für diese Rebellion geschrieben worden; von der Melodie ging etwas Tröstliches aus.
Singend verließen die Männer die Hauptpost und traten hinaus ins Gemetzel auf der Henry Street; singend gingen sie der Kapitulation entgegen.

Samstag, den 29. April 1916

P. H. Pearse: An alle irischen Freiwilligen

Um weiteres Blutvergießen unter den Bürgern von Dublin zu vermeiden und in der Hoffnung, unseren Anhängern, die von einer erdrückenden Übermacht umzingelt sind, das Leben zu retten, sind die Mitglieder der Provisorischen Regierung im Hauptquartier übereingekommen, die bedingungslose Kapitulation zu verfügen. Die Kommandanten in den jeweiligen Stadtvierteln sowie draußen auf dem Lande werden hiermit aufgefordert, unverzüglich die Waffen niederzulegen.

»Die Kapitulation ist beschlossen, Sir.« Maxwells Adjutant brachte seinem Vorgesetzten die erfreuliche Nachricht. »Die Rädelsführer und ihre Leute sind in die Gefängnisse von Kilmainham und Brixton eingeliefert worden.«
»Sehr gut.« Der General nickte zufrieden.
»Sir, darf ich mir eine Frage erlauben? Wie gedenken Sie die Rädelsführer zu bestrafen?«
»Das will ich Ihnen sagen«, versetzte Maxwell gleichmütig. »Wir werden die Kerle vor ein Kriegsgericht stellen und sie so rasch wie möglich hinrichten lassen.«
»Alle, Sir?«
»Alte militärische Grundregel, Wrigley«, antwortete Maxwell leutselig. Sein Adjutant war ein brauchbarer Junge, da nahm er

sich gern einmal die Zeit zu ausführlichen Erklärungen. »Es ist gefährlich, Verrätern die Möglichkeit zu geben, ihr Handwerk weiterzuvererben. Faule Äpfel gehören aussortiert, ehe sie die anderen verderben.«

»Ja, Sir.« Wrigley nickte zögernd. »Gewiß, Sir. Nur... da es sich um politische Gefangene handelt, Sir... Ich dachte, das mache vielleicht einen Unterschied, Sir.«

»*Politische* Gefangene? Unsinn! Kriegsverräter sind's, Wrigley. Nicht mehr und nicht weniger. Passen Sie auf, was ich Ihnen sagen. Wenn wir der Sache auf den Grund gehen, wird sich herausstellen, daß die Deutschen hinter dieser Rebellion stecken – das rieche ich förmlich! Na, und für Verräter gibt's in Kriegszeiten doch nur eine Strafe, nicht wahr, mein Junge?«

»O gewiß, Sir!«

»Na also! Und nun schlafen Sie sich am besten mal tüchtig aus, Wrigley. Morgen gibt's eine Menge zu tun.«

Lieutenant Arthur Wrigley salutierte und ging hinaus. Ob die Frage, was mit den Rebellenführern zu tun sei, wirklich so leicht zu entscheiden war, wie sein Vorgesetzter behauptete? Diese Iren waren ein emotionales Völkchen. Wenn man ihre Anführer hinrichtete, so konnte das womöglich ein böses Nachspiel haben.

27

Dienstag, den 2. Mai 1916

Padraig Pearse saß auf der Bettkante in seiner Zelle und stellte vorsichtig das Tintenfaß auf den Boden. Das Schreibpapier, welches man ihm bewilligt hatte, balancierte er auf den Knien, die Feder schwebte zögernd über dem leeren Blatt.

Was schreibt man in der letzten Nacht seines Lebens? fragte sich der Lehrer, Poet und Oberbefehlshaber der Rebellenstreitkräfte ratlos.

Nun war es vorbei, oder zumindest morgen früh. Den weisen Männern, die er einst in Versen mit seinen verschlüsselten Fragen bestürmt hatte, würde es überlassen bleiben, die Rätsel zu lösen. Würde der Tod im Kugelhagel eines Erschießungskommandos anders sein, als er ihn sich in der Vergangenheit so oft ausgemalt hatte? Er dachte nicht lange darüber nach, denn ihn beschäftigten jetzt dringlichere Fragen.

»Märtyrer sind unsere stärksten Waffen«, hatte er seinen Anhängern gepredigt. »Niemand, kein Reich dieser Welt, kann es mit einem einzelnen Mann aufnehmen, der bereit ist, für seinen Glauben in den Tod zu gehen.«

Die Leute hatten ihm oft genug vorgehalten, er suche nachgerade den Märtyrertod. Nun hatte er also seinen Gral gefunden... Er schmeckte bitterer, als Pearse sich das vorgestellt hatte. Das Martyrium war kälter, trauriger, einsamer; weder so edel noch so idyllisch und schon gar nicht so klar umrissen, wie er es sich ausgemalt hatte. Bitte, o Herr, laß es trotzdem unserer Sache dienlich sein!

Gott sei Dank bestand zumindest die Hoffnung, daß Willy davonkommen würde. Guter, liebevoller, treuer Willy, ich hab' dich auf eine lustige Hetzjagd mitgenommen, was, kleiner Bruder? Gott schütze dich, Willy! Ob je ein Bruder dem anderen mit mehr Liebe und Treue gefolgt ist als du? Engere Verbündete gibt es auf der ganzen Welt nicht als zwei Brüder, die zugleich Freunde sind.

Pearse tauchte die Feder ein und begann zu schreiben; er malte die Buchstaben kleiner als gewöhnlich, denn mit dem wenigen Papier, das ihm zur Verfügung stand, galt es sparsam umzugehen.

An meinen Bruder

O Du mein Getreuer!
Demselben Mutterleib entsprungen,
Haben wir einander beigestanden, all die Jahre.
Die fröhlichen ebenso wie die kummervollen.
Geliebter Bruder, Du: Ob mein Ansehen hoch war oder gering,
Ja, selbst in äußerster Gefahr standest Du mir bei.
Alles hast Du für mich geopfert.
Hast Dich verbraucht in dem harten Dienst,
Welchen ich Dich lehrte.
Von allen Menschen, die auf Erden ich kannte,
Warst Du allein nur mein vertrauter Freund.
Auch brauchte ich keinen andern.

Zufrieden las er sein Gedicht noch einmal durch. Willy würde es verstehen, zwischen den Zeilen das herauszulesen, was ungesagt geblieben war. Er würde das Blatt morgen früh dem Wachtposten geben und ihn bitten, es Willy in seine Zelle zu bringen. Gewiß würde selbst ein Gefängniswärter den letzten Wunsch eines Todgeweihten respektieren.
Abermals nahm er die Feder zur Hand. Diesmal galt es, seiner Mutter eine Botschaft zu hinterlassen:

> ... Schwer, o Herr, prüfest Du die Mutter.
> Unter Schmerzen gebären wir unsere Kinder, unter Schmerzen sehen wir sie scheiden.
> Und heg' ich gegen sie auch keinen Groll, so bin ich doch unendlich müde
> Des langen, langen Leidens. Indes ist Freude auch in meinem Herzen:
> Denn meine Söhne waren treu und kämpften tapfer.
>
> P. H. Pearse

Pearse seufzte, als er das Gedicht an seine Mutter unterzeichnete. Er hatte es schon vor Monaten verfaßt, aber diese Zeilen schienen ihm am besten als Abschiedsgruß an sie geeignet. Er hoffte zu Gott, daß er keine prophetische Aussage machte, wenn er vom Untergang der Söhne sprach. Denn es bestand immer noch Hoffnung, daß Willy freikommen würde.

Der Kommandant hielt die Anstoß erregenden Blätter in der Hand. Der Wärter hatte sie ihm ordnungsgemäß ausgeliefert und um Weisung gebeten. Der Häftling Pearse habe diese Zeilen an seinen Bruder Willy, einen Mitgefangenen, geschrieben, hatte der Mann erklärt; solle er sie überbringen oder nicht? Außerdem sei da noch ein Gedicht an die Mutter der beiden Fenier.
Der Kommandant hatte dem Posten für seine Wachsamkeit gedankt und ihn entlassen.
Dieser Pearse hielt sich offenbar für einen Dichter, obgleich der Kommandant seinem ungereimten Gekritzel nichts abgewinnen konnte. Andererseits war genau solches Gefasel dazu angetan, die irischen Raufbolde aufzuhetzen.

Der Kommandant trat an den Kamin und hob die Hand, um die Blätter ins Feuer zu werfen, hielt aber im letzten Moment inne. Vielleicht war das ein interessantes Souvenir? Etwas, das er in ein paar Jahren seinen Enkeln zeigen konnte.
Er warf noch einen letzten Blick auf die eckigen Schriftzüge, faltete das Papier, steckte es in die Tasche und ging wieder an seine Arbeit.

Donnerstag, den 11. Mai 1916

Der Schmerz in seinem Bein strahlte auf den ganzen Körper aus. James Connolly biß sich auf die Lippen, um nicht vor Qual aufzuschreien, als man ihn, an einen Stuhl gefesselt, zurück in den Krankenhaustrakt des Gefängnisses brachte. Zum Tode verurteilt, hatten sie gesagt. Er hätte ihnen ins Gesicht gelacht, hätte er nicht alle Kraft aufbieten müssen, um angesichts des flammenden Schmerzes nicht das Bewußtsein zu verlieren.
Natürlich war er zum Tode verurteilt – wußten diese Toren das denn nicht? Sein Fuß war brandig, da die Geschoßsplitter noch im Fleisch steckten. Das ganze Bein hatte sich entzündet und verfaulte langsam. In ein, zwei Tagen würde er sterben – mit oder ohne ihr blutiges Kriegsgericht.
Mit einem Ruck setzten die Männer den Stuhl zu Boden, lösten die Riemen, welche Connolly aufrecht an die Lehne gefesselt hielten, und er fiel vornüber, da er nicht mehr die Kraft hatte, ohne Hilfe gerade zu sitzen. Die beiden jungen Soldaten stützten ihn und halfen ihm ins Bett. James knirschte mit den Zähnen, um das Stöhnen zu unterdrücken, das die unsanfte Berührung ihm auf die Lippen drängte.
Die Soldaten wandten sich zur Tür. Er hörte sie mit dem Wärter draußen im Korridor sprechen.
»Seine Frau darf morgen für eine Viertelstunde zu ihm.«
Eine Viertelstunde, um ein Leben voller Liebe, Treue und Hingabe abzuschließen, dachte Connolly verzweifelt. Wie erbärmlich war doch die Großmut dieses großen Empires.

»Kann ich was für Sie tun, Connolly?« Die Stimme ließ den Gefangenen aus seinem unruhigen Schlummer hochfahren. Er erkannte Dr. Tobin, den weißhaarigen Chirurgen, der sich über ihn beugte, und versuchte zu lächeln. Dr. Tobin war der behandelnde Arzt hier im Gefängnis; eine gute Seele. Connolly versuchte, ihm zu antworten, doch das Sprechen fiel ihm schwer. Seine Zunge war trocken und geschwollen; sie fühlte sich an, als habe er Watte im Mund.

»Ich wünsche mir nichts als die Freiheit«, flüsterte er schließlich.

»Das müssen Sie der *sean bhean bocht** sagen, mein Freund. Dafür bin ich leider nicht zuständig. Aber kann ich Ihnen Ihr Los denn nicht ein wenig erleichtern?«

Connolly antwortete mit einer Gegenfrage. »Was glauben Sie, Doktor, wird mit mir geschehen?«

Tobin räusperte sich. »Sie werden erschossen.«

»Oh, glauben Sie das wirklich?«

»Ich bin mir ganz sicher.«

»Warum?«

»Es bleibt ihnen gar nichts anderes übrig, Mann. Oder können sie Sie vielleicht kaufen?«

»Nein.«

»Sie einschüchtern?«

»Nein.«

»Falls man Sie laufenließe – würden Sie versprechen, Ihrer Wege zu gehen und in Zukunft ein braver Untertan zu sein?«

»Nein.«

»Dann, fürchte ich, bleibt ihnen keine andere Wahl, als Sie zu erschießen.«

»Ich verstehe«, sagte Connolly leise und traurig.

Tobin nahm kopfschüttelnd seine Instrumententasche vom Boden auf. »Mag sein, daß man mich nicht mehr zu Ihnen läßt, bevor es zu Ende geht, James...«

»Meine Frau wird mich besuchen, Doktor. Wenn Sie erreichen könnten, daß Nora, meine Älteste, mitkommen darf, wäre ich Ihnen sehr dankbar.«

»Ich tue, was ich kann.«

Dr. Tobin wartete, bis der Posten ihm die Eisentür aufgeschlossen hatte. Connolly lag im Sterben, daran bestand kein Zweifel. Der Doktor fragte sich, wer ihn früher holen würde – Gott oder die Engländer.

---

* Wörtlich: arme, alte Frau. Metapher für Irland.

In der Eingangshalle des Dubliner Schlosses führt eine breite Freitreppe empor zu den oberen Gemächern. Auf jeder Stufe stand ein Soldat mit aufgepflanztem Bajonett. Lillie und Nora Connolly stiegen die Treppe hinauf, um sich beim diensthabenden Nachrichtenoffizier den Passierschein zu holen, mit dem sie den Verurteilten im Rotkreuztrakt besuchen durften.

»Wozu sind diese kleinen viereckigen Kissen gut, Mama, die auf jedem Treppenabsatz liegen?« fragte Nora.

»Wir nennen sie ›Kekse‹, Miß Connolly«, erklärte der junge Offizier, der die beiden begleitete. »Die Soldaten legen sich zum Schlafen drauf, wissen Sie.«

Das junge Mädchen nickte, wenngleich es nicht begriff, warum die Soldaten nachts nicht in ihr Quartier gingen.

Connolly sei in die Offiziersabteilung verlegt worden, sagte der Nachrichtenoffizier. Dort dürften sie ihn wie vereinbart besuchen; allerdings würde während der zugestandenen Frist von fünfzehn Minuten ein Sanitätsoffizier anwesend sein.

»Ich werde also überhaupt nicht mit ihm allein sprechen können?« flüsterte Mrs. Connolly kummervoll.

»Wo denken Sie hin, gute Frau!« Noch eine brüske Handbewegung, und Mutter und Tochter waren entlassen.

Weiß wie ein Laken lag James Connolly auf dem Feldbett. Ein Gestell über seinen Beinen sollte verhindern, daß die Decken mit dem zerschmetterten Knöchel in Berührung kamen.

»Man hat mich vor ein Kriegsgericht gestellt, Liebes«, sagte er ohne Umschweife zu seiner Frau.

Der junge Offizier räusperte sich, warf noch einen Blick auf Nora und wandte dem Paar dann ostentativ den Rücken.

Die Eheleute unterhielten sich eine Weile im Flüsterton, dann winkte Mrs. Connolly ihre Tochter ans Bett.

»Ich bin sehr stolz auf dich, mein Kind«, sagte ihr Vater, und Tränen schimmerten in seinen Augen.

»Aber ich habe doch gar nichts getan«, wehrte Nora schluchzend ab. Sie sehnte sich danach, den Vater zu umarmen und sich an ihn zu schmiegen, aber als sie sah, wie eine bloße Erschütterung des Bettes ihn schmerzhaft zusammenzucken ließ, trat sie scheu zurück.

»Wärst du nicht gewesen, hätten wir nicht das geringste erreicht. Die Botschaften, die du für mich besorgt hast, waren der Schlüssel zu allem, Nora.«

Das junge Mädchen verbiß sich die Antwort, die ihr auf der Zunge lag: Hätte es diese Botschaften nicht gegeben, wäre es vielleicht auch nicht zu der entsetzlichen Szene jetzt und hier gekommen.
Connolly spähte zu dem Offizier hinüber, der angelegentlich aus dem Fenster sah, und flüsterte: »Du mußt Skeffington eine Nachricht überbringen, Nora.«
Das Mädchen warf seiner Mutter einen fragenden Blick zu. »Er... er ist ermordet worden, Papa... von einem Offizier der Armee. Nur du und MacDiarmida seid noch übrig. Die anderen sind alle von uns gegangen.«
Tiefe Trostlosigkeit spiegelte sich in den Zügen des Mannes. »Großer Gott«, flüsterte er entgeistert. »Alle, sagst du?«
»Ihre fünfzehn Minuten sind fast abgelaufen«, meldete der Offizier sich verlegen zu Wort. Lillie Connolly liefen die Tränen übers Gesicht. Um ihrem Mann Aufregung zu ersparen, hatte sie versucht, ihre Verzweiflung zu meistern, aber nun übermannte sie die Gewißheit des Furchtbaren, das ihm bevorstand. Nora zog sich in eine Ecke zurück, um den Eltern zumindest das Gefühl zu geben, sie könnten unter vier Augen miteinander reden.
»Aber dein Leben, James.« Schluchzend kniete Lillie neben dem Bett nieder. »Dein schönes Leben!«
»Nicht doch, Lillie, nicht... Wein doch nicht so, mein Liebes. Du machst mich noch ganz verzagt.«
Die zierliche Frau legte ihren Kopf neben den ihres Mannes aufs Kissen und griff nach seiner Hand. So verharrten sie schweigend, bis draußen im Gang die Schritte des Wärters erklangen.
James winkte Nora zu sich, nahm ihre Hand und zog sie unter die Decke. Das Mädchen spürte, wie er ihr ein zusammengefaltetes Blatt Papier zwischen die Finger schob.
»Schmuggle das hier raus«, flüsterte er beschwörend. »Es ist meine Aussage vor dem Kriegsgericht. Man hat mich gefragt, was ich zu meiner Verteidigung vorzubringen hätte, aber ich hab's nicht für mich gesagt, mein Kind, sondern für Irland. Bring's raus, Nora, tu's für mich!«
Der Offizier näherte sich dem Bett, doch Lillie Connolly blieb wie angewurzelt stehen.
»Ich lass' dich nicht allein, James.« Ihre Stimme klang gequält, aber fest.

Connolly schloß die Augen, um nicht mit ansehen zu müssen, wie man seine Frau gewaltsam von seinem Bett wegzerrte.

Nora lief noch einmal zu ihrem Vater.

»Nimm's dir nicht gar so sehr zu Herzen, Kind«, flüsterte er ihr rasch ins Ohr. »Wir werden uns wieder erheben!«

»Nur einen Augenblick noch«, bat Lillie Connolly. Schon an der Tür, wandte sie sich um und sah ein letztes Mal den Mann an, den sie über zwanzig Jahre lang so rückhaltlos geliebt hatte.

»Die beiden haben einander in diesem einen Augenblick mehr gesagt, als die meisten Ehepaare es ein Leben lang tun«, versicherte die Schwester dem Arzt, als Mutter und Tochter im dunklen Korridor verschwanden.

»Das kam mir auch so vor«, antwortete der Doktor, und die Schwester spürte, daß der Vorfall ihn ebenso erschüttert hatte wie sie.

Freitag, den 12. Mai 1916, im Morgengrauen

Connolly sah den Gefängnishof, auf dem man ihn hinrichten würde, wie durch einen Schmerzensschleier. Wieder hatte man ihn auf einem Stuhl festgebunden, der diesmal aber unbarmherzig wackelte, als die Soldaten ihn dem Erschießungskommando gegenüber aufs holprige Pflaster niedersetzten. Ein heftiger Schmerz durchzuckte Connolly und ließ ihn dem ewigen Vergessen fast mit Erleichterung entgegensehen.

Zwölf Kavalleristen waren in strammer Haltung angetreten. Connolly sah ihnen der Reihe nach ins Gesicht und fragte sich unwillkürlich, was wohl in einem Mann vorgehen mochte, der dazu abkommandiert war, kaltblütig einen Menschen zu erschießen. Dem Aussehen nach entstammten diese jungen Soldaten der Arbeiterklasse, also gerade der Schicht, für die er sein Leben lang gekämpft hatte. Einfache Leute waren es, verwandelt nur durch ihre Uniform.

Die Stille im Hof wirkte unnatürlich. Connolly überlegte, ob die verständliche Spannung eines solchen Schauspiels durch seinen Zustand wohl noch verstärkt werde. Es mußte unheimlich anmuten, einen Mann zu erschießen, der zu schwach war, um aufrecht zu stehen.

Rasch sprach er seine Gebete; in der Zelle hatte er bereits reichlich

Gelegenheit zum Beten gehabt. Er dachte an Nora, spürte wieder den Druck ihrer Hand in der seinen und fragte sich, was wohl jetzt aus ihr werden würde.
Er segnete seine Frau von ganzem Herzen. Liebe, tapfere Lillie! Hatte je ein Mann eine so gute und treue Frau gehabt?
Dr. Tobin kam mit einer Augenbinde in der Hand auf ihn zu. Nein, dachte Connolly, das werde ich nicht dulden. Er machte ein verächtliches Gesicht und schüttelte den Kopf. Doch der Doktor erklärte ihm verlegen, daß er keine andere Wahl habe, als sich zu fügen.
Sie wechselten noch ein paar Worte, aber beiden war nicht wohl bei dem Gedanken, das Unabänderliche hinauszuschieben. Schließlich fragte Tobin: »Wollen Sie ein Gebet für die Männer sprechen, die Sie erschießen werden, James?«
»Ich werde für alle tapferen Männer beten, die ihre Pflicht tun, so gut sie es eben verstehen«, antwortete Connolly, und der Arzt verband ihm die Augen.
Pearse. MacDonogh. Clarke. Plunkett. Daly. O'Hanrahan. Willy Pearse. MacBride. Ceannt. Colbert. Mallin. Heuston. MacDiarmida. So zählte Connolly in Gedanken die Namen seiner tapferen Kameraden auf und wartete. Ob sie wohl alle tot waren?
Die Soldaten legten ihre Gewehre an, der Offizier gab das Signal.
Von mehreren Kugeln durchlöchert, sackte Connollys Körper in sich zusammen, doch die Gurte, welche ihn an den Stuhl fesselten, hinderten ihn am Umfallen. Blut aus der Wunde am Knöchel war durch den Verband gedrungen und mischte sich nun mit dem Blut aus den Schußwunden.
Ist dieses grausige Schauspiel nicht gleichsam ein Mikrokosmos des wahnwitzigen Kampfes zwischen Engländern und Iren? dachte Dr. Tobin. Die Sage vom gälischen Häuptling Cúchulainn kam ihm in den Sinn: Ein Waffenbruder hatte den legendären Helden im Todeskampf aufrecht an einen Baum gefesselt, damit er »mannhaft sterben« möge.
Jim Connolly ist mannhaft gestorben, flüsterte der Doktor vor sich hin, während ein Sanitäter dem toten Rebellen die Fesseln löste. In diesem Stuhl hat er sich gerader gehalten, als es den meisten Männern im Stehen je gelingt.

28

Am Donnerstag, dem 11. Mai, veröffentlichten die Morgenzeitungen einen offiziellen Erlaß Sir John Maxwells: »In Anbetracht der Bedrohlichkeit des Aufstandes und seiner Verbindung mit Intrigen und Propaganda der Deutschen hält der Oberbefehlshaber der irischen Heeresleitung es für seine unumgängliche Pflicht, die Rädelsführer dieser verabscheuungswürdigen Rebellion aufs schärfste zu bestrafen. Gezeichnet...« Die Anführer waren indes bereits fast alle hingerichtet worden. Daher konnte ich mir Maxwells Verlautbarung nur so erklären, daß er beabsichtige, die noch verbliebenen Gefangenen ebenfalls zu exekutieren.

»Wir müssen meine Schwester da rausholen, ehe es zu spät ist!« sagte ich zu Edmond. Auch Con war zum Tode verurteilt worden, und obwohl es hieß, daß man die Frauen zu lebenslänglicher Haft begnadigen würde, war bisher noch keine entsprechende Verfügung erlassen worden.

Zu meinem Erstaunen stimmte Edmond mir sofort zu. »Ich werde persönlich Sir Hilary im Schloß aufsuchen. Man hat diesen Irrsinn wahrhaftig weit genug getrieben.«

»Aber wenn er sie nun nicht freiläßt?«

»Dann wende ich mich an seine Vorgesetzten in Whitehall.« Er schien ehrlich betroffen über die jüngsten Vorgänge. Wahrscheinlich sah er mir an, daß seine Haltung mich überraschte.

»Du mußt mich recht verstehen, Elizabeth. Mir erscheint das, was Constance und die anderen getan haben, in höchstem Maße töricht und unbesonnen. Aber um ganz aufrichtig zu sein, muß ich dir gestehen, daß ich mir nicht mehr sicher bin, ob man den Rebellen nicht doch einen Grund für ihr übereiltes Handeln gegeben hat.«

Ungläubig starrte ich ihn an.

»Ich mißbillige Gewaltanwendung, Elizabeth. Von welcher Seite auch immer. Und du kannst versichert sein, daß ich alles tun werde, was in meiner Macht steht, um diesen Massenhinrichtungen Einhalt zu gebieten.« Er stand auf und wandte sich zum Gehen.

»Ich danke dir, Edmond. Ich glaube zwar nicht, daß man auf dich hören wird... aber ich bin dir sehr dankbar dafür, daß du's versuchst.«

Er nickte und ging rasch aus dem Zimmer.
Ich hatte vorgehabt, ihn in meinen Plan einzuweihen – und sei es auch nur, weil ich das Gefühl hatte, ihm Aufrichtigkeit zu schulden. Doch nach der überraschenden Wendung unseres Gesprächs wollte ich ihm nicht den Wind aus den Segeln nehmen. Er hatte den ehrlichen Wunsch zu helfen. Aber noch immer glaubte er an »das System«. Ich war der Meinung, wir müßten jeder auf seine Weise versuchen, meine Schwester zu retten; folglich war es zwecklos, Edmond zu erzählen, auf welche Weise *ich* das zu bewerkstelligen hoffte.
Ich erinnere mich, daß ich hinauf in mein Schlafzimmer ging, im reichverzierten Türrahmen stehenblieb und gedankenverloren auf das prunkvolle Bett schaute, welches den Mittelpunkt des Raumes bildete. Es war aus Schloß Manningham hergeschafft worden, als wir das Haus in Dublin kauften. Tausend Erinnerungen stürmten auf mich ein: die Nächte, die ich mit meinem Gatten in diesem Bett verbracht hatte – so jung und unsicher, beseelt von dem Wunsch, er möge meinem Leben Erfüllung schenken... und dann jene langen Nächte, in denen ich allein darin gelegen hatte, allein mit der traurigen Gewißheit, daß dieser Wunsch sich nie erfüllen würde... und schließlich die endlosen, einsamen Jahre, in denen sich mein Verlangen nicht mehr auf ihn richtete. Wenn man sich in Todesgefahr wähnt, spielt das Gedächtnis einem üble Streiche. Man wird von einer seltsamen Melancholie befallen, die Augenblicke aus der Vergangenheit wachruft wie Rückblenden eines Films.
Ich glaube, nie im Leben habe ich das Gespenst des Todes so dicht auf meinen Fersen gefühlt wie an jenem Tag. Ich meinte es spüren, greifen zu können... so deutlich, daß es fast anheimelnd wirkte.
Nun gut, dachte ich mir. Wenn ich denn sterben soll, so muß ich meine Sachen in Ordnung bringen. Ich schrieb jedem meiner Kinder einen Brief – weder rührselig noch voller Selbstrechtfertigungen. Es waren vielmehr einfache Zeugnisse meiner Liebe. Als die Reihe an John kam, begriff ich mit einemmal, daß, wenn ich stürbe, das Geheimnis seiner Abstammung mit mir ins Grab sinken würde.
Vielleicht wäre es das Beste so, dachte ich. Die Vergangenheit ausgelöscht, die alte Schuld getilgt.

Aber etwas hemmte mich... etwas, das von meinem Sohn selbst ausging. Der Junge besaß ein Gespür dafür, daß er nicht zu der Welt gehörte, in die er hineingeboren war. Wenn er sein Leben lang mit dieser Lüge leben mußte, würde er nie aufhören können, um die Wahrheit zu ringen. Nein, er sollte von seinem Kampf erlöst werden, sollte herausfinden, wer er wirklich war. Dieses Geständnis war ich meinem Sohn schuldig.
»*Mein liebster Johnny*«, schrieb ich und fragte mich, wie in Gottes Namen ich die rechten Worte finden sollte, um auszudrücken, was mein Herz bewegte.

Ich muß dir eine Geschichte erzählen... eine, die mir so am Herzen liegt, die so geheim ist, daß ich nicht einmal weiß, wo das Geheimnis endet und ich beginne. Aber diese Geschichte gehört auch Dir, und darum will ich versuchen – so gut ich eben kann –, sie Dir so zu erzählen, wie sie sich zugetragen hat. Denn wenn es auch eine Geschichte ist, die wie andere von Ereignissen und Orten und Personen handelt... so ist es doch weit mehr die Geschichte einer Reise des Herzens...

Als ich fertig war, band ich alle vier Briefe (den Zwillingen hatte ich einen gemeinsam geschrieben) zu einem Päckchen zusammen, jeden einzelnen adressiert an den Empfänger. Der Brief für Johnny lag obenauf, und ich schrieb quer über den Umschlag: »Erst nach meinem Tode zu öffnen.«
Ich legte das Bündel in meine Schreibtischlade und ging aus dem Zimmer. Vielleicht, dachte ich, bin ich zum letzten Mal in diesem Raum gewesen.

Ich stand vor der Tür zu Seaneens behelfsmäßigem Hauptquartier und versuchte, meine Gedanken zu ordnen. Seaneen war der Gefangennahme entronnen, weil Connolly ihn ausgeschickt hatte, Verstärkung zu holen. Jetzt war er der einzige IRB-Führer, der sich noch auf freiem Fuß befand. Er hatte mir eine Botschaft geschickt und mich wissen lassen, wo ich ihn finden könne.
Ich glaube, ich habe damals dem jungen Offizier, der das Privatbüro seines Oberbefehlshabers bewachen sollte, einen tüchtigen Schrecken eingejagt. Natürlich ahnte der Ärmste nicht, daß ich

dazu all meine Kraft aufbieten mußte. Ich *würde* Seaneen O'Sullivan sprechen, hatte ich ihm erklärt, und wenn er versuchen sollte, mich daran zu hindern, dann würde ich ihn bei Gott auf der Stelle niederschießen! Damit zog ich die Pistole, die ich aus Edmonds Waffenschrank entwendet hatte, aus meiner Tasche und fuchtelte ihm damit vor der Nase herum. Ich war mir durchaus nicht sicher, wozu ich mich hätte verleiten lassen, hätte er sich meiner Forderung weiterhin widersetzt.

»Ich bin die Schwester von Constance O'Connor, und ich *will* Kommandant O'Sullivan sprechen!« sagte ich noch einmal betont langsam, worauf der Bedauernswerte wie ein aufgescheuchtes Huhn davonstürzte, hinter einer Tür verschwand und im nächsten Augenblick mit Seaneen zurückkam.

»Gott sei Dank, du lebst!« Sehr zum Erstaunen des Offiziers schloß Seaneen mich in seine Arme.

»Laß uns allein!« befahl er dem jungen Mann, der nur zu gern gehorchte. Ich ließ mich von Seaneen zu einem Stuhl führen, und wie schon so oft spürte ich, wie seine Kraft mich mit lebensspendender Wärme durchströmte. Lieber Gott, ich bin froh, daß ich diesen Mann geliebt habe, dachte ich insgeheim, als sein Blick in den meinen eintauchte.

»Sie haben Con zum Tode verurteilt«, sagte ich schlicht. Zwischen uns bedurfte es keiner langen Vorreden. »Ich muß versuchen, sie zu retten.«

Seaneen fuhr zurück, so sehr erschreckte ihn mein verwegener Einfall. Ich getraute mich nicht, seine Antwort abzuwarten, fürchtete ich doch, er würde nein sagen.

»Ich bin gekommen, ein altes Versprechen einzufordern«, sagte ich mit mühsam erzwungener Ruhe. Er mußte wohl gesehen haben, welch ungeheure Spannung in den letzten Tagen auf mir gelastet hatte, denn im Nu wurden seine Züge sanft und begütigend.

Seaneen neigte sich über mich und strich mir mit dem Handrükken über die Wange, eine süße Erinnerung an die vergangenen Tage unserer Liebe, die mich von Herzen rührte. Aber er blieb stumm.

»Ich muß meine Schwester aus dem Gefängnis befreien«, begann ich noch einmal, als könnte er mich eingangs vielleicht nicht recht verstanden haben.

»Dem Vernehmen nach ist Kilmainham uneinnehmbar, Mylady. Das gilt jetzt ganz besonders.«

»Aber ich kann sie doch nicht einfach sterben lassen, Seaneen. Ich muß wenigstens versuchen, sie zu retten!«

Meine Stimme verriet ihm anscheinend, daß ich in meiner Verzweiflung zum Äußersten entschlossen war, denn er antwortete behutsam: »Ja, Mylady. Versuchen mußt du's wohl.«

Ich machte mir sein Zögern zunutze. »Aber ich brauche Hilfe! Einen Lageplan des Gefängnisses. Zwei oder drei verläßliche Männer – Uniformen, Waffen...«

»Du weißt, daß wir in einem Kampf stehen, bei dem es um Leben und Tod geht, Beth, und daß ich als Kommandant die Verantwortung trage? Du weißt, daß es nicht nur Wahnwitz wäre, wenn ich mich auf ein solch unglückseliges, verrücktes Wagnis einließe – es wäre auch ganz und gar unsoldatisch, Beth!«

»›... wenn auch der Teufel selbst den Weg versperrte‹, hast du geschrieben, Seaneen.«

»... kein leeres Versprechen, Mylady...«

Er hatte es also nicht vergessen!

»Also gut, Beth. Wenn es denn sein muß, so dürfen wir keine Zeit verlieren. Man munkelt zwar, die Todesurteile der Frauen sollen in lebenslänglich umgewandelt werden, aber darauf dürfen wir nicht bauen. Deine Schwester könnte auch jederzeit erschossen werden. Nur in einem mußt du mir gehorchen: Ich werd's ohne dich machen.«

»Nein!« schrie ich entsetzt. Ich konnte ihn doch unmöglich allein auf eine Mission schicken, die ihn das Leben kosten mochte.

»Beth, sei vernünftig! Mit einer Frau... du würdest mich nur aufhalten.«

»Ich mach's entweder mit deiner Hilfe, Seaneen, oder allein!«

Er sah mich prüfend an, als wolle er meine Entschlossenheit abwägen. Dann nahm er mich in die Arme und flüsterte traurig: »Mein armer, tapferer Liebling. Wir müssen uns wohl alle opfern.«

Sanft bog er meinen Kopf zurück, und als er Tränen auf meinen Wangen sah, küßte er sie fort.

»Ich liebe dich, Mylady.« Zärtlich küßte er mich auf den Mund. »Wir werden unser Bestes für deine Schwester tun... wir beide, zusammen.«

29

Freitagabend, den 12. Mai 1916

Lord Edmond Manningham mußte seine ganze Selbstbeherrschung aufbieten, um im Vorzimmer des Außenministers nicht die Geduld zu verlieren. Was seine Schwägerin betraf, war man entschieden zu weit gegangen. Gleich nach dem Gespräch mit mir hatte Edmond um diese Audienz nachgesucht, aber ein ganzer Tag war vergangen, ehe der Amtsschimmel in Bewegung und sein Termin bei Sir Hilary Gresham zustande kam. Die Schlagzeilen der Abendzeitungen hatten Lord Edmond nur in seinem Vorsatz bestärkt: WIEDER ZWEI REBELLEN ERSCHOSSEN/JAMES CONNOLLY UND SEAN MACDIARMIDA DIENSTAG VERURTEILT UND HINGERICHTET/UNTERZEICHNER DER »REPUBLIKANISCHEN« VERFASSUNG/HEUTE OFFIZIELLE STELLUNGNAHME.

Die mächtige Flügeltür öffnete sich, und Sir Hilary winkte ihn herein. Edmond bemerkte, daß der Sekretär diskret durch eine schmale Tapetentür verschwand.

»Mylord, ich habe Ihren Besuch schon erwartet. Haarige Sache, in die wir da reingeraten sind, nicht wahr?«

»Das halte ich für eine bedenkliche Untertreibung, Sir Hilary! Was soll denn aus einem Land werden, in dem Angehörige unserer *eigenen* Gesellschaftsklasse durch ein Scheingericht des Hochverrats angeklagt und zum Tode verurteilt werden, ohne daß man ihnen einen Rechtsbeistand zugesteht, geschweige denn sie mit dem Respekt behandelt, der Personen unseres Standes zukommt!«

Sir Hilary runzelte die buschigen Brauen und hob beschwichtigend seine fleischigen Hände. »Aber, aber Mylord! Diese Frau hat immerhin ein Bataillon von Aufrührern gegen die Truppen des Königs geführt. So etwas können wir einfach nicht dulden, das sehen Sie doch ein, Mylord!«

»Die Rebellen waren den königlichen Truppen hoffnungslos unterlegen, Sir: zwanzig gegen einen! Wollen Sie da allen Ernstes behaupten, die Krone sei auch nur einen Augenblick lang in Gefahr gewesen?« Der ironische Unterton seines Besuchers entging Sir Hilary durchaus nicht. Edmond Manningham erfreute sich im Oberhaus großer Beliebtheit; er entstammte einer Familie, die seit vielen Generationen die Wertschätzung der britischen Regie-

rung genoß. Diese heikle Geschichte mit seiner Schwägerin erforderte ein besonderes Maß an Diplomatie und Taktgefühl.
»Verehrter Lord Edmond«, suchte Gresham seinen Gesprächspartner zu beschwichtigen. »Was erwarten Sie von mir? Diese abscheulichen Rebellen haben überall in der Stadt mutwillige Zerstörungen angerichtet, und wer weiß, was diese Sinn-Fein-Teufel noch alles im Schilde führen? Wir müssen an den Rädelsführern ganz einfach ein Exempel statuieren. Es tut mir weiß Gott leid, daß Ihre Schwägerin dazugehört, Lord Edmond, das dürfen Sie mir glauben. Aber wir können in dieser prekären Lage einfach niemanden begünstigen, verstehen Sie das doch!«
Edmond hob verächtlich die Brauen, wie um anzudeuten, daß solch diffizile Logik unter ihrer beider Würde sei. »Bedaure, aber das kann ich nicht, Hilary. Schließlich haben wir doch unser Lebtag nichts anderes getan, oder? Wir ziehen unsere Schicht den Bauern vor, die Engländer den Iren… Wir stellen den Willen des Empires über Recht und Gesetz. Nun hören Sie mir mal gut zu, Hilary. Wenn Sie diese grausamen Urteile tatsächlich vollstrekken lassen, dann geben Sie den Iren damit genau das, worauf sie aus sind: Märtyrer! Und außerdem werden Sie die englische Rechtsprechung in den Augen jedes ehrlichen Mannes für ewige Zeiten besudeln. Das waren doch keine Prozesse, Mann! Diese Scheingerichte – einfach lächerlich! Maxwell ist entschieden zu weit gegangen. Die Aufständischen haben Strafe verdient, gewiß. Aber sie gleich umbringen? Ich bitte Sie! Wer auch nur die geringste Ahnung von der irischen Geschichte hat, weiß, daß die Krone sich in diesem Land eine Menge hat zuschulden kommen lassen. Und wer sich mit den Iren bloß ein bißchen auskennt, der weiß, daß sie ihre Märtyrer vergöttern. Verbannen Sie diese Leute, und spätestens in ein paar Monaten wird der Osteraufstand vergessen sein. Töten Sie indes die Rebellenführer, so wird weder Mann noch Frau oder Kind in Irland Ruhe geben, ehe die Engländer nicht aus dem Land gejagt sind.«
Starr vor Staunen hatte Sir Hilary seinen Besucher angehört. »Mein lieber Freund«, begann er nun in wohlerprobter Diplomatenmanier, »ich hatte ja keine Ahnung, daß Ihnen diese Sache so sehr am Herzen liegt. Was soll ich Ihrer Meinung nach nun tun?«
»Ich möchte Sie bitten, die noch ausstehenden Strafen zu mildern, als Zeichen des Erbarmens und Geste britischer Großmut. Ferner

ersuche ich Sie, Constance O'Connor noch heute abend meiner Obhut zu unterstellen, und zwar so lange, bis sie außer Landes gebracht oder ihr ein fairer Prozeß gemacht wird. Sie müssen doch einsehen, daß Sie eine solche Frau nicht einsperren können wie einen gemeinen Verbrecher!«

»Und wenn sie nun Ihre Gastfreundschaft ablehnt? Ist Ihnen der Gedanke noch nicht gekommen? Mir wurde jedenfalls berichtet, die Dame sei fest entschlossen, bei ihren Rebellenfreunden auszuharren.«

»Ich glaube, meine Frau könnte sie überreden. Meine Schwägerin hat nämlich einen Sohn, müssen Sie wissen, und der ist schon in Gewahrsam.«

»Ja, davon habe ich gehört. Also gut, Lord Edmond, passen Sie auf. Ich wage nicht vorauszusagen, wie Whitehall auf ein Gnadengesuch für die Männer reagieren wird, die noch in Haft sind, aber ich denke, ich kann mich dafür verbürgen, daß die Frauen zu einer Zuchthausstrafe begnadigt werden. Und ich werde mich persönlich dafür verwenden, daß Mrs. O'Connor bis zur Urteilsverkündung Ihrer Obhut unterstellt wird. Ihre Schwägerin hat uns, wenn ich so sagen darf, alle ein wenig in Verlegenheit gebracht. Stellen Sie sich vor: Rodney, der junge Hauptmann, der ihre Kapitulation entgegennahm, bot ihr an, im Wagen zum Gefängnis zu fahren, aber sie hat schlankweg abgelehnt! Sagte, sie zöge es vor, gemeinsam mit ihren Männern hinzumarschieren, oder irgend so ein Unsinn. Und sie hat Schwert und Patronengürtel geküßt, bevor sie beides dem Offizier aushändigte. Auf Rodney hat das großen Eindruck gemacht; der Junge war noch ganz gerührt, als er mir davon erzählte.« Sir Hilary räusperte sich. Er wäre diese Frau wirklich liebend gern losgeworden. Folglich kam ihm Lord Edmonds Bitte wie gerufen. Er würde sich unverzüglich mit den zuständigen Stellen in Verbindung setzen.

30

Freitagnacht, den 12. Mai 1916

Ich drückte mich an die Mauer des Kilmainham-Gefängnisses und tastete nach der Pistole an meiner Hüfte. Gott gebe, daß ich sie nicht würde benutzen müssen. Ob es unrecht gewesen war, daß ich Seaneen überredet hatte, mich mitzunehmen? Ich konnte mit einer Waffe umgehen; das hatte mein Vater mir schon als Kind beigebracht. Aber ich hatte mich nie so darin geübt wie meine Schwester, und die bloße Vorstellung, einen Menschen umzubringen, verursachte mir Übelkeit.

Ich trug die Uniform eines englischen Lieutenants; meine Haare waren unter der Mütze verborgen, die Brust hatte ich mit Hilfe eines Schals möglichst flach geschnürt. Zwar würde meine Verkleidung nicht durchgehen, wenn ein Posten mich näher in Augenschein nahm, doch wenn alles planmäßig verlief, würden wir Cons Zelle ohne gründliche Kontrolle erreichen. Einer von Seaneens Männern, der vor zwei Jahren in die Wachmannschaft des Gefängnisses eingeschleust worden war, hatte uns das Tor geöffnet, und bisher klappte alles wie am Schnürchen; trotzdem hämmerte mir das Herz wie rasend in der Brust. Ein Dutzend IRB-Mitglieder waren außerhalb der Gefängnismauern postiert.

Seaneen – in der Uniform eines englischen Hauptmanns – sowie Dennis Flynn und Timmy O'Flaherty tasteten sich vor mir durch den schwach erleuchteten Korridor. Dann hörte ich Seaneen mit trefflich imitiertem englischem Akzent einen Wachposten ansprechen. Er sei der neue Vernehmungsbeamte aus London; man habe ihn eigens wegen dieser Frauensperson, dieser O'Connor, hergeschickt. Die Sache sei nämlich die, daß ihr Schwager, der Parlamentsabgeordnete, ihretwegen politischen Druck ausübe. Die drei Männer, die er bei sich habe, seien seine Adjutanten. Sie würden die Wache für die Dauer des Verhörs ablösen.

Der Posten salutierte, Säbel klirrten, und gleich darauf marschierten die echten Soldaten achtlos an mir vorbei, offenbar hocherfreut über diese unverhoffte Dienstpause. Wenn sie nur nicht durch Zufall auf ihre beiden Kameraden stießen, die wir bewußtlos und gefesselt in einer Nische oberhalb des Ganges zurückgelassen hatten!

Die feuchte Kälte ließ mich erschauern; mein Herz klopfte so wild, daß ich allen Ernstes fürchtete, die Sinne könnten mir schwinden. Endlich hörte ich vor mir Schlüssel rasseln; eine Tür quietschte in den Angeln, wir hatten Cons Zelle erreicht. Seaneen winkte mir, und ich trat ein.

Der dumpfige Raum war etwa zweieinhalb Meter breit und drei

Meter lang. Eine schmale Eisenpritsche mit schütterem Strohsack stand zur Linken an der Wand, davor ein Nachtgeschirr. Mehr konnte ich im schwachen Licht der Gaslaterne nicht erkennen. Der trostlose Anblick ließ Zorn und Haß in mir aufflammen.
Con kauerte zusammengekrümmt auf der Pritsche; sie trug noch immer die Phantasieuniform, in der ich sie vor einer Woche auf den Barrikaden gesehen hatte. Ihre Wunde war frisch verbunden, aber unter ihren Augen lagen dunkle Schatten, und ihr schönes, schulterlanges Haar hatte man unbarmherzig kurz geschoren. Sie blickte von mir zu Seaneen, und ihre Augen weiteten sich in ungläubigem Staunen.
Rasch legte ich den Finger an die Lippen, um sie am Sprechen zu hindern. Dann eilte ich auf meine Schwester zu und schloß sie in die Arme.
Seaneen legte mir warnend die Hand auf die Schulter. »Dazu ist jetzt keine Zeit!«
Ich nickte stumm, öffnete die Tasche, die ich bei mir trug, und zog Jacke, Hose, Schuhe und Mütze heraus. Die drei Männer drehten sich zur Wand, und Con vertauschte hastig ihre Kleidung mit der Uniform eines englischen Soldaten.
Erschrocken stellte ich fest, wie mager meine Schwester geworden war. Sie, die stets Gesundheit und Lebenskraft ausgestrahlt hatte, wirkte auf einmal schwach und hinfällig. Oberhalb des Verbandes zeichneten sich ihre Rippen ab.
Sobald Con sich umgezogen hatte, hieß Seaneen seine Männer den Strohsack und die Decken so drapieren, daß es aussah, als läge die Gefangene auf der Pritsche. Dann schlichen wir hinaus, verschlossen die Zellentür von außen und machten uns eilends auf den Weg zum Küchentrakt, wo Seaneens Informant ihm einen Ausgang benannt hatte, der angeblich nur noch zur Abfallbeseitigung benutzt und folglich kaum bewacht wurde.
Die Lagepläne, angefertigt von IRB-Mitgliedern während ihrer Haft in Kilmainham, stimmten bis ins kleinste Detail. Rasch durchquerten wir den Zellenblock, stiegen eine Treppe hinunter und erreichten den gewundenen Gang, der zur Küche führte.
Sobald Edmond Manningham sein Büro verlassen hatte, klingelte Sir Hilary Gresham nach seinem Sekretär.
»Setzen Sie sich mit dem Kommandanten von Kilmainham in Verbindung, und zwar rasch«, befahl er dem Eintretenden. »Sa-

gen Sie ihm, er soll Mrs. O'Connor unverzüglich zu mir bringen lassen.«
Der Sekretär verständigte den Gefängnisdirektor, der schickte zwei Wärter in Constance O'Connors Zelle – wo freilich nur mehr eine zerlumpte Rebellenuniform gefunden wurde. Der Fluchtversuch war entdeckt.

Edmond seufzte erleichtert. Er hatte eben in seine Kutsche einsteigen wollen, als ein junger Soldat ihn zurückrief. Sir Hilary, so berichtete der Mann, habe sich mit Whitehall in Verbindung gesetzt und die Erlaubnis erhalten, Mrs. O'Connor bis zur endgültigen Regelung ihres Verfahrens aus dem Gefängnis zu entlassen. Wir haben also noch einmal Glück gehabt! dachte Lord Edmond.
Als er sich von Sir Hilary verabschiedete, war er sich keineswegs sicher gewesen, daß der Mann seinem Wunsch nachkommen würde. Gresham war ein mit allen Wassern gewaschener Diplomat und als solcher ein Meister der Verstellungskunst.
Beherzter, als er Sir Hilarys Vorzimmer vor einer Stunde betreten hatte, kehrte Edmond nun dorthin zurück. Er hoffte zu Gott, die eigensinnigen FitzGibbon-Frauen würden jetzt endlich einsehen, daß man mit Diplomatie ungleich mehr erreichen konnte als mit Gewalt.
Sir Hilarys Sekretär bat ihn, im Empfangszimmer Platz zu nehmen, bis die nötigen Vorkehrungen getroffen und die Papiere für Mrs. O'Connors vorläufige Freilassung ausgefertigt wären. Lord Manningham möge Verständnis dafür haben, daß dieser höchst außergewöhnliche Vorgang einige Zeit in Anspruch nehmen würde.
Edmond griff nach der Zeitung, die neben ihm auf einem Mahagonitisch lag, und versuchte, sich mit deren Lektüre die Zeit zu vertreiben. Aber gleich die erste Schlagzeile, die ihm ins Auge sprang, berichtete von der Hinrichtung zweier Rebellenführer, weshalb er das Blatt eilends wieder beiseite legte. Solchen Meldungen fühlte er sich im Augenblick nicht gewachsen.
Con, Seaneen, die beiden IRB-Männer und ich, wir hielten den Atem an, preßten uns an die Mauer und warteten, bis die Schritte im Hof verhallten. Die schwere Eisentür, die uns noch von der

Freiheit trennte, wurde schon seit geraumer Zeit nicht mehr benutzt, und das Schloß würde sich wohl kaum geräuschlos öffnen lassen.
Timmy O'Flaherty machte sich mit seinem Schlosserwerkzeug an der Tür zu schaffen, und obgleich er sich bemühte, so leise wie möglich zu arbeiten, schien uns jedes noch so gedämpfte Geräusch weithin hörbar durch die Nacht zu hallen.
»Mein Gott, Bethy«, flüsterte meine Schwester neben mir. »Wie konntest du dich nur auf ein so gefährliches Abenteuer einlassen? Was würde Vater sagen, wenn er uns jetzt sähe?«
Ich umarmte sie schweigend.
»Also gut, Bethy, wenn es denn sein soll, dann wollen wir's denen aber auch zeigen! Falls uns niemand verraten hat, stehen unsere Chancen recht gut. Nachts sind nur zwei Posten für den Hof abgestellt, und die gehen jetzt ihre Runde. Außerdem halten sie dieses Gefängnis für uneinnehmbar, weshalb die Wachen nach Einbruch der Dunkelheit ihren Dienst eher nachlässig versehen.«
»Wenn wir unbemerkt hier rauskommen«, warf Seaneen leise ein, »dann schlagen wir uns in Richtung Liffey durch. Ihr dürft nur jetzt nicht den Mut verlieren.«
Ich zog die Pistole aus dem Gürtel und gab sie meiner Schwester. »Nimm du sie, Con. Du kannst besser damit umgehen als ich.«
»Unsere Männer draußen werden Strickleitern bereithalten. Aber die Zeit ist verdammt knapp, vergeßt das ja nicht!« mahnte Seaneen, und wir nickten stumm.
»Die Wachen am Westwall übernehme ich«, flüsterte O'Flaherty.
Seaneen nickte. »Was auch geschieht, ihr dürft euch auf keinen Fall umdrehen! Bis zur Mauer sind's nur hundertfünfzig Meter. Scharf bewacht wird sie nicht, denn ihre Höhe garantiert genügend natürlichen Schutz. Falls wir's schaffen rüberzukommen, müßten die Kerle schon mit dem Teufel im Bund stecken, wollten sie uns in der Dunkelheit treffen. Wenn wir draußen sind, sollten wir uns besser trennen: Timmy, Dennis und Con, ihr lauft zum Fluß, Beth und ich, wir verstecken uns am Kanal. Und denkt dran, was auch passiert, laßt den Mut nicht sinken. Solange wir uns nicht selbst aufgeben, ist nichts verloren!«
»Ich hab' dich so lieb, Bethy«, sagte Con unvermittelt. »Es gibt

auf der ganzen Welt keine zweite Schwester, die so gut ist wie du. Seaneen, ich... wie kann ich dir und deinen Männern nur meine Dankbarkeit beweisen? Ihr...«

In dem Augenblick gab das Schloß nach, und Flynn öffnete vorsichtig die Tür.

»Schon gut, Con, schon gut. Also, alles bereit? Dann kann's ja losgehen.« Bei Seaneens letzten Worten mußte ich unwillkürlich an Tierneys Tod denken. Er hatte hier in diesem Gefängnis sein Leben lassen müssen. Gewiß hatte Con seit ihrer Einlieferung an nichts anderes denken können.

Bis auf die Wachen, die in sicherer Entfernung ihre Runde gingen, war der Hof wie ausgestorben. Ein schwarzsamtener Himmel wölbte sich über uns; weder Mond noch Sterne waren zu sehen. Ein feiner, typisch irischer Nieselregen perlte hernieder und machte uns frösteln.

Einer nach dem anderen schlüpften wir ins Freie und tasteten uns, dicht an die Wand gepreßt, vorwärts.

»Ich übernehme den Posten am Ostwall, wo's zum Fluß geht«, flüsterte Seaneen. »Sobald die Luft rein ist, gebe ich euch ein Zeichen.«

Ehe er losrannte, warf er mir einen letzten Blick zu. Ich sah noch, wie er eine Garrotte unter dem Hemd hervorzog – dann hatte ihn die Dunkelheit auch schon verschluckt. Atemlos vor Angst und Spannung blieben wir zurück. Da, endlich, tauchte am anderen Ende des Hofes sein Schatten auf und winkte uns, ihm zu folgen.

Wir rannten um unser Leben. Con, von klein auf die Flinkere von uns beiden, hatte die Mauer fast schon erreicht, als ich plötzlich auf den feuchten Pflastersteinen ausrutschte und der Länge nach hinschlug. Ich versuchte, wieder auf die Füße zu kommen, doch ein rasender Schmerz im linken Bein ließ mich wie ohnmächtig zurücksinken. Ich betete zu Gott, daß Con die Mauer erklimmen und sich in Sicherheit bringen würde, ohne zu merken, was mit mir geschehen war.

Schon griff ihre Hand nach der Strickleiter. Triumphierend wandte sie sich um – ein ungläubiges Staunen huschte über ihr Gesicht, als sie mich zusammengekrümmt am Boden liegen sah. Ohne auch nur einen Augenblick zu zögern, machte sie kehrt und rannte zu mir zurück. In diesem Augenblick ertönte das Alarmsignal: Überall im Hof flammten die Lichter auf.

Ich schrie ihr zu, sie solle sich nicht um mich kümmern, solle ihr Leben retten. Aber sie hörte nicht auf mich. Ein Gewehrlauf blinkte – ein Schuß ertönte, und Seaneen, der schon die Brüstung der Gefängnismauer erklommen und sich nach uns umgeschaut hatte, warf mit einem erstickten Schmerzensschrei die Arme in die Luft. Er taumelte und fiel zur anderen Seite des Hofes von der Mauer. Ich versuchte, mich aufzurichten, als ich sah, wie ein zweiter Soldat seine Waffe auf mich richtete, doch es gelang mir nicht. Wie eine Wahnsinnige stürzte Con auf mich zu, und in dem Sekundenbruchteil, den es dauerte, bis der Soldat seinen ersten Schuß abgefeuert hatte, gelang es ihr – ich weiß nicht, wie –, die Kugel abzufangen, die für mich bestimmt war.

Die Flügeltür zu Sir Hilarys Arbeitszimmer wurde aufgerissen. Der Minister persönlich stand, aschfahl im Gesicht, auf der Schwelle. Er sah so angegriffen aus, daß Edmond und der Sekretär ihm erschrocken entgegeneilten.

»Mein lieber Freund«, wandte Sir Hilary sich mit zitternder Stimme an Edmond, »ich fürchte, es hat einen schrecklichen Unfall gegeben.«

»Unfall? Was denn für einen Unfall?«

»Ihre Frau, Sir, wollte ihrer Schwester zur Flucht verhelfen. Dabei hat man auf sie geschossen. Mrs. O'Connor ist tot.«

»Und meine Frau, Sir? Wie geht es meiner Frau?«

»Leider habe ich darüber keine genauen Informationen. Aber sie lebt noch, Lord Edmond. Man hat sie gleich ins Gefängniskrankenhaus gebracht. Wenn Sie erlauben, werde ich Sie hinführen...«

Doch Edmond Manningham hörte ihn nicht mehr. Wie ein Wahnsinniger rannte er die marmornen Stufen hinab.

»Ihm nach, aber rasch!« herrschte Sir Hilary seinen Sekretär an. »Der Mann ist ja in einem Zustand... Geben Sie den Wachen Bescheid, sonst halten die ihn womöglich für einen Attentäter und schießen auf ihn!«

Der alte Diplomat sank in einen Ledersessel und blickte grübelnd hinab in das inzwischen leere Treppenhaus.

»Also, wenn ich's euch sag' – so was hab' ich noch nie nicht gesehen!« wiederholte der Soldat in waschechtem Cockney und genehmigte sich dann einen kräftigen Schluck Bier. Er hatte seine Zuhörer da, wo er sie haben wollte; was er miterlebt hatte, hielt die Männer in Tommy McGowans Schenke in Atem.

»Die Gefangene – also das war euch ein Teufelsweib! Die ist gerannt wie eine Gazelle, jawohl! Sie war schon dicht an der Mauer, da sieht sie ihre Schwester im Hof liegen. Mann Gottes, ich konnt' nich' so schnell gucken, wie die kehrtmacht und der Lady zu Hilfe kommt. Das müßt ihr euch mal vorstellen: Sie hätte glatt über die Mauer sein können und futsch, ehe wir auch nur die Büchse an der Backe hatten. Aber nein, die is' zurück zu ihrer Schwester, so wahr ich hier stehe.«

Wie versteinert lehnte Tommy hinter dem Tresen. Er war gleich nach Tierneys Tod aus Kilmainham entlassen worden, und eine mitfühlende Nachbarin hatte sich seiner angenommen und ihn gesund gepflegt. Er war allerdings noch immer ein bißchen schwach auf den Beinen.

»Ja, und mit'm Mal gehn alle Lichter an, die Alarmglocke bimmelt Mord und Totschlag, alles rennt durchnander, und dieser gottverdammte Hundsfott von einem Scharfschützen legt an und zielt. Wie's kam, kann ich nich' sagen, jedenfalls sehen beide Frauen den Kerl mit seiner Flinte gleichzeitig. Da macht die eine 'nen Satz – also so was habt ihr noch nicht gesehen! Die andre, die am Boden liegt, reißt die Arme hoch und fängt ihre Schwester auf! Aber die Kugel geht ihr sauber in den Rücken. Da hat's sie beide hochgerissen wie die Strohpuppen. Und dann hat noch einer geschossen, aber da ruft auch schon der Captain: ›Aufhörn, ihr Idioten! Feuer einstellen!‹ Ja, und dann sind wir hingelaufen. Jungs, war das ein Bild... wie zwei junge Mädchen haben sie ausgesehen, Ihre Ladyschaft und die andere, was ihre Schwester war... wie zwei Kinder, die in den Uniformen ihrer großen Brüder Soldat spielen. Bei Gott, wie sie so dagelegen sind und sich umarmt hielten – also das hätt' einen Stein erweichen können!«

»Und die Männer, die sie bei sich hatten? Was ist aus denen geworden?« fragte jemand.

»Einer is' hin. 'n anderer wurde angeschossen und ist wahrscheinlich ertrunken – jedenfalls endete seine Spur am Fluß. Aber einer is' ihnen glatt durch die Lappen gegangen.«

»Wer hätte das gedacht: eine lausige Aristokratin und 'n Gefängnisausbruch. Also so was!« wunderte sich ein Kamerad des Augenzeugen.

»Ja, da staunste, was? Und wer hätte sich träumen lassen, daß 'ne Verräterin, statt die eigene Haut zu retten, der Schwester beisteht? Das gibt einem zu denken, Mann. Und außerdem... ich hab's noch nie gutgeheißen, daß sie auch Frauen erschießen – ganz gleich, was sie angestellt haben. Aber eins sag' ich euch: Diese Schwester von der Lady, die hätt' ich mir im Gefecht als Kameraden gewünscht, jawohl! War'n tapferes Ding, da gibt's nichts.«
Beifälliges Gemurmel erhob sich, und Tommy McGowan wandte sich ab, um seine Tränen vor den englischen Soldaten zu verbergen.

31

Samstagmorgen, den 13. Mai 1916

Die Manningham-Kinder saßen im Arbeitszimmer ihres Vaters beisammen und warteten auf Nachricht. Die Zwillinge hielten einander in ihrem Schmerz umschlungen. Win war völlig erschöpft, denn er hatte die ganze Stadt nach seinem Vater abgesucht. Angelica saß wie versteinert in ihrem Rollstuhl, und Johnny stand neben ihr und hielt ihre Hand, während er tapfer mit den Tränen kämpfte.
»Jetzt erzählt mir noch einmal ganz genau, was ihr gehört habt!« forderte Angelica die Zwillinge auf.
»Also, da war dieser Zeitungsjunge.« Jamie reichte Merry ein großes Taschentuch, von dem sie unverzüglich Gebrauch machte.
»Ich hab' mich an der Ecke mit Captain Aylesworth unterhalten, als der Junge die Straße runtergelaufen kam und immerfort ›Extrablatt, Extrablatt!‹ rief. Captain Aylesworth hielt ihn an und fragte, was es denn gegeben hat. Darauf erzählte der Junge, ein Mitglied des Adels hätte etwas furchtbar Aufregendes angestellt. Und als der Captain Einzelheiten wissen wollte... ja, da hat er's eben gesagt.«
»*Was* gesagt, Jamie?«
»Daß Mama versucht hat, Tante Constance aus dem Gefängnis zu befreien, daß man aber auf sie geschossen hat und vermutlich beide tot sind.«

»Großer Gott!« flüsterte Angelica. »Ich fürchte, wir können nichts tun als warten und beten, daß Papa bald heimkommt. Er wird wissen, was zu geschehen hat.«

»Und wenn wir die Polizei anrufen?« schlug Merry vor.

»Hab' ich schon versucht«, entgegnete Jamie. »Aber am Telephon geben die keine Auskunft.«

Johnny drückte Angelicas Hand ganz fest, dann ließ er sie los und ging raschen Schrittes hinaus. Seine Schwester ahnte, wohin es ihn zog: in Mutters Zimmer. Schon als kleiner Junge hatte er sich bei jedem Kummer oder nach einer der häufigen Auseinandersetzungen mit seinem Vater dort verkrochen. Wann immer Papa oder Win ihn spüren ließen, daß er für sie ein Außenseiter war, hatte Johnny bei seiner Mutter Trost gesucht.

Johnny Manningham öffnete die Tür mit der reichgeschnitzten Täfelung und betrat das Schlafzimmer seiner Mutter. Alles hier drinnen sah noch genauso aus wie gestern.

Er ging zum Bett und strich behutsam über die seidene Rüschendecke. So weich und weiß und zart – wie Mama! Sogar ihr Duft schwebte im Raum; auf dem Schreibsekretär standen ihre Lieblingsblumen.

Er setzte sich auf die Kante des zierlichen Sessels, in dem er die Mutter wohl tausendmal hatte sitzen sehen, während sie ihre Korrespondenz erledigte. *Sie konnte nicht tot sein!* Sie war doch so voller Leben und Güte und Liebe. Und seit sie nach Dublin gekommen waren, schien sie sogar glücklich zu sein. Ja, das stimmt, dachte er. Nie zuvor habe ich Mama so glücklich gesehen.

Er nahm ihren silbernen Federhalter zur Hand. Mutter nannte ihn ihren Glücksschreiber; mit ihm schrieb sie all ihre Bücher. Während er die Feder behutsam hin und her drehte, kam Johnny ein Einfall: Er würde Mama einen Brief schreiben... würde ihr gestehen, wie sehr er sie liebte. Und sie würde nicht tot sein. Vielleicht verwundet und seiner Liebe bedürftig – aber nicht tot. Ja! Er würde ihr einen Brief schreiben, in dem er all das zum Ausdruck brachte, was er der Mutter immer schon hatte sagen wollen.

Johnny zog die Schreibtischlade auf und suchte nach einem Blatt Papier. Dabei stieß er auf ein schmales Briefbündel und erkannte auf dem obersten Umschlag seinen Namen.

»Nur im Falle meines Todes zu öffnen«, stand in Mamas klaren Schriftzügen darunter. O Gott! Also hatte sie um die Gefahr gewußt... hatte womöglich gar den Tod gesucht! Dieses kleine Päckchen Briefe ließ ihn weit mehr um das Schicksal seiner Mutter bangen als der Bericht des Zeitungsjungen.
Eine ganze Weile hielt Johnny den Umschlag mit seinem Namen in der Hand und weinte lautlos vor sich hin. Endlich erbrach er das Siegel. Wenigstens hatte sie ihm etwas hinterlassen... einen Beweis dafür, daß sie ihn nicht vergessen hatte.
Johnny begann zu lesen, und seine Augen weiteten sich vor Staunen. Mr. O'Sullivan war sein Vater, nicht Edmond Manningham! Also darum hatte Papa ihn nie geliebt. Tausend unerfreuliche Szenen glitten im Geiste an ihm vorbei; die langen Jahre seines Ringens um Anerkennung... das endlos quälende Bemühen, herauszufinden, warum er stets fehlging, scheinbar nichts richtig machen konnte – alles vergebens!
Seaneen O'Sullivan. Sein Vater! Darum also hatten sie sich gleich so gut miteinander verstanden. Er hatte es ja vom ersten Augenblick an gespürt: Dieser Mann teilte seine Ideale, seine Herzenswünsche, akzeptierte ihn so, wie er war; als könne er nichts falsch machen.
Er hätte nie Johnny Manningham sein dürfen... Sean O'Sullivan, so hätte er heißen sollen.
Plötzlich sah er seine Mutter zusammen mit Seaneen vor sich. Natürlich, Mama liebte ihn! Er besaß alles, was Edmond Manningham fehlte. Kein Wunder, daß sie so glücklich war, seit sie in Dublin wohnten.
Ein Geräusch auf der Treppe ließ den Jungen hochschrecken. Rasch nahm er die Briefe an sich und verschloß die Schreibtischlade. Er würde sie verstecken, bis er sich überlegt hatte, was damit geschehen solle.
Lieber Gott, er brauchte dringend Zeit zum Nachdenken.

Edmond Manningham saß am Krankenbett seiner Frau. Elizabeth war noch immer bewußtlos. Daß er mit seiner gutgemeinten Tat solch einen nicht wiedergutzumachenden Schaden angerichtet hatte, erfüllte ihn mit Verzweiflung und Trauer.
Hätte er sich nicht an Sir Hilary gewandt, wäre der Ausbruchs-

versuch nicht gerade im kritischsten Moment entdeckt worden. Elizabeth wäre unverletzt und Constance noch am Leben. Wie konnte sein Wunsch zu helfen nur so schreckliche Folgen zeitigen? Woran lag es bloß, daß all seine Versuche, Elizabeths Zuneigung zurückzugewinnen, vom Schicksal vereitelt wurden? Nun war gewiß alles aus. Diesen furchtbaren Fehler konnte sie ihm bestimmt nicht verzeihen. Genausowenig, wie sie ihm verziehen hatte, was bei Bethanys Tod geschehen war, oder daß er diesen gräßlichen Fenier ins Armenhaus geschickt hatte. Seine Frau hatte ein erstaunliches Gedächtnis – und einen sehr persönlichen Gerechtigkeitssinn.

Nein, nun würde sie ihm nie mehr vergeben, dessen war er ganz sicher. Er hatte die letzte Möglichkeit, seine Ehe zu retten, vertan.

Edmond rückte näher an das Bett seiner Frau und griff schüchtern nach ihrer Hand. Er fühlte sich mit einemmal sehr alt und sehr allein. Hatte die Fehler in seiner Ehe am Ende er selbst verschuldet und nicht das Schicksal? Oder war er doch im Recht gewesen, als er in früheren Jahren so schonungslos alle Schuld bei Elizabeth gesucht hatte? Welcher Mann wäre schon mit ihrem Eigensinn fertig geworden und mit ihrer Kompromißlosigkeit? Warum zum Teufel hatte sie es nicht ihm überlassen, ihre Schwester zu befreien?

Aber jetzt war es gleichgültig, wen von beiden die Schuld traf. Um ein Haar wäre seine Frau heute nacht gestorben. Und er hatte erkannt, daß sein Leben sinnlos wäre ohne sie. Ach, das Leben war verdammt launisch, und das Glück schien nur ein trügerischer Traum!

Sehr zu seiner eigenen Verwunderung legte Edmond Manningham den Kopf an die Brust seiner Frau und weinte wie ein Kind.

Premierminister Asquith ging rastlos in seinem Arbeitszimmer in Downing Street Nr. 10 auf und ab. Es war ihm unbegreiflich, wie dieser irische Aufstand so außer Kontrolle hatte geraten können. Schuld daran war nur dieser verfluchte Maxwell mit seinen Willkürakten! Und was hatte er mit seiner Eigenmächtigkeit erreicht? Noch ein paar Märtyrer geschaffen, die Öl auf die Flammen des irischen Freiheitsbrandes gossen! So dumm konnten auch nur die

Militärs sein: die Rebellenführer wie gemeine Verbrecher an die Wand zu stellen und niederzuschießen! Und nun empörte jeder brave Christenmensch sich gegen die britische Krone!
Sogar die amerikanische Regierung hatte sich eingemischt und verlangte, daß man de Valeras Leben verschone. Offenbar war der Mann nach wie vor amerikanischer Staatsbürger, obwohl er fast sein ganzes Leben in Irland verbracht hatte.
Einfach unfaßbar, daß dieser alberne kleine Aufstand ihm so viele Scherereien machte!
Nun, ihm blieb nichts weiter übrig, als Maxwell bei nächster Gelegenheit zurückzubeordern – taktvoll, versteht sich. De Valeras Todesurteil würde er unverzüglich aufheben, und die übrigen Rebellen mußten so rasch wie möglich in ein Internierungslager überstellt werden.
Hoffentlich, dachte der geplagte Premierminister, läßt man mich dann endlich mit diesem leidigen Irlandproblem in Frieden.

32

Kitty O'Neill schritt energisch den dumpfigen Korridor entlang. Sie zog ihre Jacke fest über der Brust zusammen – einmal, um die Kälte abzuwehren, zum anderen, um sich vor den dreisten Blikken der Soldaten zu schützen.
Verflucht sollst du sein, Tahg O'Connor! Wie konntest du dich nur so in die Nesseln setzen! Kitty kochte vor Wut. Alberner Aufstand! Alberne Rebellen! Albernes Land, das die Menschen zu immer neuen Torheiten verführt!
Der Wärter, der sie begleitete, blieb vor einer Zelle mit mehreren Insassen stehen. Klirrend schlug er mit dem Schlüsselbund gegen die Gitterstäbe, um die Aufmerksamkeit der Häftlinge zu erregen. »O'Connor!« rief er, und Kitty sah Tahg sich von den übrigen lösen und nach vorn kommen.
Er war unrasiert und schmutzig; traurig wirkte er und erschöpft.
»Na, diesmal hast du's ja geschafft!« Ihre Stimme verriet jedoch eher Kummer als Vorwurf.
»Kitty, was tust du denn hier?« fragte Tahg mit einem unbehaglichen Blick auf den feixenden Wärter.

»Blöde Frage! Ich bin hier, weil ich dich liebe. Ich kann dich doch nicht ins Gefängnis gehen lassen, ohne dich noch einmal zu sehen.«

»Wir kommen nach Frongoch in Wales«, sagte er hilflos.

»Der Wärter hat es mir gesagt.«

»Was wirst du tun, während ich fort bin?«

»Dasselbe, was ich tun würde, wenn du hierbleiben würdest«, versetzte sie trotzig. »Mich um ein Engagement als Schauspielerin bemühen. Meinen Weg machen. Alles dransetzen, um aus dem Elend bei meinem Vater rauszukommen.«

»Wirst du auf mich warten, Kitty?«

»Tahg O'Connor, du bist weiß Gott unmöglich! Ich werde doch nicht mein Leben an einen verrückten Rebellen verschwenden, der für eine verlorene Sache kämpft und von einem Internierungslager zum nächsten wandert. Ich hab' dir das schon tausendmal gesagt, oder? Verstehst du denn nicht«, setzte sie plötzlich weicher, fast flehentlich hinzu, »ich habe nur *mich*! Dich werde ich nie bekommen, solange Irland unfrei ist...«

»Und wenn du mich hättest – würde dir das genügen?«

»Nein«, gestand sie niedergeschlagen. »Ich muß versuchen, was aus meinem Leben zu machen. O bitte, Tahg, versteh mich doch!« Tränen schwammen in ihren schönen Augen.

»Schon gut, Kitty. Ich versteh' dich ja. Wir müssen eine Weile jeder den eigenen Weg gehen. Ich weiß, wie sehr du die Sicherheit brauchst, die ich dir nicht versprechen kann. Laß uns ruhig abwarten, was kommt, Kitty. Mehr verlange ich gar nicht.«

Ein dankbares Lächeln huschte über ihr Gesicht – wie ein Sonnenstrahl, der nach dem Gewitter aus den Wolken hervorspitzt. Und Tahg fragte sich wieder einmal, ob er wohl der einzige sei, der wußte, daß sie keineswegs so zäh war, wie sie sich gab.

»Gib auf dich acht, Kitty. Ich hab' dich sehr, sehr lieb, mein Mädchen.«

»Ich liebe dich auch, du großer Dummkopf, du. Aber das hilft uns verdammt noch mal nicht weiter, oder?«

Damit wandte sie sich zum Gehen. Der junge Soldat, der sie hergebracht hatte, nahm besitzergreifend ihren Arm. Zornig funkelte Kitty ihn an; im Nu schien sie um mindestens zehn Zentimeter gewachsen zu sein.

»Hände weg, du dreckiger Engländer!« zischte sie. »Daß ich nicht für diese Revolution war, heißt noch lange nicht, daß ich Engländer mag!« Und damit stürmte Kitty davon, daß ihre rote Mähne nur so flatterte.

Tahg und Mick saßen nebeneinander auf dem Lastwagen, der sie von der Militärstrafanstalt Stafford zum Internierungslager Frongoch brachte.
»Hier liegt unsere Chance!« flüsterte Mick, während der Wagen über die holprige Landstraße rumpelte.
»Chance? Wozu?« fragte Tahg verständnislos.
»Hier können wir die Männer wieder organisieren, eine neue Armee aufstellen. Die Engländer haben uns noch lange nicht geschafft!«
Tahg lächelte grimmig. Es war herrlich, sich vorzustellen, daß sie den Kampf wieder aufnehmen könnten. Herrlich, an Rache zu denken. Die Revolution, die sein ganzes Leben bestimmt hatte, war für ihn jetzt nicht mehr ein bloßes Abstraktum von Freiheit und Gerechtigkeit, sondern ein ganz persönlicher Rachefeldzug. Sein Vater in einer britischen Strafanstalt erschossen... seine Mutter auf einem Gefängnishof ermordet... seine Tante in Lebensgefahr, niedergestreckt von derselben Kugel, die seine Mutter getötet hatte. Er hatte wahrhaftig allen Grund, die Engländer zur Rechenschaft zu ziehen.

Mein Bruder war kurz nach seiner Festnahme nach Dublin geschafft und in die Arbour-Hill-Kaserne eingeliefert worden. Er mußte sich nackt ausziehen und die schlimmsten Erniedrigungen über sich ergehen lassen. Die nächste Station war Brixton, wo er zwei Tage und zwei Nächte blieb; von dort ging es zum Verhör nach Scotland Yard.
Da Desmond bei Tralee hatte an Land schwimmen müssen, waren seine Kleider und Schuhe schmutzig und durchs Meerwasser hart geworden. Trotzdem besorgte man ihm während der ersten Tage seiner Haft keine anderen Sachen, und abgesehen von der Leibesvisitation in Arbour Hill war er gezwungen, Tag und Nacht seinen verdreckten Anzug zu tragen. Wie mir später berichtet wurde, litt er vor allem unter der Kälte und den Läusen.

Man versicherte mir, Edmond habe alles in seiner Macht Stehende getan, um Desmonds Leiden zu mildern, ihn moralisch zu unterstützen und ihm vor allem einen Rechtsbeistand zu beschaffen. Aber all seine Bemühungen waren vergebens. Wie jeder Kenner der irischen Geschichte weiß, wurden Des und Casement als Hochverräter hingerichtet – Des im Juni und Casement im August 1916.
Mir blieb es barmherzigerweise erspart, das Martyrium meines armen, geliebten Bruders mitzuverfolgen. Denn da ich noch sehr schwach war und mich nur langsam von dem Lungenschuß in Kilmainham erholte, hielt man die schlimme Nachricht bis zum letzten Moment von mir fern.
In seinem Schlußwort auf der Anklagebank machte Desmond deutlich, wie unhaltbar die Hochverratsklage gegen ihn sei. Als Sohn eines Rechtsanwalts konnte Desmond über den Ausgang seines Prozesses kaum im Zweifel sein, und doch, so erzählte mir Edmond später, sei kaum jemand im Gerichtssaal von seinem Mut und seiner Würde unberührt geblieben.
»Mylords«, so begann mein Bruder, »Sie beschuldigen mich des Verrats, eines abscheulichen Verbrechens. Aber wenn ich nicht irre, versteht man unter einem Verräter einen Menschen, der sein Land, eine gute Sache oder einen Verbündeten hintergeht und betrügt. Und nach dieser Definition versichere ich Sie meiner Unschuld, Mylords. Ich habe mein Land nicht verraten, denn England ist nie und nimmer mein Land gewesen. *Ich bin Ire.*
Wie Sie alle wissen, wurden mir zahlreiche Vergünstigungen in die Wiege gelegt, und man erzog mich zu der nämlichen Überheblichkeit und dünkelhaften Arroganz, wie sie heute in diesem Gerichtssaal vorherrschen. Gleich Ihnen, Mylords, lehrte man auch mich, die Iren als ungehobelte Wilde zu betrachten, die außerstande seien, sich selbst zu regieren. Wie Sie lernte auch ich, daß wir, die herrschende Klasse, durch Gottes Willen dazu auserkoren seien, nach eigenem Gutdünken über das Wohl und Wehe dieser Wilden zu wachen. Doch das Leben, Mylords, hat mich gelehrt, wie ungerecht diese Auffassungen waren.
Und vom Unrecht will ich nun auch zu Ihnen sprechen. Denn ich behaupte, Mylords, daß Sie Ihre gottgegebene Autorität verdammt schlecht genutzt haben! Sie haben die Iren ausgehungert und wie Tiere behandelt; über ihre Versuche, sich von Ihrer zer-

störerischen Oberhoheit zu befreien, haben Sie nur gelacht. Sie haben sich die Ernte und die Arbeitskraft der Leute angeeignet. Sie haben ihre Sprache und ihre Kultur ausgemerzt und sie dann um ihrer Unwissenheit willen verspottet.
Sie sind stolz auf Ihr Rechtssystem und auf Ihre Mutter aller Parlamente. Ich aber frage Sie: Können Sie auch stolz sein auf das, was Sie in Irland vollbracht haben?
Können Sie stolz sein auf jene Gesetze, die religiöse, pädagogische, politische und sprachliche Freiheit untersagten? Können Sie etwa stolz darauf sein, daß Sie während der Kartoffelmißernte Nahrungsmittel exportierten, die Irland dringend gebraucht hätte, um seine Bevölkerung vor dem Hungertod zu retten? Können Sie stolz sein auf Ihre Gerichtshöfe, die Menschen ohne ordentliches Verfahren hinter Gitter bringen, und auf Ihre Soldaten, die beim geringsten Verdacht gleich schießen?
Als ein Mann, der zum Respekt vor eben dem System erzogen wurde, das ihn jetzt anklagt, appelliere ich an Sie: Lassen Sie nicht zu, daß Ihr großes Empire sich noch weiter erniedrigt! Ziehen Sie sich aus Irland zurück! Und zwar jetzt, ehe ein endloses Blutbad Sie zwingt, in Schimpf und Schande zu tun, was Sie großmütig aus freiem Willen hätten tun können. Denn ich prophezeie Ihnen, dieses neue Jahrhundert wird das Ende Ihres allmächtigen Empires bedeuten. Noch ehe es zur Neige geht, werden die zornigen Stimmen all der unterdrückten kleinen Nationen dieser Erde sich Gehör verschaffen!
Mylords, wie immer Sie sich meiner auch entledigen, meiner und der Tausende, die sich noch auflehnen werden, *am Ende müssen Sie sich ergeben!*
Ich kann an England nicht zum Verräter werden, denn es ist nicht mein Land. Ich bin Ire!«

Und so starb mein geliebter Bruder ohne den Beistand seiner Schwestern. Lieber, edler, großmütiger, gütiger Desmond – das Herz tut mir weh, selbst heute noch, wenn ich an deine letzten einsamen Stunden denke.
Ich lag noch im Krankenhaus, als ich schließlich von seiner Hinrichtung erfuhr. Ich weiß noch genau, was ich dachte: Also nur die Geringste von uns dreien ist am Leben geblieben.

33

Ich lag im St.-Vincent-Krankenhaus und wartete auf das Ende. Meine Schwester war tot – das hatte ich schon gewußt, als ich sie auf dem Gefängnishof in den Armen hielt. Aber ich wußte auch, daß *ich* weiterleben mußte. Ich, die ihren Tod verschuldet und nicht mehr den Wunsch hatte, zu leben, ich war dazu verurteilt. Während ich mich willenlos an der Schwelle des Bewußtseins treiben ließ, fiel ringsumher die Welt in Scherben.
Der Aufstand hatte das Volk nicht zu einen vermocht, wohl aber die Ermordung seiner Anführer.
So, wie sich täglich eine wütende Menge vor dem Gefängnis von Kilmainham versammelt hatte, um gegen die Hinrichtung der Rebellen zu protestieren, so entzündete sich nun der Geist der Revolution in den Herzen des irischen Volkes.
Als ich mich endlich wieder erholt hatte, war alles verändert. Der gescheiterte Aufstand hatte den Freiheitsdrang der Iren so gewaltig wiedererweckt, als sei die Tragödie der Osterwoche vorherbestimmt gewesen.
Con war tot... Tierney war tot... Des war tot... Tahg saß im Gefängnis... Seaneen war vermißt... Irland rüstete sich zum Kampf um seine Unabhängigkeit.
Sean O'Casey, so scheint mir im nachhinein, hat – ungeachtet seiner zynischen Ader – die damalige Stimmung im Lande am besten beschrieben:

> Das Schloß ist wachsam und zuversichtlich; die Akten sind überprüft, die Dossiers endgültig unterschrieben und gesiegelt. Nun können die Iren Ruhe geben und ihre Klagen einstellen, denn nichts ist ganz geblieben, was zerbrochen werden konnte.
> Aber Cathleen, die Tochter Houlihans, sie geht auf einmal festen Schritts einher; es liegt ein Rosenhauch auf ihren schönen Wangen. Sie hört das Grollen im Herzen des Volkes. Und ihre Freier scharen sich um sie, denn alles ist verändert plötzlich, ganz und gar.

Es grollte wahrhaftig im Herzen des Volkes. Und auch in meinem. O Gott, wie sehr es grollte, mein wehes Herz.

Dritter Teil

Die Unruhen

1916–1923

Die Geschichte ist ein Rechenschaftsbericht,
Meist gefälscht,
Von Ereignissen,
Meist unwichtig,
Die verursacht werden
Von Regenten,
Meist Schurken,
Und Soldaten,
Meist Toren.

Ambrose Bierce

Furcht ist ein guter Ansporn, Zorn aber nicht minder.
Irisches Sprichwort

1

Irland war seit dem Osteraufstand gespalten: Viele sehnten sich nach Ruhe und Frieden, in anderen gärte der Unmut. Die Abneigung gegen die Engländer manifestierte sich noch stärker, als man es seit Jahrzehnten gewohnt war.

Die Märtyrertode des Jahres 1916 hatten die öffentliche Meinung radikal geändert: Über tausend Sinn-Fein-Vereine waren aus dem Boden geschossen, und ein stürmisches Nationalgefühl machte sich allenthalben bemerkbar. Verstärkte Polizeikontrollen bildeten ein ständiges Ärgernis, und die Fenier-Partei Sinn Fein schürte den Unmut der Massen. Unter der scheinbar ruhigen Oberfläche brodelte die Feindseligkeit gegen die Engländer. Kurz gesagt, viele von uns ahnten hinter dem trügerischen Frieden, der seit dem Osteraufstand herrschte, die Ruhe vor dem Sturm.

Ich war nicht weniger im Zwiespalt als Irland. Während meiner langen Krankheit hatten mich nur zwei Wünsche aufrechterhalten: Ich wollte die Gräber von Con und Des besuchen, und ich wollte herausfinden, ob Seaneen noch am Leben war. Es hieß zwar, er sei dem Gemetzel in Kilmainham entkommen, doch ich wagte nicht, diesem Gerücht zu trauen; andererseits war es fast unmöglich, sich Gewißheit zu verschaffen. Die Rebellenführer, die ich persönlich gekannt hatte, waren tot, ihre Männer auf die Gefängnisse überall auf den Britischen Inseln verteilt. Briefe aus den Haftanstalten wurden zensiert, Botschaften, die unbehelligt durchkamen, erreichten nur geheime Verbündete in geheimen Schlupfwinkeln.

Zu Weihnachten wurden endlich die ersten Rebellen freigelassen, und einer von ihnen verriet mir, wo der kleine Hof lag, der Seaneens Eltern gehört hatte. Tahg hatte in Frongoch erfahren, daß Seaneen angeblich noch am Leben sei und irgendwo in Tipperary wieder eine Bewegung aufbaue. Da dort auch der Hof seines Vaters lag, schien es naheliegend, als erstes in Tipperary nach ihm zu suchen.

Meine lange Krankheit und der Schmerz über Cons Tod hatten auch das letzte Restchen meines früheren Selbst ausgelöscht. Ich war besessen von einem einzigen Gedanken: Wenn Seaneen noch lebte, würde ich zu ihm gehen. Wenn er mich haben wollte, würde ich bei ihm bleiben.

Um Edmond Gerechtigkeit widerfahren zu lassen, muß ich betonen, daß er während meiner Genesung immer gut und hilfsbereit zu mir war. Als ich ihn Anfang 1917 wissen ließ, daß ich nicht länger in ehelicher Gemeinschaft mit ihm zu leben wünsche, schien ihn diese Neuigkeit unverhältnismäßig hart zu treffen. Er versicherte mir, er wolle mir keinen weiteren Kummer bereiten; wenn ich mich also entschlossen hätte, von ihm getrennt zu leben, würde er nicht versuchen, mich zurückzuhalten. Ich hatte zwar nicht mit seiner sofortigen Einwilligung gerechnet, nahm sie indes dankbar auf. Ich war zu schwach und betrübt, als daß ich hätte streiten können. Wahrscheinlich fühlte er das.

Sobald ich wieder einigermaßen bei Kräften war, traf ich alle nötigen Anstalten, um mich auf die Suche nach Seaneen zu machen. Ich war gerade beim Packen, als Johnny zu mir kam.

»Ich weiß jetzt Bescheid über Mr. O'Sullivan, Mama«, sagte er. »Wir dachten doch, du seist tot... da habe ich den Brief gelesen.« Sein Blick verriet mir, daß es ihm gutgetan hatte, die Wahrheit zu erfahren. Ich setzte mich zu ihm, und wir verplauderten den ganzen Nachmittag. Unser Gespräch endete damit, daß ich einwilligte, ihn auf die Suche nach seinem Vater mitzunehmen.

Tipperary ist eine liebliche Grafschaft, reich an saftigen Weiden, mit zahllosen kleinen Cottages, die über das wellige Hügelland verstreut liegen. Johnny und ich zogen unseres Wegs, ohne zu wissen, was uns am Ziel erwartete oder welchen Empfang uns Seaneen bereiten würde. Daß ich ihn überredet hatte, Con aus dem Gefängnis zu befreien, lastete schwer auf meinem Gewissen. Natürlich hatte ich keine Vorstellung davon, wie ernst seine Verletzung war.

Zwei bewaffnete junge Männer öffneten die Tür, als wir bei den O'Sullivans in Ballingarry in den Hügeln von Slieveardagh anklopften. Die beiden sahen zwar bedrohlich aus, aber ich hatte das Empfehlungsschreiben eines hohen IRB-Mitglieds aus Dublin bei mir, und so ließen sie Johnny und mich eintreten.

Ich bat meinen Sohn, bei den Wächtern zu warten, und betrat allein den Wohnraum. Es war ein weißgetünchtes, sonnendurchflutetes Zimmer, kärglich, aber hübsch eingerichtet und sorgfältig gepflegt. Seaneen saß in einem Schaukelstuhl, den Kopf zum Fenster gewandt. Als die Tür hinter mir ins Schloß fiel, drehte er sich um. Sobald ich sein Gesicht sah, wußte ich es: Er war blind! Entsetzt über sein Aussehen, entsetzt von der Erkenntnis seines Leidens, ging ich langsam zu ihm. Er schien mir soviel hagerer, als ich ihn in Erinnerung hatte; offenbar war er ebenso krank gewesen wie ich. Mein Herz klopfte stürmisch. Zumindest war er noch am Leben.

»Es geht dir also gut, Mylady«, sagte er, ehe ich auch nur ein Wort gesprochen hatte. »Dem Herrn sei Dank dafür.« Seine Stimme verriet Liebe und Güte.

»O mein Liebster...« Ich kniete neben ihm nieder, und er legte den Arm um mich. »Was hab' ich dir nur angetan.« Meine Schuld würgte mich wie ein körperlicher Schmerz.

»Nicht doch, Mylady, nicht weinen!« Er strich mir tröstend über die Wange, als fühlte er meine Tränen. »Wir haben doch damals nur getan, was wir tun mußten. Schuld sind die verdammten Schurken, die deine Schwester umgebracht haben. Die müssen büßen. Nicht du. Auf keinen Fall du.«

»Was machst du hier, Seaneen?« fragte ich, sobald ich mich einigermaßen gefaßt hatte.

»Wir tragen den Kampf unters Landvolk, Beth. Wir trommeln in ganz Irland Leute zusammen, um den Feind aus seinen behaglichen Schlupfwinkeln zu vertreiben – in den ländlichen Garnisonen und in der Königlich Irischen Gendarmerie. Du wirst schon sehen. Es wird natürlich Zeit brauchen und sorgfältige Planung, aber der Aufstand war der Anfang vom Ende für die Engländer.«

»Aber Seaneen, wie kannst du dich denn noch daran beteiligen... mit deinen Augen?«

Er lächelte verschmitzt, und die mir so wohlvertrauten Falten überzogen sein wettergegerbtes Gesicht. »Meine Blindheit ist die perfekte Tarnung. Niemand würde mich verdächtigen. Die Ärzte sagen, ich könne mein Augenlicht unter Umständen wiedererlangen – also muß ich meine Tarnung nutzen, solange ich kann!«

»Sie verdächtigen dich nicht? Mit bewaffneten Freiwilligen im Haus?« fragte ich ungläubig.

»Die beiden bleiben nur so lange, bis man mir einen Gehilfen aus Dublin schickt. Jemanden, der mir die Augen ersetzen kann.«
»Wenn das so ist – die Mühe können sie sich sparen«, sagte ich ruhig. »Ich habe nämlich nicht die Absicht, dich je wieder zu verlassen.«
Verblüfft wandte Seaneen mir seine blicklosen Augen zu. »Und Edmond? Und deine Kinder? Was wird aus denen?«
»Zwischen Edmond und mir ist längst alles aus. Ich habe ihm schon gesagt, daß ich ihn verlassen werde, und er hat mir nichts in den Weg gelegt. Meine Kinder sind fast erwachsen und nicht mehr auf meine Hilfe angewiesen. Ich glaube, nur Johnny braucht seine Mutter noch... *und* seinen Vater.«
»Er weiß also Bescheid?«
»Ja.«
Seaneen sagte lange nichts. Dann nahm er mich in seine Arme und drückte mich so fest an sich, daß mir fast der Atem stockte.
»Gütiger Gott, du hast mir so gefehlt!« flüsterte er.
»Gewiß nicht mehr als du mir, mein Liebster.«
»Es wird gefährlich werden...«
»Nicht mehr, als ohne dich zu leben.«
»Ich habe dir nichts zu bieten...«
»Du hast alles, was ich mir wünsche.«
»Und Johnny?«
»Er liebt seinen Vater über alles.«
Immer wieder umarmten und küßten wir uns und flüsterten uns sinnlose, glückliche Worte ins Ohr, bis ein schüchternes Klopfen uns wieder zur Besinnung brachte. Johnny stand in der Tür.

Vielleicht erübrigt es sich, Ihnen den qualvollen Abschied von Edmond und meinen vier älteren Kindern zu schildern. So will ich mich denn mit den Fakten begnügen. Noch vor Ablauf eines Monats war ich mit Johnny nach Tipperary zurückgekehrt, wo wir fortan im Hause von Seaneen O'Sullivan wohnen würden. Mit diesem Schritt trennte ich mich endgültig von der Elizabeth FitzGibbon meiner Jugend. Fortan würde ich ein Flüchtling sein, eine Ehebrecherin und Geächtete. Fortan würde ich nur noch ich selbst sein.
Win behandelte mich mit hochmütiger Verachtung, sobald er den

Grund meiner bevorstehenden Abreise erfuhr. Es war ihm unbegreiflich, daß *seine* Mutter solche Schande über den Namen seines Vaters bringen konnte.

Merry und Jamie saßen mit großen Augen vor mir, während ich ihnen meine Geschichte erzählte und von meinen Plänen sprach. Er war wie immer großmütig und brachte alle nur erdenklichen Entschuldigungen zu meinen Gunsten vor. Sie dagegen verhielt sich höchst ungewöhnlich, indem sie mich um eine Unterredung unter vier Augen bat.

Als Jamie hinausgegangen war, fiel Merry mir um den Hals und beteuerte, sie verstünde mich voll und ganz... solange sie zurückdenken könne, habe sie gewußt, wie unglücklich ich sei, und sie finde es unerhört romantisch, daß ich mit dem Mann, den ich liebte, durchbrennen wolle. Dann gestand sie mir, daß sie Schauspielerin werden wolle. Sie liebe ihren Vater zwar von Herzen, werde sich jedoch von ihm nicht dreinreden lassen. Natürlich, setzte sie kleinlaut hinzu, würde sie Geld brauchen, um sich in Dublin selbständig zu machen; und ich versprach, ihr zu helfen, soweit es mir eben möglich sei.

Das Gespräch mit Angelica hatte ich bis zuletzt aufgespart – aus Feigheit gewissermaßen, denn davor fürchtete ich mich am meisten. Zum einen liebte ich diese Tochter auf ganz besondere Weise; zum anderen bedrückte mich (und daran hat sich bis heute nichts geändert) die Schuld an ihrem Gebrechen.

Am Ende war es Angelica, die eines Nachmittags im Salon die Rede auf meine bevorstehende Abreise brachte.

»Du sollst wissen, daß ich mich für dich freue, Mama... weil du jemanden liebst, der dich wiederliebt. Das hast du wirklich verdient. Ich weiß, wie unglücklich Vaters kühles Wesen dich gemacht hat.«

Angelica blickte schüchtern zu Boden, als mache ihr Geständnis sie verlegen. Sie hatte von all unseren Kindern am meisten Grund, ihren Vater zu lieben, und ich wußte, wie schmerzlich es für sie war, ihn in irgendeinem Punkt zu hintergehen.

»Ich glaube, Mutter, ich weiß jetzt Bescheid... ich hab' mit Johnny gesprochen, weißt du... Mir hat er die Wahrheit gesagt, aber die anderen wissen nichts davon. Wenn Johnny Mr. O'Sullivans Sohn ist, dann warst du in ihn verliebt... in dem Sommer, den wir in Dublin verbrachten, als ich vier war.«

Ich nickte. Mir war schrecklich elend zumute.

»In jener Nacht, als ich dich suchte, aber nicht finden konnte... die Nacht, als mich der Wagen überfuhr... warst du da bei ihm?«

Ich hätte zehn Jahre meines Lebens dafür gegeben, diese Frage nicht beantworten zu müssen, allein, meine Tochter hatte ein Recht darauf, die Wahrheit zu erfahren. »Mein liebes Kind, wenn du nur wüßtest... ich würde alles tun, um das ungeschehen zu machen!«

Sie maß mich mit einem seltsam verwunderten Blick. »Ich verzeihe dir, Mutter«, sagte sie schlicht. »Ich habe dir schon lange vergeben. Das wollte ich dir nur sagen, ehe du fortgehst.«

Verständnislos sah ich sie an.

»Ich habe immer gewußt, daß ein schreckliches Geheimnis hinter dieser Nacht steckt. Wahrscheinlich hab' ich dich darum auch nie gefragt, wo du gewesen bist. Glaubst du, ich habe nicht gemerkt, wie lieblos eure Ehe die ganzen Jahre war? Ich liebe meinen Vater, und er war immer gut zu mir. Aber ich bin nicht blind, Mutter! Ich sehe mehr als die anderen, weil ich stets Zeit zum Nachdenken hatte. Ich bin auch eine Frau, Mutter. Ich weiß, wie weh es tut, nicht geliebt zu werden. Wenn du mit Mr. O'Sullivan das Glück finden kannst, das dir und Vater nie beschert war, dann mußt du diese Chance nutzen.«

»Und du, Angelica? Was wird aus dir?« fragte ich bewegt.

»Ich geh' nach Dublin, Mutter. Tahg und ich haben das schon seit Jahren geplant. Wir werden uns gegenseitig helfen. Papa habe ich gesagt, ich wolle mich wohltätigen Zwecken widmen, und das ist nicht gelogen. Du weißt, Vater hört auf mich. Ich versuche ihn zu überreden, Merry und mich bald in die Stadt ziehen zu lassen. Jamie geht nach Oxford. Win und Papa wären wohl in London am besten aufgehoben... Die Politik wird ihnen helfen, nicht dauernd an dich zu denken.«

»Ach, Angelica, du warst schon immer die Klügste von uns allen, nicht wahr? Weißt du, Kind, ich wollte dich eigentlich bitten, mit mir zu kommen...«

»Mutter, das geht nicht. Ich hab' dich sehr lieb, aber das kann ich Vater nicht antun. Du mußt das verstehen. Außerdem wird's Zeit für mich, erwachsen zu werden und mein eigenes Leben zu führen. Ich muß lernen, unabhängig zu sein.«

Ich nickte. Sie hatte recht. Angelica war Con sehr ähnlich… tapfer, mutig, ehrlich und aufrichtig. An jenem Tag schlossen wir Frieden miteinander, Angelica und ich.
Vier Jahre sollten vergehen, ehe ich meine Tochter wiedersah.

2

»Der Plan ist eigentlich ganz einfach«, hatte Mick in Frongoch zu Tahg gesagt. »Wir müssen die Informanten unschädlich machen, uns die nötigen Waffen für den Kampf besorgen, die Gendarmerie ausschalten, die britische Regierung in Irland lahmlegen und die Engländer aus dem Land jagen.« Er mußte selbst darüber lachen, wie einfach das Unmögliche klang.
»Und die werden uns selbstverständlich ganz gelassen dabei zusehen.«
»Natürlich nicht! Sie werden wie eh und je versuchen, uns kleinzukriegen. Aber wenn wir's richtig anstellen, wird der Druck der Regierung unser Volk nur um so schneller auf unsere Seite treiben.«
»Unser Volk hat uns ja schon immer so viel geholfen!« Tahg schnaubte verächtlich.
»Sei nicht so verbittert, O'Connor. Die Leute werden schon kommen, wenn wir sie brauchen. Es müssen nur *genügend* sein, wir brauchen nicht alle. Wir werden ihnen das Leben auf unserer kleinen grünen Schatzinsel derart zur Hölle machen, daß sie freiwillig abziehen!«
»Und woher willst du deine Armee nehmen?«
»Tahg Mor, es gibt noch eine Menge Soldaten aus dem Krieg. Und viele von den Jungen werden sich freiwillig melden – ganz zu schweigen von unseren Schulkameraden aus Frongoch, der ersten Brutstätte irischer Revolutionäre! Wir werden sie nach bestem britischem Vorbild exerzieren lassen – nur noch ein bißchen besser.«
»Darauf trinke ich!« Tahg lachte nun doch und hob seine mit Wasser gefüllte Blechtasse. Vielleicht gelang es Mick wirklich, seine optimistischen Pläne in die Tat umzusetzen. Andrerseits – die Erinnerung an 1916 war noch nicht verblaßt. Während

der jahrhundertelangen englischen Regierung hatten schon andere Männer versucht, Irland zu befreien... und versagt. »Das haben schon viele versucht, Mick. Aber noch keinem ist es gelungen.«
»Ja, aber ich noch nicht, Tahg Mor O'Connor.« Collins lachte zuversichtlich. »Ich habe es noch nicht versucht!«
Als Tahg im Zug saß, der die letzten freigelassenen irischen Revolutionäre nach Dublin zurückbrachte, ging ihm dieses Gespräch unablässig im Kopf herum. Im Zug nach Holyhead, dann per Schiff nach Dublin, und er würde wieder daheim sein – sofern er noch ein Zuhause hatte, jetzt, da seine Eltern tot waren.
Ob er in FitzGibbon Hall ein neues Zuhause finden würde? Er hatte seine Erbschaft vor allen außer Angelica und Tante Beth geheimgehalten. Zuerst hatte ihn der Tod des Onkels zu sehr getroffen, als daß er sich über seinen Besitz hätte freuen können. Und jetzt wiesen ihn seine Pläne bereits in andere Richtungen... Richtungen, die nichts zu tun hatten mit Herrenhäusern oder Sicherheit.
Als Tahg in Dublin an Land ging, führte ihn sein erster Weg zum Glasnevin-Friedhof.
Es dunkelte schon, als er endlich die Grabstätte seiner Eltern gefunden hatte. Mit Tränen in den Augen las er die Inschrift auf dem gemeinsamen Grabstein. Nur Tante Beth konnte diese Worte ausgewählt haben.
Tahg kniete neben dem Grab seiner Mutter nieder und strich behutsam über das frische Grün. Ein halbes Jahr war vergangen, seit man sie hier neben ihrem Mann, seinem Vater, zur letzten Ruhe gebettet hatte.
Tahg bekreuzigte sich und stand auf. Er schuldete seinen Eltern ein Versprechen. Er schuldete ihnen Rache und Wiedergutmachung.
Unversehens kam ihm in den Sinn, was Kitty einmal zu ihm gesagt hatte: »...nur weil es ihr Kampf war, brauchst du doch nicht dafür zu sterben« – oder so ähnlich. War es möglich, daß die Liebe zu seinen Eltern ihn in einen wahnsinnigen Krieg drängte, der nicht der seine war? Konnte man Irland am Ende nicht einmal durch den Tod entfliehen? Abermals las er die Grabinschrift.
Gewiß, es war ihr Kampf gewesen – doch nun war es der seine. Nach allem, was geschehen war, konnte er keinen Frieden finden,

ohne sich des furchtbaren Zorns zu entledigen, der in ihm brannte. Kein Frieden ohne Rache.
»Ich liebe dich, Mutter«, flüsterte er. »Ich liebe dich, Pa. Und ich werde mein Bestes für euch geben.«
Damit setzte er seine Mütze auf, machte kehrt und verließ mit raschen Schritten den Friedhof. Zu Mick Collins, dachte er. Bei ihm liegt meine Zukunft.

Fasziniert beobachtete Tahg Mick Collins, der vor der Gälischen Liga in Keating eine Rede hielt. Collins hatte vor dem Aufstand als Buchhalter gearbeitet. Seine kleine, gestochen scharfe Schrift war die eines Beamten… oder eines Mörders, hatte einer seiner Mithäftlinge in Frongoch einmal im Scherz gesagt. Vielleicht traf beides zu. Wie schwer es doch ist, dachte Tahg, in solch wirren Zeiten an einer eindeutigen Moral festzuhalten. Wo hört Patriotismus auf, und wo fängt Verrat an? Was ist Mord und was gerechte Auflehnung gegen Tyrannei?
Collins' herzliches Gelächter steckte die Versammlung an – ein fröhliches und männliches Lachen, das kameradschaftliche Gefühle wecken sollte. Und Mick war als Anführer wirklich genauso gut wie als Kamerad. Er konnte Witze reißen wie kein zweiter. Nur vertrug er es nicht, wenn man über ihn lachte. Dazu war er zu stolz. Viel zu stolz, dachte Tahg.
Aber durfte Mick nicht auch auf vieles stolz sein? Er verfügte über einen scharfen Verstand, der präzise und unaufhaltsam jedes noch so komplizierte Problem anging. Seine erstaunliche Tatkraft machte selbst vor scheinbar unüberwindlichen Hindernissen nicht halt. Und sein flammender Patriotismus duldete keine Widersacher. Mick war fest entschlossen, Irland von der englischen Oberhoheit zu befreien – wie ein Priester fest entschlossen ist, die Sünde auszurotten.
»Ich werde eine Armee aufstellen«, verkündete Collins gerade mit donnernder Stimme, »wie die Engländer sie sich nicht einmal im Traum vorstellen können. Sie haben Geld und Leute, also müssen wir ihnen Verstand und Erfindungsgabe entgegenstellen. Wir werden sie aufreiben und ihr verdammtes Selbstvertrauen unterminieren! Wir werden ihre Waffentransporte überfallen und ihre Kasernen niederbrennen. Vor allem aber werden wir Spione

in ihre Armee einschleusen. Geheimhaltung ist von allergrößter Wichtigkeit für das Gelingen meines Plans! Keiner wird mehr wissen als unbedingt nötig. Ihr werdet die Namen von ein paar Kameraden und Kontaktpersonen erfahren – sonst nichts. Ich habe vor, mit Hilfe des einfachen Volkes ein landesweites Nachrichtennetz aufzuziehen: Bauern, Metzger, Bäcker, Fabrikarbeiter, Polizisten – sie alle können mithelfen. Wenn's klappt, wird übers Jahr keine Maus in Irland mehr einen Furz lassen, ohne daß wir es erfahren. Dann wird's auf der ganzen Insel kein Fleckchen mehr geben, wo sich ein Informant vor uns verstecken könnte. Wir werden sie einen nach dem anderen abschießen. Die im Schloß werden bald merken, was es geschlagen hat.«

Von bangen Ahnungen geplagt, verließ Tahg die Versammlung. Er schätzte Mick sehr und wußte, daß der Freund mit seinem eiskalten Verstand die Gefahren richtig einschätzte, die ihnen vom Schloß drohten. Die Königlich Irische Gendarmerie war gewissermaßen der Rettungsanker der englischen Regierung: eine jeweils ortsgebundene Polizeitruppe, bestehend aus lauter Iren, angestellt von den Schloßbehörden. Wenn man die Informanten nicht eliminierte, gab es keine Möglichkeit für den Sieg.

Aber einen Menschen kaltblütig ermorden? Nicht im Kampfgetümmel, sondern auf den friedlichen Straßen von Dublin? Das war vielleicht doch eine ganz andere Sache. Gab es aber überhaupt noch ein friedliches Dublin? Hatte es denn je eine Zeit gegeben, in der Irland nicht ungefragt in blutige Schlachten verwickelt war?

Tahg ging nachdenklich seines Wegs und überlegte, welche Rolle Mick ihm wohl zugedacht haben mochte. Nicht, daß es sonderlich darauf angekommen wäre. Solange er die Chance bekam, den Engländern heimzuzahlen, was sie seiner Familie angetan hatten, war ihm jeder Posten recht.

Kitty faltete Tahgs letzten Brief zusammen und legte ihn zu den anderen. Verflucht noch mal! dachte sie. Warum macht er mich nur so schwach? Wäre er doch bloß nicht so unendlich gut und liebevoll. Wenn ich mich nicht zusammenreiße, wirft er womöglich noch all meine sorgfältig durchdachten Pläne über den Haufen. Sie würde seine Briefe nicht beantworten, so einfach war das. Falls er je danach fragen sollte, würde sie eben leugnen, sie je bekommen zu haben.

Aber es fiel ihr furchtbar schwer, nicht an ihn zu denken; sich nicht um ihn zu sorgen; nicht zu wünschen, daß alles anders und er reich wäre, damit sie sich ein gemeinsames Leben schaffen könnten.
Kitty schüttelte unwillig den Kopf und griff nach dem Text, den sie studieren mußte. Diese Rolle war ein Glücksfall für sie. Mit dem Stück würde ihr der ersehnte Durchbruch gelingen. Sie konnte nicht zulassen, daß ein armer Schlucker sich ihrer Karriere in den Weg stellte, und wenn sie auch noch so sehr an ihm hing. Das durfte einfach nicht geschehen.

Tahg schlenderte am Theater vorbei, die Hände in den Taschen vergraben, die Mütze tief ins Gesicht gezogen. Falls Kitty gerade hier war, sollte sie ihn nach Möglichkeit nicht erkennen. Durch ihr Schweigen hatte sie ihm deutlich genug zu verstehen gegeben, daß sie nichts mehr mit ihm zu tun haben wollte.
Ein leichter Nieselregen benetzte seine Wangen; »Tau von oben« hatte sein Vater solches Wetter genannt. Tahg blieb vor einem Plakat stehen, auf dem die Schauspieler abgebildet waren, die in der jüngsten Premiere des Theaters auftraten. Kitty war bloß eines von vielen hübschen Mädchen auf dem Plakat, doch Tahg hatte nur Augen für sie. Sie hatte den Kopf zurückgeworfen und streckte die Arme aus – als wolle sie die ganze Welt umarmen.
Er meinte ihr kehliges Lachen zu hören, dieses weise, uralte Lachen, welches zu sagen schien: »Mir kann keiner was vormachen, ich kenne die Welt, und dich durchschaue ich auch.« Ob ihr Lachen wohl auch für andere Männer diesen verführerischen Klang besaß?
Er freute sich von Herzen für sie, daß sie es so weit gebracht hatte. Ob sie wohl jetzt da drinnen ist? dachte er. Ob sie – nur ein paar Meter von mir entfernt – auf der Bühne steht und redet und lacht... oder weint? Ob sie an mich denkt?
Nein! Wenn sie an ihn dächte, hätte sie ihm längst geschrieben.
Er war jetzt nur noch eine irritierende Ablenkung für sie, denn er gefährdete ihre Ziele, ihre Bedürfnisse.
Ruhm. Geld. Macht. Die Chance, jemand zu sein. All das brauchte sie. Aber ganz tief drinnen – unter all den glitzernden, schillernden Äußerlichkeiten – sehnte sie sich nach Liebe. Ver-

zweifelt, stürmisch, unersättlich. Gefährliche Gedanken für einen Mann, der Rache und Rebellion im Sinn hat, schalt Tahg sich selbst.
Er dachte an seine Erbschaft. FitzGibbon Hall bot haargenau das Leben, nach dem Kitty sich so sehnte. Wie launisch und willkürlich die Götter doch sind, dachte er wehmütig. Sie halten uns unsere Träume zum Greifen nahe vor Augen und erteilen uns dann den Marschbefehl in die entgegengesetzte Richtung. Ehe Irlands Geschick nicht entschieden war, gab es kein FitzGibbon Hall für ihn. Er hatte sich Collins verpflichtet und Irland. Danach erst – falls es ein Danach überhaupt geben würde – durfte er seine Träume weiterspinnen.
Tahg warf noch einen letzten Blick auf das temperamentvolle Mädchen auf dem Plakat. Wie leicht wäre es, dachte er, der Mann zu sein, den du dir wünschst, dir zu schenken, was du begehrst. Wie viele Männer werden dich nur um des Glanzes, um deiner Schönheit und deines Talents willen lieben, ohne je auch nur zu ahnen oder sich darum zu kümmern, wer du wirklich bist? Wie viele werden dein heimliches Verlangen spüren und ausnutzen?
Ihm war, als sei es plötzlich kälter geworden. Der Regen hatte eine Ecke des Plakats gelöst, und der Wind bewegte sie geräuschlos hin und her.
Zerstreut strich Tahg das Papier wieder glatt und preßte es gegen die Wand.
Wie vergänglich wir doch alle sind, dachte er traurig. Wie dieses Plakat, das sich im Regen auflöst, so könnte man auch dein Leben sehen, meine Kitty. Riskantes Leben als Schauspielerin, riskantes Leben auf der Suche nach Ruhm. Aber am Ende lebst du wohl nicht riskanter als ich. Ach Kitty, was mag Gott nur mit uns beiden vorhaben?
Sehnsüchtig strich Tahg ein letztes Mal über das Plakat, dann schlug er den Kragen hoch und ging davon.

Kitty saß allein im Theater, ihr Rollenheft auf dem Schoß. Ehe sie ihren Text nicht wie am Schnürchen konnte, würde sie nicht heimgehen. Es war die Hauptrolle, die sie begehrte und nach der zu greifen sie eigentlich nicht das Recht hatte. Bisher hatte sie nur unbedeutende Figuren mimen dürfen und meist die Naive ver-

körpern müssen. Aber sie *konnte* die Titelrolle spielen. Und besser als Eileen Shea, die dafür engagiert war.
Zuerst mußte sie den Text beherrschen. Dann galt es, ihm Leben einzuhauchen. Und dann *mußte* sie einen Weg finden, dem Direktor vorzusprechen, damit er sie als zweite Besetzung für die Shea einteilte.
Eine Chance, sagte sie sich, nur eine einzige Chance – mehr kriegt man nicht in dieser lausigen Welt. Aber mehr brauche ich auch nicht!
Was machte es schon, wenn sie den ganzen Abend hier verbrachte – heute, morgen, womöglich jeden Tag. Am Ende würde ihr Fleiß sich auszahlen.
Lieber Gott, es mußte klappen. Es war ihre einzige Chance.

Winston Manningham war eine auffallende Erscheinung. Groß und schlank, mit dunkelblondem Haar und einem Gesicht, wie nur ein weitzurückreichender und vornehmer Stammbaum es zu formen vermag. Sein arrogantes Wesen und seine eleganten Bewegungen zeugten gleichermaßen von Macht und Wohlstand. Man sah auf den ersten Blick, daß dieser junge Mann sich nie hatte beugen, nie um etwas hatte bitten müssen.
Als Student der Rechte reüssierte er, denn er hatte Gefallen an methodischen Gedankengängen, an Pragmatik und Logik. Am meisten aber gefiel ihm die Jurisprudenz, weil sie ihn darauf vorbereitete, in die Fußstapfen seines Vaters zu treten.
Die Politik. Dort allein konnte man sich in diesen Zeiten noch einen Namen machen. Im Grunde gab es überhaupt nur drei Gesellschaftsbereiche, die wirkliche Machtausübung gestatteten: das Militär (zu dem er keine sonderliche Neigung verspürte), die Kirche (kam erst recht nicht in Frage!) und die Politik. Ihm blieb also nur die Politik. Er würde seine Redegewandtheit verfeinern und seinen wachen Verstand schärfen. Es war wichtig, daß man sich bereits als Student in Oxford einen Namen machte. Sein Vater würde schon dafür sorgen, daß er nach dem Studium die richtigen Leute kennenlernte, aber er mußte jetzt schon lernen, sich künftige Chancen zunutze zu machen.
Dieses Mädchen, mit dem er sich eine Zeitlang abgegeben hatte, war reine Zeitverschwendung gewesen. Eigentlich waren sie alle

alberne Gänse, die einen mit ihren Liebesschwüren langweilten, sobald man ihnen auch nur die geringste Aufmerksamkeit schenkte. Natürlich würde er eines Tages heiraten; aber nur eine Frau, die auch zu ihm paßte. Eine mit dem richtigen Stammbaum und der richtigen Mitgift. Und fügsam mußte sie sein. Er würde nicht riskieren, den gleichen Fehler zu machen wie sein Vater.
Eine gute Partie würde ihm praktisch alle Türen öffnen. Aber zuerst einmal galt es, sich um dieses alberne Mädchen und ihre angebliche Schwangerschaft zu kümmern. Er brauchte nur eine ordentliche Anzahl Freunde aufzubieten, die einen Eid darauf leisteten, daß auch sie die Gunst des Mädchens genossen hätten; vielleicht würde er ein bißchen Geld lockermachen müssen – aber damit war die Sache dann gewiß aus der Welt geschafft. Scheußliche Sache... Weiber! Am besten, er brachte es so rasch wie möglich hinter sich. Ob von den Mätressen seines Vaters auch welche schwanger geworden waren? Hatte er womöglich eine uneheliche Schwester oder einen illegitimen Bruder? Nein, das war eher unwahrscheinlich. Sein Vater hatte, was Frauen betraf, einen schwerwiegenden Fehler begangen, indem er seine Mutter heiratete. Winston bezweifelte, daß ihm noch ein zweiter unterlaufen war.

Jamie schob den ledergebundenen Folianten beiseite, den er in der Universitätsbibliothek studiert hatte. All diese Bücher waren so unbefriedigend! Soviel auch über den Krieg geschrieben worden war – nichts konnte ihn wirklich erklären. Seltsam, daß ausgerechnet er, der doch jegliche Gewaltanwendung verabscheute, sich die Kriegsgeschichte als Spezialgebiet gewählt hatte.
Vielleicht war jedoch dieser Abscheu auch ein Antrieb. Wenn er nur genug las, sich umfassend informierte, sich gründlich in die Materie vertiefte, dann würde er womöglich herausfinden, warum die Menschen immer wieder diesem Wahnsinn verfielen.
Jamie begeisterte sich für seine Studien; er liebte es, in Bibliotheken zu stöbern und wissenschaftlich zu arbeiten. Tagsüber hockte er über seinen Büchern, und abends diskutierte er mit denen, die Geschichte machten: mit den Parlamentskollegen seines Vaters. Was für ein Glück war es doch, so einen Vater zu haben, besonders in solch unruhigen Zeiten wie jetzt.

Aber je mehr er las und je mehr er diskutierte, desto klarer wurde ihm, daß der Krieg für die Politiker nur ein Machtspiel bedeutete. Es stimmte schon, was er gestern morgen in einem kleinen Gedicht in der *Times* gelesen hatte:

Alte Männer planen den Krieg,
Doch nur junge sterben für den Sieg.

»Schließt das britische Außenministerium sechs Monate lang«, hatte neulich ein Radikaler auf einer Versammlung gefordert, »und die Welt wird hundert Jahre Frieden haben!« Ja, dachte Jamie, da ist was Wahres dran.
Aber was konnte er tun, um eine Besserung herbeizuführen? Er hatte keine Möglichkeit, das Außenministerium zu schließen; weder konnte er die menschliche Natur ändern noch die Mächtigen oder jene, die von ihrem Handeln profitierten.
Nein, er mußte einen anderen Weg finden, um der Menschheit zu dienen, einen Ausgleich herbeizuführen. Doch bis es soweit war, würde er sich auf seine Studien konzentrieren, lernen und sich weiterbilden. Dann, eines Tages, würde er die Antwort wissen.

Lady Merrion Manningham
Schloß Manningham
Taghly, Grafschaft Sligo
18. Juni 1917

Lieber Tahg!
Dies wird kein langer Brief werden. Ich will Dich nur rasch wissen lassen, wo Deine ruhelosen Verwandten sich herumtreiben, damit Du ein bißchen auf dem laufenden bleibst. Hier im Schloß herrscht ein Kommen und Gehen wie auf einem Bahnhof.
Mama und Johnny sind glücklich mit Mr. O'Sullivan (aber das hat Johnny Dir sicher schon selbst geschrieben, er hängt ja so an Dir!). Jamie ist in Oxford unter den Besten – gewinnt dauernd irgendwelche Preise –, und obwohl ich ihn furchtbar vermisse (ich muß zum erstenmal im Leben als halber Zwilling zurechtkommen), bin ich so stolz auf seine Erfolge, daß ich platzen könnte!
Ich habe auch eine große Neuigkeit für Dich: Papa hat endlich einge-

willigt, daß ich nach Dublin gehe und mein Glück als Schauspielerin versuche. Er hätte gewiß nie zugestimmt, wenn Angelica nicht meine Partei ergriffen und versichert hätte, sie wolle in Kürze selbst nach Dublin ziehen.

Du weißt ja, Angelica ist die einzige in der Familie, der Papa nichts abschlagen kann (und ich muß sagen, sie hat ihm alles sehr diplomatisch beigebracht – vernünftige Argumente, kein Gejammere, usw.). »Ohne Mutter, Johnny, Win, Jamie und dich«, so hat sie angefangen, »sind wir beide auf Manningham doch ganz allein. Welchen Unterschied macht es da, ob wir hier leben oder in unserem Stadthaus in Dublin? Natürlich würden wir Dienstboten und Anstandsdamen um uns haben, wie es sich gehört. Und für einen Mann in deiner Position, Papa, wäre es nur gut, wenn du mehr Zeit in deinem pied-à-terre *in Dublin verbrächtest ...« Als Krönung des Ganzen hat sie ihm noch weisgemacht, daß sie sich der Wohltätigkeitsarbeit widmen wolle, und wo gäbe es mehr Arme als in Dublin?*

Gegen ihre klugen Argumente war Vater einfach machtlos. Oder vielmehr, er hat ihr nachgegeben wie gewöhnlich – nur, daß diesmal auch ich davon profitiere.

Um die Wahrheit zu sagen, möchte ich nicht lange in der Waterloo Road bleiben, wenn mir anfangs auch gar nichts anderes übrigbleiben wird, als dort zu wohnen. Angelica und ich sind von sehr unterschiedlichem Temperament, und ich nehme an, die Leute, die ich im Theater kennenlernen kann, werden nicht sonderlich in den Kreis passen, den sie sich aussuchen wird.

Ach, Tahg, wie aufregend wird das Leben sein, wenn wir erst alle in Dublin sind!

Und ich wünsche mir so sehr, bald auf einer Bühne zu stehen! Manchmal ist mir, als könne ich alle die Vorstellungen und Gefühle, die in mir schlummern, nur über die Schauspielkunst zum Leben erwecken.

Ich denke oft an Dich, lieber Cousin, und erinnere mich gern an die schöne Zeit, als Du bei Onkel Desmond wohntest und wir fast jeden Tag zusammen spielten. Ich weiß, daß Johnny und Angelica Dir immer am nächsten standen, aber ich habe mir vorgenommen, in Mutters Abwesenheit dafür zu sorgen, daß die Familie sich nicht gänzlich aus den Augen verliert. Und darum bitte ich auch Dich, schreib mir, sooft Du kannst – ich werde bestimmt jedesmal antworten!

Mit lieben Grüßen und guten Wünschen
Deine Cousine Merry

Merry steckte den Brief an Tahg in den Umschlag und begann einen zweiten. Diesmal schrieb sie an Jamie. Ach, wie sie ihren Zwillingsbruder vermißte! Sie wollte versuchen, ihn zu überreden, sein Studium statt in Oxford am Trinity College zu Ende zu führen.

Jamie schob Merrys Brief in die Tasche seiner abgetragenen, aber ungemein bequemen Tweedjacke und ging nach draußen. Ob andere Universitäten wohl ebensoviel Sorgfalt auf die Pflege ihrer Blumen verwandten wie Oxford? Hier hatte jedes College seinen Meditationsgarten; sogar die Hecken am Wegrand waren makellos gestutzt.

Er war sehr glücklich gewesen in diesem letzten Jahr am Magdalen College. Der ehrwürdige Friede in seinen Mauern hatte sich als das rechte Heilmittel für all die Wunden erwiesen, welche die Revolution geschlagen hatte: die Krankheit seiner Mutter, der Tod von Onkel und Tante, die Trennung seiner Eltern. Gemessen an Revolutionen und menschlichen Tragödien war die Universität eine stille Oase, heil und friedlich. Neben der hier waltenden geregelten Kontinuität verblaßten politische Unruhen und persönliche Krisen gleichermaßen zu unwirklichen Chimären.

Die Trennung seiner Eltern hatte ihn weit mehr bedrückt, als vernünftigerweise anzunehmen gewesen wäre. Schließlich hatte er doch gewußt, daß sie nie glücklich miteinander gelebt hatten – und doch, solange sie den Anschein der Einigkeit aufrechterhielten, war die Familie intakt geblieben. Jetzt aber würde sie auseinanderbrechen; Merry hatte ihm ja eben erst geschrieben, daß sie es gar nicht erwarten könne, von daheim fortzugehen.

Es war zwar höchste Zeit, daß sie alle flügge wurden, aber die endgültige Trennung von Geschwistern hatte doch etwas Beunruhigendes; besonders bei Zwillingen.

Dennoch hatte es Merry und ihm vermutlich gutgetan, eine Zeitlang ohne einander zu leben. Liebe, warmherzige Merry – es war schmerzhaft, sich von ihr zu trennen, aber ihm war ein Weg vorgezeichnet, auf dem er sie nicht mitnehmen konnte.

Der Gedanke an seine Zwillingsschwester beunruhigte ihn. Merry, sein Alter ego... so oft seine hilfreiche Stütze, Merry...

die einzige aus der Familie, die seine seltsame Dualität teilte... eine sanfte Oberfläche, unter der es brodelte und gärte. Sie waren beide nicht so friedfertig, wie alle Welt annahm. Merry wußte das ebenso wie er, und folglich verstand sie ihn.
Bloß gut, dachte Jamie, daß ich beschlossen habe, nach Irland zurückzukehren.

3

Irish Independent
12. August 1917

Miß Kitty O'Neill, Eilen Sheas zweite Besetzung am Abbey-Theater, gab gestern abend eine hinreißend originelle Vorstellung.
Die temperamentvolle Miß O'Neill bereicherte die Rolle dank ihrer leidenschaftlichen Energie mit einer Lebendigkeit und Realitätsnähe, die das Publikum zu Beifallsstürmen hinriß.
Verdient allein schon der Mut, einen solch anspruchsvollen Part von einer erfahrenen Schauspielerin zu übernehmen, unsere Hochachtung, so gebührt Miß O'Neills Leistung ganz besonderes Lob, denn ihr gelang das Kunststück, die Darbietung ihrer Vorgängerin in den Schatten zu stellen. Miß Shea dürfte es nicht leichtfallen, die elektrisierende Interpretation dieses jungen Talentes zu übertreffen...

Tahg ließ die Zeitung sinken. Er hatte die Kritik mit gemischten Gefühlen gelesen; einerseits freute er sich natürlich für Kitty, daß ihr der Durchbruch gelungen war, andererseits aber stimmte ihr Triumph ihn auch traurig. Ruhm und Erfolg würden sie ihm nur noch mehr entfremden, denn beides hatte in seinem Leben keinen Platz. Kitty O'Neill wiederum würde sich in einem möblierten Zimmer nie zu Hause fühlen.
Tahg hatte zu seiner eigenen Überraschung erkannt, daß er in Micks Guerillakrieg sehr nützlich war – er hatte strategisches Talent und behielt auch in gefährlichen Situationen einen klaren

Kopf. Bisher hatte er jeden Auftrag so prompt und präzise erledigt, daß selbst Mick sich darüber wunderte. Vielleicht ist es nicht weiter erstaunlich, dachte Tahg, wenn man bedenkt, wie ich aufgewachsen und erzogen worden bin. Trotzdem beunruhigte ihn sein Talent zum Guerillakämpfer.

Er zwang sich, seine Gedanken auf die anstehende Arbeit zu konzentrieren. Es wurde Zeit, daß er die Nase ein wenig in den Wind steckte und seinen Instinkt ausprobierte. Der Sieg ihrer Bewegung hing zum großen Teil davon ab, wie erfolgreich die neu gegründeten Brigaden in den entlegeneren Grafschaften operierten, das hatte er im Gefühl. Man geriet nur zu leicht so sehr in den Strudel der Kämpfe in Dublin, daß man die Stadt für den Nabel der Welt hielt. Aber der Krieg würde sich jetzt aufs Land hinaus verlagern, und dort wollte Tahg sich für Collins einsetzen. Mick hatte alle Hände voll damit zu tun, hier in Dublin die Lage zu meistern.

Cathal Brugha als Stabschef und Collins als Organisationsdirektor waren dabei, eine gut gedrillte kleine Armee in den Außenbezirken aufzustellen. Das würde gut und gern ein Jahr in Anspruch nehmen, aber wenn es gelang, konnten sie mit einigem Erfolg rechnen. Die Einsatzkommandos, die Mick auf jener ersten Versammlung nach Frongoch beschworen hatte, sollten schwer aufzuspüren und damit auch schwer zu bekämpfen sein. Wichtig war natürlich, daß die Verbindung zwischen den Guerillakämpfern in den Hügeln und den Hauptleuten in Dublin funktionierte.

Außerdem, dachte Tahg, gibt eine solche Erkundungsfahrt aufs Land mir Gelegenheit, Tante Beth und Seaneen zu besuchen.

Für seine Cousins und Cousinen hatte es einen unglaublichen Schock bedeutet, als Tante Beth von Manningham nach Tipperary gezogen war. Ihn hatte ihr Entschluß weniger überrascht. Tahg hatte Tante Beth und Seaneen schon vor dem Aufstand in Dublin zusammen gesehen. Und obwohl er damals noch recht jung gewesen war, konnte ihm nicht verborgen bleiben, daß die beiden einander liebten.

Mit der Erinnerung stieg auch das Bild seiner Eltern wieder vor ihm auf. Wie sehr der Gedanke an sie ihn noch immer schmerzte! Er war kaum mehr als ein Kind gewesen, als er Mutter und Vater zuletzt gesehen hatte – nun war er ein Mann. Ein Mann mit einem Auftrag.

Ich darf nicht soviel grübeln, entschied er. Vielleicht würde ein Spaziergang mir guttun? Rasch entschlossen verließ er das Haus, in dem Mrs. Hanrahan ihn aus Barmherzigkeit für ein paar Pfennige in einem hübschen Zimmer wohnen ließ, weil er Mick Collins' Freund war.

»Wie steht's in Dublin?« fragte Seaneen, sobald Tahg sich nach der Reise erfrischt hatte. Ich freute mich schrecklich über seinen Besuch; Tahg war mir stets so lieb gewesen wie meine eigenen Kinder. Jetzt erinnerte seine kräftige Gestalt mich an seine Eltern, an die Vergangenheit. Con und Tierney waren von uns gegangen und würden nie mehr wiederkehren... aber in diesem stattlichen jungen Mann lebten sie fort, Tahg war ihre Unsterblichkeit.

»Wir können nicht klagen, Seaneen«, antwortete er. »Mick ist ein großartiges Organisationstalent. Er baut ein Nachrichtennetz auf, wie's das Kriegsministerium in London nicht besser könnte. Sobald alles eingespielt ist, wird er den Spionen der Engländer auf den Pelz rücken. Und dann bricht die Hölle los, das darfst du mir glauben.«

»Wir hier draußen machen auch Fortschritte, mein Junge. Unsere Männer brauchen zwar noch allerhand Drill und Schliff, aber sobald Collins und Brugha ihre Armee verlangen, kriegen sie sie von uns. Es wird ein schweres Stück Arbeit kosten, ehe wir unser Ziel erreicht haben, aber du kennst ja das Sprichwort: ›Der Mann, der sein Messer wetzt, vertrödelt keine Zeit.‹«

»Recht hast du, Seaneen!« Tahg lachte. »Diesmal wollen wir erst losschlagen, wenn wir so gut gerüstet sind, daß wir auch eine Chance haben, sie zu besiegen.«

»Wir werden siegen«, erwiderte Seaneen im Brustton der Überzeugung. »Wenn wir ihre ganzen Organisationen unterwandern, können wir sie systematisch aufreiben. Wir zerstören ihr Selbstvertrauen, jagen ihre Kasernen in die Luft, stehlen ihre Munition, töten ihre Spione... so lange, bis sie Fersengeld geben und freiwillig aus Irland verschwinden.«

»Wie sind denn da die Pläne?«

»Nun, wir werden sie an den Verhandlungstisch zwingen – dann nämlich, wenn es für sie zu kostspielig wird, *nicht* zu verhandeln.«

»Aber Carson sagt, Ulster wird sich von uns lossagen, sobald Verhandlungen ins Haus stehen. Und viele sind der Meinung, daß England die nördlichen Provinzen nie preisgeben würde. Was auch mit dem Süden geschieht, an dem Teil, der Geld einbringt, würden sie festhalten. Du weißt, was das heißt: Sämtliche Eisenbahnen, der ganze Schiffsbestand und was sonst noch lukrativ ist, befindet sich in Ulster.«

»Mag der Fuchs auch noch so listig sein, er tragt doch oft sein Fell zu Markte«, entgegnete Seaneen mit einem verschmitzten Lächeln.

»Schon. Aber angenommen, wir zwingen die Engländer zu Verhandlungen, und sie bieten uns die Hälfte unseres Landes. Was dann?«

»Dann müssen wir sie eben noch ein bißchen ärger in die Mangel nehmen! Paß auf, was ich dir sage, mein Junge: Am Ende werden die Engländer selbst es sein, die diesen Krieg für uns gewinnen! Sie verstehen die irische Mentalität heute nicht besser als zur Zeit der Eroberung vor siebenhundert Jahren. Sie nehmen uns nicht ernst, nur weil wir seit Generationen kämpfen, ohne den Sieg zu erringen. Aber darüber vergessen sie den springenden Punkt – daß wir nämlich den Kampf nicht aufgeben werden, ehe wir sie nicht geschlagen haben!«

Bis tief in die Nacht hinein saß ich mit den beiden zusammen und hörte ihnen zu. Es war leicht zu erkennen, daß die geplanten Gewaltakte Tahg sehr belasteten, wenngleich er sich seinem Auftrag ganz und gar verschrieben hatte. Er war ein in sich gekehrter junger Mann, dessen Neigung offenbar mehr zum Intellektuellen hin tendierte. Darin schlug er seinem Vater nach. Tierney war stets vor Gewaltakten zurückgescheut, war ein eher widerwilliger Krieger gewesen.

Während Männer wie Seaneen und Collins fest davon überzeugt waren, daß die Freiheit nur gewaltsam erkämpft werden könne, suchten die Tierneys und Tahgs dieser Welt nach einer gemäßigteren Alternative.

Leider hatte ich zu lange in Irland gelebt, um noch darauf hoffen zu können, daß sie sie auch finden würden.

4

September 1917

An jenem Tag wurde Thomas Ashe der Gummischlauch in den Schlund gestoßen. Von einem Arzt (Gott schütze Hippokrates). Ashes Nase, durch die man zuvor eine Kanüle einzuführen versucht hatte, und sein Hals bluteten entsetzlich. Seine Augen tränten, so daß er kaum sehen konnte. Er zerrte verzweifelt an den Riemen, mit denen er an Knien und Ellbogen an einen Stuhl gefesselt war, und schnappte nach Luft, da ihn der Schlauch zu ersticken drohte, durch den man zwei Eier und warme Milch in seinen revoltierenden Magen zu pumpen versuchte; einen Magen, der neununddreißig Tage lang nichts mehr zu sich genommen hatte.

Die so spät eingeleitete Zwangsernährung nützte nichts mehr – der gute Doktor hatte nämlich sein Ziel verfehlt. Zehn Stunden später starb Thomas Ashe unter furchtbaren Qualen. Die Todesursache? Vielleicht Magendurchbruch, vielleicht ein Schwächeanfall, verursacht in jenen fünfzig Stunden, die man ihn ohne Stiefel und ohne Decke in einer eiskalten Zelle hatte liegen lassen? Möglich auch, daß sein großes Herz einfach stehenblieb. Wer weiß, ob wir unter der Last von Erniedrigung und Abscheulichkeiten je die volle Wahrheit herausfinden werden. Allein, einiges wissen wir doch, nicht wahr? Wir wissen, daß dergleichen in einer zivilisierten Gesellschaft nicht vorkommen dürfte. Wir wissen, daß die in Mountjoy Inhaftierten politische Gefangene sind und keine gemeinen Verbrecher und daß sie folglich das Recht auf anständige Behandlung haben.

Und wir wissen, daß kein Mensch in den Hungerstreik tritt, sofern dies nicht seine einzige und letzte Waffe ist. Wir weinen um Thomas Ashe und um alles, was er und andere gleich ihm erdulden mußten.

Wir werden sein Andenken ehren.

Hörst du das, Mutter England, hörst du das?

Wir werden ihn nicht vergessen.

Tahg legte die Feder aus der Hand. Der Artikel war nicht so gut, wie seine Mutter ihn unter ähnlichen Umständen geschrieben hätte, aber vielleicht würde er seinen Zweck erfüllen. Der Abscheu, mit dem Ashes Tod ihn erfüllt hatte, war noch gesteigert worden durch die Erinnerung an die schreckliche Folter, der man vor Jahren seine Mutter unterzogen hatte.

Als Tommy McGowan ihm den Vorschlag gemacht hatte, er solle den Harfner wieder auferstehen lassen, war Tahg zunächst ungehalten, ja empört gewesen. Die Arbeit seiner Mutter war einzigartig. Niemand durfte es wagen, die Erinnerung daran zu verfälschen. Aber Tommy war hartnäckig geblieben.

»Sie schlüpfte in die Rolle des Harfners, weil sie Gutes damit bewirken konnte. Sie wollte die Menschen aufrütteln... ihren Zorn entfachen... sie zu berechtigtem Protest aufwiegeln. Und genau das brauchen wir jetzt wieder, Tahg! Glaubst du denn wirklich, sie würde es dir übelnehmen, wenn du die Fackel weiterträgst, die sie entzündet hat?«

Aber er war bei seinem »Nein« geblieben und hatte nicht mehr an das Gespräch mit Tommy gedacht, bis er von Ashes Tod erfuhr. Und da verleitete ihn sein gerechter Zorn, aufzubegehren und Gerechtigkeit zu fordern.

So hatte er denn zur Feder gegriffen und diesen Artikel geschrieben. Er las ihn noch einmal aufmerksam durch – dann setzte er rasch entschlossen »Des Harfners Sohn« unter den letzten Absatz. So konnte er zumindest die Arbeit seiner Mutter ehren, ohne sich dabei mit fremden Federn zu schmücken.

Tahg faltete das Blatt zusammen, steckte es in seine Jackentasche und machte sich auf den Weg zu Mick. Der sollte seine Arbeit als erster beurteilen.

Mick Collins las den Artikel zweimal hintereinander. Als er endlich aufblickte, schimmerten Tränen an seinen Wimpern. Mick konnte weichherzig und sentimental sein wie eine Frau, wenn ihn etwas wirklich rührte.

»Also deine Mutter war die Wilde Harfe«, sagte er staunend. »Mein Gott, wie oft habe ich mir darüber den Kopf zerbrochen. Manche sagten, es sei dein Vater, andere tippten auf O'Rahilly. Junge, Junge, da hast du aber ein phantastisches Erbe angetreten!«

»Meinst du, mein Artikel ist brauchbar? Oder findest du es anmaßend von mir, daß ich versuche, in Mutters Fußstapfen zu treten?«

»Jedenfalls hast du mich mit deinem Artikel auf eine Idee gebracht. Wir werden ein Begräbnis inszenieren, das so schnell keiner vergißt! Wir werden dem armen Thomas ein Ehrengeleit geben, auf das jeder IRB-Mann stolz sein würde. Gut, daß die vom Schloß uns gerade jetzt verboten haben, Uniformen oder Waffen zu tragen. Wir werden denen mal zeigen, was vorsätzlicher Widerstand ist!
Laß deinen Artikel drucken, Tahg, und übermorgen als Flugblatt verteilen. Am 30. September werden wir Thomas Ashe beerdigen. Wir müssen eine Menge Leute auf die Beine bringen, damit dieses Begräbnis auch ein richtiges Schauspiel wird, verstehst du? Wir brauchen die Gewerkschaften, die Freiwilligen... und auch die Geistlichkeit, wenn wir sie kriegen können...«
Tahg erkannte, daß Mick in Gedanken schon bei der Organisation war. Ashes Beerdigung würde ein Signal werden, eine politische Demonstration und ein Ruf zu den Waffen.

Ganz Dublin schien in Trauer. 30000 Menschen folgten Ashes Sarg. Bewaffnete Freiwillige, Gewerkschafter, Männer der Bürgerwehr, angeführt von Con Markievicz in militärischer Aufmachung, die Pistole am Gürtel – so bewegte sich der Zug in feierlichem Rhythmus durch die stillen Straßen. Das Schloß wagte nicht, gegen solche Massen einzuschreiten.
Ein Ehrensalutkommando feuerte drei Salven über dem Sarg ab. Mick Collins in der Uniform der Freiwilligen trat ans offene Grab.
»Es bedarf keiner Worte«, hob er mit klangvoller Stimme an, nachdem das Echo der Schüsse verklungen war. »Die Salve, welche wir eben vernommen haben, ist die *einzige* Grabrede, die einem toten Fenier gebührt.« Damit salutierte er vor dem Sarg, wandte sich abrupt um und ging.
Die Worte waren zwar einfach, aber vollkommen. Tahg wußte, daß sie ihre Wirkung auf die Umstehenden nicht verfehlen würden. Es gab jedoch noch einen Grund für diese kurze Grabrede: Bei einer längeren hätte Micks Stimme womöglich versagt.

5

Angelica Manningham klappte das Rechnungsbuch zu und schob ihren Rollstuhl vom Schreibtisch zurück. Ach, wenn ich doch nur mehr Geld hätte, um den Armen zu helfen! dachte sie.

»Die Armen sind geduldig wie Buddha«, hatte Tahg neulich jemanden zitiert. Und das stimmte genau. Sie waren geduldig in ihren Lumpen, ihrem Hunger, ihren endlosen Kümmernissen und Sorgen. Nun, zumindest konnte sie ein wenig dazu beitragen, ihr Los zu erleichtern. So hatte auch sie ihre Mission; zum Glück eine weniger gewaltsame als Tahg und Mick.

Unvermittelt zog sie die Haarnadel aus den Flechten, die gleich einer goldenen Krone über ihrer Stirn lagen. Manchmal, an besonders langen, ermüdenden Tagen, verursachte die schwere Haarfülle ihr Kopfweh. Nun löste sie die Zöpfe, massierte mit den Fingern die schmerzenden Schläfen und schüttelte dann ihr Haar, daß es ihr wie ein schimmernder Wasserfall über Schultern und Rükken floß. Ihr Haar war Angelicas einziger Stolz – heute abend würde sie es offen tragen, wenn das Organisationskomitee bei ihr seine Sitzung abhielt.

Sie bog den Kopf zurück, neigte ihren schlanken Hals nach rechts und links, bis sie spürte, wie die Mattigkeit allmählich aus Hirn und Gliedern wich. Tagsüber kümmerte sie sich nach besten Kräften um die Armen von Dublin und führte den Kampf ihrer Mutter um die Frauenrechte fort. Des Nachts aber widmete sie sich anderen Dingen. Welch ein Segen, daß ihr Vater seine Zeit gegenwärtig zwischen London und Sligo aufteilte und sie das Stadthaus zur alleinigen Verfügung hatte.

Ein Segen war es auch, daß Tahg sie in die IRB eingeführt hatte. Guter, treuer Tahg, der sie nie im Stich gelassen hatte; ihm verdankte sie es, daß sie trotz ihres Gebrechens der Sache Irlands dienen konnte. Und wer würde je gegen sie Verdacht schöpfen? Die gelähmte Tochter eines bekannten konservativen Parlamentsabgeordneten war die letzte, der man es zutrauen würde, der IRB Unterschlupf zu gewähren.

Eigentlich war alles überraschend schnell gegangen. Mit Mick Collins hatte sie sich auf Anhieb gut verstanden. Ob Tahg das vorausgeahnt und sie deshalb miteinander bekannt gemacht hatte? Er besaß wohl nicht das »Zweite Gesicht« wie sein Vater, dafür aber eine geradezu unheimliche Intuition. Das hatte auch Mick gesagt: Tahg könne mit untrüglichem Instinkt Gefahren vorausahnen und durchschaue die Taktik des Gegners im vorhinein. Was würde ich nur ohne Tahg anfangen, dachte Angelica. Er war gewissermaßen die Lebensader, die sie mit der übrigen Menschheit verband.

»Du bist so gut zu mir gewesen, Tahg«, sagte Angelica und goß ihrem Cousin aus einer Silberkanne Tee ein.
»Das Kompliment kann ich dir nur zurückgeben. Schließlich hast du uns Unterschlupf gewährt, hast Ordnung in die chaotischen Aktenberge gebracht, mit denen ich nie zu Rande kam, und bewahrst unser Geheimmaterial sicher vor dem Zugriff der Engländer.«
»Ach Tahg, ich würde alles für dich tun. Und für Mick. Das weißt du doch.«
»Ja, ihr beide habt schnell Freundschaft geschlossen. Und das freut mich. Ich hatte nämlich ein bißchen Angst, du könntest dich einsam fühlen hier in Dublin. Nachdem du dein Leben lang mit vielen Geschwistern zusammen warst, hättest du dir womöglich verloren vorkommen können, allein in diesem großen Haus; zumal, da dein Vater so viel unterwegs ist.«
»So war es ganz zu Anfang auch. Weißt du, wir sind schon eine seltsame Familie, wir, die wir von den FitzGibbons abstammen. Immer rastlos, immer in Bewegung, nie zufrieden, wenn wir nicht irgendeinem Ideal nachjagen können. Sogar du und ich, zwei ganz vernünftige Leute, sind bis zum Hals in revolutionäre Umtriebe verstrickt.«
Tahg betrachtete seine Cousine aufmerksam. Von allen Manninghams hatte sie ihm stets am nächsten gestanden; ihre Freundschaft bedeutete einen wichtigen Halt in seinem Leben.
»Du bist bezaubernd, Angel. Wem schlägst du nur nach? Eigentlich siehst du weder deinem Vater ähnlich noch deiner Mutter.«
»Ach, ich wäre vielleicht ganz hübsch, wenn ich nicht diese blöden Beine hätte.« Sie sagte es lachend, doch es war ein freudloses Lachen.
»Bist ein tapferes Mädchen, Angelica. Sogar Mick hat neulich gesagt, du hättest mehr Mut als wir alle zusammen.«

Fast unwillig wischte sie das Kompliment beiseite. »Ach, weißt du, Tahg, im Moment bin ich mit meinem Leben ganz zufrieden. Meine Wohltätigkeitsarbeit macht mir Freude, und was ich für die Bewegung tun kann, noch viel mehr. Ich glaube, ich verstehe Mick recht gut. Zorn und Unzufriedenheit über die bestehende Ordnung – das sind seine Antriebskräfte. Am liebsten würde er alles niederreißen und ganz neu aufbauen. Mir geht's manchmal genauso, aber gleich ihm habe auch ich gelernt, meine Gefühle zu unterdrücken. Ich habe meine Arbeit – tagsüber für die Armen und nachts für die Organisation. Ja, Tahg, sogar vom Rollstuhl aus kann man mithelfen, die Verhältnisse zu ändern.«

»Ach, Angelica, und dabei siehst du aus, als könntest du kein Wässerchen trüben. Die Leute würden staunen, wenn sie wüßten, welches Feuer hinter diesen sanften Augen brennt.«

»O Tahg, du ahnst ja nicht, wie ich mich danach sehne, daß endlich einer kommt und es herausfindet.«

»Hab Geduld, Angel. Eines Tages wird jemand kommen.«

»Glaubst du das wirklich?«

»Ganz bestimmt.«

»Und was, meinst du, könnte einen Mann dazu bringen, sich in mich zu verlieben?«

»Deine Güte, dein wacher Verstand... dein wunderschönes Haar, das aussieht wie ein reifes Kornfeld. Dein Gesicht ist auch ganz passabel... bis auf die Sommersprossen natürlich.«

Lachend stellte Angelica ihre Teetasse ab. »Du bist wie Medizin für mich, Tahg Mor. Dir gelingt es doch immer wieder, mich aufzuheitern.«

»Ist das ein Wunder? Schließlich trage ich auch schon fast ein Leben lang die Farben Eurer Ladyschaft.« Damit langte er in die Tasche und zog eine abgegriffene Brieftasche heraus. Als er sie aufklappte, kam eine verblichene Haarschleife zum Vorschein, die er Angelica mit einer zierlichen Verbeugung überreichte.

»Das ist doch nicht möglich!« hauchte sie. »Du hast sie all die Jahre aufbewahrt – *meine* Schleife?«

»Sie ist mein Talisman. Nicht um alles Geld der Welt würde ich mich davon trennen.«

Bewegt griff Angelica nach seiner Hand. »Auf was ich auch verzichten muß in meinem Leben, Tahg Mor, ich werde nie aufhören, Gott dafür zu danken, daß er mir dich geschenkt hat.«

Tahg sah Tränen in ihren Augen schimmern; er wechselte rasch das Thema. »Hast du schon gehört? Sie haben de Valera wieder eingesperrt.«

»Der Ärmste wird sämtliche Gefängnisse Irlands kennenlernen, ehe sie mit ihm fertig sind. Was meinst du – wird seine Festnahme uns sehr schaden?«

»Ehrlich gestanden, ich weiß es nicht. Er scheint eine besondere Gabe zu haben, Menschen zu überzeugen und für unsere Sache zu gewinnen. Und seit dem Osteraufstand, den außer ihm und Seaneen so gut wie keiner unserer Führer überlebt hat, ist er fast zur Legende geworden. Außerdem versteht er zwischen den einzelnen Splittergruppen zu vermitteln. Wenn es uns gelingt, ein eigenes Parlament zu gründen, dann werden dessen erfahrenste Stützen er und Griffith sein.«

Angelica nickte. Ein nationales irisches Parlament – der Dail Eireann – bedeutete den ersten Schritt zur Souveränität. Mit Gewalt konnten sie auf Dauer nichts ausrichten, wenn hinter den Kämpfern nicht eine Regierung stand, die rechtmäßig die Interessen des Volkes vertrat.

»Gesetzt den Fall, wir schaffen es, den Dail ins Leben zu rufen – wer könnte dafür kandidieren?«

»Ich denke an Cathal Brugha. Und natürlich Griffith. Dev, wenn wir ihn freibekommen. Mick ist kein Politiker. Er wird froh sein, das Debattieren und Verhandeln anderen zu überlassen.«

»Vielleicht *zu* froh«, versetzte Angelica nachdenklich. »Du solltest auf ihn achtgeben, Tahg. Mick geht davon aus, daß ein jeder sich ebenso selbstlos in den Dienst Irlands stellt wie er. Aber die Geschichte lehrt, daß der Machtkampf zwischen unseren eigenen Führern uns ebenso zugrunde richten kann wie der Feind.«

»Ich will tun, was ich kann, Angel, das verspreche ich dir. Nur ... wenn's um Politik geht, ist Mick so naiv wie ein neugeborenes Kind.«

Es war fast Mitternacht, als Tahg sich endlich verabschiedete. Es erleichterte ihn jedesmal, sich mit Angelica auszusprechen. Sie war eine wunderbare Zuhörerin und steckte voll origineller, nicht selten gewagter Einfälle. Sie wäre einem Mann, der sie zu schätzen wüßte, eine prächtige Frau und Gefährtin, dachte Tahg auf dem Heimweg. Es ist eine Schande, daß sich kaum einer finden wird, der nicht nur ihre Behinderung sieht.

6

»Was wir brauchen, ist eine peinlich genaue Organisation«, sagte Collins mit Nachdruck. »Und Kontakte. Wir brauchen Augen und Ohren in den Gefängnissen – Freunde im Untergrund. Vor allem aber müssen wir de Valera freibekommen.«

Tahg horchte auf. Er selbst hatte gerade wieder acht Monate auf Kosten des Königs verlebt. Zusammen mit vielen anderen aktiven Nationalisten war er zu Beginn des Jahres 1918 neuerlich inhaftiert und erst vor kurzem freigelassen worden. »Glaubst du, wir könnten ihn rausholen?« fragte er.

»Aber natürlich!« Collins sagte es, als sei Gefangenenbefreiung für ihn reine Routinearbeit.

»Hast du auch bedacht, Mick, was passiert, *wenn* du Dev rausholst und ihn zum Vorsitzenden des Dails machst? Ist dir klar, daß ihm dann nichts und niemand mehr Einhalt gebieten kann?«

»Natürlich!« Mick lächelte. »Aber besser er als jemand, den wir nicht kennen. Wir brauchen auf alle Fälle einen Vorsitzenden, mit dem die Engländer sich auf Verhandlungen einlassen. Und die Herren in London haben nun mal was übrig für hochgewachsene, würdige Männer – Dev ist genau der richtige für die Rolle!«

Tahg ging nicht auf seinen scherzhaften Ton ein. »Dev ist ein gerissener Politiker, Mick. Und er läßt sich von keinem was vormachen. Wir dürfen ihn nicht unterschätzen.«

»Du hast ja recht, Tahg Mor. Aber wir dürfen uns auch nicht davor drücken, unseren besten Mann auf den wichtigsten Posten zu setzen. Sonst schaffen wir's nie, eine eigene Regierung auf die Beine zu stellen.«

»Also gut – ich helf' dir, ihn rauszuholen. Aber wenn uns das glücken sollte, dann... Mick, hör zu, ich hab' mir Gedanken darüber gemacht, wie ich dir am besten nützlich sein könnte. Ich meine, ich könnte als eine Art Verbindungsmann zwischen dir und den Landesverbänden fungieren... vielleicht sogar zwischen dir und den Politikern im Dail. Wenn es uns gelingt, Dev aus Lincoln rauszuholen, dann werde ich es mir zur Aufgabe machen, ihn näher kennenzulernen.«

Collins war einverstanden, doch Tahg merkte wohl, daß er kein Gespür dafür hatte, wie gefährlich Politiker werden konnten; er dagegen war sich der Gefahr sehr wohl bewußt.

Erst als er und O'Reilly den Plan zur Befreiung de Valeras ausgearbeitet hatten, fiel Tahg auf, daß sie beide nicht einmal mit der Möglichkeit eines Fehlschlags rechneten. Darin ist Collins wirklich genial, dachte er belustigt. Er hat die Gabe, andere glauben zu machen, sie könnten die Sterne vom Himmel holen.

Ungeachtet seines steifen Gehabes und der schlaksigen Bewegungen seiner scheinbar zu lang geratenen Glieder strahlte Eamon de Valera jene ruhige Entschlossenheit und verständige Umsicht aus, die ihm bei seinen Männern Gehör verschaffte.

Dartmoor, Maidstone, Lewes, Pentonville – seine Odyssee durch diese und andere britische Gefängnisse hatte ihm reichlich Gelegenheit gegeben, den Feind zu studieren und herauszufinden, welche Maßnahmen im Dienste Irlands erforderlich waren. Um die bestehenden Verhältnisse zu ändern, brauchte man ein gewisses Machtpotential; das wiederum war nur mit Hilfe einer soliden Operationsbasis zu errichten. Und welch besseres Sprungbrett dazu konnte es geben als den Abgeordnetensitz für East Clare, der kürzlich frei geworden war?

In den Grafschaften Roscommon und Longford waren bereits Männer aus den Reihen der Freiwilligenverbände in den Dail gewählt worden. Wahlhelfer der Sinn Fein waren landauf, landab geradelt, und das Volk hatte sich von ihnen überzeugen lassen.

Das war ein gutes Omen.

Als er im Juni 1917 aus dem Gefängnis entlassen worden war, hatte Dev sogleich seine Freiwilligenuniform angezogen und war durch die Dörfer und Weiler von Clare gezogen. Er war zwar kein großer Redner, doch er verfügte über einen scharfen Verstand, eine laute Stimme – und er hatte ein politisches Programm: »Wenn ich gewählt werde, setze ich keinen Fuß ins britische Parlament!« versprach er den Leuten. »Das irische Volk wird nur ein irisches Parlament anerkennen, das in Irland residiert!«

Am 23. Juni 1917 hatte die Bevölkerung der Grafschaft Clare ihm ihr Vertrauensvotum gegeben. De Valera war schließlich ein Held... fast der einzige, der die Osterwoche überlebt hatte.

Die Wahlsiege der Sinn Fein hatten zwar die Engländer veranlaßt, ihn im Mai 1918 erneut hinter Gitter zu bringen, doch sogar wäh-

rend seiner Haft hatte de Valera die Novemberwahlen in East Mayo und Clare gewonnen.
Jetzt war es an der Zeit, Dev aus dem Gefängnis zu befreien, damit er seine Gaben in Irlands Dienste stellen konnte.

Über den Tisch hinweg musterte de Valera den jungen Mann, der ihn aus dem Lincoln-Gefängnis befreit und in eine konspirative Wohnung bei Manchester gebracht hatte. Tahg O'Connor sah ungewöhnlich gut aus, war besonnen und offenbar auch voller Selbstvertrauen.
Der Junge erinnerte ihn an seine Mutter – so hatte er sie während des Aufstands in Bolands Mühle erlebt –, zielstrebig und unerschrocken, nur darauf bedacht, ihren Auftrag zu erfüllen. Er erinnerte sich, daß sie ihm damals von ihrem Sohn erzählt hatte, der nun zum Manne gereift war. Äußerlich hatte Tahg auch viel von seinem Vater – die gleichen sparsamen Bewegungen und charakteristischen Gesten.
Und doch war Tahg ganz anders als seine Eltern; anscheinend behielt er seine Meinung gern für sich. Ein guter Zug bei einem so jungen Menschen, dachte de Valera. Tahg hatte ihm gezielte Fragen gestellt und sich aufmerksam die Antworten angehört, wobei er die politischen Phrasen so mühelos aussortierte, wie ein Koch das Eiweiß vom Dotter trennt.
»Ich bin Ihnen sehr dankbar für alles, was Sie für mich getan haben, O'Connor«, sagte Dev abschließend. »Aber die Flucht aus dem Gefängnis hat mich doch arg mitgenommen. Ich muß mich mal richtig ausschlafen... in einem ordentlichen Bett, dann bin ich morgen bestimmt wieder wie neu.«
Tahg erhob sich. »Ich hab' Ihnen gern geholfen, Dev. Mick ist überzeugt davon, daß – sollten wir die Engländer je an den Verhandlungstisch kriegen – Sie genau der richtige Mann dafür sind. Nach unserem Gespräch heute abend bin ich geneigt, ihm recht zu geben.«
Meinte O'Connor wirklich, was er sagte? Dev war sich nicht recht klar darüber.
»Sie sind ein erstaunlicher Bursche, O'Connor«, versetzte er lächelnd. »Wir beide werden gewiß noch oft Gelegenheit haben, miteinander zu diskutieren, bevor Irland endlich ein freies Land sein wird.«

Tahg schüttelte de Valera zum Abschied die Hand und ging. Dev entsprach ganz den Erwartungen, die Mick in ihm geweckt hatte. All seine Antworten waren sorgfältig durchdacht und formuliert. Spontaneität war ihm offenbar gänzlich fremd. Falls Mick die Absicht hatte, diesen Mann auch nur ein Jota zu beeinflussen, so hatte er sich gründlich verrechnet. Dev verfolgte entschieden eigene Pläne – sowohl für sich als auch für sein Land.
Von allem, was er heute abend herausgefunden hatte, schien Tahg nur eine Information ermutigend: Dev wollte in Amerika Spenden für die irische Freiheitsbewegung sammeln. Hoffentlich, dachte Tahg, bleibt er recht lange fort.

7

Lady Angelica Manningham
Waterloo Road 32
Ballsbridge, Dublin
1. Dezember 1919

Liebster Johnny!
Noch nie ist es mir so gutgegangen wie jetzt, da ich hier in Dublin als mein eigener Herr lebe. Tahg nimmt mich überallhin mit. Ihm geht es übrigens gut. Er ist zwar dünner geworden, seit er das zweite Mal im Gefängnis war, und in sich gekehrter denn je, aber ich glaube, er weiß, was er will, und wird schon seinen Weg machen.
Meine Wohltätigkeitsarbeit hat sich sehr gut angelassen – kein Wunder in einer Stadt, in der es so viele Arme gibt. Eines Tages werde ich in Mutters Fußstapfen treten und ein Buch darüber schreiben; aber dafür ist es jetzt noch zu früh.
Du fehlst mir schrecklich, lieber Johnny! Und natürlich mache ich mir auch Sorgen um Mutter; obgleich ich, nach allem, was Du über sie und Mr. O'Sullivan schreibst, wohl eher Grund hätte, eifersüchtig zu sein. Keine Angst, ich mache nur Spaß!
Hältst Du Dein aufbrausendes Temperament im Zaum, jetzt, da Dich Vater nicht mehr in Wut bringen kann? (Er wird übrigens von Tag zu Tag berühmter.) Ich hoffe sehr, daß Du ruhiger geworden bist, Johnny; Deine Heftigkeit ist das einzige, weshalb ich mir um Dich Sorgen mache.

Liebster Bruder, ich wollte Dir noch so vieles erzählen, aber Tahg ist eben gekommen, um mich fürs Theater abzuholen. Seine Freundin, Kitty O'Neill, ist der Schwarm von ganz Dublin. Zur Zeit spielt sie die Hauptrolle in einer Neuinszenierung der »Gräfin Cathleen«. Ihre Kritiken waren sensationell! Aber die Rolle ist ihr auch wie auf den Leib geschrieben. Sie verkörpert jene Gräfin Cathleen – eine Allegorie für Irland –, die den Dämonen ihre Seele verkauft, um ihre hungernden Bauern zu retten. Ich bin sehr gespannt auf die Vorstellung heute abend. Für Tahg wird es vielleicht ein etwas wehmütiger Abend werden, denn er hat seit seiner Heimkehr noch nicht ein einziges Mal mit Miß O'Neill gesprochen. Er behauptet, in seinem Leben sei zur Zeit kein Platz für Frauen. Aber mir kann er nichts vormachen – ich merke wohl, wie nahe es ihm geht!
Ach, Johnny, seit ich hier bin, haben sich mir so viele Möglichkeiten eröffnet, daß ich anfange zu glauben, ich könne trotz meines Gebrechens ein sinnvolles Leben führen. Und Tahg tut sein Bestes, um mir einzureden, daß ich nebenher noch eine Menge Spaß haben könnte.
Ich habe Dich sehr lieb, alter Stromer! Aber wenn Du mir nicht öfter schreibst, verfalle ich gewiß bald in Melancholie. Gib Mama einen Kuß von mir, und richte Mr. O'Sullivan meine besten Grüße aus (ich weiß, das klingt furchtbar förmlich, kommt aber von Herzen!).

Deine Angelica

Lady Merrion Manningham
Waterloo Road 32
Ballsbridge, Dublin
15. Dezember 1919

Lieber Tahg!
Darf ich Dich um einen sehr großen Gefallen bitten? Ich klappere zur Zeit alle Theater der Stadt ab, in der Hoffnung, irgendwo den Fuß in die Tür zu kriegen. Wenn nichts anderes dabei rauskommt, so verbessere ich doch zumindest meine Vorsprechtechnik. Die Füße tun mir zwar mittlerweile schon recht weh, aber ich gebe die Hoffnung nicht auf. Ich wünschte nur, ich hätte jemanden, der mir sagen könnte, ob ich's auch richtig anpacke. Was meinst Du, ob Du mich wohl Deiner Freundin Kitty O'Neill vorstellen könntest? Es würde mir wirklich sehr weiterhelfen, wenn ich einmal mit ihr sprechen könnte.

Ich bin sehr dankbar für jegliche Hilfe und Unterstützung, die Du Deiner Cousine und zukünftigen Thespisjüngerin zukommen läßt. Und natürlich schicke ich Dir, wie immer, liebe Grüße.

Merry

Tahg legte den Brief nachdenklich beiseite. Das wäre der ideale Vorwand, um Kitty zu besuchen, dachte er. Aber wenn sie mich nun abweist? Könnte ich das ertragen?

Kitty war inzwischen berühmt geworden. Die Kritiken ihrer beiden letzten Stücke ließen daran keinen Zweifel mehr. Die schöne junge Zweitbesetzung hatte nicht sehr lange gebraucht, bis sie selbst im Rampenlicht stand. Wollte man den Klatschspalten glauben, so war ihre Garderobe schon jetzt von Salonlöwen und jungen Müßiggängern umlagert, die bereit waren, Kitty all das zu Füßen zu legen, was sie sich immer gewünscht hatte.

Trotzdem, dachte Tahg, Merrys Brief wäre der ideale Vorwand.

»Es ist völlig sinnlos, mit dir über dieses Thema zu diskutieren, Jamie«, sagte Win ärgerlich. »Du siehst die irische Frage nicht im richtigen Verhältnis zur Realpolitik!«

Jamie rückte seine Brille zurecht und maß seinen älteren Bruder mit einem prüfenden Blick. »Könnten wir uns nicht darauf einigen, daß ich ein *anderes* Verhältnis zur irischen Frage habe als du, Winston?«

»Wenn's dich beruhigt, bitte schön!« versetzte sein Bruder großzügig. »Aber du bist einfach zu nachsichtig mit diesen abscheulichen Dissidenten. Überfallen Militärtransporte aus dem Hinterhalt – und dabei haben sie auch noch die Frechheit, so zu tun, als sei das Recht auf ihrer Seite!«

»Nun, in gewissem Sinne stimmt das auch. Schließlich ist es ihr Land, nicht wahr?«

»Fängst du schon wieder an mit deiner Haarspalterei? Hab' ich's nicht gesagt – mit dir läßt sich einfach nicht diskutieren! Nein, mein Lieber, es ist keineswegs ›ihr‹ Land! Irland ist ein Teil des britischen Empires.«

»Aber nicht freiwillig.«

»Trotzdem, Gesetz ist Gesetz!«

»Aber Win, so kann man doch nicht argumentieren! Gesetze werden schließlich nur dadurch wirksam, daß die Machthaber ihnen Geltung verschaffen. Wir, die herrschende Klasse, haben über Jahrhunderte hinweg die Macht besessen, dem irischen Volk unsere Gesetze aufzuzwingen. Das bedeutet aber noch lange nicht, daß die einfachen Bürger sie als *ihre* Gesetze anerkennen.«

»Dann muß eben im Interesse der Ordnung mit Gewalt dafür gesorgt werden, *daß* sie die Gesetze respektieren.«

»Jetzt hör mir mal zu, Winston. Mir liegt nicht das geringste daran, mit dir zu streiten. Ich möchte nichts weiter, als daß du ihren Standpunkt neben dem deinen gelten läßt. Was mich betrifft, so wünschte ich, man könnte zwischen beiden einen Kompromiß erzielen, aber wenn die Lage sich weiter so zuspitzt, besteht da wohl wenig Hoffnung. Um die Wahrheit zu sagen – ich bin nach Dublin zurückgekommen, weil ich mit eigenen Augen sehen wollte, wie ein Krieg entsteht. Genau das passiert nämlich hier, und das weißt du – direkt vor unserer Nase!«

»Und ob ich das weiß! Aber du darfst versichert sein, daß bereits Vorkehrungen getroffen sind, die Angreifer so rasch wie möglich niederzuzwingen.«

»Tatsächlich?« Jamie horchte auf; sein Bruder stand auf gutem Fuß mit den Männern, die an den Schalthebeln der Macht saßen.

»England wird noch vor Ablauf des Jahres zusätzliche Polizeistreitkräfte herüberschicken. Hervorragend ausgerüstete Einheiten und zahlenmäßig stark genug, um diesem Unfug ein für allemal ein Ende zu setzen.«

Jamie schüttelte traurig den Kopf. »Mit Waffengewalt für Frieden sorgen zu wollen erscheint mir gerade so sinnvoll, wie mit Öl ein Feuer zu löschen.«

»Bist eben ein hoffnungsloser Pazifist, alter Junge!« meinte Winston herablassend. »Darauf solltest du deine Forschungen konzentrieren, verstehst du – auf den Pazifismus.«

»Du hast's erfaßt, Winston. Das habe ich auch vor, wenn man's genau nimmt.«

Nun lächelten beide, und Winston stand auf. »Ich glaube, wir ziehen uns jetzt besser um fürs Abendessen. Angelica hat ja jeden Tag zum Festtag erklärt, nachdem es ihr endlich gelungen ist, uns wieder einmal alle unter einem Dach zu versammeln. Übrigens, James, stimmt es, daß Merry zu dir zieht? Ich hab' so was läuten hören...«

»Merry?« Jamie klang überrascht. »Aber nein, die hat ganz andere Pläne. Bei mir Bücherwurm würde sie sich ja auch nur langweilen.«
»Da kann ich dir nicht widersprechen, alter Junge. Du hast wirklich nicht viel Ahnung davon, wie man sich das Leben angenehm macht, stimmt's?«
Jamie überhörte die beleidigende Frage. Sein Bruder benahm sich die meiste Zeit ziemlich unausstehlich, aber Friede war einem Streit in jedem Falle vorzuziehen. Er hatte längst herausgefunden, daß man am besten mit Winston zurechtkam, wenn man ihm keine Beachtung schenkte.

8

»Derek! Hallo – hier bin ich!« rief Tahg seinem Freund zu, der eben die Gastwirtschaft betreten hatte. O'Hanrahan war klatschnaß und schüttelte sich unter der Tür wie ein junger Hund.
Als er sich zu Tahgs Tisch durchgezwängt hatte, bestellte Derek einen Whiskey und machte es sich bequem. Der junge Mann war beileibe nicht hübsch, strahlte jedoch eine herbe Männlichkeit aus. Da er obendrein gern und oft lachte, war er bei den Leuten beliebt. Für einen Arzt hätte ihn freilich keiner so leicht gehalten. Zwar erlaubte ihm seine aufblühende Praxis, sich ansehnlich zu kleiden, aber sein stämmiger Körper und die groben Gesichtszüge verrieten auch heute noch den Arbeitersohn.
»Ein Wetter ist das! Man könnte glatt auf der Straße ersaufen. Auf deine Gesundheit!« sagte Derek und kippte den Whiskey in einem Zug hinunter.
»Und auf die deine!« Tahg mochte Derek O'Hanrahan gern, schätzte seine Schlagfertigkeit und seinen Witz. Seit dem Osteraufstand waren sie Freunde geblieben, auch wenn sie einander nur noch selten trafen, seit Tahg sich Tag und Nacht für Mick Collins in Bereitschaft halten mußte.
»Nun, mein Junge, was macht denn dein Krieg?« fragte Derek.
»Ja, weißt du... genau darüber wollte ich heute abend mit dir sprechen. Ich möchte dich nämlich gern überreden, uns ein wenig zu helfen. Seit die Engländer ihre Streitkräfte verstärkt haben,

können wir unsere Verwundeten fast nicht mehr zählen. Aber es ist verdammt schwer, Ärzte zu finden, die bereit sind, sich uns anzuschließen.«

»Hör bloß auf damit!« wehrte Derek ab. »Ich bin nicht hergekommen, um mich von dir in Schwierigkeiten mit reinziehen zu lassen. Ich hab' noch die Nase voll von dem Schlamassel in der Hauptpost, danke vielmals! Tahg, du weißt, ich sympathisiere mit euch, aber ich hab' mich nicht aus der Gosse hochgerackert, um wieder da zu landen – Ideale hin und her! Meine Praxis fängt gerade an, sich bezahlt zu machen, und ich kann mir zwei hübsche Zimmer leisten. Vor allem aber habe ich meine Ruhe und ein reines Gewissen. Verzeih mir, daß ich so direkt bin, Tahg, aber ich habe mir vorgenommen, all meine Energie darauf zu verwenden, mir einen Namen zu machen und ein schönes Stück Geld zu verdienen. Ich möchte nie wieder arm sein, verstehst du?«

»Ach, Derek!« Tahg zwinkerte belustigt. »Du weißt ja nicht, was du versäumst, Junge. Keine Verwundung, kein Mord, keine schlaflosen Nächte, kein Preis auf deinen Kopf...«

»Genauso hab' ich mir dein Leben vorgestellt. Nun, du wirst es nicht für möglich halten, aber ich gönne dir all diese Vergnügungen und habe nicht die geringste Lust, sie zu teilen.«

»Ich kann dich ja verstehen, Derek. Trotzdem muß ich versuchen, dich umzustimmen. Wir brauchen dich nämlich!«

Ein Schatten huschte über Dereks Gesicht, und seine braunen Augen verdüsterten sich. »Das weiß ich, Tahg. Und ich bin weiß Gott nicht stolz darauf, daß ich nein sage. Aber ich hab' mich nun mal entschieden. Ich will was aus mir machen! Und da kann ich es mir nicht leisten, an Irland zu denken. Das gilt natürlich nicht für dich. Wenn *du* mich je brauchen solltest, Tahg, dann können sie dich unter den Augen der Gendarmen in meine Praxis tragen, und ich werd' dich zusammenflicken. Darauf geb' ich dir mein Wort!«

Tahg hob sein Glas. »Ich trinke darauf, daß ich dein großzügiges Angebot nie in Anspruch nehmen muß – zum Wohl!«

Das Gespräch wandte sich anderen Themen zu. Aber als Tahg sich schließlich verabschiedete und den Heimweg antrat, war er tief enttäuscht. Dereks Weigerung, ihnen zu helfen, war beispielhaft für die Haltung der meisten Iren. Sie alle handelten nach der Devise: »Im Geiste stehen wir euch bei, aber verlangt keine Opfer von uns!«

Doch die Zeit nahte, da Opfer gebracht werden mußten. Mick hatte seine anfangs illusorisch scheinenden Pläne schon fast verwirklicht und rüstete zu einem gewaltigen Schlag gegen den Feind. Es würde nicht mehr lange dauern, bis zum großen Vergeltungsangriff geblasen wurde – und dann brauchten sie jeden Mann.

»So, mein Junge, und jetzt erklär mir mal, wie man eine Kaserne in die Luft sprengt.«

Johnny strahlte vor Stolz, da er seinem Vater ohne zu stocken Rede und Antwort stehen konnte. Von früh bis spät unterhielten die beiden sich über Militärstrategien und Taktiken. Denn wir waren so gut wie im Krieg.

Johnny war mit vierzehn recht groß für sein Alter. Ein aufgeweckter Junge, das sagten alle. Er war Seaneens ganzer Stolz. Und natürlich vergötterte Johnny seinen Vater und bemühte sich nach besten Kräften, von ihm zu lernen; schon jetzt war er ein ausgezeichneter Schütze und regelrechter Sprengstoffexperte.

Nur eins machte mir Sorgen: sein unbändiges Temperament. Er erinnerte mich an Des, der als Junge ebenso aufbrausend gewesen war wie mein Jüngster. Aber während die Zornesausbrüche meines Bruders rasch zu vergehen pflegten, schwelte Johnnys Wut noch lange nach, so daß man nie sicher sein konnte, ob die Gefahr vorüber war.

Er und Seaneen gerieten nicht selten aneinander, wenn Johnny gereizt war, aber seinen Vater beunruhigten diese Ausbrüche längst nicht so wie mich. »Er ist jetzt fast ein Mann, Mylady«, pflegte Seaneen stets einzuwenden, wenn ich meine Bedenken vorbrachte. »Männer sind nun mal ungestüm, ganz besonders in schweren Zeiten. Überlaß den Jungen nur mir!«

Und ich fügte mich, denn er und Johnny hatten soviel gemeinsam, daß ich es nicht wagte, zwischen sie zu treten. Held und Verehrer, Vater und Sohn. Wie hätte ich ihnen verübeln können, daß sie sich liebten, zumal ich selbst nach einem Leben voller Einsamkeit in einer Wolke des Glücks schwebte.

Nacht für Nacht neben dem geliebten Manne einzuschlafen und morgens gemeinsam mit ihm zu erwachen... ihm abends vorzulesen und sein Gesicht im Widerschein des Feuers zu betrachten –

diese schlichten häuslichen Freuden schienen mir Schätze von unermeßlichem Wert; Kostbarkeiten, die zu besitzen ich mir nie erhofft hatte.
Seaneen war unendlich gut zu mir. Ungeachtet seiner rauhen Schale und des barschen Umgangstones, den er sich bei seinen Männern angewöhnt hatte, zeigte er sich mir gegenüber stets als aufmerksamer, zärtlicher Liebhaber. Ja, so behutsam ging er mit mir um, daß ich manchmal darüber lachen mußte. »Hab' ich dir denn nicht bewiesen, aus welch hartem Holz ich geschnitzt bin?« fragte ich ihn bisweilen scherzend. »Du brauchst mich wirklich nicht wie eine Porzellanpuppe zu behandeln.« Im Grunde aber genoß ich es, verwöhnt zu werden, und ihm machte es Freude, mich zu verwöhnen.
Ich fühlte mich wieder jung und begehrenswert wie eine Braut. All die tausend kleinen Freuden des Frauseins, die Edmond erstickt hatte, lebten nun mit Seaneen wieder auf.
Nicht einen Augenblick lang vergaßen wir, was wir einander bedeuteten; dazu hatten wir uns viel zu lange nach einander gesehnt. Wir waren wie ein junges Liebespaar, aber die Reife unserer Jahre schenkte uns die Einsicht, dankbar zu sein für diese zweite Jugend.
Wir liebten einander so oft und so leidenschaftlich, als gelte es, die verlorenen Jahre wettzumachen. Ich bin sicher, daß die Männer sich heimlich über uns zwei Turteltauben amüsierten, denn es konnte gewiß niemandem entgehen, wie vernarrt wir ineinander waren. Sie behandelten mich jedoch stets respektvoll und freundlich – wobei ich mir aber keineswegs sicher bin, ob das nicht eher an ihrer Achtung vor Seaneen lag als an mir selbst.
Zwei Jahre lebten wir so zusammen in unserer ländlichen Abgeschiedenheit. Ich nützte mein schriftstellerisches Talent als Seaneens Chronistin, ersetzte ihm die Augen, war seine Vertraute. Abgesehen davon, daß ich eine Menge von ihm lernte, machte es mich glücklich, gebraucht zu werden. Wir beide gingen ineinander auf.
Mochte die Gesellschaft, aus der ich kam, mich auch verstoßen haben, Seaneen achtete und ehrte mich, und an seinem Respekt war mir mehr gelegen als an dem der ganzen Welt. Oft wünschte ich mir, meine geliebte Schwester hätte noch miterleben können, welche Seligkeit unserer Verbindung beschert war; denn sie hatte uns ja zusammengeführt.

Die einzige Schlange in meinem Paradies war jenes Unbehagen, welches mich immer wieder beschlich, wenn Johnnys kriegerisches Naturell sich bemerkbar machte.

9

Tahg, Mick und O'Reilly saßen in Greshams Bar und feierten Weihnachten. Plötzlich eilte ein Kellner auf sie zu und flüsterte Collins ins Ohr: »Vorsicht, Sir, eben sind Soldaten reingekommen.«
Einen Moment lang schien Mick die Fassung zu verlieren, doch gleich darauf hatte er sich wieder in der Gewalt.
Die Uniformierten kamen direkt auf ihren Tisch zu. »Meine Herren, wir müssen Sie bitten, sich auszuweisen«, sagte der Lieutenant, der den Trupp anführte. »Wir suchen einen gewissen Mick Collins, und seine Beschreibung paßt ziemlich genau auf Sie.« Mit einer Kopfbewegung deutete er auf Mick.
Der lachte auf. »Was Sie nicht sagen? Also das muß ich unbedingt meinen Kumpels erzählen. Unter uns, Lieutenant, ich dachte immer, dieser Collins, den hättet ihr nur erfunden?« Damit stand er seelenruhig auf und leerte seine Taschen. Der Offizier klappte seine Brieftasche auf und zog einen Ausweis heraus.
»Sind Sie das? John Field?«
»Ganz recht.«
»Ach, und was haben wir da?« Der Lieutenant fischte ein zusammengefaltetes Blatt Papier aus der Brieftasche, das auf beiden Seiten eng mit Zahlenkolonnen beschrieben war. »Ist das vielleicht ein Geheimcode?«
»Aber Sir!« rief Collins im Brustton der Entrüstung. »Ich bin Buchhalter, Sir. Zahlen sind mein Hobby. Sooft ich Langeweile habe, rechne ich.«
Der Offizier betrachtete nochmals eingehend das Photo des Gesuchten, verglich es sorgfältig mit dem Mann, der vor ihm stand, und bedeutete endlich seinen Männern, sich zurückzuziehen.
»Eine gewisse Ähnlichkeit ist vorhanden, Mr. Field. Aber Ihre Papiere sind in Ordnung, und außerdem... nein, nein, die Nase ist anders, vor allem aber der Mund. Dieser Collins hat einen ge-

meinen Zug um den Mund. Also, er sieht Ihnen eigentlich längst nicht so ähnlich, wie ich zuerst dachte.«

Mick warf einen kritischen Blick auf sein eigenes Photo, ohne eine Miene zu verziehen. »Meine Güte, Sir, was für ein häßlicher Kerl! Und dabei erzählen sich die Leute doch, er sei so ein Frauenheld. Verstehen Sie das, Sir?«

Der Lieutenant schüttelte unwirsch den Kopf und wandte sich zum Gehen.

»Mein Gott, das war aber knapp!« flüsterte Tahg, sobald die Soldaten draußen waren.

»Tja, eins meiner neun Leben kann ich wohl ausstreichen«, erwiderte Mick und lachte. Doch Tahg ließ sich nicht täuschen; die Kontrolle hatte seinem Freund einen gehörigen Schrecken eingejagt.

»Reiß dich zusammen, Tahg!« rief Mick aufmunternd. »Wenn du so weitermachst, wirst du noch der reinste Gewissensonkel.« Die Männer waren zusammengekommen, um über die Durchführung von Micks Plänen zu beraten. Da das Nachrichtennetz inzwischen bestens funktionierte, brauchten sie nicht länger zu zögern. Doch wie schon so oft hatte Tahg auch diesmal wieder Bedenken gegen die Ermordung der Gegner geäußert.

Während der letzten beiden Jahre hatte Tahg fasziniert mit angesehen, wie Collins die Männer geschickt in Zellen aufteilte, jeden mit einer besonderen Aufgabe betraute und ihm einen kleinen Mitarbeiterstab zuordnete. Keine der Zellen wußte etwas von den anderen; nur die engsten Vertrauensleute kannten Namen oder Bestimmungen der Männer. Sogar das Exekutionskommando arbeitete versteckt... Wer diese Männer waren, wo oder wann sie zuschlagen würden, das blieb geheim.

Tahg lächelte Mick an und nickte O'Reilly zu, der Micks ständiger Begleiter war, wenn er nicht als Kurier für ihn unterwegs war. »Ich will mich dir ja gar nicht widersetzen, Mick, aber wenn ich mir vorstelle, ich müßte in ein fremdes Schlafzimmer eindringen und einen Mann vor den Augen seiner Frau und seiner Kinder erschießen, dann dreht sich mir einfach der Magen um.«

»Dem Feind scheint das gar nichts auszumachen!« gab Collins heftig zurück und setzte dann nachsichtiger hinzu: »Du weißt doch selbst am besten, daß die uns gar keine andere Wahl lassen. Solange der Feind seine Informanten hat, die ihn über jede unserer Bewegungen auf dem laufenden halten, so lange stehen wir doch selber mit einem Bein im Grab.«

»Ich weiß ja, Mick, ich weiß. Und ich bin wahrhaftig der letzte, der Grund hätte, Mitleid mit diesen Scheißkerlen zu haben.«

Micks Züge entspannten sich. Er wußte wohl, daß Tahg dabei an seine Eltern dachte. »Laß gut sein, Junge. Sei du nur weiterhin unser Gewissen. Schaden kann's nicht, wenn man eins hat. Aber denk dran: Mehr als eins können wir nicht brauchen.«

Er lachte schallend – und unerwartet – und versetzte Tahg einen freundschaftlichen Schlag auf die Schulter. Wer Mick näher kannte, war stets auf diese Schläge gefaßt: kräftig, überraschend und nur zur Hälfte spielerisch. Collins war ein Mann, den man respektierte – dessen Zustimmung man aber nie auch nur im mindesten als selbstverständlich voraussetzen konnte.

Kittys Schminktisch verschwand fast unter dem riesigen Rosenstrauß. Die cremefarbene Visitenkarte aus schwerem Bütten trug in schwungvollen Lettern den Namen Sir Reginald Milburn; auf der Rückseite beteuerte dieser ehrenwerte Herr Miß O'Neill seine unsterbliche Liebe.

So fängt es an... dachte Kitty, während sie ein letztes Mal ihre Lippen betupfte und noch einen Hauch schimmernden Puders über ihr perfekt geschminktes Gesicht stäubte. Genauso, wie ich es mir immer erträumt habe. Reiche und mächtige Männer begehren mich, überhäufen mich mit Geschenken, betteln um meine Gunst und machen sich mit ihren leidenschaftlichen Liebesschwüren zum Narren.

Was machte es da schon aus, daß Sir Reginald sechzig war und Ähnlichkeit mit einer Kröte hatte? Er war immerhin ein Anfang.

Noch ein paar Rollen wie diese, und sie würde unter den reichsten Männern Dublins wählen können.

So fing es an.

10

Der Schweiß rann ihnen über die Stirn. Auf den im Kampf verschlungenen Armen traten Muskeln und Sehnen so stark hervor, daß man fürchten konnte, die Haut darüber würde in Kürze aufplatzen.

Micks Gesicht spiegelte vollkommene Konzentration wider, wie immer bei solchen Wettbewerben. Irgendwann forderte er fast jeden Mann zum Armdrücken auf. Und er war stark, viel stärker, als seine Größe vermuten ließ. Auch Clancy hatte sich getäuscht, als er dachte, ihn bezwingen zu können. Zentimeter um Zentimeter drückte Collins den Arm des Jüngeren auf den Tisch hinunter. Mit einem triumphierenden Schrei beendete er das Ringen.

Die Umstehenden, darunter auch Tahg, lachten anerkennend. Inzwischen waren sie an Micks Vorliebe für solche pubertären Rituale gewöhnt; sie verehrten ihn auch zu sehr, um sich an diesen Spielen, in denen er seine innere Anspannung abreagierte, zu stören.

Als die Männer nacheinander den Versammlungsraum verließen und sich jeder wieder der ihm zugeteilten Aufgabe widmete, fragte sich Tahg zum soundsovielten Mal, woher Collins dieses Talent zu Organisation und Menschenführung wohl hatte.

Tahg schlenderte langsam an Micks Tisch und machte zwei Bier für sie auf.

»Tahg, was ist los?« fragte Mick Collins gutgelaunt, als er das Glas hob, um mit seinem Freund anzustoßen. »Warum schleichst du denn rum wie ein begossener Pudel?«

»Ich werde Kitty besuchen, Mick.«

»Heilige Mutter Gottes, bist du etwa ein Masochist, mein Junge?« Micks Anteilnahme war aufrichtig, wußte er doch, daß Tahg diesen Entschluß vor sich herschob, seit er wieder in Dublin war. »Sie ist ein Star, Tahg. Ganz Dublin schwärmt von ihr. Wie's scheint, hat sie alles erreicht, was sie wollte. Glaubst du denn, in ihrem Leben wäre noch Platz für dich?«

»Das erwarte ich ja gar nicht. Du solltest mich besser kennen. Ehe dieser verdammte Krieg nicht aus ist, habe ich auch gar nicht das Recht, eine Frau an mich zu binden. Nein, ich habe nur das Bedürfnis, mich mit ihr auszusprechen. Ein paar Dinge klarzustellen, über die wir uns früher nie zu reden getrauten.«

»Und du glaubst, sie wird dich anhören?«
»Jedenfalls werde ich mich besser fühlen, wenn ich's versucht habe.«
»Dieser plötzliche Entschluß hat nicht zufällig damit zu tun, daß sie uns heute nachmittag beinahe geschnappt hätten?« Tahg, O'Reilly und Collins wären wenige Stunden zuvor um ein Haar einer Razzia in die Falle gegangen.
Tahg warf Collins einen durchdringenden Blick zu und stieß dann ein kurzes Lachen hervor. »Verdammt noch mal, Mick, dir kann man aber auch wirklich nichts vormachen! Ja, es hat damit zu tun. Wenn man dem Tod ins Auge blickt, erinnert man sich unwillkürlich an all das, was ungesagt und ungetan geblieben ist im Leben. Ist es da nicht natürlich, daß man's in Ordnung bringen will, bevor der alte Schnitter einen das nächste Mal beim Wickel kriegt?«
»Es wird kein nächstes Mal geben, wenn du auf mich hörst, Tahg. Heute nachmittag, das hast nämlich du vermasselt. Solche Schlampereien werde ich ein zweites Mal nicht dulden, haben wir uns verstanden? Andernfalls kann ich die Verantwortung für dich nicht länger tragen.«
»Das brauchst du auch nicht, Mick. In diesem Krieg kämpft jeder für sich allein.«
»Nicht, solange du unter meinem Kommando stehst, merk dir das!« In Collins Stimme lag plötzlich ein Donnergrollen.
»Schon gut, Mick, schon gut. Ich werd' mich in Zukunft besser vorsehen.«
»Und auf mich hören!«
»Ja, auch das.«
»Also dann, Schwamm drüber.« Es klang, als hätte Collins mit dieser kurzen Auseinandersetzung etwas sehr Wichtiges erklärt. »Und heute abend gehe ich mit dir ins Theater zu Kittys Vorstellung.«
»Wo denkst du hin! Wir würden keine Karten bekommen. Es ist jeden Abend ausverkauft.«
Collins lächelte sein siegessicheres Lächeln. »Ich hab' einen Mann im Theater, Tahg Mor. Der wird uns Karten besorgen.«
Belustigt schüttelte Tahg den Kopf. Das gehörte mit zu Micks Erfolg. Er hatte in jedem Winkel von Dublin seine Getreuen: in der Post, in der Bibliothek, am Bahnhof, in den Geschäften; sogar auf den Polizeiwachen und im Schloß hatte er Vertrauensleute eingeschleust.

»Du brauchst mich nicht zu begleiten, Mick.«
»Meinst du etwa, ich lass' dich allein in dein Unglück rennen? Außerdem kenne ich die bewußte Dame bisher nur aus der Zeitung. Wird Zeit, daß ich sie mir mal aus der Nähe anschaue und feststelle, ob sie wirklich so was Besonderes ist.«

Kitty O'Neill verbeugte sich majestätisch und genoß den stürmischen Applaus ihres Publikums. Sie grüßte anmutig nach rechts und links und warf den Zuschauern auf den Rängen Kußhände zu. Die Leute jubelten vor Begeisterung.
»Wie um alles in der Welt stellt sie das bloß an?« flüsterte Mick, als er sich wie alle übrigen von seinem Sitz erhob, um dem gefeierten Star zu huldigen.
»Du meinst, wie sie uns alle um den Finger wickelt?« fragte Tahg stolz zurück.
»Nein! Weißt du, es ist, als schlüpfe sie in die Figur hinein, die sie darstellt. Sie *ist* die Gräfin Cathleen!«
»Sie hat mir mal gesagt, sie sei nie so lebendig, wie wenn sie jemand anderen spielt. Manchmal denke ich, das ist die Erklärung für unser Problem... wenigstens zum Teil.«
Mick war der traurige Ton nicht entgangen, der sich in Tahgs Stimme geschlichen hatte. »Laß gut sein, Tahg. Sie paßt nicht zu uns einfachen Sterblichen. Du solltest sie den Göttern des Olymp überlassen oder meinetwegen einem von diesen geschniegelten englischen Lords, mit denen man sie dauernd in den Zeitungen abgebildet sieht. Ich wüßte aber zufällig zwei junge Damen, die uns mit Freuden ein bißchen Spaß verschaffen würden.«
Der hochgewachsene, dunkelhaarige junge Mann lächelte seinem Freund und Kommandanten zu, wobei seine Mundwinkel sich eine Spur abwärts neigten, wie einst bei seinem Vater, mit dem er jedoch ansonsten wenig Ähnlichkeit hatte. Tahgs Haar war glatt, seine Augen schimmerten grün wie die seiner Mutter, und sein Blick schien bisweilen in ungeahnte Fernen gerichtet.
»Woran zum Teufel denkst du bloß, wenn du so weggleitest?« hatte Mick ihn bei einer solchen Gelegenheit einmal wütend angefahren; die Mutter hatte ihm früher oft die gleiche Frage gestellt. In jenen Momenten verschleierten sich Tahgs Augen, und es war, als sei er unbemerkt in eine andere Welt entschlüpft.

»Danke, Mick. Nett, daß du dich um mich sorgst. Aber ich muß unbedingt mit Kitty sprechen. Wir treffen uns dann in einer halben Stunde im Delancey.«
»Na, da werd' ich lange warten können!« prophezeite Collins lachend und bahnte sich bereits einen Weg durch die Menge. »Also mach's gut! Ich such' mir jedenfalls einen warmen Busen, an den ich mein müdes Haupt betten kann. Du magst dich ja mit Süßholzraspeln zufriedengeben, alter Junge, aber ich hab' handfestere Bedürfnisse.«
Er winkte noch einmal zurück und war im nächsten Augenblick in der Menge verschwunden. Diesen Trick hatte er vervollkommnet, seit er sich ständig auf der Flucht befand. Er konnte sich von einer Sekunde zur anderen unsichtbar machen, gleichsam, als habe der Äther ihn aufgesogen. Die Polizei behauptete, Collins verkleide sich fortwährend, um sie in die Irre zu führen, doch Tahg wußte es besser. Mick Collins verstand es, einfach in der Menge zu verschwinden, und er kannte überall in der Stadt einen sicheren Unterschlupf.
Tahg wartete, bis das Theater sich geleert hatte, dann ging er hinter die Bühne und fragte sich zu Kittys Garderobe durch.
»Wer ist da?« fragte eine gereizte Stimme auf sein Klopfen hin.
Tahg öffnete die Tür und trat ein. Als Kitty sich nach ihm umwandte, trug ihr Gesicht zunächst das maskenhafte Lächeln, mit dem sie ihre Verehrer zu empfangen pflegte. Doch sobald sie ihn erkannte, huschten höchst wechselhafte Empfindungen über ihre schönen Züge.
»Ich wußte, daß du heute im Theater warst!« Ihre Stimme zitterte leicht. »Ich konnte es *spüren*.«
Rasch durchquerte er die schmale Garderobe und nahm sie in seine Arme. Glücklich preßte er sie an sich, fühlte die Wärme ihres Körpers, nach dem er sich so lange gesehnt hatte.
»Hast aber verdammt lange gebraucht, bis du den Weg hierher gefunden hast!« schalt Kitty in gespieltem Zorn.
»Im Internierungslager halten sie nicht viel von Kultur, weißt du. Deshalb lassen sie einen auch nicht ins Theater gehen.«
»Aus dem Lager bist du aber doch schon seit über zwei Jahren raus.«
»Ich hab' dir ja geschrieben.«
»So? Ich hab' keinen Brief bekommen.«

Er vergrub seine Finger in ihrem Haar und bog ihren Kopf zurück, um ihr in die Augen schauen zu können. »Mein Gott, wie habe ich mich danach gesehnt...« Kitty sah, wie sich gleichsam ein Schleier über seine Augen senkte, ein Zeichen, das sie nur zu gut kannte. So verbarg Tahg O'Connor seine Verletzlichkeit vor der Welt.

»War es sehr schrecklich in dem Gefangenenlager?« flüsterte sie.

»Nicht so schlimm, wie ich's mir vorgestellt hätte. Ich hab' dort jemanden kennengelernt, einen gewissen Collins. Wir sind Freunde, weißt du. Wir haben Pläne gemacht...« Ohne den Satz zu beenden, zog er sie stürmisch an sich, so als fürchte er, jemand könne sie ihm entreißen, und küßte sie auf den Mund.

Kitty schmiegte sich an ihn. »Ich habe viel erlebt, seit du fortgegangen bist, Tahg. Warum bist du nur nicht früher gekommen? Wir müssen miteinander reden.« Wieso sagte sie das? Es lagen Welten zwischen ihnen... doch in Tahgs Nähe fühlte sie jedesmal nur mehr ihre Liebe zu ihm.

»Ja. Das müssen wir wirklich. Aber jetzt will ich dich nur in meinen Armen halten und dich spüren.«

»Und ich will, daß du mich hältst.« Sie war erleichtert. Natürlich hatte sie ihm einiges zu sagen, aber sie hatte keine Ahnung, wie sie es anstellen sollte. »Ich hab' eine Wohnung«, sagte sie leise. »Dort könnten wir hingehen. Eigentlich leben wir dort zu zweit... eine Kollegin und ich. Aber die ist heute abend nicht da.«

Tahg nickte nur. Kitty verschwand hinter einem großen Wandschirm und begann sich umzuziehen. Achtlos verstreute sie Kleidungsstücke rings um sich auf dem Boden. Wozu hatte man schließlich eine Garderobiere? »Wenn ich erst einmal ein eigenes Dienstmädchen habe, werde ich nie mehr aufräumen!« hatte sie vor langer Zeit einmal zu Tahg gesagt. »Nun, zufrieden?« fragte Kitty, als sie schließlich im enganliegenden, flaschengrünen Kostüm hinter dem Wandschirm hervortrat. Die rüschenbesetzte Bluse war raffiniert auf die Farbe ihres kupfern schimmernden Haares abgestimmt. So damenhaft und hoheitsvoll sah sie aus, daß Tahg plötzlich unsicher wurde.

»Na, was ist los mit dir?« fragte sie schnippisch. Es ärgerte sie, daß das erwartete Kompliment ausgeblieben war.

»Ich weiß nicht. Du siehst so vornehm aus... wo ist nur das kleine Mädchen mit den Sommersprossen geblieben? Ich dachte wohl einen Moment lang, ich könnte dir nicht mehr gut genug sein.«

»Ach, red keinen Quatsch!« Als sie erkannte, daß Tahg nur aus Bewunderung geschwiegen hatte und nicht etwa, weil ihr Aufzug ihm mißfallen hätte, war sie rasch wieder besänftigt. »Erfolgreiche Schauspielerinnen müssen sich so rausputzen, du Schäfchen!« Damit stellte Kitty sich auf die Zehenspitzen und küßte Tahg noch einmal, ehe sie ihn aus der Garderobe führte.

Tahg zog die Jacke aus, lockerte Kragen und Krawatte und sah zu, wie Kitty sich anmutig durch die kleine, aber hübsche Wohnung bewegte.

»Die Hauptmieterin ist eine Kollegin vom Abbey-Theater«, erklärte sie. »Aber sie heiratet nächsten Monat. Ich könnte die Wohnung zwar behalten, doch dann müßte ich ein Mädchen finden, das sie mit mir teilt. Andernfalls könnte ich die Miete nicht aufbringen.«

»Das trifft sich ja großartig!« warf Tahg begeistert ein. »Meine Cousine Merry möchte Schauspielerin werden, genau wie du. Und sie ist es leid, bei ihrer Schwester zu wohnen.«

Kitty setzte sich neben ihn auf das zierliche Sofa und strich ihm die widerspenstigen Haare aus der Stirn. »Wenn deine Cousine hier wohnen würde, dann müßten wir uns wohl ziemlich häufig sehen, nicht wahr?«

Bevor Tahg antwortete, ließ er seine Finger zart über Kittys Wange gleiten. »Wenn's nach mir ginge, wären wir dauernd zusammen, wir beide – mit oder ohne Cousine.« Seine Stimme klang traurig.

»Aber du bleibst nicht lange in der Stadt?« ergänzte sie enttäuscht.

»Ich bin schon noch eine Weile in Dublin. Nur muß ich öfter die Wohnung wechseln...« Er stockte.

»Und du bist in Dinge verwickelt, über die du nicht reden darfst, hab' ich recht?«

Er nickte.

»Also dann!« rief sie mit erzwungener Fröhlichkeit. »Laß uns das Beste aus dem heutigen Abend machen! Ich kenne ein entzückendes kleines Restaurant...«

»Kitty, ich hab' nicht viel Geld.«
»Nein, so etwas!« gab sie sarkastisch zurück, fügte aber gleich darauf reumütig hinzu: »Es ist überhaupt nicht teuer, Tahg... einfach nur nett und gemütlich. Und der Besitzer ist schon dreimal in unserem Stück gewesen, bloß um mich spielen zu sehen! Wir können dort ungestört zu Abend essen, und dann kommen wir hierher zurück. Sally übernachtet heute auswärts.«
Sie las die Frage in seinen Augen und sagte leise: »Drei Jahre sind eine lange Zeit, Tahg. Ich bin keine Jungfrau mehr, du brauchst also keine Angst zu haben, daß du mich womöglich kompromittieren könntest. Du bist lange fort gewesen, und ich hatte immer schon gewisse Vorstellungen... Das weißt du. Du hast es immer gewußt.«
Tahg hatte sie noch nie so nervös gesehen. Sie schien das Bedürfnis zu haben, sich vor ihm zu rechtfertigen, und das rührte ihn, linderte die Eifersucht, die ihn angesichts ihres Geständnisses überkommen hatte. Natürlich hat sie ein Recht auf ihr eigenes Leben, dachte er. Sie ist eine schöne und begehrenswerte Frau, in deren Leben vielleicht kein Platz ist für einen Freiheitskämpfer – ohne Zuhause, heute Jäger, morgen Gejagter.
»Ach, Kitty«, sagte er zärtlich. »Wir haben jeder unseren Dämon, nicht wahr? Du deinen Ehrgeiz, und ich meine Rache. Ich hoffe nur, daß am Ende noch etwas übrigbleibt für dich und mich. Bis dahin aber will ich dankbar sein für jeden Augenblick, den ich mit dir verbringen darf.« Es klang so aufrichtig, ja feierlich, daß Kitty Tränen in die Augen tragen. Tahg war ein wunderbarer Mann, so sanft und zärtlich... vielleicht der einzige, der es je gut mit ihr meinen würde.
»Es wird so schön werden heute nacht, daß wir's beide nie vergessen. Ich versprech' es dir«, flüsterte sie, und er schloß sie fest in seine Arme, wie um ihren Pakt zu besiegeln.

Kitty lag glückselig in Tahgs Armen und dachte über die Launen des Schicksals nach. Mit keinem anderen Mann hatte sie je etwas so unglaublich Schönes erlebt wie in dieser Nacht.
Es war, als seien alle Sehnsüchte, alles hungrige Verlangen ihres jungen Lebens in dieser einen atemberaubenden Liebesnacht gestillt worden. Leidenschaft hatte sie schon früher kennengelernt;

auch körperliche Befriedigung. Aber was Tahg ihr geschenkt hatte, war so unendlich viel mehr!
Vorsichtig, um ihn nur ja nicht zu wecken, drehte sie sich zu ihm um und betrachtete ihn. Ein kleines Lächeln spielte um seine Mundwinkel. Ach, welche Lust dieser Mund zu wecken verstand!
Sacht, ganz sacht berührte sie seine Lippen, wie um sich zu vergewissern, daß sie wirklich seien... sie und er und diese wundervolle Nacht.
Tahg schlug die Augen auf.
»Ich dachte, du schläfst noch?« flüsterte sie.
»Ich wollte nur nicht, daß diese Nacht zu Ende geht.«
»Ach, Tahg, was soll nun aus uns werden?«
»Ich weiß, wie du über unsere Bewegung denkst, Kitty. Aber ich gehöre nun einmal dazu. Die Männer verlassen sich auf mich, sie brauchen mich, verstehst du?«
Sie nickte widerstrebend. »Unsere Liebe steht unter einem ungünstigen Stern, Tahg. Ich brauche so vieles, was du mir nicht geben kannst. Also... muß ich es mir selber beschaffen. Und du, mein Liebster... Gott allein weiß, was du wirklich brauchst.«
»Ich kann dich nicht bitten, dein Leben mit mir zu teilen, solange dieser Krieg dauert, mein Herz. Aber wenn er aus ist und ich ihn mit heiler Haut überstehe, dann komme ich und hole dich.«
»Ich will dir nichts vormachen, Tahg. Es... es gibt andere Männer in meinem Leben.«
Sein Gesicht verfinsterte sich. »Ich darf wohl nicht verlangen, daß du dich für jemanden aufsparst, der vielleicht nicht mit dem Leben davonkommt«, versetzte er traurig.
»Sag doch so was nicht! Natürlich wirst du am Leben bleiben. Ich liebe dich doch!«
»Und warum dann die anderen Männer?«
»Weil ich das Leben kennenlernen muß, Tahg. Ich kann nicht spielen, wenn ich nie gelebt habe. Und... und ich hab' so viele Wünsche. Verdammt noch mal, ich kann doch nicht jahrein, jahraus dasitzen und warten, ob sie dich in einer Kiste heimbringen! Ich will nie wieder arm sein, Tahg, ich will was vom Leben haben, verstehst du das denn nicht? Liebe allein – das ist nicht genug. Und daß du dir nur ja nichts vormachst: Dir genügt sie auch nicht, sonst würdest du deine dämliche Bewegung vergessen und mit mir fortgehen.«

»Und wenn ich das täte?«
Sie schwieg.
»Ach, mein Herz«, sagte er mit einem Seufzer. »Dann müssen wir einander wohl nehmen, wie wir sind, und abwarten, wie's weitergeht, was?«
Als er sich über sie beugte, sah er Tränen in ihren Augen.
»Nicht doch, Kleines, nicht weinen. Vielleicht wird ja eines Tages noch alles gut für uns beide.«
Er wollte sie tröstend in die Arme nehmen, doch sie umschlang ihn mit solcher Inbrunst, daß er fast erschrak. Was für ein seltsames Mädchen seine Kitty doch war. Aber sie ist die einzige, dachte er, die ich wirklich begehre, die einzige.

Als Tahg gegangen war, legte Kitty sich in die Kissen zurück und träumte mit offenen Augen weiter. Sie strich über ihre Brüste und versuchte, sich seiner Zärtlichkeit zu erinnern. Sie spürte ein Brennen zwischen den Schenkeln, so als sehne ihr Körper sich schon jetzt nach seiner nächsten Umarmung, und sie hätte weinen mögen vor Verlangen.
»Lieber Gott!« stöhnte sie. »Was ist nur mit mir?« Gott sei Dank brauchte sie heute vormittag nicht zur Probe. Noch während sie das dachte, fiel ihr Bridgie ein. Heute war ja Bridgies Tag!
In fliegender Hast badete Kitty, zog sich an und war eine halbe Stunde später auf dem Weg zum Waisenhaus.
Bridgie McDermott war drei Jahre alt gewesen, als ihre Mutter an Armut und Kummer gestorben war – auch wenn der Doktor etwas anderes auf den Totenschein geschrieben hatte. Aileen war Kittys beste, wenn nicht gar ihre einzige Freundin gewesen. Wer bei den Jungen so beliebt war wie die schöne Kitty, stand bei den meisten Mädchen nicht eben hoch im Kurs.
Aileen war eine Ausnahme gewesen. Liebe, sanfte Aileen, zu sanft und wehrlos, um weiterzuleben, nachdem Jimmy sie und das Kind verlassen hatte. Und so war denn von der sanften Aileen kein Lebenszeichen übriggeblieben außer der kleinen Bridgie.
Sechs Jahre war sie inzwischen alt und aus anderem Holz geschnitzt als ihre zarte Mutter. Vielleicht machten drei Jahre im Waisenhaus einen Menschen hart, wenngleich die Schwestern gut und freundlich waren und Bridgie offenbar wirklich ins Herz geschlossen hatten.

Aber man mußte die Kleine ja auch einfach gern haben! Bridgie war groß für ihr Alter, hatte dunkles Haar, eine Haut wie Alabaster und samtblaue Augen. Ungeachtet ihres feingliedrigen Körpers hatte sie weich gerundete Wangen, denen auch die kärgliche Kost im Waisenhaus nichts anhaben konnte. Sie war eine richtige kleine Schönheit und wirkte älter, als sie war.

»Du könntest mich adoptieren, Kitty«, hatte Bridgie erst letzten Samstag zu ihr gesagt. »Ich hab' die Schwester gefragt.«

»Aber Kind, wie stellst du dir denn das vor?« hatte sie entgeistert geantwortet. »Ich bin nicht verheiratet, hab' wenig Geld, und außerdem muß ich doch jeden Tag ins Theater.«

»Ist schon gut, Kitty«, hatte das Kind darauf geantwortet. »Du brauchst dir um mich keine Sorgen zu machen. Ich hab's ja gut bei den Schwestern. Nur hab' ich manchmal Sehnsucht nach einer richtigen Familie, weißt du, und weil du dich auch hin und wieder einsam fühlst, dachte ich, wir könnten zusammen eine Familie sein.«

Kitty hatte sich abwenden müssen, damit das Kind ihre Tränen nicht sah. Wer außer Bridgie McDermott würde je auf den Gedanken kommen, daß Kitty O'Neill sich nach einer Familie sehnte?

Der anglo-irische Krieg

Manch einer steht das Wetter aus, der nicht den Wind erträgt.

William Shakespeare

11

Müde und erschöpft kroch Tahg aus dem Straßengraben. Beide Seiten hatten das Feuer eingestellt. Tahg war unterwegs zu Seaneens Hauptquartier gewesen, als er unversehens in das Scharmützel zwischen der Tipperary Brigade und den britischen Soldaten geriet, die einen Sprengstofftransport zur Kaserne von Hollyford geleiten sollten. Nun würde man sie dort vergeblich erwarten.
Suchend blickte er sich um. Nur wenige Meter entfernt stand einer von Seaneens Vertrauten, Dan Breen. Mit ausgestreckter Hand ging Tahg auf ihn zu.
»Mein Name ist Tahg O'Connor«, sagte er, »erinnern Sie sich noch an mich? Ich komme vom Hauptquartier in Dublin.«
»Und ob ich mich an Sie erinnere! Sie gehören zu Collins Leuten, nicht wahr?« Tahg glaubte, einen feindseligen Unterton aus Dans Frage herauszuhören, den er sich indes nicht erklären konnte. Zum erstenmal kam ihm der Gedanke, daß Mick bei den Männern draußen auf dem Lande vielleicht nicht so beliebt war wie in Dublin. Er beschloß, diesem Verdacht nachzugehen.

Der unverhoffte Besuch meines Neffen machte mich überglücklich.
»Ich bin zufällig in eine von deinen Geländeübungen geraten«, wandte Tahg sich an Seaneen, sobald wir beim Tee saßen.
»Ja, mein Junge, da warst du gewiß mächtig überrascht, wie? Nun, wir haben schon öfter so ein kleines Feuerwerk veranstaltet. Die Engländer fangen endlich an, uns ernst zu nehmen. Nur, leider – je nervöser wir die Kerle machen, desto aggressiver werden sie auch. Sie trommeln nachts unschuldige Familien aus den Betten, um ihre Wohnungen nach Waffen zu durchsuchen. Aber ein Gutes hat auch das: Je brutaler sie sich gebärden, desto mehr Leute werden zu uns überlaufen. Es brodelt, mein Junge – wir stehen

kurz vor dem Ausbruch eines neuen Krieges. Aber jetzt mußt du uns erzählen, was es Neues in Dublin gibt.«

»Man hat den Dail für illegal erklärt. Und praktisch all unsere Verbände verboten: die Sinn Fein, die Freiwilligen, die Gälische Liga, sogar die Mädchengruppe Cumann na mBan.«

»Tja, so wie die Lage sich zugespitzt hat, mußten wir damit rechnen. Und Mick? Kommt er voran?«

»O ja! Bei ihm läuft alles wie am Schnürchen. Sein Nachrichtennetz funktioniert einfach großartig. Ich schwöre dir, Seaneen, an jedem neuralgischen Punkt des Landes hat er einen Gewährsmann sitzen. Wenn Mick erst mal die Schlinge zuzieht, drückt er den Engländern garantiert die Luft ab!«

Seaneen nickte. »In den Brigaden läuft es auch gut. Wir greifen die Kasernen an, dann wieder die Transporte und verschwinden anschließend. Zum ersten Mal kämpfen wir auf heimatlichem Boden für unseren eigenen Vorteil.«

Tahg lächelte zustimmend. »Genau das hat Mick von Anfang an geplant, einen Guerillakrieg – keine feste Armee. Zuschlagen und abhauen.«

»Ja, Micks Plan war genial. Trotzdem – sag ihm, er soll wachsam sein und ein Auge auf seine Flanken haben. Die Männer, die die Brigaden in der Provinz befehligen, kochen gern ihr eigenes Süppchen... Na, du weißt ja, wie das ist: Ein Offizier draußen im Feld tut sich schwer, wenn's darum geht, den daheim am Schreibtisch zu respektieren.«

»Soll das heißen, daß die Männer hier draußen gegen Mick Front machen?« fragte Tahg besorgt.

»Nein, nein, reg dich nicht auf, mein Junge! Aber bedenke, daß er die Finanzen kontrolliert, gegebenenfalls nein sagt, wenn's um Requisitionen geht... Und er ist in Dublin – weitab vom Schuß. Mein Instinkt sagt mir, er sollte sich vergewissern, daß andere ihm gegenüber ebenso loyal sind wie umgekehrt.«

»Danke für den Rat, Seaneen. Ich werde mich drum kümmern.«

Wir saßen bis tief in die Nacht hinein beisammen und sprachen über Vergangenes und Zukünftiges. Als Tahg am nächsten Morgen zur Überprüfung der anderen Kommandostellen aufbrach, ging ihm einiges im Kopf herum.

Die beiden Frauen verharrten auf der Türschwelle und musterten einander. Merry war verblüfft über die auffallende Schönheit der jungen Schauspielerin. Zwar hatte sie Miß O'Neill schon auf der Bühne gesehen, aber aus nächster Nähe wirkte sie noch beeindruckender. Kein Wunder, daß ganz Dublin von ihr schwärmte. Kitty wiederum sah sich einem Mädchen gegenüber, das von Geburt an all das besessen hatte, wonach sie sich so sehnsüchtig verzehrte. Merrys lässige Eleganz, ihr sicheres Auftreten und ihre vornehme Ausstrahlung waren augenfällige Zeugen ihrer aristokratischen Herkunft. Dennoch wirkte sie keineswegs unnahbar, sondern herzlich und ungekünstelt, wie sie ihr jetzt mit gewinnendem Lächeln die Hand entgegenstreckte.

»Aber bitte, kommen Sie doch herein«, sagte Kitty und fügte in ungewollt spitzem Ton hinzu: »Die Wohnung ist zwar nicht gerade das, woran Sie gewöhnt sind... Ich meine, Sie sind schließlich auf einem Schloß groß geworden, nicht wahr?«

»Ja, schon... aber in den letzten Jahren ist es dort so freudlos zugegangen, daß ich einfach nicht mehr auf Manningham leben konnte, verstehen Sie?«

»Nein, ehrlich gesagt, das verstehe ich nicht«, antwortete Kitty widerstrebend.

Merry setzte sich auf das Sofa, und nach einer kleinen Pause fragte sie: »Kennen Sie das auch, wenn kleine Mädchen sich manchmal ausmalen, wie es wäre, wenn ihre Mutter sich in Luft auflöste und sie ihren Vater ganz für sich allein hätten?« Kitty nickte. »Nun, in unserem Fall ist das tatsächlich passiert. Mein Cousin Tahg hat Ihnen gewiß erzählt, daß unsere Mutter die Familie verlassen hat – aber die Wirklichkeit sah leider ganz anders als in diesem Wunschträumen aus. Mein Vater wurde wortkarg und verschlossen, mein ältester Bruder noch egozentrischer, als er ohnehin schon war, mein Zwillingsbruder, mit dem ich bis dahin unzertrennlich gewesen war, ging auf die Universität und hat sich irgendwie auch innerlich von mir distanziert. So hatte ich denn nur noch meine Schwester, mit der ich nach Dublin gekommen bin, aber wir haben einander nie sonderlich nahegestanden.

Im Grunde sind wir keine richtige Familie mehr, seit Mama uns verlassen hat. Nicht, daß es vorher etwa ganz harmonisch zugegangen wäre bei uns – o nein! Aber irgendwie ist es ihr doch immer wieder gelungen, uns zusammenzuhalten...«

Kitty setzte sich zu ihr. »So wie Sie jetzt«, sagte sie, »habe ich empfunden, als meine Mutter starb. Als seien überall auf der Welt die Lichter ausgegangen.«
Merry sah Tränen in den Augen der jungen Frau schimmern. »Vielleicht«, erwiderte sie leise, »verbindet uns mehr, als wir beide dachten.«
Kitty, die sich ihrer Gefühlsaufwallung schämte, wechselte schnell das Thema. »Um die Miete brauchen wir wohl nicht zu feilschen, oder?«
Merry lachte ihr sprudelndes Lachen. »Großer Gott, nein! Geld ist so ungefähr das einzige, wovon ich reichlich besitze.«
»Na fein! Das ist zur Abwechslung mal ganz was Neues in diesen vier Wänden.«
Während die beiden die notwendigen Vorkehrungen für Merrys Einzug trafen, sah jede der künftigen Gemeinschaft mit mehr Freude entgegen, als sie sich noch vor wenigen Stunden hätte träumen lassen.

12

Merrion Manningham besaß jene Porzellanpuppenschönheit, die Männer dazu verleitet, eine Frau nicht ernst zu nehmen. Sie schauten nur wie verzaubert in ihre veilchenblauen Augen, ohne einen Gedanken daran zu verschwenden, was wohl dahinter vorgehen mochte.
Sie war von Natur aus freundlich und gefällig, lachte gern und hatte für jeden ein gutes Wort. Das Leben war bisher im großen und ganzen glimpflich mit ihr umgegangen; vor allem in der Liebe ihres Zwillingsbruders hatte sie sich stets geborgen gefühlt.
Merrys erstes Jahr in Dublin war gleichzeitig ein Reifungsprozeß für sie gewesen, den Kitty O'Neill als erfahrene Lehrmeisterin noch beschleunigt hatte. Die kluge und zynische, aber auch so verletzliche Kitty, die einen mit ihrem großen Talent und ihrer betörenden Stimme in die Zauberwelt der Kunst versetzte.
Doch obgleich Merry sich in Dublin und vor allem am Theater wohl fühlte, hatte sie oft Heimweh. Das Bild eines geordneten

und bequemen Lebens auf Schloß Manningham, eines Lebens mit Dienstboten und Privilegien, schlich sich immer wieder in ihre Gedanken. Sie sehnte sich nach der beschützenden Liebe ihres Zwillingsbruders und nach der Sicherheit, die sie, ungeachtet aller Unstimmigkeiten, stets im Schoße der Familie empfunden hatte.
Aber nun hatte sie eigentlich kein Zuhause mehr. Ihre Mutter, die das Herz der Familie Manningham gewesen war – auch wenn Merry das früher nie so recht wahrgenommen hatte –, war fortgegangen. Der Vater verbrachte die meiste Zeit des Jahres in England; mit Angelica und Jamie, die beide gleich ihr in Dublin lebten, traf sie sich natürlich häufig, doch Johnny hatte sie nicht mehr gesehen, seit er mit Mama zu Mr. O'Sullivan gezogen war. In ihrem Bedürfnis nach Wärme und Geborgenheit freute Merry sich sogar darauf, daß Win sie bei seinem nächsten Urlaub in Dublin besuchen wollte – obgleich sie durchaus kein gutes Verhältnis zu ihrem ältesten Bruder hatte.
Nein, Manningham war nicht mehr ihr Zuhause. In der Wohnung bei Kitty, dort war sie daheim, und im Theater hatte sie ihre Familie. Zumindest fühlte sie sich dort angenommen und geliebt. Die Lichter, die Musik, die Bühne, die Zuschauer... das Theater war nun ihre Welt.

Winston und seine beiden Freunde klopften an die Tür von Merrys Garderobe. Die jungen Leute waren bester Laune. Ihre Reise nach Dublin war höchst angenehm verlaufen. Die Unterkunft in Gresham war mehr als zufriedenstellend, das Nachtleben verlokkend. Winston fand die Stadt anregender und kurzweiliger, als er sie in Erinnerung hatte. Zudem war er hoch erfreut über seinen neuen Posten im Schloß; diese unverhoffte Ernennung würde seine Karriere zwangsläufig beschleunigen.
Die Krönung des heutigen Abends war natürlich die Vorstellung gewesen, in der er seine kleine Schwester zum erstenmal auf der Bühne gesehen hatte. Ihr Spiel hatte ihn wirklich beeindruckt. Merry hatte zweifellos Talent. Zwar konnte sie sich nicht mit dieser ungewöhnlichen Miß O'Neill messen. Aber sie war entschieden begabt.
»Herein!« ertönte es fröhlich von drinnen, und die drei jungen Herren traten ein.

»Win, mein Lieber, wie schön!« rief Merry erfreut und erhob sich, um ihre Besucher zu begrüßen.
Winston hatte ihr eben seine beiden Freunde vorgestellt, als die Tür zur Nachbargarderobe aufflog und Kitty hereinstürmte.
»Merry, ich hab' keine Cold Cream mehr...« Da sie merkte, daß die Freundin nicht allein war, hielt sie erschrocken inne.
Merry lachte herzlich über ihr verdutztes Gesicht. »Kitty, ich möchte dir meinen Bruder Winston Manningham vorstellen. Und das sind seine Freunde Major Henry Jameson und Christopher Belmont-Chapman, Marquis von Darborough. Meine Herren... darf ich Sie mit meiner lieben Freundin bekannt machen... und natürlich dem Star unseres Theaters, Miß Kitty O'Neill.«
Sie beobachtete amüsiert, wie Kitty und Win einander anstarrten; Kitty ein wenig abschätzend, Winston mit dem Ausdruck reinster Verzückung.
»Mir fehlen die Worte, Ihnen zu versichern, *wie* ich mich freue, Ihre Bekanntschaft zu machen, Miß O'Neill.«
»Mylord sind zu gütig«, erwiderte Kitty in einem Ton, den sie in der Regel für Shakespeares Verse aufsparte, und streckte Winston anmutig die Hand entgegen.
»Hör mal, Manningham«, warf Jameson ein, »du bist nicht der einzige, der das Spiel der Damen genossen hat. Warum fragen wir die beiden Künstlerinnen nicht, ob sie uns die Ehre erweisen und mit uns zu Abend essen wollen?«
»Famose Idee!« bekräftigte Christopher Belmont-Chapman, ein gutaussehender blonder Elegant mit selbstbewußter Miene. »Machen Sie uns die Freude, meine Damen! Wir waren schier überwältigt von Ihrer Darbietung, und Sie würden uns überglücklich machen, wenn Sie uns diesen Abend schenken wollten.«
»Es wird uns ein Vergnügen sein, Mylord«, erwiderte Merry huldvoll. »Du bist doch einverstanden, nicht wahr, Kitty?« Als sie sich umblickte, fiel ihr auf, daß Kitty und Win einander immer noch wie hypnotisiert in die Augen sahen.

13

Zu Beginn des Jahres 1920 erschienen die Anzeigen in allen Zeitungen. Die Königlich Irische Gendarmerie warb um Rekruten. Geboten wurden drei Pfund zehn Schilling die Woche; bisherige Erfahrungen im Polizeidienst waren nicht erforderlich.

In den Städten Englands und Irlands wimmelte es von Arbeitslosen. Viele Kriegsheimkehrer hatten keine Anstellung gefunden, weshalb diese Anzeigen ein gewaltiges Echo erzielten. Vor den Rekrutierungsstellen bildeten sich im Nu lange Schlangen.

So groß war der Ansturm, daß man die Männer nicht einmal alle vorschriftsmäßig einkleiden konnte.

Also steckte man sie in Khaki-Hosen, dunkelgrüne, fast schwarze Polizeihemden und gab ihnen eine Konstablermütze sowie einen schwarzen Ledergürtel. Diese Behelfsuniform brachte der Truppe in Anlehnung an eine berühmte Koppel Jagdhunde aus Limerick, vorwiegend Manchesterterrier, schon bald den Spitznamen *Black and Tans* ein.

Die neuen militärischen Polizeieinheiten kamen am 25. März 1920 in Irland an. Im Juli wurden ihnen zur Verstärkung Hilfstruppen, die sogenannten *Auxiliaries* (kurz *Auxies*), nachgeschickt. Sie rekrutierten sich aus kampferprobten Veteranen der britischen Armee, vorwiegend ehemaligen Offizieren. Obwohl beide Gruppen zusammen eine militärische Einheit bilden sollten, unterstanden sie keiner bindenden Autorität, wie man es bei einer solchen Truppe erwartet hätte.

Die Guerilla-Taktik der Brigaden und die systematische Ermordung der Spione vom Schloß hatten die Regierung in London in höchste Alarmbereitschaft versetzt. Man verlangte strengste Vergeltungsmaßnahmen. Die *Black and Tans* und die *Auxies* würden diesen Wunsch erfüllen.

Als Frau hatte ich kein leichtes Leben in jenem Sommer 1920. Seaneens Kräfte konzentrierten sich ganz auf die III. Tipperary Brigade, die als einer unserer wichtigsten Verbände dieses Krieges in die Geschichte eingehen sollte. In unserer einst so friedlichen Grafschaft wimmelte es nun von *Black and Tans* und *Auxiliaries,* und bald war mir das Gewehrfeuer so vertraut wie früher der Gesang der Vögel. Wie jedem Kämpfer fiel es natürlich auch Seaneen schwer, sich damit abzufinden, daß er lediglich die Strategien aus-

arbeiten konnte, Gefecht und Sieg jedoch anderen überlassen mußte. Ich versuchte ihm zu helfen, wo ich nur konnte; allein, die Ängste und Gefahren, durch die die Männer um mich herum zu wachsen schienen, gingen fast über meine Kräfte.
Ich erkannte allmählich, daß Männer Freude am Kriegführen haben. Die Mitglieder der III. Tipperary Brigade waren beileibe keine Berufssoldaten, sondern Bauern und Fischer, doch sie zeigten sich ihren neuen Aufgaben instinktiv so meisterlich gewachsen, daß ich mich nicht genug darüber wundern konnte. Ist es den Männern angeboren, dieses Talent zum Kämpfen? Wieder und wieder stellte ich mir in jenem Sommer die gleiche Frage. Eins jedenfalls weiß ich seitdem: Männer fühlen sich im Krieg in ihrem Element; Kameraderie und Ausgelassenheit, Taktik und Strategie, Gefahr und Zerstörung bringen ihr Blut in Wallung und versetzen sie in einen Rauschzustand, der uns Frauen fremd ist.
Ich liebte Seaneen von ganzem Herzen, aber der Krieg blieb für mich immer ein ungeheuerliches Schreckgespenst. Trotzdem – wäre es nur um uns beide gegangen, hätte ich mich in jenem Sommer vielleicht weniger geängstigt. Dann hätte ich womöglich nur meiner Liebe gelebt, hätte Gott für unser Glück gedankt und den Wahnsinn um uns herum einfach ignoriert. Doch da war noch Johnny, und mit ansehen zu müssen, wie er sich in einen leidenschaftlichen Soldaten verwandelte, war mehr, als mein Mutterherz ertragen konnte.
Johnny war keineswegs der einzige Vierzehnjährige, der für Irland ins Feld zog. Was mich am meisten beunruhigte, war die Ekstase, in die Gewalt und Blutvergießen ihn versetzten. Endlich schien er ein Ventil für sein jähzorniges, aufbrausendes Temperament gefunden zu haben. Zum erstenmal im Leben hatte er ein Feindbild, an dem er seine lange aufgestaute Wut ungestraft austoben konnte.
Ich beobachtete meinen Sohn aufmerksam, erkannte wohl, was mit ihm vorging, und zitterte nur desto mehr um ihn. Johnny war im letzten Jahr noch ein tüchtiges Stück gewachsen. Der strenge soldatische Drill hatte seinen Körper gestählt und seine Muskeln kräftig ausgebildet. Wenn die anderen fünf Stunden exerzierten, so brachte Johnny es auf sechs; kein Wunder also, daß seine Schultern zusehends breiter, seine Glieder athletischer wurden. Er war hübsch geworden, selbstbewußt und sehr männlich.

Gewiß war ich stolz auf meinen Sohn, aber ich ängstigte mich auch um ihn, da er die Gefahr buchstäblich heranzufordern schien. Mittlerweile war das Kriegsrecht über unser Land verhängt. Häuser wurden niedergebrannt, Väter und Söhne ins Gefängnis gesteckt, wenn auch nur der geringste Verdacht bestand, daß sie Feuerwaffen in ihrem Besitz hätten. Die *Black and Tans* hatten mit ihrer Disziplinlosigkeit und erbarmungslosen Metzelei eine neue Phase des Kampfes eröffnet. Die Königlich Irische Gendarmerie hatte anscheinend vor den Guerilla-Überfällen resigniert und ihren Leuten Anweisung gegeben, die Greueltaten nicht zu ahnden.

Unsereins wäre in dieser Zeit wesentlich leichter mit seinem Gewissen ins reine gekommen, hätte man einfach die Gendarmerie in ihrer Gesamtheit hassen und verabscheuen können. Aber die Gewißheit, daß durchaus auch aufrechte Konstabler darunter waren, die sich hin und her gerissen fühlten zwischen ihren Amtspflichten und der Loyalität gegenüber ihren Landsleuten, machte es uns schwer. Wollte ich zynisch sein, so würde ich sagen, daß die *Black and Tans* mir diesen Konflikt überwinden halfen: Allein zwischen Mai und Ende Juli quittierten 556 Konstabler ihren Dienst; an ihrer Stelle kamen 800 *Black and Tans* zum Einsatz. Die aber durfte man ungestraft hassen, sie waren durch und durch schlecht.

14

Mick Collins verbarg den Blumenstrauß hinter seinem Rücken und läutete an der Tür. Ein Dienstmädchen in weißer Schürze und mit gestärkter Haube öffnete ihm. Mick gab ihr Mütze und Schal und ging hinüber in Angelicas Arbeitszimmer. Mit gespielter Feierlichkeit kniete er sich vor ihren Rollstuhl hin und zauberte die Blumen hinter seinem Rücken hervor.

»O Mick!« rief Angelica freudig überrascht. »Das ist lieb von dir!« Sie sah seinem bedrückten Gesichtsausdruck an, daß er etwas auf dem Herzen hatte. »Was führt dich denn zu mir?«

»Ich… ich mache mir Sorgen um deinen Cousin Tahg.«

»Wegen Kitty O'Neill oder wegen der Organisation?«

»Ich glaube, wegen beidem. Er ist überhaupt nicht mehr er selbst. Er hat völlig den Kopf verloren wegen dieser rothaarigen Hexe.«
Angelica lächelte. »Vielleicht hat sie ihn behext, aber... kannst du ihm das verübeln? Wenn ich mir die Zeitungsberichte anschaue, dann ist Tahg nicht der einzige in Dublin, der sich in Kitty O'Neill verliebt hat.«
»Du hast ja recht.« Mick seufzte und lehnte sich in die Sofakissen zurück. Im Grunde wußten sie beide, daß Tahgs Vernarrtheit in Kitty mit Argumenten nicht beizukommen war. »Ich bin übrigens aus dem Munster Hotel wieder ausgezogen. Ist mir wirklich schwergefallen. Aber Mrs. McCarthy besorgt mir noch die Wäsche. So habe ich wenigstens jeden Sonntag ein frisches Hemd.« Er lachte. »Wenn ein Preis auf deinen Kopf ausgesetzt ist, lernst du, mit leichtem Gepäck zu reisen.«
»Wann werden sie dich erwischen, Mick?«
»Bis jetzt waren sie schon ein paarmal nahe dran. Wenn ich nicht bald vorsichtiger bin, wird mein Schutzengel mir Überstunden berechnen.«
Nachdenklich sah sie ihn an. »Ist es das wirklich wert, mein Freund? Glaubst du, ihr könnt sie tatsächlich besiegen?«
Er stützte die Ellbogen auf die Knie und beugte sich vor. Ein erregter Ausdruck lag auf seinem Gesicht. »Weißt du, Angelica, es ist seltsam – je schlimmer es wird, desto größer werden auch unsere Chancen, sie zu besiegen. Das hab' ich im Gefühl! Die *Black and Tans* und die *Auxies* sind ihre letzte Hoffnung. Wir haben sie so in die Enge getrieben, daß die Spione schon Angst davor haben zu spionieren, weil sie ihres Lebens nicht mehr sicher sind. Bei jeder Munitionsladung, die sie an eine ihrer Kasernen schicken, müssen sie befürchten, daß sie nicht ankommt. Die nackte Angst sitzt ihnen im Nacken. Du wirst sehen, Angelica – nur noch ein paar Monate, und sie *müssen* mit uns verhandeln!«
»Aber könnt ihr noch so lange durchhalten, Mick? Tahg hat mir erzählt, ihr hättet kaum noch Geld, und diese endlosen Scharmützel müssen doch ein Vermögen kosten!«
»Leider hast du recht, Angelica. Ich werde Tahg noch einmal als Kundschafter zu den Landbrigaden schicken. Die scheinen da draußen anzunehmen, unsere Kasse sei so voll wie die des britischen Außenministeriums, und fordern ständig neue Requisitio-

nen. Es gibt auch einige, die mich nicht gern als Finanzverwalter sehen. Auf Seaneen kann ich mich schon verlassen, aber die andern… Tahg wird sein diplomatisches Geschick unter Beweis stellen können.«
»Wenn du ihm zutraust, mit den Brigaden fertig zu werden, warum dann nicht auch mit Kitty O'Neill?« fragte Angelica augenzwinkernd.
»Hoffentlich nicht. Es wäre das Schlimmste, was ihm passieren könnte«, erwiderte Mick ernst.
»Was hast du denn gegen sie?« Angelica war überrascht über Micks feindseligen Ton.
»Es liegt nicht an ihr – sie ist wirklich umwerfend schön. Ansonsten kenne ich sie ja nicht. Es geht darum, daß einem Guerillakämpfer nichts Schlimmeres passieren kann, als verliebt zu sein.« Die Anspannung, mit der er sprach, verriet sein starkes Bedürfnis, es Angelica zu erklären.
»Weißt du, Angelica, wenn du auf der Flucht bist, darfst du nur an dich selbst denken. Du hast deine Augen überall, hörst Laute, für die andere taub sind. Es gibt zwei Dinge, auf die du dich konzentrieren mußt: auf deine Mission und aufs Überleben. Wenn du abgelenkt wirst… wenn dir die Frau, die du liebst, nicht mehr aus dem Kopf geht… und bei einer Frau wie Kitty O'Neill ist das durchaus verständlich – dann bist du ein toter Mann.«
»Gibt es einen Grund, Mick, warum du dir mehr Sorgen um Tahg machst als sonst?«
Er nickte. Man konnte ihm ansehen, daß er ungern weitersprach.
»Sie rücken uns auf den Pelz. Es werden immer mehr. Und ich spüre, daß die Explosion – und damit die Verhandlung – kurz bevorsteht. Ich will nur sichergehen, daß meine besten Leute die Explosion überstehen. Mein Mann im Schloß hat mir berichtet, daß dein Bruder Winston sich neuerdings einzig und allein darauf konzentriert, Michael Collins und seine ›Scharfrichter‹ zur Strecke zu bringen. Wir müssen jetzt doppelt vorsichtig sein. Es heißt, er sei gerissen und skrupellos.«
Angelica mußte zugeben, daß Micks Charakterisierung ihres ältesten Bruders durchaus zutreffend war.
Noch als Mick längst fort war, dachte Angelica nach über das, was er ihr erzählt hatte. Sie nahm sich vor, Merry nach Tahg und Kitty auszufragen; außerden würde sie versuchen, von ihrem Va-

ter etwas über Wins neues Aufgabenfeld zu erfahren. Gott sei Dank hatte Winston keine Ahnung von Tahg und Kitty. Andernfalls würde ihr Bruder, der seinen Cousin von klein auf gehaßt hatte und eifersüchtig auf ihn gewesen war, gewiß auf Vergeltung sinnen.
In dieser Nacht plagten Angelica Manningham böse Träume; sie mußte ohnmächtig zusehen, wie ihre Familie sich gegenseitig in einer wilden Verfolgungsjagd aufrieb.

Elf Männer waren zum Tod verurteilt. Elf Spione der britischen Armee, die schuld daran waren, daß irische Kämpfer gefoltert oder getötet wurden.
Tahg und seine Kameraden handelten auf Befehl. Die Hinrichtungen sollten alle gleichzeitig um 9 Uhr morgens stattfinden. Elf Häuser stürmen, elf Tote zurücklassen. Mechanisch überprüfte Tahg seinen Revolver und die Munition; er war mittlerweile ein Experte für Feuerwaffen.
Tahg wußte, daß diese Männer sterben mußten. Genau wie *sie* vermutlich der Meinung gewesen waren, daß diejenigen, die sie ans Messer geliefert hatten, den Tod verdienten. Eine schlechte Mission für einen Sonntag, dachte er, als die Kirchenglocken zum Frühgottesdienst um 7 Uhr riefen. Eine schlechte Mission für jeden Tag.

Tahg kniete sich in die letzte Bank der Karmeliterinnenkirche St. Teresa, bekreuzigte sich und bedeckte sein Gesicht mit den Händen.
Was er getan hatte, schmerzte ihn, auch wenn er keine Reue empfand. Denn er glaubte wohl, daß die Männer, die er und seine Kameraden hingerichtet hatten, ihr Schicksal verdient hätten. Feiglinge waren sie, die heimlich herumspionierten und andere Menschen aus der Ferne in den Tod schickten, ohne sich selbst in Gefahr zu begeben oder sich die Hände schmutzig zu machen.
Trotzdem trauerte er – um die unschuldigen Familien der Toten und auch um das Exekutionskommando, das unter seiner Mordschuld würde leiden müssen bis zum Jüngsten Gericht.
Als ein Priester den Mittelgang herunterkam, faßte Tahg ihn am

Ärmel seiner Soutane. »Wollen Sie mir die Beichte abnehmen, Pater?« fragte er zögernd. Der Priester stutzte. Normalerweise kam niemand am Sonntag zur Beichte. Doch nach einem prüfenden Blick auf das Gesicht des jungen Mannes nickte er und ging Tahg voran zum Beichtstuhl.

»Vater, vergib mir, denn ich habe gesündigt.« Tahg wußte selbst nicht recht, was ihn bewogen hatte herzukommen. Schließlich war die 1919 gegründete Irisch-Republikanische Armee, die nach dem mißglückten Osteraufstand den Krieg gegen das Empire weiterführen sollte, von der Kirche mit dem Bann belegt worden. Die Bischöfe hatten alle IRA-Mitglieder exkommuniziert, also auch Tahg. Trotzdem hatte es ihn heute hierher getrieben.

»Ich habe zwei Menschen getötet, Pater. Ich weiß nicht, ob Sie mir die Absolution erteilen dürfen, denn wenn man mir den Befehl dazu gäbe, würde ich es wieder tun.« Er stockte.

»Du hast also auf Befehl gehandelt, mein Sohn?« hörte er den Priester von der anderen Seite des Gitters fragen.

»Ja, Pater.«

»Und hast du, mein Sohn, nach bestem Wissen und Gewissen dem Kriegsrecht Genüge getan?«

»Ja, Pater.«

»Dann ist es gut, mein Sohn. Bete einen Rosenkranz für die Seelen der Toten und tue Buße in deinem Herzen, so wird dir vergeben sein.«

Tahg traute seinen Ohren nicht. Er hatte erwartet, daß der Priester ihm mit Fegefeuer und ewiger Verdammnis drohen würde, ja, er hätte sich dann sogar besser gefühlt. Statt dessen hörte er den Pater jenseits des Gitters mit gedämpfter Stimme die vertraute Absolutionsformel murmeln.

Verwirrt und erschüttert verließ er den Beichtstuhl und ging aus der Kirche. Was hat mich nur nach so langer Zeit darauf gebracht, dachte er, auf einmal zur Beichte zu gehen? Und warum hat der Priester mir die Absolution erteilt? War es möglich, daß selbst Gott im Krieg seine Gebote änderte?

Das Fußballspiel zwischen Dublin und Tipperary hatte Scharen von Besuchern ins Dubliner Croke-Park-Stadion gelockt. Die Menge, die nicht ahnen konnte, daß heute morgen elf Agenten

der Gendarmerie erschossen worden waren, freute sich auf eine willkommene Abwechslung.
Kitty und Bridgie hatten im Park gepicknickt und kamen auf dem Heimweg am Fußballplatz vorbei.
»O Kitty, ich hab' noch nie ein Fußballspiel gesehen!« rief Bridgie aufgeregt. »Können wir nicht zugucken? Nur ein bißchen, bitte!«
»Meinetwegen, aber wirklich nur ein paar Minuten.« Kitty interessierte sich weder für Fußball noch irgendeinen anderen Sport, aber das Kind war so begeistert, daß sie ihm den Wunsch nicht abschlagen konnte.
Die Obrigkeit hatte ursprünglich nur nach bewaffneten IRA-Mitgliedern Ausschau halten wollen. Doch heute morgen hatte es elf Tote gegeben. Die Stimmung unter den Konstablern war äußerst gereizt, als sie nun ausrückten, das Spielfeld zu umzingeln.
Keiner hätte sagen können, woher der erste Schuß kam. Selbst als der Mann und das Kind neben ihr zusammenbrachen und die blutbespritzte Bridgie zu schreien anfing, begriff Kitty noch immer nicht, was um sie her geschah.
Eine Salve jagte die andere. In panischer Flucht stürmte die Menge zu den Ausgängen. Menschen stürzten, andere trampelten über sie hinweg. Im Nu hatte das Stadion sich in einen brodelnden Hexenkessel verwandelt.
Unter dem Ansturm der Massen wurde Bridgie von Kittys Hand losgerissen. Doch wie eine Furie warf Kitty sich ins Gewühl und riß das schreiende Kind wieder an sich. Mit letzter Kraft erreichte sie den Ausgang, das kleine Mädchen im Arm.
Als das Feuer endlich eingestellt wurde, zählte man zwölf Tote und sechzig Verletzte.

Zwei von Michael Collins' Offizieren, Richard McKee und Peadar Clancy, und ein Unbekannter, der während einer Razzia zufällig mit den beiden zusammen in einer Kneipe aufgegriffen worden war, wurden aus ihrer Zelle ins Wachlokal des Schlosses geführt.
Sie hatten keine Ahnung, was sich an diesem Tag in Dublin abgespielt hatte, doch die wutverzerrten Gesichter der Wärter verhießen nichts Gutes.

»Was habt ihr mit uns vor?« fragte Clancy ängstlich.
»Ihr werdet bei einem Fluchtversuch erschossen«, sagte der Sergeant und nickte seinen beiden Begleitern zu. Fünfzehn Schüsse peitschten durch den Raum, dann lagen die drei am Boden, von so vielen Kugeln durchlöchert, daß man damit ein Dutzend Männer hätte umbringen können.
So ging der blutige Sonntag zu Ende.

15

Winston Manningham überquerte vergnügt den Parnell Square und bog in die Straße ein, in der seine Schwester Merry wohnte. Er wollte ihr einen Besuch abstatten; oder vielmehr benutzte er dies als Vorwand, um Kitty O'Neill wiederzusehen.
Sie hatte ihn gleich bei ihrer ersten Begegnung im Theater begeistert. So ein Mädchen war es schon wert, daß man sich ein wenig ins Zeug legte. Was für ein Glück, daß seine Schwester gerade mit ihr zusammengezogen war!
Winston pfiff siegessicher vor sich hin. Ohne sich sonderlich anzustrengen, hatte er von Jugend auf ungewöhnliches Glück bei den Mädchen gehabt, und daher zweifelte er nicht daran, daß auch Kitty O'Neill über kurz oder lang seinem erprobten Charme erliegen würde.
Nun, da er einen langfristigen Auftrag in Dublin übernommen hatte, konnte er sich Zeit lassen mit der Eroberung dieser berükkenden Schauspielerin. Die Arbeit im Schloß war ganz nach seinem Geschmack. Win hatte das Feld sorgsam studiert und war zu dem Ergebnis gekommen, daß Michael Collins der Drahtzieher hinter all den Sabotageakten dieser verdammten IRA sein müsse.
Den Mann würde er zur Strecke bringen. Natürlich nur mittelbar; die Ausführung gedachte er der Geheimpolizei zu überlassen. Aber es bedurfte eines raffinierten Verstandes, um diesen Collins aufzuspüren, seine Gewohnheiten und seine Schwächen auszukundschaften, und ihn schließlich den Schergen ans Messer zu liefern. Wenn ihm das gelang, würde man endlich auch an höchster Stelle auf ihn aufmerksam werden; Vater würde stolz auf ihn sein.

»Wie ich höre, leistest du hervorragende Arbeit auf deinem neuen Posten, Winston.« Edmond Manningham klopfte seine Bruyèrepfeife aus. Er hatte sich das Rauchen erst in jüngster Zeit angewöhnt. Sein Leben lang hatte er den Mangel an Ordnung und Regelmaß beklagt, den Familie und Kinder verursachten. Nun, da seine Ehe gescheitert war und seine Kinder eigene Wege gingen, war sein Leben so geordnet, wie er es sich nur wünschen konnte – doch es langweilte ihn zu Tode! Seine Pfeife leistete ihm sozusagen Gesellschaft; nur hin und wieder fragte sich der Graf wehmütig, ob es wohl Zeichen von Altersschwäche seien, die ihn derlei Gewohnheiten annehmen ließen.

»Danke für das Lob, Sir. Ich bemühe mich, dir nachzueifern. Aber noch sind deine Fußstapfen mir ein wenig zu groß.«

Edmond lächelte über die Schmeichelei seines Sohnes. Winston war von klein auf sein glühendster Verehrer gewesen. Ob er selbst auch erkannte, wie ähnlich sie einander waren? Seltsam, seit Edmond in Winston sein Spiegelbild erblickte, konnte er auch die eigenen Schwächen klarer erkennen.

Sein Ältester war klug, begabt und ungeheuer fleißig. Um seine Karriere brauchte er sich keine Sorgen zu machen. Aber wie stand es um Winstons Charakter? Edmond wünschte, sein Sohn würde mehr Tiefe zeigen, nicht so aalglatt und unnahbar sein. Winston schien ihm kühl, berechnend und ein wenig humorlos. Ob er auch darin seinem Vater nachschlug?

Unsinn! schalt Edmond sich. Ich darf von einem so jungen Mann noch keine tiefergehende Selbsterforschung oder eine Einsicht in philosophische Zusammenhänge erwarten. Unwillkürlich mußte er an Jamie denken und lächelte. Sein jüngerer Sohn ging jetzt schon allen Fragen auf den Grund; was Winston an Empfindsamkeit mangelte, besaß Jamie im Übermaß.

»Du bist so nachdenklich, Vater. Hast du Sorgen?«

»Nein, Winston, nein. Mir ging nur gerade durch den Sinn, wie verschieden ihr doch seid … deine Geschwister und du.«

Winston, der dies als Kompliment auffaßte, lächelte selbstgefällig. »Die anderen schlagen mehr Mutter nach, findest du nicht auch, Vater? Ich scheine der einzige zu sein, der fast alles nur von dir geerbt hat.«

»Mag sein«, antwortete Edmond zurückhaltend. Wenn du wüßtest, dachte er bei sich, wie sehr mich dieser Gedanke beunruhigt.

Widerwillig zog Jamie sich um. Er hatte Winston versprochen, im Club mit ihm Squash zu spielen, und sein Versprechen würde er halten. Aber die Lust zum Spiel war ihm vergangen, seit er vorhin von Merry erfahren hatte, daß Win hinter Kitty O'Neill her sei. Sein älterer Bruder war bekannt dafür, daß er einem Mädchen wochenlang den Hof machte, es dann aber von einem Tag auf den anderen brutal fallenließ. Falls er mit Kitty in der gleichen Weise verfuhr, würde die Freundschaft zwischen den Mädchen sicherlich darunter leiden – und Merry war so glücklich bei Kitty, der sie ihre ersten kleinen Erfolge am Theater verdankte.
Weit mehr beunruhigte Jamie jedoch der Gedanke an das prekäre Dreiecksverhältnis zwischen Win, Tahg und Kitty. Unter all den Mädchen in Dublin mußten Win und Tahg, die einander von klein auf gehaßt hatten, sich ausgerechnet in ein und dasselbe verlieben.
Das war nun nicht mehr zu ändern. Doch Jamie nahm sich vor, Merry bei nächster Gelegenheit zur Vorsicht zu mahnen. Sie dachte stets nur das Beste von anderen – eine liebenswerte Eigenschaft, aber im Falle einer so explosiven Verbindung wie der von Winston und Kitty konnte es nicht schaden, sie zu warnen.

Winston trommelte ungeduldig mit den Fingern auf die Schreibtischplatte. Vor ihm lag eine Liste all der Häuser in Dublin, in denen Collins *nicht* sein Hauptquartier aufgeschlagen hatte.
Der Kerl hat mehr Schlupflöcher als eine Kanalratte, dachte Win erbittert. Aber irgendwo muß er doch ein ständiges Quartier haben, oder wenigstens ein Versteck für wichtige Dokumente. Schließlich ist er der Finanzminister dieser sogenannten Regierung, also hat er bestimmt auch Unterlagen. Die müssen doch irgendwo sein.
Winston klingelte nach seinem Sekretär. Gleich darauf erschien ein kleiner Mann mit randloser Brille in der Tür und verbeugte sich dienstbeflissen.
»Ach, Roberts, da sind Sie ja schon! Hören Sie, erinnern Sie sich an diesen jungen Mann von den *Auxiliaries,* der neulich hier war? Blond... ziemlich großspurig... tat sich mächtig hervor mit seinen Erfolgen bei den Einsätzen gegen die IRA. Haben Sie sich seinen Namen gemerkt, Roberts?«

»Doyle, Sir. Daniel Doyle. Drittes Regiment, B-Kompanie.«
»Ausgezeichnet, Roberts. Sie haben wirklich ein phänomenales Gedächtnis. Machen Sie mir einen Termin mit dem Mann, ja? Ich brauche einen Informanten, der Zugang zu zwielichtigen Kreisen hat. Glauben Sie, dieser Doyle wäre dafür geeignet?«
»Ich vermute schon, daß Captain Doyle genau in diesen Kreisen verkehrt, Sir«, erwiderte Roberts gleichgültig.
»Und glauben Sie auch, er würde nicht davor zurückschrecken, sich gelegentlich die Hände schmutzig zu machen?«
»Wenn Sie mich so fragen, Sir – meines Erachtens schreckt Captain Doyle vor gar nichts zurück.«
»Danke, Roberts.« Damit entließ Winston den Sekretär. Er lehnte sich zufrieden in seinem Sessel zurück. Ein entscheidender Schlag gegen Michael Collins, und nichts konnte seine Karriere im diplomatischen Dienst mehr aufhalten. Win war besessen vom Erfolgsdrang; ebensosehr wie von seiner Leidenschaft für Kitty O'Neill.

Noch bevor sie ihn sehen konnte, fühlte Kitty, daß Winston den Speisesaal des Hotels betreten hatte. Er übte eine seltsame, körperliche Faszination auf sie aus, die sie nicht beschreiben konnte. Nicht, daß sie in ihn verliebt war – aber irgendwie gelang es ihm, sie zu umgarnen. Er bewegte sich so geschmeidig wie ein wildes Tier, gleichzeitig besaß er die Überlegenheit und Autorität eines Königs; stets sagte oder tat er das Richtige im richtigen Augenblick. Und er strahlte ein überwältigendes Selbstvertrauen aus. Dazu kam diese verblüffende Ähnlichkeit mit Tahg, keineswegs eine äußerliche, aber doch eine geheime Verbindung, vielleicht war es die Blutsverwandtschaft. Als Kitty einmal Merry gegenüber ihre Feststellung erwähnte, hatte diese nur gelacht. »Wie die dunkle und die helle Seite des Mondes«, hatte sie gesagt. »Da mußt du lange suchen, bis du zwei unterschiedlichere Männer findest.« Natürlich hatte sie recht, dachte Kitty. Wahrscheinlich bilde ich mir alles nur ein.
»Heute abend siehst du aus wie die schöne Helena von Troja«, sagte Win, als er sich neben sie auf die Bank setzte. »Wartest du schon lange?«
»Nicht lange genug, um tausend Schiffe vom Stapel zu lassen,

fürchte ich.« Wieder einmal mußte sie sein gepflegtes Äußeres bewundern.
»Um so besser für mich. Das heißt, daß ich dich den ganzen Abend für mich alleine habe.«
Kitty senkte verlegen den Kopf. »Nein, Winston, ich fürchte, ich muß dich enttäuschen. Ich habe morgen früh Probe, und ich muß noch an meiner Rolle arbeiten...«
Ein spöttisches Lächeln spielte um seine Lippen. »Ich habe viel Zeit, meine Liebe. Du darfst nach Herzenslust Katz und Maus mit mir spielen.«
»Ich bitte dich, Winston!« Sie war wütend, daß er ihre Ausrede so mühelos durchschaut hatte. »Ich spiele doch nicht mit dir! Ich... ich bin nur völlig verwirrt. Das geht alles viel zu schnell für mich. Weißt du... ein Abenteuer ist eine Sache... aber so ganz offiziell deine Geliebte zu werden... Ich brauche ein wenig Zeit, Winston, um mir über meine Gefühle klarzuwerden.«
»Ich könnte dir ein eigenes Haus verschaffen und dir ein sehr angenehmes Leben bieten, Kitty. Ich kann Dir alles geben, was du dir schon immer gewünscht hast.«
»Das glaube ich ja, Winston, aber...«
»Kein Aber! Ich weiß doch, daß du mich anziehend findest. Und glaub ja nicht, daß mir entgangen wäre, wie verlockend all das auf dich wirkt, was man mit dem Geld und dem Einfluß meiner Familie kaufen kann.«
»Ich bitte dich, Winston, bedränge mich nicht so. Schließlich geht es hier doch nicht um ein Geschäft!«
Im Nu verwandelte sich seine berechnende Miene, und er setzte ein versöhnliches Lächeln auf. Auch er ist ein ausgezeichneter Schauspieler, ging es Kitty unwillkürlich durch den Kopf.
»Es tut mir leid«, sagte sie aufrichtig. »Aber ich fühle mich heute abend gar nicht wohl. Ich kriege meine Rolle nicht in den Griff, und das Wetter setzt mir zu. Beides zusammen macht mich wahrscheinlich zu einer recht langweiligen Gesellschafterin.«
»O nein«, widersprach Winston und strich ihr behutsam eine Haarsträhne aus dem Gesicht. »Du könntest gar nicht langweilig sein. Niemals.«
Der einschmeichelnde Klang seiner Stimme und die zärtliche Berührung ließen Kitty wohlig erschauern. Ach, warum mußte ausgerechnet dieser Mann sie so ungemein faszinieren? Warum ver-

setzte seine schleppende, kultivierte Stimme sie jedesmal in bebende Erregung? Warum fand sie in seinen Gesten all ihre Wunschträume verkörpert? Und – wenn dem schon so war – warum machte er sie dann nicht glücklich?
»Es tut mir wirklich leid, Winston. Wegen heute nacht. Ich möchte dich gern wiedersehen.«
»Das wirst du auch, liebste Kitty. Das wirst du ganz gewiß.«

16

»Wohin gehen wir heute?« fragte Bridgie, während Kitty ihr das Mäntelchen zuknöpfte. Seit dem Unglück im Croke Park fühlte Kitty sich dem Kinde noch enger verbunden – war sie sich doch dadurch ihrer Verantwortung erst wirklich bewußt geworden.
»Wir treffen uns mit einem Freund von mir, mein Herz, und gehen zusammen in den Park«, antwortete sie fröhlich. »Er heißt Tahg O'Connor, und ich hab' schon mit ihm gespielt, als ich noch so klein war wie du. Er möchte dich gern kennenlernen.«
»Ist er dein Kavalier?« fragte Bridgie hoffnungsvoll.
»Einerseits ja – andererseits nein«, lautete die geheimnisvolle Antwort.
»Und warum nein?«
»Weil er kein Geld hat. Und weil ich es mir nicht leisten kann, einen Mann ohne Geld zu lieben.«
»Ich hab' doch auch kein Geld, und du liebst mich trotzdem.«
»Das ist ja auch ganz etwas anderes, Dummchen! Kleine Mädchen brauchen kein Geld zu haben. Aber ein erwachsener Mann, der einer Dame den Hof machen will... nun, der darf nicht mit leeren Taschen daherkommen. So, und jetzt hör auf, mir Löcher in den Bauch zu fragen!«
Doch Bridgie ließ sich nicht beirren. »Wird er mir gefallen?«
»Oh, ich denke schon. Mir hat er ja auch schon gefallen, als ich noch klein war.«
»Ich möchte auch einen Kavalier haben«, versetzte Bridgie ernsthaft. »Aber die Mutter Oberin sagt, wenn wir uns zuviel mit Jungens beschäftigen, führt das zu unreinen Gedanken und fleischlicher Sünde. Weißt du, was fleischliche Sünde ist?«

»Und ob, mein Schatz. Die Mutter Oberin hat ganz recht. Aber solange du noch so ein liebes kleines Mädchen bist, brauchst du keine Angst vor der Sünde zu haben – selbst wenn du einen Kavalier finden solltest.«
»Das ist gut«, sagte das Kind zufrieden. »Weil ich nämlich gern jemanden hätte, der richtig zu mir gehört.«
Kitty nahm das Kind bei der Hand. »Das verstehe ich gut, mein Herz. Manchmal geht's mir ganz genauso.«
Bridgies feinem Kinderohr war der wehmütige Unterton nicht entgangen. Sie beschloß, sich diesen möglichen Kavalier sehr genau anzuschauen. Denn wenn Kitty einen Kavalier hatte, würde sie womöglich auch heiraten; und dann holte sie Bridgie vielleicht aus dem Waisenhaus. Sooft sie Kitty bisher gebeten hatte, sie zu adoptieren, hatte sie jedesmal zur Antwort bekommen: »Aber wie soll denn das gehen? Ich bin doch nicht einmal verheiratet!«
Also war Heirat die Lösung – daran bestand kein Zweifel. Bridgie trippelte eifrig neben Kitty her und war sehr gespannt darauf, diesen Tahg O'Connor kennenzulernen.

»Bridgie war ganz verrückt nach dir«, sagte Kitty und kuschelte sich an Tahgs nackte Brust.
»Tja, so geht es allen Frauen, die mich kennenlernen. Ich hoffe, du bist nicht die Ausnahme, die die Regel bestätigt.« Er lachte zärtlich, packte sie bei den Schultern und drehte sie herum, bis er über ihr lag.
Kitty genoß es, seinen heißen, gestählten Körper zu spüren und umfing ihn mit Armen und Beinen. Als seine Lippen über ihre Brüste strichen, fühlte sie sich von einer Welle des Glücks emporgetragen. Er spreizte sacht ihre Beine und drang in sie ein, behutsam, aufreizend, vertraut. Sie spürte, wie ihr eigenes Verlangen stieg und heftiger brannte, trieb ihn lustvoll zur Eile an – und war doch selig, daß er sich nicht drängen ließ.
»Sag mir, daß du mich liebst, Kitty«, hörte sie ihn flüstern. »Sag es mir!«
»Ich liebe dich«, stöhnte sie. »Ich liebe dich. Ich liebe dich. O verdammt, ich liebe dich!«
Es war die Wahrheit, und das wußte er. Wie dumm, daß ausgerechnet jetzt, da ihr Leben endlich die Wendung nahm, die sie sich

immer erträumt hatte, ihr törichtes Herz ihr einen Strich durch die Rechnung machte. Seit ihrem sensationellen Erfolg als Gräfin Cathleen hatten mehrere Autoren ihr glanzvolle Rollen angeboten – berühmte Autoren, die sich noch vor einem Jahr nicht einmal dazu herabgelassen hätten, sie zu grüßen.

Eine Phalanx reicher Verehrer stand Abend für Abend vor ihrer Garderobe. Und dann war da noch dieser aufregende Winston Manningham. Welche Ironie des Schicksals, daß ausgerechnet Tahgs reicher Cousin sich so leidenschaftlich um sie bemühte. Gott sei Dank hatte Tahg nicht die leiseste Ahnung davon; ja, zum Glück wußte keiner vom anderen. Kitty nahm sich vor, Merry zu warnen, damit sie niemandem erzählte, daß diese beiden ungleichen Männer ihre Verehrer waren.

Immerhin brauchte sie vorderhand keine Entscheidung zu fällen. Tahg hatte nur hin und wieder Zeit für sie, und ihrer Karriere am Theater räumte sie absoluten Vorrang vor dem Privatleben ein. Winston konnte sie noch eine Weile hinhalten. Kitty seufzte, bekümmert über den scheinbar unentwirrbaren Widerstreit ihrer Gefühle. Tahg, der neben ihr eingedöst war, spürte ihre Unruhe und schlang seine Arme um sie. Mit einem weiteren Seufzer überließ sich Kitty willig seinen Liebkosungen.

Christopher Belmont-Chapman, Marquis von Darborough, erhob sich galant, als Merry auf seinen Tisch im Jammet zusteuerte. Er sieht wahnsinnig nett aus, dachte sie, wenn er auch nicht gerade das ist, was man einen schönen Mann nennen würde. Sein blondes Haar schien immer wie vom Wind zerzaust, was ihm einen jungenhaften Ausdruck verlieh, und sein schmales, längliches Gesicht wirkte ausgesprochen aristokratisch.

»Ich hoffe doch, ich komme nicht zu spät?« sprudelte Merry aufgeregt, während er ihr den Stuhl zurechtrückte.

»Aber nein, meine Liebe, du kommst genau im rechten Augenblick«, erwiderte er mit jenem lässig näselnden Unterton, den sie so ungemein anziehend fand. »Und außerdem«, setzte er hinzu, »wäre es mir ein Vergnügen, auf eine so entzückende Dame zu warten. Du siehst heute wieder bezaubernd aus, Merrion. Dieses kecke Hütchen – einfach entzückend! Und es hat genau die Farbe deiner Augen!«

»Ach wirklich?« fragte Merry mit gespieltem Erstaunen. »Ist mir noch gar nicht aufgefallen.«
In Wahrheit hatte sie den Hut nur aus dem Grunde gekauft, weil er das Leuchten ihrer veilchenblauen Augen so effektvoll zur Geltung brachte. Seit Win sie mit Christopher Belmont-Chapman bekannt gemacht hatte, waren Merry und der Marquis häufig miteinander ausgegangen, und sie empfand ein solches Vergnügen in seiner Gesellschaft, daß sie alsbald wünschte, aus dieser Begegnung möge sich mehr entwickeln als nur ein flüchtiges Abenteuer. Und nun hatte Christopher sie tatsächlich auf den Familiensitz nach Darborough eingeladen. Sie war zwar nicht so erpicht auf Titel wie Kitty, aber es machte ihr doch Spaß, sich im Geiste bereits als Lady Belmont-Chapman zu sehen.
»Du siehst übrigens auch blendend aus, Christopher«, gab Merry jetzt sein Kompliment zurück.
Christopher lächelte in der ihm eigenen, einerseits lässigen und andrerseits reservierten Art. Merrys übersprudelndes Temperament gefiel ihm. Allerdings stand zu bezweifeln, daß seine Mutter ebenso entzückt darüber sein würde wie er. »Hast du dir meine Einladung nach Darborough überlegt?« fragte er. Egal, wie seine Mutter reagieren würde, er freute sich jedenfalls auf das Wochenende.
»O ja, das habe ich«, erwiderte Merry. »Und ich nehme sie mit dem größten Vergnügen an. Da ist nur eines, Christopher... meinst du, Kitty könnte auch mitkommen? Ich bin sicher, deine Mutter würde es durchaus in Ordnung finden, daß ich nicht allein reise, und Kitty möchte Darborough so schrecklich gern kennenlernen. Du weißt doch, wie sie für große Herrensitze schwärmt.«
Ein Schatten huschte über Christophers Gesicht. »Ich fürchte, meine Liebe, das ist kein sehr guter Einfall. Mama ist nicht an so... so extravagante Damen wie Kitty gewöhnt. Um die Wahrheit zu sagen, sie ist im allgemeinen nicht eben begeistert von Schauspielerinnen.« Als Christopher sah, wie Merrys Blick sich verdüsterte, beeilte er sich, seinen Fauxpas wettzumachen. »Selbstverständlich trifft das nicht auf dich zu, Merrion! Deine Familie, deine Herkunft...«
»Christopher, ich kann's nicht glauben!« rief Merry verblüfft. »Bist du etwa gar ein Snob?«

»Ein wenig schon, das gebe ich unumwunden zu«, versetzte er obenhin. »Aber das ist gar nichts im Vergleich zu meiner Mutter. Außerdem, meinst du nicht auch, daß unsereinem ein gewisses Maß an Snobismus zukommt, meine Liebe? Schließlich haben wir eine lange und ehrenvolle Tradition aufrechtzuerhalten. Und es ist nun mal wesentlich angenehmer, reich zu sein als arm, findest du nicht auch?«

Merry unterdrückte das Bedürfnis, ihm zu widersprechen. Wahrscheinlich teilte fast ihre gesamte Gesellschaftsklasse Christophers Ansicht. Schließlich war sie selbst fast ebenso herablassend gewesen, ehe sie die Leute vom Theater kennen und lieben lernte.

»Klingt nicht so, als ob deine Mutter mich mögen wird«, sagte sie unglücklich.

»Aber, aber, nimm dir das nur nicht so zu Herzen, Merrion! Mutter ist ein wunderbarer Mensch. Sie ist nur nicht daran gewöhnt, daß moderne junge Frauen ihr Leben selbst in die Hand nehmen. Aber *dich* wird sie ganz bestimmt ins Herz schließen.« Damit winkte Christopher dem Kellner und bestellte ein auserlesenes Menü für zwei.

Nachdem Christopher sie mit seinem Roadster wieder beim Theater abgesetzt hatte, ließ Merry den beschwingten Abend noch einmal an sich vorbeiziehen. Seine abweisende Reaktion auf ihren Vorschlag, Kitty mitzunehmen, bedrückte sie. Vielleicht befürchtete er aber auch nur, ihre Freundin würde alles verderben. Schließlich hatte sie schon oft genug erlebt, wie andere Frauen neben Kitty O'Neill plötzlich nichtssagend wirkten und verblaßten.

Nun, sie hatte nicht den Eindruck, daß Christopher Merry Manningham auch nur im geringsten nichtssagend fand. Und sie freute sich darauf, Darborough kennenzulernen... die Gärten des Schlosses zählten zu den berühmtesten von ganz Irland.

17

Merry setzte sich vor dem Spiegel zurecht und begann, ihr Haar mit den obligatorischen hundert Bürstenstrichen zu bearbeiten. Kitty blickte von ihrem Rollenbuch auf und schaute der Freundin eine Weile zu. »Verbringst du das Wochenende wieder mit Christopher?«

»Wer könnte schon einer Einladung nach Darborough widerstehen?« gab Merry so beiläufig wie möglich zurück. »Und du? Welch illustre Herren wirst du diesmal mit deiner Gunst beehren?«

»Ich gehe mit Winston aus, wenn du's unbedingt wissen willst«, versetzte Kitty gereizt.

Das Lächeln auf Merrys Gesicht erlosch. »Mit meinem Bruder? Kitty, ich begreife dich nicht – du könntest unter allen Männern der Stadt wählen, und da suchst du dir ausgerechnet meinen Bruder aus? Versteh mich recht, ich will ihm nichts Böses nachsagen, aber ihr beide seid so grundverschieden. Und außerdem... es würde Tahg umbringen, solltest du Winston am Ende den Vorzug geben.«

»Dein Bruder«, sagte Kitty mit erzwungener Ruhe, »hat mir vorgeschlagen, mich zu seiner Mätresse zu machen.«

»Aber das kannst du doch unmöglich ernsthaft in Betracht ziehen! Schließlich liebst du Winston ja gar nicht!«

»Wer sagt dir das, wenn nicht einmal ich selbst es weiß? Er fasziniert mich, Merry. Manchmal komme ich mir vor wie im Banne eines Schlangenbeschwörers, wenn ich mit ihm zusammen bin. Ich kann meine Augen nicht von ihm wenden. Er ist so anders als andere Männer.«

»Aber du liebst doch Tahg!« flüsterte Merry, und es klang fast, als habe sie Mitleid mit der Freundin.

»Ja, ja – aber was haben wir davon, er und ich? O Merry, er wird doch nicht aufhören, seinem verdammten Krieg nachzujagen... und er wird es nie zu was bringen.«

»Vielleicht ist Besitz nicht so wichtig, wenn man einen Menschen wirklich liebt?«

»Du hast leicht reden, Merry Manningham – dir fehlt es ja auch an nichts!«

»Liebe Kitty, du bist so gut zu mir gewesen, hast mir geholfen, meine Rollen mit mir gelernt, mich mit den richtigen Leuten zusammengebracht... Allein hätte ich gewiß Jahre gebraucht, um zu erreichen, was du mir ermöglicht hast. Zum Dank will ich dir jetzt etwas anvertrauen, was ich noch keinem Menschen gesagt habe, nicht einmal Jamie.«

Verwundert blickte Kitty auf. Für gewöhnlich hatte Merry keinerlei Geheimnisse vor ihrem Zwillingsbruder.

»Ich weiß, Kitty, wie charmant und faszinierend Winston sein kann, aber laß dich durch diese Fassade nicht täuschen. Im Grunde seines Herzens ist er kalt wie Stein. Und er ist verschlagen! Er wird alles versuchen, um dich seinen Wünschen gefügig zu machen. Doch sobald er dich hat, wo er dich haben wollte, wirst du seine erbarmungslose Kälte zu spüren bekommen. Darin ist er wie Vater. Ich habe lange genug mit ansehen müssen, wie Mutter unter seiner Unnahbarkeit litt. Ich könnte es nicht ertragen, wenn dir das gleiche passierte. Denn du bist mir ans Herz gewachsen... du bist etwas ganz Besonderes – genau wie Tahg. Ihr seid beide durchdrungen von künstlerischer Leidenschaft. Er ist dir ebenbürtig, und du brauchst jemanden wie ihn, Kitty, nicht bloß einen Mann zum Heiraten.«
Merry griff ungestüm nach den Zigaretten auf dem Tisch, aber Kitty legte die Hand über die ihrer Freundin. »Nicht«, sagte sie sanft. »Du rauchst nur, wenn du wütend bist, und ich wollte dich nicht verärgern.«
Widerstrebend ließ Merry die Zigaretten liegen.
»In Wahrheit bin ich vollkommen durcheinander seit dieser Geschichte mit Tahg.« Kitty klang verstört, als sie weitersprach. »Ich versuche mir einzureden, daß es mir egal ist, was mit ihm passiert. Ich versuche, die Zeitungsartikel über Collins und seine Männer zu ignorieren. Und weiß Gott, ich habe versucht, mich in jemanden zu verlieben, der all meine Wünsche erfüllen könnte. Aber ich kann Tahg nicht vergessen. Seit meiner Kindheit bin ich verrückt nach ihm! Und in seinen Armen erlebte ich zum erstenmal, was Liebe ist. Plötzlich sehne ich mich danach, seine Frau zu sein, seine Kinder zu gebären, mit ihm alt zu werden. Verstehst du, daß ich davor Angst habe, Merry? Kannst du dir überhaupt vorstellen, daß dieser Mann alles in Frage stellt, was ich mir vorgenommen habe?«
Sie zog die Knie hoch und umklammerte sie mit den Armen, so daß sie ganz klein und zusammengekauert auf dem Sofa saß. »Ich weiß nicht, was aus mir wird, wenn ich meine Träume aufgebe, Merry. Sie haben mich so lange aufrechtgehalten.«
»Vielleicht solltest du dich nicht gleich entscheiden, Liebes. Denk noch einmal in Ruhe über alles nach. Außerdem kann dieser schreckliche Krieg ja nicht ewig dauern.«
»Weißt du...« Fast schüchtern blickte Kitty die Freundin an. »In

letzter Zeit hab' ich mir oft gewünscht, ich wüßte mehr über diesen Krieg. Seit Bridgie und ich Zeuge des furchtbaren Massakers im Corke Park waren, kann ich einfach nicht mehr so tun, als ob das alles mich nichts anginge.«

Merry war nicht wenig erstaunt, das von Kitty zu hören, die stets so energisch auf ihre Neutralität gepocht hatte. »Wenn's dich wirklich interessiert, dann nehme ich dich nächstens mit zu einer Versammlung bei Angelica«, sagte sie nach einer Weile zögernd.

»Abgemacht. Wenn ich die politischen Zusammenhänge besser verstehe, dann komme ich vielleicht auch mit meinen Gefühlen für Tahg ins reine.«

Die beiden gingen bald darauf zu Bett, doch Merry lag noch lange wach und machte sich Gedanken über das, worüber sie gesprochen hatten.

18

Darboroughs fürstlicher Glanz benahm Merry den Atem. Während der Fahrt über die sanft gewundene Allee, die zum Herrenhaus hinaufführte, hatten altväterliche Buchen das weitläufige Schloß jedem neugierigen Blick entzogen. Plötzlich aber, als sie um eine Biegung kamen, ragte der stolze Bau vor ihnen gen Himmel.

Merry sah eine langgestreckte, imposante Fassade, deren einzelne Flügel zwar verschiedenen Epochen entstammten, aber dennoch eine harmonische Gesamtkomposition darstellten. Klassische Büsten in marmornen Nischen überblickten die legendären Gärten, denen die rauhe Landschaft von Wicklow einen würdigen Rahmen schuf.

Christopher beobachtete gerührt Merrys Entzücken. »Nicht wahr, es gefällt dir?« fragte er leise.

»Ob es mir gefällt? O Christopher, ich habe nie ein schöneres Fleckchen Erde gesehen.«

Christopher freute sich im stillen über ihre letzten Worte. Die anderen Mädchen, die er vor Merrion hierhergebracht hatte, waren so überwältigt gewesen von Größe und Prunk des Schlosses, daß sie kein Auge hatten für den Zauber der Landschaft.

»Ich werde dir die Gärten zeigen, sobald wir Mutter begrüßt haben«, versprach er. Merrion würde es schaffen, das spürte er. Sie würde vor seiner gestrengen Mutter bestehen.
Lady Alice Belmont-Chapman, Witwe des verstorbenen Marquis von Darborough, war eine Dame mit furchteinflößender Autorität.
Sie stammte aus einer Familie, die sich durchaus mit den Darboroughs messen konnte, war in Luxus und Wohlstand aufgewachsen und hatte, sobald sie in die Gesellschaft eingeführt war, den Kontinent bereist, wo mehrere gekrönte Häupter ihr Herz und Hand angetragen hatten. Doch sie war nach Irland zurückgekehrt und hatte sich mit Henry Belmont-Chapman vermählt – eine Wahl, die sie nie bereuen sollte; zumal ihr Gatte so rücksichtsvoll war, in jungen Jahren zu sterben und seine Witwe reicher und mächtiger zurückzulassen, als sie es sich je hätte vorstellen können. Lady Darborough hatte sich nicht wiederverheiratet. Statt dessen überwachte sie mit Argusaugen die Partnerwahl ihrer Kinder und ganz besonders die ihres ältesten Sohnes Christopher, auf den beim Tode seines Vaters Titel und Grundbesitz übergegangen waren. Es schien der Marquise von äußerster Wichtigkeit, daß die Frau, welche er zu seiner Gemahlin machte, neben einem tadellosen Ruf und einer entsprechenden Mitgift auch die Gewähr erbrachte, ihre uneingeschränkte Herrschaft über Darborough nicht zu bedrohen.

Lady Darborough überragte Merry um etliche Zentimeter. Und selbst wenn sie nicht größer wäre als ich, dachte Merry amüsiert, käme es mir vermutlich doch so vor.
Man sah auf den ersten Blick, daß die Marquise eine herrische Frau war – gewohnt, daß man ihren Befehlen gehorchte.
»Wollen Sie nicht Platz nehmen, liebes Kind?« Es klang wie die Aufforderung zum Diner mit einer Königin. »Christopher hat mir schon soviel von Ihnen erzählt.«
Merry setzte ihr bezauberndstes Lächeln auf. »Sie sind zu gütig, Marquise. Was für unbedeutende Kleinigkeiten Ihr Sohn Ihnen auch über mich berichtet haben mag, sie zählen gewiß wenig im Vergleich zu den lebhaften Schilderungen, die er mir von Ihnen gab. Er bewundert Sie über die Maßen.«

Die Marquise nahm das Kompliment mit einem leichten Neigen des Kopfes entgegen. »Wie befindet sich Lord Manningham, meine Liebe? Ich habe ihn seit der letzten Saison in London nicht mehr zu Gesicht bekommen.«

»Meinem Vater geht es gut, danke, Madam.«

»So? Das freut mich. Und spricht man in Ihrer Familie von Ihrer Mutter, seit ihrer... nun, sagen wir... unerwartet plötzlichen Abreise?«

Merry unterdrückte den Wunsch, der Marquise ihren Tee ins Gesicht zu schütten. »Wir, die wir sie lieben, sprechen oft von ihr. Soviel ich höre, ist sie glücklich und wohlauf. Wie aufmerksam von Ihnen, sich nach ihr zu erkundigen«, setzte sie mit honigsüßem Lächeln hinzu.

Christopher lachte hellauf. »Ich muß sagen, Mama, das hast du verdient!« rief er gutgelaunt, und Lady Darborough war taktvoll genug, ihrem Sohn nachsichtig zuzulächeln.

»Sie hat zweifellos gute Anlagen«, räumte die Marquise ein, als sie später am Abend mit ihrem Sohn unter vier Augen sprach.

»Du hast sie aber auch weiß Gott auf Herz und Nieren geprüft, Mama!«

»Willst du mir etwa vorwerfen, daß ich um meinen Sohn besorgt bin?«

»Schon gut, schon gut, Mama! Ich weiß ja, es geschieht alles nur zu meinem Besten. Aber wenn du mir etwas zuliebe tun willst, dann versuche, dieses Mädchen gern zu haben, versprichst du mir das? Andernfalls... bis du eine Braut für mich findest, die deinen Wünschen entspricht, bin ich bestimmt zu alt, um Nachkommen zu zeugen.«

»Sei nicht vulgär, Christopher«, schalt die Marquise, doch ihr wohlwollender Blick verriet ihm, daß Merrion ihre Zustimmung gefunden hatte. Schließlich konnte ihr Sohn nicht ewig Junggeselle bleiben. Sonst kamen Freunde und Nachbarn womöglich noch auf die Idee, Aberration in *ihrer* Familie zu vermuten.

»Diesmal hast du zweifellos mehr Geschmack bewiesen als bei früheren Gelegenheiten, mein Junge«, räumte die Marquise liebenswürdig ein. »Es wäre durchaus denkbar... nun, sobald ich mich entschieden habe, gebe ich dir Bescheid.«

Christopher Belmont-Chapman beugte sich über die tadellos manikürte Hand seiner Mutter. Er war ungemein zufrieden mit dem Verlauf dieses Wochenendes.

19

»Gütiger Gott, was haben sie ihr angetan?« Durch den Nebel hindurch, der sie einhüllte und betäubte, vernahm Bridgie Kittys entsetzte Stimme. Das Mädchen versuchte zu antworten, brachte aber kein Wort hervor.

»Es war ein Unfall«, erwiderte eine andere, aufgeregte Stimme. »Miß O'Neill, Sie müssen wissen, daß sich gleich neben dem Waisenhaus ein geheimes Waffenlager befand. Die *Black and Tans* durchsuchten es, konnten jedoch nichts finden. Darüber müssen sie so in Wut geraten sein, daß sie das Haus in Brand steckten. Na ja, und die versteckte Munition... hat die Explosion verursacht, verstehen Sie? Die Munition.«

Bridgie spürte Kittys warme, salzige Tränen auf ihren Wangen. Jede Berührung ihres kleinen, geschundenen Körpers schmerzte, aber das zählte nicht, solange Kitty bei ihr war.

»Bridgie, mein Herzblatt«, flüsterte Kitty eindringlich. »Hab keine Angst. Es wird alles wieder gut. Du brauchst dich nicht zu fürchten. Kitty macht alles wieder gut.«

Bridgie versuchte zu antworten, wollte der großen Freundin sagen, daß es ihr schon viel besser ginge, jetzt, da sie hier war. Aber sie war zu müde zum Sprechen; unversehens tauchte sie in den Nebel zurück. Ihr letzter Gedanke war: Hoffentlich ist Kitty noch da, wenn ich aufwache.

Captain Daniel Doyle brachte seinen Rock in Ordnung, als er aus der Kaserne trat. Es tat gut, wieder Uniform zu tragen. Die Zeit in Frankreich, während des Weltkriegs, war die beste seines Lebens gewesen.

Ich hätte in der Armee bleiben sollen, als der Krieg vorbei war, dachte er. Doch damals hätte er sich nicht träumen lassen, wie schwer es sein würde, nach der Rückkehr in die Heimat wieder Arbeit zu finden.

Diese Zeitungsanzeige war genau das richtige für ihn gewesen. Wieder in Uniform, noch dazu im Range eines Captains und frei von all den Zwängen, denen er sich im Krieg hatte beugen müssen. Im Gegenteil: In diesem Guerillakampf durfte offenbar jeder ungehindert und nach Herzenslust dreinschlagen. Wenig Verbote, noch weniger Skrupel.

Daniel Doyle konnte das nur recht sein. Vorschriften und Verbote waren nie sein Fall gewesen.

»Nun, Doyle, was gibt's?« fragte Winston, der seine Abneigung diesem skrupellosen Informanten gegenüber nur mühsam verbergen konnte. Der Mann leistete erstklassige Arbeit, gewiß, doch er war im höchsten Maße vulgär und abstoßend.

»Wir haben gestern eine Adresse gekriegt, Sir. Von einem IRA-Mitglied.«

»Werden Sie deutlicher, Mann!«

»Nun, wir haben uns diese Familie vorgenommen, von der wir wußten, daß alle Söhne in Collins' Gruppe sind. Als wir ankamen, hielten Vater, Mutter und Tochter die Stellung. Na, ich hab' dem alten Kauz mal 'n bißchen eingeheizt. Und wie ich ihn so richtig in der Mangel hab', Sir, da stürzt doch plötzlich der jüngste Sohn aus 'm Schrank. Hatte krank im Bett gelegen, der Lauser, und wie sie uns kommen hörten, da haben sie ihn versteckt. Aber als wir seinem Alten drohten, wir würden ihn erschießen, wenn er nicht mit Collins' Adresse rausrückt, da gab's für den Bengel kein Halten mehr: Er raus aus 'm Schrank, auf uns los und schreit: ›Nehmt eure dreckigen Pfoten von meinem Pa!‹ Na, jedenfalls haben wir bei seiner Leiche die Adresse gefunden, Sir.«

»Soll das heißen, Sie haben den Jungen erschossen?«

»Worauf Sie sich verlassen können, Sir! Schließlich kann man kein Omelett braten, ohne 'n paar Eier zu zerbrechen, hab' ich recht? Falls Sie diesen Collins kriegen wollen, dürfen Sie nicht so zimperlich sein, Sir. Was wollen Sie denn mit ihm machen, wenn wir ihn wirklich schnappen? Ihn zum Tee einladen?« Doyle lachte schallend über seinen Witz.

»Sie vergessen sich, Captain!« rügte Winston eisig. »Ich zahle Ihnen ein stattliches Sümmchen für Ihre Dienste... Dank meiner

Großzügigkeit verfügen Sie fast über das Doppelte Ihres üblichen Lohns. Aber ich warne Sie! Begehen Sie nicht den Irrtum, daraus irgendwelche Sonderrechte abzuleiten. Und halten Sie sich nicht für unersetzlich! Ich versichere Ihnen, Captain, es gibt jede Menge Offiziere in den *Auxiliaries,* die mit Freuden an Ihre Stelle treten würden.«

»Seien Sie doch nicht so empfindlich«, erwidert Doyle ungerührt. »Ich tue meine Arbeit gern. Ich hab' nicht vor, mir alles zu vermasseln und zu vergessen, wohin ich gehöre. Und was ich mache, das mache ich gut. Das dürfen Sie nicht vergessen, Eure Lordschaft, Mr. Manningham, *Sir!*« Er lächelte. »Gerade heute hätte ich übrigens noch eine interessante Information für Sie... Ich hab' den Namen von einem der Kerle, die zu Collins' engsten Vertrauten zählen.«

»Ja?« Win hoffte, daß seine Stimme nicht so beunruhigt klang, wie er sich fühlte.

»O'Connor, Sir. Tahg O'Connor. Wenn ich recht unterrichtet bin, ein Verwandter Eurer Lordschaft...« Doyles unverschämtes Grinsen ließ keinen Zweifel daran, daß er diese sensationelle Nachricht bewußt für einen solchen Augenblick aufgespart hatte. »Man hat ihn mehrfach beobachtet, wie er das Haus Ihrer Schwester Angelica betrat.«

Winston schwieg.

»Wenn Sie erlauben«, sagte Doyle mit geheuchelter Ehrerbietung, »werde ich mich jetzt wieder an meine Arbeit machen.«

»Sie dürfen gehen«, antwortete Winston hochfahrend. Bei sich aber dachte er verärgert: Der Kerl hat verdammt recht! Er macht die Drecksarbeit zu gut, als daß ich es mir leisten könnte, ihn rauszuwerfen.

Tahg gehörte also der Elitetruppe von Michael Collins an. Faszinierend! Was für ein Glücksfall wäre es doch, wenn es ihm gelänge, beide auf einen Streich zu erledigen – Tahg und Collins. Welch ein erhebendes Gefühl wäre es, diesen anmaßenden Bauernlümmel ein für allemal los zu sein.

»Ich verspreche mir zwar nicht viel davon, dir das zu erzählen, Angelica, aber meine Informanten haben beweisträchtige Indizien dafür zusammengetragen, daß unser Cousin Tahg mit diesem Gauner Collins unter einer Decke steckt.« Win gratulierte sich im stillen zu seiner Überrumpelungstaktik. Doch seine Schwester schien nicht darauf hereinzufallen.

Angelica betupfte umständlich ihre Lippen mit der Serviette, läutete nach dem Mädchen und trug ihm auf, den Tisch abzuräumen.

»Ich habe nicht die leiseste Ahnung, wovon du sprichst, Winston«, versicherte Angelica, sobald sie und ihr Bruder wieder allein waren. »Ich kann mir kaum vorstellen, daß Tahg in irgendwelche heimlichen Machenschaften verstrickt ist... er war doch immer so ein aufrechter, geradliniger Mensch. Ich muß allerdings einräumen, daß ich leider kaum noch Kontakt mit ihm habe. Meine Wohltätigkeitsarbeit nimmt mich derart in Anspruch, daß wir mehr oder minder getrennte Wege gehen, seit ich in Dublin wohne.«

Das ist natürlich gelogen, dachte Win. Erst kürzlich hatten seine Spione O'Connor zu Angelicas Haus verfolgt, und zwar mehr als einmal. Sie war wirklich gerissen – wie leicht ihr die Lüge über die Lippen kam! Aber Angelica war immer schon verschlossen gewesen; nie hatte sie sich ein Geheimnis entlocken lassen, wenn sie es nicht selbst preisgeben wollte.

»Ich hoffe, du bist dir im klaren darüber, meine Liebe, was mit ihm geschieht, wenn meine Informationen korrekt sind und man ihn faßt? Dann wird er höchstwahrscheinlich erschossen.«

»Was für ein schauderhafter Gedanke, Winston! Wie kannst du nur so geschmacklos sein, an *meinem* Tisch derartiges über *unseren* Cousin zu äußern!«

»Bei allem Respekt für deine Empfindlichkeit *und* deine Zuneigung zu Tahg... aber ich erwähne das ja nur zu deinem Besten, liebste Schwester. Denn wenn meine Informationen korrekt sind, dann wäre es verhängnisvoll für dich, Verbindung mit ihm zu haben. In dem Fall könntest du mit hineingezogen werden, wenn man ihn verhaftet... müßtest vielleicht sogar dein Leben lassen, ganz gleich, wie unschuldig du auch an seinen Vergehen bist.«

Bei dem Wort »unschuldig« lächelte er anzüglich. Angelica verstand die Anspielung wohl.
»Danke für die Warnung«, erwiderte sie freundlich, »aber du weißt ja, ich habe mich nie um Politik gekümmert. Das überlasse ich gern Vater und dir. Ich muß allerdings betonen, daß Tahg mir sehr nahe steht, und sollte er mich aufsuchen, werde ich ihn selbstverständlich willkommen heißen. Zwar bin ich dir für deine brüderliche Fürsorge sehr verbunden, doch kann ich in einer freundschaftlichen Unterhaltung zwischen Cousin und Cousine weiß Gott keine Gefahr für die Krone sehen – du etwa?«
Sie gibt sich keine Blöße, dachte Winston ingrimmig; trotzdem war er sicher, daß sein Pfeil ins Schwarze getroffen hatte.

»Du bist ein Hitzkopf, Johnny«, herrschte Seaneen unseren Sohn an. »In Zeiten wie diesen ist das lebensgefährlich – für dich *und* für deine Kameraden!«
»Ich erfülle nur meinen Auftrag!« schrie Johnny zurück. Seaneen machte wortlos kehrt und stapfte, auf seinen Stock gestützt, aufs Haus zu.
»Was ist geschehen?« fragte ich aufgeregt, sobald er zur Tür hereintrat.
»Ein Mann, der seinen Zorn nicht zu zügeln versteht, ist wie eine schadhafte Waffe, die jeden Moment losgehen und den Falschen treffen kann«, erwiderte er mit mühsam erzwungener Ruhe. »Johnny ist ein guter und kluger Junge, wenn er nur nicht so ungebärdig wäre. Erst heute nachmittag hätte er ums Haar drei Menschenleben geopfert, weil er auf eigene Faust mit einem lächerlich kleinen Häuflein einen Waffentransport überfiel. Der Junge neigt zur Gewalttätigkeit, Beth. Das hat nichts mehr zu tun mit dem ehrlichen Kampf für eine gerechte Sache. «
»Vielleicht möchte er dir nur seine Tüchtigkeit beweisen, Liebster«, warf ich ein. »Du weißt doch, wie sehr er dich verehrt.«
»Nein, Mylady. Ihn treibt ganz etwas anderes um. Ich hab's oft genug miterlebt: diesen Hunger nach Gewalt, nach Zerstörung. Ein schlechter Zug bei jedem Mann, Beth; für einen Soldaten aber ist es obendrein gefährlich.«
Ich nickte nur. Die Angst schnürte mir die Kehle zu. Ich liebte meinen Sohn, aber ich wußte auch, daß Seaneen ihn richtig beur-

teilte. Es war fast, als habe Johnny all die Verletzungen seiner Kindheit in sich aufgestaut – bis zu dem Tag, da er sie zurückzahlen konnte. Doch mit den Jahren war sein Zorn so übermächtig geworden, daß er nun blind und willkürlich zuschlug.
Seaneen verstand sich darauf, die Männer in Schach zu halten; der Meinung waren alle. Ich betete inständig, daß es ihm gelingen möge, auch unseren Sohn zur Vernunft zu bringen.

21

Eamon de Valera schaute auf die Straße hinaus und versuchte, seine Erinnerungen an den Osteraufstand vor vier Jahren zu verdrängen. Immer wieder schoben sich Bilder von Feuer, einstürzenden Gebäuden und sterbenden Männern vor sein inneres Auge und trübten ihm den Blick auf die Gegenwart.
Doch nun galt es, sich mit Mick Collins auseinanderzusetzen. Dev mußte sich auf die Stimme hinter ihm konzentrieren. Der einleitende höfliche Teil des Gesprächs, die Floskeln wie: »Schön, daß du wieder in Irland bist«, waren vorbei. Obwohl Dev wußte, daß Collins es auch so meinte, war ihm doch der latente Vorwurf nicht entgangen. Achtzehn Monate war er in Amerika gewesen, und der Jüngere hatte ihm zu verstehen gegeben, daß er die Situation in Irland wohl kaum mehr richtig beurteilen könne.
De Valera drehte sich um, und die beiden Männer maßen sich mit abschätzenden Blicken. Jeder Zoll der Präsident des Dail Eireann! dachte Mick. Groß, hager und mit einer unerklärlich gebieterischen Ausstrahlung.
»Dein ›Guerillakrieg‹ war wirklich gute Arbeit, Collins.« Dev war wieder in die Gegenwart zurückgekehrt. »Aber es wird Zeit, die Situation in einem größeren politischen Zusammenhang zu sehen. Diese kleinen Überfälle aus dem Hinterhalt dürften die Repressalien, die wir zu erleiden haben, nicht wert sein.«
Das ist der Mann, von dem ganz Irland die führende Rolle in diesem Krieg erwartet, dachte Mick. Im Moment scheint er mehr als alles andere die Sprache zu beherrschen. »Schön und gut, Dev. Aber ohne die ›kleinen Überfälle aus dem Hinterhalt‹ wären wir genau dort, wo du uns vor fast zwei Jahren zurückgelassen hast.

Nämlich nirgends! Warum, glaubst du denn, sind sie auf uns aufmerksam geworden?«
»Du willst mich anscheinend mißverstehen«, erwiderte de Valera ruhig. »Niemand will deinen Beitrag schmälern, Collins. Aber wenn wir sie dazu bringen wollen, dies als Krieg anzuerkennen und nicht als eine Polizeiaktion, dann müssen wir Schlachten und Siege vorweisen können.«
»Verdammt noch mal, Dev«, schrie Collins erbost. »Woher sollen wir denn das Geld nehmen? Gebrauch doch mal deinen Kopf, Mann! Unsere Brigaden erzielen das größtmögliche Ergebnis bei geringstem Einsatz. Das ist ökonomisch. Und der einzig gangbare Weg für uns, diesen Krieg zu führen. Wir haben es immer wieder bewiesen.«
De Valera schüttelte den Kopf. »Genau diese Art zu kämpfen ist der Grund, warum sie uns nicht ernst nehmen. Die Scharmützel dürfen nicht zum Selbstzweck werden. Sie sind unser Mittel, sie zu Verhandlungen zu zwingen. Die ganze Bande in Whitehall besteht aus Snobs, Collins! Und wenn wir mit ihnen am Tisch sitzen, müssen sie uns als gleichwertige Partner sehen – nicht als minderbemittelte Randalierer, die man am besten gleich über den Haufen schießt!«
Collins starrte seinen Präsidenten lange an und atmete dann hörbar aus. »Du hast hundertprozentig recht«, gab er dann überraschend zu. »Ich tue, was ich kann, damit du ins Parlament reinkommst, Dev. Danach überlassen wir Soldaten euch Staatsmännern das Feld.«
Dev spürte, daß Collins' Einsicht genauso ehrlich war wie zuvor sein Wutausbruch. Und doch, dachte er, als er Mick vom Fenster aus beobachtete, wie er hastig die Straße hinunterging, den Mann darf man nicht unterschätzen. Er fällt schnelle Entscheidungen – und ebenso rasch wechseln seine Stimmungen. Ich muß sehr, sehr vorsichtig mit ihm umgehen.

Edmond Manningham war tief in Gedanken, als er aus der eleganten Arztpraxis auf die Straße hinaustrat.
Dr. Fenwick hatte ihn in aller Deutlichkeit über seine Krankheit aufgeklärt; vor ihm lag ein unangenehmes, aber nicht über Gebühr langes Siechtum. Fast war Edmond erleichtert, daß der Arzt

ihm keine Heilung durch Operation oder endlose Therapie in Aussicht gestellt hatte. Er wollte keinen langen und aussichtslosen Kampf gegen den Tod führen.
Am besten sah man dem Unausweichlichen ins Auge und nutzte die verbleibende Zeit, um sein Haus zu bestellen. Das bedeutete eine erhebliche Anstrengung, war dafür aber eine ehrenvolle letzte Pflicht.
Im Grunde, so dachte er, kann ich mich nicht beklagen … Nicht jeder bekommt die Chance, vor seinem Tode Bilanz zu ziehen und getanes Unrecht wiedergutzumachen.
Edmond straffte die Schultern und ging langsam die wohlvertraute Straße hinunter. Im Bewußtsein, daß er bald sterben würde, erschien sie ihm auf einmal seltsam fremd. Mein Gott, dachte er bestürzt, ist es denn möglich, daß man binnen einer Stunde seine Perspektive von Grund auf ändert?
Wenn es nach ihm gegangen wäre, so hätte er sich gewünscht, auf Schloß Manningham zu sterben, wo er geboren war, und nicht in Dublin – die Stadt war ihm durch zu viele schmerzliche Erinnerungen an Elizabeth vergällt. Doch der Arzt hatte ihm erklärt, wenn es zu Ende ginge, müsse er in Dublin sein. All seine Kinder lebten mittlerweile hier, und er besaß schließlich auch ein Haus in der Hauptstadt. Also dann Dublin. Aber noch nicht gleich. Zuerst würde er nach Manningham zurückkehren und seinen Nachlaß regeln.
Edmond stellte im Geiste eine Liste all der Dinge zusammen, die er auf dem Gut zu erledigen hatte. Es gab noch viel zu tun, wollte er in Ehren und Würden aus der Welt scheiden. Ungeachtet all seiner Schwächen hatte er doch stets versucht, die Spielregeln einzuhalten.
Nun stellte sich ihm die letzte Herausforderung: Würde er auch nach den Regeln sterben können?

22

Die Stille der Nacht hatte sich über unser Cottage gesenkt. Es war so friedlich wie schon lange nicht mehr seit dem Ausbruch dieses furchtbaren Krieges. Sechs Monate tobte er nun bereits – und noch kein Ende abzusehen. Seaneen und ich lagen Seite an Seite in unserem Bett, und er strich mir über Gesicht und Haar, so als versuche er, mich mit seinen Händen zu sehen.

»In den letzten paar Wochen habe ich hell und dunkel unterscheiden können«, sagte er auf einmal ganz ruhig.

Ich traute meinen Ohren nicht. War es denn möglich, daß er so etwas Aufregendes derart sachlich feststellen konnte? »Willst du damit sagen, daß du sehen kannst?« fragte ich.

»Nicht direkt. Keine Gegenstände. Aber doch Umrisse, Farben... wie durch einen dichten Nebelschleier oder verzerrt durch einen Wasserspiegel. Jedenfalls spüre ich eine Besserung.«

Der Arzt hatte zwar gesagt, bei einer Verletzung wie der seinen sei es denkbar, daß ein Teil der Sehkraft zurückkehre, aber wir hatten beide nicht daran geglaubt. Ich umarmte und küßte ihn überglücklich. Doch er schien meine Hochstimmung nicht zu teilen.

»Freust du dich denn gar nicht?« fragte ich ihn ungläubig.

»Du und Johnny«, sagte er nach einer Weile, »ihr seid das Wichtigste in meinem Leben. Ich möchte nie mehr ohne euch sein.«

»Aber was hat das damit zu tun!« rief ich verständnislos. »Merkst du denn nicht – jetzt hast du die Chance, *alles* zu bekommen! Mich, Johnny und dein Augenlicht.«

Er schwieg einen Moment lang, dann drehte er sich auf den Rükken und verschränkte nachdenklich die Arme hinter dem Kopf.

»Das Schicksal gewährt uns niemals alles, was wir uns wünschen«, sagte er schlicht.

Ich beugte mich über ihn, zog seine Arme unter seinem Kopf hervor und schmiegte mich an ihn, wie um die Endgültigkeit dessen, was er gesagt hatte, abzuwehren. »Ich liebe dich, Seaneen«, flüsterte ich. »Was immer auch das Leben noch für uns bereithalten mag, wir haben einander doch jetzt.«

Wir liebten uns so zärtlich in jener Nacht, daß die Angst vor der Zukunft zumindest für eine Weile in Vergessenheit sank.

23

Im Sommer 1921 war Dublin ein Gefechtslager mitten im Krieg. Von acht Uhr abends bis fünf Uhr morgens waren Ausgangssperren verhängt. An allen Ecken standen Militärposten . Panzerwagen rasten durch verlassene Straßen; täglich wurden Leute aus den Betten geholt und gefangengenommen, wenn man in ihrem Haus Waffen fand. Wahllos wurde geplündert und getötet. Es war eine gesetzlose und grauenhafte Zeit. Die sechs Grafschaften in Ulster waren im Dezember 1920 offiziell zu einem eigenständigen Nordirland erklärt worden. Im darauffolgenden Monat hatte man in acht der südlichen Grafschaften das Kriegsrecht ausgerufen.

Im Frühling waren Seaneen und ich zu einer wichtigen Besprechung mit Collins nach Dublin gefahren. Es wäre untertrieben, wollte ich behaupten, daß der Anblick der geliebten alten Stadt mich erschreckte. Dennoch war ich glücklich. Meine Kinder – außer Winston – hatten die Verbindung zu mir aufrechterhalten, und die Reise nach Dublin bot mir die Möglichkeit, alle wiederzusehen – Merrie, Jamie, Angelica und natürlich auch Tahg.

Tahg hatte das Treffen mit Collins arrangiert; wir aßen zusammen zu Abend. Trotz der Verwüstung der Stadt und des Elends um ihn herum schien Collins heiter. »Bevor der Sommer vorbei ist, gibt es einen Waffenstillstand«, sagte er. »Dann ist meine Arbeit beendet, und Dev kann loslegen.«

Zumindest mit dem Waffenstillstand sollte er recht behalten.

Am 11. Juni 1921 um die Mittagsstunde wurde die Waffenruhe verkündet. In ganz Dublin läuteten die Angelusglocken, die Männer nahmen ihre Hüte ab und beteten, daß nun ein dauerhafter Frieden beginnen möge. Sie konnten nicht wissen, daß das Schlimmste noch bevorstand.

Am 14. Juli traf sich de Valera zum erstenmal mit dem britischen Premierminister Lloyd George, einem ernstzunehmenden Gegner, der bekannt war für sein Verhandlungsgeschick. Ihre Gespräche zogen sich den ganzen Sommer lang hin, während das Volk in Irland sich erholte. Obwohl mit dem Waffenstillstand noch nichts gewonnen war, ließen die Leute ihrer Begeisterung freien Lauf. Endlich konnten sie wieder ungehindert auf den Straßen spazieren, Rebellenlieder singen, die irische Flagge schwingen und Zukunftspläne schmieden. Die schwarze Wolke war

vorübergezogen, und es keimte die Hoffnung auf Frieden und Sieg.
Unglücklicherweise verliefen die Verhandlungsgespräche nicht so erfolgreich. Lloyd George bot Irland zwar die Regierungsgewalt an, forderte jedoch einige Einschränkungen, die Dev nicht akzeptieren wollte.
Als am 16. August der Dail zusammentrat, um sich über Lloyd Georges Bedingungen zu beraten, hielt Dev eine glänzende Rede, in der er die Vorschläge des Premierministers rundweg ablehnte. Am 23. August folgte der Dail seinem Beispiel, während die britische Presse sich in wüsten Drohungen darüber erging, was Irland im Falle einer Fortsetzung des Krieges an Schrecknissen bevorstünde.
In Wirklichkeit geschah nach der Ablehnung des Dails nichts Umwälzendes. Doch zwischen Lloyd George und de Valera entwickelte sich zumindest eine rege Korrespondenz, und es schien, als habe der Premierminister Dev als Vertreter Irlands anerkannt.
Das Ergebnis des Briefwechsels war eine Einladung zu neuen Verhandlungen im Oktober. Jeder erwartete, daß Dev die irische Delegation leiten würde. Doch das war nicht der Fall.

Eamon de Valera war ein vorsichtiger Mann. Während seiner Gespräche in London hatte er reichlich Zeit und Gelegenheit gehabt, die Strategie des Gegners zu studieren.
Den Premierminister hielt er für verschlagen; ihm war durchaus zuzutrauen, daß er die Argumente seiner Gegner verdrehte.
Lloyd George war ein ausgezeichneter Redner und obendrein sehr schlagfertig – Eigenschaften, die nicht eben dazu angetan waren, ihm Freunde zu verschaffen. Er war im Neuen Testament bewandert und bereicherte seine Ausführungen gern mit Bibelzitaten – obgleich ihm niemand, so dachte Dev ingrimmig, übermäßige christliche Nächstenliebe im Umgang mit den Iren nachsagen konnte.
De Valera war klar, daß die Engländer sich auf ernsthafte Verhandlungen vorbereiteten, aber er erkannte auch, daß sie deren Verlauf und Ausgang für ihre Partner so schmerzlich wie möglich zu machen trachteten.

Bei seiner Zusammenkunft mit dem Premierminister hatte er belustigt festgestellt, daß in Lloyd Georges Arbeitszimmer eine riesige Weltkarte hing, auf der das britische Reich rot umrandet hervorgehoben war. Der Premierminister verwies mehrmals auf diese Karte, als wolle er ihm klarmachen, wie klein und unbedeutend Irland im Vergleich zum gesamten Empire doch sei.
Aber Dev erkannte mit dem geübten Blick des Lehrers, daß es sich um eine Mercatorprojektion handelte.
»Finden Sie nicht, daß die kolossale *Verzerrung* dieses Maßstabs Ihnen eine trügerische Sicherheit vorgaukelt?« fragte er, um dem Premierminister zu zeigen, daß er keinen einfältigen Toren vor sich hatte. Die Bemerkung war nicht ohne Folgen geblieben; bei seinem nächsten Besuch war die Karte verschwunden.
Dev hatte nicht die Absicht, nach London zurückzukehren. Jeder Vertrag, den die Engländer ihm anboten, würde gravierende Nachteile für Irland enthalten, und es wäre äußerst gefährlich, damit in Verbindung gebracht zu werden.
»Mr. Lloyd George glänzt durch Abwesenheit, wenn es um die Rechte der irischen Nation geht«, schrieb Dev in sein Tagebuch. »Er ist die Inkarnation des britischen Empires, das zweifellos in einem Augenblick geschaffen wurde, da die ganze Welt geistesabwesend war.«
»Die spanische Zwiebel im Irish Stew« hatte ihn der Premierminister genannt – eine Bemerkung, die Dev immer noch kränkte. Er griff erneut zur Feder. »Mit dem Premierminister zu diskutieren ist so, als wolle man mit einer Heuschrecke spazierengehen«, notierte er.
Es war abzusehen, daß die für den kommenden Oktober angesetzten Verhandlungen langwierig und heikel werden würden. Falls der am Ende erzielte Vertrag ungünstig für Irland war – was mit ziemlicher Sicherheit zu erwarten stand –, konnte die Stimmung im Volk sich sehr wohl gegen die Unterhändler richten. Dev war der Ansicht, daß er am besten daran täte, sich aus den bevorstehenden Gesprächen herauszuhalten.
De Valera riß ein Blatt Papier aus seinem Notizbuch und begann eine Liste möglicher Ersatzkandidaten zusammenzustellen.

Der Vertrag

Aber kein Mann, so vom Weibe geboren,
Ob Feigling, ob Held, kann seinem Schicksal entgehn.
Homer, Ilias

24

Tahg hatte Mick nie zuvor unsicher gesehen, doch heute wirkte der Mann hinter seinem Schreibtisch verzagt wie ein Kind.

»Man schickt mich nach London, den König zu besuchen«, bemerkte er zynisch.

Tahg runzelte mißbilligend die Stirn. Er hatte befürchtet, daß de Valera irgendeine List ersinnen würde, um nicht selbst zurück nach England zu müssen.

»Du darfst nicht gehen, Mick«, sagte er entschieden. »Du hättest keine Chance. Lloyd George und Birkenhead würden dich mühelos in die Tasche stecken. Du bist Soldat, kein Politiker!«

»Ich muß.« Micks Stimme klang hohl und verängstigt.

»Aber Mick! Sie werden uns nie als Republik anerkennen – und Ulster bekommen wir schon gar nicht zurück! Sie werden dich kleinkriegen und dich dann mit ein paar Brosamen abspeisen, nicht ohne dir zu drohen, daß du keine andere Wahl hättest, als auf ihren Handel einzugehen. Mensch, verstehst du denn nicht, warum Dev nicht selbst gehen will? Er weiß, daß diese Mission glatter Selbstmord ist.«

»Natürlich weiß ich das, du Idiot!«

»Warum gehst du dann trotzdem?«

»Weil de Valera Druck auf mich ausübt. Ich bin Soldat und habe zu gehorchen.«

»Wenn du das glaubst, dann bist *du* hier der Idiot! Du hast dir doch bisher auch keine Befehle von ihm erteilen lassen.«

»Ich hab' keine andere Wahl.« Mick wandte sich ab und trat ans Fenster.

»Wen hat er noch drangekriegt?« fragte Tahg entmutigt.

»Griffith, Barton für wirtschaftliche Fragen, Duggan und Duffy als Rechtsberater, Childers als Schriftführer.«

»Also das schlägt doch dem Faß den Boden aus! Er *will* überhaupt nicht, daß ihr gewinnt. Ihr werdet in der eigenen Delegation so zerstritten sein, daß die Engländer sich gar nicht mehr anzustren-

gen brauchen, um euch zu vernichten. Die müssen nur noch die Scherben einsammeln.«
Mick antwortete nicht. Tahg merkte, daß es sinnlos war, den Freund noch länger zu bestürmen. Mick war ein zu guter Stratege, als daß er die Hoffnungslosigkeit des Unternehmens nicht selbst erkannt hätte.
»Kann ich irgendwas für dich tun, Mick?« fragte er leise. Doch er bekam keine Antwort.

25

Winston wartete ungeduldig, bis das Hausmädchen sich entfernte. Er hatte mit Absicht eine unpassende Stunde für den Besuch bei seiner Schwester gewählt, in der Hoffnung, daß sie so früh am Morgen nicht darauf vorbereitet sei, ihn zu empfangen. Wegen ihres Gebrechens brauchte sie besonders lange, um sich anzukleiden. Wenn seine Rechnung aufging, würden ihm ein paar Minuten Zeit bleiben, ihr Arbeitszimmer zu durchsuchen, ehe sie erschien.
Lautlos schlich Win aus dem kleinen Salon, wo das Mädchen ihn gebeten hatte zu warten, hinüber ins angrenzende Arbeitszimmer. Rechnungsbücher, in denen Angelica ihre Wohltätigkeitsarbeit protokollierte, Bittschriften und Aufzeichnungen häuften sich auf dem Schreibtisch.
Rasch blätterte Winston in den Papieren, ohne jedoch etwas Belastendes zu entdecken. In fliegender Hast durchstöberte er die Schubladen, die Bücherregale und Aktenschränke. Verdammt! Es mußte doch etwas Brauchbares zu finden sein! Vielleicht gab es irgendwo ein Geheimversteck! Unter den Dielen, hinter den Büchern. Sein Blick fiel auf ein zierliches Regal gleich neben dem Schreibtisch. Eilig schob er es beiseite und tastete den Fußboden ab. Bei Gott! Eins der Dielenbretter saß locker. Vorsichtig hob Win es an, fuhr mit der Hand darunter und ertastete ein Bündel Papiere. Schwitzend vor Aufregung zog er sie heraus.
Zuoberst lag ein Notizbuch. Win schlug es auf. »Tagh und Mick«, las er. »25. 9. – 8 Uhr«. ... Mick – das konnte nur Collins sein. Und der fünfundzwanzigste war übermorgen. Unter dem

Datum standen zwei Adressen, eine in einem respektablen Viertel der Stadt, die andere in den Slums. Win kopierte beide Anschriften. Für mehr reichte die Zeit nicht, und wenn er das Notizbuch entwendete, würde Angelica den Diebstahl entdecken und alle übrigen Papiere in Sicherheit bringen, ehe er eine gründliche Hausdurchsuchung veranlassen konnte.

War es möglich, daß sich hinter diesen beiden Anschriften die konspirativen Wohnungen der IRA verbargen, nach denen Doyle und er so verzweifelt gesucht hatten? Daß der Schlüssel zu seinen Nachforschungen und damit zu seiner Zukunft hier im Hause seiner Schwester lag? Welche Ironie!

Es galt indes, mit aller Vorsicht zu Werke zu gehen. Sein Vater würde es ihm nie verzeihen, wenn er Angelica mit in die Sache hineinzog. Es mußte so aussehen, als habe man ganz zufällig diese Entdeckung gemacht. Für einen solchen Fang würde er notfalls sogar Doyle opfern.

Winston wollte eben noch die restlichen Papiere überfliegen, als er das metallische Klicken von Angelicas Rollstuhl in der Halle hörte. Hastig rückte er alles wieder an seinen Platz und ging ihr entgegen.

»Was hast du in meinem Arbeitszimmer zu suchen?« fragte sie barsch. »Und überhaupt – was willst du in aller Frühe in meinem Haus?«

»Begrüßt man so seinen Bruder, der auf dem Weg zur Arbeit vorbeikommt, um nach dir zu sehen, Angelica?« erwiderte Winston in gekränktem Tonfall.

»Ich durchschaue dich, Winston Manningham«, sagte Angelica sehr gefaßt. »*Mir* machst du nichts vor!«

Unter ihrem durchdringenden Blick kam Win sich vor wie ein Insekt unterm Mikroskop. »Aber, liebes Schwesterchen, ich habe nicht die leiseste Ahnung, wovon du sprichst.«

»Verschone mich mit deinem ›lieben Schwesterchen‹, Winston. Wir haben einander nie nahegestanden. Was ich meine, ist leicht erklärt: Ich beobachte dich, und daher kenne ich dich. Merry und Jamie kannst du täuschen, weil die in jedem Menschen nur das Gute sehen; Vater, weil du der vollkommene Erbe bist; Mutter, die mit dir ebensowenig zu Rande kam wie mit Papa bisweilen; sogar Johnny, wenn du ihn mit deiner tödlichen Verachtung in die Knie gezwungen hast.

Aber mir kannst du nichts vormachen! In all den Jahren, die ich an diesen Stuhl gefesselt bin, habe ich Muße gehabt, die menschlichen Schwächen zu studieren. Niemand macht sich die Mühe, sich vor mir zu verstellen, denn den Leuten kommt es auf meine Anerkennung längst nicht so an wie auf die eines gesunden Menschen. Ich habe Zeit und Geduld, Winston, zu beobachten, während die anderen handeln.
Und ich habe zugesehen, wie du dir auf deine arrogante und verschlagene Art eine Leiter zu den Sternen zu bauen versucht hast – errichtet auf den Qualen unserer Landsleute. Und jetzt willst du dein Werk damit krönen, daß du Tahg und mich und womöglich auch noch den Rest der Familie ans Messer lieferst. Aber ich warne dich, Winston – wenn du Tahg etwas antust, dann nur über meine Leiche! Mit denen vom Schloß und mit der Familie magst du dich messen können; vielleicht sogar mit Collins, obwohl ich das ernsthaft bezweifle. Aber mir bist du nicht gewachsen, das versichere ich dir!«
Damit wendete Angelica ihren Stuhl und rollte über die marmornen Fliesen davon. Das metallische Klicken der Räder hallte lange und unheimlich in der leeren Halle nach.

Sobald Winston gegangen war, überprüfte Angelica die Verstecke in ihrem Arbeitszimmer: den Wandsafe hinterm Schrank, das lose Dielenbrett und das Geheimfach hinter dem Bücherregal. Alles schien unberührt. Win konnte höchstens ein paar Minuten herumgestöbert haben. Trotzdem – vielleicht hatte er doch etwas entdeckt.
Angelica schaute sich in dem Raum um, der so lange ihr Heiligtum gewesen war.
Geschändet! So fühlte sie sich. Winston hatte ihre Privatsphäre geschändet, ihr Refugium zerstört, das zu errichten sie Jahre gebraucht hatte, Jahre erbitterten geistigen Kampfes gegen die Ohnmacht, in der sie als Frau und als Krüppel gefangen gewesen war.
Ich muß Tahg und Mick warnen, dachte sie, muß ihnen sagen, was passiert ist, damit sie ihre Pläne ändern können.
Zum erstenmal wurde ihr klar, auf welch ein gefahrvolles Unternehmen sie sich eingelassen hatte. Das war kein Spiel.

Gekränkt und verwirrt verließ Win Kittys Wohnung. Er war mehr als wütend. Sie hatte ihn abgewiesen – was für ein törichter Narr war er gewesen, ihr überhaupt einen Antrag zu machen! Doch ihre Weigerung, seine Geliebte zu werden, hatte ihn gereizt. Gewiß, sie hatte das Recht, ihn abzuweisen, so lächerlich es auch war, daß eine kleine Schauspielerin einem Mann von seinem Rang einen Korb gab. Aber nach dem Grund für ihre Weigerung befragt, hatte Kitty gelogen, und das hatte ihn erst recht in Wut gebracht.

Ein anderer Mann steckte dahinter. Das war die einzige Erklärung. All dieser Unsinn über ihre Karriere und ihre Verantwortung für ein hergelaufenes Waisenkind... lauter dummes Zeug. Sie liebte einen anderen, und – bei Gott! – er würde herausfinden, wer das war. Oh, diese Demütigung! Es wäre schon schlimm genug gewesen, hätte eine Frau seines Standes ihn zurückgewiesen, aber daß ein Mädchen, das praktisch aus der Gosse kam, *ihn* verschmähte – das war wirklich unerträglich!

Win war zornig, gekränkt, rachsüchtig – doch gleichzeitig wie leergebrannt. Er hatte schon andere Männer in diesem Zustand erlebt, hätte sich indes nie träumen lassen, daß Winston Manningham eines Tages das gleiche passieren könnte. Er warf einen Blick auf seine Uhr. Es war noch nicht zu spät, um einen seiner Bekannten aus dem Bett zu trommeln und in die Kneipe zu gehen; was er jetzt brauchte, waren Schnaps und Mitgefühl.

Winston setzte den leeren Bierkrug ab und verlangte im selben Atemzug den nächsten.

»Sag mal, alter Junge, glaubst du nicht, du wirst das morgen bitter bereuen?« fragte Christopher, dessen schleppende Aussprache verriet, daß auch er während der letzten Stunde wacker gezecht hatte.

»Idiot! Ich trinke soviel, wie mir Spaß macht!« Winston konnte sehr unangenehm werden, wenn er betrunken war. All seine Freunde wußten das. »Dieses Miststück will mich nicht heiraten«, lallte er nun schon zum viertenmal. »Kannst du dir das vorstellen, Chrissy? Welche Frau, die ihre fünf Sinne beisammen hat, würde *mir* einen Korb geben, frag' ich dich?«

»Wer weiß, alter Junge«, sagte Christopher zurückhaltend. Der

Moment, da er Manningham die Augen öffnete, wollte vorbereitet sein. »Vielleicht bist du ohne sie besser dran.«

»Was willst du damit sagen?«

»Nichts, nichts! Nur... wie man hört, steckt sie mit denen von der IRA unter einer Decke. Vielleicht hat sie sogar ein Techtelmechtel mit diesem Collins... oder eher noch mit einem seiner Kumpel. O'Connor heißt der Kerl, glaube ich. Sowieso O'Connor.«

»Das kann nicht wahr sein!« rief Win, schlagartig ernüchtert. »Wenn da was dran wäre, hätte ich doch davon Wind bekommen.«

»Ganz im Gegenteil, alter Junge. Vor dir hat man's ja gerade geheimhalten wollen. Ich hab's auch nur erfahren, weil Merry sich eines Abends verplappert hat. Natürlich mußte ich ihr schwören, daß ich kein Sterbenswörtchen verraten würde, aber wenn ich dich jetzt so leiden sehe... Merry wird mir diese kleine Indiskretion gewiß verzeihen, wenn sie erfährt, daß die Ehre ihres Bruders auf dem Spiel stand.«

»Wie lange weißt du das schon?« fragte Win, in dessen Kopf alles durcheinanderwirbelte. Wieso hatte Merry ihm nichts gesagt? Angelica haßte ihn, aber Merry gewiß nicht... Hatte denn jeder in seiner verwünschten Familie mehr übrig für Tahg O'Connor als für den eigenen Bruder?

»Seit ein paar Wochen, Winston. Aber solange du so verrückt nach der Kleinen warst, brachte ich's nicht übers Herz, dir reinen Wein einzuschenken. Doch nun... ich finde, du hast ein Recht darauf, die Wahrheit zu erfahren.« Christopher nahm einen kräftigen Schluck und dachte zufrieden: Da hätte ich nun zwei Fliegen mit einer Klappe geschlagen! Es ging nicht an, daß auf die Frau, die er zur Herrin über Darborough machen wollte, auch nur der Schatten eines Verdachts fiel, mit den Rebellen im Bunde zu stehen. Es wäre für alle Beteiligten das Beste, wenn dieser O'Connor von der Bildfläche verschwinden würde. Manningham hatte die Macht, dafür zu sorgen.

Ich hatte also recht, dachte Winston, bemüht, die Nebelschwaden zu zerreißen, die sein Gehirn umlagerten. Es *ist* ein anderer Mann im Spiel! Aber daß es ausgerechnet sein verhaßter Cousin Tahg sein mußte, dieser elende Habenichts! Unvermittelt schob Winston seinen Stuhl zurück, erhob sich ein wenig unsicher und tau-

melte wortlos aus dem Pub. Bei Gott, das Schwein sollte Kitty nicht bekommen. Wenn es nach ihm ginge, würde Tahg nicht einmal mehr lange genug leben, um sie wiederzusehen!
Winston begab sich zum Fernsprechamt und rief Doyle an.
»Ja, hallo? Wer ist da?« fragte eine verschlafene Stimme.
»Hier spricht Winston Manningham, Sie Trottel. Hören Sie zu. Ich glaube, wir haben ihn.«
»Wen, Sir? Doch nicht etwa Collins?«
»Ich habe zwei Adressen. Kaum einen Tag alt, könnten also durchaus noch gültig sein. Ja, sieht ganz so aus, als hätten wir Collins aufgespürt. Aber es ist noch jemand bei ihm... O'Connor.«
»Tahg O'Connor! Donnerwetter, das wäre ein Fang!« Doyle pfiff durch die Zähne.
»Der Mann muß liquidiert werden, haben Sie mich verstanden?«
»Sir, darf ich fragen... woher haben Sie diese Adressen?« Doyle schien auf einmal hellwach.
»Aus einer verdammt guten Quelle. Und da ist noch mehr zu holen, Mann! Kommen Sie morgen früh gleich in mein Büro, damit wir alles Nötige besprechen können. Diese Schweine tauchen immer wieder woanders unter – wir müssen rasch handeln, ehe sie uns noch mal entwischen.«
»Sie können sich auf mich verlassen, Sir.«
Winston hängte ein. Ich werde mich an dir rächen, Tahg O'Connor, dachte er und lächelte zufrieden.

Danny Doyle schloß die Tür zu Manninghams Büro hinter sich. In der Hand hielt er einen Zettel mit drei Adressen. Die ersten beiden waren die der mutmaßlichen konspirativen Wohnungen, darunter stand die Anschrift von Lady Angelica Manningham. Der Mistkerl hatte eine Razzia im Haus seiner eigenen Schwester angeordnet. Danny Doyle witterte Unrat.
Seine Lordschaft hatte leicht reden, wenn er behauptete, dem Captain drohe keine Gefahr, falls er in Angelica Manninghams Haus eindrang. Sie war schließlich die Tochter eines angesehenen Regierungsmitglieds. Und sie war obendrein ein wehrloser Krüppel – so würden die Leute urteilen.

Und wie, wenn Manninghams Informationen falsch waren? Wenn Danny Doyle bei ihr eindrang und die arme Kranke zu Tode erschreckte, nur um herauszufinden, daß sie gar kein belastendes Material versteckt hatte? Die Sache gefiel ihm ganz und gar nicht. Diese Frau war die Tochter eines Parlamentsabgeordneten. Und sie war behindert.
Die beiden anderen Adressen schienen zwar in Ordnung, doch falls Manningham ihn reinlegen wollte – und sein Instinkt sagte ihm, daß dies durchaus möglich sei –, dann konnte er auch diesen Hinweisen nicht trauen.
Doyle beschloß, mit äußerster Vorsicht zu Werke zu gehen. Es galt, die richtigen Männer für die Dreckarbeit zu finden. Die beiden Wohnungen, die Collins angeblich als Unterschlupf dienten, mochten Schlägertrupps durchsuchen, aber für das Haus von Lady Manningham brauchte er Leute mit ein bißchen Fingerspitzengefühl. Jemanden mit Klasse, dessen Motive nicht angezweifelt werden konnten, falls sich Schwierigkeiten ergaben. Jemanden wie Percy. Ja, dachte Doyle erleichtert, das ist genau der richtige Mann für diesen Job.

26

Die IRA-Mitglieder verließen einzeln das Haus in Ranelagh. Alle bis auf zwei, die die Frauen heimbegleiten wollten, und Tim Byrne, bei dem die Versammlung stattgefunden hatte.
Angelica, Merry und Kitty zogen sich gerade die Mäntel an, als jemand laut und heftig gegen die Tür hämmerte.
»Aufmachen! Wir wissen, daß ihr da drin seid. Aufmachen, oder wir verschaffen uns mit Gewalt Zutritt!«
Alle sechs standen wie angewurzelt, während sie hörten, wie im Vorderflur Holz und Glas splitterte.
»Jesus, Maria und Josef – das sind die *Black and Tans*!« flüsterte Byrne und griff nach seinem Revolver.
Ryan und Murphy drängten die drei Frauen in eine Ecke, als die Soldaten mit gezogener Waffe in die Diele stürzten.
»Nicht schießen! Wir haben Frauen bei uns!« rief Byrne.
»Wo ist er?« donnerte der Anführer.

»Wo ist wer?« fragte Murphy trotzig zurück. Der Captain schoß ihm zur Antwort eine Kugel ins Bein. Als der Mann zusammensackte, stürzte Merry mit einem Schreckensschrei zu ihm hin.
»Wo ist Collins?« herrschte der Soldat das verängstigte Häuflein an.
»Er ist nicht hier, Captain«, sagte Kitty mit ihrer besten Bühnenstimme. Ich muß mir vorstellen, daß ich nur eine Rolle spiele, dachte sie fieberhaft. Wenn ich die Nerven behalte, kann ich uns vielleicht retten. Sie und Merry hatten erst zum drittenmal einer IRA-Versammlung beigewohnt.
»Sir«, sagte einer der Truppe widerlich grinsend zu seinem Vorgesetzten, »wie wär's, wenn wir uns ein bißchen mit diesen irischen Flittchen vergnügten? Sollen ja ganz heiße Weiber sein. Und vielleicht verraten uns die Burschen da, was wir wissen wollen, wenn sie zusehen, wie wir ihre Täubchen vernaschen.«
Der Mann hatte kaum ausgesprochen, da stürzte Tommy Ryan sich auch schon auf ihn, zog im Sprung eine Pistole und drückte ab. Entsetzt schrien die Frauen auf, als Ryan, von einer Kugel getroffen, zu Boden sank. Auch der Soldat, der eben noch so anzügliche Reden geführt hatte, sackte zusammen – ein kreisrundes Loch in der Stirn. Byrne fiel, noch ehe er seine Waffe ziehen konnte.
Merry kniete schluchzend am Boden, und Kitty lehnte mit weitaufgerissenen Augen an der Wand; sie mußte alle Kraft zusammennehmen, um nicht aus Leibeskräften zu schreien. Angelica war beim Kampf der Männer mitsamt ihrem Stuhl umgeworfen worden. Kitty konnte nicht länger an sich halten. »Mörder!« schrie sie. »Ihr gemeinen Mörder. Collins ist überhaupt nicht hier gewesen. Was ihr getan habt, war sinnloser Mord!«
»Na, dann wollen wir jetzt mal was Sinnvolles tun, Puppe«, zischte einer der *Black and Tans* zwischen den Zähnen hervor. »Paß auf, Kleine, gleich geht's los!« Damit griff er nach ihrer Bluse und riß sie mit einem Ruck vom Kragen bis zur Taille auf. Kitty rang nach Luft und versuchte, mit den Händen ihre Blöße zu bedecken.
Merry blickte erschrocken auf, sprang hoch und rannte zur Tür. Doch einer der Männer holte sie mit zwei Sätzen ein und warf sie unsanft zu Boden.
»Beeilt euch«, brüllte ein anderer. »Die Verkrüppelte ist bewußt-

los. Wenn du mit der Rothaarigen fertig bist, komm' ich an die Reihe.«

Kitty schlug und trat, biß, kratzte und schrie. Der Mann preßte ihr die Hand auf den Mund, und sie biß so heftig zu, daß sie sein Blut auf den Lippen schmeckte. Da erhielt sie einen Schlag über den Kopf. Durch einen Schleier aus Schmerz und Haß hörte sie die Stimmen der Männer. Dann drang der erste mit roher Gewalt in sie ein. Kitty schrie und schrie, während schon ein zweiter sich an ihr verging.

Merry lag wie eine Tote unter dem schwitzenden Soldaten, der über ihr grunzte und stöhnte. Sie hielt die fest geschlossenen Augen mit einem Arm bedeckt und versuchte sich vorzustellen, alles sei weit, weit weg, und es sei gar nicht sie, der man so Furchtbares antue. Der Mann wälzte sich ächzend zur Seite, und ein anderer nahm seinen Platz ein. Merry wollte und konnte den Arm nicht von den Augen nehmen, um sich sein Gesicht anzusehen.

Angelica hatte sich zunächst bewußtlos gestellt. Sie betete fieberhaft, daß die Männer sich nicht um sie kümmern würden. Als sie sicher war, daß die Soldaten sie vergessen hätten, kroch sie lautlos über den Boden und schob sich Zentimeter um Zentimeter auf die Waffe zu, die Tim Byrne noch im Tode umklammert hielt. Mit würgendem Ekel beobachtete sie, wie die Männer den beiden niedergestreckten Frauen Gewalt antaten. Lieber Gott, konnte das Sex sein? Sie, die so neugierig auf das Geheimnis der Liebe gewesen war, kehrte sich schaudernd von dem entsetzlichen Anblick ab.

Angelicas Finger umschlossen die Pistole. Mühsam löste sie die Waffe aus Tims Hand, richtete sich unter Qualen auf, zielte auf den Mann, der ihre Schwester vergewaltigte, und drückte ab.

Ohne zu zögern, richtete sie sodann die Pistole auf den Soldaten, der sich über Kitty hergemacht hatte, und schoß ein zweites Mal.

Im gleichen Augenblick durchzuckte ein heißer Schmerz ihre Brust. Ehe sie begriff, was geschehen war, wurde es Nacht um sie.

»Mein Gott, du hast den Krüppel erschossen!« schrie jemand.

»Das verdammte Miststück hat Paul und Jim umgebracht – was hätte ich denn machen sollen?«

»Menschenskind, mach, daß du hier wegkommst! Wir können uns ja 'ne Menge leisten, aber einen Krüppel erschießen... o Mann!«

»Zieh dir die Hosen hoch, du Idiot«, kommandierte eine andere Stimme. »Wir müssen abhauen. Dieser verrückte Manningham hat uns auf die falsche Fährte gehetzt. Ich hab' Doyle gleich gesagt, daß wir Collins hier bestimmt nicht finden würden.«

»Nun mach dir nicht gleich ins Hemd! Du weißt doch, was der Captain gesagt hat: Das irische Pack ist Freiwild für uns!«

Gütiger Himmel, Winston hat uns das angetan, dachte Angelica, die den Wortwechsel der Männer wie durch einen Nebelschleier vernommen hatte. Manningham, hatte der Mann gesagt. Das konnte nur Winston sein. Er hatte ihr Geheimfach also doch gefunden.

Die Gewißheit erfüllte Angelica mit Abscheu. Wildes Schluchzen drang an ihr Ohr, wurde aber alsbald schwächer und schwächer, bis die barmherzige Finsternis sie erneut einhüllte.

Tahg stürmte mit zwei Männern Tim Byrnes Haus.

Sein Instinkt hatte ihn zur Umkehr bewogen. Er war kaum ein paar Straßenzüge weit gegangen, da wußte er, daß er zurück mußte. Die Freunde hatten ihn ausgelacht und gesagt, er könne es wohl nicht einmal eine Stunde lang ohne Kitty aushalten, aber das war es nicht allein gewesen, was ihn zurückgetrieben hatte.

In der Tür blieb er wie angewurzelt stehen und blickte entsetzt auf das grausige Schauspiel, das sich ihm bot.

»Allmächtiger!« stöhnte der Mann hinter ihm, doch da war Tahg schon in Bewegung. Merry lag zusammengekrümmt gleich bei der Tür, neben ihr Angelicas umgestürzter Rollstuhl. Als Tahg sich über seine heftig schluchzende Cousine beugte, starrte sie blicklos zu ihm auf und versuchte verzweifelt, sich mit ihren zerrissenen Kleidern zu bedecken. Tahg wollte sie vom Boden aufheben, doch sie wehrte sich so heftig, daß er erschrak. Sie erkennt mich nicht, dachte er.

»Schweinehunde, gottverfluchte Schweinehunde!« Kittys Stimme! Dem Himmel sei Dank, sie lebt!

Tahg stürzte in die Küche und sah Kitty am Boden knien, das Haar zerzaust und schweißnaß, Bluse und Rock zerrissen; über ihr verschwollenes Gesicht strömten die Tränen. Vor ihr lag Angelica, offenbar bewußtlos. Kitty preßte ein Tuch auf die Wunde über ihrer Brust, konnte jedoch das unaufhaltsam hervorquellende Blut nicht stillen.

Tahg beugte sich zu ihr hinunter und versuchte, sie in seine Arme zu ziehen, aber sie stieß ihn heftig zurück.
»Wir haben keine Zeit zu verlieren«, keuchte sie. »Die haben Angelica womöglich umgebracht. O Tahg, sie haben alle umgebracht!«
Sie sah zu ihm auf, las Liebe und Mitleid in seinen Zügen, und mit einemmal verhärtete sich ihr Gesicht. »Männer!« zischte sie verächtlich. »Ihr seid wie die Tiere – ihr alle! Könnt nichts als töten, vergewaltigen, zerstören! Ich hasse euch alle, alle!« Aufschluchzend wandte sie sich wieder der Verwundeten zu. Wie sie so dahockte, zitternd und schluchzend, sah sie aus wie ein kleines Mädchen; der Anblick wollte ihm schier das Herz zerreißen.
Behutsam löste Tahg Kittys Hände von Angelicas Wunde und tastete nach ihrem Puls. Kein Zweifel, sie lebte! Die Kugel hatte sie unterhalb der Schulter getroffen – war die Lunge unversehrt geblieben, würde seine Cousine durchkommen. Wie Derek es ihn gelehrt hatte, lauschte er auf ihren Atem, um festzustellen, ob ein lebenswichtiges Organ verletzt worden sei; doch für eine sichere Diagnose reichte seine Erfahrung nicht.
Rasch entschlossen hob er die Bewußtlose auf und trug sie zur Treppe.
»Mack!« rief er einem seiner Begleiter zu. »Du mußt Verbandszeug auftreiben... irgendwas, Hauptsache, es ist sauber! Willie, du bleibst bei den Mädchen, bis ich Angelica ins Bett gebracht hab'.«
Oben suchte Tahg das Schlafzimmer und legte seine Cousine vorsichtig aufs Bett. Sie kam langsam wieder zu sich; die Blutung hatte nachgelassen.
Angelica sah so zart und zerbrechlich aus in den weißen Kissen. Ich bin schuld an dem, was passiert ist, dachte Tahg. *Ich* bin schuld.
»Sie hat die Kerle erschossen.« Tahg fuhr herum. Er hatte Kitty nicht kommen hören. »Diese Schweine hatten sich über Merry und mich hergemacht, da hat Angelica sie erschossen.«
»Ich werde sie büßen lassen für das, was sie dir angetan haben«, stieß er hervor. »Sie werden für alles bezahlen!«
»Noch mehr Rache«, sagte sie bitter. »Noch mehr Blutvergießen, Willst du dein Leben unbedingt zerstören?«
Tahg trat neben sie und legte seine kräftigen, warmen Hände auf

ihre Schultern. »Laß mich dir doch helfen, Kitty«, bat er eindringlich. »Weine, schrei, meinetwegen schlag mich – was du willst... aber du mußt deine Wut rauslassen – *jetzt!* Ich weiß, was mit Menschen geschieht, die ihren Zorn in sich verschließen.«

»Ja, das würde dir gefallen, nicht wahr? Ihr Männer seid doch alle gleich! Du möchtest wohl, daß ich winsele und dir erzähle, was sie mit mir gemacht haben. Diese widerlichen, schwitzenden Bestien! Wie sie mit Gewalt meine Beine gespreizt und mich genommen haben wie die Tiere! Wie's war, als einer den anderen ablöste...« Ihre Stimme war nur noch ein hysterisches Kreischen.

Tahg schloß sie in seine Arme und preßte sie ganz fest an sich.

»Sie haben mir weh getan, Tahg«, schluchzte sie. »Uns allen haben sie... furchtbar weh getan.« Und dann begann sie leise und qualvoll an seiner Schulter zu weinen.

Mack kam herein und räusperte sich verlegen. »Hier. Was Besseres hab' ich nicht gefunden. Die da unten sind alle tot. Zwei von den *Black and Tans* und drei von unseren Männern.«

Tahg nickte. »Ich muß einen Arzt holen«, sagte er. »Ich will sehen, ob ich Derek finden kann. Aber zuerst müssen die Frauen hier raus, bevor die Polizei kommt. Ich denke, in Angelicas Haus sind sie am sichersten aufgehoben. Die Kerle werden nicht wagen, in Edmond Manninghams Besitz einzudringen.«

Angelica schlug die Augen auf. Verschwommen erkannte sie Tahg und Kitty, die vor ihrem Bett standen.

»Ich bring' dich fort von hier, Angel«, hörte sie Tahg sagen. »Wir haben einen Wagen draußen. Die Jungs fahren dich nach Hause, und ich hole einen Arzt.«

»Merry?« hauchte Angelica kaum hörbar.

»Später, Angel, später. Erst müssen wir dich heimbringen, dann werde ich dir alles erzählen.« Behutsam hob er sie auf; trotz der Schmerzen in ihrer Schulter fühlte Angelica sich in seinen Armen sicher und geborgen. Abermals senkte sich eine gnädige Ohnmacht über sie.

»Du und Merry, ihr müßt mit uns kommen«, sagte Tahg zu Kitty. Sie nickte und ging vor ihm her die Treppe hinunter.

Willie hatte Merry auf ein Sofa gebettet und zugedeckt. Er saß neben ihr und sprach begütigend auf sie ein, als wäre sie ein verirrtes Kind. Ach, was sind wir auch anderes, dachte Tahg. Ganz Irland ist voll von verirrten, leidenden Kindern.

27

Tahg winkte Derek O'Hanrahan, ihm zu folgen. Der Arzt hielt seine schwarze Tasche fest an sich gepreßt, wie um sie vor den Blicken neugieriger Passanten zu verbergen.

Schweigend schlichen die beiden Männer durch Nebenstraßen und stille Gassen, in denen sie nicht Gefahr liefen, einer Patrouille in die Hände zu fallen. Endlich deutete Tahg auf ein vornehmes Haus in einer eleganten Wohngegend.

»Wir nehmen am besten den Hintereingang«, flüsterte er, und Derek nickte. Tahg wußte, daß der Arzt nicht mit ihm gekommen wäre, wenn es einen der Männer erwischt hätte. »Ich hab' mich nicht aus der Gosse hochgerackert, um mein Leben für einen Krieg zu opfern, den wir doch nicht gewinnen werden«, hatte er oft gesagt. Aber dies war etwas anderes. Hier ging es um die Familie seines Freundes.

Im Flur brannte nur eine einzige Lampe. Kitty war in der Küche und kochte Tee. Die beiden Männer gingen hinauf in Angelicas Schlafzimmer. Reglos lag sie im Bett, ihr blasses Gesichtchen umrahmt von der Gloriole ihres blonden Haares. Im sanften Schein der abgedeckten Lampe wirkten ihre Augen noch größer als sonst.

Derek warf Tahg einen fast vorwurfsvollen Blick zu, als wolle er sagen: Warum hast du mir verschwiegen, wie schön deine Cousine ist? Und Tahg mußte sich eingestehen, daß er bisher tatsächlich nie bemerkt hatte, was für eine wunderhübsche Frau Angelica war; er hatte in ihr immer noch das leidende Kind gesehen, das seiner Hilfe und seines Schutzes bedurfte.

»Ich bin Arzt, Lady Manningham«, sagte Derek mit seiner beruhigenden Stimme, deren Tonfall indes noch heute seine einfache Herkunft verriet. »Sie brauchen keine Angst zu haben. Tahg hat mir alles erzählt.«

Angelica blickte aus weit geöffneten Augen zu ihm auf. Sie schien wieder ganz bei Bewußtsein.

Mit der Geschicklichkeit des erfahrenen Arztes, zugleich aber äußerst behutsam, untersuchte Derek ihre Wunde.

»Sie haben großes Glück gehabt, Mylady«, erkärte er schließlich und richtete sich auf. »Ein paar Zentimeter weiter, und die Kugel hätte Ihre Lunge getroffen.« Zu Tahg gewandt, setzte er hinzu:

»Laß uns bitte einen Moment allein. Ich muß deine Cousine gründlich untersuchen. Du könntest inzwischen für heißes Wasser und Verbandszeug sorgen. Lady Manningham hat viel Blut verloren.«
Als Tahg gegangen war, betrachtete Derek nachdenklich das zarte, durchsichtige Geschöpf auf dem Bett. Sie war bisher sehr tapfer gewesen, die kleine Lady, doch jetzt glitzerten auf einmal Tränen in ihren Augenwinkeln.
»Haben Sie etwa Angst, sich vor mir auszuziehen, Mylady?« fragte er sanft. »Keine Angst, ich bin zwar mein Babygesicht noch nicht losgeworden, trotzdem praktiziere ich schon geraume Zeit... Sie brauchen sich also vor mir nicht zu genieren.« Noch während er sprach, schlug Derek behutsam die Decken zurück und entblößte ihre welken, kraftlosen Beine. Seinem geübten Augen entging auch die merkwürdig verrenkte Hüftlage nicht.
»Darum also ertragen Sie Ihre Schmerzen mit solch stoischem Gleichmut? Sie sind daran gewöhnt, nicht wahr, Mylady?« Damit umschloß er eines ihrer Beine mit festem Griff und tastete es von oben bis unten ab. »Zuerst müssen wir Ihre Wunde versorgen, Kindchen, aber sobald wir ein bißchen Muße haben, werden wir uns um Ihre Beine kümmern.«
»Da ist nichts mehr zu machen«, erwiderte sie mit ruhiger Stimme; es klang nicht direkt bitter und auch nicht unbedingt resigniert.
»Kann sein... kann auch nicht sein«, sagte Derek. »Aber weshalb sollten wir nicht mal unser Glück versuchen?«
Inzwischen war Tahg mit Wasser und Verbandszeug zurückgekehrt. Kitty, so berichtete er, habe Merry zu Bett gebracht. Seine stets heitere, lebensfrohe Cousine hatte so schreckensbleich und verstört in den Kissen gelegen, daß Tahgs Zorn erneut aufgeflammt war.
Nachdem er sich sorgsam die Hände gewaschen hatte, schickte Derek sich an, die Kugel aus Angelicas Schulter zu entfernen. Während der Operation verzog sie mehrmals schmerzlich das Gesicht, gab aber keinen Laut von sich. Als Derek fertig war, schickte er Tahg abermals hinaus. »Ich möchte Ihre Beine und Ihren Rücken gründlich untersuchen.«
»Nicht jetzt, Doktor, bitte...« rief Angelica ängstlich.
»Aber, aber, was habe ich Ihnen denn eben erklärt, Angelica? Ich

bin Arzt – mich kann so leicht nichts abstoßen.« Damit schlug er die Decke wieder zurück und begann, ihre armen, leblosen Beine von den Fußsohlen an aufwärts zu massieren. Er rieb und knetete jeden Muskel und jede Sehne, achtete sorgsam auf mögliche Anzeichen von Schmerz oder Beweglichkeit und beklopfte alle Gelenke.

»Und nun den Rücken«, sagte er in einem Ton, der keinen Widerspruch duldete. Gehorsam, wenn auch unter großen Qualen, drehte Angelica sich auf den Bauch. Derek zog ihr behutsam Unterrock und die Schlüpfer herunter und »behorchte« mit den Fingern langsam und gründlich ihren Körper von der Taille abwärts. Als er seine Untersuchung beendet hatte, deckte er sie nicht gleich wieder zu; vielmehr umspannte er einen Moment lang mit beiden Händen ihre Taille, so als wolle er Wärme und Kraft aus einem reich gefüllten Reservoir an sie abgeben.

Als Angelica wieder auf dem Rücken lag und halb ängstlich, halb erwartungsvoll zu ihm aufblickte, sagte er: »Das war aber ein böser Unfall, nicht wahr? Wie ist es passiert und wann?«

»Ich war damals erst vier Jahre alt. Eine Kutsche hat mich überfahren. Wenn Dr. Langhorn mich nicht operiert hätte, wäre ich an den Folgen der Verletzungen gestorben.«

Derek nickte nachdenklich. »Langhorn war zu seiner Zeit ein großer Chirurg. Aber die Medizin hat inzwischen Fortschritte gemacht.«

»Heißt das, Sie könnten mir helfen, so daß ich wieder gehen kann?« fragte sie ungläubig.

»Nun, Mylady... dafür ist es vielleicht schon zu spät. Aber auf jeden Fall könnte ich Ihren Beinen soviel Gefühl zurückgeben, daß sie Ihnen nicht mehr wie Fremdkörper erscheinen. Und wer weiß, was geschehen könnte, wenn es mir gelingt, Ihren Haß auf diese armen Glieder zu lindern...« Er lächelte ihr zu, ein entwaffnendes, fast jungenhaftes Lächeln. »Sie sind eine schöne und tapfere junge Frau. Wenn Sie erlauben, will ich versuchen, Ihnen zu helfen.«

»Glauben Sie denn an Wunder, Doktor?«

»Aber natürlich – ich wurde als Sohn eines Kaminkehrers geboren, und heute bin ich Arzt. Wie sollte ich da nicht an Wunder glauben?«

Angelica lachte, ein kleines zaghaftes Lachen. Derek erhob sich von der Bettkante.

»Ich würde Ihnen allerdings raten, sich in nächster Zeit nicht wieder zur Zielscheibe für schießwütige Soldaten zu machen. Zumindest für eine Weile nicht.«
»Ich will mich bemühen.«
»Morgen komme ich wieder.«
»Es ist gefährlich, sich nachts allein auf die Straße zu wagen. Bitte, seien Sie vorsichtig, Doktor... Ich bekomme nicht viele Besuche.«
»Auf mich können Sie zählen«, sagte er und verließ Angelicas Zimmer. In der Küche tranken Tahg und Derek noch einen starken Kaffee.
»Deine Cousine ist sehr schön, Tahg. Ich möchte sie gern wiedersehen.«
Tahg schaute seinen Freund prüfend an, und der – als habe er seine Gedanken erraten – fuhr fort: »Als ich fünf Jahre alt war, stürzte das Haus ein, in dem meine Familie lebte. Viele Menschen kamen bei dem Unglück ums Leben, aber unsere Wohnung lag im Parterre, und so konnte mein Vater meine Mutter und die Geschwister noch rechtzeitig ins Freie schaffen. Nur ich kam nicht so glimpflich davon; ein herabstürzender Balken brach mir beide Beine und verletzte meine Wirbelsäule. Drei Jahre lang lag ich im Armenspital, ohne meine Beine bewegen zu können. Als Krüppel kehrte ich schließlich heim, doch meine Mutter wollte sich nicht damit abfinden. Sie war eine einfache Wäscherin, die nichts von Medizin und noch weniger von Anatomie verstand. Aber sie war praktisch veranlagt und voller Tatkraft. Und so massierte sie mir täglich nach der Arbeit stundenlang Füße, Beine und Rücken. Ihre Hände waren rauh und kratzten, doch sie waren auch stark und geführt von einem stählernen Willen. Mutter wurde nicht müde, mir zu versichern, daß ich eines Tages wieder laufen würde. Ein Jahr später war es soweit.«
Tahg hatte dem Freund in atemloser Spannung zugehört. Darum also hatte Derek diesen seltsam steifen Gang... darum fühlte er sich gleich so zu Angelica hingezogen.
»Meine Cousine hat sehr viel leiden müssen«, sagte er. »Ich möchte ihr jede Enttäuschung ersparen.«
»Hast du etwa Angst, sie könnte sich in mich verlieben, weil ich der erste Mann bin, der gut zu ihr ist?«
»Ja.«

»Und wäre das gar so ein Unglück?«
»Wenn diese Liebe aussichtslos wäre, schon.«
»Jetzt hör mir mal gut zu, Tahg. Angelica leidet nicht nur unter der Schußverletzung und ihren verkrüppelten Beinen. Sie haßt einen Teil ihres eigenen Körpers. Das konnte ich ihr an den Augen ablesen. Genau wie ich mich haßte, bis meine Mutter mir wieder Hoffnung gab. Zumindest von diesem Selbsthaß kann ich sie befreien. Vielleicht schaffe ich es auch, sie wieder hoffen zu lehren. Jedenfalls dürfte es mir eher gelingen als anderen, weil ich ihre Qualen und Zweifel nachvollziehen kann. Was weiter geschieht… wer kann das wissen?«
Tahg nickte und leerte seine Kaffeetasse. »Ich hab' dir noch nicht alles gesagt«, erwiderte Tahg mit fester Stimme. »Die Kerle, die heute nacht auf sie geschossen haben… die Schweine haben Kitty und ihre Schwester vor Angelicas Augen vergewaltigt.«
»Um Gottes willen, Tahg, ihr muß ja sterbenselend sein!«
Tahg nickte abermals. Es gab nichts mehr zu sagen. Jetzt waren Taten vonnöten, Worte konnten nichts ausrichten. Schweigend verließen die beiden Männer das Haus durch die Hintertür, wie sie gekommen waren.

28

Win residierte im Shelbourne in einer eleganten und komfortablen Suite. Er hatte es nicht eilig damit, sich eine Wohnung in der Stadt zu suchen. Hier im Hotel las man ihm jeden Wunsch von den Augen ab. Dank des hervorragend geschulten Personals konnte er in seiner Zimmerflucht große Gesellschaften geben, ohne sich um die Bewirtung der Gäste kümmern zu müssen – so wie heute abend. Es war spät geworden, und selbst die Nachtschwärmer unter seinen Gästen hatten sich inzwischen verabschiedet.
Plötzlich klopfte es an der Tür. Das wird der Zimmerkellner sein, dachte Win. Sicher will er noch aufräumen. Doch als sich auf sein »Herein!« die Tür öffnete, stand sein Cousin Tahg auf der Schwelle. Wie ein Geist sah er aus – übernächtigt, blaß und ungekämmt, aber auch bebend vor Zorn.
»Du verdammtes Dreckschwein, du! Weißt du eigentlich, was

diese Kerle angerichtet haben, die du auf mich angesetzt hast?«

Winston hatte sich nach dem ersten Schrecken über diesen unerwarteten Besuch rasch wieder gefaßt. »Interessiert mich herzlich wenig, wenn sie dich und diesen verfluchten Collins nicht geschnappt haben.«

Mit einem Satz war Tahg bei ihm, packte ihn am Kragen und zog sein Gesicht ganz nahe an das seine heran.

»Deine Bluthunde haben Kitty und Merry vergewaltigt«, schrie er. »Und auf Angelica geschossen!«

Winston wurde aschfahl. Wie ein in die Enge getriebenes Tier suchte er verzweifelt nach einem Ausweg, um die eigene Haut zu retten.

»Damit habe ich nichts zu schaffen. Warum kommst du damit zu mir? Was willst du?«

»Als erstes werde ich dir das Hirn aus dem Leib prügeln, du drekkiger Hund, du!« Und schon versetzte Tahg ihm mit der Rechten einen Kinnhaken.

Winston taumelte, kam jedoch rasch wieder hoch und ging zum Gegenangriff über. Die beiden Männer waren gleich groß. Was Tahg ihm an Muskelkraft voraushatte, machte Winston durch Wendigkeit und Training wett.

Sie kämpften verbissen. Möbel und Lampen stürzten um, die Reste des Festmahls flogen durch den Raum. Wins Faust traf Tahg an der Schläfe, der aber parierte blitzartig und rammte Winston die Rechte mit voller Wucht in den Magen. Win fiel über ein vergoldetes Schränkchen, das mit ihm zu Boden krachte, dabei sprangen sämtliche Schubladen auf, und ihr Inhalt kollerte auf den Fußboden. Tahg erkannte gerade noch rechtzeitig, daß auch eine Pistole darunter war. Mit einem gewaltigen Satz stürzte er sich auf seinen Cousin, der jedoch die Waffe bereits an sich gebracht hatte.

»Das wirst du mir büßen, ich bring' dich um!« keuchte Winston und zielte genau auf Tahgs Kopf. Nur sein übermächtiger Zorn verlieh Tahg die Kraft, die Hand zurückzubiegen, mit der Win die Waffe umklammert hielt. Zentimeter um Zentimeter drückte er den kalten schwarzen Lauf beiseite, bis die Mündung nicht mehr auf seinen Kopf gerichtet war. Dann schlug er Winstons Hand mit einem heftigen Ruck aufs Parkett und entwand ihm die Pistole. Mit seinem Körpergewicht drückte er Win zu Boden, stemmte ihm das Knie auf die Brust und setzte ihm die Waffe an die Schläfe.

»Weißt du eigentlich, was du den Mädchen angetan hast, du gewissenloser Schuft? Kannst du dir vorstellen, was sie leiden mußten? Ganz zu schweigen von den Männern, die auf deinen Befehl getötet wurden. Was bist du nur für ein elender Feigling – läßt die Dreckarbeit von anderen erledigen!«

»Ich wollte den Mädchen nichts Böses, bestimmt nicht! Das ... das war ein furchtbarer Irrtum, glaub mir!«

Ein unbändiges Rachegefühl stieg in Tahg auf. Wie in Trance entsicherte er die Pistole.

»Das darfst du nicht!« schrie Winston entsetzt. »Nein, das darfst du nicht. Tahg, was auch geschehen sein mag, wir gehören doch zur selben *Familie!* Um meiner Mutter willen flehe ich dich an, erschieß mich nicht! Das wäre Mamas Tod!« Winstons überlegene Arroganz war kindlicher Furcht gewichen. Jetzt war er nichts weiter als ein abstoßender Feigling.

Angewidert stand Tahg auf, sicherte die Waffe wieder und steckte sie in die Tasche. »Du dreckige Ratte, du bist nicht einmal Manns genug, daß es sich lohnen würde, eine Kugel an dich zu verschwenden.« Brüsk wandte er sich ab und ging zur Tür.

Im Nu war Winston auf den Füßen, erreichte mit einem Satz den Nachttisch, zog einen Revolver aus der Schublade und schoß Tahg in den Rücken.

Tahg brach zusammen; noch im Fallen drehte er sich nach seinem Angreifer um, und ungläubiges Staunen malte sich auf seinem Gesicht. Mit zitternder Hand legte Winston die Waffe zurück in die Schublade, stieg vorsichtig über den reglos am Boden Liegenden hinweg und stürzte aus dem Zimmer.

Sobald Winston außer Sicht war, schlüpften Mick Collins und Eddie Joyce unbemerkt in seine Suite. Collins untersuchte Tahg und stellte aufatmend fest, daß sein Freund noch lebte.

»Wir müssen ihn hier rausschaffen! Dieser verdammte Idiot, wie konnte er sich nur allein herwagen!« Er und Joyce hievten den Bewußtlosen hoch und nahmen ihn in die Mitte.

Draußen im Flur vergewisserten sie sich rasch, daß niemand sie

beobachtete, dann schleiften sie Tahg zum Lastenaufzug, wo ein Hotelkoch sie bereits ängstlich erwartete.
»Gute Arbeit, O'Toole«, sagte Collins anerkennend, als sie den Verletzten in den Lift zerrten. »Und du bist wirklich sicher, daß um die Zeit niemand mehr in der Küche ist?«
»Ganz sicher, Sir. Da unten ist keine Seele außer Nelly und mir. Und sie gehört zu uns.«
Collins nickte zufrieden. Vor dem Kücheneingang wartete ein Wagen, der sie zu einem sicheren Unterschlupf bringen würde. Falls O'Connor so lange durchhielt.
Gott sei Dank hatte Mack Devlin die Geistesgegenwart besessen, ihn unverzüglich über die blutigen Greueltaten dieser Nacht zu unterrichten. Mick ging im Geiste rasch die Verstecke durch, die ihm zur Verfügung standen. Angelicas Haus bot fürs erste den sichersten Schutz. Dort konnte ihr Bruder keinen Skandal riskieren.
Mick gab dem Fahrer die Adresse in der Waterloo Road. Während der ganzen Fahrt hielt er Tahg O'Connors Kopf im Schoß. Sobald er seinen Freund ins Haus der Manninghams geschafft hatte, würde er sich auf die Suche nach Derek O'Hanrahan machen. Dieser lausige Doktor wagt es besser nicht, mir zu sagen, daß er nicht kommen wird, um seinen Freund zu retten, dachte Mick ingrimmig.
Mick Collins sprach hastig ein Dankgebet. Wäre dieses furchtbare Unglück einen Monat später passiert, hätte er sich schon bei den Verhandlungen in London befunden. Wie gut, daß er noch hier war, um alles wieder ins Lot zu bringen.

Kitty O'Neill beugte sich über Tahg O'Connors Bett. Ihr war, als sehe sie ihr eigenes Leben dahinschwinden. Wie die Szenen eines Theaterstücks glitten Bilder aus der Vergangenheit an ihrem geistigen Auge vorbei. Tahg mit elf, wie er nach der Schule hinter ihr hertrottete, verwirrt, weil sie ihm nicht erlaubt hatte, sie heimzubegleiten. Tahg mit fünfzehn, wie er zaghaft ihre gemeinsame Zukunft plante. Tahg während des Osteraufstandes, Tahg im Gefängnis, Tahg in ihren Armen, in einem Augenblick höchster Seligkeit, an den sie sich erinnern würde bis in den Tod.
Kitty blickte auf und betrachtete den armen Derek, der sich stets

dagegen gewehrt hatte, in die Machenschaften der IRA hineingezogen zu werden und der nun doch bis zum Hals mit drinsteckte.
»Wir müssen die Kugel aus seiner Lunge rausholen, oder er ist ein toter Mann«, sagte Derek mit steinernem Gesicht.
»Können wir ihn in ein Krankenhaus schaffen?« fragte sie, obgleich sie die Antwort wußte.
»Dazu ist keine Zeit. Außerdem ist er nicht transportfähig.«
»Aber können Sie denn hier operieren?«
»Wenn Sie mir assistieren.«
»Großer Gott, Derek, ich bin doch keine Krankenschwester! Ich weiß nicht mal, ob ich's mit ansehen könnte.«
»Vielleicht sind Sie keine Krankenschwester, aber Sie sind verdammt noch mal die beste Schauspielerin von ganz Dublin. Bilden Sie sich ein, es wär' 'ne Rolle, wenn's sein muß, aber helfen Sie mir, sein Leben zu retten!«
Kitty schluckte. Angst und bittere Galle stiegen in ihr auf und machten sie schwindeln; sie stützte sich gegen den Bettpfosten und grub die Nägel in die Handflächen, um die Ohnmachtsanwandlung niederzukämpfen.
»Was hab' ich zu tun?«
»Ich brauche heißes Wasser, Alkohol für die Instrumente, Verbandszeug, Pflaster... Und helleres Licht. Bringen Sie 'n paar brauchbare Lampen rauf. Und, Kitty...«
»Ja?«
»Falls Sie beten können – jetzt wär' der richtige Zeitpunkt.«
Sie lächelte wehmütig. Ich hab' in meinem Leben schon genug gebetet, dachte sie. Aber wann wären meine Gebete je erhört worden?
Kitty bot alle Kraft auf, um ihre Rolle zu meistern, nicht vor dem zurückzuscheuen, was sie sah, nicht daran zu denken, daß Dereks Skalpell den Körper des Mannes öffnete, den sie über alles liebte.
Sie wischte Derek den Schweiß von der Stirn, sooft er es ihr befahl; sie prägte sich die Namen der Instrumente ein, damit sie ihm auf Anhieb das gewünschte reichen konnte; sie hielt die Schnittkanten der Wunde auseinander, während er die Kugel herausoperierte. Sie sah das bloßgelegte, rotweiße Gewebe pulsieren und half ihm schließlich sogar, es wieder zusammenzunähen.
Derek streifte die Handschuhe ab, setzte das Stethoskop an und lauschte... lauschte. Endlich begegnete sein Blick dem ihren,

und er lächelte ein kleines, aber ermutigendes Lächeln. Ihr war, als schimmerten Tränen in seinen Augen.
»Jetzt müssen wir ihn schön warm halten und beobachten, Kitty. Ich hab' getan, was ich konnte. Nun muß Gott helfen – und Tahgs kräftige Natur.«
»Wie sieht's aus, Derek?«
»Jedenfalls besser als zu dem Zeitpunkt, da die Männer ihn herbrachten. Aber er braucht absolute Ruhe. Hoffen wir, daß die *Tans* heute nacht keine Razzia in diesem Viertel veranstalten.«
Erschöpft sank Kitty in einen Stuhl. Derek trat neben sie, griff nach ihrer Hand und führte sie an die Lippen.
»Sie waren ganz groß heute abend«, sagte er unvermittelt. »Das war wohl die beste Vorstellung, die Sie je gegeben haben.«
Plötzlich wurde unten laut und vernehmlich gegen die Tür gehämmert; im nächsten Augenblick hörten sie Glas splittern, dann ein Krachen wie von berstendem Holz.
Im Nu war Kitty auf den Beinen. Sie wußte, was da geschah. Sie hatte die gleichen Geräusche heute nacht schon einmal gehört.
»Das sind sie«, flüsterte sie fassungslos. »Die *Tans* – sie sind Tahg auf die Spur gekommen.« Alle hatten ihr versichert, daß niemand es wagen würde, in Angelica Manninghams Haus einzudringen. Aber wie, wenn die da unten nicht wußten, wer hier wohnte? Wenn ein furchtbares Mißverständnis sie hergeführt hatte?
»Sowie die hier raufkommen, ist Tahg ein toter Mann.«
Ein Blick genügte, und Derek wußte, daß Kitty ihn verstanden hatte. Im nächsten Augenblick war sie draußen und rannte zur Treppe. Auf dem Absatz blieb sie stehen, warf den Kopf in den Nacken und straffte die Schultern. Dann schritt sie majestätisch die Stufen hinunter.
»Aber meine Herren, ich bitte Sie!« hörte Derek oben ihre klare, volltönende Stimme. »Was um Himmels willen machen Sie denn da?« Bei ihrem Anblick blieb der Lieutenant der *Auxiliaries* wie angewurzelt stehen.
»Man hat uns benachrichtigt, Ma'am, daß einer von der Sinn Fein sich hier irgendwo versteckt hält. Ich habe Befehl, das ganze Viertel nach ihm abzusuchen«, stotterte er, von ihrer Schönheit verwirrt.
»Nein, wie furchtbar! Als ob diese gräßliche IRA uns nicht schon

genug Scherereien gemacht hätte. Ich sage Ihnen, Lieutenant, wenn Sie und Ihre Männer nicht wären, könnte keine anständige Frau in Dublin mehr ruhig schlafen!«

Der Mann schien unschlüssig, was zu tun sei, und Kitty machte sich das rasch zunutze.

»Darf ich Sie um Ihren Namen bitten, Lieutenant?«

»Percy, Ma'am. Lieutenant James Percy.«

»Aber natürlich, Lieutenant Percy«, wiederholte sie mit gewinnendem Lächeln. »Wissen Sie zufällig auch, wer *ich* bin, Sir, oder wem dieses Haus gehört?«

Verlegen starrte der Offizier sie an, doch einer seiner Soldaten kam ihm eilfertig zu Hilfe. »Die Dame ist Miß Kitty O'Neill, Sir. Die berühmte Schauspielerin.«

Kitty schenkte dem Mann ihr betörendstes Lächeln. »Ganz recht. Und dieses Haus gehört Lord Edmond Manningham. Ich bin hier zu Gast, während die Familie des Grafen auf Reisen ist.«

»Ich bin entzückt, Ihre Bekanntschaft zu machen, Ma'am«, stammelte der Lieutenant. Lord Manninghams Haus! Was würde aus seiner Karriere werden, wenn herauskam, daß er in das Haus eines prominenten Abgeordneten eingedrungen war? Warum hatte Doyle ihn nicht gewarnt? »Trotzdem, Ma'am... ich fürchte, wir müssen das Haus durchsuchen«, sagte er unsicher.

»Aber natürlich, Lieutenant, Sie tun ja nur Ihre Pflicht«, versetzte Kitty großmütig. »Doch erlauben Sie mir zuvor, Sie um einen kleinen Gefallen zu bitten?«

Der junge Offizier blickte sie fragend an.

»Sie müssen wissen, daß ich tapfere Soldaten wie Sie, die täglich ihr Leben aufs Spiel setzen, um die Bewohner von Dublin vor diesem Gesindel der Sinn Fein zu beschützen, von ganzem Herzen bewundere und verehre. Seit langem schon habe ich den Wunsch, Männern wie Ihnen meine Dankbarkeit zu beweisen...« Sie ließ den Satz in der Schwebe, so daß jeder der Männer sich angesprochen fühlen und sich seine ganz besondere Belohnung ausmalen konnte.

Ehe der Lieutenant Zeit gehabt hätte, über sein weiteres Vorgehen nachzudenken, bat Kitty mit flehender Stimme: »Lieutenant Percy? Dürfte ich Sie wohl einen Augenblick unter vier Augen sprechen?«

Er nickte zögernd und ließ sich von ihr ins angrenzende Zimmer führen. Heilige Mutter Maria, betete Kitty, laß mich diese Rolle meistern. Oh, und wenn ich nie wieder auf einer Bühne stehen darf – mach, daß dieser Mann glaubt, was ich ihm vorspiele. Sie schlug verschämt die Augen nieder, als habe sie ihm ein peinliches Geständnis zu machen.

»Lieutenant, es fällt mir sehr schwer, Ihnen... ich geniere mich so...«

»Aber Miß O'Neill, ich bin sicher, Sie haben nicht den geringsten Grund, sich wegen irgend etwas zu genieren.«

»Eben doch, lieber Lieutenant, eben doch.« Aus tränenfeuchten Augen schenkte sie ihm einen Blick, der Steine hätte erweichen können.

»Sie müssen nämlich wissen, daß ich... also, ich bin nicht allein hier. Ich kam in Begleitung eines Herrn... übrigens ein Mitglied Ihres Offizierscorps. Als Sie und Ihre Männer eintrafen, da... da befanden wir uns, fürchte ich, gerade in einer ziemlich kompromittierenden Situation.« Wieder senkte sie sittsam den Blick.

Percy tat sein Bestes, um die offenbar zutiefst beschämte junge Frau zu beruhigen. »Aber, aber, Ma'am, es ist doch nicht notwendig, daß Sie mir dies alles erzählen, glauben Sie mir!«

»Doch, Lieutenant, das ist es ganz gewiß! Denn stellen Sie sich vor: Wenn Ihre Männer das Haus durchsuchen und den General finden, dann werden sein *und* mein guter Name morgen in jeder Kaserne Dublins durch den Dreck gezogen.«

Percy überlegte, welche Strafe wohl darauf stand, einen General bei einem galanten Abenteuer zu überraschen – noch dazu im Hause eines Parlamentsabgeordneten.

»Und Sie geben mir Ihr Wort darauf, Ma'am, daß sich kein Rebell hier versteckt hält?« fragte er, verzweifelt darum bemüht, sich aus dieser heiklen Lage zu befreien.

»Mein lieber Lieutenant, darauf haben Sie mein Ehrenwort! Und wenn Sie meinen guten Namen retten, verspreche ich Ihnen außerdem, daß in Zukunft bei jeder meiner Premieren zwei Freikarten für Sie an der Kasse bereitliegen.«

Percy räusperte sich verlegen. Es galt, so rasch wie möglich aus diesem Haus zu verschwinden. »Welche Ehre, Ma'am, ich versichere Ihnen, ich werde keines Ihrer Stücke versäumen.«

»Sie können sich nicht vorstellen, wie dankbar ich Ihnen bin, Lieutenant«, hauchte Kitty, stellte sich auf die Zehenspitzen und küßte ihn auf den Mund.

Percy räusperte sich erneut und kehrte zu seinen Männern zurück. Er war kurz angebunden: »Miß O'Neill hat mir ihr Ehrenwort gegeben, daß keine Veranlassung besteht, sie noch länger zu belästigen.«

Eine Minute später war die Halle leer.

Kitty wankte die Treppe hinauf. Oben sank sie völlig erschöpft in Dereks Arme und begann so jämmerlich zu schluchzen, daß der Arzt schon meinte, sie sei hysterisch geworden. Doch als Kitty all ihre Tränen vergossen hatte, küßte sie Derek auf die Wange, legte sich vorsichtig neben Tahg aufs Bett und fiel in einen tiefen, traumlosen Schlaf.

»Glauben Sie, die Kleine ist in Ordnung, Sir?« fragte Percys Adjutant, sobald sie draußen auf der Straße standen.

»Nein, bestimmt nicht.«

»Aber warum...«

Percy lächelte verschmitzt. »Falls sie die Wahrheit gesagt hat, wären wir ganz schön dumm dagestanden, wenn wir einen General in Unterhosen erwischt hätten. Und wenn sie uns belogen hat... na, dann hatten wir immerhin das Vergnügen, eine der größten Schauspielerinnen unserer Zeit agieren zu sehen«, setzte er schmunzelnd hinzu. »Genialem Talent müssen wir ganz einfach unsere Reverenz erweisen, meinen Sie nicht auch, Henton?«

Der Mann nickte ein wenig verdutzt, aber Percy ging im Geiste schon alle Racheakte durch, mit denen er sich an Doyle für dieses Fiasko rächen würde.

29

»Unter diesen Umständen kannst du das Mädchen selbstverständlich nicht heiraten, Christopher! Das wäre ganz und gar unerhört! Selbst wenn sie sich nicht gegen den Angriff wehren konnte – und wer weiß, ob es überhaupt einen solchen gab? –, hat sie sich zumindest wissentlich der Gefahr ausgesetzt, indem sie mit diesen Rüpeln unter einem Dach weilte. Nein, Christoper, sie kommt als Ehefrau für dich nicht mehr in Frage.«

Lady Darborough hatte ihren Sohn gleich nach dem Frühstück ins Damenzimmer zitiert, um ihm die Leviten zu lesen. »Hast du daran gedacht, daß sie womöglich gar von einer dieser Kreaturen, die sie belästigt haben, schwanger sein könnte? Gütiger Gott! Schon der Gedanke, daß du sie wieder in dieses Haus bringen könntest, ist entsetzlich für mich.«

Christopher schürzte nachdenklich die Lippen. Was Merrion zugestoßen war, hatte ihn ehrlich erschüttert, und der Zorn seiner Mutter raubte ihm vollends die Fassung. Er brauchte Zeit, um zu einem Entschluß zu gelangen. Ich wünschte, ich hätte Mutter nie von der Vergewaltigung erzählt, dachte er. Allerdings hätte sie es bei ihren weitverzweigten Beziehungen früher oder später sowieso erfahren.

»Ich muß meine Entscheidung selbst treffen, Mutter«, sagte er schließlich. »Natürlich hatte ich keine Ahnung von Merrions republikanischen Neigungen, aber ich habe sie nach wie vor sehr, sehr gern.«

»Das ist dir unbenommen, mein Junge. Nur heirate sie nicht! Du weißt, ich kann dir das Erbe deines Vaters nicht vorenthalten, aber mit meinem Vermögen sieht das anders aus. Vielleicht berücksichtigst du dies bei deiner Entscheidungsfindung...«

Christopher wandte sich ab, ehe sein feindseliger Blick ihn verraten konnte. Mit einer leichten Verbeugung ging er aus dem Zimmer. Er mußte in der Tat über so manches nachdenken.

Wie konnte Merrion nur so dumm sein und sich mit diesen IRA-Leuten einlassen? Welch sträflicher Leichtsinn, zu einer dieser verbotenen Versammlungen zu gehen! Hatte sie damit das Schicksal nicht geradezu herausgefordert? Zuerst, als sie ihm von dem Anschlag erzählte, wäre ihm fast das Herz übergegangen vor Mitgefühl; wie ein Vögelchen, das aus dem Nest gefallen war, hatte sie ausgesehen, als sie zitternd und schluchzend vor ihm saß – oder wie ein verwundetes Kind.

Aber sie hatte verdammt noch mal selber schuld! Was hatte sie auch mit diesen Subjekten zu schaffen? Warf ein solcher Umgang nicht doch einen Schatten auf ihren Charakter? Seine Mutter hatte ihn mehrfach gewarnt, Lady Elizabeth Manninghams Einfluß auf ihre Tochter nicht zu unterschätzen.

Ach, Merrion, wie konntest du nur so herzlos sein und mir meine schönen Träume zerstören! Christopher Belmont-Chapman hatte die Absicht, nur einmal im Leben zu heiraten. Darum durfte er sich bei der Wahl seiner Braut keine Fehler erlauben.

»Das kann doch unmöglich dein Ernst sein, Christopher«, stammelte Merry fassungslos.

Christopher wich ihrem Blick geflissentlich aus, bevor er antwortete. »Leider muß ich dir widersprechen, meine Liebe. Du solltest versuchen, mich zu verstehen, Merrion. Ich habe die Pflicht, Mutters und meinen Namen vor jedem Skandal zu schützen. Ich will keinesfalls unterstellen, daß du in irgendeiner Form die Schuld trägst an dem, was geschehen ist... aber, verdammt noch mal, es ist eben passiert, Merrion! Und daran läßt sich nichts ändern.«

»Aber Christopher, es weiß doch niemand, was geschehen ist. Wir haben keinerlei Aufhebens davon gemacht.« Merry versuchte, ihre Stimme ruhig klingen zu lassen.

»Derlei kann man nicht geheimhalten, Merrion. Das weißt du so gut wie ich. Irgendwer hat immer etwas mitbekommen, und der erzählt es einem anderen, der seinerseits den Mund nicht halten kann...« Er hob beschwörend die Hände, als sei jede weitere Diskussion sinnlos.

Sie wollte etwas erwidern, doch er kam ihr zuvor. »Das Schlimmste aber ist, Merrion, daß *ich* weiß, was passiert ist. Verstehst du, ich habe Angst, einfach nicht damit fertig zu werden, daß all diese Männer...«

Merry öffnete den Mund, brachte jedoch keinen Laut hervor. Was hätte sie auch anführen können, um die schreckliche Wahrheit zu widerlegen? Sie war geschändet. Selbst dachte sie ja genauso. Hatte sie nicht seit jenem furchtbaren Unheil Nacht für Nacht wach gelegen und sich den Kopf darüber zermartert, ob sie am Ende den furchtbaren Beweis ihrer Schmach unter dem Herzen trüge? Christopher konnte unmöglich mehr Abscheu vor ihr empfinden als sie selbst. Ach, wenn sie sich doch nur von diesem Gefühl der Unreinheit, des Besudeltseins befreien könnte – aber ihre Schande saß unausrottbar tief, und es gab nichts, was sie hätte auslöschen können.

»Ich denke, es ist besser, wenn du jetzt gehst, Christoper«, sagte sie endlich mit mühsam erzwungener Würde. »Vielleicht solltest du deine Mutter heiraten. Ihr beide paßt ausgezeichnet zusammen.«

Früher einmal hätte sie vermutlich über Christophers einfältige Miene gelacht, jetzt aber schien es ihr zweifelhaft, ob sie je wieder lachen würde.

Merry schloß die Tür hinter Christopher und ging so vorsichtig ins Zimmer zurück, als könne sich bei jedem Schritt der Boden unter ihren Füßen auftun. In ihrem Kopf drehte sich alles, und ihr Magen rebellierte. Ihr war, als könne im nächsten Moment alles rings um sie her zusammenbrechen. Ob ich am Ende den Verstand verliere? dachte sie.

30

Angelica lag im Bett und hing ihren Racheplänen nach. Ihre Schmerzen konnte sie ertragen; sie war von klein auf an Schmerz gewöhnt. Aber für Merrys Verzweiflung würde Win büßen müssen. Und für Tahgs lebensgefährliche Verletzung ebenfalls.

Was war ihr Bruder doch für ein kaltblütiger Schurke... Sie hatte schon lange geahnt, daß seine arrogante Selbstsucht der Familie eines Tages schaden würde. Seit eh und je wußte sie, daß er eifersüchtig auf Tahg war und ihm übelwollte.

Angelica hatte zunächst mit dem Gedanken gespielt, sich an ihren Vater zu wenden. Gott allein mochte wissen, was Edmond Manningham seinem Sohn antun würde, wenn er erführe, daß Winston verantwortlich war für Merrys Vergewaltigung und dafür, daß man auf sie, Angelica, geschossen hatte.

Aber Angelica liebte ihren Vater, und er war schwer krank. Seit Tagen schon konnte er das Bett nicht mehr verlassen. Sein Zustand verbot es, ihn zum Richter aufzurufen. Außerdem war im Laufe der Jahre Wins Ähnlichkeit mit seinem Vater allzuoft hervorgehoben worden. Zu viele falsche Schlüsse hatte man gezogen, denn Win war nur eine mißlungene Kopie seines Vaters.

Sie mußte die Sache selbst in die Hand nehmen. Und die Strafe mußte dem Verbrechen angemessen sein. Drei Tote, zwei Schwerverletzte, zwei Vergewaltigungen. Und alles unter dem Vorwand, Mick Collins aufspüren zu wollen. Ja, das war nichts

weiter gewesen als ein Vorwand. Winston hatte es auf Tahg abgesehen, ihn wollte er umbringen. Die übrigen waren nur Marionetten.
Angelica hätte Mick bitten können, mit Winston abzurechnen. Aber ihr Gerechtigkeitssinn hielt sie davon ab. Win war trotz allem ein Manningham. Sie wollte ihm eine faire Chance geben. Sie würde ihm eine Falle stellen, so wie er Tahg eine gestellt hatte: Falls ihr Bruder neuerliches Unheil anrichten sollte, würde diese Falle zuschnappen. Win selbst würde den Mechanismus auslösen. Er konnte also sein Schicksal selbst entscheiden.

31

»Wir müssen Mutter kommen lassen, Winston«, sagte Angelica mit Nachdruck. Sie konnte inzwischen wieder in ihrem Rollstuhl sitzen, hatte aber noch immer arge Schmerzen in der Schulter.
»Nein«, entgegnete Win, ohne auch nur einen Augenblick nachzudenken.
»Vater ist sehr krank, er stirbt vielleicht. Und er möchte sie sehen.«
»Ich dulde nicht, daß diese Frau unser Haus betritt.«
Angewidert schüttelte Angelica den Kopf.
»Das ist *mein* Haus, Winston. Papa hat es mir überschrieben, das weißt du genau. Und ich brauche dich nicht um Erlaubnis zu fragen, wenn ich meine Mutter in mein Haus einlade. Papa ist alt und leidend, Win. Gewiß kann nicht einmal dein kolossaler Egoismus so weit gehen, dem eigenen Vater seinen letzten Wunsch zu verweigern.«
Winston musterte seine Schwester mit unverhohlener Feindseligkeit. »Also schön«, sagte er mit verschlagenem Lächeln. »Tu, was du für richtig hältst. Aber das eine sage ich dir, wenn sie Papa auch nur im geringsten aufregt, liefere ich sie ohne viel Federlesens den Behörden aus. Vergiß nicht, daß sie eine flüchtige Rechtsbrecherin ist!«
»Ich zweifle nicht daran, daß du fähig wärst, deine eigene Mutter ans Messer zu liefern, Winston. Andernfalls wäre sie ja auch die einzige Frau aus der Familie, die du ungeschoren ließest.«

Win blickte seine Schwester forschend an. Sie hatte bisher mit keinem Wort erwähnt, daß sie ahnte, wer in jener Nacht für den Überfall verantwortlich gewesen war.
»Ich glaube indes nicht«, fuhr Angelica fort, »daß du bereit wärst, einen Skandal in Kauf zu nehmen, wie ihn sämtliche Zeitungen veranstalten würden, solltest du es wagen, deine Mutter am Krankenbett ihres Gatten verhaften zu lassen.«
Wieder lächelte Winston. Diesmal versuchte er, sein Unbehagen zu verbergen. »Für eine Frau bist du wirklich bemerkenswert gescheit, Angelica. Ein Jammer, daß dein Gebrechen dich ein Leben lang daran hindern wird, deine Fähigkeiten gebührend zu nutzen.« Damit drehte er sich auf dem Absatz um und ging zur Tür.
Angelica saß einen Moment lang ganz still. Dann aber rief sie ihm mit ungewohnter Heftigkeit nach: »Du gemeiner Verbrecher! Denkst du etwa, ich wüßte nicht, was du uns und Tahg angetan hast?«
Winston blieb wie angewurzelt stehen. Nach jener Unglücksnacht hatte er anfangs befürchtet, Angelica könne erraten haben, daß er der Drahtzieher hinter den Kulissen gewesen sei. Doch dann hatte er sich damit beruhigt, daß Tahg als einziger die Wahrheit kannte, und der war entweder tot oder lag zumindest im Sterben. Wenn Angelica aber nun Bescheid wußte, dann mußte Tahg noch am Leben sein, und das war gefährlich für ihn, sehr gefährlich.
»Er lebt also?« erkundigte er sich möglichst beiläufig.
»Allerdings, Winston, Tahg lebt. Noch ist er zwar zu krank, um mit einem Feigling wie dir abzurechnen, aber wart's nur ab, bis er sich wieder erholt hat.«
»Fragt sich bloß, ob er lange genug lebt, um gesund zu werden, Angelica«, gab Winston gehässig zurück. »Jetzt, da ich weiß, daß er lebt, werde ich noch heute abend jedes Rattenloch von Dublin nach ihm absuchen lassen, dessen kannst du sicher sein!«
»Du wirst ihn aber nicht finden«, erwiderte Angelica mit Nachdruck. »Ich bin die einzige, die weiß, wo er ist. Und ich würde dich nie zu ihm führen!«
»Das werden wir ja sehen!« rief ihr Bruder und stürmte hinaus.
Angelica blieb allein zurück, Zorn und Verachtung im Herzen. Ich darf mich nicht von meinen Gefühlen mitreißen lassen, schalt sie sich. Wichtig ist nur, daß er jetzt weiß, Tahg ist am Leben, und ich kenne sein Versteck.

Sorgfältig notierte Angelica die Ereignisse des 25. September in ihrem Tagebuch. Es war entsetzlich, beim Niederschreiben all das Grauenhafte noch einmal zu durchleben, aber ihr Plan ließ ihr keine andere Wahl.

> *Nie* wird Winston den Unterschlupf in der Upper Dorset Street 14 finden, wo mein armer Tahg mit dem Tode ringt. Das Herz tut mir weh, wenn ich mir vorstelle, wie er dort in dem elenden Hinterzimmerchen liegt, nur von einer alten Zugehfrau betreut. Zwar gehen die Fenster auf einen kleinen Garten hinaus, aber solange Tahg mit dem Tode ringt, nützt ihm diese Erquickung herzlich wenig. Ich verfluche mein Gebrechen, das mich daran hindert, meinem Cousin beizustehen, jetzt, da er so dringend meiner Hilfe bedarf.
>
> Wenigstens hat Mick mir versprochen, daß er Tahg am Wochenende, wenn er aus London zurückkommt, in ein ordentliches Quartier schaffen will, wo er kundige Pflege bekommt.

In heller Aufregung hatte Winston Angelicas Haus verlassen. Tahg durfte nicht am Leben bleiben, soviel stand fest. Nicht nur konnte sein Cousin ihn vor dem Vater beschuldigen, für das Unglück seiner Schwestern verantwortlich zu sein; vielmehr würde Tahg, sobald er gesund war, versuchen, sich an ihm zu rächen.

Ja, dachte Winston verbissen, er muß erledigt werden, solange er noch kampfunfähig ist!

Angelica! In ihrem Haus mußte irgendwo ein Hinweis auf Tahgs Schlupfwinkel versteckt sein. Aber wo? Nun, es war ein Leichtes, ihre Papiere zu durchsuchen, jetzt, da Vaters Krankheit ihm den glaubhaften Vorwand für häufige Besuche lieferte. Gleich morgen würde er damit anfangen, seiner Kindespflicht nachzukommen. Und er würde nicht eher ruhen, bis er Tahgs Aufenthaltsort in Erfahrung gebracht hatte.

Winston war schon in seinem Hotel, als ihm Angelicas Tagebuch einfiel. Bei Gott, sie hatte es heute morgen in der Hand gehabt, während sie miteinander sprachen. Von klein auf war das Tagebuch ihr ständiger Begleiter gewesen.

»Wenn man nicht teilhaben kann an dem, was die anderen erleben, flüchtet man sich am besten in die Welt der Phantasie«, hatte sie vor vielen Jahren einmal zu ihm gesagt. »Und wo ließe die sich anschaulicher und farbenprächtiger ausmalen als zwischen den Seiten eines Tagebuches, dem man unbeobachtet seine geheimsten Gedanken anvertrauen kann?«

Dort würde er Tahgs Adresse finden – in Angelicas Tagebuch! Aber wie sollte er nur an das verdammte Ding herankommen? Sie hatte es seit jeher gehütet wie ihren Augapfel.

Mutter! Das war der richtige Köder. Mutter würde kommen und Vater besuchen. Angelica und sie hatten sich gewiß viel zu erzählen. Er würde den Moment des Wiedersehens abpassen müssen, da Mutter und Tochter nur Augen füreinander hätten.

Win nahm den Revolver aus der Nachttischschublade und inspizierte ihn sorgfältig. Diesmal durfte er sich keinen Fehler leisten.

Als Angelica mich bat, nach Dublin zu kommen, hatte ich keine Ahnung, daß Edmonds Krankheit nicht die einzige Tragödie war, die sich unter ihrem Dach abspielte.

Bleich und eingefallen lag Edmond in den Kissen. Obgleich Angelica mich auf das Schlimmste vorbereitet hatte, erschütterte mich sein Anblick zutiefst. Er schien ebenso nervös wie ich, doch er beherrschte sich bewunderungswürdig und streckte mir zur Begrüßung die Hand entgegen. Als ich sie ergriff, merkte ich erschrocken, wie scharf und spitz die Knochen unter der bläulich verfärbten Haut hervorstachen.

»Wie nett von dir, mich zu besuchen«, sagte er, als sei ich einer Einladung zum Tee gefolgt.

»Die Kinder haben mich wissen lassen, daß du krank bist«, erwiderte ich. »Ich hatte keine Ahnung...«

»Es bestand auch keinerlei Veranlassung für dich.« Das Sprechen machte ihm offenbar große Mühe.

»Kann ich dir irgendwie helfen, Edmond?« Sein Zustand bewegte mich sehr. Es ist erschütternd, einen Menschen, der stets stark und mächtig war, auf einmal seiner Kräfte beraubt zu sehen. Hinzu kam, daß er mir nach all den Jahren unerklärlicherweise wie ein alter Freund erschien; ein Gefährte, den man seit langem aus den Augen verloren hat, der aber plötzlich in Not geraten ist und Hilfe braucht.

»Ja, Elizabeth, ich möchte dich in der Tat um etwas bitten. Ich möchte unser Verhältnis von allen bösen Empfindungen reinigen, bevor ich sterbe... ich möchte Frieden schaffen zwischen uns, falls das möglich ist.«

Kein Zweifel, er meinte es ernst. Der Gedanke, daß er auf dem Totenbett an *mich* dachte, überraschte mich nicht wenig. »Es ist gut, Edmond. Unsere Kämpfe sind lange vorbei und vergessen. Und, um ehrlich zu sein, ich schulde dir Dank für vieles.«

Er lächelte traurig. »Du warst nicht das, was ich mir von einer Ehefrau erwartet hatte, Elizabeth«, sagte er mit schwacher Stimme. »Zu rebellisch, zu verletzlich. Ich hatte so lange ein Junggesellenleben geführt, daß ich mir einbildete, eine Frau an meiner Seite würde einfach eine weitere Annehmlichkeit sein. Gewissermaßen eine zusätzliche Bedienstete, wenn auch auf höherer Stufe, und natürlich die Mutter des ersehnten Erben.« Er lachte kurz auf, aber es klang hohl.

»Edmond, du brauchst mir nichts zu erklären.«

»Doch, Elizabeth, das muß ich! Siehst du, mit meinen Vorstellungen unterschied ich mich nicht sonderlich von anderen Männern meines Standes. Man hat uns nie gelehrt, wie verwerflich es ist, seine Ehefrau eigennützig als Besitztum zu behandeln... hat uns nicht klargemacht, daß eine Frau außer ihrem Körper auch ein Herz und eine Seele besitzt. Du warst so voller Liebe und Vertrauen, als du zu mir kamst. Aber ich war unfähig, auf dich einzugehen. Und unter all deiner Sanftmut verbarg sich ein eigenwilliger Kopf. Ich wollte dich mir gefügig machen, ich Tor, statt allmählich und behutsam deine Freundschaft zu gewinnen und deine Liebe. Siehst du, das war es, was ich dir sagen mußte: *Ich* habe Fehler gemacht und obendrein noch dir die Schuld gegeben. Das war grausam und ungerecht. Aber ich konnte nicht anders, verstehst du, Elizabeth? Die Männer der Manninghams haben einen kalten, unnahbaren Zug. Ich sehe es an Winston. Lieber Gott, wieviel habe ich doch über mich gelernt, seit ich in dem Jungen mein Spiegelbild sehe!«

Ich spürte, wie er sich quälte, und er tat mir von Herzen leid. Auch war mir klar, daß er im Sterben lag, und ich versuchte, ihn zu trösten. »Du warst mir gegenüber immer ein Ehrenmann, Edmond, wie schwer ich es dir auch gemacht habe. Du hast Johnny wie deinen Sohn gehalten, obwohl du wußtest, daß du nicht sein Vater warst. Dafür werde ich dir ewig dankbar sein.«

»Ach, das habe ich doch nur getan, weil ich wußte, daß meine scheinbare Großmut deine Qual verschlimmern würde.«

Es dauerte einen Moment, bis ich die Tragweite dessen, was er gesagt hatte, begriff. »Dann mußt du mich einmal geliebt haben«, antwortete ich endlich. »Sonst hättest du mich später nicht so grausam hassen können.«

»Ja, ich habe dich geliebt, Elizabeth – von dem Augenblick an, da ich deine Liebe verlor.«

Die ganze Ironie des Schicksals lag in diesem resignierten Geständnis. Ich wußte nichts darauf zu erwidern. Weint Gott, oder lacht er, wenn er die Torheiten der Menschen mit ansehen muß?

»Wir haben vier wunderbare Kinder«, sagte ich schließlich. »Also ist doch etwas Gutes aus unserer Verbindung entsprungen.«

»Ja, es sind wunderbare Kinder – alle bis auf den, der mir am ähnlichsten ist«, versetzte er bitter.

»Win gleicht dir nur oberflächlich gesehen, Edmond. Deinen ehrenhaften Charakter hat er nicht geerbt.«

»Ach, Elizabeth, hättest du nicht einen solchen Narren zum Manne gehabt – wie anders hätte alles sein können...« Ohne mich anzusehen, setzte er stockend hinzu: »Ich... ich möchte dich gern etwas fragen... wenn es dir nicht zu taktlos erscheint. Dieser... dein Rebell... hat er dich glücklich gemacht?«

»Über alle Maßen.«

»Dann habe ich dir am Ende doch einen guten Dienst erwiesen, als ich dich in seine Arme trieb, wie?«

Es klang so unsagbar traurig, daß ich hätte weinen mögen.

»Der größte Fehler meines Lebens war, dich fortgehen zu lassen, Elizabeth. Bitte glaub mir, wenn ich dir versichere, wie sehr es mich freut, daß du dein Glück gefunden hast. Ich wünschte nur, du hättest es an meiner Seite finden können.«

Noch lange saß ich an seinem Bett und hielt seine Hand. Die Tränen der Erinnerung und des Verzeihens brauchen ihre Zeit. In all den Jahren war es mir nie in den Sinn gekommen, daß Edmond sich einsam fühlen könnte. Die Anstrengung des Sprechens hatte ihn erschöpft; nun schien er zu schlafen. Und ich saß bei ihm und dachte nach über das, was hätte sein können.

Hätte Edmond mich geliebt, hätte ich nicht für Irland gearbeitet oder mich für die Rechte der Frau eingesetzt. Es hätte keinen Seaneen O'Sullivan gegeben, der mich das Leben und die Liebe

lehrte; Angelica wäre kein Krüppel, und Johnny wäre nie geboren worden. Meine geliebte Schwester hätte vielleicht noch bei mir sein können.
Kreise, Spiralen, ineinandergreifende Räder – das unergründliche Schicksalsgeflecht unseres Lebens.
Ich vergebe dir, Edmond. Vergib auch du mir.
Gott vergebe uns beiden.

32

Winston Manningham schlich lautlos um das Haus Nummer 14 in der Upper Dorset Street. Auf der Gartenseite, wo laut Angelicas Tagebucheintragung Tahgs Unterschlupf sein mußte, schien alles ruhig.
Glücklicherweise stand im Erdgeschoß ein Fenster offen. Win spähte hinein und erkannte im Dunkeln schemenhaft eine Gestalt im Bett, mit dem Rücken zum Fenster und zum Schutz gegen die kühle Nachtluft bis oben hin zugedeckt. Es roch nach Desinfektionsmitteln und Arzneien. Er hatte das richtige Zimmer gefunden!
Win kletterte durchs Fenster, blieb einen Moment lang reglos stehen, um seine Augen an die Dunkelheit im Zimmer zu gewöhnen, und zog dann den Revolver aus der Tasche. Zum Glück hatte er vor ein paar Wochen einen jener erst vor kurzem auf dem Kontinent entwickelten Schalldämpfer erworben. Diese nützliche Erfindung würde verhindern, daß jemand seine Schüsse hörte, und er könnte unbehelligt entkommen.
Winston, dessen Augen sich mittlerweile an die Düsternis gewöhnt hatten, konnte auf dem Nachtschränkchen neben dem Bett zwei gerahmte Photographien erkennen. Eine zeigte Kitty O'Neill, die andere Angelica Manningham. Wieder spürte er den Haß in sich aufsteigen, den er ein Leben lang gegen seinen Cousin gehegt hatte. Tahg war ihm von klein auf wie ein Stachel im Fleisch gewesen; stets hatten seine Geschwister ihn dem eigenen Bruder vorgezogen. Und Kitty... ach was, eine Frau, die sich an einen Tahg O'Connor wegwarf, war eines Winston Manningham nicht wert.

Winston hob die Waffe, zielte und feuerte kaltblütig zwei Schüsse auf den Schlafenden ab.
Um sich zu vergewissern, daß er diesmal ganze Arbeit geleistet hatte, schlug Win die Bettdecke zurück. Aber darunter lagen nur ein paar zusammengerollte Decken und Kissen. An eins davon war ein beschrifteter Zettel geheftet. Mit wild klopfendem Herzen riß Win ihn los und trat damit ans Fenster, um ihn im Mondschein zu lesen.
»Du hast das Spiel verloren, Winston«, stand da in Angelicas energischer Handschrift. »Doch ehe das Ende kommt, sollst du erfahren, daß ich dein Racheengel bin.«
Plötzlich lösten sich zwei Gestalten aus dem Schatten. Trotz Winstons heftiger Gegenwehr überwältigten sie den zu Tode Erschrockenen und schleppten ihn aus dem Zimmer.
Einige Tage später meldeten die Dubliner Zeitungen in großen Schlagzeilen, daß die IRA jenen bewundernswert tüchtigen Beamten vom Schloß, dem es um ein Haar gelungen wäre, Mick Collins gefangenzunehmen, hingerichtet habe.

Der Oktober wird für mich allzeit der Totenmonat sein. Fallende Blätter. Unwiderrufliche Abrechnung.
Winston wurde mit allen Ehren bestattet, die einem von Dissidenten ermordeten Adligen zukommen. Edmond, der schon zu schwach war, um der Trauerfeier beiwohnen zu können, starb tags darauf.
Ich stand neben meinen Kindern an beider Grab und spürte, daß mehr sie quälte als der Tod von Vater und Bruder, konnte jedoch nicht ergründen, was in ihnen vorging.
Wo ist Tahg? hatte ich am Morgen gefragt. Was war mit Merry geschehen? Warum flüsterten alle, wenn von Winston die Rede war? Was war nur los mit meinen Kindern? Endlich erbarmte sich Angelica und erzählte mir, was ihnen zugestoßen war. Es war weder Beichte noch Rechtfertigung, es wurde nur einfach der Wahrheit endlich Genüge getan.
Während ich entsetzt und fassungslos zuhörte, zogen Erinnerungsbilder an mir vorbei: die grausige Nacht, in der Winston geboren wurde; Angelica, wie man sie aus dem Operationssaal brachte, und hinter ihrer Bahre Cons leidgeprüftes Gesicht; Ed-

mond, wie er sich von der Wiege abkehrte, nachdem er Johnny zum erstenmal gesehen hatte.
Unaufhörlich stiegen sie empor, die Schatten der Vergangenheit: Con, Des und ich, wie wir uns ausmalten, was das Leben für uns bereithielt – lachend und übermütig, denn wir erwarteten nichts als Freude und Glück.
Wie hätten wir auch wissen können, daß unsere Kinder für unseren Leichtsinn würden bezahlen müssen.

Mit einem hilflosen Seufzer legte Tahg Micks Brief aus der Hand. Die Gespräche in London gingen schlecht, schrieb er. Churchill verachte die Iren. Er, Mick, sei auch schon mit ihm aneinandergeraten. Tahg warf einen Blick auf das Datum des Briefes: 3. November 1921. Und noch kein Ende der Verhandlungen in Sicht.
Ich habe es ja gewußt, dachte Tahg bitter: Mick Collins ist kein Politiker. Wie sollte er auch? Wer hat je von einem Soldaten gehört, der den Feind im Feld bekämpft und hinterher auch noch die Friedensverhandlungen führt? Gewiß, nun, da er einmal in London war, würde Mick sein Bestes geben; trotzdem machte Tahg sich große Sorgen um ihn.

Wohl schon zum hundertsten Mal richtete Angelica ihr Haar, während sie auf Derek wartete.
Ihre Schußverletzung war mittlerweile fast verheilt, weshalb der Arzt sie nicht mehr so häufig besuchte wie zu Anfang; dafür aber standen sie jetzt auf sehr viel vertrauterem Fuß. Und heute, das hatte er ihr versprochen, heute würden sie über ihre Beine sprechen.
Als Derek O'Hanrahan eintraf, bat sie ihn in den Salon und klingelte nach dem Tee. Sobald das Mädchen sie allein gelassen hatte, nahm er ihre Hände in die seinen und sagte: »Angelica, ich habe viel über dich nachgedacht, und bin zu dem Schluß gekommen, daß ich dir nur dann helfen kann, wenn wir vollkommen ehrlich miteinander sind.«
»Ich bin immer ehrlich, Derek.«
»Nein, nein, du verstehst mich nicht. Natürlich bist du ein auf-

richtiger Mensch, Angelica, das weiß ich. Aber wovon ich spreche, das sind die Spiele, mit denen Mann und Frau sich für gewöhnlich unterhalten – Flirts, Komplimente, Schmeicheleien. Du sagst zu mir, ich sei hochintelligent, ich erzähle dir, wie schön du bist – was im übrigen durchaus der Wahrheit entspricht –, und schon hat die Ehrlichkeit irgendwie an Wert verloren.«

»Worauf willst du hinaus, Derek?«

Der untersetzte junge Mann sprang auf und ging im Zimmer hin und her. Eine Strähne seines rötlichbraunen Haares fiel ihm in die Stirn, und er warf sie mit einer ihr inzwischen vertrauten Kopfbewegung zurück. Die Geste wirkte nicht im geringsten eitel, dazu war er einfach zu männlich.

»Weißt du«, begann er ernsthaft, »ich bin mir über meine Gefühle für dich nicht ganz im klaren. Ich fühle mich zu dir hingezogen, gewiß, aber ich vermag nicht recht zwischen meinem persönlichen und dem fachlichen Interesse an deinem Fall zu unterscheiden. Was letzteres angeht, so glaube ich übrigens zuversichtlich, daß ich dir helfen kann.«

Angelica lachte. »Machst du das immer?« fragte sie. »Dich mit solchen Erklärungen unterbrechen, meine ich?«

»Ja«, sagte er schlicht, während er den Blick nicht von ihr abwandte. »Du mußt wissen, ich kann deine Gefühle besser nachempfinden als die meisten Männer. Darum will ich dir helfen.« Er setzte sich neben sie. »Dein Cousin Tahg hat mich außerdem gewarnt, daß er mir das Fell bei lebendigem Leibe abzieht, wenn ich es wagen sollte, ein falsches Spiel mit dir zu treiben.«

»Der gute Tahg – er war schon als Kind mein treuer Ritter... Auch um seinetwillen schulde ich dir unendlichen Dank, Derek – du hast ein wahres Wunder an ihm vollbracht. Er ist fast gänzlich wiederhergestellt.«

»Ja, die Wunde ist prächtig verheilt. Trotzdem wäre es mir lieber, er würde sich noch ein Weilchen schonen. Aber... verzeih mir, Angelica, doch wenn du mich nicht endlich sagen läßt, weshalb ich hergekommen bin, dann... also ich weiß nicht, ob ich ein zweites Mal den Mut fände...«

Sein Geständnis und mehr noch sein drollig verzweifelter Gesichtsausdruck brachten Angelica zum Lachen; es klang so herzerfrischend unbekümmert, daß Derek unwillkürlich mit einstimmte.

»Na also!« rief sie. »So gefällst du mir schon besser. Nun will auch ich ganz offen zu dir sein. Ich bin ebenso verwirrt wie du, Derek. Ich freue mich auf deine Besuche, als seist du der Weihnachtsmann persönlich. Einerseits wage ich nicht auf Heilung zu hoffen, aus Angst, ich könnte enttäuscht werden, andererseits habe ich doch Hoffnung... Ich glaube«, setzte sie nachdenklich hinzu, »wir sollten einfach versuchen, Freunde zu sein. Alles andere kommt dann gewiß von selbst.«
Als Derek sie schließlich untersuchte und ihre Beine massierte, war es Angelica, als kehre ein Funke Leben in Muskeln und Gelenke zurück, die lange Jahre wie abgestorben gewesen waren.
»Du mußt lernen, deine Beine nicht zu hassen«, sagte er mit Nachdruck. »Und du darfst auch keine Angst vor ihnen haben. Sie regieren dein Leben nicht mehr, Angelica! Von heute an haben *wir* die Leitung übernommen, du und ich. Du mußt versuchen, deine Beine anzunehmen als das, was sie sind: ein Teil deines Körpers.«
Er zeigte ihr, welche gymnastischen Übungen sie machen müsse, verschrieb warme Bäder und Massagen, vor allem aber bestärkte er sie in dem Glauben, daß eine Besserung möglich sei.
»Ich muß jetzt gehen«, sagte er endlich. »Aber ich bin bald zurück.« Derek war schon an der Tür, als er plötzlich noch einmal umkehrte, sich über sie beugte und ihr einen Kuß auf die Lippen drückte. Noch als er längst fort war, saß Angelica starr vor Staunen in ihrem Rollstuhl und träumte vor sich hin.

Tahg hing düsteren Gedanken nach. Micks Briefe aus London brachten nichts als Hiobsbotschaften. Diesmal hatte der Freund ihm geschrieben, daß die IRA Kasernen in London überfallen habe, während dort die Friedensverhandlungen im Gange waren. »Wie sollen wir Lloyd George und seine Berater davon überzeugen, daß wir ein Land regieren können, wenn wir noch nicht einmal imstande sind, unsere eigenen Leute in Schach zu halten?« hatte Mick gefragt. Auch Tahg wußte keine Antwort.

34

Mit ungeheurer Anstrengung hob Angelica ihre Beine. Ein Zentimeter mehr Entfernung zur Bettdecke als gestern. Ein Zentimeter näher an der Zukunft. Derek hatte recht. Die Übungen waren zwar schmerzhaft und erschöpfend, doch sie fühlte Leben in ihren Beinen – nicht viel, aber genug, um zu hoffen.

Er war so wundervoll: Durch ihn hatte sich alles verändert. Zum erstenmal fühlte sie sich wirklich lebendig, als Frau, ganz sie selbst. Als Angelica sich schweißgebadet in die Kissen zurücklehnte, ließ sie noch einmal – zum wievielten Male? – die Erinnerung an den ersten leidenschaftlichen Kuß an sich vorüberziehen.

Derek hatte ihre Beine massiert, wie er es schon so oft getan hatte, nach dem Dienst oder bevor er ins Krankenhaus ging. Es war spät abends gewesen, und er schien seltsam abwesend und still – normalerweise redete er ununterbrochen.

Wie sie sich jedesmal nach seiner Berührung sehnte! Diese starken, erfahrenen Hände, die lediglich Leben in ihre Beine kneteten und dabei doch ganz andere Gefühle in ihr wachriefen. Sie sah ihm bei der gewohnten Massage zu, als er plötzlich damit aufhörte und seine Finger zärtlich über ihre Haut gleiten ließ.

»Angelica...« begann er mit rauher Stimme, den Blick immer noch auf ihre Beine geheftet. Sie spürte sein Verlangen, sah den Kampf der widerstreitenden Gefühle sich in seinem verstörten Gesicht spiegeln, als er sie endlich in seine Arme schloß. Unsicher und doch leidenschaftlich suchten seine heißen Lippen die ihren.

»Es tut mir leid«, hatte er damals gestammelt, aber sie wußte, dem war nicht so.

Mit einem glücklichen Seufzer streckte sie sich. Am liebsten hätte sie die ganze Welt umarmt.

»Ich habe mich in deine Cousine verliebt«, sagte Derek unvermittelt, nachdem er Tahgs Rücken untersucht hatte. Es würde zwar eine häßliche Narbe zurückbleiben, aber zumindest heilte die Wunde.

»Das sind ja grandiose Neuigkeiten, Derek.« Tahg grinste. »Von ihr weiß ich es schon länger.«

»Ach ja?« erwiderte Derek so beiläufig wie möglich.

»Hast du schon mal versucht, an was anderes zu denken als nur an die Liebe?«
»Du meinst Heirat oder so?«
»Natürlich meine ich Heirat, du Trottel.« Damit stand Tahg auf und begann sich wieder anzukleiden. Ohne Hilfe fiel es ihm noch schwer.
Derek beobachtete die ungelenken Bewegungen seines Patienten.
»Ich weiß zwar, daß jeder ärztliche Rat an dir verschwendet ist, Tahg Mor, aber du mußt dich noch schonen. Du kannst nicht zwei Monate im Bett liegen und anschließend herumlaufen, als sei nichts passiert!«
»Mir geht es schon viel besser, Derek«, warf Tahg ein.
»Aber nicht *gut*, verstehst du? Wenn du nicht mehr auf dich achtgibst, lehne ich jede Verantwortung ab!«
Tahg zuckte nur mit den Achseln.
»Also, dein Arzt verschreibt dir jetzt ein paar Bier in der Kneipe nebenan, Alter. Was sagst du dazu?« versuchte Derek wieder einzulenken.
Tahg lachte. »Ich dachte, Ärzte verschreiben ihren Patienten keinen Alkohol.«
»Um die Wahrheit zu sagen«, entgegnete Derek, »ich brauche selber eine Stärkung. Ich muß mit dir über Angelica reden. Sie geht mir nicht mehr aus dem Kopf.«
Als Tahg das hörte, lächelte er in sich hinein. Sonst war Derek stets verschlossen, ganz in sich gekehrt. Aber schließlich war er auch zum erstenmal verliebt.

Mick Collins
London, England
3 Uhr morgens
5. Dezember 1921

Lieber Tahg!
Es ist geschehen. »Unterzeichnung oder Krieg!« Vor diese Wahl stellte uns Lloyd George heute. Griffith sagte gleich, er müsse sich erst mit seiner Delegation beraten. Den ganzen Tag und noch die halbe Nacht dauerte das Hinundhergerede. Um zwei Uhr morgens endlich haben wir uns dazu durchgerungen – Gott möge uns beschützen! Danach lief ich durch die kalten, feuchten Straßen von London, und

ständig fragte ich mich: War dieser Vertrag das, was Irland siebenhundert Jahre lang wollte? Wird irgend jemand mit diesem Vertrag zufrieden sein?
Ich kann Dir nur eins sagen: Heute nacht habe ich mein Todesurteil unterzeichnet. Wieviel einfacher wäre es gewesen, hätte mich vor fünf Jahren eine Kugel getroffen.
Sprich ein Gebet für mich, Tahg Mor O'Connor. Heute nacht bin ich ein einsamer Mann.

Mick

35

Seaneen und Johnny standen sich gegenüber wie zwei kampfbereite Stiere.
»Collins tat das einzig Richtige, als er den Friedensvertrag unterzeichnete«, schnaubte Seaneen. »Die Engländer hätten uns den Norden niemals überlassen, begreifst du das denn nicht? Dort liegt das Geld – Ulster hat die Eisenbahnen, die Schiffahrt und die Fabriken. Außerdem können die Briten sich dort auf die Unterstützung der Protestanten verlassen. Dev ist ein verdammter Feigling – wie sonst könnte er die Hand von Mick abziehen, obwohl er wissen *muß*, daß dem armen Kerl gar keine andere Wahl blieb, als diesen verdammten Vertrag zu akzeptieren?«
»Der Feigling ist Collins!« schrie Johnny seinen Vater an. »Dieser elende Verräter hat uns an die Briten verkauft! Bei Gott, dafür verdient er den Tod.«
»Ich verbiete dir, so zu reden!« donnerte Seaneen. »Wie kannst du es wagen, über einen Mann wie Mick Collins zu richten? Er hat sein Leben lang für Irland gekämpft. Ohne ihn wäre es gar nicht zu Verhandlungen gekommen. Ihm verdanken wir es, daß endlich Frieden in unserem Land herrscht, Junge. Glaubst du denn im Ernst, einem von uns wäre es gelungen, den Engländern *ganz* Irland abzuringen? Meinst du etwa, die da drüben wissen nicht, daß wir am Ende sind? Keine Nahrungsmittel, kein Geld. Ihre Henker haben unser Land ausgeblutet – ihre *und* unsere! Glaubst du, weil du eine Waffe hast und zu töten vermagst, könntest du alles erreichen, was du dir wünschst? Nein, mein Junge, da bist du gewaltig im Irrtum!«

Starr vor Schreck sah ich von einem zum anderen und wagte nicht, mich zu rühren.
»Du hast nicht recht«, stieß Johnny hervor. »Du bist mein Vater, und ich liebe dich – trotzdem bist du im Unrecht. Collins hat uns reingelegt, und dafür wird er büßen müssen. Wir können die Engländer besiegen, verstehst du das denn nicht? Pa, ich sage dir, sie haben Angst vor uns. Selbst wenn wir jeden verdammten Soldaten umlegen müssen, um sie aus Irland zu vertreiben – wir können es schaffen! Und das werden wir, bei Gott, das werden wir! Die IRA hat genug tapfere Männer, die bereit sind, diesen verdammten Vertrag anzufechten. Wir werden uns von dem Feigling Collins lossagen und auf eigene Faust weiterkämpfen.«
»Das bedeutet Bürgerkrieg!« schrie Seaneen verzweifelt.
»Da hast du verdammt noch mal recht«, schrie Johnny zurück.
»Du bist übergeschnappt, Junge«, sagte Seaneen.
»Und du bist ein alter Narr! Zu alt, um für junge Männer wie mich Entscheidungen zu treffen!«
Natürlich hatte Wut diese Worte diktiert, doch sie wären besser nie gesprochen worden; Johnny erkannte zu spät, was er damit angerichtet hatte.
Seaneen stand stocksteif da; er war bis ins Mark getroffen. Johnny schüttelte hilflos den Kopf, wandte sich dann schnell ab von den blicklosen Augen seines Vaters und stürmte hinaus.
Noch lange Zeit danach starrte Seaneen in die Richtung, aus der er Johnny die Tür hatte zuschlagen hören; fast schien es, als könne er sehen. Endlich tastete er sich mit hängenden Schultern zu seinem Lieblingssessel am Kamin. Zum erstenmal, seit ich ihn kannte, sah Seaneen so alt aus, wie er wirklich war – als hätten ihn durch einen plötzlichen Zauberspruch seine Jahre eingeholt.

6. Januar 1922

Der Kampf im Dail, der Regierung des neuen irischen Freistaates, dauerte Stunde um Stunde. Gemäßigte und Radikale hatten sich aussichtslos ineinander verbissen, und von beiden Seiten fielen bittere, haßerfüllte Worte.
Dev hatte beantragt, den Friedensvertrag in aller Form zurückzuweisen.
Als man nach langen, hitzigen Debatten endlich zur Abstimmung

schritt, gewannen die Befürworter des Vertrages mit knapper Mehrheit; damit war der Friede mit England ratifiziert. De Valera trat vom Präsidentenamt zurück; er wollte statt dessen Präsident einer neuen Republik werden. Tahg und Mick verließen gleich nach Bekanntgabe des Abstimmungsergebnisses den Sitzungssaal – zu erschöpft, als daß sie sich ihres Sieges hätten freuen können.
»Die haben mich einen Verräter genannt«, flüsterte Mick fassungslos. »Hast du das gehört? Sie haben *mich* einen Verräter genannt.«

36

Derek rang nervös die Hände. Wäre Angelica nicht so verzweifelt gewesen, hätte es sie vielleicht belustigt, ihn so aufgeregt in ihrem Salon hin und her gehen zu sehen.
»Meinst du nicht, es wäre am besten, du sagtest mir, was du auf dem Herzen hast?« fragte sie endlich.
Er wandte sich nach ihr um. »Ich weiß nicht, wie ich anfangen soll.«
»Du erwartest doch nicht, daß ich für dich spreche?« entgegnete Angelica bitter, denn sie ahnte wohl, was kommen würde.
Aus seinem Gesichtsausdruck sprach liebevolles Mitleid, als er auf sie zu kam und sich neben ihren Rollstuhl kniete, wie er es wohl schon hundertmal getan hatte. »Es ist nicht etwa so, daß ich dich nicht liebte, Angelica. Nur... mit dir verheiratet zu sein... ich fürchte, dem wäre ich nicht gewachsen.«
»Weil ich ein Krüppel bin?« fragte Angelica geradeheraus.
»Aber Angelica, es ist nur dein Körper, der Schaden gelitten hat...«
»Das scheint zu genügen, um dich abzuschrecken.«
Derek ließ sich auf die Fersen zurücksinken, als habe ihn ihre bittere Stimme bezwungen. »Ich will ganz offen zu dir sein, Angelica. Aber du mußt mich ausreden lassen. Bisher habe ich dich einfach nur geliebt – so sehr, daß ich glaubte, wir könnten alle Hindernisse überwinden. Aber als dann auf einmal von Heirat die Rede war, da merkte ich plötzlich, wieviel Angst ich davor habe.

Angst, eine Frau zu haben, die nicht alles mit mir unternehmen kann, wovon ich immer geträumt habe; Angst, vielleicht niemals Kinder zu bekommen...«

»Aber du sagtest doch selbst, ich könne empfangen.«

»Ja, und das ist die Wahrheit. Aber könntest du auch ein Kind austragen und zur Welt bringen, ohne dein Leben zu gefährden? Das weiß ich eben nicht. Dafür die Verantwortung zu übernehmen... ich kann es nicht, Angelica, ich kann es einfach nicht. Es gibt so vieles, wovor ich mich fürchte. Die Leute würden sagen, ich hätte dich nur wegen deines Geldes geheiratet. Ich... ich habe nicht den Mut, mich auf etwas einzulassen, womit ich nachher womöglich nicht fertig werde...«

»Hör auf!« schrie Angelica ihn an. »Glaubst du denn, ich habe kein Herz? Meinst du, nur weil meine Beine gelähmt sind, sei ich ganz und gar gefühllos?« Sie bot all ihre Kraft auf, um sich zu beherrschen. »Du hast mir Hoffnung gegeben, Derek... und Liebe. Ich will mich bemühen, das im Gedächtnis zu behalten, damit ich dich nicht hassen muß!« Damit wendete sie ihren Rollstuhl und ließ ihn allein im Zimmer zurück.

Angelica saß ganz still; in ihrem Innern aber kämpften Zorn und Schmerz einen furchtbaren Kampf miteinander.

Sie hatte gespürt, wie Dereks Beziehung zu ihr sich veränderte, seit zum erstenmal von Heirat die Rede gewesen war.

Ihr Traum würde sich also nie erfüllen. Nie würde sie in Dereks starken Armen Zuflucht finden, nie seine Kinder an ihre Brust drücken. Sie würde allein bleiben, so wie sie es immer gewesen war. Allein und unausgefüllt.

Plötzlich stützte Angelica sich aufs Fensterbrett und zog sich mit übermenschlicher Anstrengung aus ihrem Rollstuhl hoch. Obwohl ihre Beine sich unter Dereks kundiger Anleitung schon sehr gekräftigt hatten, war es ihr bisher noch nie gelungen, sich ohne fremde Hilfe aufzurichten. Die Qual, sich auch nur einen Moment lang gerade zu halten, war schier unerträglich; Übelkeit und Schwindel bemächtigten sich ihrer. Angelica tastete hinter sich nach ihrem Rollstuhl, doch durch eine unachtsame Bewegung stieß sie ihn außer Reichweite. Verzweifelt klammerte sie sich an die Fensterbank, bemüht, nicht das Gleichgewicht zu verlieren.

Langsam, unendlich langsam, glitt sie zu Boden; eine Welle ohnmächtiger Hilflosigkeit schlug über ihr zusammen.
Ich will mich durch diesen Schmerz nicht zerstören lassen, dachte sie wieder und wieder. Ich will nicht daran zugrunde gehen.

Derek saß auf einer Parkbank vor dem Krankenhaus und vergrub den Kopf in den Händen. Was hatte er nur getan? Er hatte den Menschen, den er über alles in der Welt liebte, verletzt. Er hatte zwar all das gesagt, was er sagen wollte und mußte; all die schrecklichen, verletzenden Gedanken, die im Lauf des vergangenen Monats in ihm hochgestiegen waren. Aber er fühlte sich nicht besser dadurch. Und auch nicht befreit.
Statt dessen kam er sich so leer vor, als hätte er das Wichtigste im Leben verloren: Liebe und eine Hoffnung für die Zukunft. Was machte es denn schon aus, wenn sie nicht alles haben konnten? Sie hatten doch so vieles. Und sorgte sich nicht jeder Mann um seine geliebte Frau, sobald sie im Kindbett lag? Sollte er als Arzt weniger Gottvertrauen besitzen als der einfachste Tagelöhner? Voller Selbstekel erhob er sich von der Bank und marschierte los, die Hände tief in den Taschen vergraben.

Schweigend lief Derek in seinem Behandlungszimmer auf und ab. Tahg, den er hierher bestellt hatte, beobachtete ihn. Die Nervosität des Arztes war unverkennbar; immer wieder räumte er Instrumente auf und schlichtete die Papiere auf seinem Schreibtisch, bis sich die Sinnlosigkeit seiner Geschäftigkeit nicht länger verbergen ließ.
»Was ist passiert?« fragte Tahg endlich. »Warum wolltest du mich so dringend sprechen?«
»Ich habe mit Angelica Schluß gemacht«, sagte Derek kaum hörbar.
Einen Augenblick herrschte Schweigen, schließlich sagte Tahg nur: »Feigling!«
»He, Moment mal!« brauste der junge Arzt auf, besann sich aber gleich wieder. »Ach was, du hast ja recht.«
»Tut mir leid um dich, Derek. Der Verlierer bist in dem Fall nämlich du.«

Derek wich dem Blick Tahgs aus und heftete seine Augen auf den Boden. »Ich hab' mich nicht stark genug gefühlt, um es durchzustehen, Tahg. Es... es war, als wüchse mir alles über den Kopf, verstehst du? Aber jetzt glaube ich, daß ich einen schrecklichen Fehler gemacht habe. Ich dachte mir, vielleicht könnte ich noch einmal zu ihr gehen und sie um eine Aussprache bitten.«
Aus Tahgs Stimme sprach blanke Verachtung. »Solltest du das aus Mitleid tun wollen, Derek – vergiß es! Angelica hat Besseres verdient als einen Mann, der nicht weiß, ob er sie auch wirklich haben will.«
Ehe O'Hanrahan etwas erwidern konnte, war Tahg gegangen.

Mit dem Hut in der Hand stand Derek im Salon, in dem er und Angelica während der letzten Monate so viele gemeinsame Stunden verbracht hatten. Während er auf sie wartete, erschien ihm der Raum plötzlich viel zu klein als Rahmen ihrer Liebesgeschichte. Das vertraute Geräusch ihres Rollstuhls signalisierte ihm ihre Ankunft, und er drehte nervös den Hut in seinen Händen.
»Guten Morgen, Derek«, sagte Angelica mit ruhiger Stimme. »Ich hatte nicht erwartet, dich wiederzusehen.«
Derek ging raschen Schrittes auf sie zu. »Ich habe auch nicht erwartet, daß ich herkommen würde. Ich war die ganze Nacht auf den Beinen. Es kommt mir vor, als wäre ich tausend Meilen weit gegangen.«
»Eine Erquickung, die mir verwehrt ist.« Aus ihrer Antwort konnte Derek nicht erkennen, ob Angelica verbittert oder traurig war.
»Angelica, ich bitte dich, meine Frau zu werden«, sagte er schnell. »Ich war ein Narr, daß ich mich von meinen dummen Ängsten ins Bockshorn jagen ließ. Ich möchte dich heiraten. Bitte verzeih mir, was ich gestern gesagt habe, Angelica.«
Angelica drehte eine lange blonde Strähne zwischen den Fingern. Erst jetzt fiel ihm auf, daß sie ihr Haar offen trug. Trotz der dunklen Schatten unter ihren Augen sah sie sehr schön aus. Sie musterte Derek lange und prüfend, bevor sie mit leiser, aber fester Stimme antwortete.
»Ich verzeihe dir, Derek. Ich habe fast die ganze Nacht gebraucht, um mich dazu durchzuringen, aber nun habe ich dir verziehen.«

»Dann...«

Mit einer Handbewegung brachte sie ihn zum Schweigen.

»Aber ich kann dich nicht heiraten.«

Sein verdutzter Gesichtsausdruck hätte sie fast zum Lächeln gebracht.

»Siehst du, Derek, du liebst mich einfach nicht genug, als daß ich mich dir anvertrauen könnte.«

»Angelica, das kann doch nicht dein Ernst sein! Ich habe mir alles genau überlegt... ich weiß jetzt, daß ich meine Ängste meistern kann.«

»Du hast mich falsch verstanden, Derek. Es geht jetzt nicht um deine Ängste, sondern um meine. Siehst du, das Kostbarste von allem, was du mir geschenkt hast, war das Gefühl meines eigenen Wertes. Als Frau, als Mensch. Vielleicht gibt es auf der ganzen Welt keinen Mann, der den Mut aufbringt, mich so zu lieben, wie ich bin. Aber seit heute nacht weiß ich, daß ich mich nicht mit weniger begnügen kann. Gestern konnte ich es dir an den Augen ablesen... falls du mich heiratest, würdest du es immer als Opfer betrachten. Du würdest Dankbarkeit von mir erwarten und meinen, du hättest mir einen ungeheuren Dienst erwiesen. Das könnte ich nicht ertragen, Derek. Du hast mich gelehrt, mich trotz meines Gebrechens nicht als Krüppel zu betrachten, sondern als vollwertigen Menschen. Wenn mich je ein Mann so lieben sollte, daß er sich glücklich schätzt, mich zu erringen, dann werde ich ihn heiraten und mein Leben darauf verwenden, ihm zu zeigen, daß er recht hatte. Falls es keinen solchen Mann gibt... nun, ich bin eine reiche Frau. Ich habe mein Heim, treue Dienstboten, meine Arbeit und meine Freunde. Ich werde lernen, mich damit zu begnügen.«

Derek O'Hanrahan saß da, den Kopf gesenkt, die Hände ineinander verschlungen – ein Bild völliger Niedergeschlagenheit.

»Du hast natürlich recht«, sagte er endlich, nachdem beide lange geschwiegen hatten. »Ich war ein elender Narr, mir einzubilden, daß die Entscheidung einzig und allein von mir abhinge. Ich weiß nicht, was ich sagen soll, Angelica... aber ich liebe dich so, wie du geliebt werden möchtest. Ich könnte der Mann sein, den du eben beschrieben hast. Wenn du mich noch haben willst, Angelica, kann ich dieser Mann sein.«

»Ich brauche Zeit zum Nachdenken«, sagte sie leise. »Du hast mir

ein wunderbares Geschenk gemacht, indem du mich lehrtest, daß ich *wählen* kann. Bevor ich dich kennenlernte, wäre ich so dankbar gewesen, wenn ein Mann mich überhaupt gewollt hätte – ich hätte, ohne mich zu besinnen, ja gesagt. Und wahrscheinlich hätte ich es dann mein Leben lang bereut.
Derek, ich liebe dich wirklich – aber der Mann, der du gestern warst, den könnte ich nicht lieben. Du hast mir mein Selbstwertgefühl wiedergegeben – dafür danke ich dir. Vielleicht sollte ich mich damit bescheiden, statt dich zu heiraten und irgendwann herauszufinden, daß du doch nicht den Mut hast, den ich brauche.«
Derek schüttelte nachdenklich den Kopf. »Du bist ein außergewöhnliches Mädchen, Angelica. Ich wäre stolz darauf, dich zur Frau zu haben. Ich fühle mich geehrt, wenn du mir deine Freundschaft gewährst. Nach allem, was geschehen ist, würde ich dich nicht bitten, mich zu heiraten, wenn ich nicht glaubte, daß ich dich glücklich machen kann.« Damit küßte er sie sanft auf die Wange und ging.
Angelica lenkte ihren Rollstuhl ans Fenster und sah ihm nach, wie er die Straßen entlangging, die Hände in den Taschen vergraben, den Kopf gesenkt.

37

Das Herz tat mir weh, während ich ohnmächtig mit ansah, wie unsere Bewegung in zwei unversöhnliche Lager zerfiel. Der durch den Friedensvertrag geschaffene irische Freistaat hatte Dominionstatus nach dem Vorbild Kanadas erhalten. Die Mehrheit unserer Landsleute war mit diesem Zustand durchaus zufrieden.
Doch die Extremisten, aufgestachelt von Dev, schienen diese Freiheit gar nicht zu wollen, sondern lediglich den endlosen Widerstandskampf. Im März 1922 spaltete sich die IRA in zwei feindliche Parteien, die Republikaner und die Freistaatler, und sie stürzten ganz Irland in einen blutigen Bürgerkrieg.
Mick Collins, untröstlich über die unheilvolle Entwicklung, die sein Lebenswerk genommen hatte, tat sein Möglichstes, um die Männer zur Vernunft zu bringen.

Auf dem Weg zu den Außenposten in Cork stattete er Seaneen und mir einen Besuch ab. Die anstrengenden Monate in London, die schlimme Erfahrung, von den eigenen Leuten verstoßen und verachtet zu werden, die Sorge um das erneut zerstrittene Land – all das hatte seine Spuren hinterlassen. Mick war ein geschlagener Mann.

Und dennoch wollte er das Unmögliche versuchen und die Rebellen vom Kampf abhalten. Seaneen schüttelte abwehrend den Kopf, als er von Micks Plan hörte. »De Valera hat die Jungs gegen dich aufgehetzt, Mick.«

»Es ist nicht Dev allein. Viele, die ich für meine Freunde hielt, haben sich gegen mich gewandt und beschimpfen mich heute als Verräter.«

»Meinst du nicht, es ist zu riskant für dich, jetzt, wo die Fronten so verhärtet sind, nach Cork zu fahren?« fragte Seaneen besorgt.

»Aber ich bitte dich! Sie werden mich doch nicht in meinem eigenen Land erschießen«, erwiderte Collins mit einem freudlosen Lachen.

Später hatte ich Grund, mich an diese Unterredung zu erinnern.

Der kleine Konvoi rumpelte über die Landstraße. Als sie in das Tal Beal na mBlath einbogen, legte Mick sich vorsorglich das Gewehr über die Knie. Diese Gegend kam ihm nicht geheuer vor.

Die Männer der III. Cork-Brigade konnten von ihrem Hinterhalt aus die Straße meilenweit überblicken. Seit dem Morgengrauen lagen sie auf der Lauer. Jetzt senkte sich schon die Abenddämmerung über das Tal.

Lieutenant Smith, der auf einem Motorrad vor Collins und seinen Leuten herfuhr, erspähte den umgestürzten Rollwagen, der die Straße blockierte, als erster und machte kehrt, um die anderen zu warnen.

Bevor Collins noch eine Entscheidung treffen oder ein Kommando erteilen konnte, eröffneten die Republikaner das Feuer.

Collins preßte sich flach gegen den Boden und sondierte das Gelände. Zur Rechten ging es steil bergan, zur Linken machten offenes Sumpfland und ein Flußlauf jeden Fluchtversuch aussichtslos.

Auf dem Hügelkamm in ihrem Rücken lagen die Republikaner im Hinterhalt.

Fast eine halbe Stunde lang dauerte das Gefecht, ohne daß eine der kämpfenden Parteien einen erkennbaren Vorsprung errungen hätte. Schließlich trat eine kurze Feuerpause ein. Collins wußte um die Ausweglosigkeit der Lage, falls es ihm nicht gelang, einen günstigen Standpunkt für seine Männer auszumachen. Vorsichtig stand er auf. Er benutzte den Lastwagen als Deckung und gab sich selbst Feuerschutz, als er dahinter hervorsprang. Von der Hügelkuppe peitschten Schüsse hinter ihm her.

»Sie haben Mick getroffen!« schrie jemand. Wie gelähmt hörten Collins' Begleiter auf zu schießen. Die Republikaner dagegen verstärkten ihren Angriff. Sie spürten instinktiv, daß etwas Entscheidendes passiert war, wußten indes nicht, was.

Collins' Adjutant kroch durch den Kugelhagel zu seinem Kommandanten hin und zerrte den Sterbenden zurück in den Schutz des Lastwagens.

Endlich ließ die Schießerei nach; dann wurde das Feuer gänzlich eingestellt. Die Republikaner verschwanden spurlos im felsigen Gelände.

Fassungslos kauerte der Adjutant neben Mick Collins' Leiche, während die Nacht sich über das Tal senkte.

Seaneens Kurier holte Tahg auf der Straße nach Macroon ein. »Die Republikaner planen einen Mordanschlag auf Mick Collins«, lautete seine Botschaft. »In West Cork. Nimm dich in acht.«

Tahg holte das Äußerste aus dem Wagen heraus. Schon den ganzen Tag über hatten ihn böse Vorahnungen geplagt – seit dem Alptraum letzte Nacht. Im Traum hatte er einen großen schwarzen Raben gesehen, dem Blutstropfen aus dem Schnabel quollen. Und in seinen Fängen hatte dieser grausige Vogel eine goldene Harfe gehalten – auch sie rot von Blut.

Lauter böse Omen, dachte er, warum habe ich sie nur nicht erkannt? Hoffentlich war es noch nicht zu spät, um Mick zur Umkehr zu bewegen!

Endlich erreichte er das Tal von Beal na mBlath und fand auch bald die Stelle, wo der umgestürzte Wagen die Straße versperrte. Ein Stück weiter sah er Collins' Männer wie ein Häuflein ratloser, verlassener Kinder beisammenstehen.

»Wo ist Mick?« Tahg sprang aus dem Wagen und lief auf die Gruppe zu.

Wortlos traten die Männer auseinander. Und dann sah er ihn liegen – einen Arm grotesk abgewinkelt, die Beine weit von sich gestreckt. Neben seinem linken Ohr sickerte Blut aus einem kleinen, kaum sichtbaren Loch.

Tahg kniete neben dem Sarg seines Freundes und hielt die Totenwache. Man hatte Mick aufgebahrt wie einen Helden. Er trug die Uniform der Freiwilligen, und seine Brust war mit Orden geschmückt. Einem plötzlichen Impuls folgend, zog Tahg seine Brieftasche heraus und entnahm ihr die zerschlissene blaue Schleife, die Angelica ihm geschenkt hatte, als sie noch Kinder waren.

»Sie wäre stolz darauf, wenn sie wüßte, daß du ihre Farben trägst, Mick«, flüsterte er und legte die verblaßte Schleife über die gefalteten Hände des Toten. »Leb wohl, mein Freund.«

Die letzte Wacht

In ruhig grüner Au, umgeben rings von Rosen,
Ragt stolz Saint Kiernans Feste auf.
Und Erins kampferprobte Recken, ruhmreich
tapfere Geschlechter,
Schlummern dort.

Dort ruhen sie, die sieben Könige von Tara,
Dort schlafen Cairbres Söhne sacht –
Die Kampfesbanner unsrer Gälen, sie halten
auf Kiernans Kreuzesstätten
Nun ihre letzte Wacht …

Angus O'Grieve

38

»Sie haben Mick umgebracht«, stieß Tahg stockend hervor. »Diese elenden Feiglinge – aus dem Hinterhalt haben sie ihn erschossen!«
»Ich wußte es.« Seaneen schüttelte bekümmert den Kopf. »Als er den Vertrag unterzeichnete, da unterschrieb er zugleich sein Todesurteil, Tahg.«
»Er war mein Freund.«
Seaneen bemerkte den erbitterten Ton. Er nickte verständnisvoll. »Nun wird nichts und niemand den Bürgerkrieg mehr aufhalten können, mein Junge«, sagte er traurig.
»Und auf wessen Seite stehst du?«
»Auf seiten Irlands, Tahg. Wo ich immer gestanden habe. Mit den Engländern kann man keine Geschäfte machen, aber unser Land ist ausgeblutet. Wir können keine weiteren Kämpfe verkraften.« Seaneen sah alt und müde aus. »Und was ist mit dir?« setzte er hinzu.
»Wenn du's genau wissen willst – mein Herz gehört keiner der beiden Parteien. Ich kann nicht für Dev kämpfen, nach allem, was geschehen ist, und außerdem weiß ich, daß wir den Engländern nicht mehr abtrotzen können, als Mick geschafft hat. Hätte er nicht unterschrieben, hätten sie uns den Krieg erklärt. Ihm blieb keine andere Wahl.«
Wieder nickte Seaneen. »So wie ihm erging es allen weisen Männern, die versucht haben, die Unbelehrbaren zur Vernunft zu bringen. Schau dich nur um in der Geschichte: Sokrates erntete den Schierlingsbecher, Christus schlugen sie ans Kreuz...«
Bewegt und voll Bewunderung betrachtete Tahg den Älteren. Schließlich räusperte er sich, wie um die aufsteigenden Tränen hinunterzuschlucken, und fragte: »Und was ist mit Johnny?«
»Oh, der Junge ist versessen darauf zu kämpfen. Ihm kann es nicht wild genug zugehen. Mein Sohn hat keinen Sinn für den Frieden. Diesmal wird er sich offen gegen seinen Vater stellen.«

»Ich will Schluß machen, Seaneen«, sagte Tahg unvermittelt.
Seaneen horchte auf. »Womit, mein Junge?«
»Mit allem! Mit dem Töten. Mit der Politik. Wenn's sein muß, sogar mit Irland. Zumindest für eine Weile. Für mich verkörperte Mick diesen Kampf, verstehst du? Sein Tod hat mir gezeigt, wie sinnlos all unser Bemühen ist. Es ist einfach kein Ende abzusehen! Ich will nicht mein ganzes Leben Irland widmen, nur um eines Tages von jemandem hinterrücks erschossen zu werden, der einmal mein Freund war. Ich bin kein Feigling, Seaneen. Wenn ich den Befehl bekam, habe ich getötet, genau wie jeder andere. Aber jetzt ist Schluß! Ich will fort, solange es irgendwo in der Welt noch Hoffnung auf Leben und Liebe gibt. Es bricht mir das Herz, wenn ich daran denke, was sie Mick angetan haben... und was sie nun Irland antun werden.«
»Und was hast du vor?«
»Zuerst einmal möchte ich dafür sorgen, daß FitzGibbon Hall gesichert ist. Womöglich wird man das Gut niederbrennen – wenn meine Feinde es nicht tun, dann eben meine Freunde. Aber dadurch würden viele Menschen um Arbeit und Brot gebracht – es ist meine Pflicht, für die Leute zu sorgen. Und dann werde ich Kitty bitten, meine Frau zu werden, obgleich wenig Aussicht besteht, daß sie ja sagen wird.«
»Wenn du in Irland bleibst, bist du ein toter Mann.« Seaneen sprach seine Prophezeiung ruhig und sachlich aus.
»Ich weiß, ich dachte mir, ich könnte nach Amerika gehen und dort für eine Weile untertauchen. Dieser Wahnsinn muß doch über kurz oder lang ein Ende finden.«
»Man wird dich als Feigling hinstellen und dir noch Schlimmeres nachsagen«, gab Seaneen zu bedenken.
»Ja, auch das weiß ich.«
»Also gut. Eine Woche kann ich dich decken, aber nicht länger. Danach bist du auf dich allein angewiesen.«
»Danke, Seaneen. Du bist der einzige, an dessen Wertschätzung mir gelegen ist – hältst du mich auch für einen Feigling?«
Seaneen schürzte die Lippen, wie er es manchmal tat vor wichtigen Entscheidungen. Schließlich sagte er: »Wir Iren haben die fatale Angewohnheit, unsere besten Leute in die Verbannung zu schicken und die zu verraten, welche bleiben. Ich bin ein alter Mann, Tahg Mor, alt geworden im Dienste Irlands. Und ich habe

im Laufe der Jahre gelernt, daß manchmal mehr Mut dazugehört, am Leben zu bleiben, als zu sterben. ›Es ist besser, in der Mitte des Stroms umzukehren, als in den Fluten zu ertrinken‹, pflegte mein Vater zu sagen. Solange ich jung war, habe ich das nicht verstanden, heute begreife ich es nur zu gut. Wenn dieses furchtbare Blutvergießen zu Ende ist, brauchen wir Männer wie dich, die uns beim Aufbau eines freien Irlands helfen... falls es das je geben sollte. Geh, wohin du es für richtig hältst, Tahg. Ich gebe dir meinen Segen mit auf den Weg und meine Hochachtung.«

Tränen der Dankbarkeit stiegen mir in die Augen, als ich den geliebten Mann so sprechen hörte. Ich glaube, ich bin nie stolzer auf ihn gewesen als in diesem Moment.

Seaneen und ich nahmen Abschied von Tahg. Der Tag, an dem ich ihn wiedersehen sollte, war einer der traurigsten in meinem Leben.

39

Noch einmal las Tahg das Schreiben seines Anwalts, in dem all seine Erbschaftsansprüche aufgeführt waren. FitzGibbon Hall, die Pachthöfe, die Fischereirechte, der Strand, das Marschland. Seit Onkel Desmond vor fünf Jahren gestorben war, hatte er mit niemandem außer Tante Beth und Angelica über das Testament gesprochen.

Wäre es nicht absurd gewesen, wenn ein IRA-Mitglied sich als Eigentümer eines ebensolchen Besitztums zu erkennen gegeben hätte, wie die Bruderschaft sie überall im Land niederbrannte?

Tante Beth hatte an seiner Statt die Verwaltung des Gutes übernommen. Das sollte nun anders werden.

Wenn Kitty bereit war, ihn zu heiraten, dann hatte er allen Grund, sich auf FitzGibbon Hall niederzulassen und seßhaft zu werden. Wies sie ihn ab... nun, dann brauchte er nirgendwo auf der Welt eine feste Bleibe.

Tahg klopfte an die Tür zu Kittys Garderobe. Er hoffte, sie allein anzutreffen.

Kitty öffnete selbst. Ungläubig starrte sie ihn an. Sie hatte ihn auf der Flucht geglaubt, irgendwo in Cork.

»Großer Gott!« Hastig zog sie ihn herein und schloß die Tür. »Wenn dich nun jemand gesehen hat? Tahg, du wirst *gesucht*! Sie haben sogar einen Preis auf deinen Kopf ausgesetzt.«
»Ich bin gekommen, um dich zu bitten... Willst du meine Frau werden, Kitty?«
Sie wollte etwas erwidern, doch er legte ihr den Finger an die Lippen.
»Nein, erst muß du mich anhören, Kitty. Mick ist tot. Erschossen.«
»O mein Gott! Wer hat das getan?«
»Die IRA, wahrscheinlich sogar seine eigenen Freunde... Du weißt, wie viele sich seit dem verwünschten Vertrag von ihm abgekehrt haben. Für mich ist es jedenfalls vorbei. Ich steige aus, Kitty.«
Sie nahm ihn bei der Hand und führte ihn zu dem kleinen Sofa, auf dem wie immer Kleider herumlagen. Nachdem sie sie achtlos beiseite geschoben hatte, setzten sie sich.
»Ist das dein Ernst? Du willst dich aus der Bewegung zurückziehen?«
»Ja«, versicherte er. »Mick war für mich die Seele unserer Revolution. Wenn die Bewegung sich so an ihm vergehen konnte, will ich nichts mehr mit ihr zu tun haben. Kitty, gib mir bitte eine Antwort... wenn ich aussteige – wirst du dann mit mir fortgehen und meine Frau werden?«
»Wo sollen wir denn hin?«
»Irgendwohin, wo man noch ein normales Leben führen kann. Vielleicht nach Amerika. Und wenn dieser blutige Bürgerkrieg einmal zu Ende ist, werden wir nach Sligo zurückkehren, wo meine Eltern zu Hause waren, wo wir uns ein Heim schaffen und Kinder großziehen können. Nun, Kitty, wirst du mit mir kommen?«
Kittys Gedanken drehten sich im Kreis. Das Theater, ihr Wunsch nach Reichtum und Ruhm, auf der anderen Seite ihre Liebe zu dem Mann, ohne den sie sich ein Leben nicht mehr vorstellen konnte. »Du meine Güte, Tahg... ich bin ganz durcheinander. Ich hätte nie erwartet...«
»Ich hab' dir doch gesagt, daß ich kommen würde, dich zu holen, wenn alles vorbei ist.«
»Aber der Krieg ist doch noch längst nicht vorbei! Du hast nie ge-

sagt, wann du kommen würdest... Ich hab' nicht geglaubt, daß du je davon loskämst.«
Müde und traurig wandte er sich zum Gehen. »Ich fahre morgen, Kitty. Mit dir oder ohne dich. Ich wünsche mir nichts sehnlicher, als daß du mit mir kommst. Wenn du willst, bring auch Bridgie mit. Ich nehme den Zug nach Sligo, morgen mittag um halb eins. Ich muß FitzGibbon Hall noch einmal sehen, ehe ich Irland verlasse. Wenn du morgen nicht mitkommst, werden wir uns vielleicht nie wiedersehen.«
Tahg war schon an der Tür, da sagte er leise und ohne sich nach ihr umzuschauen: »Kitty, meine einzige Liebe, wie du dich auch entscheiden magst... du sollst wissen, daß ich dich verstehen werde.«
Als Tahg schon längst fort war, stand Kitty immer noch reglos auf demselben Fleck, unfähig, einen klaren Gedanken zu fassen.

»Aber warum hast du ihr nur nichts von deiner Erbschaft erzählt, Tahg?« fragte Angelica aufgebracht. Es war lange nach Mitternacht, eine höchst ungewöhnliche Stunde für einen Besuch. Die Stille auf den Straßen rings ums Haus schien die Besonderheit der Situation noch zu unterstreichen.
»Deinetwegen«, antwortete er schlicht.
»Und was soll das heißen? Ich werde nicht zulassen, daß du mir die Schuld für deine Dummheit in die Schuhe schiebst!«
»Angelica, du hattest den Mut, Derek abzuweisen, weil er dich nicht *genug* liebte. Ich muß den Mut finden, Kitty gehen zu lassen, falls ihre Liebe zu *mir* nicht stark genug ist. Die Erbschaft könnte ihren Entschluß beeinflussen, gewiß, aber das hat nichts mit mir zu tun oder mit ihren Gefühlen für mich. Und nach all den Jahren muß ich endlich wissen, was sie für *mich* empfindet, verstehst du das denn nicht?«
Angelica verstand nur zu gut. »Es ist schmerzhaft«, sagte sie. »Man wünscht sich so sehr, daß der andere sich selbst überwindet und zu einem kommt.« Er nickte bedrückt. An seiner zusammengekauerten Haltung konnte sie so deutlich seine elende Verfassung ablesen, daß sie am liebsten geweint hätte. »Trotzdem«, fuhr sie hastig fort, »ich weiß nicht, ob du das Richtige getan hast. Kitty liebt dich – daran besteht kein Zweifel. Andererseits ist

sie besessen von dem Wunsch, ein für allemal der Armut zu entfliehen, und wer wollte ihr das verübeln? Ach, ich fürchte, du hast dich von romantischen Flausen leiten lassen, als du ihr deine Erbschaft verschwiegst.«

Tahg lachte auf. »Angel, du hast mich wieder mal durchschaut! Aber ich mußte einfach so handeln. Ich habe gesehen, wie es ist, wenn zwei Menschen sich aufrichtig lieben... wie Ma und Pa oder wie Seaneen und Tante Beth. Eine solche Liebe triumphiert über alle Schwierigkeiten. Und ich möchte auch so geliebt werden... so oder gar nicht.«

»Tahg, ich fürchte, wir beide werden uns mit unseren hochfliegenden Idealen ein einsames Alter einhandeln«, erwiderte Angelica wehmütig. »Doch wer weiß... vielleicht finden wir auch eines Tages das Einhorn, nach dem wir suchen. Wäre das nicht schön, mein Freund?«

Tahg beugte sich zu ihr hinunter. Sie umarmten sich und nahmen bewegt Abschied voneinander. Dann ging er zurück in seine Wohnung und packte seine wenigen Habseligkeiten zusammen.

Kitty wandte sich um und blickte an der Fassade des Theaters hoch. Von dem beleuchteten Plakat über dem Eingang lächelte ihr ihr eigenes Gesicht entgegen.

Konnte sie das alles wirklich aufgeben? Konnte sie all ihre Träume und ehrgeizigen Pläne begraben, um dem Mann, den sie liebte, in die Armut und eine ungewisse Zukunft zu folgen?

Langsam und nachdenklich machte sie sich auf den Heimweg. Aber wenn ich nicht mit ihm gehe, dachte sie, was dann? Könnte ich es ertragen, ihn nie wiederzusehen?

Solange sie zurückdenken konnte, war Tahg immer dagewesen, um ihr zu helfen, ihr beizustehen und sie zu beschützen. Gewiß, der Krieg hatte ihn oft von ihr getrennt, aber wenn sie ihn brauchte, war er immer gekommen – ungeachtet aller Hindernisse und Gefahren.

Zu Hause angelangt, warf Kitty sich in den Kleidern aufs Bett und vergrub schluchzend ihr Gesicht in den Kissen. »Wein dich nur aus, Liebling«, hatte Tahg nach jener furchtbaren Nacht oft zu ihr gesagt. Voll sehnsüchtigen Verlangens nach seinen starken, beschützenden Armen rollte Kitty sich zusammen und weinte sich in den Schlaf.

Aufgeregt suchte Tahg mit den Augen den Bahnsteig ab; kaum wagte er noch zu hoffen. In wenigen Minuten würde der Zug abfahren.
Da sah er plötzlich ihre rote Mähne aufleuchten. Kein Zweifel, die sich da hastig einen Weg durch die Menge bahnten, waren Kitty und Bridgie.
»Wie du siehst, habe ich mich entschieden«, stieß Kitty atemlos hervor, sobald sie ihn erreicht hatten. »Nun hast du uns am Hals! Und wer weiß, ob dir das nicht schon bald leid tun wird. Ich will und mag nämlich das Theater nicht aufgeben...«
»Das brauchst du auch nicht«, warf er ein, doch Kitty war so in Fahrt, daß sie ihn gar nicht hörte.
»...und ich werde es grausig finden, wieder arm zu sein, und mich wahrscheinlich in einem fort beklagen...«
»Du wirst auch nicht arm sein«, sagte er lächelnd.
»Hast du das gehört, Bridgie? Der Mann ist komplett verrückt! Sollen wir's wirklich wagen, uns mit ihm zusammenzutun?«
»Ja!« antwortete das Kind mit Nachdruck.
Ehe Kitty noch etwas erwidern konnte, hatte Tahg sie schon in seine Arme geschlossen.
»Ich liebe dich, Kitty, ich liebe dich mehr als alles auf der Welt. Du wirst es nicht bereuen, daß du mit mir gehst, glaub mir, mein Herz, du wirst es nicht bereuen!«
»Bei Gott, ich hoffe, du hast recht. Aber jetzt sollten wir einsteigen! Die Leute gucken schon alle nach uns.«
Tahg half ihr und dem Kind in ein Abteil erster Klasse, das er vorsorglich und in der Hoffnung, Kitty würde seinen Antrag annehmen, reserviert hatte.
»Was ist in dich gefahren? Wie konntest du nur so leichtsinnig das Geld zum Fenster rauswerfen?« rief Kitty halb ungehalten, halb entzückt über soviel Luxus.
»Schon gut, Kitty, mein Schatz. Mach dir keine Sorgen. Jetzt wird alles, alles gut.«
Kitty schüttelte nur den Kopf über seinen jungenhaften Eifer.
»Wie hast du das vorhin gemeint – ich bräuchte das Theater nicht aufzugeben?« fragte sie mißtrauisch, während sie Bridgie das Mäntelchen auszog und das Kind auf einen Fensterplatz setzte.
»Ganz einfach, ich habe nichts gegen deine Schauspielerei. Sie ist ein Teil von dir, folglich liebe ich sie, wie ich dich liebe. Wenn wir

erst einmal verheiratet sind, kannst du auftreten, sooft es dir Spaß macht. Falls du nicht zu sehr von anderen Dingen in Anspruch genommen wirst«, setzte er verschmitzt hinzu.

»Und was für Dinge sollten das sein, wenn ich fragen darf?«

»Nun, zum Beispiel die Aufgaben der Hausherrin... es ist nämlich gar nicht einfach, einem großen Haus vorzustehen. Und dann werden ja auch noch allerhand gesellschaftliche Verpflichtungen auf dich zukommen.«

»Wovon redest du bloß, Tahg? Hast du etwa den Verstand verloren?«

Tahg beugte sich vor und nahm ihre Hände in die seinen. »Schau Kitty, mein Onkel Desmond hat mir FitzGibbon Hall mit all seinen Ländereien vererbt. Ich habe dir bisher nichts davon gesagt, weil... ich wollte nicht, daß du mich wegen des Gutes heiratest.«

Kitty starrte ihn ungläubig an. »Ist das auch wirklich wahr?« flüsterte sie.

»Ja, mein Schatz, ganz bestimmt.«

»Was ist FitzGibbon Hall?« fragte Bridgie. Aber Kitty und Tahg hielten einander so innig umschlungen, daß sie nicht hörten und sahen, was rings um sie vorging. Lächelnd wandte das kleine Mädchen sich wieder zum Fenster und sah zu, wie draußen die Stadt vorbeiflog. Jetzt würden sie eine Familie werden. Genauso, wie sie es sich immer erträumt hatte. Das spürte sie.

40

Wie jedes Geschichtsbuch zu berichten weiß, mündete der Bürgerkrieg in ein Blutbad von unvorstellbaren Ausmaßen. Das Volk hatte den Vertrag mit England akzeptiert – es wollte den Frieden. Doch die Dissidenten waren stark genug, einen Kampf zu entfachen, der bis weit ins Jahr 1923 hinein dauerte. Bruder gegen Bruder, Vater gegen Sohn; ehemalige Kameraden mordeten einander, als handelten sie nach Gottes Gebot.

Johnny, den seine Kameraden inzwischen Sean nannten, schloß sich den Dissidenten an, wodurch es zum offenen Bruch mit seinem Vater kam. Zwar hatten wir eine solche Entwicklung vorausgesehen, doch das konnte unseren Schmerz über die Trennung von dem geliebten Sohn nicht lindern. Johnny stieß zum radikalsten Flügel der IRA. Von Zeit zu Zeit hörten wir von seinen Handstreichen, erfuhren, wie er Gewalttat auf Gewalttat häufte. Seaneens Aufruf zur Mäßigung brachte ihm in den letzten Monaten des Jahres 1922 ebenso viele Feinde ein, wie er zuvor Freunde gehabt hatte. Obgleich wir zum fraglichen Zeitpunkt nichts davon wußten, gab eine Gruppe fanatischer Republikaner den Befehl aus, die einflußreichsten der gemäßigten Führer zu liquidieren.

Seaneens Name stand auch auf dieser Todesliste.

Johnny trat das Gaspedal durch, und das zerbeulte Automobil setzte sich ratternd in Bewegung. Vielleicht hatte er noch Zeit, seinen Vater zu warnen! Der Hinrichtungsbefehl war erst vor ein paar Stunden ausgegeben worden. Wenn er nicht aufgehalten wurde, konnte er in einer Stunde bei den Eltern in Tipperary sein. Tagsüber waren sie gut bewacht, doch nachts patrouillierte nur ein Mann um das Häuschen. Der Mörder würde das wissen. Ein einzelner Posten konnte mühelos ausgeschaltet werden.

Johnny fuhr wie ein Besessener. Ein Seufzer der Erleichterung entschlüpfte ihm, als endlich das wohlvertraute Strohdach über den weißgetünchten Mauern in Sicht kam. Alles schien ruhig und friedlich.

Johnny, der gelernt hatte, mit der Gefahr zu leben, parkte den Wagen im Schutz der Bäume am Fuße des Hügels und schlich sich hinauf. Merkwürdig, dachte er, jetzt müßte der Posten mich doch längst entdeckt haben. Instinktiv tastete er nach seiner Waffe.

»Keine falsche Bewegung, Manningham«, zischte jemand hinter ihm.

»Ich heiße O'Sullivan«, antwortete Johnny mit mühsam erzwungener Ruhe.

»Namen interessieren mich nicht. Ich muß nur verhindern, daß du die da drinnen warnst. Noch hast du Zeit abzuhauen, Sean. Das hier geht dich nichts an.«

»Der, hinter dem ihr her seid, ist mein Vater! Ich lasse nicht zu, daß ihr ihn umbringt!«

»Und wie willst du uns daran hindern?«
Aber da war Johnny schon herumgeschnellt, hatte sich auf seinen Angreifer geworfen und im Sprung den Revolver gezogen. Er wußte, die Schüsse würden die Eltern warnen. Einen anderen Weg gab es nicht.

Der Feuerwechsel riß Seaneen und mich aus dem Schlaf. Mir war, als hätte ich zwei Schüsse gehört, nur zwei – und dann tödliche Stille.
Rasch legte ich ein Tuch um und trat ans Fenster.
»Was siehst du?« fragte Seaneen aufgeregt.
»Da liegen zwei Männer – keine zwanzig Schritt vom Haus entfernt.«
Wo war nur der Posten? Und wer mochten die beiden leblosen Gestalten dort draußen sein?
Ich hörte eilige Schritte und erkannte die Stimmen unserer Wächter, die auf den Schußwechsel hin aus ihren Unterkünften gerannt kamen.
Es dauerte noch eine Weile, ehe wir die furchtbare Wahrheit erfuhren.

Ein gütiges Schicksal führte Tahg am nächsten Morgen zu uns. Er und Kitty waren erst vor kurzem aus Amerika zurückgekehrt. Die New Yorker Zeitung, für die er arbeitete, war überzeugt, daß der Krieg in Irland zu Ende ging, und hatte ihn als Berichterstatter heimgeschickt.
Tahgs ererbter Instinkt hatte ihm verraten, daß Seaneen und ich in Not seien, und so hatte er Kitty in FitzGibbon Hall zurückgelassen, war ins Auto gestiegen und nach Tipperary gefahren.
Ich dankte Gott für Tahgs Beistand, als wir Johnny in unserem Häuschen aufbahrten. Seine Hand umschloß tröstend die meine, doch ich stand wie versteinert und hörte nicht, was der Leichenbestatter sagte.
»Wie heißt der Verstorbene, Madam?« fragte er zum wiederholten Male. »Ich brauche seinen Namen für den Grabstein!«
Sein Name? Wie hieß er denn eigentlich, mein jüngster Sohn – Johnny oder Sean? Manningham oder O'Sullivan?

»Ich bin mir nicht sicher«, antwortete ich endlich, worauf der Mann mich forschend anblickte, so als versuche er herauszufinden, ob ich verrückt sei.
»Ihre Ladyschaft haben einen furchtbaren Schock erlitten«, hörte ich Tahg sagen. »Bitte lassen Sie mich einen Augenblick mit ihr allein.«
Der Leichenbestatter ging kopfschüttelnd hinaus.
»Komm, setz dich, Tante Beth.« Als wäre ich ein hilfloses Kind, führte Tahg mich zu einem Stuhl.
»Hast du... hast du verstanden, was ich vorhin meinte?« fragte ich.
»Ja, Tante Beth, gewiß. Sieh mal, für seine Kameraden war er Sean... Sean O'Sullivan, wie sein Vater.«
»Ich weiß, Tahg. Nur... wenn man ihn unter einem anderen als seinem Geburtsnamen beerdigt, wird es sein, als habe er nie gelebt.«
»Aber das ist doch ganz nebensächlich, liebe Tante. Nur eine Laune des Schicksals ist schuld daran, daß ihr nicht Mann und Frau geworden seid, Seaneen und du.«
Und so wurde mein Sohn, der auf den Namen John Manningham getauft worden war, als Sean O'Sullivan beerdigt; im Familiengrab der FitzGibbons, zusammen mit all den anderen meines Geschlechts, die zu früh gestorben sind. Ich flehte zu Gott, Johnny möge unser letztes Opfer für Irland sein. Mein Gebet wurde erhört.

Nach dem Bürgerkrieg waren Seaneen und mir noch viele glückliche Jahre miteinander beschieden. Aber wir hörten nie auf, um unseren Sohn zu trauern. Seinen Vater hatte der Tod des Jungen besonders hart getroffen, und ich war bemüht, Seaneen zu trösten, so gut ich konnte. Immer wieder versuchte ich ihn davon zu überzeugen, daß der Hang zur Vernichtung schon in unserem Kind gekeimt habe, lange bevor Johnny erfuhr, daß sein Vater ein berühmter Rebell war. Ich sagte ihm auch, daß der Junge sein Leben lang nur ein Glück gekannt habe: die Liebe und Achtung seines Vaters zu erringen. Doch alles gute Zureden half wenig; noch nach Jahren – wir waren inzwischen nach Sligo zurückgekehrt – fand ich Seaneen oft weinend an Johnnys Grab. Er konnte zwar die Inschrift auf dem Stein nicht genau erkennen, wußte indes die Worte auswendig:

> Da ward der König traurig und ging hinauf auf den Söller im Tor und weinte, und im Gehen sprach er also: Mein Sohn Absalom! Mein Sohn, mein Sohn Absalom! Wollte Gott, ich wäre für dich gestorben! O Absalom, mein Sohn, mein Sohn!

Epilog

Gewisse Leute werden behaupten, das, was ich hier niedergeschrieben habe, gereiche Edmond Manninghams Andenken und meiner eigenen Ehre zum Nachteil. Manch einer mag mir sogar vorwerfen, ich hätte die Privatsphäre meiner Schwester verletzt, indem ich ihre und Tierneys Geschichte an die Öffentlichkeit brachte. Um solchen und ähnlichen Stimmen vorzubeugen, erlaube ich mir im folgenden, die Gründe aufzuzeigen, welche mich bewogen haben, diese Chronik zu schreiben.

Aus der Warte meines hohen Alters erscheint mir das Leben wie eine Reihe von Lektionen, die es teils zu lernen, teils zu lehren gilt; ein ungewöhnliches Abenteuer ist es... und eine Liebesgeschichte, sofern wir zu den Günstlingen der Götter zählen. Und ich halte es nur für recht und billig, die Lektionen, die wir lernten, und unsere Liebesgeschichten weiterzugeben an die nächste Generation, in deren Hände ich denn auch diese Blätter lege. Sollten Außenstehende von ihrem Inhalt Kenntnis gewinnen, so nur, weil unsere Nachkommen, Cons und meine, sich entschlossen haben, dieses Vermächtnis mit anderen zu teilen.

Ich bin heute sechsundsiebzig Jahre alt; die Qualen und Fragen, die Liebessehnsucht und das Verlangen der Jugend liegen längst hinter mir. Und doch... wenn etwas herausragt aus dem, was ich hier aufgezeichnet und was ich im Leben gelernt habe, so ist es die Bedeutung der Liebe. Cons und Tierneys, Seaneens und meine, Tahgs und Kittys. Und die Früchte unserer Liebe – die Kinder und die Dichtungen – sind alles, was zählt, wenn am Ende die Spreu vom Weizen getrennt wird.

Sie, geneigter Leser, sind gewiß neugierig zu erfahren, was nach dem Krieg aus uns geworden ist. Also will ich es Ihnen erzählen: Angelica heiratete einen Amerikaner. Einen bärenstarken, lustigen Mann, der ihr Gebrechen spielend bewältigte, als handle es sich um nichts weiter als eine kleine Unannehmlichkeit. Er trug sie so mühelos mit sich herum, als wäre sie ein Sperling mit einem verletzten Flügel. Seine Familie hatte sich aus eigener Kraft zu beachtlichem Wohlstand emporgearbeitet, und der Sohn strebte nun eine politische Karriere an. Er und Angelica ergänzten sich prächtig: Sie unterwies ihn in der Staatskunst, er lehrte sie, unbeschwert und fröhlich zu sein. Ihrer Ehe entstammen drei Kinder, die natürlich inzwischen längst erwachsen sind. Ich sehe sie nur, wenn sie ihre Ferien auf Schloß Manningham verbringen, was leider selten genug geschieht.

Merry heiratete einen Peer, doch es war keine glückliche Verbindung. Ich glaube, sie litt so sehr unter der Vergewaltigung und darunter, wie kaltblütig und grausam Christopher sie daraufhin verstoßen hatte, daß sie den Erstbesten erhörte, der ihr einen Antrag machte. Im übrigen war es immer mein Eindruck, daß sie die Trennung von Jamie nie ganz überwunden hat. Die Zwillinge blieben einander natürlich stets innig zugetan, aber ihre Wege trennten sich, wie es eben zu gehen pflegt, wenn die Menschen erwachsen werden. Mag sein, daß ich es mir nur einbilde, doch mir scheint, Merry ist darüber nie ganz hinweggekommen.

Nach erbitterten Zerwürfnissen wurde sie geschieden und ging zurück zum Theater. Dort lernte sie ihren zweiten Mann kennen, einen Bühnenautor, der sich mittlerweile einen beachtlichen Namen gemacht hat. Merry und er führen in London seit vielen Jahren ein allem Anschein nach zufriedenes Leben miteinander.

Jamie erbte nach Winstons Tod Rang und Titel seines Vaters. Er lebte sehr zurückgezogen und widmete sich seinen wissenschaftlichen Studien, die viele Jahre später Amnesty International zugute kommen sollten – eine Organisation, die erst lange nach Jamies Tod gegründet wurde. Er blieb unverheiratet, schien mir aber mit seinem Los durchaus zufrieden, wenn nicht gar glücklich. Allerdings sehnte er sich bisweilen wie Merry nach der engen Gemeinschaft, welche die Zwillinge früher miteinander verbunden hatte.

Kitty und Tahg führten eine Bilderbuchehe. Beide bekamen genau das, wonach sie sich immer gesehnt hatten; sie wurde eine große Dame, und er bekam die Frau, die er von Kind auf geliebt hatte.

Tahg fügte sich mühelos in die Rolle des Landedelmannes. Nebenher versuchte er sich als Schriftsteller, wie es vom Sohn seiner Eltern nicht anders zu erwarten war. Heute gilt er vielen als der führende Chronist der irischen Freiheitsbewegung; außerdem ist er ein anerkannter Journalist.

Ich habe gehört, wie böse Zungen sich darüber mokierten, daß Kitty ihren zurückhaltenden Gatten um den Finger wickle, stets ihren Willen durchsetze und seinen Wünschen keine Beachtung schenke, aber das ist ganz und gar erlogen. Wer die beiden gut kennt, der weiß, daß sie – wenngleich sehr verschieden voneinander – jenes gewisse *Etwas* haben, welches die Liebe zwischen zwei Menschen ein Leben lang jung erhält.

Tahg und Kitty verbrachten das erste Jahr nach der Hochzeit in Amerika. Kitty hatte am Broadway Erfolg, und Tahg war mit seiner Arbeit bei der *New York World* zufrieden.

Teile von FitzGibbon Hall wurden während ihrer Abwesenheit ein Opfer der Flammen, doch bei ihrer Rückkehr bauten sie das Gut in alter Schönheit wieder auf. Und sie ließen die sterblichen Überreste unserer geliebten Toten von Glasnevin nach FitzGibbon Hall überführen, wo sie nun alle miteinander auf mich, die Säumige, warten.

Eigentlich hatte ich mir vorgenommen, Ihnen die Geschichte meiner Schwester zu erzählen, doch nun merke ich, daß ich die Grenzen meines Themas großzügig überschritten habe. Allein, das ist nicht weiter verwunderlich, wenn man bedenkt, daß in meinem Alter kein Mensch mehr gänzlich unabhängig von den übrigen erscheint. Nicht nur die Sünden der Väter leben in ihren Kindern weiter, sondern auch die Tugenden. Und die Beziehungen.

Heute sehe ich Con und mich, unsterblich, in unseren Nachkommen wieder. Womit sich der Kreis schließt und wir abermals bei der Frage angelangt wären, warum ich diese Geschichte aufgeschrieben habe.

Wieso entschloß ich mich, nachdem ich vier Jahrzehnte gewartet hatte, gerade jetzt, meine Erinnerungen zu Papier zu bringen? Gott weiß, daß Biographen und Historiker bereits mehr als genug dazu getan haben, das Andenken meiner Schwester entweder zu glorifizieren oder in den Schmutz zu ziehen, indem sie ihr Motivationen unterstellten, die sie nie hatte (aber dieser Dr. Freud hat ja alle Welt ermuntert, die Beweggründe anderer Leute zu bestimmen), Aussprüche zitierten, die nicht von ihr stammten, und sie je nach Gutdünken als Fanatikerin, verkommenes Subjekt oder Heilige darstellten.

Die ersten Bücher über sie habe ich gelesen, die weiteren enttäuscht, ja angeekelt beiseite gelegt. Es war immer meine Absicht gewesen, das Urteil über meine Schwester richtigzustellen, bevor ich das Zeitliche segne, aber die Angst davor, all das Schmerzliche in der Erinnerung noch einmal durchleben zu müssen, hielt mich immer wieder zurück.

Doch dann kam es zu jener denkwürdigen Unterhaltung mit den Kindern – Teenager nennt man sie ja wohl heute, eine Bezeichnung, die Halbwüchsigen die Freiheit gibt, sich bald ein Jahrzehnt lang von der menschlichen Rasse loszusagen, ehe sie erwachsen werden und sich eingliedern müssen.

Ich überraschte Jenny und David in der Bibliothek, als sie gerade über Con sprachen; sie wäre ihre Großtante gewesen.

»Sie war irgend so 'ne verstiegene Märtyrerin«, sagte er.

»Wahrscheinlich masochistisch veranlagt«, ergänzte sie altklug.

»Hmhm, anzunehmen. Sie litt womöglich an Todessehnsucht. Stell dir vor, unser Lehrer sagt, alle, die damals am Osteraufstand beteiligt waren, *wollten* sterben. Sie waren bloß scharf auf 'nen irren Abgang.«

Ich stand ganz still und lauschte entsetzt. War es möglich, in nur drei Generationen so tief zu sinken? Stammten diese arroganten, besserwisserischen Kinder wirklich von Cons und meinem Blut ab? Ich konnte mich nicht länger zurückhalten.

»Sie war der edelste Mensch, den ich je gekannt habe«, sagte ich mit Nachdruck. »In einer heldenmütigen Zeit nahm sie einen ganz besonderen Platz in der Geschichte ein.«

Kleinlaut blickten die beiden einander an, dann übernahm David, der Mutigere, ihre Verteidigung. »Unser Lehrer sagt, es gibt keine Helden. Nur sensationslüsterne Fanatiker, die sich irgendeiner Sache verschreiben, bloß damit sie in die Zeitung kommen.«

»Dein Lehrer hat unrecht! Sehr sogar! An Leuten wie ihm wird diese Welt noch einmal zugrunde gehen.«

»Wie meinst du das?« fragte Jen, wie immer beeindruckt von Leidenschaft und Ungestüm.

»Ideale, mein Kind, hehre Ideale sind das Beste an uns Menschen. Das Streben nach einer besseren Welt unterscheidet uns vom Tier. Heldentum ist eine Sache des Herzens, nicht des Kopfes. Wahrscheinlich versteht dein Lehrer deshalb nichts davon, David. ›Der Triumph des Bösen verlangt nichts weiter, als daß die guten Menschen die Hände in den Schoß legen.‹ Der das sagte, war ein großer Mann, und meine Schwester verstand es, als sie noch nicht einmal so alt war wie ihr. Sie war erst achtzehn, als sie mit Tierney fortging, und er schrieb für sie die Harfner-Gedichte, als sie in den Dreißigern war.«
»Diese Gedichte sind wirklich schön«, meinte Jen versonnen. »Zwei davon haben wir in der Schule gelesen.«
»Unser Lehrer sagt, sie seien sentimental und verstaubt«, warf David ein.
»Dein Lehrer scheint ja reichlich hart zu urteilen. Stellst du eigentlich je etwas von dem, was er behauptet, in Frage?«
»Na klar. Ich lass' mir von keinem was vormachen. Meine Meinung bilde ich mir immer selber.«
Ich trat ans Bücherregal beim Fenster und zog ein altes Portefeuille aus dem Regal. Es enthielt die Originale jener Liebesgedichte, die Tierney im Gefängnis für Con geschrieben hatte und durch die er berühmt geworden war.
»Dann lest das«, sagte ich zu den Kindern, »und bildet euch selbst ein Urteil über die Frau, die solche Verse inspirierte... und über den Mann, der sie verfaßt hat. Fragt euch dabei auch, warum manche Werke weiterleben, während andere verdientermaßen in Vergessenheit geraten. Fragt euch, warum man Tierney O'Connors Gedichte und die Aufsätze der Wilden Harfe heute noch liest. Welches Vermächtnis wird dagegen euer Lehrer hinterlassen?«
Damit ließ ich die beiden allein und ging hinauf in mein Zimmer.
Ungefähr eine Stunde später stand Jenny in der Tür; wie ein begossener Pudel sah sie aus. »Ich möchte gern mehr über sie erfahren, Großmutter. Erzählst du mir ihre Geschichte?«
Und so habe ich sie denn erzählt. Ihre Geschichte – Gott schenke ihr den ewigen Frieden – und seine und die aller übrigen, die nun dahingegangen sind und auf die letzte Ehrenwacht warten oder auf die Wiederkehr in einem neuen Körper.
Ich rufe mir die Inschrift auf Cons Grabstein ins Gedächtnis; sie ist

mir stets lieb gewesen, spricht sie doch so zuversichtlich von der Auferstehung.

Komm nur, o Empire, komm und räche dich!
Zermalme Körper, die sich nicht unterjochen ließen,
Brich Herzen, die nicht käuflich waren.
Aber die Seelen – ach, ihr elenden Narren!
Die Seelen entwischen euch, denn neue Körper fordern sie.
Horch – schon hallt ihr Schritt von den Hügeln herab.

Nachwort der Autorin

Ich habe mich bemüht, die folgenschweren historischen Ereignisse, die den Hintergrund für meinen Roman bilden, mit Genauigkeit und Sorgfalt zu erzählen. Doch da »Ereignisse« nur einen kleinen Teil der Wahrheit ausmachen, fühle ich mich zu einer Erklärung verpflichtet.

Meine Geschichte ist voreingenommen; sie ist ausschließlich vom irischen Standpunkt aus geschrieben und spielt in einer leidenschaftlichen und von Kämpfen geprägten Zeit. Es handelt sich nicht um ein Geschichtsbuch, und daher wird dieses äußerst schwierige Problem, das bis heute noch keine alle Seiten befriedigende Lösung gefunden hat, nicht ausgewogen behandelt.

Da in »Jetzt und für alle Zeit« historische Personen wie Sean O'Casey, Eamon de Valera, Michael (Mick) Collins, Padraig Pearse und James Connolly zusammen mit fiktiven Charakteren auftreten, habe ich mir erlaubt, sie Worte sagen zu lassen, die keineswegs historisch verbürgt sind. Ich habe dabei versucht, ihrer Persönlichkeit und ihrem Charakter treu zu bleiben, und wo mir das nicht gelungen sein sollte, möge man mich – und nicht sie – zur Verantwortung ziehen.

Manche Leser werden eine Ähnlichkeit zwischen Constance FitzGibbon O'Connor und der Gräfin Markievicz (geborene Constance Gore-Booth) feststellen, die wirklich gelebt hat und denen, die sich an die Geschichte der irischen Unruhen erinnern, wohl bekannt ist. Dazu möchte ich folgendes sagen: In meiner Erzählung hat Con eine Schwester, die Schriftstellerin ist – wie die Gräfin. Meine Figur spielt eine führende Rolle im Osteraufstand – damit ist Con Markievicz in die Geschichtsschreibung eingegangen. Das dürften aber auch schon alle Parallelen sein.

Charakter und Persönlichkeit meiner Heldin gleichen eher meiner eigener Schwester, Connacht Cash, als irgend jemand anderem. Mit ein Beweggrund für mich, diesen Roman zu schreiben,

war mein Wunsch darzustellen, wie sehr Schwestern einander verbunden sein können. Und das in einer Zeit, in der nur mehr von Rivalität unter Geschwistern gesprochen wird.
Seit meiner Kindheit war ich fasziniert von den Gore-Booth-Schwestern, die Yeats in *Lissadell* verewigt hat: zwei wohlhabende junge Frauen, die sich, jede auf ihre Weise, für die Revolution entscheiden und gegen ein gesellschaftliches Leben in Luxus. Mich interessierte, wie ihre Beziehung zueinander war und welch seltsame Rolle sie als aktive Frauen in einer Zeit spielten, da Frauen passiv und ohne eigene Meinung zu sein hatten. Also benutzte ich die Tatsache, daß es sie wirklich gegeben hat, als Ausgangspunkt für meine Fiktion.
Vor dem Hintergrund einer turbulenten Zeit und der letzten poetischen Revolution wollte ich verschiedene Charaktere zum Leben erwecken. Zur Schilderung der realen Historie ist einiges Wissen aus der englischsprachigen Literatur in meinen Roman eingeflossen, zur Geschichte von Con, Tierney, Beth, Seaneen und Edmond, die ich in diesem Roman an die Stelle anderer setzte, kann ich nur sagen: Es ist meine Geschichte.
Und natürlich die ihre.

Inhalt